# のフローチャート（所得税）

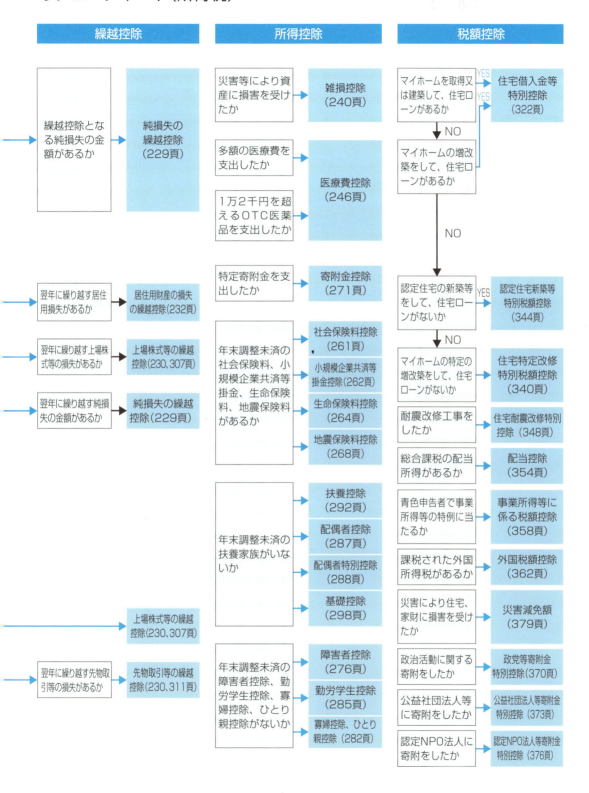

プロの視点で最終チェック ☑

図解 表解

# 確定申告書の記載チェックポイント

## 令和6年3月15日 締切分

天池＆パートナーズ税理士事務所【編】　　天池健治・田口伸五・永吉信次【著】
Amaike Kenji　　Taguchi Shingo　　Nagayoshi Shinji

中央経済社

# は じ め に

　所得税は、私たちの生活に最も身近で関心の深い税金ですが、経済社会の変化にともない毎年改正が行われるため、それを理解して正しい確定申告書を作成することは難しいことといえます。

　また、実際問題として「確定申告」をするのは年に１回であり、税法や申告書等の書式も頻繁に改正、改定されることから、どのような書式を使用してどのように記載すればよいかは、多くの方々がわからないことと思われます。

　そこで、本書では、難解な所得税の概要と確定申告書の記載の方法について理解していただくため、あまり事例のない特殊な事項については割愛し、重要ポイントを中心として図表と図解により、一般の方にもわかりやすく解説しました。その関係上、所得税の専門書等にくらべ税法の細かい説明や厳格な定義を省略して、実用書としての構成に重点を置き編集しましたので、所得税法の詳細な解説等については他の専門書との併読をお勧めします。

　本年版につきましては、非居住者の課税関係について新たな章を追加しました。

　本書が、確定申告をされる方々のお役に立てば幸いです。

　なお、本文中意見にわたるところは、私見であることをお断り申し上げます。

　最後になりましたが、本書の執筆にあたり何かとお世話になりました中央経済社実務書編集部の牲川編集次長にお礼を申し上げます。

令和５年９月16日

税理士　天　池　健　治

# CONTENTS

## はじめに

令和５年分の所得税の主な改正事項の概要 ……………………………………… Ⅶ

法令略語 ……………………………………………………………………… ⅩⅢ

## 1 所 得 税 の 概 要

| | | |
|---|---|---|
| 1-1 | 納税義務者 ……………………………………………………… | *1* |
| 1-2 | 納税地 …………………………………………………………… | *2* |
| 1-3 | 非課税所得 ……………………………………………………… | *4* |
| 1-4 | 所得税の計算 …………………………………………………… | *12* |
| 1-5 | 確定申告 ………………………………………………………… | *36* |
| 1-6 | 青色申告 ………………………………………………………… | *45* |

## 2 各 種 所 得 の 計 算

| | | |
|---|---|---|
| 2-1 | 給与所得 ………………………………………………………… | *51* |
| 2-2 | 雑所得 …………………………………………………………… | *61* |
| 2-3 | 事業所得 ………………………………………………………… | *72* |
| 2-4 | 不動産所得 ……………………………………………………… | *108* |
| 2-5 | 一時所得 ………………………………………………………… | *128* |
| 2-6 | 譲渡所得（共通） ……………………………………………… | *134* |
| 2-7 | 譲渡所得（総合譲渡） ………………………………………… | *141* |
| 2-8 | 土地建物等の譲渡所得（分離課税） ………………………… | *146* |
| 2-9 | 株式等に係る譲渡所得等（申告分離課税） ………………… | *181* |
| 2-10 | 配当所得 ………………………………………………………… | *198* |
| 2-11 | 利子所得 ………………………………………………………… | *204* |
| 2-12 | 退職所得 ………………………………………………………… | *207* |
| 2-13 | 山林所得 ………………………………………………………… | *218* |

## 3 所 得 の 金 額 と 損 益 通 算

| | | |
|---|---|---|
| 3-1 | 課税所得金額の計算 …………………………………………… | *222* |
| 3-2 | 損益通算 ………………………………………………………… | *225* |
| 3-3 | 損失の金額の繰越し …………………………………………… | *229* |
| 3-4 | 純損失の繰戻し ………………………………………………… | *237* |

## 4 所 得 控 除

| | | |
|---|---|---|
| 4-1 | 雑損控除 ………………………………………………………… | *240* |
| 4-2 | 医療費控除 ……………………………………………………… | *246* |
| 4-3 | 社会保険料控除・小規模企業共済等掛金控除 ……………… | *261* |
| 4-4 | 生命保険料控除 ………………………………………………… | *264* |
| 4-5 | 地震保険料控除 ………………………………………………… | *268* |
| 4-6 | 寄附金控除 ……………………………………………………… | *271* |
| 4-7 | 障害者控除 ……………………………………………………… | *276* |

## CONTENTS

| 4-8 | 寡婦・ひとり親控除・勤労学生控除 | 282 |
| 4-9 | 配偶者控除・配偶者特別控除 | 287 |
| 4-10 | 扶養控除・基礎控除 | 292 |

## 5 税額の計算

| 5-1 | 課税総所得金額及び課税退職所得金額の税額計算 | 300 |
| 5-2 | 課税山林所得金額の税額計算 | 303 |
| 5-3 | 課税譲渡所得金額の税額計算 | 305 |
| 5-4 | 株式等に係る課税譲渡所得等の金額の税額計算 | 307 |
| 5-5 | 上場株式等に係る課税配当所得等の金額の税額計算 | 310 |
| 5-6 | 先物取引に係る課税雑所得等の金額の税額計算 | 311 |
| 5-7 | 特定の基準所得金額の課税の特例措置 | 314 |
| 5-8 | 変動所得・臨時所得の平均課税 | 315 |
| 5-9 | 復興特別所得税 | 319 |

## 6 税額控除

| 6-1 | 住宅借入金等特別控除の概要 | 320 |
| 6-2 | 住宅借入金等特別控除 | 322 |
| 6-3 | 住宅特定改修特別税額控除 | 340 |
| 6-4 | 認定住宅新築等特別税額控除 | 344 |
| 6-5 | 住宅耐震改修特別控除 | 348 |
| 6-6 | 再び住宅を居住の用に供した場合の(特定増改築等)住宅借入金等特別控除の再適用等 | 351 |
| 6-7 | 配当控除 | 354 |
| 6-8 | 青色申告者の事業所得等の特例に係る主な税額控除 | 358 |
| 6-9 | 外国税額控除・分配時調整外国税相当額控除 | 362 |
| 6-10 | 政党等寄附金特別控除 | 370 |
| 6-11 | 公益社団法人等寄附金特別控除 | 373 |
| 6-12 | 認定NPO法人等寄附金特別控除 | 376 |
| 6-13 | 災害減免法による所得税の軽減免除 | 379 |

## 7 非居住者

| 7-1 | 非居住者等の概要 | 381 |
| 7-2 | 居住形態別の課税所得 | 386 |
| 7-3 | 非居住者の確定申告等 | 391 |
| 7-4 | 非永住者の確定申告等 | 406 |

## 8 地方税

| 8-1 | 住民税 | 413 |
| 8-2 | 個人事業税 | 429 |

V

# （巻 末 資 料）

① 簡易給与所得表 ……………………………………………………………… **432**
② 減価償却資産の償却率表 …………………………………………………… **439**
③ 別表第一　機械及び装置以外の有形減価償却資産の耐用年数表（抜粋）……… **440**
④ 別表第二　機械及び装置の耐用年数表（抜粋）………………………………… **446**
⑤ 別表第三　無形減価償却資産の耐用年数表・別表第四　生物の耐用年数表 …… **447**

索　引 ………………………………………………………………………… **448**

# 令和 5 年分の所得税の主な改正事項の概要

令和 5 年分の所得税から適用される主な税制改正事項等は次のとおりです。

| 改正事項 | 改正事項の概要 |
|---|---|
| 1．NISA制度の抜本的拡充恒久化 ☞187頁 | 一般NISAと積立NISAの運用を一体化した上で、一般NISAは「成長投資枠」、つみたてNISAは「つみたて投資枠」として併用できるようになります。<br>改正後の新NISA制度では、生涯の投資上限額が1,800万円とされ、成長投資枠の生涯上限額は全体の 3 分の 2 の1,200万円となります。<br>積立型の年間投資枠は40万円から 3 倍の120万円に、成長投資枠の年間投資枠は120万円から 2 倍の240万円に拡充されました。 |

【改正前】

| 区　　　分 | 一般NISA | つみたてNISA | ジュニアNISA |
|---|---|---|---|
| 対象者 | 居住者等（18歳以上） | 居住者等（18歳以上） | 居住者等（18歳未満） |
| 投資限度額 | 年間120万円 | 年間40万円 | 年間80万円 |
| 非課税期間 | 最長 5 年間 | 最長20年間 | 最長 5 年間 |
| 生涯非課税限度額 | 600万円 | 800万円 | 400万円 |
| 投資対象商品 | 上場株式等<br>公募等株式投資信託 | 公募等株式投資信託 | 上場株式等<br>公募等株式投資信託 |
| 投資可能期間 | 平成26年～令和 5 年 | 平成30年～令和24年 | 平成28年～令和 5 年 |

【改正後】

| 区　　　分 | つみたて投資枠 | 成長投資枠 |
|---|---|---|
| 投資上限額 | 年間120万円 | 年間240万円 |
| 非課税保有期間 | 無期限 | 無期限 |
| 生涯非課税限度額（総枠） | 1,800万円　※簿価残高方式で管理（枠の再利用が可能） | |
| | | 1,200万円（内数） |
| 口座開設期間 | 恒久化 | 恒久化 |
| 投資対象商品 | 積立・分散投資に適した一定の投資信託 | 上場株式・投資信託等<br>（高レバレッジ投資信託など投機リスクがある投資を対象から除外） |
| 対象年齢 | 18歳以上 | |
| 現行制度との関係 | ○令和 5 年末までに現行の一般NISA及びつみたてNISA制度において投資した商品は、新しい制度の外枠で、現行制度における非課税措置を適用<br>○ジュニアNISAについて原則として継続管理勘定（非課税管理勘定が設けられた日の属する年の 1 月 1 日から 5 年を経過する日の翌日に設けられる継続管理勘定）に移管 | |

【適用時期】令和 6 年 1 月 1 日以降から適用

| 2．スタートアップへの再投資に係る非課税措置の創設 | **制度の趣旨**…個人が保有する株式を売却しスタートアップ企業の株式へ再投資を行う場合、その譲渡益（20億円以内）につき課税を行わない。 |
|---|---|

① 投資段階での優遇措置

　スタートアップ企業設立の際に発行される株式を払込みにより取得した居住者等[※1]については、その取得をした年分の一般株式又は上場株式に係る譲渡所得等の金額から、その取得に要した金額の合計額[※2]が控除されます。

② 譲渡段階での優遇措置

　イ　当該スタートアップ株式の取得価額は、①で控除された金額のうち20億円を超える部分の金額をその取得に要した金額から控除した金額となります。

　ロ　当該スタートアップ株式は、特定中小会社が発行した株式に係る譲渡損失の繰越控除等の適用対象となります。

　（※1）　当該株式会社の発起人に該当すること及び当該株式会社に自らが営んでいた事業の全部を承継させた個人等に該当しないこと等の要件を満たすものに限ります。

　（※2）　当該一般株式及び上場株式に係る譲渡所得等の金額の合計額を限度とします。

●**対象となるスタートアップの要件**

① 設立の日以後の期間が１年未満の中小企業者であること。

② 販売費及び一般管理費の出資金額に対する割合が100分の30を超えることその他の要件を満たすこと。

③ 特定の株主グループの有する株式の総数が発行済株式の総数の100分の99を超える会社でないこと。

④ 金融商品取引所に上場されている株式等の発行者である会社でないこと。

⑤ 発行済株式の総数の２分の１を超える数の株式が一の大規模法人及び当該大規模法人と特殊の関係のある法人の所有に属している会社又は発行済株式の総数の３分の２以上が大規模法人及び当該大規模法人と特殊の関係のある法人の所有に属している会社でないこと。

⑥ 風俗営業又は性風俗関連特殊営業に該当する事業を行う会社でないこと。

【適用時期】令和５年４月１日以降の再投資から適用

| 3．エンジェル税制の見直し（譲渡所得の特例の改正） | **スタートアップへの投資を一層呼び込むためのエンジェル税制の要件緩和**<br>　特定中小会社が発行した株式の取得に要した金額の控除等及び譲渡損失の繰越控除等について見直されます。 |
|---|---|

●**制度の概要**

　イ　特定中小会社が発行した株式の取得に要した金額をその年の他の株式譲渡益から控除できます（次頁の「特定新規中小会社が発行した株式を取得した場合の課税の特例」との選択）。

　ロ　特定中小会社が発行した株式の譲渡損失はその他の株式譲渡益と通算（相殺）できるだけでなく、その年に通算（相殺）しきれなかった損失は、翌年以降３年にわたって、順次株式譲渡益と通算（相殺）ができます。

| | 【改正前】 | 【改正後】 |
|---|---|---|
| 譲渡時の取得価額の調整計算 | 居住者等が、特定株式を払込みにより取得をした場合における一般株式等に係る譲渡所得等の譲渡時の金額又は上場株式等に係る譲渡所得等の金額の取得価額の調整計算の計算については、その年中に払込みにより取得をした特定株式の取得に要した金額の合計額が控除されます。譲渡時において特定株式の取得価額から控除時の調整が必要となります。 | 居住者等が、その取得をした特定株式の取得価額から控除する特定中小会社が発行した株式の取得に要した金額の控除等の適用を受けた金額から、その特定株式の取得に要した金額の合計額とその取得をした年分の一般株式等に係る譲渡所得等の金額及び上場株式等に係る譲渡所得等の金額の合計額（20億円を超える場合には、20億円）とのいずれか低い金額を控除するものとします。 |

| | 外部資本要件 | 特定新規中小企業者の特定の株主グループの有する株式の総数が発行済株式の総数の6分の5を超える会社でないこと。 | 特定新規中小企業者の特定の株主グループの有する株式の総数が発行済株式の総数の20分の19を超える会社でないこと。 |
|---|---|---|---|
| | 都道府県知事へ提出する添付書類 | ① 株式の発行を決議した株主総会の議事録の写し、取締役会の決定があったことを証する書面又は取締役会の議事録の写し<br>② 個人が取得した株式の引受けの申込又はその総数の引受けを行う契約を証する書面 | 左記に掲げる書類については、添付する必要がなくなりました。 |

**4．エンジェル税制の見直し（寄附金控除の改正）**

特定新規中小会社が発行した株式を取得した場合、その投資額について、寄附金控除を受けることができます（前頁の「特定中小会社が発行した株式の取得に要した金額の控除等」との選択適用）。

| | 【改正前】 | 【改正後】 |
|---|---|---|
| 外部資本要件 | 特定新規中小企業者の特定の株主グループの有する株式の総数が発行済株式の総数の6分の5を超える会社でないこと。 | 特定新規中小企業者の特定の株主グループの有する株式の総数が発行済株式の総数の20分の19を超える会社でないこと。 |
| 都道府県知事へ提出する添付書類 | ① 株式の発行を決議した株主総会の議事録の写し、取締役会の決定があったことを証する書面又は取締役会の議事録の写し<br>② 個人が取得した株式の引受けの申込又はその総数の引受けを行う契約を証する書面<br>③ 設立の日における貸借対照表<br>④ 税理士が署名した法人税の確定申告書に添付された別表一の写し及び事業等の概況に関する書類の写し | 左記に掲げる書類については、添付を要しなくなりました。 |

【適用時期】令和5年4月1日以降の再投資から適用

**5．ストックオプション税制の見直し**
☞187頁

ストックオプション税制の適用要件について、一定の株式会社※が付与する新株予約権について権利行使期間が延長されます。

| | 【改正前】 | 【改正後】 |
|---|---|---|
| 権利行使期間の上限 | 権利行使は付与決議の日から2年を経過した日から10年を経過する日までに行わなければならない | 権利行使は付与決議の日から2年を経過した日から15年を経過する日までに行わなければならない |

※ 一定の株式会社とは、付与決議の日において、設立の日以後の期間が5年未満の株式会社で、金融商品取引所に上場されている株式等の発行者である会社以外の会社であることその他の要件を満たすものをいいます。

IX

**【適用時期】令和5年4月1日以後に行われる付与決議に基づき締結される契約により与えられるストックオプションについて適用**

**6. 極めて高い水準にある高所得者層に対する負担の適正化**
☞314頁

　税負担の公平性の確保の観点から、極めて高い水準にある高所得者層に対する負担の適正化のための措置が設けられます。
　その年分の基準所得金額から3億3,000万円を控除した金額に22.5％の税率を乗じた金額がその年分の基準所得税額を超える場合には、その超える金額に相当する所得税が課税されます。

**【適用時期】令和7年分以降の所得税より適用**

**7. 特定非常災害に係る損失の繰越控除の見直し**
☞229・240頁

　特定非常災害による【住宅・家財等の損失】について、1年間で控除しきれない損失額（雑損失の金額）の繰越控除期間を3年間から5年間へと延長されました。
　特定非常災害による【純損失】につき、以下の場合には、次の損失額について繰越控除期間を3年間から5年間へと延長します。
① 保有する事業用資産等のうち、特定非常災害に指定された災害により生じた損失（特定被災事業用資産の損失）の割合が10％以上である場合
　・青色申告者についてはその年に発生した純損失の総額
　・白色申告者については被災事業用資産の損失の金額と変動所得に係る損失の金額の合計額
② 特定被災事業用資産の損失の割合が10％未満の場合には、特定被災事業用資産の損失による純損失の金額

**【適用時期】令和5年4月1日以後の特定非常災害に係る雑損失等について適用**

**8. 空き家に係る譲渡所得の3,000万円特別控除の特例の見直し延長**
☞154頁

| | 内　容 |
|---|---|
| 制度の概要 | 被相続人の居住の用に供していた一定の家屋を相続等した相続人等が、相続開始の日から3年を経過する日の属する年の12月31日までに、当該家屋（耐震性のない場合は、耐震リフォームをしたものに限り、その敷地を含む。）又は除却後の土地について、一定の譲渡をした場合には、その譲渡所得の金額から最高3,000万円を控除することができます。 |
| 見直し | 次の措置を講じた上、その適用期間が令和9年12月31日まで延長されます。<br>① 買主がその家屋の耐震改修工事又は除却工事を行う場合も適用対象に追加。本特例の適用対象となる相続人が、相続若しくは遺贈により取得をした被相続人居住用家屋の一定の譲渡又は当該被相続人居住用家屋とともにする当該相続若しくは遺贈により取得をした被相続人居住用家屋の敷地等の一定の譲渡をした場合において、当該被相続人居住用家屋が当該譲渡の時から当該譲渡の日の属する年の翌年2月15日までの間に次に掲げる場合に該当することとなったときも適用ができることとする。<br>　イ　耐震基準に適合することとなった場合<br>　ロ　その全部の取壊し若しくは除却がされ、又はその全部が滅失をした場合<br>② 特別控除額の制限<br>　　相続又は遺贈による被相続人居住用家屋及び被相続人居住用家屋の敷地等の取得をした相続人の数が3人以上である場合における特別控除額を2,000万円とする。 |

**【適用時期】令和6年1月1日以後に行う被相続人居住用家屋又は被相続人居住用家屋の敷地の譲渡について適用**

9．低未利用土
地等を譲渡し
た場合の長期
譲渡所得の
100万円特別
控除の見直し
延長
☞152頁

　低未利用土地等とは、居住の用、事業の用その他の用途に利用されず、又はその利用の程度がその周辺の地域における同一の用途若しくは、これに類する用途に利用されている土地の利用の程度に比し、著しく劣っている土地や当該低未利用土地の上に存する権利のことをいいます。
　低未利用土地等を譲渡した場合の長期譲渡所得の100万円特別控除について、一定の要件の見直しの上、その適用期限が3年延長されます。

|  | 【改正前】 | 【改正後】 |
|---|---|---|
| 譲渡後の利用要件 | 譲渡後の利用用途は問わない | 左記からコインパーキングを除外 |
| 譲渡金額 | 都市計画区域内にある低未利用土地等については、譲渡対価が500万円以下であること | 一定の区域内にある低未利用土地等については、譲渡対価が800万円以下であること |

【適用時期】令和5年1月1日以後に行う低未利用土地等の譲渡について適用

## 本 書 の 特 徴

- 巻頭にある「申告書作成のためのフローチャート」で、申告書の作成に必要な項目を探せるようにしました。

- 申告書の作成に際してどのような申告書式を使用して、どのような順番で申告書を作成すればよいかがわかるように、できるかぎり「申告書」や「明細書」等の書式を掲載し、その手順を図解することにより、確定申告書の作成の概要を理解できるようにしました。

- 「所得税のポイント」や「誤りやすい事項」について、各章ごとに「チェックポイント」を掲載し、申告書作成後の確認用としてお使いいただけるようにしました。

- 参考になると思われる【質疑応答】や各種の情報、FAQなどの【参考資料】をQRコード（国税庁ホームページ）で確認できるようにしました。

　本書に掲載した方がよいと思われるチェック項目等がありましたら、メール等でご意見をいただければ、来年度の改訂版の参考とさせて頂きたいと考えております。

> 　確定申告書等の様式は、令和 5 年 7 月31日現在に公表されているもので解説しています。申告にあたっては、新書式等の公表・配布により本書の解説と異なる場合がありますのでご注意ください。

## 法令略語

本書で使用している法令略語は次のとおりです。

| | | | | |
|---|---|---|---|---|
| 所得税法 | 法 | | 東日本大震災の被災者等に係る国税関係法律の臨時特例に関する法律 | 震災特例法 |
| 所得税法施行令 | 令 | | 東日本大震災の被災者等に係る国税関係法律の臨時特例に関する法律施行規則 | 震災特例規 |
| 所得税法施行規則 | 規 | | 東日本大震災からの復興のための施策を実施するために必要な財源の確保に関する特別措置法 | 復興財確法 |
| 所得税基本通達 | 基通 | | | |
| 相続税法 | 相法 | | | |
| 相続税法施行令 | 相令 | | 国税関係法令に係る情報通信技術を活用した行政の推進等に関する省令 | オン化省令 |
| 相続税法施行規則 | 相規 | | 新型コロナウイルス感染症等の影響に対応するための国税関係法律の臨時特例に関する法律 | 新型コロナ税特法 |
| 相続税法基本通達 | 相基通 | | | |
| 消費税法基本通達 | 消基通 | | | |
| 法人税法 | 法法 | | 新型コロナウイルス感染症等の影響に対応するための国税関係法律の臨時特例に関する法律施行令 | 新型コロナ税特令 |
| 法人税基本通達 | 法基通 | | | |
| 租税特別措置法 | 措法 | | | |
| 租税特別措置法施行令 | 措令 | | 新型コロナウイルス感染症等の影響に対応するための国税関係法律の臨時特例に関する法律施行規則 | 新型コロナ税特規 |
| 租税特別措置法施行規則 | 措規 | | | |
| 租税特別措置法関係通達 | 措通 | | | |
| 減価償却資産の耐用年数等に関する省令 | 耐令 | | 内国税の適正な課税の確保を図るための国外送金等に係る調書の提出等に関する法律 | 国外送金法 |
| 国税通則法 | 通則法 | | | |
| 災害被害者に対する租税の減免、徴収猶予等に関する法律 | 災害減免法 | | | |

なお、年度改正時の法令については、次の例のように表示しています。

| | | |
|---|---|---|
| 所得税法等の一部を改正する法律（令和5年法律第3号） | | 改正法 |
| 所得税法施行令の一部を改正する政令（令和5年政令第134号） | | 改正所令 |
| 租税特別措置法施行令等の一部を改正する政令（令和5年政令第145号） | | 改正措令 |
| 所得税法施行規則の一部を改正する省令（令和5年財務省令第12号） | | 改正所規 |
| 租税特別措置法施行規則等の一部を改正する省令（令和5年財務省令第19号） | | 改正措規 |

# 1-1 納税義務者

## 1 納税義務者の概要

　所得税の納税義務者は、原則として個人ですが、法人や人格のない社団等も特定の所得（例えば、利子・配当など源泉徴収の対象となる所得）については、所得税の納税義務者となります（法5）。所得税では、納税義務者（個人）を、「住所の有無」「居住期間の長さ」など居住の態様に応じて区分し、課税所得の範囲を定めています。

#### 図表1-1-1　納税義務者区分と課税所得の範囲

| 納税義務者区分 | | 定　義 | 課税所得の範囲 |
|---|---|---|---|
| 居住者 | 永住者<br>（法2①三） | 日本国内に住所[※1]を有し、又は現在まで引き続いて1年以上居所[※2]を有する個人（非永住者以外の個人） | すべての所得（全世界所得）<br>（法7①一） |
| | 非永住者<br>（法2①四） | 居住者のうち、日本の国籍を有しておらず、かつ、過去10年以内において国内に住所又は居所を有していた期間の合計が5年以内である個人 | 国外源泉所得以外の所得及び国外源泉所得で国内で支払われ又は国外から送金されたもの（法7①二） |
| 非居住者<br>（法2①五） | | 居住者以外の個人[※3] | 国内に恒久的施設[※4]を有するかどうかに応じ定められた国内源泉所得（法7①三） |

※1 「住所」とは、各人の生活の本拠をいい、客観的事実によって判定します（基通2-1）。
※2 「居所」とは、相当期間継続して居住している場所をいい、住所といえる程度に達していないものをいいます（神戸地裁平14.10.7判決（平成13年（行ウ）第9号））。
※3 具体的には、①国内で住所を有しないで、②引き続いて1年以上国内に居所を有しない者をいいます。
※4 「恒久的施設」とは事業を行う一定の場所等をいい、一般に「PE（Permanent Establishment）」と略称され、次の3つの種類に区分されています。
　① 非居住者等の国内にある事業の管理を行う場所、支店、事務所、工場、作業場若しくは鉱山その他の天然資源を採取する場所又はその他事業を行う一定の場所
　② 非居住者等の国内にある建設、据付けの工事又はこれらの指揮監督の役務の提供で1年を超えて行う場所
　③ 非居住者等が国内に置く代理人等で、その事業に関し、反復して契約を締結する権限を有し、又は契約締結のために反復して主要な役割を果たす者等の一定の者

## 2 非居住者の課税関係

　非居住者の詳しい課税関係については「7　非居住者」編（381頁）を参照してください。

1-2　納税地

# 1-2　納税地

　納税地とは、納税者が申告、申請、届出や納税をすべき管轄の基準となる場所をいいます。

　所得税法では、納税地を、国内に住所等を有するかどうかにより、それぞれ次のように定めています（法15、16）。

図表1-2-1　納税地の判定

| 判　定　基　準<br>（①～⑦の順番に従って判定） | 納　税　地 | | 納税者<br>区分 |
| --- | --- | --- | --- |
| | 原　則 | 特　例 | |
| ①　国内に住所を有する場合（法15一） | 住所地 | 居所、事業場等を納税地として選択する場合 | 居住者 |
| ②　居所を有している場合（法15二） | 居所地 | | |
| ③　国内に恒久的施設（事務所、事業所など）を有する場合（法15三） | 事務所等の所在地 | | 非居住者 |
| ④　かつて住所又は居所を有していた場所に親族等が現在居住している場合（法15四） | 当時の住所地、居所地 | | |
| ⑤　国内にある不動産（船舶又は航空機は除く。）の貸付け等の対価を受ける場合（法15五） | その資産の所在地 | | |
| ⑥　納税地を定められていた者がいずれにも該当しなくなった場合（令54一） | 該当しないこととなった時の直前の納税地 | | |
| ⑦　納税地を選択した場合（令54二） | その者の選択した場所 | | |
| ⑧　上記以外の場合（令54三） | 麹町税務署<br>管轄区域内の場所 | | |

　（注）　従来、納税者の転居等により納税地の異動等があった場合は「納税地の異動又は変更に関する届出書」を遅滞なく異動・変更前の納税地の所轄税務署に提出しなければならないこととされていましたが、令和5年1月1日以降は、申請等の簡素化を図る観点から、納税地の異動等があった場合でもその届出書の提出は不要とされました（異動・変更後の納税地を記載した確定申告書等をその納税地の所轄税務署に提出することで納税地の異動等は把握可能であるとしています。）。

　　　　なお、所轄税務署から各種文書の送付先の変更等のため、年の途中で納税地の異動等をする意思があるときは異動又は変更後の所轄税務署に「納税地の異動又は変更に関する申出書」を提出することができます。

## 納税地のチェックポイント

☐ 死亡した者の申告について、相続人の住所地を納税地としている。
☞ 死亡した者に係る納税地は、死亡した人の死亡時における住所地等となります。

☐ 振替納税を行っている者が他の税務署管内へ異動したので、「納税地の異動又は変更に関する申出書」を提出するとともに異動後の所轄税務署へ「振替納税に係る依頼書」も提出が必要と考えている。
☞ 異動後の所轄税務署で引き続き振替納税を行う場合は、確定申告書の「振替継続希望」欄に「○」の記入又は「納税地の異動又は変更に関する申出書」の振替納税に関する事項欄にその旨の「○」を記入することで、可能となります。

☐ 国内に住所を有しない者が納税管理人を定め、納税管理人の住所地を納税地としている。
☞ 納税管理人の住所地を納税地とすることはできません。納税者の納税地とされる場所（図表1-2-1参照）が納税地となります。

☐ 貸付けに係るアパートの所在地を納税地としている。
☞ 賃貸しているアパート等の所在地は「事業場等」には該当しません。ただし、その人の不動産の貸付けが事業と称するに足りるものであり、かつ、その貸付けのための管理事務所等を有するような場合は、その管理事務所等の所在地を「事業場等」として納税地とすることができます。

☐ 事業所納税をしていた者が法人成り後も、その事業所を納税地としている。
☞ 法人成り後はその事業所は個人の事業所でありませんので、原則どおり住所地が納税地となります。

1-3　非課税所得

# 1-3　非課税所得

## 1　非課税所得の概要

　所得税は、原則として、居住者が得たすべての所得に対して課税されますが、一定の所得については、社会政策その他の見地から課税されないものがあり、これを非課税所得といいます。

　非課税所得は、課税されない反面、この所得から生じる赤字は、なかったものとされます。

　たとえば、家具、衣類など生活に通常必要な動産を譲渡して得た所得は、非課税ですが、譲渡損失が出た場合にも、その損失はなかったものとされ、他の所得から差し引くことはできません（法9）。非課税となる所得は、「所得税法」や「租税特別措置法」で規定されているものと、「その他の法律」により非課税とされるものがあります。

### 図表1-3-1　所得税が課税されない主な所得（非課税）

| 根拠法令 | 非課税となる具体的な所得の内容 |
|---|---|
| 所得税法により非課税とされるもの | ① 当座預金の利子<br>② 相続、遺贈又は個人からの贈与による所得<br>　（注）相続税、贈与税の課税対象になります。<br>③ 増加恩給・傷病賜金・遺族年金・障害者年金<br>④ 生活用動産の譲渡によって生ずる所得（ガレージセール、ネットオークション）<br>　（注）貴金属（製品）や美術品等で1個又は1組の価額が30万円を超えるものなど生活に通常必要でない動産の譲渡による所得は譲渡所得に該当します。<br>　　　なお、生活用動産を継続的に譲渡している場合、その動産が「（準）棚卸資産」と認定され事業所得又は雑所得とされるケースがあります。<br>⑤ 損害保険金、損害賠償金、慰謝料（交通事故の慰謝料や見舞金）<br>⑥ 葬祭料、香典など<br>　（注）社会の常識に照らして高額であると認められるものは贈与税が課税されます。<br>⑦ 障害者等の少額預金の利子所得等（元本等の合計額が350万円以下）<br>⑧ 文化功労者が受ける年金、ノーベル賞などの金品<br>⑨ 学資金及び法定扶養料<br>⑩ 資力喪失者の強制換価手続等による資産の譲渡所得<br>⑪ 給与所得者の受ける職務上必要な給付<br>⑫ オリンピック及びパラリンピックの成績優秀者に交付される一定の金品<br>⑬ 小中学校等の児童又は生徒が、その学校長の指導を受けて預入等をした預貯金等の利子等 |
| 租税特別措置法により非課税とされるもの | ① 障害者等の少額公債の利子（額面金額の合計額が350万円以下）<br>② 納税準備預金、勤労者財産形成住宅貯蓄・年金貯蓄の利子所得等<br>③ 特定寄附信託契約による信託財産につき生ずる公社債の利子等<br>④ 全国健康保険協会（協会けんぽ）等の被保険者が受ける附加的給付等<br>⑤ 一定の要件を満たす税制適格ストックオプションの権利行使に係る経済的利益<br>⑥ 国等に対して財産を寄附した場合の譲渡所得等<br>⑦ 国等に対して重要文化財等を譲渡した場合の譲渡所得等<br>⑧ 相続した財産を物納した場合の譲渡所得及び山林所得<br>⑨ 非課税口座内の少額上場株式等に係る配当所得及び譲渡所得<br>⑩ 臨時福祉給付金、子育て世帯臨時特別給付金、年金生活者等支援臨時福祉給付金 |

| | | |
|---|---|---|
| その他の法律により非課税とされるもの | ① 雇用保険法（第12条）の失業給付 | |
| | ② 雇用対策法（第22条）により支給される職業転換給付金 | |
| | ③ 健康保険法（第62条）、介護保険法（第26条）、国民健康保険法（第68条）により支給される保険給付 | |
| | ④ 厚生年金保険法（第41条）の遺族年金、障害手当金等の保険給付 | |
| | ⑤ 国民年金法（第25条）の給付（老齢基礎年金及び付加年金を除く） | |
| | ⑥ 労働者災害補償保険法（第12条の6）の保険給付 | |
| | ⑦ 生活保護法（第57条）により支給される保護金品 | |
| | ⑧ 児童福祉法（第57条の5）、児童手当法（第16条）により支給される金品 | |
| | ⑨ 母子保健法（第23条）により支給される未熟児の養育医療費又は金銭の給付等 | |
| | ⑩ 災害弔慰金の支給に関する法律（第6条）により支給を受ける災害弔慰金 | |
| | ⑪ じん肺法（第36条）により支給を受ける転換手当 | |
| | ⑫ 当せん金付証票（宝くじ）法（第13条）の当せん金品 | |
| | 　（注）　外国の宝くじは非課税となりません。 | |
| | ⑬ スポーツ振興投票の実施等に関する法律（第16条）による払戻金（サッカーくじ） | |
| | ⑭ 証人等の被害についての給付に関する法律（第11条）により支給を受ける金品 | |
| | ⑮ 確定拠出年金法（第32条第2項）の障害給付金 | |
| | ⑯ 特定定額給付金事業費補助金を財源として給付される給付金（新型コロナ税特法4①一） | |
| | ⑰ 子育て世帯臨時特別給付金事業費補助金を財源として給付される給付金（新型コロナ税特法4①二） | |

## 2　誤りやすい非課税所得の取扱い

　生命保険金や損害保険金を受領した場合や生活用動産を譲渡した場合の「課税」、「非課税」の判定について整理した図表を次に掲載しましたので参考にしてください。

### 図表1-3-2　生命保険金を受領した場合の課税関係

| 保 険 契 約 等 関 係 者 | | | 保 険 事 故 等 区 分 | | |
|---|---|---|---|---|---|
| 保険料負担者 | 被保険者 | 保険金等受取人 | 傷　害 | 死　亡 | 満　期 |
| A | A | A | 非課税 | | 一時所得※2 |
| A | B | A | 一時所得※1 | 一時所得※2 | |
| A | A | B | | 相続税 | 贈与税 |
| A | B | B | 非課税 | | |
| A | B | C | 一時所得※1 | 贈与税 | 贈与税 |
| A　1/2<br>C　1/2 | A | B | | 相続税<br>贈与税 | |
| 法　人 | 従業員 | 従業員又はその親族 | 非課税※3 | 相続税 | 一時所得※3 |

※1　保険金受取人が被保険者の一定の親族の場合は非課税となります。
※2　保険金を年金で受領した場合には、雑所得となります。
※3　保険金受取人が法人で、その保険金が従業員の退職金や支払うべき給与、賞与などに充当された場合には、退職所得や給与所得となります。

1-3　非課税所得

図表1-3-3　損害賠償金等を受領した場合の課税関係

| 取　得　原　因 | | | 課非判定 | 具　　体　　例 |
|---|---|---|---|---|
| 債務不履行により受ける損害賠償金等 (法36) | | | 課　税 | 違約金、遅延利息 |
| 必要経費に算入される金額を補填するために受ける損害賠償金 (令30) | | | | 従業員の給料、一時借店舗の賃借料、その他通常の維持管理費用などを補填するもの |
| 身体の傷害又は心身に加えられた損害につき受ける損害賠償金 | 給与又は収益の補償 (令30) | | 非課税 | 給与所得者が加害者から受ける給与の補償料及び事業所得者が加害者から受ける収益の補償料 |
| | 慰謝料その他精神的補償料など (令30一) | | | 示談金、慰謝料 |
| | 見舞金 (令30三) | | | いわゆる災害見舞金で相当なもの |
| 資産の損害につき受ける損害賠償金等 | 棚卸資産などの収入金額に代わる性質を有するもの (令94①一) | | 課　税 | 棚卸資産の火災保険金、特許権の侵害による補償金 |
| | 店舗、車両等の固定資産 | 収益の補償 (令94①二) | | 復旧期間中の休業補償金（資産の破損等によりその期間の補償として受けるもの） |
| | | 資産そのものの損害の補償 補償を約したもの (令95) | | 収用等により漁業権、水利権等が消滅することにより受けるもの |
| | | 資産そのものの損害の補償 不法行為によるもの・突発的なもの (令30二) | 非課税 | 店舗の損害により受ける損害賠償金、火災保険金。ただし必要経費に算入される金額を補填する部分を除きます。 |
| | 見舞金 (令30三) | | | いわゆる災害見舞金で相当なもの |

図表1-3-4　生活用動産等を譲渡した場合の課税関係

| 売　却　資　産 | 具　体　例 | 所得税法上の取扱い | |
|---|---|---|---|
| | | 売却益 | 売　却　損 |
| 生活に通常必要な動産 (生活必需品) (法9①九) | 家財道具、衣類、通勤用自動車等 | 非課税 | 一切生じなかったものとされます。 |
| 生活に通常必要でない動産 (ぜいたく品) (令25) | 高級外車、ヨットなどのほか、生活に通常必要な動産で30万円を超える貴金属、書画骨董等 | 課　税 | 他の所得から控除することはできないが、同一区分の総合譲渡所得等から控除することができます。 |
| 事業用資産 (法33) | 事業で使用している自動車、パソコン等 | 課　税 | 他の所得から控除することができます。 |

6

## 図表1-3-5　新型コロナウイルス感染症等で国等から支給される主な助成金の課税関係

| 課非判定 | 助成金等の種類 |
|---|---|
| 非課税 | ・特別定額給付金<br>・子育て世帯への臨時特別給付金<br>・新型コロナウイルス感染症対応休業支援金、同休業給付金<br>・学生支援緊急給付金<br>・低所得のひとり親世帯への臨時特別給付金<br>・住民税非課税世帯等に対する臨時特別給付金<br>・新型コロナウイルス感染症生活困窮者自立支援金<br>・新型コロナウイルス感染症対応従事者への慰労金<br>・企業主導型ベビーシッター利用者支援事業の特例措置における割引券<br>・東京都のベビーシッター利用者支援事業の特例措置における助成　など |
| 課税 | ［事業所得］<br>・持続化給付金・事業復活支援金（事業所得者）<br>・感染拡大防止協力金<br>・雇用調整助成金<br>・小学校休業等対応助成金（支援金）<br>・家賃支援給付金<br>・小規模事業者持続化給付金<br>・医療機関、薬局等における感染拡大防止等支援事業の助成金　など<br><br>［一時所得］<br>・持続化給付金・事業復活支援金（給与所得者）<br>・Go Toトラベル事業における給付金（旅行代金割引、地域クーポンなど）<br>・Go Toイート事業における給付金（食事代金割引、ポイントなど）<br>・Go Toイベント事業における給付金（ポイント、クーポンなど）<br><br>［雑所得］<br>・持続化給付金・事業復活支援金（雑所得者） |

## 【質疑応答】誤りやすい非課税所得の取扱い

☐　**従業員に貸与した奨学金の返済を免除した場合の経済的利益**

　従業員の高度な知識の習得を目的として、当社が指定する資格の取得を希望する当社が承認した従業員に対し、専門学校等に当社が授業料等を直接払い込むことにより奨学金を貸与することとしています。本件奨学金は無利息で、貸与を受けた従業員は、資格取得後、一定期間当社で勤務することにより、その勤務期間に応じて全部又は一部の返済を免除されることになっており、免除を受けた従業員の給与が減額されることもありません。この場合、奨学金の返済を免除された従業員が受ける経済的利益は、非課税として取り扱ってよいでしょうか。

⇒　返済免除による経済的利益については、非課税として取り扱って差し支えありません。

☐　**奨学金の返済に充てるための給付は「学資に充てるため給付される金品」に該当するか**

　A県は、B財団から奨学金の貸与を受けている学生を対象として、卒業後にA県内の企業に就職し、2年間勤務するなどの一定の要件を満たした場合に、本件奨学金の返済に充てるための支援金を給付する制度を設けています。この場合、支援対象者が給付を受ける本件支援金は、非課税所得として取り扱ってよいでしょうか。

⇒　奨学金返済のための給付金は「学資に充てるため給付される金品」に該当するものとして取り扱って差し支えありません。

## 1-3 非課税所得

☐ **外国の研究機関等に派遣される日本人研究員に対して支給される奨学金**

A委員会では、米国に留学する日本人等を対象とする奨学金制度を実施しています。この奨学金制度の一つに、日本人研究員を対象とする米国の研究機関等で単位取得を伴わない各自の研究テーマに沿った研究を行う研究員プログラムがあり、その参加者に対して奨学金を給付することとしています。この本件奨学金は、「学資に充てるため給付される金品」として、非課税所得に該当しますか。

⇒ 奨学金は、雑所得となります。

☐ **ガス爆発事故に伴い被害者が受領する損害賠償金等**

ガス爆発事故を起こしたため、施設所有者である負傷者等に対して次の損害賠償金等が支払われました。これらの金品は、課税上どのように取り扱われますか。
① 負傷者に対する支払…医療関連費用、慰謝料
② 遺族に対する支払……葬儀関連費用、慰謝料、損害賠償金

⇒ 心身に加えられた損害につき支払を受ける損害賠償金等として非課税とされます。

☐ **がん保険の健康回復給付金**

女性専用特定がん保険は、女性特有のがんにより入院し又は手術を受けた場合に、入院給付金、手術給付金のほか、健康回復給付金※が支給されます。この健康回復給付金は、所得税法上、非課税として取り扱って差し支えありませんか。

※ 被保険者が特定がんにより入院した後、療養するために退院したとき及び退院日から2年間退院日の3か月毎の応当日に生存しているときに15万円を支給

⇒ 健康回復給付金は、非課税所得として取り扱って差し支えありません。

☐ **疾病により重度障害となった者以外の親族が保険金の支払を受けた場合**

甲の父親は、父親を契約者（保険料負担者）及び被保険者とし、甲を保険金受取人とする生命保険契約を締結していましたが、父親が疾病により重度障害の状態になったことから、甲が保険会社から受け取った高度障害保険金の課税関係はどのようになりますか。

⇒ 重度障害となった者と生計を一にする親族が受け取った高度障害保険金は、非課税所得となります。

☐ **リビング・ニーズ特約に基づく生前給付金**

リビング・ニーズ特約※に基づく保険金（生前給付金）は、非課税所得として取り扱って差し支えありませんか。

※ 被保険者の余命が6か月以内と診断された場合に、主契約の死亡保険金の一部又は全部を生前給付金として支払う保険特約。

⇒ 非課税所得として取り扱って差し支えありません。

☐ **介護休業を取得した従業員に保険会社から支払われる所得補償保険金**

被保険者である従業員が、介護休業を取得したことにより損害（所得喪失）を被った場合に、その補填として、保険会社から従業員に対して毎月一定額の所得補償保険金を直接支払う場合、本件保険金に係る課税上の取扱いはどのようになりますか。

⇒ 所得補償保険金は、被保険者である従業員の雑所得となります。

☐ **地方公共団体が支給する少子化対策のための助成金等**

A市では、少子化社会対策基本法を背景とした条例及び規則に基づき、A市に居住する住民に対して次の内容の助成金等を支給することとしていますが、所得税法上どのように取り扱われますか。

1．不妊治療費に係る助成金

不妊治療を行っている夫婦の経済的負担軽減を目的として、一の継続した不妊治療に係る費用

として一定の医療機関に支払った自己負担額に対し、一定額を支給します。
2. 医療費の窓口支払免除又は医療費の支払に係る助成金
　小児等の健康管理の向上に寄与するため、中学3年生までの子の保険診療に係る医療費として支払うべき自己負担額について、一定の医療機関の窓口における支払を免除しますが、窓口支払免除の対象者が、医療機関の窓口で医療費を支払った場合には、後日、その支払金額に相当する額を助成金として支給します。
⇒ 不妊治療費助成金及び医療費助成金のいずれも、非課税所得として取り扱われます。

☐ **地方公共団体が要介護者と同居する家族へ支給する手当金**
　A市では、条例に基づき、介護保険法の要介護2以上の認定を受けている在宅の第1号被保険者を介護している同居家族に対して、家族介護者支援手当※を支給することとしていますが、所得税法上、どのように取り扱われますか。なお、この家族介護者支援手当は、介護保険法上、非課税とされる市町村特別給付には該当しません。

※　在宅要介護者が、6か月以上介護保険を利用していない場合、介護保険給付の受給者1人当たりのA市負担額をベースに算出され、在宅要介護者1名につき月額5,000円から10,000円を支給開始月から、受給資格が消滅した日の属する月まで支給。

⇒ 家族介護者支援手当については、非課税所得として取り扱って差し支えありません。

☐ **債務返済支援保険の保険金**
　「債務返済支援保険」は、団体長期障害所得補償保険の特約として、金融機関が住宅ローン債務者のローン返済支援を目的に締結するものです。保険契約者は金融機関、被保険者及び保険金受取人は住宅ローン債務者となり、保険金は住宅ローン債務者が30日を超えて病気・けがで入院した場合に、一回の入院で最長25か月にわたってローン返済金相当額が支払われます。住宅ローン債務者が受け取る当該保険金は、非課税と取り扱って差し支えありませんか。

⇒ 原則として、病気・けがで入院したことにより支払われる保険金は、非課税とされます。

☐ **施工不良に伴う耐震補強工事により損害賠償金として受領する仮住まい補償金**
　新築当時の建築基準法に規定されていた耐震基準を満たしておらず、施工業者は、耐震補強工事の実施のため、マンションの居住者に一時的な退去を依頼するとともに、その居住者に対し、損害賠償金として①仮住まい先への転居に必要な移転費用相当額、②転居後の家賃相当額及び③仮住まい先からマンションへの転居に必要な移転費用相当額の補償金を支払うこととしました。上記の補償金の課税関係はどのようになりますか。

⇒ 補償金については非課税となります。

☐ **被害者参加人に支給される被害者参加旅費等**
　「犯罪被害者等の権利利益の保護を図るための刑事手続に付随する措置に関する法律」に基づき、その出席に係る旅費、日当及び宿泊料が支給されますが、この被害者参加旅費等の所得区分はどのように取り扱われますか。

⇒ 被害者参加旅費等は雑所得の収入金額になりますが、交通費、宿泊代金等の公判期日等の出席に要した費用は必要経費に算入されます。

1-3 非課税所得

## 非課税所得のチェックポイント

☐ 雇用保険の失業給付を雑所得として申告している。
　☞ 雇用保険の失業給付は非課税となります（図表1-3-1参照）。

☐ 外国で購入した宝くじの当選金を非課税としている。
　☞ 非課税となる宝くじは、国内で発行されているものだけです（図表1-3-1参照）。外国で購入した宝くじの当選金は、原則として一時所得となります。

☐ オリンピックの水泳競技で金メダルとなりJOC（日本オリンピック委員会）から500万円、所属している企業から1,000万円を受け取ったが全て非課税になるとしていた。
　☞ JOCからの報奨金500万円は非課税となりますが（法9①十四）、雇用関係のある所属企業からの1,000万円は給与所得となります。

☐ 遺族年金を公的年金等に係る雑所得としている。
　☞ 遺族年金（死亡した者の勤務に基づいて支給されるもの又は各社会保障制度に基づいて支給されるもの）は非課税となります（法9①三ロ、基通9-2）。

☐ ネットオークションで不要となった生活用品を譲渡した所得について申告をしている。
　☞ 生活に必要な資産を譲渡した所得は、非課税となります。ただし、継続的に販売する場合は、事業所得又は雑所得となる場合があります（図表1-3-1参照）。

☐ 産科医療補償制度の補償金を一時所得として申告している。
　☞ 損害保険契約に類するものと認められ、非課税となります（国税庁文書回答事例）。

☐ 給与所得者が、交通費込みで給与の支給を受けている場合、交通費部分を非課税扱いとしている。
　☞ 通勤手当が非課税とされるのは、通常の給与に加算して支給されるもので、最も経済的かつ合理的と認められる通常の通勤経路及び方法による運賃等の額となります（法9①五、令20の2）。したがって、交通費込みで給与の支給を受けている場合には、全額が給与収入となります。

☐ 求職者支援制度に基づき、特定求職者が一定の要件を満たす場合に厚生労働省から支給される「職業訓練受講給付金」について雑所得として申告している。
　☞ この給付金は、職業訓練の実施等による特定求職者の就職の支援に関する法律により支給されるものであり、非課税となります。

☐ 妻が交通事故に遭い、夫が契約している損害保険から夫が保険金を受領した場合、課税扱いとして申告している。
　☞ 身体の傷害に基因して支払を受ける損害保険金や給付金は、自己の身体の傷害に基づくものは非課税とされていますが（令30一）、身体に傷害を受けた者と保険金等を受領する者が異なる場合は、非課税の規定の適用がありません。ただし、そのような場合であっても、身体に傷害を受けた者の配偶者若しくは直系尊属又は生計を一にする親族が支払を受けるときは、その保険金等は非課税として取り扱うことになります（基通9-20）。

☐ 子宮頸がん等ワクチン接種による健康被害者が予防接種リサーチセンターから受給する健康管理支援手当を課税扱いとして申告している。
　☞ 「身体の傷害に基因して支払を受ける保険金等」に類するものとして、非課税となります。

**10**

□ 交通事故で受領した損害賠償金のうち、従業員の給与に対する補償金も非課税としている。

☞ 必要経費に算入される金額を補填するために受ける損害賠償金は非課税とはなりません。

□ 店舗に車が飛び込み受領した損害賠償金をすべて非課税としている。

☞ 店舗の損害に対するものは非課税となりますが、店舗にあった棚卸資産に対するものは、事業所得の収入金額となります。

□ 父の死亡により受領した保険金は、父が生前契約し保険料も支払っていたにもかかわらず、一時所得として申告している。

☞ 相続税の課税対象となりますので、所得税は非課税となります。

□ 就職チャレンジ支援事業における受講奨励金を非課税としている。

☞ この奨励金は雑所得となります。なお、職業訓練を受けるため直接に要した費用（交通費等）は必要経費に算入されます。

□ 新型コロナウイルス感染症等の影響で国から支給を受ける特別定額給付金（1人当たり100,000円）は非課税であることから、地方公共団体から支給される各種の給付金も全てが非課税になるとしていた。

☞ 地方公共団体が独自に支給する給付金も含め新型コロナウイルスに伴う給付金が全て非課税になるものではなく個別に検討する必要があります。

# 1-4 所得税の計算

## 1 所得税の計算の概要

所得税の計算の概要は、次のようになります。

| 各種所得の金額の計算 | 1年間に得た収入から、非課税所得を除いて、その収入を各種所得に分類します。そして、それぞれの所得ごとに収入金額から必要経費を控除します。 |

↓

| 課税所得金額の計算 | 「各種所得の金額」に基づいて総所得金額等を計算します。この際、損益通算や純損失等の繰越控除の適用がある場合には、これらを適用し、その金額から所得控除額を差し引きます。 |

↓

| 所得税額の計算 | 課税所得金額に税率を乗じて所得税額を計算します。 |

↓

| 申告納税額の計算 | 所得税額から各種税額控除等を差し引き、復興特別所得税を加算した上で、源泉徴収税額、予定納税額を控除して、所得税の納付（還付）税額を計算します。 |

図表1-4-1　所得税の計算の概要

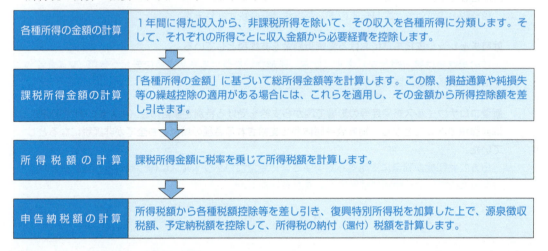

## 2 各種所得の金額の計算

　1年間に得た収入から、非課税所得を除いて、課税の対象となる収入を抽出し、それらの収入を各種所得に分類します。そして、それぞれの所得ごとに収入金額から必要経費を控除し、各種所得の金額を計算します。各種所得の金額の計算概要は次のとおりです。

図表1-4-2　各種所得の計算式の概要

| 区　分 | 所　得　金　額　の　計　算　式 | 掲載頁 |
|---|---|---|
| 利 子 所 得 | 収入金額　＝　利子所得の金額 | 204頁 |
| 配 当 所 得 | 収入金額　－　元本を取得するために要した負債利子の額　＝　配当所得の金額 | 198頁 |
| 不 動 産 所 得 | 総収入金額　－　必要経費　＝　不動産所得の金額[※1] | 108頁 |
| 事 業 所 得[※4] | 総収入金額　－　必要経費　＝　事業所得の金額[※1] | 72頁 |
| 給 与 所 得 | 収入金額　－　給与所得控除額[※2]　＝　給与所得の金額 | 51頁 |
| 退 職 所 得 | (収入金額　－　退職所得控除額)×　1/2[※3]　＝　退職所得の金額 | 207頁 |
| 山 林 所 得 | 総収入金額　－　必要経費　－　特別控除額　＝　山林所得の金額[※1] | 218頁 |
| 譲 渡 所 得[※4] | 総収入金額　－(取得費＋譲渡費用)－　特別控除額　＝　譲渡所得の金額 | 134頁 |
| 一 時 所 得 | 総収入金額　－　収入を得るために支出した金額　－　特別控除額　＝　一時所得の金額 | 128頁 |
| 雑 所 得[※4] | $\left(\begin{array}{l}\text{公的年金等}\\\text{の収入金額}\end{array}-\begin{array}{l}\text{公的年金}\\\text{等控除額}\end{array}\right)+\left(\begin{array}{l}\text{公的年金等以外}\\\text{の総収入金額}\end{array}-\text{必要経費}\right)=$　雑所得の金額 | 61頁 |

※1　青色申告者には青色申告特別控除の適用があります。
※2　一定の場合には、特定支出控除の制度を受けられます。
※3　特定役員退職手当等又は短期退職手当等のうち300万円を超える部分は、1/2にすることはできません。
※4　譲渡所得のうち「土地建物等の譲渡による所得（146頁参照）」や事業所得、譲渡所得又は雑所得のうち「株式等の譲渡による所得（181頁参照）」及び「雑所得のうち先物取引から生じる所得（67頁参照）」については、分離課税として計算します。

## 1-4　所得税の計算

### 図表1-4-3　所得区分の五十音順判定表

| あ |
|---|
| アジア開発銀行債・アフリカ開発銀行債の利金（特定公社債として扱われ、申告不要又は申告分離課税を選択することも可）（売却損益や償還差益は申告分離課税）⇒**利子所得** |
| アパート、貸家の賃貸所得（食事を供与する場合は、事業又は雑所得）⇒**不動産** |
| 成果報酬型のインターネット広告である**アフリエイト報酬**⇒**事業所得又は雑所得** |
| アメリカの社会保障制度に基づき支払われる年金（令82の2②一、72②七）⇒**雑所得** |

| い |
|---|
| **慰安旅行**に参加できなかった従業員に支給した現金（その場合、慰安旅行に参加した従業員も同額が給与所得として課税される）（基通36-30）⇒**給与所得** |
| **E-Ship**（信託型従業員持株インセンティブプラン）により従業員等が受け取る分配金⇒**給与所得** |
| **ESOP**（株式交付信託）により従業員に自社株を交付した場合⇒**給与所得** |
| **ETF**（上場投資信託）の売却益（分配金は配当所得）⇒**分離株式** |
| **EB債**（他社株転換可能債）の売却益⇒**分離株式** |
| 雇用保険法に基づき支給される**育児休業基本給付金**【雇用継続給付】（同法12）⇒**非課税** |
| 国家公務員共済組合法（同法50）及び地方公務員等共済組合法（同法52）に基づき受ける**育児休業手当金**⇒**非課税** |
| 交通遺児育成基金から交付される**育成給付金**（法9①十五、十六、令30）（遺族一時金は相続税の対象）⇒**非課税** |
| 会社が従業員の死亡退職等により、その者の遺児に対して支給する**遺児育英資金**（法9①三、十六、令30、基通9-2）⇒**非課税** |
| **遺失物拾得者**が遺失物の所有権を取得した場合や報労金を受け取った場合（基通34-1）⇒**一時所得** |
| **石綿による健康被害の救済に関する法律**により支給される救済給付（同法29）⇒**非課税** |
| 健康保険法（同法62）、国民健康保険法（同法68）、国家公務員共済組合法（同法50）、地方公務員等共済組合法（同法52）、私立学校教職員共済法（同法25）、高齢者の医療の確保に関する法律（同法63）に基づき受ける**移送費**【短期給付】⇒**非課税** |

| 国家公務員共済組合法（同法79の4）、地方公務員等共済組合法（同法93）に基づき受ける**遺族一時金**【長期給付】⇒**非課税** |
|---|
| 国民年金法により支給される**遺族基礎年金**（同法25、133）⇒**非課税** |
| 証人等の被害についての給付に関する法律により支給を受ける**遺族給付**（同法11）⇒**非課税** |
| 労働者災害補償保険法に基づき支給を受ける**遺族給付**【通勤災害に関する保険給付】（同法12の6）⇒**非課税** |
| 警察官の職務に協力援助した者の災害給付に関する法律（同法11）、海上保安官に協力援助した者等の災害給付に関する法律（同法7）に基づき支給を受ける**遺族給付**⇒**非課税** |
| 確定給付企業年金法により支給される**遺族給付金**（確定給付企業年金法34②、法9①三ロ、十六、基通9-2、相令1の3）⇒**非課税** |
| 国家公務員共済組合法（同法50）、地方公務員等共済組合法（同法52）、私立学校教職員共済法（同法25）に基づき受ける**遺族共済年金**【長期給付】⇒**非課税** |
| 厚生年金保険法に基づき支給される**遺族厚生年金**（同法41②、136）⇒**非課税** |
| 国民年金法（同法25、133）、国家公務員共済組合法（同法50）、地方公務員等共済組合法（同法52）に基づき受ける**遺族年金**【長期給付】⇒**非課税** |
| 労働基準法に基づき支給される**遺族補償**（法9①三イ、十七、令20①二、30、基通9-1）⇒**非課税** |
| 国家公務員災害補償法に基づき支給を受ける**遺族補償**（同法30）⇒**非課税** |
| 労働者災害補償保険法に基づき支給を受ける**遺族補償給付**【業務災害に関する保険給付】（同法12の6）⇒**非課税** |
| 公害健康被害の補償等に関する法律に基づき支給される**遺族補償費、遺族補償一時金**（同法17）⇒**非課税** |
| 恩給法に基づき支給を受ける**一時恩給**（傷病賜金又は障害年金に併給されるものを含む。）（法31①）⇒**退職所得** |
| 保証期間付終身年金契約に係る保証期間部分の繰上請求による**一時金**（基通35-3）⇒**雑所得** |

1-4 所得税の計算

| | |
|---|---|
| 年金の受給開始後において、将来の年金給付の総額に代えて厚生年金基金等から支払われる一時金（老齢給付金の一部について一時金による支給を選択した場合には一時所得）（基通31-1）⇒退職所得 | 企業内退職金制度から引き続き勤務する使用人全員を企業型年金加入者として確定拠出年金制度へ移行することに伴い打切支給される退職手当等（基通30-2）⇒退職所得 |
| 独立行政法人農業者年金基金法により支給を受ける死亡一時金以外の一時金（法31一）⇒退職所得 | 労働基準法に基づき支給される打切補償（法9①三イ、十七、令20①二、30、基通9-1）⇒非課税 |
| 国家公務員共済組合法、地方公務員等共済組合法、私立学校教職員共済法に基づき受ける障害一時金、遺族一時金以外の一時金【長期給付】（法31一）⇒退職所得 | 貴金属などの売戻条件付売買の利益（法174六、措法41の10）⇒源泉分離 |

**え**

| | |
|---|---|
| 一時払養老保険の差益（保険期間5年超は一時所得）（措法41の10）⇒源泉分離 | 営業権を譲渡した場合の所得⇒総合譲渡 |
| 国際協定の締結等に伴う漁業離職者に関する臨時措置法により受給する移転費（同法9、法27）⇒非課税 | 会社が永年勤続表彰に際し、従業員に対し限定された品目の中から選択させた記念品を支給する場合（基通36-21）⇒課税不要 |
| 雇用保険法に基づき支給される移転費【就職促進給付】（同法12）⇒非課税 | エコカー補助金（業務用資産の購入により発生したものは、事業所得、不動産所得、山林所得又は雑所得）（法34、42）⇒一時所得 |
| 収用補償金のうち交付の目的に従って支出した移転補償金（交付の目的に従って支出されなかった場合又は支出後に補償金が残った場合は一時所得）（法44、34）⇒総収入金額不算入 | エコキュート補助金（業務用資産の購入により発生したものは、事業所得、不動産所得、山林所得又は雑所得）（法34、42）⇒一時所得 |
| 売買契約が解除された場合に受領する違約金（基通34-1）（業務に伴い受領するものは、事業所得又は不動産所得）⇒一時所得 | 住宅エコポイント、家電エコポイント（業務用資産の購入により発生したものは、事業所得、不動産所得、山林所得又は雑所得）（法34）⇒一時所得 |
| 建物賃貸借契約の解約に伴い家主が受領する違約金（法26、令8）⇒不動産 | デジタルアートを紐づけたNFT（非代替性トークン）の譲渡（役務提供の対価として取得した場合は、給与所得、事業所得又は雑所得）⇒雑所得（又は事業所得） |
| 医療費を補てんする保険金等（令30一、基通9-21、73-8）⇒非課税 | ＦＸ（外国為替証拠金取引）の利益（海外の証券業者との相対取引は総合雑所得）（措法41の14）⇒分離先物 |
| 季節労働者を雇用している会社が、雇用期間の終了時に季節労働者に支給する慰労金（法28、30）⇒給与所得 | ＭＲＦ、ＭＭＦ、中期国債ファンドの償還、解約益、売却益（分配金は利子所得）⇒分離株式 |
| 新型コロナウイルス感染症対応従事者への慰労金⇒非課税 | 冤罪被害により受領する補償金（令30）⇒非課税 |

**お**

| | |
|---|---|
| 雇用契約に基づき支給される結婚、出産等の祝金品等（社会通念上不相当と認められる場合は給与所得）（基通28-5）⇒課税不要 | オープン型証券投資信託（追加型）の償還、解約益、売却益（分配金は配当所得）⇒分離株式 |
| 新築や出産祝いなどの祝金品等（親族からの祝金品等で社会通念上不相当な額は贈与税）⇒非課税 | 一定のオプション取引の利益金（措法41の14、41の15）⇒分離先物 |

**う**

| | |
|---|---|
| 労使合意のみに基づき企業内退職金制度を廃止し、これまでの勤務期間に係る退職金相当額を制度廃止時に打切支給する金員（基通30-2）⇒給与所得、退職所得 | 外貨転換特約付定期預金の預入に際して受領するオプション料（預金利率に基づく利子は源泉分離課税）（法35①、23①）⇒雑所得 |
| | 遺族に支給される遺族年金や恩給遺族年金（法9①三）⇒非課税 |

**主な改正事項**

**1 所得税の概要**

**2 各種所得の計算**

**3 所得の金額と損益通算**

**4 所得控除**

**5 税額の計算**

**6 税額控除**

**7 非居住者**

**8 地方税**

15

1-4 所得税の計算

| | |
|---|---|
| 恩給法に基づき支給を受ける増加恩給、傷病賜金、傷病年金、扶助料（法9①三、令20）⇒非課税 | 外国の宝くじの当選金⇒一時所得 |
| 恩給法に基づき支給を受ける普通恩給（傷病賜金又は障害年金に併給されるものを含む。）（法35③二）⇒公的年金 | 外国の賃貸不動産投資による分配金（法27、基通36・37共-19～20）⇒不動産 |
| 恩給法に基づき支給を受ける一時恩給（傷病賜金又は障害年金に併給されるものを含む。）（法31①）⇒退職所得 | 解雇処分による紛争解決金・和解金で、未支給期間に対応する給与相当部分（遅延利息相当分は雑所得、慰謝料のうち損害賠償金は非課税、慰謝料のうち損害賠償金以外は一時所得）（法28、34、9）⇒給与所得 |
| **か** | |
| 国内銀行における外貨建てMMF、MRFの売却益⇒分離株式 | 国家公務員災害補償法に基づき支給を受ける介護保障（同法30）⇒非課税 |
| 外貨預金の利息（為替差益は雑所得）（措法3、法35）⇒源泉分離 | 労働者災害補償保険法に基づき支給を受ける介護保障給付【業務災害に関する保険給付】（同法12の6）⇒非課税 |
| 外交大使の個人的秘書（日本国民）が受領する給与（基通9-11、外交関係に関するウィーン条約34）⇒給与所得 | 勤務先から予告なしに解雇される場合に受領する解雇予告手当（基通30-5）⇒退職所得 |
| 雇用保険法に基づき支給される介護休業給付【雇用継続給付】（同法12）⇒非課税 | 土地区画整理組合から受領する解散分配金（法34）⇒一時所得 |
| 国家公務員共済組合法（同法50）、地方公務員等共済組合法（同法52）に基づき受ける介護休業手当金【短期給付】⇒非課税 | 会社が社員に対し、勤務場所での着用を義務づけた会社のシンボルマーク入りスカーフの支給（法9①六、令21二、三、基通9-8）⇒非課税 |
| 介護保険法により支給される介護給付（被保険者の要介護状態に関する保険給付）（法26）⇒非課税 | 適格退職年金制度が廃止されることにより、引き続き勤務する従業員が勤務先から受領する適格退職年金契約の解除一時金（令72③四）⇒一時所得 |
| 証人等の被害についての給付に関する法律により支給を受ける介護給付（同法11）⇒非課税 | 海上保安官に協力援助した者等の災害給付に関する法律に基づき支給される療養給付、傷病給付、障害給付、介護給付、遺族給付、葬祭給付、休業給付（同法7）⇒非課税 |
| 労働者災害補償保険法に基づき支給を受ける介護給付【通勤災害に関する保険給付】（同法12の6）⇒非課税 | 電力会社の検針員が労働組合との合意の結果受領する解約慰労金（法34）⇒一時所得 |
| 警察官の職務に協力援助した者の災害給付に関する法律（同法11）、海上保安官に協力援助した者等の災害給付に関する法律（同法7）に基づき支給を受ける介護給付⇒非課税 | 中小企業倒産防止共済契約に基づき支給される解約手当金（中小企業倒産防止共済法2②）⇒事業所得 |
| 障害者の日常生活及び社会生活を総合的に支援するための法律により支給される介護給付費【自立支援給付】（同法14）⇒非課税 | 扶養義務者から受ける学資金（勤務先からのもの（通常の給与に加算して受ける一定のものを除く。）は給与所得、業務遂行上必要なものは非課税、採用内定者に対するものは雑所得）（法9①十五）⇒非課税 |
| 外国為替証拠金取引（FX）の利益（海外の証券業者との相対取引は総合雑所得）⇒分離先物 | 国又は地方公共団体の各種委員会の委員が受領する謝金・手当等の報酬（委員会を設置した機関から他に支払われる給与、費用弁償の支給がなく、支給額が1万円以下の場合は課税不要）（基通28-7）⇒給与所得 |
| 外国上場株式、外国ETFの売却益、償還益（分配金は配当所得）⇒分離株式 | 一定の学術奨励金（法9①十三）⇒非課税 |
| 外国大使、公使及び外交官である大公使館員並びにこれらの配偶者が取得する各種所得（基通9-11、外交関係に関するウィーン条約34）（これらの方々の家族で、その世帯に属する配偶者以外の家族は課税）⇒非課税 | 新型コロナウイルス感染症緊急経済対策により学資として支給された学生支援緊急支援金（法9①15）⇒非課税 |

1-4　所得税の計算

確定給付企業年金法により支給される障害給付金（なお遺族給付金は相続税）（同法34②、法9①三ロ、十六、基通9‐2、相令1の3）⇒**非課税**

借家人が負担した火災保険契約により、家屋の所有者が受け取った保険金（法9①十七、令30二）⇒**非課税**

貸株サービスにより受領する金利及び分配金相当額（法35）⇒**雑所得**

貸付金の利息（貸金業者、事業の取引先・従業員への貸付けの場合、事業所得）（基通35‐2、27‐5）⇒**雑所得**

貸間の賃貸所得（食事を供与する場合は、事業又は雑所得）（基通26‐4）⇒**不動産**

仮想株式（ファントム・ストック相当額）により受領するキャピタルゲイン（法28）⇒**給与所得**

仮想通貨取引から生ずる所得（法27、35、36、48の2）⇒**雑所得、事業所得**

健康保険法（同法62）、国家公務員共済組合法（同法50）、地方公務員等共済組合法（同法52）、私立学校教職員共済法（同法25）に基づき受ける家族移送費【短期給付】⇒**非課税**

国家公務員共済組合法（同法50）、地方公務員等共済組合法（同法52）、私立学校教職員共済法（同法25）に基づき受ける家族慶弔金又は家族弔慰金【短期給付】⇒**非課税**

健康保険法に基づき支給を受ける家族出産育児一時金（同法62）⇒**非課税**

国家公務員共済組合法（同法50）、地方公務員等共済組合法（同法52）、私立学校教職員共済法（同法25）に基づき受ける家族出産費【短期給付】⇒**非課税**

健康保険法（同法62）、国家公務員共済組合法（同法50）、地方公務員等共済組合法（同法52）、私立学校教職員共済法（同法25）に基づき支給を受ける家族訪問看護療養費、家族埋葬料、家族療養費⇒**非課税**

カバードワラント取引による決済差金（措法41の14～41の15）⇒**分離先物**

過払金請求による返還金（還付金に付された利息は雑所得）⇒**非課税**

株価指数先物取引（オプション取引）の利益金（措法41の14～41の15）⇒**分離先物**

役員等が株式交付信託（ESOP）により株式を取得した場合⇒**給与所得**

株式指数先物取引の差益（措法41の14、41の15）⇒**分離先物**

証券会社で譲渡した上場株式等の利益（特定口座内におけるものは申告不要も可）⇒**分離株式**

一般株式等の譲渡益⇒**分離株式**

株式累積投資の譲渡益（上場株式等）（配当金は配当所得）（措法37の10、8の5、9の3）⇒**分離株式**

株主が受領する株主優待券に係る利益（基通24‐2、35‐1）⇒**雑所得**

夫を亡くした妻が受け取る寡婦年金（国民年金法25）⇒**非課税**

会社が従業員の自家用車を借り上げ、その従業員の職務遂行のために使用させる場合で、出張の旅費に代えて支払う借上料（通常必要と認められる部分以外は雑所得、またその雑所得のうち賃貸料として相当と認められない部分は給与所得）（法9①四、35、28）⇒**非課税**

外貨預金の為替差損益（外貨預金のうち、元本及び利子をあらかじめ約定した為替レートにより他の外国通貨に換算して支払われる為替差益は源泉分離）（法35、69①、174①七）⇒**雑所得**

がんと宣告されたことを保険事故として支給される保険金（基通9‐21）⇒**非課税**

新型コロナウイルス感染症緊急経済対策として東京都から支給された感染拡大防止協力金⇒**事業所得**

独立行政法人医薬品医療機器総合機構法により支給を受ける感染救済給付（同法36②）⇒**非課税**

税金還付時に付加される還付加算金（基通35‐1）⇒**雑所得**

| き |
| --- |

国会議員の歳費、旅費及び手当等に関する法律により支給される文書通信交通滞在費、議会雑費、同法第10条第1項の特殊乗車券及び航空券（同法9②、11）⇒**非課税**

保険業法第55条に基づく基金利息（法24）⇒**配当所得**

従業員への寄宿舎賃貸による収入（基通26‐8）⇒**事業所得**

雇用保険法に基づき支給される寄宿手当【求職者給付】（同法12）⇒**非課税**

障害者の日常生活及び社会生活を総合的に支援するための法律により支給される基準該当療養介護医療費【自立支援給付】（同法14）⇒**非課税**

主な改正事項

1 所得税の概要

2 各種所得の計算

3 所得の金額と損益通算

4 所得控除

5 税額の計算

6 税額控除

7 非居住者

8 地方税

1-4　所得税の計算

北朝鮮当局によって拉致された被害者等の支援に関する法律により支給された拉致被害者等給付金、滞在援助金（同法13）⇒非課税

会社が創業記念等に際して役員又は従業員に対し支給する記念品（記念品としてふさわしいものであり、かつ、処分見込み価格が１万円以下の場合）（基通36-22）⇒課税不要

所有株式数に応じて、一部の株主に対して記念品代として支払う金銭（法24①、基通24-1、24-2、会社法109）⇒配当所得

国際協定の締結等に伴う漁業離職者に関する臨時措置法により受給する技能就職手当（事業主に対して支給するものを除く。）（同法９、法27）⇒非課税

雇用保険法に基づき支給される技能習得手当【求職者給付】（同法12）⇒非課税

雇用保険法に基づき支給される基本手当（失業手当）【求職者給付】（同法12）⇒非課税

株式等の売買委託手数料のキャッシュバック（基通34-1）（株式売買等を事業として行っている場合は事業所得）⇒雑所得

証人等の被害についての給付に関する法律により支給を受ける休業給付（同法11）⇒非課税

労働者災害補償保険法に基づき支給を受ける休業給付【通勤災害に関する保険給付】（同法12の６）⇒非課税

警察官の職務に協力援助した者の災害給付に関する法律（同法11）、海上保安官に協力援助した者等の災害給付に関する法律（同法７）に基づき支給を受ける休業給付⇒非課税

労働基準法第26条の規定に基づく休業手当（国家（地方）公務員共済組合法、私立学校教職員共済法の規定による休業手当金は非課税）⇒給与所得

国家公務員共済組合法（同法50）、地方公務員等共済組合法（同法52）、私立学校教職員共済法（同法25）に基づき受ける休業手当金で組合員、加入者、その配偶者又は被扶養者の傷病、葬祭又はこれらの者に係る災害により支給を受けるもの（それ以外の事由により支給を受けるものは一時所得又は雑所得）⇒非課税

国家公務員災害補償法に基づき支給を受ける休業補償（同法30）⇒非課税

労働者災害補償保険法に基づき支給を受ける休業補償給付【業務災害に関する保険給付】（同法12の６）⇒非課税

労働基準法第76条の規定に基づき支給される休業補償金（法９①三イ、十七、令20①二、30、基通９-1）⇒非課税

本給の100％を維持するために会社が負担する労働者災害補償保険法から支給される休業補償金を超える補償金（法９①三、十七、令20、30）⇒非課税

石綿による健康被害の救済に関する法律により支給される救済給付（同法29）⇒非課税

医師が市役所と休日救急診療業務の委託契約を結び受領する休日診療報酬（法28、基通28-9の２）⇒給与所得

雇用保険法に基づき支給される求職活動等支援給付金【雇用開発事業、能力開発事業、地域雇用創造推進事業による給付】（法27、基通27-5）⇒事業所得

国際協定の締結等に伴う漁業離職者に関する臨時措置法により受給する就職促進手当、技能就職手当、移転費、その他の給付金（事業主に対して支給するものを除く。）（同法９、法27）⇒非課税

厚生年金保険の保険給付及び国民年金の給付の支払の遅延に係る加算金の支給に関する法律により支給される給付遅延特別加算金（同法５）⇒非課税

定期積金に基づく給付補填金（措法41の10）⇒源泉分離

懲戒処分取消に伴い支払われる給与差額補償（法28、基通36-9）（遅延損害金部分は雑所得）⇒給与所得

雇用保険法に基づき支給される教育訓練給付金【教育訓練給付】（同法12）⇒非課税

資力の喪失による競売、強制換価による資産の譲渡利益（法９①十）⇒非課税

馬主（一口馬主を含む。）が受ける競走馬の賞金（一定の要件に該当する場合は事業所得）（基通27-7）⇒雑所得

競艇の船券の払戻金（基通34-1）⇒一時所得

資力の喪失による競売、強制換価による資産の譲渡利益（法９①十）⇒非課税

共有地について持分に応じた現物分割をした場合（基通33-1の７）（原則は分離譲渡）⇒非課税

雇用保険法に基づき支給される緊急就職支援者雇用開発助成金【雇用開発事業、能力開発事業、地域雇用創造推進事業による給付】（法27、基通27-5）⇒事業所得

1-4　所得税の計算

金地金を譲渡した利益金（法33）（営利を目的として継続的に金地金の売買をしている場合の所得は事業所得又は雑所得）⇒総合譲渡

金銭債権を譲り受けた利益金（それを業とする場合は事業所得）（法35、27）⇒雑所得

金定額購入システムにより金を譲渡した利益金（営利を目的として継続的に金地金の売買をしている場合の所得は事業所得又は雑所得）（法33）⇒総合譲渡

金投資（貯蓄）口座の利益金（措法41の10、法174三）⇒源泉分離

法人の役員等の勤務先預け金の利子で、利子所得以外のもの（基通35-1）⇒雑所得

勤労者財産形成住宅（年金）貯蓄の利息⇒非課税

**く**

組合債の利子（基通35-1）⇒雑所得

クラブ（一口）馬主が受ける競走馬の賞金⇒雑所得

くりっく365の利益⇒分離先物

緊急人材育成支援事業による職業訓練等を受講する者に支給される訓練生活支援給付金（法35）⇒雑所得

障害者の日常生活及び社会生活を総合的に支援するための法律により支給される訓練等給付費【自立支援給付】（同法14）⇒非課税

**け**

農業者年金基金法により支給を受ける経営者移譲年金（法35）⇒公的年金

市町村から支給される経営転換協力金（令94①二）⇒事業所得

障害者の日常生活及び社会生活を総合的に支援するための法律により支給される計画相談支援給付金【自立支援給付】（同法14）⇒非課税

警察官の職務に協力援助した者の災害給付に関する法律に基づき支給を受ける療養給付、障害給付、傷病給付、介護給付、遺族給付、葬祭給付、休業給付（同法11）⇒非課税

刑事補償法に基づき支給される補償金（同法4②）⇒非課税

携帯電話の基地局（アンテナ）設置に伴う賃料⇒不動産

国家公務員共済組合法（同法50）、地方公務員等共済組合法（同法52）、私立学校教職員共済法（同法25）に基づき受ける慶弔金【短期給付】⇒非課税

競馬の馬券、競輪の車券の払戻金（基通34-1）⇒原則として、一時所得

収用補償金のうち事業上の費用の補てんに充てるものとして交付を受ける経費補償金（措通33-9）⇒不動産、事業所得、雑所得

給与所得者が入社に際して受ける契約金（基通35-1）⇒雑所得

保険料支払者が受ける契約者配当金（保険金等の支払と併せて受けるもの）（保険料支払者以外が受ける場合は贈与税）（法34）⇒一時所得

保険会社から受ける契約者配当金（保険金等の支払開始前のもの）（基通76-5、7）⇒非課税

ケース貸し（店舗の一画を他の者に継続的に使用させる）の所得（基通26-2）⇒不動産

食事を提供する下宿の所得（基通26-4）⇒事業所得、雑所得

会社が管理職に対して、部下職員の結婚式出席費用の一部として支払う金銭（基通28-5）⇒給与所得

内定した学生が受領する研究費（法35）⇒雑所得

被保険者が特定がんと診断されている場合に限って支払われる健康回復給付金（令30一、基通9-21）⇒非課税

カネミ症患者が国等から健康実態調査に協力したことに対して支給される健康調査支援金（令30）⇒非課税

作家、文筆家以外の者が受領する原稿料（作家、文筆家が受ける原稿料は事業所得）⇒雑所得

原子爆弾被爆者に対する援護に関する法律に基づき給付として支給される金品（同法46）⇒非課税

懸賞金付き定期預金の懸賞金（措法41の9）⇒源泉分離

懸賞の賞金品（基通34-1）⇒一時所得

建設協力金（心身又は資産に加えられた損害に対するものは非課税）（法34、9）⇒一時所得

不動産を現物出資した場合（不動産以外を現物出資した場合は総合譲渡）（法36）⇒分離譲渡

不動産賃貸に際し受領した権利金（法26、基通36-6）⇒不動産

主な改正事項

1　所得税の概要

2　各種所得の計算

3　所得の金額と損益通算

4　所得控除

5　税額の計算

6　税額控除

7　非居住者

8　地方税

**19**

1-4 所得税の計算

| こ |
| --- |
| 新型コロナウイルス感染症緊急経済対策により給付されるGoToトラベル事業、GoToイート事業、GoToイベント事業における給付金⇒一時所得 |
| コインパーキングの収入（基通27-2）⇒事業所得、雑所得 |
| 雇用保険法に基づき支給される広域休職活動費【就職促進給付】（同法12）⇒非課税 |
| 公害健康被害の補償等に関する法律に基づき支給される療養の給付及び療養費、障害補償費、遺族補償費、児童補償手当、療養手当、葬祭料（同法17）⇒非課税 |
| 高齢者の医療の確保に関する法律により支給される高額介護合算療養費（同法63）⇒非課税 |
| 健康保険法（同法62）、国民健康保険法（同法68）、国家公務員共済組合法（同法50）、地方公務員等共済組合法（同法52）、私立学校教職員共済法（同法25）に基づき受ける高額介護合算療養費【短期給付】⇒非課税 |
| 障害者の日常生活及び社会生活を総合的に支援するための法律により支給される高額障害福祉サービス等給付費【自立支援給付】（同法14）⇒非課税 |
| 健康保険法（同法62）、国民健康保険法（同法68）、国家公務員共済組合法（同法50）、地方公務員等共済組合法（同法52）、高齢者の医療の確保に関する法律（同法63）、私立学校教職員共済法（同法25）に基づき支給を受ける高額療養費⇒非課税 |
| 土地建物等の不動産を交換した場合。なお、不動産以外の資産を交換した場合は総合譲渡（一定の条件のもとで法58条の特例あり）⇒分離譲渡 |
| 高齢者の医療の確保に関する法律により支給される後期高齢者医療広域連合の条例で定める給付（同法63）⇒非課税 |
| 新聞販売店における折込広告収入、浴場業・飲食業等における広告の掲示による収入（基通27-5）（浴場業の広告収入であっても、屋上のネオンサイン等の設置による収入は、不動産所得）⇒事業所得 |
| 公社債の売却益（「特定公社債」の場合には、「上場株式等に係る譲渡所得等」、「一般公社債」の場合には「一般株式等に係る譲渡所得等」として課税される）⇒分離株式 |
| 不動産賃貸の更新料（基通26-6）⇒不動産 |

| |
| --- |
| 厚生年金保険の保険給付及び国民年金の給付の支払の遅延に係る加算金の支給に関する法律により支給される給付遅延特別加算金（同法5）⇒非課税 |
| 交通遺児育成基金から交付される特別給付金、育成給付金（法9①十五、十六、令30）（遺族一時金は相続税の対象）⇒非課税 |
| 葬式の香典・葬祭料（基通9-23）⇒非課税 |
| 公立高等学校に係る授業料の不徴収及び高等学校等修学支援金の支給に関する法律により受給する高等学校等修学支援金（同法13）⇒非課税 |
| 高度障害給付金・高度障害保険金（基通9-21）⇒非課税 |
| 雇用保険法に基づき支給される高年齢求職者給付金【求職者給付】（同法12）⇒非課税 |
| 雇用保険法に基づき支給される高年齢雇用継続給付【雇用継続給付】（同法12）⇒非課税 |
| 雇用保険法に基づき支給される高年齢者雇用開発特別奨励金、高年齢者等共同就業機会創出助成金【雇用開発事業、能力開発事業、地域雇用創造推進事業による給付】（法27、基通27-5）⇒事業所得 |
| 公募株式投資信託の収益分配金⇒配当所得 |
| 公募公社債投資信託の売却益（収益分配金は利子所得、申告不要も可能）⇒分離譲渡 |
| 公募公社債投資信託の分配金（申告分離課税又は申告不要を選択）⇒利子所得 |
| 公募非公社債等投資信託の収益分配金⇒利子所得 |
| 消防団員等公務災害補償等責任共済等に関する法律により支給を受ける公務災害補償及び福祉事業に関し同法に基づき支給を受ける金品（同法55）⇒非課税 |
| 国家公務員共済組合法（同法50）、地方公務員等共済組合法（同法52）に基づき受ける公務傷病年金【長期給付】⇒非課税 |
| 国内の支払取扱者を通じて交付を受ける国外発行の株式の配当（措法8の4、9の2）⇒配当所得 |
| 国内の支払取扱者を通じて交付を受ける国外発行の公社債の利子（発行形態により「特定公社債」又は「一般公社債」として課税される）⇒利子所得 |
| 国債・地方債・政府保証債で個人に支払われる利子（売却益、償還差益は分離株式）⇒利子所得 |
| 国債購入時に受領するギフトカード・現金（法35）⇒雑所得 |

1-4 所得税の計算

国勢調査の調査員が受領する報酬（基通28-7）⇒給与所得

新型コロナウイルス感染症緊急経済対策により支給された子育て世帯臨時特別給付金（新型コロナ税特法4②）⇒非課税

子ども手当の支給に関する法律により支給を受ける子ども手当（同法15）⇒非課税

顧問先の引継ぎに伴い受領する対価（法35）⇒雑所得

弁護士が顧問契約を解除されるに当たり、長年の慰労の意味を込めて支払われた特別の顧問料（法27）⇒事業所得

雇用対策法に基づき受給する職業転換給付金（事業主が受給するものは事業所得）（同法22、法27）⇒非課税

雇用保険法に基づき支給される雇用調整助成金【雇用開発事業、能力開発事業、地域雇用創造推進事業による給付】（法27、基通27-5）⇒事業所得

ゴルフ会員権の譲渡益（なお、ゴルフ場の利用権の譲渡に類似する株式等の譲渡による所得は、申告分離課税の株式等の譲渡による所得には含まれず、総合課税（営利を目的として継続的に行われる譲渡は、事業所得又は雑所得となり、それ以外は譲渡所得）の対象）（基通33-6の2、33-6の3）⇒総合譲渡

### さ

災害義援金（基通9-23）⇒非課税

独立行政法人日本スポーツ振興センター法に基づき支給される災害共済給付（同法34）⇒非課税

災害死亡保険金（保険契約者（保険料を負担した者）が受領した場合）（法34）⇒一時所得

災害弔慰金の支給等に関する法律により支給される災害弔慰金、災害障害見舞金（同法6、9）⇒非課税

国外で勤務する者がその勤務により受ける在外手当金（法9①七）⇒非課税

国家公務員共済組合法（同法50）、地方公務員等共済組合法（同法52）、私立学校教職員共済法（同法25）に基づき受ける災害見舞金【短期給付】⇒非課税

売掛金を債権買取業者に譲渡した場合（法27、35）⇒事業所得、雑所得

勤労者財産形成住宅（年金）貯蓄の利子（措法4の2、4の3）⇒非課税

離婚に伴い財産分与を受けた財産（財産分与として資産を分与した者は譲渡所得）（相基通9-8、基通33-1の4）⇒非課税

雇用保険法に基づき支給される再就職支援給付金【雇用開発事業、能力開発事業、地域雇用創造推進事業による給付】（法27、基通27-5）⇒事業所得

金融機関と締結した債務返済支援保険により受領する保険金（令30①、基通9-22）⇒非課税

法人から債務免除を受けた場合の利益（基通34-1(5)）（取引に関連して生じた買掛金等の免除は事業所得又は雑所得、資力を喪失して弁済できない場合は課税不要）⇒一時所得

緊急人材育成支援事業による訓練・支援資金融資の債務免除益（法34）⇒一時所得

採用内定取消に伴い企業から受ける一時金（令30）⇒非課税

差金決済取引（CFD）の利益（措法41の14）⇒分離先物

サッカーくじの払戻金（スポーツ振興投票の実施等に関する法律16）⇒非課税

会社が診療機材を用意し、会社の事務室で医師に産業医として従業員の健康診断を行わせる対価として支払う金品（医師が自己の診療所を使用し行う場合は事業所得）⇒給与所得

収用等に伴い取得する残地補償金（措通33-16、33-17）⇒分離譲渡、山林所得

山林（立木）の伐採・譲渡による所得（基通35-2、32-1）（山林を取得してから5年以内に伐採又は譲渡した場合は、雑所得）⇒山林所得

製材業者が自ら植林して育成した山林を伐採し、製材して販売する所得（植林又は幼齢林の取得から伐採までの所得を山林所得とし、製材から販売までの所得を事業所得とすることも可）（基通23～35共-12）⇒事業所得

山林をその生立する土地とともに譲渡した場合の山林（立木）から生じる所得（土地の対価部分は分離譲渡）（法32①、基通32-2）⇒山林所得

### し

ＣＦＤ（差金決済取引）の利益（措法41の14）⇒分離先物

ＣＢ（転換社債）の譲渡益（利益が一般公社債の場合は源泉分離、特定公社債の場合は申告不要、又は申告分離）⇒分離株式

1-4 所得税の計算

| | |
|---|---|
| 時間貸し駐車場の利益（単に場所を提供するだけの土地の賃貸とみられるものは、不動産所得）（基通27-2）⇒**事業所得、雑所得** | 児童扶養手当法により支給される児童扶養手当（同法25）⇒**非課税** |
| 子宮頸がん等ワクチン接種による健康被害者が予防接種リサーチセンターから受給する健康管理支援手当⇒**非課税** | 公害健康被害の補償等に関する法律に基づき支給される児童補償手当（同法17）⇒**非課税** |
| 内閣府が実施する地域社会雇用創造事業の一環として支給される事業化支援金（事業開始に至らない場合は雑所得）（法27）⇒**事業所得** | 任意共済団体から受ける死亡一時金（法34）⇒**一時所得** |
| 組合の事業に従事する組合員が受ける事業分量配当金で事業に関するもの（基通23〜35共-5）（組合員等の貯金業務に係る剰余金は利子所得、不動産貸付けによるものは不動産所得）⇒**事業所得** | 確定拠出年金法により支給される死亡一時金（確定拠出年金法32②、73、法9①十六、相令1の3）⇒**相続税** |
| 事業用資産（車両等）の売却益（法33）（1年未満、10万円未満、一括償却資産の対象としたものの売却は事業所得）⇒**総合譲渡** | 国民年金法により支給される死亡一時金（同法25、133）⇒**非課税** |
| 事業用預金の利息（取引先又は使用人に対する貸付金の利子は事業所得（基通27-5））⇒**源泉分離** | 独立行政法人農業者年金基金法により支給を受ける死亡一時金（同法27）⇒**非課税** |
| 時効の援用をして取得した資産（法34）⇒**一時所得** | 役員及び従業員が、死亡後3年以内に支給される死亡退職金（法9①十六、相法3、法34）（3年経過後に相続人が取得するものは一時所得）⇒**相続税** |
| 企業内共済組合から支給される私傷病共済金（令30、基通9-22）⇒**非課税** | 死亡弔慰金（業務上の死亡については普通給与の3年分、業務外の死亡の場合は普通給与の半年分を超えるものは、死亡退職金に該当し、相続財産とみなされる。）（相基通3-20）⇒**非課税** |
| 新型コロナウイルス感染症緊急経済対策により個人事業主が支給された持続化給付金（新型コロナ税特法4②）（主たる収入を給与所得で確定申告した個人事業主の場合は一時所得、雑所得で確定申告した個人事業主の場合は雑所得）⇒**事業所得** | 受取人が保険料支払者の場合の死亡保険金（保険金受取人と保険料支払が異なる場合は贈与税）（法34、相法5①）⇒**一時所得** |
| 海外出張に際して勤務先から受給する支度金（その旅行について通常必要と認められる範囲外の場合は給与所得）（法9①四、基通9-3）⇒**非課税** | 死亡した者が保険料を支払っていた場合の死亡保険金（相法3）⇒**相続税** |
| 給与所得者が入社に際して受ける支度金（就職に伴う転居のための旅行に通常必要なものである場合は非課税）（基通35-1、法9①四）⇒**雑所得** | 私募株式投資信託の分配金（売却益は、一般株式等の申告分離による譲渡所得）⇒**配当所得** |
| 介護保険法により支給される市町村特別給付（介護給付、予防給付以外の要介護状態又は悪化の防止に資する保険給付として条例で定めるもの)(法26)⇒**非課税** | 私募公社債等運用投資信託の分配金・解約差金・償還差益（売却益は、一般株式等の申告分離による譲渡所得）⇒**源泉分離** |
| 失念株に係る配当金を受領した場合（法24、35）⇒**雑所得** | 私募非公社債等投資信託の分配金（売却益は、一般株式等の申告分離による譲渡所得）⇒**配当所得** |
| 自転車くじ（チャリロト）の当選金（法34）⇒**一時所得** | 借地権の更新に係る更新料及び借地権者の変更に伴い受領する名義書換料（時価の2分の1を超える場合は分離譲渡）（基通26-6）⇒**不動産** |
| 児童手当法により支給される児童手当（法16）⇒**非課税** | 競輪の車券の払戻金（基通34-1）⇒**一時所得** |
| 児童福祉法により支給される金品（同法により小規模住居型児童養育事業を行う者等に対し都道府県から支弁される措置費等は事業所得）⇒**非課税** | 職務の遂行上やむを得ない必要に基づき勤務先から指定された場所に居住する従業員が、その指定する場所に居住するために無償で貸与を受けた社宅に係る経済的利益（法9①六、令21四）⇒**非課税** |
| | 定年退職後も、次の住宅が確保できるまで無償で会社から借りられる社宅の経済的利益（法35）⇒**雑所得** |

1-4　所得税の計算

借家権を売買した所得（立退料を受領した場合に、借家権の譲渡以外の部分としては、収益補償的性質を有する場合は事業所得等に、また移転のための実費弁償的なものは課税の対象とはならず、それ以外の性質を有するものは一時所得）（法33）⇒**総合譲渡**

社内提案制度に基づき、事務又は作業の合理化等に寄与する工夫、考案をしたことにより受領する表彰金（その工夫、考案がその者の通常の職務の範囲内の行為である場合は給与所得）（基通23～35共-1）⇒**一時所得**

従業員が受領する社内預金の利息（役員が受領する場合は、雑所得）（法23、35）⇒**源泉分離**

砂利等を採取させたことによる所得（基通36-6の5）⇒**譲渡所得**

収用補償金のうち事業上の収入の補てんに充てるものとして交付を受ける収益補償金（措通33-9）⇒**不動産、事業所得、雑所得**

雇用契約を前提とした就職支度金（就職に伴い転居のための旅行で通常必要なものは非課税）（法9①四）⇒**雑所得**

船員の雇用の促進に関する特別措置法（同法5）により支給される就職促進給付金（事業主に対して支給するものは事業所得（同法27））⇒**非課税**

雇用保険法に基づき支給される就職促進手当【就職促進給付】（同法12）⇒**非課税**

国際協定の締結等に伴う漁業離職者に関する臨時措置法により受給する就職促進手当（事業主に対して支給するものを除く。）（同法9、法27）⇒**非課税**

就職チャレンジ支援事業により支給される受講奨励金（法35）⇒**雑所得**

地方公共団体から支給される住宅建設資金利子補給金（法35）⇒**雑所得**

住宅債券の償還差益（法35、基通35-1）⇒**雑所得**

住宅手当緊急特別措置事業により支給される支給金（法35）⇒**雑所得**

国等の収用に伴い受ける収用補償金のうち対価補償金（経費補償金、収益補償金は事業所得、雑所得又は不動産所得）（措法33-8、33-9）⇒**譲渡所得**

雇用保険法に基づき支給される受給資格者創業支援助成金【雇用開発事業、能力開発事業、地域雇用創造推進事業による給付】（法27、基通27-5）⇒**事業所得**

宿日直手当が固定部分と役職によりスライド支給される比例部分がある場合の比例部分の金額（固定部分のうち4,000円までは非課税）（基通28-1）⇒**給与所得**

国民健康保険法（同法68）、健康保険法（同法62）により支給される出産育一時金⇒**非課税**

健康保険法（同法62）、国家公務員共済組合法（同法50）、地方公務員等共済組合法（同法52）、私立学校教職員共済法（同法25）に基づき受ける出産手当金、出産費【短期給付】⇒**非課税**

国家公務員共済組合法（同法50）、地方公務員等共済組合法（同法52）、私立学校教職員共済法（同法25）に基づき受ける障害一時金【長期給付】⇒**非課税**

国民年金法により支給される障害基礎年金（同法25、133）⇒**非課税**

証人等の被害についての給付に関する法律により支給を受ける障害給付（同法11）⇒**非課税**

労働者災害補償保険法（同法12の6）、警察官の職務に協力援助した者の災害給付に関する法律（同法11）、海上保安官に協力援助した者等の災害給付に関する法律（同法7）に基づき支給を受ける障害給付⇒**非課税**

確定給付企業年金法（同法34②）、確定拠出年金法（同法32②）により支給される障害給付金（法9①三ロ、十六、基通9-2、相令1の3）⇒**非課税**

国家公務員共済組合法（同法50）、地方公務員等共済組合法（同法52）、私立学校教職員共済法（同法25）に基づき受ける障害共済年金【長期給付】⇒**非課税**

厚生年金保険法に基づき支給される障害厚生年金（同法41②、136）　⇒**非課税**

障害者の日常生活及び社会生活を総合的に支援するための法律により支給される介護給付費、特例介護給付費、訓練等給付費、特例訓練等給付費、特定障害者特別給付費、特例特定障害者特別給付費、地域相談支援給付金、特例地域相談支援給付金、計画相談支援給付金、特例計画相談支援給付金、自立支援医療費、療養介護医療費、基準該当療養介護医療費、補装具費、高額障害福祉サービス等給付費【自立支援給付】（同法14）⇒**非課税**

厚生年金保険法に基づき支給される障害手当金（同法41②、136）⇒**非課税**

身体に障害を受けた者の配偶者又は生計を一にする親族が受領する傷害保険金（基通9-20）⇒**非課税**

主な改正事項

**1 所得税の概要**

2 各種所得の計算

3 所得の金額と損益通算

4 所得控除

5 税額の計算

6 税額控除

7 非居住者

8 地方税

**23**

労働基準法（同法77）、国家公務員災害補償法（同法30）に基づき支給される障害補償（法9①三イ、十七、令20①二、30、基通9-1）⇒非課税

労働者災害補償保険法に基づき支給を受ける障害補償給付【業務災害に関する保険給付】（同法12の6）⇒非課税

公害健康被害の補償等に関する法律に基づき支給される障害補償費（同法17）⇒非課税

保険代理業を行う法人が、保険の未加入者を紹介することのみを、家庭の主婦に依頼して支払う紹介料（法35）⇒雑所得

准看護師の資格を取得するために勤務先である病院から支給される奨学金（法9①十四、基通9-15）⇒課税不要

少額重要資産の譲渡（令81）（事業の用に供された後において反復継続して譲渡することが通常であるものは事業所得（基通33-1の2））⇒総合譲渡

新型コロナウイルス感染症による小学校休業等対応助成金・小学校休業等対応支援金⇒事業所得

広域行政事務組合が行う医師確保奨学金の一定の償還免除益（法9①十五）⇒非課税

新型コロナウイルス感染症等の影響に関連して支給される小規模事業者持続化補助金⇒事業所得

懸賞の賞金品（基通34-1）⇒一時所得

自社製品拡張推進のため、関連会社従業員を含めた全従業員を対象に、自社製品を購入した人を対象に抽選で付与する賞金品（一般消費者を対象とする場合は一時所得）（法35、34）⇒雑所得

電力会社と送電線路架設保持に関する契約を結び、一括して受領する上空使用料（法26①）⇒不動産

証券投資信託の普通分配金（解約、償還、売却益は分離株式）（特別分配金は非課税）⇒配当所得

上場投資信託の売却益（配当金は配当所得）⇒分離株式

役員等の譲渡制限付株式（RS）の譲渡制限が解除された場合⇒給与所得

役員等の譲渡制限付株式ユニット（RSU）を株式に転換した場合⇒給与所得

資産を譲渡担保した場合（一定の条件を満たしている場合）（基通33-2）⇒非課税

証人等の被害についての給付に関する法律により支給を受ける療養給付、傷病給付、障害給付、介護給付、遺族給付、葬祭給付、休業給付（同法11）⇒非課税

警察官の職務に協力援助した者の災害給付に関する法律（同法11）、海上保安官に協力援助した者等の災害給付に関する法律（同法7）、証人等の被害についての給付に関する法律（同法11）に基づき支給を受ける傷病給付⇒非課税

恩給法に基づき支給を受ける傷病賜金、傷病年金（法9①三、令20）⇒非課税

雇用保険法に基づき支給される傷病手当【求職者給付】（同法12）⇒非課税

国民健康保険法（同法68）、健康保険法（同法62）、国家公務員共済組合法（同法50）、地方公務員等共済組合法（同法52）、私立学校教職員共済法（同法25）により支給される傷病手当金⇒非課税

労働者災害補償保険法に基づき支給を受ける傷病年金、傷病補償年金【通勤災害に関する保険給付】（同法12の6）⇒非課税

国家公務員災害補償法に基づき支給を受ける傷病補償年金（同法30）⇒非課税

商品先物取引の利益金（措法14の14、14の15）⇒分離先物

賞与の金銭支給に代えて自社経営のゴルフ場で使用できるゴルフプレー権（譲渡可能）を支給された場合（法28）⇒給与所得

母子及び父子並びに寡婦福祉法により支給される常用雇用転換奨励給付金（法27）⇒事業所得

法人や農業協同組合等から受ける剰余金の分配（法24）⇒配当所得

職業訓練の実施等による特定求職者の就職の支援に関する法律に基づき支給される職業訓練受講給付金（同法10）⇒非課税

雇用対策法に基づき受給する職業転換給付金（事業主が受給するものは事業所得）（同法22、法27）⇒非課税

勤務先が支給する食事について、従業員等が食事の価額（社内調理の場合は直接材料費、購入の場合は購入価額）の50％相当額以上を負担しており、かつ勤務先の負担が月額3,500円以下の場合（基通36-38、36-38の2）（上記以外は勤務先が負担した全額が給与所得）⇒課税不要

勤務先が残業又は宿直若しくは日直をした者に対して、これらの勤務をすることにより支給する食事（基通36-24）⇒課税不要

役員又は従業員が自己の職務に関連して取引先等からの贈与等により取得する金品（基通35-1）⇒雑所得

1-4 所得税の計算

平成27年に特許法の改正により設けられた「使用者原始帰属制度」（職務発明に係る権利を使用者に原始的に帰属させる制度）を導入している会社が、「相当の利益」として従業員等に支払う出願補償金・登録補償金・実績補償金・譲渡補償金⇒雑所得

平成27年に特許法の改正により設けられた「使用者原始帰属制度」（職務発明に係る権利を使用者に原始的に帰属させる制度）を導入していない会社が、従業員等に対し、業務上有益な発明、特許権、実用新案権等を使用者に承継させたことにより一時に支払う報奨金等（基通23〜35共-1）（これらの権利を承継させた後で支払われるものは、雑所得）⇒譲渡所得

事務若しくは作業の合理化、製品の品質の改善又は経費の節約等に寄与する工夫、考案がその者の通常の職務の範囲内の行為である場合に使用者から支払いを受ける金品（その他の場合は一時所得となり、その工夫、考案等の実施後の成績等に応じ継続的に支払われる場合は雑所得）（基通23〜35共-1）（職務発明）⇒給与所得

船員法80条により支給される食料の支給（法9六、令21一）⇒非課税

損害保険契約に基づき当該被保険者が支払を受ける所得補償保険金（基通9-22）⇒非課税

身体の傷害に基因して支払を受ける所得補償保険金（基通9-22）⇒非課税

障害者の日常生活及び社会生活を総合的に支援するための法律により支給される自立支援医療費【自立支援給付】（同法14）⇒非課税

シルバー人材センターから受領する報酬（法27、35）⇒雑所得

人格のない社団等の構成員が受ける収益の分配金（基通35-1）⇒雑所得

人格のない社団等の解散により受ける清算分配金又は持分の払戻金（基通34-1）⇒一時所得

権利行使期間が退職した日の翌日から一定期間内に限定されている新株予約権の権利行使益（法23〜35共-6）⇒退職所得

新卒者就職応援プロジェクト技能修習支援助成金（法35）⇒雑所得

新聞販売権の譲渡による所得（法33、基通33-1）⇒総合譲渡

医師の診療報酬（派遣医が支払を受ける診療報酬は給与所得）（法27、28）⇒事業所得

### す

内閣府が実施する地域社会雇用創造事業の一環として支給されるスタートアップ支援金（法34）⇒一時所得

被相続人に付与されたストックオプションを相続人が権利行使した場合（一定期間内に一括して行使することが条件とされている場合）（法34）⇒一時所得

勤務先から交付されるストックオプションの権利行使益（法28）（一定の条件を満たせば非課税）（措法29の2）⇒給与所得

ストリップス債の償還差損益・譲渡損益（特定公社債であれば、「上場株式等」の譲渡所得として扱われ、一般公社債であれば「一般株式等」の譲渡所得として扱われる）⇒分離株式

スポーツ振興投票の実施等に関する法律に基づき支給を受ける当せん払戻金（サッカーくじ）（同法16）⇒非課税

ＦＸ取引のスワップポイント（金利）（措法41の14、41の15）⇒分離先物

### せ

生活保護法により支給される保護金品（同法57）⇒非課税

生活用動産の売却収入（貴金属や書画骨董などの生活に必要でない動産の売却収入は総合譲渡）（法9①九、令25）⇒非課税

制限株式ユニット（Restricted Stock Unit）に係る株式買取請求権の行使利益（法28）⇒給与所得

人格のない社団等の解散により受ける清算分配金（基通34-1）⇒一時所得

収用補償金のうち対価補償金の実質を有しない精神的補償など（措通33-9、法9①）⇒非課税

疾病に起因して受領する生前給付金（基通9-21）⇒非課税

リビング・ニーズ特約による生前給付金（法9①）⇒非課税

事業主が従業員に掛けている生存給付金付養老保険の生存給付金及び満期保険金（基通34-1）⇒事業所得

勤務先が職務の性質上制服の着用を要する人に支給又は貸与した制服その他の身の回り品、作業服、事務服に係る経済的利益（私服としても着用できる背広を制服として支給する場合は給与所得）（法9①六、令21二、三、基通9-8）⇒非課税

主な改正事項

1 所得税の概要

2 各種所得の計算

3 所得の金額と損益通算

4 所得控除

5 税額の計算

6 税額控除

7 非居住者

8 地方税

25

税理士職業賠償責任保険に基づく保険金を損害賠償として関与先である顧客が受け取った場合（令30二）⇒非課税

世界銀行（国際復興開発銀行）債の利金（特定公社債として扱われ、申告不要又は申告分離課税を選択）（売却損益や償還損益は申告分離課税）⇒利子所得

広告等の看板設置料（基通26-5）⇒不動産

会社の設立発起人が受領する報酬（法28）⇒給与所得

ゼロクーポン債の売却益・償還差益（特定公社債として扱われ、申告不要又は申告分離課税を選択することも可）⇒分離株式

船員の雇用の促進に関する特別措置法（同法5）により支給される就職促進給付金（事業主に対して支給するものは事業所得（同法27））⇒非課税

事業専従者控除により必要経費とみなされた金額（法57④）⇒給与所得

固定資産税の前納報奨金（事業用固定資産に係る報奨金は事業所得）（基通34-1⑿）⇒一時所得

船舶の貸付け（総トン数20トン未満の船舶の貸付けによる所得は、事業所得又は雑所得）（基通26-1）⇒不動産

出向期間終了時に退職金とは別に支払う出向餞別金（法30、基通30-1）⇒退職所得

戦没者等の遺族に対する特別弔慰金支給法（同法12）、戦没者等の妻に対する特別給付金支給法（同法10）、戦没者等の父母等に対する特別給付金支給法（同法12）に基づき支給を受ける特別弔慰金、特別給付金⇒非課税

### そ

恩給法に基づき支給を受ける増加恩給（法9①三、令20）⇒非課税

財団法人高年齢者雇用開発協会が支給する早期再就職支援金⇒一時所得

相互保険会社の基金に係る利息（法24①）⇒配当所得

証人等の被害についての給付に関する法律（同法11）、労働者災害補償保険法（同法12の6）、警察官の職務に協力援助した者の災害給付に関する法律（同法11）、海上保安官に協力援助した者等の災害給付に関する法律（同法7）により支給を受ける葬祭給付⇒非課税

国民健康保険法により支給される葬祭費（同法68）⇒非課税

国家公務員災害補償法に基づき支給を受ける葬祭補償（同法30）⇒非課税

公害健康被害の補償等に関する法律（同法17）、労働基準法（同法80）、労働者災害補償保険法（同法12の6）に基づき支給される葬祭料⇒非課税

警察庁から支給される捜査特別報奨金（法34）⇒一時所得

心身に加えられた損害又は突発的な事故により資産に加えられた損害に基因して取得する損害賠償金や保険金（法9①）（棚卸資産の損害に対するものは事業所得）⇒非課税

税理士職業賠償責任保険に基づく保険金を損害賠償金として関与先である顧客が受け取った場合（令30）⇒非課税

勤務先が従業員の行為に基因する損害賠償金を負担した際の経済的利益で、その行為が業務関連でかつ故意・重過失でない場合（その行為が業務関連以外の場合は給与所得、その負担した金額のうち、その使用人の支払能力から使用者がやむを得ず負担した部分は非課税）（基通36-33）⇒非課税

### た

収用補償金のうち対価補償金（課税の特例あり）⇒分離譲渡、山林所得

北朝鮮当局によって拉致された被害者等の支援の関する法律により支給された滞在援助金（同法13）⇒非課税

不動産を代償分割として交付した場合（基通33-1の5）⇒分離譲渡

国家公務員共済組合法、地方公務員等共済組合法、私立学校教職員共済法に基づき受ける退職共済年金【長期給付】（法35③一）⇒公的年金

企業の財政状況の悪化等により、企業内退職金制度を廃止し、これまでの勤務期間に係る退職金相当額を、引き続き勤務する従業員に支払う一時金（基通30-2）⇒退職所得

会社が特別清算開始の命令を受けたため、役員が未払となっている退職金の受領を辞退した場合（会社に支払い能力がある場合は退職所得として源泉徴収する）（基通181～223共-2、181～223共-3）⇒課税不要

退職給与規程を廃止して退職金前払制度へ移行するに際し、移行日前の過去勤務期間に係る退職金相当額について打切支給する金員（基通30-2）⇒給与所得

1-4　所得税の計算

退職時に支給する退職金相当額を在職中の給与に上乗せして支給する退職金前払制度により支給される退職金相当額（法30、基通30-1）⇒給与所得

町村合併に際し、引き継がれる職員に支給される退職手当金（退職所得の算定に当たり、被合併町村の勤務期間を除外して計算することが明らかにされている場合は退職所得）（基通30-2）⇒給与所得

個人型の確定拠出年金制度に全員が加入することとなったため、企業内退職金制度を廃止し、引き続き勤務する従業員に支払う退職手当等（基通30-2）⇒給与所得

取締役を退任して執行役員に就任した場合に打切支給される退職手当等（基通30-2）⇒退職所得

厚生年金保険法に基づき支給される退職に基因して支給を受ける一時金（法31一、二）⇒退職所得

勤務先の共済会等から支給された退職見舞金（当該団体が実質は会社と同等である場合は退職所得）⇒一時所得

自宅に設置した太陽光発電設備による余剰電力の売却収入（賃貸アパートに設置した場合は不動産所得、自宅兼店舗に設置した場合は事業所得）（平成24年7月1日以降は全量買取制度が開始したが、その場合の所得区分は事業所得又は雑所得）（法35、26、27）⇒雑所得

国等から、非業務用として使用する太陽光発電に対して受領する補助金（法36、42）（事業所得者が業務用に使用するものに対して受領する場合には事業所得）（どちらの場合も「国庫補助金等の総収入金額不算入に関する明細書」を添付すれば総収入金額不算入（法34、36、42））⇒一時所得

宝くじの当選金（当せん金付証票法13）（外国の宝くじは一時所得）⇒非課税

勤務時間が深夜に及んだ場合に会社が支給するタクシーの利用料金負担額（法9①四）⇒非課税

個人タクシーを廃業することに伴い、その営業権を譲渡する場合の所得⇒総合譲渡

独立行政法人都市再生機構が発行する宅地債券の償還差益（措法41の12、措令26の15）⇒雑所得

他社株転換可能債（EB）の償還差損益・譲渡損益（EBが「特定公社債」として扱われる場合には、「上場株式等に係る譲渡所得等」、「一般公社債」として扱われる場合には「一般株式等に係る譲渡所得等」として課税される）（利子については、「特定公社債」であれば申告分離課税、「一般公社債」であれば源泉分離課税が適用される）⇒分離株式

会社都合により社宅を売却することから、入居している従業員に支払われる立退料（基通34-1(7)）⇒一時所得

貸家人から受ける立退料（基通34-1）（休業補償部分は事業所得）⇒一時所得

確定給付企業年金法により支給される脱退一時金（退職に基因して受給する一時金は、退職所得）（法31三、34）⇒一時所得

建物更生共済の満期返戻金（法34）⇒一時所得

### ち

障害者の日常生活及び社会生活を総合的に支援するための法律により支給される地域相談支援給付金【自立支援給付】（同法14）⇒非課税

年金記録の回復に伴い年金が支給される場合の遅延加算金（厚生年金保険給付及び国民年金の給付の支払の遅延に係る加算金の支払に関する法律5）⇒非課税

地方債の利子（売却益は、分離株式又は申告不要）⇒利子所得

MRF、MMF、中期国債ファンドの利金⇒利子所得

駐車場、駐輪場の使用料（時間貸しの場合は雑所得又は事業所得）（基通26-4）⇒不動産

従業員のマイカー通勤者のために、会社が借り上げた近くの駐車場を無料で使用させる場合の経済的利益（法9①五、令20の2）⇒非課税又は給与所得

雇用保険法に基づき支給される中小企業緊急雇用安定助成金【雇用開発事業、能力開発事業、地域雇用創造推進事業による給付】（法27、基通27-5）⇒事業所得

過去に遡及して支払いを受ける超過勤務手当（遅延利息を受領する場合は雑所得）（基通36-9）⇒給与所得

長寿者報奨金条例に基づき支給される給付金（法34）⇒一時所得

### つ

代表取締役がタクシーにより通勤している場合の通勤手当（令20の2）⇒給与所得

徒歩通勤者に支給する通勤手当⇒給与所得

通勤手当（通常の給与に加算されて支給される合理的な運賃等の部分）（合理的な運賃等を超える部分は給与所得）（法9①五、令20の2）⇒非課税

27

1-4 所得税の計算

会社の金品を使い込んでいた社員に金品等の返還を求めない場合（法28）⇒給与所得

積立型旅行クーポンによる利益（分割前払）（法35、36）⇒雑所得

| て |
|---|

ディープディスカウント債の売却益（発行形態等により「特定公社債」又は「一般公社債」として課税される）⇒分離株式

定期積金の給付補塡金（法35、基通35-1）⇒源泉分離

勤務先が、全社員とその家族（配偶者と子）を被保険者とし、死亡保険金の受取人を被保険者の遺族とする定期保険契約を結んだ場合の経済的利益（被保険者を役員又は特定の従業員としている場合は給与所得）（基通36-31の2）⇒課税不要

抵当証券の利息（売買による所得は雑所得）（措法41の10）⇒源泉分離

会社が、従業員の定年退職後の生活の一助とするための制度を設け、それに係る費用の全額を負担している場合（当該支給認定日が退職の日以前である場合は給与所得）（基通9-15、36-15）⇒雑所得

手形割引による割引料（法27）⇒事業所得、雑所得

企業が適格退職年金制度を廃止することにより、引き続き勤務する従業員に対して支払われる適格退職年金契約の解除一時金（令72②）⇒一時所得

売買契約が解除された場合に取得する手付金（基通34-1）（業務に関連する場合は、当該業務の収入金額）⇒一時所得

デファードペイメント債の売却益（公社債等の譲渡所得等に係る収入金額とみなして申告分離課税）⇒分離株式

転換社債型新株予約権付社債（CB）の譲渡益（CBが「特定公社債」として扱われる場合には、「上場株式等に係る譲渡所得等」、「一般公社債」として扱われる場合には「一般株式等に係る譲渡所得等」として課税される）⇒分離株式

就職に伴う転居のための旅行の費用として支払を受ける金銭等のうち、その旅行に通常必要であると認められる範囲を超える部分（基通35-1）⇒雑所得

会社が従業員の転勤に伴い従業員に支払う引越費用（会社が借家のための権利金、仲介手数料を負担した場合は給与所得）（基通9-3）⇒非課税

| と |
|---|

当座預金の利子（法9①一、令18）⇒非課税

福引の当選金品（基通34-1）⇒一時所得

国会議員の歳費、旅費及び手当等に関する法律により支給される同法第10条第1項の特殊乗車券及び航空券（同法9②、11）⇒非課税

雇用保険法に基づき支給される特定求職者雇用開発助成金【雇用開発事業、能力開発事業、地域雇用創造推進事業による給付】（法27、基通27-5）⇒事業所得

雇用保険法に基づき支給される特定就職困難者雇用開発助成金【雇用開発事業、能力開発事業、地域雇用創造推進事業による給付】（法27、基通27-5）⇒事業所得

障害者の日常生活及び社会生活を総合的に支援するための法律により支給される特定障害者特別給付費【自立支援給付】（同法14）⇒非課税

特定退職金共済制度に基づき支給される年金（退職に基因する一時金は退職所得）（法35、30）⇒雑所得

特定目的信託（社債的受益権）の配当金（上場等の社債的受益権は、申告不要、総合課税、申告分離課税から選択、一般等の社債的受益権は申告不要、申告分離課税を選択、一般等のうち、私募社債的受益権は、源泉分離課税）⇒配当所得

戦後強制抑留者に係る問題に関する特別措置法により支給される特別給付金（同法9）⇒非課税

交通遺児育成基金から交付される特別給付金（法9①十五、十六、令30）（遺族一時金は相続税の対象）⇒非課税

戦没者等の妻又は父母等に対する特別給付金支給法に基づき支給を受ける特別給付金（同法10、12）⇒非課税

特別児童扶養手当等の支給に関する法律に基づき受給する特別児童扶養手当（同法16）⇒非課税

特別障害者に対する特別障害給付金の支給に関する法律に基づき受給する特別障害給付金（同法24）⇒非課税

新型コロナウイルス感染症緊急経済対策により支給された1人10万円の特別定額給付金（新型コロナ税特法4①）⇒非課税

戦没者等の遺族に対する特別弔慰金支給法に基づき支給を受ける特別弔慰金（同法12）⇒非課税

早期退職優遇制度に基づき支給を受ける特別年金（退職一時金の特別加算額は退職所得、また当該制度の一環として支給される転身助成金で退職前に支給されるものは給与所得、退職後に支給されるものは雑所得）（法28、30、35、基通30-1、36-9(1)、36-10、36-14(1)）⇒雑所得

1-4　所得税の計算

証券投資信託の特別分配金（公募公社債投資信託の分配金は利子所得、公募株式投資信託の分配金は配当所得）⇒非課税

国民健康保険法（同法68）、高齢者の医療の確保に関する法律（同法63）により支給される特別療養費⇒非課税

独立行政法人医薬品医療機器総合機構法により支給を受ける副作用救済給付、感染救済給付（同法36②）⇒非課税

独立行政法人日本スポーツ振興センター法に基づき支給される災害共済給付（同法34）⇒非課税

独立行政法人農業者年金基金法により支給を受ける農業者老齢年金、特例付加年金、経営者移譲年金（法35）⇒公的年金

独立行政法人農業者年金基金法により支給を受ける死亡一時金（死亡一時金以外の一時金は退職所得）（同法27、法31一）⇒非課税

独立行政法人平和祈念事業特別基金等に関する法律により支給される慰労金（同法29）⇒非課税

雇用保険法に基づき支給される特例一時金【求職者給付】（同法12）⇒非課税

障害者の日常生活及び社会生活を総合的に支援するための法律により支給される特例介護給付費、特例訓練等給付費、特例計画相談支援給付金、特例地域相談支援給付費、特例特定障害者特別給付費【自立支援給付】（同法14）⇒非課税

独立行政法人農業者年金基金法により支給を受ける特例付加年金（法35）⇒公的年金

土地に土砂を捨てさせることにより受領する補償金（土地使用に当たらないものは雑所得）（法26①、35）⇒不動産

土砂を売った場合（営利を目的として継続的に行われる場合は、事業所得又は雑所得）（基通33-6の5）⇒総合譲渡

土地信託（賃貸方式）の配当金（処分型土地信託は分離譲渡所得）（法13①）⇒不動産

土地信託受益権を譲渡した場合（法13①）⇒分離譲渡

特許権、実用新案権又は意匠権を取得した者が、これらの権利に係る通常実施権又は専用実施権を設定したことにより、使用者から支払いを受ける金品（基通23～35共-1）⇒雑所得

toto（サッカーくじ）の払戻金（スポーツ振興投票の実施等に関する法律16）⇒非課税

トランクルームの収入（レンタル収納スペースは不動産所得）（法26、27）⇒事業所得

**に**

日経225先物や日経225miniで生じた利益⇒分離先物

更地に対して受領した日照補償（法9①十七、34、令30）⇒一時所得

労働組合が専従者以外の組合員に組合大会等への出席のために支払う日当等（基通23～35共-2）（専従者及び執行役員に支払う場合は、給与所得）⇒雑所得

日本学士院賞、日本芸術院賞（恩賜賞）（法9①十三）⇒非課税

健康保険法（同法62）、国民健康保険法（同法68）、国家公務員共済組合法（同法50）、地方公務員等共済組合法（同法52）、私立学校教職員共済法（同法25）、高齢者の医療の確保に関する法律（同法63）に基づき受ける入院時食事療養費、入院時生活療養費⇒非課税

役員又は従業員が個人会員として社交団体に入会した場合の入会金、経常会費の費用を使用者が負担することにより受ける経済的利益（法人会員制度がないため個人会員として入会させたもので業務上の必要があるもの及びロータリークラブ及びライオンズクラブに対するものは非課税（その者が負担すべきものは給与所得））（基通36-35、36-35の2）⇒給与所得

人間ドックの健診料を勤務先が負担する場合の経済的利益（健診の対象を特定の者に限定する場合、受診内容・費用が通常必要と認められる範囲外の場合及び使用人の配偶者の費用を負担する場合は給与所得）（基通36-29）⇒非課税

税務調査により認定賞与とされた金額（法28）⇒給与所得

**ね**

会社が従業員に対する値引販売に代えて、従業員が自社の商品を現金正価により購入した後に、一定の値引率（通常他に販売する価格の30%以下）に基づいて値引相当額を交付する金銭（基通36-23）⇒課税不要

文化功労者年金法により受ける年金（法9①十三）⇒非課税

公的年金等に係る年金（法35②一）（障害年金、遺族年金や恩給遺族年金は非課税、公的年金等以外の私的年金（法35②二）は、その他の雑所得）⇒公的年金

29

| | |
|---|---|
| 退職後当該使用者であった者から支給される**年金**（基通35-5）⇒**公的年金** | |

**の**

独立行政法人農業者年金基金法により支給を受ける**農業者老齢年金**（一時金で受領する場合は退職所得）（法35、31）⇒**公的年金**

**農事組合法人**から支払を受ける従事分量配当金（令62②、①三）（出資に対する剰余金の配当は配当所得）⇒**事業所得**

**納税準備資金**の利子（措法5）⇒**非課税**

**は**

人格なき社団から受領する**配当金**（基通35-1(7)）⇒**雑所得**

失念株に係る**配当金**を受領した場合（法24、35）⇒**雑所得**

上場株式の**配当金**、公募株式投資信託の収益分配金、上場不動産投資法人の分配金、上場株式等証券投資信託の収益分配金、上場出資証券の配当、非上場株式の**配当金**、私募株式投資信託の収益分配金（法24）⇒**配当所得**

**派遣医**が支払を受ける診療報酬（基通28-9の3）⇒**給与所得**

**馬主**が受ける競走馬の賞金（一定の要件に該当する場合は事業所得）（基通27-7）⇒**雑所得**

競馬の馬券、競輪の車券、競艇の船券の**払戻金**（基通34-1）⇒**一時所得**（営利を目的とする継続的行為から生じたものは雑所得）

**ハローワーク**から支給される職業訓練受講給付金（訓練生活支援給付金は雑所得）⇒**非課税**

観光地等における**バンガロー等**で季節の終了とともに解体、移設、又は格納できる簡易な施設の貸付けによる所得（基通27-3）⇒**事業所得、雑所得**

**犯罪被害者等給付金の支給等による犯罪被害者等の支援に関する法律**により支給を受けた金品（同法18）⇒**非課税**

**ひ**

給与所得者が入社に際して受ける**引抜料**（基通35-1）⇒**雑所得**

被災者生活再建支援法により支給される**被災者生活再建支援金**（同法21）⇒**非課税**

**ビットコイン**の売買益⇒**雑所得**

雇用保険法に基づき支給される**日雇労働求職者給付金**【求職者給付】（同法12）⇒**非課税**

**ふ**

ＣＦＤ取引の**ファンディングコスト**（ポジションを保有するために発生する金利）（措法41の14）⇒**分離先物**

国家公務員共済組合法（同法50）、地方公務員等共済組合法（同法52）に基づき受ける同法第51条第1項各号に掲げる給付にあわせて支給する**付加給付【短期給付】**⇒**非課税**

賃金等を支払わなかった使用者に対して労働基準法第114条の規定により裁判所が支払いを命じる未払金と同額の**付加金**（法34）⇒**一時所得**

独立行政法人医薬品医療機器総合機構法により支給を受ける**副作用救済給付**（同法36②）⇒**非課税**

遺族が受け取る**福祉保険の保険金**（法9①十六）⇒**相続税**

**福引**の当選金品（基通34-1）⇒**一時所得**

母子及び父子並びに寡婦福祉法により支給される**父子家庭自立支援教育訓練給付金、父子家庭高等職業訓練促進給付金**（同法31の10）⇒**非課税**

恩給法に基づき支給を受ける**扶助料**（法9①三、令20）⇒**非課税**

恩給法に基づき支給を受ける**普通恩給**（傷病賜金又は障害年金に併給されるものを含む。）（法35③二）⇒**公的年金**

相続財産を**物納**した場合（許可限度額を超えた部分は譲渡所得）（措法40の3）⇒**非課税**

**不動産投資信託**（リート）の分配金（譲渡益は申告分離課税）（法24、措法37の10）⇒**配当所得**

競艇の**船券**の払戻金（基通34-1）⇒**一時所得**

地方公共団体から支給される**不妊治療費助成金**（医療費控除の計算上補塡金として差し引く）（令30①）⇒**非課税**

**ふるさと寄附金**を支出した者が受ける地方公共団体からの謝礼（特産品）（法34、基通34-1(5)）⇒**一時所得**

文化功労者年金法に基づき支給される**文化功労者年金**（法9①十三）⇒**非課税**

賞与の**分割支給**に伴う遅延利息（法28、35）⇒**雑所得**

労働基準法に基づき支給される**分割補償**（法9①三イ、十七、令20①二、30、基通9-1）⇒**非課税**

国会議員の歳費、旅費及び手当等に関する法律により支給される**文書通信交通滞在費**（同法9②、11）⇒**非課税**

1-4　所得税の計算

倒産によって厚生年金基金が解散し、その残余財産の分配一時金が支払われる場合（法34）⇒一時所得

証券投資信託のうち公募株式投資信託の分配金（解約、償還、売却益は分離式）⇒配当所得

### へ

米州開発銀行債の利金（特定公社債として扱われ、申告不要又は申告分離課税を選択することも可）（売却損益や償還損益は申告分離課税）⇒利子所得

ベビーシッター利用料の助成（新型コロナウイルス感染症対策による小学校等の休校に伴う国の助成制度によるものに限る。地方公共団体独自の助成（金）は雑所得）⇒非課税

ヘッドハンティングにより給与所得者が受ける支度金（基通35-1）⇒雑所得

### ほ

篤行者として社会的に顕彰され使用者に栄誉を与えた者が一時に支払を受ける報奨金（基通23～35共-1(5)）⇒一時所得

地方税法に基づき支給される報奨金（事業用固定資産に係る報奨金は事業所得）（基通34-1(12)）⇒一時所得

業務上有益な発明等をした者が特許等を受ける権利を使用者に承継させたことにより支払を受ける報奨金（一時に支払を受けるものは総合譲渡）（基通23～35共-1）⇒雑所得

法人からの贈与により取得する金品（業務に関して受けるもの及び継続的に受けるものを除く。）（基通34-1）⇒一時所得

法人に対して負担付贈与をした場合の所得（59①二）⇒譲渡所得

国民健康保険法（同法68）、健康保険法（同法62）、国家公務員共済組合法（同法50）、地方公務員等共済組合法（同法52）、私立学校教職員共済法（同法25）、高齢者の医療の確保に関する法律（同法63）により支給される訪問看護療養費⇒非課税

遺失物拾得者が受ける報労金（基通34-1）⇒一時所得

ホームステイの外国人受入家庭が受ける謝礼金（昭61.3.31直審3-47・直所3-4）⇒課税不要

外国親会社から出向している外国人社員（エキスパット）のホームリーブ（休暇帰国）のために支給する旅費（日本において採用されたローカル社員である外国人の場合は給与所得）（法9①四）⇒非課税

国民健康保険法（同法68）、健康保険法（同法62）、国家公務員共済組合法（同法50）、地方公務員等共済組合法（同法52）、私立学校教職員共済法（同法25）、高齢者の医療の確保に関する法律（同法63）に基づき支給を受ける保険外併用療養費⇒非課税

船員保険法により支給される保険給付（同法52）⇒非課税

厚生年金保険の保険給付及び国民年金の給付の支払の遅延に係る加算金の支給に関する法律により支給される保険給付遅延特別加算金（同法5）⇒非課税

心身に加えられた損害又は突発的な事故により資産に加えられた損害に基因して取得する損害賠償金や保険金（法9①）⇒非課税

母子及び父子並びに寡婦福祉法により支給される母子家庭自立支援教育訓練給付金（同法31の4、法9①十五）⇒非課税

母子及び父子並びに寡婦福祉法により支給される母子家庭高等職業訓練促進給付金、父子家庭自立支援教育訓練給付金（法31の4、31の10、法9①十五）⇒非課税

母子及び父子並びに寡婦福祉法により支給される常用雇用転換奨励給付金（法27）⇒事業所得

母子保険法により支給される未熟児のための養育医療のために支給を受ける金品（同法23）⇒非課税

保証期間付終身年金契約に係る保証期間部分の繰上請求による一時金（基通35-3）⇒雑所得

借金について保証人となったときに受ける保証料（法35）⇒雑所得

障害者の日常生活及び社会生活を総合的に支援するための法律により支給される補装具費【自立支援給付】（同法14）⇒非課税

### ま

埋蔵物発見者が埋設物の所有権を取得した場合や報労金を受領した場合（基通34-1）⇒一時所得

国民健康保険法（同法68）、健康保険法（同法62）、国家公務員共済組合法（同法50）、地方公務員等共済組合法（同法52）、私立学校教職員共済法（同法25）、国家公務員共済組合法に基づき受ける埋葬料【短期給付】⇒非課税

マイレージカードのポイントに応じて得た経済的利益（基通34-1）⇒一時所得

契約者と満期共済金受取人が異なる建物更生共済契約に係る満期共済金（令184②、基通34-1、34-4、相法5②、相令1の4、1の5）⇒一時所得

### 主な改正事項

### 1 所得税の概要

### 2 各種所得の計算

### 3 所得の金額と損益通算

### 4 所得控除

### 5 税額の計算

### 6 税額控除

### 7 非居住者

### 8 地方税

31

1-4　所得税の計算

| |
|---|
| 保険料の負担者と受取人とが同一人の場合の満期保険金を一時金で受領した場合（年金で受領した場合は雑所得）（基通34-1、法35）⇒**一時所得** |
| 生命保険契約の保険料の負担者と満期保険金（返戻金）の受取人とが別人の場合⇒**贈与税** |

**み**

| |
|---|
| 未帰還者に関する特別措置法により支給される弔慰料（同法12）や未帰還者留守家族等援護法により支給される金銭（同法32）⇒**非課税** |
| 遺族が受ける被相続人の未支給年金（基通34-2）（被相続人は非課税）⇒**一時所得** |
| 株主が受けるみなし配当（法25）⇒**配当所得** |
| 海外出張の社員が疾病のため支払った医療費を、会社がその補填として支払う見舞金（基通9-23）⇒**非課税** |
| 民泊による所得⇒**雑所得** |

**む**

| |
|---|
| 医療保険に付加された無事故給付金（法34、令183）⇒**一時所得** |
| 従業員のために行う不妊治療支援策で治療費を無利息で会社から融資を受けられる経済的利益（基通36-28）⇒**課税不要** |
| 臨時的な生活資金を、従業員が会社から無利息で借りる場合の利息相当額（基通36-28）⇒**課税不要** |

**め**

| |
|---|
| 運送業を営んでいる会社が、新規採用者に対して大型免許取得費用を負担した場合（すでに大型免許を所持している者に同額を支給した場合は給与所得）（基通9-15）⇒**非課税** |

**や**

| |
|---|
| 新型コロナウイルス感染症緊急経済対策により支給された家賃支援給付金⇒**事業所得** |
| 地方公共団体から支給を受ける家賃補助金（法35）⇒**雑所得** |

**ゆ**

| |
|---|
| 会社が従業員の有給休暇残日数を買上支給する金員（買上支給するのは退職時のみと社内規程で定めている場合は退職所得）（法28、30、基通36-22、30-1）⇒**給与所得** |

**よ**

| |
|---|
| 勤務先がその経営する事業に属する用益を無償若しくは廉価で提供した経済的利益（役員だけを対象とする場合又はその経済的利益の額が著しく多額の場合は給与所得）（基通36-29）⇒**非課税** |
| 介護保険法により支給される予防給付（被保険者の要支援状態に関する保険給付）（法26）⇒**非課税** |
| 会社が全従業員を対象として、予防接種を受けさせ、その費用を負担した場合（従業員の親族等の予防接種費用を負担した場合は給与所得）（基通36-29）⇒**課税不要** |
| 予防接種法に基づき予防接種を原因とする健康被害救済のために支給される金銭（同法17）⇒**非課税** |

**ら**

| |
|---|
| 北朝鮮当局によって拉致された被害者等の支援に関する法律により支給された拉致被害者等給付金（同法13）⇒**非課税** |

**り**

| |
|---|
| リート（不動産投資信託）の譲渡金（分配金は総合課税の配当所得、申告分離課税、申告不要を選択可）⇒**分離株式** |
| 離婚に伴う慰謝料（令30三）⇒**非課税** |
| 勤務先法人とは独立した別法人と認められる従業員共済会から、その構成員が受ける利子補給金（基通2-8、2-9）⇒**雑所得** |
| 金融機関に預け入れた預金の利息（日本国外の銀行等に預け入れた預金の利息は、源泉徴収の対象とはならないため総合課税の対象として要申告）（法23、措法3）⇒**源泉分離** |
| リビング・ニーズ特約による生前給付金（基通9-21）⇒**非課税** |
| 役員又は従業員が取引先から受け取るリベート（基通35-1⑿）⇒**雑所得** |
| 障害者の日常生活及び社会生活を総合的に支援するための法律により支給される療養介護医療費【自立支援給付】（同法14）⇒**非課税** |
| 労働者災害補償保険法（同法12の6）、証人等の被害についての給付に関する法律（同法11）、警察官の職務に協力援助した者の災害給付に関する法律（同法11）、海上保安官に協力援助した者等の災害給付に関する法律（同法7）に基づき支給を受ける療養給付⇒**非課税** |

1-4　所得税の計算

国民健康保険法（同法68）、健康保険法（同法62）、国家公務員共済組合法（同法50）、地方公務員等共済組合法（同法52）、私立学校教職員共済法（同法25）、高齢者の医療の確保に関する法律（同法63）に基づき支給を受ける療養の給付⇒非課税

公害健康被害の補償等に関する法律に基づき支給される療養の給付、療養手当及び療養費（同法17）⇒非課税

労働基準法に基づき支給される療養の給付若しくは費用（法9①三イ、十七、令20①二、30、基通9-1）⇒非課税

国家公務員災害補償法に基づき支給を受ける療養補償（同法30）⇒非課税

労働者災害補償保険法に基づき支給を受ける療養補償給付【業務災害に関する保険給付】（同法12の6）⇒非課税

新型コロナウイルス感染症小学校休業等対応として支給された両立支援等助成金⇒事業所得

地方公共団体から支給される環境緑地に係る緑地奨励金（農業緑地に係るものは事業所得）⇒雑所得

学生が臨床試験（開発中の医薬品の投与等）を受け、その対価として受領する報酬（法35）⇒雑所得

### る

るいとう（株式累積投資）（上場株式等）の売却益（配当金は配当所得）⇒分離株式

### れ

勤務先が役員又は従業員のレクレーションのために社会通念上相当な会食、旅行、演芸会、運動会等の行事の費用を負担した場合の経済的利益（参加しなかった者に対し金銭を支給する場合、役員の費用だけを負担する場合は給与所得）（基通36-30）⇒課税不要

レンタル収納スペースの賃料（トランクルームは事業所得）⇒不動産

### ろ

雇用保険法に基づき支給される労働移転支援助成金（求職活動等支援給付金、再就職支援給付金）（法27）⇒事業所得

雇用保険法に基づき支給される労働移動支援助成金【雇用開発事業、能力開発事業、地域雇用創造推進事業による給付】（法27、基通27-5）⇒事業所得

労働基準法に基づき支給される休業補償、障害補償、遺族補償、葬祭料、打切補償、分割補償、療養の給付若しくは費用（法9①三イ、十七、令20①二、30、基通9-1）⇒非課税

労働基準法に基づき支給される休業手当（同法26）⇒給与所得

免職、停職、戒告又は訓告等の処分を受けた者が、その所属する労働組合等からその処分を受けた際に支給を受ける見舞金のような一時金（法34）（心身に加えられた損害につき支払いを受ける見舞金は非課税）（令30三）⇒一時所得

免職の処分を受けた者が、その所属する労働組合等から、雇用者から受けるべき退職給与に代わるものとして支給を受けるものとみられる一時金（法34）⇒一時所得

免職、停職等の処分を受けた者が、その所属する労働組合等から雇用主から通常受けるべき給与に代わるものとみられる継続的性質を有する給付（賃金カットの補填として支給を受ける給付など）（法35）⇒雑所得

労働者災害補償保険法に基づき支給を受ける療養補償給付、休業補償給付、障害補償給付、遺族補償給付、葬祭料、傷病補償年金、介護補償給付【業務災害に関する保険給付】、療養給付、休業給付、障害給付、遺族給付、葬祭給付、傷病年金、介護給付【通勤災害に関する保険給付】（同法12の6）⇒非課税

確定給付企業年金法、確定拠出年金法により支給される老齢給付金（退職に基因して受給する一時金は、退職所得）（法31三、令72②、法35③、令82の2②）⇒公的年金

厚生年金保険法に基づき支給される老齢厚生年金（法35③一）⇒公的年金

### わ

割引国債、割引金融債の売却益⇒分離株式

割引債の償還差金⇒分離株式

源泉分離……源泉分離課税
総合譲渡……総合譲渡所得
分離譲渡……分離課税の譲渡所得（土地、建物等）
分離株式……株式等に係る譲渡所得等
分離先物……先物取引に係る雑所得等
課税不要……課税しなくて差し支えない
公的年金……公的年金等の雑所得

## 3　課税所得金額の計算

　各種所得の金額を一定の順序により損益通算（225頁）し、この金額（合計所得金額）から純損失の繰越控除（229頁）、居住用財産（特定、買換え）の譲渡損失の繰越控除（232頁）、雑損失の繰越控除（230頁）を適用した後、次に掲げる各種の所得控除額を差し引き、課税所得金額を計算します。

図表1-4-4　各種所得控除の概要

| 区　分 | 所得控除の概要 | 掲載頁 |
|---|---|---|
| 雑　損　控　除 | 災害や盗難、横領により住宅や家財などに損害を受けた場合 | 240頁 |
| 医療費控除 | 一定額以上の医療費の支払がある場合又は一定の取組をしている者に１万２千円を超えるスイッチOTC医薬品等の購入がある場合 | 246頁 |
| 社会保険料控除 | 国民健康保険料や国民年金保険料、介護保険料などの支払がある場合や健康保険料、厚生年金保険料が給与から天引きされている場合 | 261頁 |
| 小規模企業共済等掛金控除 | 小規模企業共済法の共済契約に係る掛金、確定拠出年金法の個人型年金加入者掛金、心身障害者扶養共済制度に係る掛金の支払がある場合 | 262頁 |
| 生命保険料控除 | 一般生命保険料、個人年金保険料、介護医療保険料の支払がある場合 | 264頁 |
| 地震保険料控除 | 地震保険料（旧長期損害保険料を含む）の支払がある場合 | 268頁 |
| 寄附金控除 | 国、地方公共団体、特定公益増進法人などに支出した寄附金や特定の政治献金などがある場合 | 271頁 |
| 障害者控除 | 本人又は同一生計配偶者、扶養親族が障害者である場合 | 276頁 |
| 寡　婦　控　除 | 本人が寡婦（合計所得金額500万円以下）である場合 | 282頁 |
| ひとり親控除 | 本人がひとり親（合計所得金額500万円以下）である場合 | 282頁 |
| 勤労学生控除 | 本人が勤労学生（合計所得金額75万円以下）である場合 | 285頁 |
| 配偶者控除 | 本人の合計所得金額が1,000万円以下で、同一生計配偶者（合計所得金額が48万円以下）がいる場合 | 287頁 |
| 配偶者特別控除 | 本人の合計所得金額が1,000万円以下で、生計を一にする配偶者の合計所得金額が48万円を超え、133万円以下である場合 | 288頁 |
| 扶　養　控　除 | 控除対象扶養親族がいる場合 | 292頁 |
| 基　礎　控　除 | 本人の合計所得金額が2,500万円以下の場合 | 298頁 |

1-4 所得税の計算

## 4 所得税の納付税額の計算

　課税所得金額に税率を乗じて所得税額を計算し、所得税額から次に掲げる各種の税額控除等を差し引き、さらに、税額控除（外国税額控除を除きます。）後の所得税額（基準所得税額）を基に計算した復興特別所得税を加算した後、外国税額控除、源泉徴収税額を控除して申告納税額を算出し、さらに予定納税額を控除して、所得税の納付（還付）税額を計算します。

### 図表1-4-5　各種税額控除の概要

| 区　分 | 税額控除の概要 | 掲載頁 |
|---|---|---|
| 配 当 控 除 | 総合課税の配当所得（外国株式等を除く）の金額について一定割合の金額を控除するものです。 | 354頁 |
| 事業所得者等の特例に係る税額控除 | 事業を営む青色申告者が、一定の試験研究を行った場合や一定の特定機械装置等を取得等し事業に供した場合に、その一定割合の金額を控除するものです。 | 358頁 |
| 住宅借入金等特 別 控 除 | 借入金等により一定の要件に該当する住宅の新築、取得若しくは増改築等をした場合に、借入金等の年末の残高の一定額を控除するものです。 | 322頁 |
| 住宅特定改修特 別 税 額 控 除 | 既存住宅について特定の改修工事等をした場合に、その工事等の「標準的な費用の額」の10%相当額を控除するものです。 | 340頁 |
| 認定住宅新築等特 別 税 額 控 除 | 一定の要件に該当する「認定住宅又はZEH水準省エネ住宅」の新築等をした場合に、「標準的な費用の額」（最高650万円）の10%相当額を控除するものです。 | 344頁 |
| 住宅耐震改修特 別 税 額 控 除 | 一定の要件に該当する居住用家屋の住宅耐震改修に係る耐震工事の「標準的な費用の額」の金額の10%相当額（最高25万円）を控除するものです。 | 348頁 |
| 外 国 税 額 控 除 | 外国の法令により所得税に相当する税金が課税されている場合、一定額を控除するものです。 | 362頁 |
| 政党等寄附金特 別 控 除 | 一定の要件に該当する政党又は政治資金団体に対する政治活動に関する寄附金の一定額を控除するものです。 | 370頁 |
| 公益社団法人等寄附金特別控除 | 一定の要件に該当する公益社団法人等に対する寄附金の一定額を控除するものです。 | 373頁 |
| 認定NPO法人等寄附金特別控除 | 認定NPO法人等に対する寄附金の一定額を控除するものです。 | 376頁 |
| 災 害 減 免 額 | 災害によって住宅や家財に損害を受け、一定の要件に該当する場合は、その年の所得税の一定額を軽減するか又は免除するものです。 | 379頁 |

1-5 確定申告

## 1-5　確定申告

### 1　確定申告の概要

　所得税の確定申告とは、1年間（1月1日～12月31日）に生じたすべての所得の金額とそれに対する所得税の額を計算し、源泉徴収税額及び予定納税額との過不足を精算する手続です（法120、122、123）。

　また、すでに提出した確定申告書に誤りがあった場合、税額が増加又は還付金が減少する申告を「修正申告」、税額の減少又は還付金の増加を求める手続を「更正の請求」といいます。

　なお、申告期限内にすでに提出した申告内容に誤りがあることが判明し、正しい申告内容に訂正する場合の申告は「訂正申告」といいます。

図表1-5-1　所得税の申告書等の種類とその提出期限

| 申告等区分 | | 各　申　告　等　の　内　容 | 本年分の申告期間 |
|---|---|---|---|
| 期限内申告 | 確定所得申告 | 各種の所得金額の合計額から所得控除を差し引き、その金額に税率を乗じて計算した税額から配当控除額を差し引いた結果、残額のある者（外国税額控除、源泉徴収税額又は予定納税額の還付を受ける者を除きます。）が提出する申告を「確定所得申告」といいます。 | 令和6年2月16日 ～ 令和6年3月15日 |
| | 確定損失申告 | 翌年以後に純損失若しくは雑損失の繰越控除を受けるための申告を「確定損失申告」といいます。 | |
| | 準確定申告 | 確定申告をしなければならない者が亡くなった場合、その相続人が行う亡くなった者の所得税の申告を「準確定申告」といいます。 | 亡くなったことを知った日の翌日から4か月以内 |
| | | 年の中途で納税管理人の届出をしないで出国する場合は、出国の日までに申告と納税をしなければなりません。この申告を「準確定申告」といいます。 | 出国の日まで |
| 還付申告 | | 源泉徴収税額や予定納税額が所得税額より多いときは、確定申告をすることによって、納め過ぎの税金が戻ってきます。この申告を「還付申告」といいます。「還付申告」は原則として、翌年1月1日から5年間できます※1。 | 令和6年1月1日 ～ 令和10年12月31日 |
| 期限後申告 | | 確定申告書の提出が必要な場合に、確定申告期限後にした申告を「期限後申告」といいます。 | |
| 修正申告 | | すでに行った申告について、納める税金が少ない場合や還付金の金額が多かった場合等にその申告した内容を訂正する申告を「修正申告」といいます。 | 令和6年3月16日 ～ 令和11年3月15日 |
| 更正の請求 | | すでに行った申告について、納める税金が多い場合や還付金の金額が少なかった場合等にその申告した内容の訂正を求める請求を「更正の請求」といいます。この手続ができる期間は、申告期限から5年以内です※2。 | |

※1　「準確定申告」と「退職所得の選択課税」の還付申告は、申告書を提出できる日から5年間となります。
※2　還付等を受けるための申告書については、更正の請求は提出日から5年以内に行う必要があります（通則法70①一）。

36

## 2 確定申告の要否

確定申告が必要な場合と還付申告や損失申告ができる場合は次のとおりです。

**図表1-5-2　確定申告の要否について**

| 区　分 | 具　体　的　な　ケ　ー　ス | |
|---|---|---|
| 確定申告が必要な場合 | 課税所得金額に税率を乗じて計算した税額から配当控除額（給与所得者は年末調整で受けた住宅借入金等特別控除額を含む。）を差し引いた結果、残額がある場合（確定申告期限が令和4年1月1日以後となるものについては外国税額、源泉徴収税額又は予定納税額の還付を受ける場合を除く。）[1、2] | |
| | 給与所得者の場合、上記の条件に加え、右のいずれかに該当する場合 | ・給与の収入金額が2,000万円を超える場合<br>・給与を1か所から受けていて、かつ、その給与の全部が源泉徴収の対象となる場合において、各種の所得金額（給与所得、退職所得を除く。）の合計額が20万円を超える場合<br>・給与を2か所以上から受けていて、かつ、その給与の全部が源泉徴収の対象となる場合において、年末調整をされなかった給与の収入金額と、各種の所得金額（給与所得、退職所得を除く。）との合計額が20万円を超える場合[3]<br>・同族会社の役員やその親族などで、その同族会社からの給与のほかに、貸付金の利子、店舗・工場などの賃貸料、機械・器具の使用料などの支払を受けた場合<br>・給与について、災害減免法により所得税等の源泉徴収税額の徴収猶予や還付を受けた場合<br>・在日の外国公館に勤務する方や家事使用人の方などで、給与の支払を受ける際に所得税等を源泉徴収されないこととなっている場合 |
| 還付申告ができる場合 | ・申告納税額の計算上引き切れない源泉徴収税額がある場合<br>・予定納税額の合計額が申告納税額より多い場合<br>・前年分以前の外国税額の控除不足額の繰越しの適用を受ける場合 | |
| 確定損失申告ができる場合 | ・純損失、雑損失の繰越控除を受ける場合<br>・純損失の繰戻しによる還付を受ける場合<br>・一定の要件を満たす居住用財産の譲渡損失の繰越控除を受ける場合<br>・上場株式等を譲渡したことにより生じた譲渡損失の繰越控除を受ける場合<br>・特定投資株式を譲渡したことにより生じた譲渡損失の繰越控除を受ける場合<br>・先物取引の差金等決済に係る損失の繰越控除を受ける場合 | |

※1　公的年金等の収入金額が400万円以下で、かつ、その公的年金以外の他の所得金額が20万円以下の者は、申告は不要です（海外の年金のように所得税の源泉徴収の対象とならない公的年金等の支給を受けている者は除きます。）。

※2　退職所得については、外国企業から支払を受けた退職金のように、所得税の源泉徴収の対象とならないものがある場合を除き、申告は不要です。ただし、退職所得のある場合で確定申告書を提出するときは、退職所得を含めて申告する必要があります。

※3　2か所以上の給与所得者で、上記に該当する者であっても、給与の収入金額の合計額から雑損控除、医療費控除、寄附金控除及び基礎控除以外の所得控除の合計額を差し引いた残額が150万円以下で、かつ、給与所得、退職所得以外の所得の合計額が20万円以下の者は、申告は不要です。

1-5 確定申告

## 3 確定申告の第三者作成書類の添付省略

### ⑴ 確定申告書の提出の際に提出又は提示が不要な第三者作成書類

　従来、確定申告書を提出する際、次に掲げる第三者作成書類の提出又は提示が必要でしたが（旧法120③）、平成31年4月1日以降に提出する確定申告書についてはこれらの書類の提出又は提示が不要となりました。

#### 図表1-5-3　確定申告書の提出の際に提出又は提示が不要

①　給与所得、退職所得及び公的年金等の源泉徴収票
②　オープン型の証券投資信託の収益の分配の支払通知書
③　配当等とみなされる金額の支払通知書
④　上場株式配当等の支払通知書
⑤　特定口座年間取引報告書
⑥　未成年者口座等につき契約不履行等事由が生じた場合の報告書
⑦　特定割引債の償還金の支払通知書
⑧　相続財産に係る譲渡所得の課税の特例における相続税額等を記載した書類

### ⑵ 確定申告書の提出を電子申告により行った場合の第三者作成書類の添付等の省略

　確定申告書の提出を電子申告(e-Tax)により行った場合、次に掲げる第三者作成書類については、その記載内容を入力して送信することにより、これらの書類の税務署への提出又は提示を省略することができます。なお、これらの書類の添付又は提示を省略した場合、原則として法定申告期限から5年間、これらの書類の原本を保存する義務があります。

#### 図表1-5-4　電子申告により提出を省略できる第三者作成書類

①　給与所得者の特定支出の控除の特例に係る支出の証明書
②　雑損控除の証明書
③　医療費通知（医療費のお知らせ）※1
④　医療費に係る使用証明書等（おむつ証明書など）
⑤　セルフメディケーション税制に係る一定の取組を行ったことを明らかにする書類※2
⑥　社会保険料控除の証明書
⑦　小規模企業共済等掛金控除の証明書
⑧　生命保険料控除の証明書
⑨　地震保険料控除の証明書
⑩　寄附金控除の証明書
⑪　勤労学生控除の証明書
⑫　住宅借入金等特別控除に係る借入金年末残高証明書（適用2年目以降のもの）
⑬　政党等寄附金特別控除の証明書
⑭　認定NPO法人寄附金特別控除の証明書
⑮　公益社団法人等寄附金特別控除の証明書
⑯　特定震災指定寄附金特別控除の証明書
⑰　個人の外国税額控除に係る証明書

　※1　令和3年分から、「医療費控除の明細書」に入力して送信することにより、税務署への提出又は提示を省略することができます。
　※2　平成29年分から、「セルフメディケーション税制の明細書」に入力して送信することにより、税務署への提出又は提示を省略することができます。

## 4 所得税に関する各種届出書等の提出等

　所得税に関する主な各種届出書等の提出等は、その事業の態様時（①～④）に応じて次表のとおりです。なお、これら以外に、消費税関係、都道府県などへの届出書等の提出が必要となる場合もあります。

① 事業の新規開業時に提出するもの
② 開業後において提出するもの
③ 事業の廃業時に提出するもの
④ 相続等により相続人が事業引継時に提出するもの

### 図表1-5-5　所得税に関する主な各種届出書等の提出等（○：要提出、△：必要に応じて提出）

| 届出書等 | 提出期限等<br>（提出期限日が休日等の場合は翌日） | 事業の態様時 | | | |
|---|---|---|---|---|---|
| | | ① | ② | ③ | ④ |
| 個人事業の開業・廃業等に関する届出書（法229） | その事実（開業、増設、移転、廃業、事業引継等）があった日から1か月以内[3] | ○ | △ | ○ | ○ |
| 納税地の異動又は変更に関する申出書[1]（法16、20） | 任意 | △ | △ | | △ |
| 青色申告承認申請書（法144、基通144-1） | 適用年の3月15日まで（新規開業はその日から2か月以内、相続による継承は図表1-6-1参照） | △ | △ | | △ |
| 青色申告の取りやめ届出書（法151） | 適用年の確定申告期限まで | | △ | △ | △ |
| 青色事業専従者給与に関する届出書（変更届出書）（法57） | 適用年の3月15日まで（新たに専従者を有する場合はその日から2か月以内）、変更は遅滞なく | △ | △ | | △ |
| 現金主義による所得計算の特例を受けることの届出書（令197） | 適用年の3月15日まで（新規開業はその日から2か月以内） | △ | △ | | |
| 青色申告承認申請書・現金主義の所得計算による旨の届出書 | 適用年の3月15日まで（新規開業はその日から2か月以内、相続による継承は図表1-6-1参照） | △ | △ | | △ |
| 現金主義による所得計算の特例を受けることの取りやめ届出書（令197） | 適用年の3月15日まで | | △ | | |
| 棚卸資産の評価方法（減価償却資産の償却方法）の届出書[2]（令100、123） | 適用年の確定申告期限まで | △ | △ | | △ |
| 棚卸資産の評価方法（減価償却資産の償却方法）の変更承認申請書（令101、124） | 適用年の3月15日まで | | △ | | |
| 給与支払事務所等の開設・移転・廃止届出書（法230） | その事実（開設、移転、廃止）があった日から1か月以内 | △ | △ | △ | △ |
| 源泉所得税の納期の特例の承認に関する申請書（法217） | 特になし<br>提出した日の翌々月納付分から適用 | △ | △ | | △ |
| 源泉所得税の納期の特例に該当しなくなったことの届出書（法217） | 遅滞なく | | △ | | |
| 災害による申告、納付等の期限延長申請書（通則11） | やむを得ない理由がやんだ後相当の期間内 | | △ | | |
| 納税管理人の届出書（通則117） | 選任したとき | | △ | | |
| 納税管理人の解任届出書（通則117） | 解任したとき | | △ | | |

※1　税務署等から各種文書の送付先を異動・変更後の納税地とする意思があるときは、提出することができます（令和5年1月1日以降）。
※2　届出をしない場合、原則として、棚卸資産は最終仕入原価法、減価償却資産は定額法になります。
※3　その事実のあった年分の確定申告期限まで（令和8年1月1日以降）。

1-5 確定申告

なお、具体的な設例に当てはめていくと各種届出書等の提出等は以下のとおりになります。

---

**【設例1】 新規開業の場合**

甲は@個人事業を開始し、⑥青色申告、©事業所のある所轄税務署で申告、ⓓ減価償却方法は定率法、そして⑥従事員2人を雇用しⓕ妻を事業専従者とする場合の提出書類等は？

---

@→「個人事業の開業・廃業等に関する届出書」

⑥→「青色申告承認申請書」

©→「納税地の異動又は変更に関する申出書」

ⓓ→「棚卸資産の評価方法（減価償却資産の償却方法）の届出書」

⑥→「給与支払事務所等の開設・移転・廃止届出書」

ⓕ→「青色事業専従者給与に関する届出書（変更届出書)」

---

**【設例2】 事業所の増設、事業専従者の追加等の場合**

設例1の甲が数年後に新たに@事業所を増設し、⑥増設した事業所の減価償却方法は定率法、そして©長男を事業専従者に追加とする場合の提出書類等は？

---

@→「個人事業の開業・廃業等に関する届出書」

⑥→「棚卸資産の評価方法（減価償却資産の償却方法）の届出書」

©→「青色事業専従者給与に関する届出書（変更届出書)」

---

**【設例3】 法人成りの場合**

設例1の甲が@個人事業を廃業し、これを⑥法人成り（事業所、従事員は引継ぐ）とした場合（不動産所得等がない場合）の提出書類等は？

---

@→「個人事業の開業・廃業等に関する届出書」、「青色申告の取りやめ届出書」、「納税地の異動又は変更に関する申出書」、「給与支払事務所等の開設・移転・廃止届出書」

⑥→別途、法人税に関する各種届出書等の提出が必要になります。

---

**【設例4】 相続、事業承継の場合**

設例1の甲が@死亡し、相続人の長男乙が⑥現状のままで、©母を事業専従者とし、ⓓ事業承継した場合の提出書類等は？

---

[被相続人甲]

@→「個人事業の開業・廃業等に関する届出書」、「青色申告の取りやめ届出書」、「給与支払事務所等の開設・移転・廃止届出書」

**40**

［相続人乙］
- ⓑ→「給与支払事業所等の開設・移転・廃止届出書」、「源泉所得税の納期の特例の承認に関する申請書」
- ⓒ→「青色事業専従者給与に関する届出書（変更届出書）」
- ⓓ→「個人事業の開業・廃業に関する届出書」、「青色申告承認申請書」、「納税地の異動又は変更に関する申出書」、「棚卸資産の評価方法（減価償却資産の償却方法）の届出書」

## 5　財産債務調書等の提出

　納税者が確定申告書を提出する場合は、その納税義務者区分、所得金額又は財産債務状況により、次の書類を提出しなければなりません。

　なお、提出期限は、財産債務調書、国外財産調書は翌年の6月30日まで、居住形態に関する確認書は、確定申告書を提出する場合に添付する必要があります。

### 図表1-5-6　納税義務者区分による財産債務調書等の提出

| 納税義務者区分 | | 財産債務調書[*1] | 国外財産調書[*2] | 居住形態等に関する確認書[*3] |
|---|---|---|---|---|
| 居住者 | 永住者 | ○ | ○ | × |
| | 非永住者 | ○ | × | ○ |
| 非居住者 | | ○ | × | × |

※1　その年の総所得金額及び山林所得の金額の合計額が2,000万円を超え、かつその年の12月31日現在の保有する財産の総額が3億円以上又は国外転出時課税の対象財産（有価証券等、未決済信用取引等及び未決済デリバティブ取引等）が1億円以上の場合に提出義務があります（左のQRコードの「財産債務調書制度」（令和5年9月）のあらましを参照）。なお、令和5年以後は、上記の要件以外に確定申告義務の有無に関係なく、保有する財産の総額が10億円を超える場合も提出義務があります。

※2　確定申告義務の有無に関係なく、その年の12月31日現在の国外に保有する財産の総額が5,000万円を超える場合に提出義務があります（右のQRコードの「国外財産調書制度」（令和5年9月）のあらましを参照）。

※3　その年において非永住者であった期間を有する場合は確定申告書に添付する必要があります。

## 1-5　確定申告

### 【質疑応答】確定申告

☐　**還付請求の消滅時効の起算日**

　　平成29年分所得税の確定申告書（不動産所得（赤字）と給与所得（年末調整済）とを損益通算したことにより、過大納付となった給与所得に係る源泉徴収税額について還付を受けるもの）を令和5年1月31日に提出して、所得税の還付を受けることはできますか。

⇒平成29年分の還付請求期間は平成30年1月1日から令和4年12月31日までとなり、還付請求は認められません。

☐　**民法上の相続人が不存在の場合の準確定申告の手続**

　　居住者が年の中途で死亡し、民法上の相続人が不存在である場合、その確定申告手続はどのようにすればよいのでしょうか。

⇒相続開始時に相続財産法人（民法951）が成立し、その相続財産法人の管理人（裁判所選任）が確定した日の翌日から4か月以内に準確定申告書を提出することになります。

☐　**確定申告で申告しなかった上場株式等の利子及び配当を修正申告により申告できるか**

　　上場株式等の利子及び配当の金額を総所得金額の額から除外したところで確定申告をした者が修正申告書を提出する場合、その配当等の金額を総所得金額に含めて申告し、配当控除の適用を受けることができますか。

⇒修正申告（又は更正の請求）で上場株式の利子・配当を申告することは認められません。

☐　**白色事業専従者が他に給与所得を有する場合**

　　源泉徴収の対象とならない白色事業専従者に係るいわゆるみなし給与の給与所得のほかに給与等の金額を有しますが、確定申告を要しないものと解してよいでしょうか。

⇒確定申告を要します。

☐　**青色申告特別控除（10万円）と確定申告の要否**

　　私の本年分の不動産所得については、青色申告特別控除前の所得金額が29万円であるため、青色申告特別控除（控除額10万円）の規定を適用した場合には、不動産所得の金額は19万円となります。給与所得者については、年末調整が行われた給与等以外の所得金額が20万円以下の場合には確定申告書の提出を要しないと考えますがいかがでしょうか。

⇒確定申告書を提出する必要はありません。

☐　**青色申告特別控除（55万円）と確定申告の要否**

　　私の本年分の不動産所得については、青色申告特別控除前の所得金額が74万円であるため、青色申告特別控除（控除額55万円）の規定を適用した場合には、不動産所得の金額は19万円となります。給与所得者については、年末調整が行われた給与等以外の所得金額が20万円以下の場合には確定申告書の提出を要しないと考えますがいかがでしょうか。

⇒青色申告特別控除（控除額55万円）は、確定申告書提出（期限内）が要件とされているので、確定申告書を提出する必要があります。

## 確定申告のチェックポイント

**【確定申告の要否等】**

☐ 相続人が複数人いる場合、準確定申告書の付表には相続人代表の署名があれば足りるとしている。

☞ 相続人が複数いる場合の準確定申告書の付表には、原則として各相続人の署名がなければ相続人全員が申告したことにはなりません。

なお、他の相続人等の氏名を付記して各相続人が別々に申告することもできます。

☐ 給与所得者が医療費控除の還付申告をする場合、20万円以下の雑所得等を除外して申告している。

☞ 確定申告義務の有無に関係なく医療費控除等で申告する以上は、20万円以下の雑所得等（確定申告を要しない少額配当又は源泉徴収口座の上場株式等の譲渡所得を除く。）も含めて申告しなければなりません。

☐ 同族会社の役員がその法人から受ける貸付利息、賃貸料などが20万円以下なので申告していない。

☞ 同族会社の役員及びその親族がその法人から受ける貸付利息、賃貸料などについては、20万円以下であっても確定申告が必要となります（令262の2）。

☐ 給与所得者が、生命保険の満期保険金を受け取り、一時所得の金額（50万円の特別控除後）が40万円（他に申告すべき所得はない）のため、確定申告をした。

☞ 一時所得の場合、課税対象額（2分の1後の金額）が20万円以下（他に申告すべき所得がないケース）であれば、申告不要とすることができます。

☐ 国外から直接支払を受けた給与収入と10万円の雑所得がある場合、その合計額が20万円以下であるからとして、確定申告をしていない。

☞ 確定申告を要しない場合の給与とは、居住者に対し国内において支払われる給与（源泉徴収された又はされるべき場合、法121①一）をいいますので、給与所得以外の所得が20万円以下であっても確定申告が必要となります（基通121-5）。

☐ 確定申告不要制度に該当するか否かの判定に当たり、「公的年金等に係る雑所得以外の所得金額」は、所得金額調整控除額適用前の給与所得金額を基に計算するものと考えている。

☞ 所得金額調整控除額適用後の給与所得金額を基に計算して判定します。

☐ 競馬場や競輪場等で働く丙欄適用者も、2か所以上から支払を受ける場合は、確定申告の義務があるとしている。

☞ 同一の時点において、2か所以上の支払者から給与を受けるものではないため確定申告義務はありません（法121①、基通121-4）。ただし、還付申告はできますが、確定申告をする場合は、すべての給与収入（5か所であれば5か所全部）について申告する必要があります。

☐ 源泉徴収の対象とならない年金（外国の制度により支払を受けるもの）を含む公的年金等の収入金額が400万円以下の者で、公的年金等以外の所得が20万円以下である場合に、確定申告不要制度の適用があるとしている。

☞ 外国の制度に基づき国外において支払われる年金など源泉徴収の対象とはならない公的年金等の支給を受ける人は、公的年金等に係る確定申告不要制度の対象となりません。

☐ 公的年金等の収入金額が400万円以下の者で、不動産所得の青色申告特別控除65万円（又は55万円）控除後の所得金額が20万円以下の場合に確定申告は不要であるとしている。

1-5 確定申告

☞ 青色申告特別控除65万円（又は55万円）の適用要件として、確定申告書へのその旨の記載、明細書の添付及び期限内提出を要件としているので、確定申告は不要とはなりません。

□ 居住者である外国人モデルの報酬について、支払者が誤って20.42％の源泉徴収をしたものを確定申告で還付請求ができると考えていた。
☞ 源泉徴収税額の過誤納金（誤り）を確定申告で精算することはできません。源泉徴収義務者が所轄税務署に過誤納金の還付請求の手続で還付金を受けることになります。

□ 給与所得（年末調整済）のほかに雑所得が10万円ある者（法121に該当）が提出した確定申告書は取消しができないとしている。
☞ 法第121条に該当する者が提出した確定申告書は、撤回（更正の請求では認められない。）することが認められます。なお、申告書が撤回された後は無申告となります（基通121-2(注)1）。

□ 年金受給者で申告不要制度に該当する者でも、確定申告書を提出し納めた税額の還付を受けられないとしている。
☞ 法第121条に該当する者が提出した確定申告書は、撤回の手続をすることができ、納めた税金については還付を受けられます。なお、申告書が撤回された後は無申告となります。

【その他】

□ 会社が給与から源泉徴収した税金をまだ納めていないので、確定申告しても還付を受けられないと考えている。
☞ 会社（源泉徴収義務者）において源泉所得税が未納になっていても、還付を受けることができます。ただし、給与自体が未払の場合は、源泉徴収票に内書され源泉所得税が納付されるまで（給与が支払われるまで）還付が保留されます（法138②）。

□ 申告義務のない者が平成30年分の還付申告書を平成31年2月25日に提出した場合に係る更正の請求書の提出期限は、令和6年3月15日としている。
☞ 申告義務のない還付申告書に係る更正の請求書の提出期限は、還付申告書の提出日から5年以内ですから令和6年2月25日となります（基通122-1）。
申告義務のある者の還付申告書に係る更正の請求書の提出期限は、法定申告期限から5年以内ですから令和6年3月15日となります。
（注）令和3年分以後は、還付申告書は全て申告義務がないことになっています。

□ 修正申告書を提出する場合に、当初申告していなかった医療費控除を含めて修正申告をすることはできないとしている。
☞ 医療費控除は、申告要件が付されていないことから、修正申告又は更正の請求で医療費控除額を追加又は増額することはできます。

1-6　青色申告

# 1-6　青色申告

## 1　青色申告の概要

青色申告制度とは、一定の帳簿書類を備え付け、それに基づいて正確に所得を計算する納税者について税務上さまざまな優遇措置（特典）が与えられる制度です。「青色申告」を選択できるのは、事業所得、不動産所得又は山林所得を生ずべき業務を行う者で、あらかじめ一定の時期までに「青色申告承認申請書」を税務署に提出して、その承認を受けなければなりません（法143）。

## 2　青色申告者の義務

青色申告者は、原則として、「仕訳帳」「総勘定元帳」などの帳簿を備えて、すべての取引を正規の簿記（複式簿記）の方法で記帳し保存することが必要です（法148、規56～64）。ただし、記帳方法は、簡易な簿記（現金出納帳、売掛帳、買掛帳、経費帳、固定資産台帳）、又は現金主義による記帳（現金出納帳、固定資産台帳）も認められています（規56①ただし書）。

※　平成26年1月以降は、不動産所得、事業所得又は山林所得を生ずべき業務を行っている白色申告者についても、前年以前の所得金額のいかんにかかわらず、すべて記帳・帳簿等保存義務が課せられています（法232）。

## 3　「青色申告承認申請書」の提出期限

図表1-6-1　「青色申告承認申請書」の提出期限（法144）

| 区　　　　　分 | | | 提　出　期　限 |
|---|---|---|---|
| 白色申告から青色申告に変更する場合 | | | その年の3月15日 |
| 新 規 開 業 し た 場 合 | 開業した日 | 1月1日～1月15日 | 開業した年の3月15日 |
| | | 1月16日～12月31日 | 開業日から2か月以内 |
| 相続により事業を承継した場合※ | 被相続人が青色申告をしていた場合<br>（基通144-1） | 相続開始を知った日<br>1月1日～8月31日 | 相続開始を知った日から4か月以内 |
| | | 9月1日～10月31日 | その年の12月31日 |
| | | 11月1日～12月31日 | 翌年2月15日 |
| | 被相続人が白色申告をしていた場合 | 相続開始を知った日<br>1月1日～1月15日 | 事業承継した年の3月15日 |
| | | 1月16日～12月31日 | 事業承継した日から2か月以内 |

※　被相続人の業務を承継した相続人が、すでに白色申告で不動産や事業などの業務を営んでいる場合は、原則どおり、青色申告の申請期限はその年の3月15日です。

45

## 4　青色申告の特典

### 図表1-6-2　青色申告と白色申告の特典比較

| 項　　目 | 青　色　申　告 | 白　色　申　告 |
|---|---|---|
| 青色事業専従者給与<br>事業専従者控除（法57） | 事業的規模の所得において、事前に届け出た金額の範囲内で支払われた給与で、専従に係る労務の対価として相当と認められるものは全額必要経費に算入できます。 | 事業的規模の所得において、専従者1人当たり50万円（配偶者は86万円）を限度として控除できます。 |
| 現　金　主　義（法67） | 前々年の不動産所得の金額及び事業所得の金額の合計額が300万円以下の人は、現金主義によって所得計算ができます。 | 適用なし。 |
| 純損失の繰越控除（法70①） | 損益通算の対象となる損失額のうち、他の所得金額から控除しきれない金額（純損失）は、翌年以降3年間（特定非常災害に係るものは5年間）にわたり繰越控除することができます（法70①）。 | 純損失のうち変動所得又は被災事業用資産の損失は、繰越控除できます（法70②）。 |
| 純損失の繰戻し還付<br>（法140） | 純損失の金額を前年に繰戻すことで、前年分の所得に対する税金から還付が受けられます。 | 適用なし。 |
| 青色申告特別控除<br>（措法25の2） | 所得を計算する上で、最高65万円を差し引くことができます（最高65万円（又は55万円）の要件に該当しない者は最高10万円）。 | 適用なし。 |
| 少額減価償却資産の特例<br>（措法28の2） | 取得価額が30万円未満の少額減価償却資産は、業務の用に供した年に、全額必要経費に算入できます（年間300万円が限度）。 | 適用なし。 |
| 減価償却の特別償却の特例<br>（措法10の3～12の2） | 一定の要件等を満たす減価償却資産等を取得等した場合、通常の償却費に加えて、その一定割合の額が特別償却できます（下記「所得税額の特別控除の特例」と選択となっているものがあります。）。 | 適用なし。 |
| 貸倒引当金（法52） | 事業的規模の所得において、個別評価、一括評価（事業所得に限る。）による貸倒引当金の計上ができます。 | 事業的規模の所得において、個別評価のみ認められます。 |
| 低　価　法（令99①） | 棚卸資産の評価を低価法によることができます。 | 適用なし。 |
| 推　計　課　税（法156） | 帳簿調査に基づかない推計課税による更正・決定を受けることはありません。 | 推計により更正・決定を受けることがあります。 |
| 所得税額の特別控除の特例<br>（措法10～10の5の6） | 一定の要件等を満たす減価償却資産等を取得等した場合、その一定割合の額が所得税額から控除できます（上記「減価償却の特別償却の特例」と選択となっているものがあります。）。 | 適用なし。 |
| 更正の理由附記（法155②） | 更正通知書に理由が附記されます。 | 通則法74の14①により、更正通知書に理由が附記されます。 |

## 5　青色申告特別控除

　青色申告者は、下記の要件を満たす場合に不動産所得の金額又は事業所得の金額から最高65万円、それ以外の場合には、所得金額から最高55万円又は10万円の青色申告特別控除額を控除することができます（措法25の2）。不動産所得、事業所得及び山林所得（最高10万円）がある場合の青色申告特別控除額の控除順序は、不動産所得の金額から先に控除し、控除しきれない金額を事業所得の金額及び山林所得の金額から順次控除します。

　なお、控除できる金額は、特別控除前の所得金額を限度とします。

### 図表1-6-3　65万円の青色申告特別控除の要件

| |
|---|
| ①　現金主義を選択していないこと |
| ②　事業的規模の不動産所得又は事業所得を生ずべき事業を営む者であること |
| ③　正規の簿記の原則に従い取引を記録していること |
| ④　貸借対照表、損益計算書を確定申告書に添付すること |
| ⑤　期限内に申告書を提出すること |
| ⑥　次のいずれかを満たしていること |
| 　イ　その年分の事業に係る仕訳帳及び総勘定元帳につき電帳法の規定に従って電磁的記録の備付け又はマイクロフィルムによる保存を行っている。 |
| 　ロ　その年分の確定申告を期限内にe-Taxで行っている。 |

（注）①～⑤の要件のみを満たしている場合の控除額は最高55万円となります。

## 6　帳簿書類の保存期間等

　帳簿書類（決算関係書類等は除く。）の備付け等については、一定の要件の下でその電磁的記録、スキャナ読取りの電磁的記録又は電子計算機出力マイクロフィルムの備付け及び保存をもって帳簿書類の備付け又は保存に代えることができます（電子計算機を使用して作成する国税関係帳簿書類の保存方法等の特例に関する法律4①②③、5）。

【参考資料】電子帳簿等保存制度の概要（令和5年4月）

　電子帳簿等保存制度については、令和5年度税制改正において見直しが行われており、国税庁の電子帳簿等保存制度特設サイトで公表されています。

1-6 青色申告

図表1-6-4 帳簿書類の保存期間

| 区 分 | 保存すべき帳簿書類 | 保存期間[1] |
|---|---|---|
| 青色申告者<br>（規63） | 仕訳帳、総勘定元帳その他必要な帳簿、棚卸表、貸借対照表及び損益計算書並びに計算、整理又は決算に関して作成されたその他の書類、現金預金取引等関係書類[2] | 7年 |
| | 取引に関して相手方から受け取った注文書、契約書、送り状、領収書、見積書その他これらに準ずる書類及び自己の作成したこれらの書類（現金預金取引等関係書類を除く。） | 5年 |
| 白色申告者<br>（規102） | 収入金額や必要経費を記載した帳簿（法定帳簿） | 7年 |
| | 業務に関して作成した上記以外の帳簿（任意帳簿）、決算に関して作成した棚卸表その他の書類、業務に関して作成し、又は受領した請求書、納品書、送り状、領収証などの書類 | 5年[3] |

※1　保存期間の起算点は、原則として翌年3月15日の翌日です。
※2　前々年分の所得金額が300万円以下の者は、現金預金取引等関係書類の保存期間は5年です。
※3　雑所得（業務に係るもの）の前々年分の収入金額が300万円を超える場合も、現金預金取引等関係書類を5年間保存する必要があります。

## 青色申告のチェックポイント

【青色申告承認申請】
□　白色申告で不動産貸付業を営んでいた者が、年の中途から新たに事業所得を生ずべき事業を開始した場合、2か月以内に「青色申告承認申請書」を提出すればよいとしている。
☞　既に白色申告で不動産所得等の業務を行っているので、新規に事業所得を生ずべき事業を開始した場合であっても、青色申告承認申請書はその年の3月15日までとなります。

□　被相続人の事業（白色申告）を承継した相続人が新たに青色申告をする場合、相続開始後4か月以内（準確定申告書の提出期限）に「青色申告承認申請書」を提出すればよいとしている。
☞　「青色申告承認申請書」の提出期限は、その年の3月15日と事業承継後2か月以内のいずれか遅い日となります（法144）。

□　年の途中で出国し国内の自宅を貸す場合、非居住者となるため青色申告はできないとしている。
☞　青色申告の規定は、非居住者にも準用されますので、非居住者になったとしても青色申告をすることはできます（法143、166、令293）。

【青色事業専従者給与】
□　事業的規模に至らない不動産所得においても青色事業専従者給与を支払っている。
☞　事業と称するに至らない規模の不動産の貸付けの場合は、青色事業専従者給与を必要経費に算入することはできません（法57、基通26-9）。

□　大学病院に勤務していた同一生計の息子が7月に退職し、8月から自分の個人病院の医師として勤務させ青色事業専従者給与を支払っているが、従事期間が6か月以下なので必要経費に算入できないとしている。
☞　その事業に勤務することのできる期間に相当の事由があり、その1／2を超える期間を従事していれば必要経費に算入できます（令165）。

1-6 青色申告

□ 青色事業専従者に支払った退職金の額を必要経費としている。

☞ 青色事業専従者に対する給与等には、退職所得は含まれませんので、事業上の必要経費とはならず、また、青色事業専従者の所得にもなりません（法56、57）。

【青色申告特別控除】

□ 貸借対照表の未提出又は期限後申告でありながら、青色申告特別控除の65万円又は55万円の適用はあるとしている。

☞ 青色申告特別控除の65万円又は55万円の適用要件として、貸借対照表、損益計算書の添付、その控除を受ける旨の記載及び申告書の期限内提出がありますので（措法25の2⑥）、貸借対照表の未提出又は期限後申告の場合は10万円の控除となります。

□ 令和2年分以後の確定申告で青色申告決算書を書面提出した場合、65万円の青色申告特別控除額の適用はないとしている。

☞ 電子帳簿保存法対応の会計ソフトを用いて記帳し、かつ電子帳簿保存の承認申請書を署に提出しているときは、青色申告決算書を書面提出した場合でも65万円の控除額の適用があります。

□ 青色申告の内科医で、その収入は社会保険診療報酬（措法26条適用）のみであるが、青色申告特別控除の適用はあるとしている。

☞ 措法26条適用を受けている場合の社会保険診療報酬にかかる所得については青色申告特別控除の適用はありません。

□ 親子で賃貸用不動産（16室）を共有（各1／2）しているが、それぞれ按分後が8室なので青色申告特別控除額を10万円としている。

☞ 不動産所得の貸付が事業規模であるか否かは建物全体で判定しますので、それぞれ65万円又は55万円の青色申告特別控除額の適用ができます。

□ 山林所得について、65万円又は55万円の青色申告特別控除を適用している。

☞ 山林所得は65万円又は55万円の青色申告特別控除の適用はできませんが、10万円の青色申告特別控除の適用はできます。

□ 事業所得が赤字で、不動産所得が事業として行われていないため、青色申告特別控除が10万円しか適用できないとしている

☞ 不動産所得が事業的規模でない場合であっても、事業所得があり、65万円又は55万円の要件を具備する場合には、65万円又は55万円の青色申告特別控除を適用することができます（措法25の2③）。

□ 年の途中で死亡した青色申告者の準確定申告書は、翌年の3月15日までに申告すれば65万円又は55万円の青色申告特別控除の適用はあるとしている。

☞ 65万円又は55万円の青色申告特別控除の適用を受けるためには、準確定申告書の申告期限（相続開始があった日から4か月以内）までに提出する必要があります。

□ 6月に死亡した青色申告者の準確定申告で、青色申告特別控除を月数按分にしている。

☞ 被相続人が6月に死亡した場合であっても、その所得金額を計算する際に、青色申告特別控除の金額を月割計算する必要はありません。

49

1-6 青色申告

☐ 年の途中から不動産貸付けが事業的規模から事業でない規模になった場合に、その年は65万円又は55万円の青色申告特別控除は適用がないとしている。

☞ その年中に不動産所得を生ずべき事業を行っている期間があるため、65万円又は55万円の特別控除の適用を受けることができます（措法25の2③）。

☐ 当初申告（期限内申告）において、青色申告特別控除額を10万円（措法25の2①適用）としていたが、貸借対照表を添付していたことから、65万円又は55万円の特別控除（措法25の2③適用）に変更する更正の請求書を提出した。

☞ 65万円又は55万円の青色申告特別控除は、確定申告書にその適用を受ける旨とその控除を受ける金額の計算に関する事項の記載が適用要件ですので、更正の請求の対象とはなりません。

☐ 青色申告者が、家内労働者等の事業所得等の所得計算の特例を適用して事業所得を計算する場合、青色申告特別控除の適用はないとしている。

☞ 家内労働者等の事業所得等の所得計算の特例を適用して事業所得を計算している場合においても、青色申告特別控除の適用を受けることができます。

2-1　給与所得

## 2-1　給与所得

### 1　給与所得の概要

　給与所得とは、俸給、給料、賃金、歳費及び賞与並びにこれらの性質を有する給与による所得をいいます（法28①）。また、事業専従者控除額（法57④）や使用者が支出する交際費、接待費等のうち役員又は使用人に対して支給するもの（業務のために使用したことの事績の明らかなものを除きます。）なども給与所得とみなされます（基通28-4）。

### 2　給与所得の金額の計算

　給与所得の金額は、原則として給与等の収入金額から、給与所得控除額を控除して計算します（法28②）。

**【給与所得の金額の計算式（原則）】**

> 給与所得の金額　＝　収入金額　−　給与所得控除額

　なお、その年中の特定支出の額の合計額が給与所得控除額の2分の1を超える場合、給与所得の金額は、下記の計算式（特定支出控除の特例）により計算することができます（法57の2①）。

**【給与所得の金額の計算式（特定支出控除の特例）】**

$$給与所得の金額 ＝ 収入金額 − \left( 特定支出の額の合計額 ＋ 給与所得控除額 × \frac{1}{2} \right)$$

#### (1)　収入金額

　収入金額には、金銭で支給されるもののほか、商品などの無償又は低額での譲受けや、土地や建物などの無償又は低い使用料での借受けによる経済的利益なども含まれます。

　主な経済的利益の課税等については、次のとおりです。

2-1　給与所得

### 図表 2-1-1　経済的利益の課税、非課税判定

| 項　目 | 課　税 | 非　課　税 |
|---|---|---|
| 通勤手当 | 右記の金額を超える部分 | 運賃相当額（最高月15万円）（法9①五、令20の2） |
| 香典、見舞金、祝い金等 | | 社会通念上相当な金額（基通9-23） |
| 宿直料、日直料 | | 原則、勤務1回につき支給する金額のうち4,000円までの部分（基通28-1） |
| 食事の支給 | 原則課税 | 食事価額の半額以上を自己負担し、使用者の月額負担額が3,500円以下の場合（基通36-38の2） |
| 商品の値引き販売 | | 販売額が原価以上で販売価額の70％以上の場合（基通36-23） |
| 交際費の支給 | | 業務使用の事績が明らかなもの（基通28-4） |
| 株式等を用いた経済的利益（図表2-1-2） | | 税制適格ストックオプション（措法29の2） |

### 図表 2-1-2　株式等を用いた経済的利益の制度等

| 制度の種類 | | 概　要　等 | 【課税時期等】所得区分[2]（所得金額の計算） |
|---|---|---|---|
| ストックオプション(SO) | 税制適格（措法29の2） | ・会社法に基づき、一定の要件[1]のもと役員等（役員、従業員等）に対して権利行使期間内にあらかじめ決められた価額（権利行使価額）で一定数株式を取得する権利（新株予約権）を付与する制度 | 【権利行使時】非課税（課税繰延）<br>【株式譲渡時】株式等譲渡所得（譲渡価額－権利行使価額） |
| | 税制非適格 | ・上記の一定の要件[1]を満たさないもの | 【権利行使時】給与所得等（権利行使時株価－権利行使価額）<br>【株式譲渡時】株式等譲渡所得（譲渡価額－権利行使時株価） |
| | 有　償 | ・役員等が新株予約権を有償で購入できる制度<br>・新株予約権は（有利発行とならない）公正価値であること | 【権利行使】所得認識なし<br>【株式譲渡時】株式等譲渡所得（譲渡価額－新株予約権－権利行使価額） |
| 譲渡制限付株式(RS) | | ・会社が役員等に対して、一定期間の譲渡制限を設けた株を付与する制度<br>・制限期間中でも議決権があり配当も受取り可 | 【制限解除時】給与所得等（制限解除時株価－取得価額「通常0」）<br>【株式譲渡時】株式等譲渡所得（譲渡価額－制限解除時株価） |
| 譲渡制限付株式ユニット(RSU) | | ・会社が役員等に対して、株式を取得する譲渡不能な権利（ユニット）を付与する制度<br>・付与された権利は一定期間を経過すると株式に転換 | 【株式取得時】給与所得等（株式取得時株価－取得価額「通常0」）<br>【株式譲渡時】株式等譲渡所得（譲渡価額－株式取得時株価） |
| 株式交付信託(ESOP) | | ・会社拠出で信託を組成し、その信託を通じて自社株を取得<br>・信託期間中の役員等に対し、勤務年数、業績達成度等に応じたポイント相当の株式の交付制度 | 【株式取得時】給与所得等（株式取得時株価－権利行使価額「通常0」）<br>【株式譲渡時】株式等譲渡所得（譲渡価額－株式取得時株価） |

（注）　SO：stock option、RS：restricted stock、RSU：restricted stock unit、ESOP：employee stock ownership plan
※1　一定の要件とは以下のとおりです。

| 付与対象者 | 会社及び関連会社（その会社の発行済株式の50％超を直接・間接に保有する関係法人）の役員等であること（大口株主、その特別関係者を除く。） |
|---|---|
| 新株予約権 | 無償で譲渡禁止であること |
| 権利行使期間 | 付与決議日後2年を経過した日から10年(注)を経過する日までの間に行使すること |
| 権利行使価額 | 権利行使価額は付与契約締結時の株式の時価以上であること |
| 権利行使制限 | 権利行使価額の年間合計額が1,200万円以下であること |
| 株式の交付 | 会社法に反しないで行われるものであること |
| 株式の保管 | 一定の方法で証券会社等に保管委託等がなされること |

(注) 設立から5年未満の未上場会社の場合は15年です（令和5年4月1日以降）。

※2 権利行使等による経済的利益の所得区分は以下のとおりです。

| 付与する会社との関係 | 例 | 所得区分 |
|---|---|---|
| 会社と雇用関係等がある者又は親会社と（準）雇用関係等がある者 | 会社又は子会社の役員、従業員 | 原則として給与所得（退職に基因して権利行使となる場合は退職所得） |
| 会社と業務上の関係がある者 | 顧問弁護士、経営コンサルタント、取引先の取締役等 | 原則として事業所得又は雑所得 |
| 上記以外の者 | 会社と無関係の第三者 | 原則として雑所得 |

【参考資料】ストックオプションに対する課税（Q&A）（情報）

> ストックオプションに対する課税については、令和5年5月30日に国税庁が公表した「ストックオプションに対する課税（Q&A）（情報）」を参照してください。

## (2) 給与所得控除額

　給与所得は、事業所得などのように必要経費を差し引くことはできません。しかし、それに見合うものとして、給与所得控除額（下表「給与所得控除額の速算表」）を給与等の収入金額から差し引くことができます。なお、給与等の収入金額が660万円未満の場合は、「簡易給与所得表」（432頁参照）により給与所得の金額を求めます（法28）。

### 図表2-1-3　給与所得控除額の速算表

| 給与等の収入金額 | 給与所得控除額 |
|---|---|
| 1,625,000円以下 | 550,000円（55万円未満の場合には収入金額） |
| 1,625,000円超　1,800,000円以下 | 収入金額 × 40％ － 100,000円 |
| 1,800,000円超　3,600,000円以下 | 収入金額 × 30％ ＋ 80,000円 |
| 3,600,000円超　6,600,000円以下 | 収入金額 × 20％ ＋ 440,000円 |
| 6,600,000円超　8,500,000円以下 | 収入金額 × 10％ ＋ 1,100,000円 |
| 8,500,000円超 | 1,950,000円 |

## (3) 特定支出控除の特例

　給与所得者が、次のような支出（「特定支出」※といいます。）をした場合、その年の特定支出の合計額が給与所得控除額の2分の1を超える場合、その超える部分について、確定申告により給与所

2-1 給与所得

得の金額の計算上控除することができる制度です（法57の2）。

※ 「雇用保険法に規定する教育訓練給付金」及び「母子及び父子並びに寡婦福祉法に規定する自立支援教育訓練給付金」が支給される部分の支出は、特定支出の範囲から除外されています。

### 図表2-1-4　特定支出項目の概要

| 項　目 | 内　　容 | 添付書類 |
|---|---|---|
| 通勤費 | 一般の通勤者として通常必要であると認められる通勤のための支出[※1] | ・給与等の支払者の証明書（通勤費）<br>・特定支出の金額を証する書類 |
| 職務上の旅費[※2] | 勤務する場所を離れて職務を遂行するために通常直接要する支出 | ・給与等の支払者の証明書（職務上旅費）<br>・搭乗・乗車・乗船に関する証明書<br>・特定支出の金額を証する書類 |
| 転居費 | 転任に伴う転居のために通常必要であると認められる支出のうち一定のもの[※1] | ・給与等の支払者の証明書（転居費）<br>・特定支出の金額を証する書類 |
| 研修費 | 職務に直接必要な技術や知識を得ることを目的として研修を受けるための支出 | ・給与等の支払者の証明書（研修費）<br>・特定支出の金額を証する書類 |
| 資格取得費 | 職務に直接必要な資格を取得するための支出 | ・給与等の支払者の証明書（資格取得費）<br>・特定支出の金額を証する書類 |
| 帰宅旅費 | 単身赴任等の場合で、勤務地と自宅の間の旅行のために通常必要な支出のうち一定のもの[※1] | ・給与等の支払者の証明書（帰宅旅費）<br>・搭乗・乗車・乗船に関する証明書<br>・特定支出の金額を証する書類 |
| 勤務必要経費 | 職務に関連する書籍・定期刊行物等の図書費、制服・事務服等の衣服及び職務上関係のある者に対する接待・供応・贈答等のための支出[※3] | ・給与等の支払者の証明書（勤務必要経費）<br>・特定支出の金額を証する書類 |

※1　特別車両料金及び特別船室料金等の客室の特別の設備の利用料金（寝台料金で6,600円以下を除きます。）を除きます。また、令和2年度以降の帰宅旅費については、1か月4往復までという制度が撤廃されるとともに、帰宅に自家用車を利用する場合に、通常要する燃料費、有料道路の料金の額等を加えることとされています。
※2　令和2年分以降に適用されます。
※3　当該支出の合計額が65万円を超える場合は、65万円までの支出に限ります。

【参考資料】給与所得者の特定支出の控除の特例の概要等について（情報）

> 特定支出の取扱いについては、令和5年6月14日に国税庁が公表した「令和5年分以後の所得税に適用される給与所得者の特定支出の控除の特例の概要等について（情報）」を参照してください。

【質疑応答】特定支出控除

> □　学会参加費用の特定支出控除の適用可否
> 　　大学教授であるAは、自身の研究発表のために、米国で開催される学会に参加し、旅費と宿泊費を支払いました。この旅費及び宿泊費は、自己負担なのですが、これは「研修費」として給与所得者の特定支出控除の対象になりますか。
> ⇒学会に参加し、旅費及び宿泊費を自己負担しても、「研修費」として特定支出控除の対象とはなりません。

## (4) 所得金額調整控除

令和2年分以後の総所得金額を計算する場合、次の(イ)及び(ロ)の所得金額調整控除が適用されることになりました（措法41の3の3）。

### (イ) 一定の扶養親族、特別障害者を有する者等の所得金額調整控除

給与収入が850万円を超える者が次の①〜③のいずれかに該当する場合には、15万円（給与の年収が1,000万円未満の場合はその年収から850万円を差し引いた金額の10％に相当する金額）を所得金額調整控除として給与所得の金額から差し引きます（措法41の3の3①）。

① 納税者本人が特別障害者である。
② 年齢23歳未満の扶養親族を有する。
③ 特別障害者に該当する同一生計配偶者又は扶養親族を有する。

### (ロ) 給与所得と年金所得の双方を有する者に対する所得金額調整控除

給与所得の金額（黒字）と公的年金等の雑所得の金額（黒字）がある者のこれらの金額の合計額が10万円を超える場合には、これらの金額（いずれも10万円を限度）から10万円を差し引いた金額を所得金額調整控除として給与所得の金額から差し引きます（措法41の3の3②）。

**【参考資料】所得金額調整控除に関するFAQ**

所得金額調整控除に関する詳しい取扱いについては、令和2年6月に国税庁が公表した「所得金額調整控除に関するFAQ」を参照してください。

**【質疑応答】給与所得の金額の計算**

□ 懲戒処分取消に伴い支払われる給与差額補償

A県人事委員会は、B教職員に係る「不利益処分審査請求事案」に対し、処分取消の裁決をしました。これに伴いBに対して給与差額相当額（懲戒処分がなければ支給されるであろう金額と支払済額との差額）が一括支給されますが、この課税関係はどのようになりますか。

⇒ 給与差額補償は、その計算の基礎となった支払済給与の各支給日の属する各年の給与所得となります。

□ ストックオプション契約の内容を税制非適格から税制適格に変更した場合

A社のストックオプション契約には、「税制適格要件」を満たす契約と、「税制非適格ストックオプション契約」があり、付与対象者とされた取締役等がいずれかを選択できるようになっています。取締役Bは、税制非適格ストックオプション契約を締結していましたが、権利行使前にその契約内容を、税制適格要件を満たすように変更する契約を締結し、その変更後の契約に従った権利行使によりA社株式を取得しました。この場合、租税特別措置法第29条の2の規定は適用されますか。
⇒ 租税特別措置法第29条の2の規定は適用されませんので、株式の取得による経済的利益を非課税とすることはできません。

□ 権利行使価額を「新株予約権発行の取締役会決議日の前日の終値」とした場合

税制適格ストックオプションでは、「1株当たりの権利行使価額について、付与契約の締結の時における1株当たりの価額（時価）以上であること」とされていますが、権利行使価額を「新株予

## 2-1 給与所得

約権発行の取締役会決議日の前日の終値」とした場合でも、税制適格ストックオプションとして取り扱って差し支えないでしょうか。
⇒ 取締役会決議日以後速やかに付与契約が締結される場合には、税制適格ストックオプションとして取り扱って差し支えありません。

☐ **金銭の払込みに代えて報酬債権をもって相殺するストックオプションの課税関係**
　当社では、「ストックオプション等に関する会計基準」に従い、会計上、新株予約権に係る公正な評価額を勤務対象期間において費用計上することを前提に、取締役に対する役務提供の対価として、新株予約権に係る金銭の払込みに代えて報酬債権をもって相殺する方法により、譲渡制限を付した新株予約権を発行する予定です。この新株予約権に係る経済的利益に対する課税関係はどのようになりますか。なお、この新株予約権に係る報酬債権は、役職に応じて支給される固定報酬とは別のものであり、新株予約権の払込金との相殺に供されるほかは、いかなる事情があっても金銭による支給はされません。

⇒ 権利行使時に権利行使益を給与所得として課税することとなります。

☐ **米国支店に出向中の従業員が税制適格ストックオプションを行使して取得した株式を譲渡した場合**
　国内勤務時に付与された税制適格ストックオプションを、米国勤務（非居住者）となってから適格に行使しました。今回、その行使により取得した株式を譲渡しましたが、日本における課税関係はどのようになりますか。なお、私は引き続き米国に勤務しており、日本に恒久的施設を有していません。
⇒ 権利行使益（それが株式譲渡益を上回る場合はその譲渡益）に、その付与から権利行使までの期間のうちに国内の勤務期間の占める割合を乗じて計算した金額が非居住者の国内源泉所得たる株式の譲渡益として申告分離課税となります。

☐ **非居住者である役員が税制適格ストックオプションを行使して取得した株式を譲渡した場合**
　内国法人の役員Aは、国内本店に勤務していましたが、2年前からフランス支店に勤務しています。ところで、今般、Aは、本店勤務中に付与された税制適格ストックオプションを適格に行使し、本年、その行使により取得した株式を譲渡しましたが、日本における課税関係はどのようになりますか。なお、Aは、現在も引き続きフランスに居住しており、日本に恒久的施設を有していません。
⇒ 権利行使益については、国内源泉所得たる株式の譲渡益として申告分離課税となりますが、権利行使後に生じた株式譲渡収益については、日本国では課税されないこととなります。

☐ **被買収会社の従業員に付与されたストックオプションを買収会社が買い取る場合の課税関係**
　B社がA社を買収し、A社の発行済株式の全てを取得することに伴い、B社は、A社が従業員に対して付与していた本件ストックオプションを時価で買い取ることとなりますが、この場合、所得税の課税関係はどのようになりますか。
⇒ 本件ストックオプションの譲渡制限が解除された日において、給与所得が生じます。

☐ **役員に付与されたストックオプションを相続人が権利行使した場合の所得区分**
　取締役等に対して、権利行使価額を1株当たり1円とする新株予約権を付与しています。被付与者が死亡した場合には、相続人の1人が本件新株予約権の全部を承継することとし、承継した者は本件新株予約権の承継についてA社が認めた日から6か月間に限り一括して権利行使することができることとされています。相続人がその権利を行使した場合の権利行使益に係る所得は、いずれの所得に区分されますか。
⇒ 相続人による権利行使益は、一時所得に該当します。

56

2-1 給与所得

## 給与所得のチェックポイント

### 【所得区分】

☐ 給与所得者が受領する引抜料や支度金（契約金）を給与所得として申告している。
　☞　雑所得となります（基通35-1⑽、⑾）。

☐ 死亡後に支給期の到来する給与を給与所得として申告している。
　☞　相続税の対象であり、所得税は非課税となります。

☐ 労働基準法の休業手当を非課税としている。
　☞　労働基準法第26条により支給される「休業手当」は給与所得になり、同法76条により支給される「休業補償」は非課税となります。

☐ 開業医が、地方公共団体等が開設する救急センター、病院等において休日等に診療等を行うことで同団体等から支給を受ける委嘱料等を事業所得としている。
　☞　これらの救急センター等で行う診療等はそこの人的・物的設備・医薬品等を使用し、その報酬等は救急センター等に帰属することから、給与所得（勤務医）となります（基通28-9の2）。

### 【収入金額】

☐ 渡切交際費で精算不要のものについて、給与の収入金額に含めていない。
　☞　精算不要の渡切交際費は、給与の収入金額に含めて給与所得を計算します。

### 【ストック・オプション関係】

☐ 外国親会社から日本子会社の従業員等に付与されたストック・オプションについて、措法第29の2（いわゆる税制適格ストック・オプション）の適用があるとしている。
　☞　措法第29の2の規定は、日本の会社から付与された一定の要件を満たすストック・オプションに限り適用されます（令84、基通23-35共-6）。

☐ 会社から従業員等に譲渡制限付株式（RS）が付与されたので給与所得になるとしている。
　☞　譲渡制限付株式（RS）が付与されただけでは所得は認識されず、その譲渡制限が解除された日に原則として給与所得になります。

☐ 外国親会社から日本子会社の従業員等に付与されたストック・オプションの経済的利益（給与等の収入金額）を計算する場合、証券会社等に支払った手数料を給与等の収入金額から差し引いている。
　☞　証券会社等に支払った手数料を給与等の収入金額から差し引くことはできません。
　　当該株式等を譲渡した際に譲渡所得の金額の計算上、取得費として控除します。

### 【所得金額調整控除（令和2年分以降）】

☐ 所得金額調整控除は、共働世帯で年齢23歳未満の扶養親族を有する場合、夫婦の一方でしか適用は受けられないとしていた。
　☞　扶養控除の適用とは異なり、いずれかの1つの扶養親族にのみ該当するものとみなされないため夫婦のいずれも所得金額調整控除の適用は受けられます（措通41の3の3-1）。

☐ 所得金額調整控除は、16歳未満の者しかいない場合にはこの控除の適用は受けられないとしていた。

# 申告書等の記載手順（給与所得）

**手順1** 給与の源泉徴収票の収入金額（2か所以上から給与の支給を受けている場合は、収入金額の合計額）を、下の **給与所得の計算表** の該当する収入金額欄に記載し、表の指示にしたがって給与所得の金額を計算します。
なお、給与の支払者が1か所で年末調整がされている方は、「源泉徴収票」の「給与所得控除後の所得金額」欄の金額が給与所得の金額になります。

---

**【給与所得の金額の計算例】**

給与の収入金額が600万円のケース

① 給与の収入金額600万円を4で割り、千円未満を切り捨てた金額を次の欄に記載します。

6,000,000円÷4 ⇒1,500,000円

② 1,500,000円に3.2を乗じた金額から440,000円を控除した金額が給与所得の金額になります。

1,500,000円×3.2－440,000円＝4,360,000円

---

**給与所得の計算表**　　**手順1**

| 給与等の収入金額 | 給 与 所 得 金 額 の 計 算 | | 給与所得の金額 |
|---|---|---|---|
| ～550,999円 | 右の金額が給与所得の金額になります | | 0 円 |
| 551,000円～1,618,999円 | 収入金額 〔　　　〕 － 55万円 | | 〔　　　〕円 |
| 1,619,000円～1,619,999円 | 右の金額が給与所得の金額になります | | 1,069,000 円 |
| 1,620,000円～1,621,999円 | 〃 | | 1,070,000 円 |
| 1,622,000円～1,623,999円 | 〃 | | 1,072,000 円 |
| 1,624,000円～1,627,999円 | 〃 | | 1,074,000 円 |
| 1,628,000円～1,799,999円 | 収入金額 〔　　　〕 ÷4⇒ | 〔　　　,000〕 円×2.4＋10万円 | 〔　　　〕円 |
| 1,800,000円～3,599,999円 | 収入金額 〔　　　〕 ÷4⇒ | 〔　　　,000〕 円×2.8－8万円 | 〔　　　〕円 |
| 3,600,000円～6,599,999円 | 収入金額 〔6,000,000〕 ÷4⇒ | 〔1,500,000〕 円×3.2－44万円 | 〔4,360,000〕 円 |
| 6,600,000円～8,499,999円 | 収入金額 〔　　　〕 ×0.9 － 110万円 | | 〔　　　〕円 |
| 8,500,000円～ | 収入金額 〔　　　〕 － 195万円 | | 〔　　　〕円 |

(注)　1円未満の端数があるときは、その端数を切り捨てます。

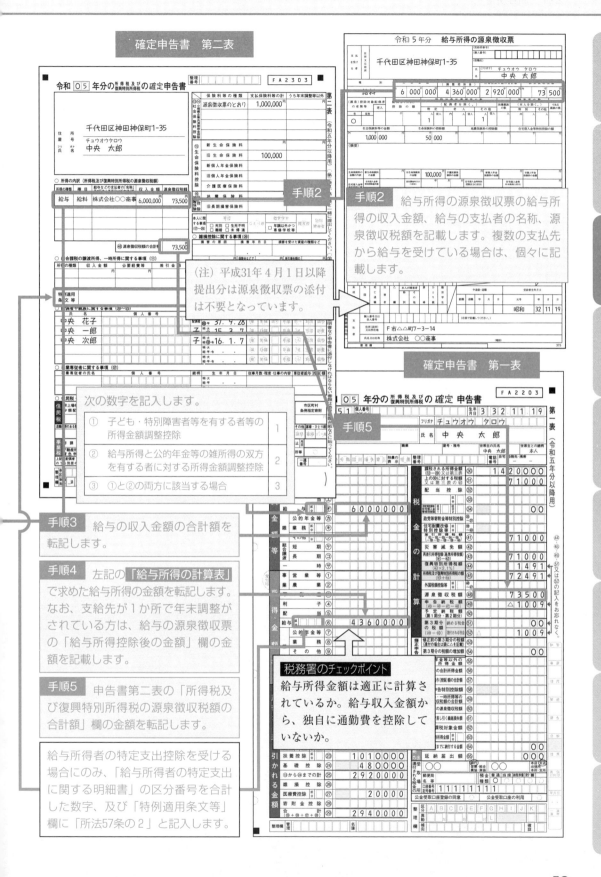

2-1 給与所得

☞ 「控除対象扶養親族」と異なり「扶養親族」には16歳未満の者も含まれるため、他の要件を満たせば控除の適用は受けられます。

【その他】

□ 給与所得控除を適用して確定申告書を提出した後、特定支出控除の方が有利であると判明したが、更正の請求で特定支出控除への選択替えはできないとしている。

☞ 給与所得控除と特定支出控除との選択替えは、更正の請求又は修正申告で行うことができます（法57の2③）。

2-2 雑所得

# 2-2 雑所得

## 1 雑所得の概要

### (1) 雑所得の意義

　雑所得とは、他の9種類の所得のいずれにも当たらない所得をいい、年金や恩給などの公的年金等、非営業用貸金の利子、著述家や作家以外の者が受ける原稿料や印税、講演料や放送謝金による所得などが該当します（法35①）。

### (2) 雑所得の区分

図表2-2-1　雑所得の課税方式による申告区分

| 課税方式 | | | 申告区分 | 所得の例示 |
|---|---|---|---|---|
| 総合課税 | | 公的年金等※ | 確定申告を要するもの | ・国民年金法、厚生年金保険法、公務員等の共済組合法などの法律の規定に基づいて支払われる老齢基礎年金、老齢厚生年金等<br>・確定拠出年金法の老齢給付金として支給される年金、適格退職年金等の企業年金<br>・外国の法令に基づく社会保険制度に類する年金 |
| | 公的年金等以外 | 業務 | | 事業から生じたと認められない次の所得<br>・動産の貸付けによる所得<br>・工業所有権の使用料に係る所得<br>・温泉を利用する権利の設定による所得<br>・原稿、さし絵、作曲、デザインの報酬、放送謝金、著作権の使用料又は講演料等に係る所得<br>・採石権、鉱業権の貸付けによる所得<br>・金銭の貸付けによる所得<br>・保有期間が5年以内の山林の伐採、譲渡による所得<br>・いわゆる「民泊」による所得<br>・継続的に行われるNFT又はFTの譲渡による所得<br>・会社員が副業として行うアフィリエイト収入<br>・海外の証券会社等と直接相対でFX取引を行った場合の所得<br>・自己の職務に関連して取引先等から取得する金品 |
| | | その他 | | ・法人の役員等の勤務先預け金の利子<br>・いわゆる学校債、組合債等の利子<br>・還付加算金<br>・人格のない社団等から受ける収益の分配金<br>・株主等である地位に基づき受ける経済的な利益（株主優待等）<br>・生命保険契約、損害保険契約等に基づく年金<br>・給与所得者が受ける支度金、引抜料、契約金<br>・ビットコイン等の暗号資産取引による所得 |
| 申告分離課税 | | | 確定申告を要するもの | ・商品先物取引<br>・有価証券先物取引、有価証券指数先物取引、有価証券オプション取引、取引所金融先物取引による所得<br>・外国為替証拠金取引（FX取引）による所得 |

| 源泉分離課税 | 確定申告できないもの | ・定期積金の給付補填金（源泉徴収税率：所得税等15.315％、地方税５％）<br>・抵当証券の利息（源泉徴収税率：所得税等15.315％、地方税５％） |
|---|---|---|

※　公的年金等の収入金額が400万円以下で、かつ、公的年金等の雑所得以外の所得金額が20万円以下の方（外国の年金のように源泉徴収の対象とならない公的年金等の支給を受けている方を除きます。）については、確定申告は不要です。なお、公的年金等の雑所得以外の所得金額は、所得金額調整控除（55頁）の(4)の(ロ)の適用がある場合、その控除額を給与所得の金額から差し引いて計算します（措法41の３の３⑥）。

### (3)　雑所得（業務に係るもの）と事業所得の区分の判定

　雑所得（業務に係るもの）と事業所得の区分は、その所得を得るための活動が社会通念上※事業と称するに至る程度で行っているかどうかで判定しますが、その所得に係る取引を記録した帳簿種類の保存がない場合（その所得に係る収入金額が300万円を超え、かつ事業所得と認められる事実がある場合を除きます。）は、業務に係る雑所得になります。

　なお、その所得に係る取引を記録した帳簿書類を保存している場合でも、次のような場合には事業と認められるかどうかを個別に判断することとなります。

①　その所得の収入が僅少と認められる場合（その所得の収入が例年（概ね３年間程度）300万円以下で主たる収入に対する割合が10％未満）

②　その所得を得る活動に営利性が認められない場合（その所得が例年赤字で、かつ赤字を解消するための取組を実施していない）

　一方で、その所得に係る取引を帳簿に記録していない場合やその保存がない場合には、一般的に、営利性、継続性、企画遂行性を有しているとは認めがたく、また事業所得者に義務付けられた記帳や帳簿書類の保存が行われていない点を考慮すると、社会通念上の判定において、原則として、事業所得に区分されないものと取り扱われます。

　ただし、所得を得るための活動が収入金額300万円を超えるような規模で行っている場合には、帳簿書類の保存がない事実のみで所得区分を判定せず、事業所得と認められる事実がある場合には事業所得として取り扱われます（基通35－１、35－２（令和４年10月７日改正））。

　※　社会通念上の判例……昭和56年４月24日（最判）、昭和48年７月18日（東京地裁）ほか

### 図表２-２-２　雑所得（業務に係るもの）と事業所得の区分（イメージ）

| 収入金額 | 記帳・帳簿書類 | |
|---|---|---|
| | 保存あり | 保存なし |
| 300万円超 | 概ね事業所得 | 概ね雑所得（業務に係るもの） |
| 300万円以下 | | 雑所得（業務に係るもの） |

### 【質疑応答】雑所得の概要

□　数年間にわたり支払を受けるこども保険金

　　こども保険においては、契約上、被保険者が一定の年齢に達した場合、教育資金又は満期保険金が支払われることとされています。このこども保険における教育資金及び満期保険金に係る所得区分はどのように取り扱われますか。

⇒ 教育資金及び満期保険金に係る所得は、いずれも雑所得に該当します。

□ 保証期間付終身年金契約に基づく年金の繰上受給
　いわゆる保証期間付終身年金については、年金支払事由が生じた日から被保険者が死亡するまでの間、年金を支払うほか、被保険者の生死にかかわらず一定期間年金を支払うことを保証する契約になっています。この支払保証期間が満了する前において、年金受取人となっている契約者からその保証期間内に支払われる年金の繰上請求があった場合には、その請求があった日から保証期間が満了する日までに支払うべき年金を一時金として支払うこととしていますがこの一時金の所得区分は何でしょうか。

　⇒ 保証期間付終身年金契約の保証期間部分の繰上請求による一時金は、雑所得として課税されます。

□ 自宅に設置した太陽光発電設備による余剰電力の売却収入
　給与所得者である個人が、自宅に太陽光発電設備を設置し、いわゆる太陽光発電による固定価格買取制度に基づきその余剰電力を電力会社に売却している場合、余剰電力の売却収入に係る所得区分及び太陽光発電設備に係る減価償却費の計算方法についてどのように取り扱われますか。
⇒ 太陽光発電設備を家事用資産として使用し、その余剰電力を売却している場合には、雑所得に該当します。

□ 自宅兼店舗に設置した太陽光発電設備による余剰電力の売却収入
　1階を店舗、2階を自宅とする建物に太陽光発電設備を設置し、発電した電力を自宅及び店舗で使用するほか、いわゆる太陽光発電の固定価格買取制度に基づきその余剰電力を電力会社に売却しています。電気使用量メーターは1つしか設置されておらず、売却した電力量および売却金額は毎月の検針票により確認することができますが、発電量のうち店舗や自宅がそれぞれいくら電力を使用したかについて把握することはできません。この場合、余剰電力の売却収入に係る所得区分及び本件設備に係る減価償却費の計算方法についてどのように取り扱われますか。

　⇒ 余剰電力の売却収入については、事業所得の付随収入となります。

□ 営農型太陽光発電による余剰電力の売却収入
　給与所得者である傍ら農業を営むAは、いわゆる営農型太陽光発電を導入することとし、ビニールハウスの上部に太陽光発電設備を設置して、発電した電力をビニールハウス内の暖房等に使用するほか、いわゆる太陽光発電の固定価格買取制度に基づきその余剰電力を電力会社に売却しています。この場合、余剰電力の売却収入に係る所得区分はどのように取り扱われますか。
　⇒ 余剰電力の売却収入については、事業所得の付随収入となります。

□ マラソン大会の賞金・褒賞金の課税関係
　X社に勤務するAは、一般財団法人Bが主催するマラソン大会に出場し、大会記録を更新して1位に入賞した結果、B財団から1位入賞賞金及び記録更新賞金を受領し、また、一般社団法人Cから記録を更新した選手に対して支払われる褒賞金を受領しました。Aが受領したこれらの賞金等について、所得区分はどのようになりますか。

　⇒ B財団からの賞金、記録更新賞金は雑所得、C社団からの褒賞金は一時所得に該当します。

## 2　雑所得の金額の計算

### (1) 総合課税の雑所得の計算方法

　総合課税となる雑所得の金額は、「公的年金等」と「公的年金等以外」の「業務に係るもの」・「そ

2-2 雑所得

の他のもの」に区分してそれぞれ所得金額を計算し最後に合算します（法35②）。なお、雑所得の計算上損失が生じても、雑所得内の通算は可能ですが、他の所得から差し引くこと（損益通算）はできません（法69①）。

### ① 「公的年金等」の雑所得の計算方法

公的年金等の雑所得の金額は、その収入金額から公的年金等控除額を控除して計算します（法35②一）。なお、公的年金等のうち、傷病者や遺族などが受け取る増加恩給、傷病賜金、遺族年金、障害者年金及び老齢福祉年金などは非課税所得となっていますので申告の必要はありません。

#### 【公的年金等の雑所得の金額の計算式】

> 公的年金等の雑所得の金額 ＝ 収入金額 － 公的年金等控除額

#### (イ) 収入金額

公的年金等の収入すべき時期は、法令等により定められた支給日となります。なお、法令等の改正、改訂が既往にさかのぼって実施された新旧公的年金等の差額は、その支給日が定められているものについては支給日、定められていないものは改正、改訂等の効力が生じた日となります（基通36-14）。

#### (ロ) 公的年金等控除額

公的年金等控除額は、次の「公的年金等控除額の速算表」により計算します。

### 図表2-2-3 公的年金等控除額の速算表

（公的年金等の雑所得以外に係る合計所得金額が1,000万円以下の場合）※1

| 受給者の年齢※2 | 公的年金等の収入金額 | 公的年金等控除額 |
|---|---|---|
| 65歳以上<br>生年月日が<br>（昭和34年1月1日）<br>以前 | 330万円以下 | 110万円 |
| | 330万円超　410万円以下 | 公的年金等の収入金額×25％＋27.5万円 |
| | 410万円超　770万円以下 | 公的年金等の収入金額×15％＋68.5万円 |
| | 770万円超　1,000万円以下 | 公的年金等の収入金額×5％＋145.5万円 |
| | 1,000万円超 | 195.5万円 |
| 65歳未満<br>生年月日が<br>（昭和34年1月2日）<br>以後 | 130万円以下 | 60万円 |
| | 130万円超　410万円以下 | 公的年金等の収入金額×25％＋27.5万円 |
| | 410万円超　770万円以下 | 公的年金等の収入金額×15％＋68.5万円 |
| | 770万円超　1,000万円以下 | 公的年金等の収入金額×5％＋145.5万円 |
| | 1,000万円超 | 195.5万円 |

※1　公的年金等の雑所得以外に係る合計所得金額が1,000万円を超え2,000万円以下の場合の公的年金等控除額は、図表2-2-3の「受給者の年齢」及び「公的年金等の収入金額」の区分に応じ、それぞれの公的年金等控除額から10万円を差し引いた金額になります。また、公的年金等の雑所得以外に係る合計所得金額が2,000万円を超える場合の公的年金等控除額は、図表2-2-3の「受給者の年齢」及び「公的年金等の収入金額」の区分に応じ、それぞれの公的年金等控除額から20万円を差し引いた金額になります。

※2 年齢が65歳以上か未満かは、その年12月31日（年の中途で死亡又は出国した場合は、死亡又は出国の時）の年齢により判定します。

② 「公的年金等以外」の雑所得の計算方法

「公的年金等以外」の業務に係る雑所得の金額やその他の雑所得の金額の計算方法は、それぞれの区分（図表2−2−1参照）に応じて総収入金額から必要経費の額を控除して計算します（法35②二）。

### 【公的年金等以外の雑所得の金額の計算式】

> ㋐ 公的年金等以外の業務に係る雑所得の金額 ＝ 総収入金額[※1,3] － 必要経費[※1,3]
> ㋑ 公的年金等以外のその他の雑所得の金額 ＝ 総収入金額[※2] － 必要経費[※2]

※1 令和4年以後は次のとおりです。
　① 前々年分の業務に係る収入金額が300万円以下である場合は、特例（現金主義による所得計算）の適用ができます。
　② その収入金額が300万円を超える場合は、その取引等関係書類の保存（5年間）が、その収入金額が1,000万円を超える場合は、確定申告書にその収支内訳書の添付がそれぞれ必要となりました（注67②、120⑥、232②）。
※2 相続、遺贈又は贈与により取得した生命保険契約等に基づく年金については、その年に支払を受ける年金を所得税の「課税部分」と「非課税部分」に振り分け、「課税部分」だけを総収入金額に算入し、この部分に対応する支払保険料を必要経費とします（令185）。この所得金額は、「相続等に係る生命保険契約等に基づく年金の雑所得の金額の計算書」（国税庁ホームページ又は税務署にあります。）を用います。
※3 業務に係る雑所得の計算方法については、実額計算によらず「家内労働者等の所得計算の特例」を適用することができます（99頁参照）。

(イ) 総収入金額

総収入金額には、所得の態様により収入すべき金額及び経済的利益の価額を計上します。

(ロ) 必要経費

必要経費は、原則として総収入金額を得るために要した費用の額です。

また、その他の雑所得のうち、個人年金の必要経費は、その年に支給される年金の額に、年金の支払総額又は支払総額の見込額のうちに支払保険料（掛金）総額の占める割合を乗じて計算します（令183①）が、実際に個人年金の所得金額を計算する場合は、保険会社などから送られてくる計算書等に必要経費の金額が記載されていますので、その金額を記載します。また、年金額から必要経費を引いた金額が25万円以上の場合は、その金額の10.21％が、個人年金の額から源泉徴収されています（法208）。なお、相続、遺贈又は贈与により取得した生命保険契約等に基づく年金については源泉徴収されません。

### 【個人年金等の必要経費の計算式】

> 必要経費 ＝ その年に支払を受ける年金の額[※]（源泉徴収前の金額） × 支払保険料（掛金）総額 / 年金の支払総額（見込額） （小数点第3位以下を切上げ）

※ 総収入金額に算入される基本年金及び増額年金の金額に限ります。

### 【参考資料】暗号資産に関する税務上の取扱いについて（情報）

> 暗号資産に関する詳しい取扱いについては、令和3年12月22日に国税庁が公表した「暗号資産に関する税務上の取扱いについて（情報）」を参照してください。

2-2　雑所得

【参考資料】住宅宿泊事業により生じる所得の課税関係等について（情報）

住宅宿泊事業法に規定する住宅宿泊事業により生じる所得に関する取扱いについては、平成30年6月13日に国税庁が公表した「住宅宿泊事業法に規定する住宅宿泊事業により生じる所得の課税関係等について（情報）」を参照してください。

【参考資料】NFTに関する税務上の取扱いについて（情報）

NFTに関する詳しい取扱いについては、令和5年1月13日に国税庁が公表した「NFTに関する税務上の取扱いについて（情報）」を参照してください。

【質疑応答】雑所得の額の計算

□　生涯保障保険（終身年金付終身保険）に係る年金の必要経費の計算
　　生涯保障保険は、被保険者が死亡したこと等により保険金の支払をする終身保険と被保険者の死亡に至るまで年金の支払をする終身年金保険を一体として提供する終身年金保険付終身保険ですが、年金受取人が受け取った年金に係る必要経費はどのように計算するのでしょうか。
⇒年金は雑所得となりますが、その必要経費は、支払を受ける年金額×保険料等の総額÷（年金支払総（見込）額＋死亡保険金）により計算した金額となります。

□　変額年金保険の一部を定額年金保険に変更した場合の解約金に係る課税関係
　　A社が販売している変額個人年金保険は、契約者の選択により、運用期間中に特別勘定の年金原資の全部又は一部を一般勘定で管理・運用する定額年金保険に変更することができます。また、変額年金保険の全部又は一部を定額年金保険に変更した後、契約者は、年金支払開始日前に限り、定額年金保険へ変更した部分を定期的に一部解約することもできます。この定時定額一部解約については、任意に停止したり、さらに再開することができます。変額年金保険の一部を定額年金保険に変更した後において、定時定額一部解約を行っている間に変額年金保険の一部解約をした場合、その解約金の所得区分は何でしょうか。さらに、定時定額一部解約を停止した上で、変額年金保険又は定額年金保険の一部解約をした場合の解約金はどのように取り扱われますか。
⇒雑所得として取り扱われます。

□　外貨建取引による株式の譲渡による所得
　　外国株式を外貨建てにより譲渡した場合、その譲渡により生じた所得のうち、その外国株式の保有期間の為替相場の変動による為替差損益に相当する部分を「株式等に係る譲渡所得等の金額」から区分して雑所得の対象とする必要がありますか。

⇒邦貨換算額相当額が、株式等の譲渡に係る収入金額として取り扱われることとなるため、為替差損益を雑所得として区分する必要はありません。

□　米ドル転換特約付定期預金の預入に際して受領するオプション料
　　A銀行は、自由金利型定期預金に米ドル転換特約を付加した定期預金を販売しています。この預金は、契約時に特約の対価としてオプション料が支払われますが、円高になるとA銀行の判断により契約時に設定された米ドル転換レートにより米ドル預金に転換される場合があります。したがって、預金者は、為替リスクを引き受けることになりますが、オプション料と高金利を得ることができます。このオプション料は、利子所得として源泉分離課税の対象になるのでしょうか。

⇒オプション料は雑所得となります。

## 2-2 雑所得

□ **外貨建預貯金の預入及び払出に係る為替差損益**

A銀行に米ドル建で預け入れていた定期預金1万ドルが満期となったため、満期日に全額を払い出し、同日、本件預金の元本部分1万ドルをB銀行に預け入れました。この場合、B銀行に預け入れた時点で本件預金の元本部分に係る為替差益を所得として認識する必要はありますか。

⇒ 為替差損益を認識する必要はありません。

□ **預け入れていた外貨建預貯金を払い出して貸付用の建物を購入した場合の為替差損益**

米ドル建で預け入れていた預金10万ドルと5万ドルを払い出し、これらの資金を用いて米国内にある貸付用の建物を12万ドルで購入しました（残りの3万ドルは引き続き米ドルで保有）。この場合、建物の購入時点で預金に係る為替差益を所得として認識する必要はありますか。

⇒ 為替差損益を所得として認識する必要があります。

□ **預け入れていた外貨建預貯金を払い出して外貨建MMFに投資した場合の為替差損益**

米ドル建で預け入れていた預金10万ドルを払い出し、その全額を外貨建MMFに投資しました。この場合、その外貨建MMFに投資を行った時点で預金に係る為替差益を所得として認識する必要はありますか。

⇒ 為替差損益を所得として認識する必要があります。

□ **保有する外国通貨を他の外国通貨に交換した場合の為替差損益**

100万円の現金を米ドル（1万ドル）に交換し、その後、この米ドル（1万ドル）を他の外国通貨（8,000ユーロ）に交換した場合、ユーロへの交換時に為替差損益を所得として認識する必要はありますか。

⇒ 為替差損益を所得として認識する必要があります。

### (2) 先物取引に係る雑所得等の計算方法（申告分離課税）

先物取引に係る雑所得等の計算方法は、総収入金額から必要経費を差し引いて計算します。

**【先物取引に係る雑所得等の金額の計算式】**

> 先物取引に係る雑所得等の金額 ＝ 総収入金額 － 必要経費

#### 図表2-2-4　先物取引に係る雑所得等の範囲

| 区　分 | 具体的な内容 |
|---|---|
| 商品先物取引の決済[※1] | 商品市場において、商品取引所の定める基準及び方法に従い行う市場商品デリバティブ取引（商品先物取引法第2条第3項第1号から第4号） |
| | 商品市場及び外国商品市場によらないで行われる店頭商品デリバティブ取引（商品先物取引法第2条第14項第1号から第5号） |
| 金融商品先物取引等の決済[※1] | 金融商品市場において、金融商品市場を開設する者の定める基準及び方法に従い行う市場デリバティブ取引（金融商品取引法第2条第21項第1号から第3号）（令和2年5月1日以後に行う暗号資産に係るデリバティブ取引を除きます。） |
| | 金融商品市場及び外国金融商品市場によらないで行われる店頭デリバティブ取引（金融商品取引法第2条第22項第1号から第4号） |
| カバードワラントの差金等決済[※2] | 金融商品取引法第2条第1項第19号に定められている有価証券（同条第22項第4号に掲げる取引に係る権利を表示するものに限る。）の取引 |

2-2　雑所得

※1　現物の受渡しが行われることとなるものを除きます。
※2　カバードワラントに表示される権利の行使若しくは放棄又はカバードワラントの金融商品取引業者への売委託により行う譲渡又は金融商品取引業者に対する譲渡をいいます。

① 総収入金額

　先物取引は、原則として、現金の受渡しをせずに反対売買の差金のみで決済（差金決済）しますので、総収入金額欄にも差金決済額を記載します。なお、スワップポイントなどの受払額も総収入金額に加減しますので注意が必要です。

② 必要経費

　先物取引に係る必要経費には、売買手数料やその所得を得るために直接要した費用を記載します。

③ 税額計算及び損失の控除について

　先物取引に係る雑所得等は、他の所得と区分して、所得税等15.315%（地方税５％）の税率による申告分離課税が行われます。また、「先物取引に係る雑所得等の金額」の計算上生じた損失の金額は、他の所得の金額と損益通算することはできません（措法41の14①）が、一定の要件の下で、翌年以後３年間の「先物取引に係る雑所得等の金額」から差し引くことができます（措法41の15①）。この損失の繰越控除を受けるためには、損失の金額が生じた年分について、「所得税の申告書付表（先物取引に係る繰越損失用）」及び「先物取引に係る雑所得等の金額の計算明細書」を添付した確定申告書を提出し、かつ、その後において連続して確定申告書及び「所得税の申告書付表（先物取引に係る繰越損失用）」を提出しなければなりません。

## 雑所得のチェックポイント

【所得区分】

☐ 同族会社や友人に対する貸付金利息の所得を利子所得として申告している。
　☞　雑所得となります（図表２-２-１）。

☐ 事業の取引先に対する貸付金の利子等を雑所得として申告している。
　☞　事業に関連する貸付金の利息は事業所得となります（基通27-5）。

☐ 税理士であった夫が死亡したので、その顧問先を知人の税理士に引き継ぎ500万円を相続人の妻が受け取ったが夫の営業権の譲渡として申告していた。
　☞　税理士業は一身専属的な業務であり他の税理士に引き継ぐことはできませんので、営業権の譲渡ではなく、顧問先を紹介した謝礼であると解されますので、妻の雑所得になります（昭42.7.27直審（所）47）。

☐ シルバー人材センターに登録し、そこから受ける報酬を給与所得としている。
　☞　シルバー人材センターから受ける報酬は雑所得になります。
　　また「家内労働者等の事業所得等の所得計算の特例」の適用を受けることができます（措法27、措令18の２）。

☐ サラリーマンとして給与所得のほか勤務時間外を活用したアフィリエイト収入があるが、事業所得としている。

☞　サラリーマンが行うサイドビジネス（副業）としてのアフィリエイト収入は、原則として雑所得となります。

☐　自己が所有する住宅を利用して行う住宅宿泊業（いわゆる「民泊」）の所得を不動産所得としている。

☞　住宅宿泊業（いわゆる「民泊」）の所得は、原則として雑所得となります。

### 【収入金額】

☐　過去に遡及して公的年金の支払を受けた場合、すべて支払時の年分の収入としている。

☞　前年分以前の期間に対応する年金が一括して支給されても、当該支給対象年分の収入金額として申告します（基通36-14(1)）。なお、法定申告期限から5年を経過している支給対象年分については申告は不要です（通則法73）。

### 【雑所得の計算】

☐　総合課税の「公的年金等以外の雑所得」の赤字を「公的年金等」の所得から控除しているか。

☞　他の所得とは損益通算できませんが、総合課税の雑所得内の内部通算は可能です。

☐　雑所得の対象となる貸付金の元本及び未収利息が回収不能になったとしても、その損失を所得金額の計算に全く反映できないとしている。

☞　貸付金元本の貸倒損失については、その雑所得の金額を限度として、その年分の雑所得の金額の計算上、必要経費に算入されます（法51④）。他に雑所得がある場合は雑所得内でその損失額を通算することができますが、通算しきれない損失額は他の所得と損益通算することはできません（法69）。未収利息の回収不能額については、その回収することができなくなった金額は雑所得の金額の計算上、なかったものとみなされ（法64①）、雑所得として未収利息を申告した年分に遡及して更正の請求をすることができます。

☐　全てのＦＸ取引による所得を、申告分離課税の先物取引に係る雑所得等として申告している。

☞　平成24年1月1日以降に行う店頭取引であっても、金融商品取引法に規定する店頭取引に該当しない業者（例：海外の取引事業者等）との取引は、総合課税の雑所得となります（措法41の14）。

☐　暗号資産交換業者が不正送金被害に遭い、預けていた暗号資産を返還できないとして日本円でその補償金を受けたが、資産の損害賠償金であるので非課税としていた。

☞　この補償金は非課税になる損害賠償金に該当せず雑所得として課税されます（タックスアンサーNo.1525）。

☐　暗号資産で家電を購入したが、所得は認識する必要はないと思っている。

☞　家電の購入代金を暗号資産で支払った場合、保有する暗号資産を払い出したことになりますので、払い出し時の暗号資産の譲渡価格（家電購入代金）とその暗号資産の譲渡原価等の差額が雑所得となります。

# 申告書等の記載手順（雑所得）

### 公的年金等の雑所得の計算表

〔公的年金等に係る雑所得以外の所得に係る合計所得金額が1,000万円以下の場合〕

| 生年月日 | 公的年金等の収入金額 | 公的年金等の雑所得の金額の計算 | 雑所得の金額 |
|---|---|---|---|
| 昭和34年1月2日以後に生まれた方 | ～600,000円 | 右の金額が雑所得の金額になります | 0 円 |
| | 600,001円～1,299,999円 | 収入金額 － 600,000円 | 円 |
| | 1,300,000円～4,099,999円 | 収入金額 × 0.75 － 275,000円 | 円 |
| | 4,100,000円～7,699,999円 | 収入金額 × 0.85 － 685,000円 | 円 |
| | 7,700,000円～9,999,999円 | 収入金額 × 0.95 － 1,455,000円 | 円 |
| | 10,000,000円～ | 収入金額 － 1,955,000円 | 円 |
| 昭和34年1月1日以前に生まれた方 | ～1,100,000円 | 右の金額が雑所得の金額になります | 0 円 |
| | 1,100,001円～3,299,999円 | 収入金額 － 1,100,000円 | 円 |
| | **3,300,000円～4,099,999円** | **収入金額 3,600,000 × 0.75 － 275,000円** | **2,425,000 円** |
| | 4,100,000円～7,699,999円 | 収入金額 × 0.85 － 685,000円 | 円 |
| | 7,700,000円～9,999,999円 | 収入金額 × 0.95 － 1,455,000円 | 円 |
| | 10,000,000円～ | 収入金額 － 1,955,000円 | 円 |

### 公的年金等の源泉徴収票

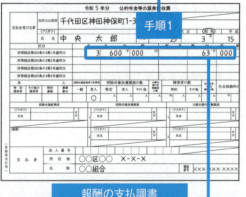

### 報酬の支払調書

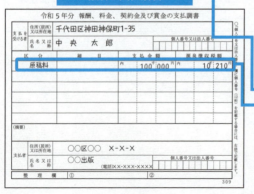

【公的年金等の雑所得の計算例】

公的年金等の収入金額が360万円（公的年金等以外の所得に係る合計所得金額が1,000万円以下の場合）で昭和25年生まれの方のケースは、

① 年金の収入金額欄が3,300,000円～4,099,999円の計算欄の収入金額欄に、360万円を記入します。
② 360万円に0.75を乗じて275千円を控除して計算した2,425千円が公的年金等の雑所得の金額になります。
　360万円×0.75－275千円＝2,425千円

**手順1** 公的年金等の収入金額（2か所以上から公的年金等の支給を受けている方は、その合計額）を、公的年金等の雑所得の計算表にしたがって計算し、公的年金等の雑所得の金額を求め、申告書の所得金額欄に転記します。

**手順2** 源泉徴収税額がある雑所得の収入金額、支払者、源泉徴収税額等を「所得の内訳」欄、「雑所得等に関する事項」欄に記載します。

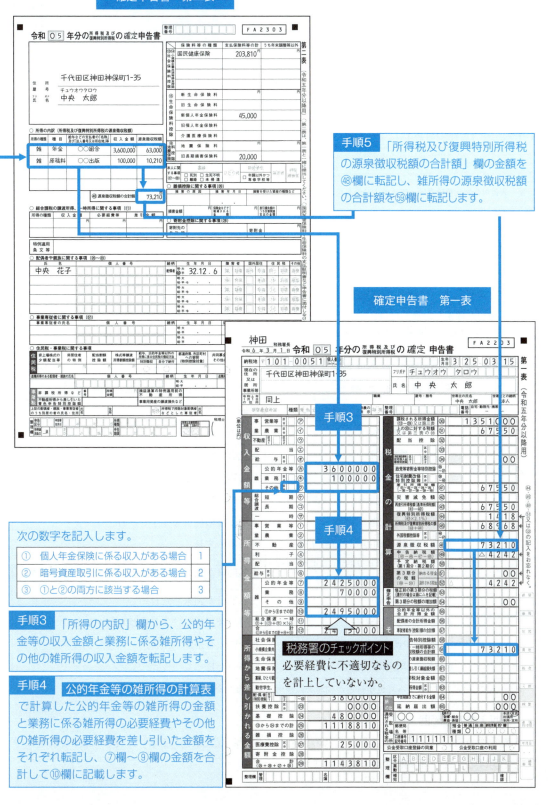

2-3 事業所得

# 2-3 事業所得

## 1 事業所得の金額の計算

### 【事業所得の金額の計算式】

事業所得の金額 ＝ 総収入金額 － 必要経費 － （青色申告特別控除額）※

※ 青色申告特別控除額は、青色申告者のみ控除ができます（47頁参照）。

### (1) 総収入金額

#### ① 収入金額の計上時期

事業所得の収入金額を計上すべき時期とは、原則として、商品等の販売や役務提供により、その年において収入すべき権利が確定した日※をいいます。

※ 「権利が確定した日」とは、それぞれの取引の内容、性質、契約の取決め、慣習などの販売形態に応じ、次のように規定されています。

### 図表2-3-1 事業所得の収入金額の計上時期

| 各 種 販 売 形 態 等 | | 収入金額の計上時期 |
|---|---|---|
| 原則的な場合<br>（基通36-8） | 棚卸資産の販売 | 引渡しのあった日 |
| | 試用販売 | 相手方が購入の意思を表示した日 |
| | 委託販売 | 受託者が委託品を販売した日 |
| | 請負 　物の引渡しを要する契約 | 目的物を完成して相手方に引渡した日 |
| | 請負 　役務の提供をする契約 | 役務の提供を完了した日 |
| | 請負を除く人的役務の提供 | 人的役務の提供を完了した日 |
| | 資産、金銭の貸付けによる所得 | その年の末日 |
| 特別な場合 | 延払条件付販売（旧法65）（平成30年3月31日までに行われたものに限る。） | 支払期日が到来した日（令和5年分までの経過措置） |
| | リース譲渡（法65） | 支払期日が到来した日 |
| | 長期大規模工事（法66） | 工事の進行割合により収益を計上した日 |
| | 小規模事業者の現金主義経理（法67） | 現金の入金があった日※ |
| | 農産物の収穫基準（法41） | 収穫した日 |

※ 一定の条件に当てはまる青色申告者が税務署に適用の申請をした場合に認められます。

#### ② 総収入金額の範囲

事業所得の総収入金額には、それぞれの事業から生ずる収入金額のほかに、次のような事業に付随して受ける金銭や経済的利益が含まれます。

2-3 事業所得

## 図表 2 - 3 - 2　事業所得の収入とされる金額

| 区　分 | 総収入金額とされる金額 |
|---|---|
| 金銭ではなく物品等で売上代金やリベートを受け取った場合 | ・受け取ったときの物品等の価額（時価）<br>・事業に関連して物品等を時価よりも低い価額で受けた場合、その物品等の時価との差額（基通36-15(1)） |
| 販売用の商品等を家事のために消費したり、贈与した場合（親族や知人などに無償や低い値段で販売した場合） | 商品等の通常の販売価額（支払を受けた場合は、通常の販売価額との差額）（法39）。ただし、仕入価額で売上記帳した場合は、記帳した価額が通常の販売価額の70％以上のときは、その金額が収入金額と認められます（基通39-2）。<br><br>棚卸資産の家事消費等　原則…販売価額　／　特例…仕入価額　販売価額×70％以上　｝いずれか多い方 |
| 広告宣伝用資産の受贈益 | 販売業者等がメーカーなどから製品の広告宣伝のための資産を無償又は低い価額で譲り受けたときの総収入金額に算入する金額は、次のように取り扱われます（基通36-18）。<br>・広告宣伝用の看板、ネオンサインなど専ら広告宣伝用のものは、収入金額に算入不要<br>・次の資産の価額の3分の2相当額から支出した金額を控除した金額（ただし、その金額が30万円以下の場合は収入金額に算入不要。）<br>　イ　自動車で車体の大部分にメーカー名や製品名を書き入れているもの<br>　ロ　陳列棚、陳列ケース、冷蔵庫又は容器でメーカー名や製品名の広告宣伝を目的としているもの |
| 商品等の棚卸資産について損失を受けたことにより保険金や損害賠償金等を受け取った場合（令94①）※ | ・棚卸資産等の損失により受ける火災保険金、補償金、損害賠償金の金額<br>・営業や漁業の全部又は一部の休止、転換、廃止に伴って受ける収益補償金、損害賠償金の金額<br>・漁業権、工業所有権、著作権などの損失により受ける損害賠償金、保険金、補償金の金額 |
| 事業に付随した収入を受け取った場合 | ・空箱や作業くずなどの売却代金<br>・仕入割引やリベート収入<br>・得意先や従業員に貸し付けた貸付金の利子<br>・飲食店などの店内の広告掲示による収入<br>・事業用固定資産の固定資産税の前納報奨金等（基通27-5）<br>・従業員から受け取る従業員寮の家賃（基通26-8） |

※　3年以上の期間の補償として受ける補償金は、臨時所得として平均課税を選択することができる場合があります（315頁参照）。

### ③　国庫補助金の総収入金額不算入制度

　個人が固定資産の取得又は改良に充てるため国又は地方公共団体の補助金又は給付金等（以下「国庫補助金等」といいます。）の交付を受け、その国庫補助金等をもって固定資産の取得又は改良をしたときは、その国庫補助金等の返還を要しないことがその年の12月31日までに確定した時に限り、その国庫補助金等の金額のうち、その固定資産の取得又は改良に充てた部分の金額は所得の計算上収入金額に算入されません（法42①）。この場合、減価償却費の計算上、国庫補助金等で取得又は改良した固定資産の取得価額は、その固定資産の取得又は改良額から、収入金額に算入されないこととされた金額を控除した金額とします（令90）。

73

2-3 事業所得

## ④ エコ関係補助金

エコ関係の補助金を受け取った場合の課税関係は次のとおりとなります。

図表2-3-3　エコ関係補助金の課税関係

| 区　　　　分 | 原 則 的 な 取 扱 い | | 特例の取扱い（法42の適用の可否） |
| --- | --- | --- | --- |
| | 家 事 用 資 産 | 業 務 用 資 産 | |
| エコキュートの補助金<br>エコカー補助金 | 一時所得の総収入金額に算入 | 業務に係る所得（不動産、事業、山林又は雑）の総収入金額に算入[2] | 適用あり[3] |
| エコポイント[1]<br>住宅エコポイント[1] | | | 適用なし（取得のための補助金ではないため） |
| 太陽光発電設備の補助金 | | | 適用あり[3] |

※1　これらのポイントの収入計上時期は、そのポイントを金品に交換し、又は費用に充てた時となります。
※2　家事兼用資産の場合は、使用量など合理的な基準で按分し、各種所得の総収入金額に算入します。
※3　国庫補助金の総収入金額不算入の特例（法42）の適用を受けた場合は、その資産の取得に要した金額から補助金相当額を控除した金額で取得したものとみなします（令90）。したがって、減価償却費や譲渡の場合の取得価額や取得費は、補助金相当額を控除して算定します。

## ⑤ 手付流れ・違約金

手付流れ・違約金の課税関係は、次のとおりとなります。

図表2-3-4　手付流れ・違約金の課税関係

| 区　　　　分 | | | 課 税 関 係 |
| --- | --- | --- | --- |
| 受領した場合 | 棚卸資産・業務用資産の売買契約の解除に伴って受ける手付流れ・違約金 | | 業務に係る所得（事業所得・不動産所得）の総収入金額に算入 |
| | 賃貸借契約の解除に伴って受ける手付流れ・違約金 | | 業務に係る所得（不動産所得等）の総収入金額に算入※ |
| | 工事遅延に伴って受ける手付流れ・違約金 | | 工事代金の実質的な値引きなので、取得価額から控除 |
| | 上記以外 | | 一時所得の総収入金額に算入（基通34-1(8)） |
| 支払った場合 | 『資産の譲渡契約』に関する手付流れ・違約金 | 既に売買契約を締結している資産を更に有利な条件で譲渡するため、その契約を解除したことに伴い支出する場合 | 譲渡費用（基通33-7(2)） |
| | | 譲渡を取りやめた場合 ｜ 業務用資産の譲渡を取りやめた場合 | 必要経費 |
| | | 非業務用資産の譲渡を取りやめた場合 | 家事費 |
| | 『資産の取得契約』に関する手付流れ・違約金 | イ　取得する予定であった資産が、業務の用に供する資産であることが客観的に明らかである場合 | 必要経費 |
| | | ロ　イ以外の場合で、既に売買契約を締結している資産よりもさらに有利な条件で他の資産を取得するため、その契約を解除したことに伴い支出する場合 | 取得した資産の取得費又は取得価額（基通38-9の3） |
| | | ハ　イ及びロ以外 | 家事費 |

74

2-3　事業所得

| 資産の譲渡や取得についての契約以外の契約に関する手付流れ・違約金<br>（例：借入金の借換えによる旧債務者への違約金） | 契約解除の理由が業務の遂行上必要なものである場合 | 必要経費 |
|---|---|---|

※　合意された違約金等の算定根拠が3年以上の期間の賃貸料に相当するものである場合は、臨時所得として平均課税を選択することができる場合があります（315頁参照）。

## 【質疑応答】事業所得の収入金額

☐　事業主が従業員に掛けている生存給付金付養老保険の生存給付金及び満期保険金を受領した場合
　　事業主（契約者）が、被保険者を従業員、保険金の受取人を生存給付金及び満期保険金は事業主、死亡保険金は従業員の遺族とした生存給付金付養老保険に加入してその保険料を支払い、支払保険料の1/2を必要経費（福利厚生費）に算入し、残りの1/2を資産計上（積立保険料）しています。事業主が、この保険に係る生存給付金及び満期保険金を受領した場合の所得区分及び所得金額の計算はどのようになりますか。
　　⇒　生存給付金、満期保険金及び解約返戻金は、事業所得（事業付随収入）とされます。

## 事業所得（収入金額）のチェックポイント

【所得区分】

☐　アパート、マンション等の不動産貸付を事業的規模で行っているので、事業所得として申告していた。
　☞　不動産貸付による所得であるので、その貸付が事業的規模であるか否かに関わらず不動産所得となります。

☐　事業用資産に掛けていた長期損害保険契約の満期返戻金を、事業所得として申告している。
　☞　一時所得となります。

☐　事業用車両等の売却損（益）を、事業所得として申告している。
　☞　事業用の資産であっても棚卸資産ではないので、総合課税の譲渡所得となります（法33）。なお、スクラップ化した車両等を除却処理した後に売却した収入は、事業所得の雑収入になります。

☐　開業医が、自己の診療所等において休日、祭日又は夜間等に診療等を行うことで地方公共団体等から支給を受ける委嘱料等を給与所得としている。
　☞　これらの診療等の報酬等は開業医本人に帰属することから、事業所得となります（基通27-5）。

☐　中小企業倒産防止共済契約の解約手当金を、一時所得として申告している。
　☞　中小企業倒産防止共済契約の掛金は支払った年分の必要経費となりますが、この共済契約を解約した場合の解約手当金は一時所得ではなく事業所得の収入金額となります。

☐　事業用固定資産に係る固定資産税の前納報奨金を一時所得として申告している。
　☞　事業用固定資産に係る固定資産税は必要経費となりますので、その前納報奨金は事業所得の収入金額となります。ただし、業務用以外の固定資産に係る前納報奨金は、利息としての性格もなくその他の対価性もないため、一時所得となります。

2-3　事業所得

**【収入金額】**

□　弁護士の着手金や歯科医の歯列矯正料を預り金ではなく、収入金額として計上しているか。
☞　原則として、弁護士の着手金は受任した時、歯科医の歯列矯正料は矯正装置を装着した時に収入金額として計上します。

□　棚卸資産の損害について受領した損害賠償金を非課税として申告に含めていない。
☞　事業所得の収入金額として計上します。

□　店舗が壊されたことにより受ける休業補償金を非課税として申告に含めていない。
☞　事業所得の収入金額として計上します。

□　商品などの自家消費を、収入金額に計上していない。
☞　仕入価額か販売価額の７割以上、いずれか多い価額を収入金額に計上すべきことになります。

□　著述家であるが原稿料などは全て銀行口座振込みで受け取っているので、その振込金額の合計額を収入金額としている。
☞　振込金額は源泉徴収税額の差引き後の手取額であるので、源泉徴収前の金額で収入金額を計算する必要があります。

**【雑収入】**

□　スクラップ売却収入、リベート、バックマージン等を計上していない。
☞　付随収入は、収入金額として計上します。

□　税込経理方式を適用している者が、還付を受ける消費税等を雑収入に計上していない。
☞　原則として、消費税の申告書を提出した年の収入金額に計上します。

□　税抜経理方式を適用している者が、消費税差額（「仮払消費税等と仮受消費税等の差額」と「消費税等の納付（還付）額」との差額）を、消費税等の申告書を提出した日の属する年の雑収入として計上していない。
☞　消費税差額は、その課税期間に対応する年の雑収入（又は必要経費）に算入します。

### (2)　必要経費

### ①　必要経費となる金額

必要経費となる金額は、別段の定めがあるものを除き、次の算式で計算します（法37）。

**【必要経費の計算式】**

> 必要経費　＝　売上原価　＋　販売費及び一般管理費

### ②　必要経費の算入時期

必要経費は、現実に支払った金額ではなく、その年において支払うべき債務が確定[※]した金額（減価償却費を除きます。）を計上します。

※　「債務の確定」とは、年末までに債務が成立し、商品を受け取るなど、支払うべき事実が発生し、かつ、その金額を合理的に算定できるなどの要件を満たすことが必要です（基通37-2）。

⑶ 売上原価

① 売上原価の計算

売上原価の計算は、期首及び期末の棚卸資産※の価額とその期中の仕入金額に基づいて、次の算式で計算します。

※ 「棚卸資産」とは、商品、製品、半製品、仕掛品（半成工事を含みます。）、原材料などをいいます。

【売上原価の計算式】

> 売上原価 ＝ 期首棚卸高 ＋ 仕入高 － 期末棚卸高

② 棚卸資産の評価方法

棚卸資産の評価方法には、「個別法」、「先入先出法」などの評価方法（令99①）がありますが、あらかじめ税務署長へ「棚卸資産の評価方法の届出書」を提出する必要があります（令100①）。なお、この届出書を提出していない場合は、「最終仕入原価法」により評価することになります（令102）。また、低価法は、青色申告者のみ選択可能です。

図表 2 - 3 - 5　棚卸資産の評価方法

| 棚 卸 資 産 の 評 価 方 法 | | 注 意 事 項 |
|---|---|---|
| 原 価 法 | 個別法、先入先出法、移動平均法、総平均法、売価還元法、最終仕入原価法 | ・税務署長への届出が必要<br>・届出書を提出していない場合は「最終仕入原価法」で評価 |
| 低 価 法 | 原価法により評価した金額と、年末に仕入れた商品の時価とのいずれか低い価額を期末棚卸高として評価する方法 | ・税務署長への届出が必要<br>・青色申告者のみ選択可能 |

③ 棚卸資産の評価方法の選定と変更

棚卸資産の評価方法の選定と変更は、新規開業した場合は開業した日の属する年分の申告期限までに、また、変更しようとする場合には、変更する年の 3 月15日までに所轄の税務署長へ届出書を提出する必要があります（令100、101）。

⑷ 販売費及び一般管理費

図表 2 - 3 - 6　販売費及び一般管理費となるもの

| 科目名 | 販売費及び一般管理費の例示 |
|---|---|
| 租 税 公 課 | 事業税、印紙代、固定資産税、自動車税、不動産取得税、消費税などの税金 |
| 荷 造 運 賃 | 商品の発送代金、包装材料費、荷造人夫費、運賃など |
| 水 道 光 熱 費 | 電気、ガス、水道料金、プロパンガスや灯油など |
| 旅 費 交 通 費 | 電車、バス、タクシーの料金、駐車料金、高速道路使用料、宿泊代など |

2-3 事業所得

| 通信費 | 電話料、郵送料、電報料、切手、ハガキ代、インターネットプロバイダー料など |
|---|---|
| 広告宣伝費 | テレビ、新聞やチラシなどの広告料、サービス券の印刷代、ホームページ製作費用など |
| 接待交際費 | 取引先に対する接待費用、慶弔見舞金、贈答品、飲食接待費など |
| 損害保険料 | 商品や店舗の損害保険料、自動車保険料 |
| 修繕費 | 建物や機械、器具、車両などの通常の維持、修理費用 |
| 消耗品費 | 事務用品、包装材料費、日用雑貨品、10万円未満の備品など |
| 減価償却費 | 建物、機械、器具、車両など減価償却資産の償却費 |
| 福利厚生費 | 従業員への慶弔見舞金、残業の夜食代、事業主負担の社会保険料、慰安旅行費 |
| 給料賃金 | 従業員に支給した給与、賃金、賞与、退職金、食費や被服などの現物給与 |
| 外注工賃 | アウトソーシングに係る費用（他の業者への加工料など） |
| 利子割引料 | 借入金の利子、受取手形の割引料など |
| 地代家賃 | 店舗や事務所、駐車場、倉庫の支払家賃 |
| 支払手数料 | 税理士、司法書士などの報酬、不動産の仲介手数料、販売手数料など |
| 貸倒金 | 売掛金、受取手形、事業用貸付金などの債権の貸倒による損失 |
| 車両関係費 | ガソリン代、車両関係消耗品など |
| 諸会費 | 商工会、同業者団体、商店街等の会費や組合費 |
| 雑費 | 必要経費となるもので、上記の経費に該当しないもので少額なもの |
| 専従者給与 | 生計を一にする親族が事業に専従し給与の支払がなされた場合（97頁参照） |

## (5) 家事関連費

　家事上の費用は必要経費となりませんが、業務においては一つの支出が家事上と業務上の両方にかかわりがある費用（「家事関連費」といいます。）となるものがあります。この家事関連費のうち必要経費になるものは、取引の記録などに基づいて、業務遂行上直接必要であったことが明らかに区分できる場合はその区分できる金額に限られます（法45①、令96、基通45－1、45－2）。

図表2-3-7　業務上の経費と家事上の費用の関係

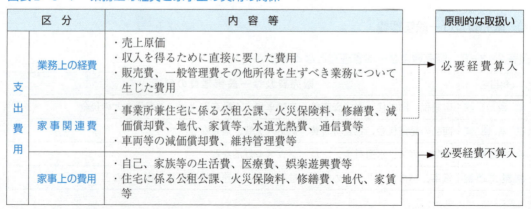

## ① 租税公課

### 図表2-3-8　租税公課の必要経費の可否区分

| 必要経費になるもの | 必要経費にならないもの |
|---|---|
| ・固定資産税[※1]、不動産取得税、事業税[※5]、印紙税、事業所税、登録免許税、自動車税等の税金<br>・消費税等の納付すべき税額を未払金に計上した金額など[※2] | ・所得税[※3]、住民税[※4]、相続税、贈与税、延滞税、加算税、過怠税<br>・交通違反の罰金<br>・家事関連費部分の租税公課 |

※1　固定資産税等の賦課課税方式による租税は、納税通知書が送付された年の必要経費に算入するか、実際に納付した年分の必要経費にするか選択することができます（基通37-6）。

※2　消費税等の経理を税抜経理で処理し、かつ、その年の課税売上割合が80％未満の場合、取得資産に係る控除対象外消費税の全部を必要経費に算入することはできません（令182の2）。なお、棚卸資産、20万円未満の資産に係る控除対象外消費税は、その年の必要経費に算入されます。

※3　外国で生じた事業に係る所得に課税された外国所得税について外国税額控除を受けない場合は必要経費に算入することができます（法46）（「6-9　外国税額控除」参照）。

※4　住所を有していなくても、事務所又は事業所等を有している場合には、均等割額の住民税が賦課されますが、この金額も必要経費とはなりません（法45①四）。

※5　事業を廃止した年分に係る事業税については次のとおりになります。

　①　次の算式により計算した事業税の見込額を廃止した年分の必要経費に算入することになります（基通37-7）。

**事業税の見込額の算式**

> 事業税の見込額＝（A±B）×R/（1＋R）
>
> A：事業税の課税見込額を控除する前の事業廃止年分の事業に係る所得金額
>
> B：事業税の課税標準の計算上Aの金額に加算・減算する金額
>
> 　（例：青色申告特別控除、事業主控除290万円（廃止日までの月数按分）など）
>
> R：事業税の税率

　②　上記①以外の場合は、翌年の事業税の賦課決定をもとに事業廃止年分の更正の請求をすることができます（法63、152）。

## ② 修繕費

　建物、器具及び備品などの修繕に要した費用は、その修繕の内容によって、必要経費に算入される「修繕費」と固定資産の取得価額とする「資本的支出」に区分されます。

### 図表2-3-9　「修繕費」と「資本的支出」の区分と処理方法

| 区　　分 | 分　類　基　準 | 処　理　方　法 |
|---|---|---|
| 資本的支出 | 使用可能期間の延長又は価値の増加をもたらす支出 | 固定資産の取得価額として減価償却 |
| 修　繕　費 | 通常の維持管理、原状回復のための支出 | 支出年分の必要経費に算入 |

　なお、修繕費のうち「修繕費」であるか「資本的支出」であるか区分できない場合、次の「形式基準」によって処理することができます（基通37-10～37-15の2）。

2-3 事業所得

### 図表2-3-10 修繕費と資本的支出の判定（形式基準）フローチャート

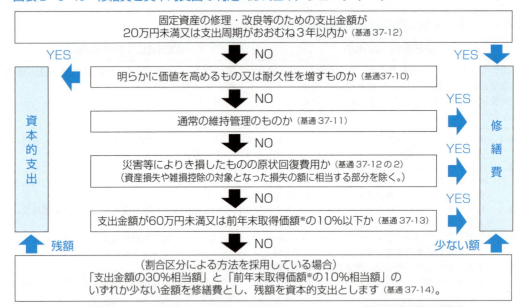

※ 前年末取得価額とは、その固定資産の当初の取得価額に、前年末までにした資本的支出を加算し、また、その資産について一部除却があったときにはその除却部分について減算した金額をいいます。

③ 生命保険料

### 図表2-3-11 個人事業主が従業員を被保険者とした場合の生命保険料の課税関係

| 区分 | | 保険金の受取人 | | 主契約保険料 | | 特約保険料 | 契約者配当金 | |
|---|---|---|---|---|---|---|---|---|
| | | 死亡保険金 | 生存保険金 | 定期保険部分 | 養老保険部分 | | 定期保険部分 | 養老保険部分 |
| 定期保険の場合 | | 事業主 | — | 必要経費 | — | 必要経費※1 | 総収入金額 | — |
| | | 従業員遺族 | | 必要経費※1 | | | | |
| 養老保険の場合 | | 個人事業主 | | — | 資産計上 | 必要経費※1 | — | 資産計上額から控除 |
| | | | 従業員 | | 必要経費※2 | | | 総収入金額 |
| | | 従業員遺族 | 事業主 | | $\frac{1}{2}$資産計上 $\frac{1}{2}$必要経費※3、4 | | | 資産計上額から控除 |
| 定期付養老保険の場合 | 保険料の区分有 | 個人事業主 | | 必要経費※1 | 資産計上 | 必要経費※1 | 総収入金額 | 資産計上額から控除可 |
| | | 従業員遺族 | 従業員 | 必要経費※1 | 必要経費※2 | | | 総収入金額 |
| | | | 事業主 | | $\frac{1}{2}$資産計上 $\frac{1}{2}$必要経費※3、4 | | | 資産計上額から控除 |
| | 保険料の区分無 | 個人事業主 | | 資産計上 | | 資産計上額から控除 | | |
| | | 従業員遺族 | 従業員 | 必要経費※2 | | 総収入金額 | | |
| | | | 事業主 | $\frac{1}{2}$資産計上 $\frac{1}{2}$必要経費※3、4 | | 資産計上額から控除 | | |

※1 特定の者のみを特約給付金の受取人とする場合にはその者に対する給与となります。

※2　従業員に対する給与となります。
※3　特定の者のみを特約給付金の受取人とする場合にはその者に対する給与となります。
※4　事業主の利殖が目的と認められる場合にはすべて資産計上となります。
（注1）　家族従業員を被保険者として保険料を支払った場合、それが単に個人事業主の親族等であるために契約されたと認められるときは、家事上の経費とされ必要経費とはなりません。家族従業員を特別扱いせず、他の従業員と同様の条件で被保険者とした場合に限り、必要経費として算入できます。
（注2）　個人事業主が、個人事業主自身を被保険者として保険に加入する場合は、保険の種類如何にかかわらず、また、たとえ従業員と同条件であったとしても、必要経費とはなりません。

#### ④　損害保険料

業務の用に供している資産に係る損害保険料は、必要経費になります。また、「未払保険料」は、その年に属する期間に対応する部分をその年分の必要経費に算入し、「前払保険料」は、原則として、翌年分の必要経費に算入しますが、次の要件を満たせば本年分の必要経費に算入することができます（基通37-30の2）。なお、「満期返戻金が支払われることとなっている保険料」のうち、積立部分の保険料については必要経費に算入することはできません。

#### 図表2-3-12　前払保険料等（短期前払費用）の取扱い

| 区　分 | | | 取　扱　い | |
|---|---|---|---|---|
| 保険料 | 前払分 | 原則 | その年の属する期間に対応する部分 | 必要経費に算入 |
| | | | 翌年以降に対応する部分 | 未経過保険料として翌年繰越 |
| | | 特例 | 前払費用について、通常支払うべき日以後1年以内の期間分に相当する金額の支払をし、これをその年分の必要経費としているときは、継続適用を要件として認められる（基通37-30の2）。 | |
| | 未払分 | | その年の属する期間に対応する部分 | 必要経費に算入 |
| 店舗併用住宅の損害保険料 | | | 店舗対応部分（積立部分を除く。） | |
| | | | 住宅対応部分 | 家事費 |

（注）　短期前払費用の取扱いは、個人が前払費用（一定の契約に基づき継続的に役務の提供を受けるために支出した費用のうち、その年の12月31日においてまだ提供を受けていない役務に係る費用）のうち、1年以内に提供を受ける役務に係るものを支払った場合において、その支払った金額を継続してその支払った年分の必要経費に算入しているときは、その処理が認められるというものです（基通37-30の2）。したがって、以下のような場合にはこの取扱いはありません。
①　令和5年12月に支払った雑誌購読料
例えば、令和6年1月号から令和6年12月号の代金の場合、継続的に物品を購入する費用であり、前払費用ではなく前払金となるため。
②　令和5年12月に支払った損害保険料
例えば、令和6年2月分から令和7年1月分の保険料の場合、支払った日から1年を超える期間に及ぶ役務の提供が含まれているため、短期前払費用の取扱いの適用はありません。

#### ⑤　借入金利子

業務を営んでいる者がその業務の用に供する資産の取得のために借り入れた資金の利子は、その業務に係る各種所得の金額の計算上必要経費に算入します。ただし、その資産の使用開始の日までの期間に対応する部分の金額については、その資産の取得価額に算入することができます（基通37-27）。

2-3　事業所得

### 図表 2 - 3 -13　借入金利子の課税関係

| 区　分 | 利 子 の 支 払 時 期 | | 取 扱 い |
|---|---|---|---|
| 業務用資産の取得のためのもの | 業務開始後 | 資産の使用開始後 | 必要経費に算入 |
| | | 資産の使用開始前（基通37-27）※ | |
| | 業務開始前（基通37-27（注）） | | その資産の取得価額に算入 |
| 業務用以外の資産の取得のためのもの | 使用前（基通38- 8 ） | | |

※　必要経費に算入するか取得価額に算入するかどちらか選択できます。

#### ⑥　罰金・損害賠償金・裁判費用等

イ　罰金、科料（通告処分による罰金又は科料に相当するもの及び外国又はその地方公共団体が課する罰金又は科料に相当するものを含みます。）及び過料は、たとえ、それが業務に関連するものであっても、必要経費とはなりません（法45①六）。

ロ　損害賠償金（これらに類するもの（基通45-7 ）を含みます。）のうち、以下のものは必要経費には算入できません（法45①七、令98）。

　㈤　家事上の経費及び家事関連費（必要経費に算入されない部分の金額）に該当するもの

　㈥　事業所得を生ずべき業務に関連して、故意又は重大な過失によって他人の権利を侵害したことによって支払うもの

### 図表 2 - 3 -14　従業員の行為に基因する損害賠償金について（基通45- 6 ）

| 区　分 | | 取 扱 い |
|---|---|---|
| 使用者に故意又は重大な過失がある場合 | | 必要経費不算入 |
| 上記以外 | 業務上の行為 | 必要経費算入 |
| | 業務上以外の行為 | 使用者の立場上やむを得ず負担したものは必要経費算入、その他のものは必要経費不算入 |

ハ　民事事件に関する費用で、業務用資産について業務遂行上生じた紛争解決のために支払った弁護士費用等は、次のものを除いて、その支出した年分の必要経費とします（基通37-25）。

　㈤　その資産の取得のときに既に紛争が生じていたもの、例えば、所有権の帰属について紛争があり、完全に自己に帰属させた場合の費用など資産の取得価額に算入されるもの

　㈥　譲渡所得の基因となる資産の譲渡に関する費用、例えば、譲渡契約の効力に関する紛争の費用など

　㈦　必要経費にならない租税公課（所得税・住民税等）の紛争に係る費用

　㈧　他人の権利を侵害したことによる損害賠償金で、家事上の費用や故意又は重大な過失によるものの紛争に係る費用

ニ　刑事事件に関する費用で、業務遂行に関する行為により、刑罰法令違反の疑いを受けた場合に支出する弁護士費用等は、その違反がないものとされ、あるいは違反に対する処分を受けないこととなり、又は無罪の判決が確定した場合に限って必要経費に算入します。なお、必要経費の計

82

2-3 事業所得

上時期は、判決等の確定した日の属する年分若しくは支払の確定した日の属する年分のいずれか
となります（基通37-26）。

⑦ 海外渡航費

事業を営む者又はその従業員（事業を営む者と生計を一にする親族を含みます。）が、海外渡航に際して
支出する費用は、その海外渡航がその事業の遂行上直接必要なものであると認められる場合に限り、
その海外渡航のための交通機関の利用、宿泊等の費用（家事上の費用となるものを除きます。）に充てら
れたと認められる部分の金額を必要経費に算入します。なお、その海外渡航がその事業の遂行上直
接必要なものであるかどうかは、その旅行の目的、経路、期間等を総合勘案して判定しますが、次
に掲げる旅行は、原則として、その事業の遂行上直接必要な海外渡航とは当たらないとされていま
す（基通37-16〜37-22）。

イ 観光渡航の許可を得て行う旅行[1]

ロ 旅行のあっせんを行う者等が行う団体旅行に応募してする旅行[1]

ハ 同業者団体その他これに準ずる団体が主催して行う団体旅行で、主として観光目的と認められ
るもの[1]

ニ 事業主の親族又は事業に常時従事していない同伴者に係るもの[2]

[1] イからハの旅行であっても、その旅行期間内における旅行先、その仕事の内容等からみて、その事業にとって直接
関連があると認められるときは、その海外渡航に際し支出した費用のうち、その事業に直接関連がある部分の旅行
について直接要した部分の金額は、旅費として必要経費に算入されます（基通37-22）。また、事業の遂行上直接必
要と認められる旅行と認められない旅行とを併せて行った場合の費用は、原則として、それぞれの旅行の期間等の
比により按分します（基通37-21）。

[2] ニに掲げる者であっても、次のように明らかに海外渡航の目的を達成するために必要な同伴の場合は除かれます（基
通37-20）。
・自己が常時補佐を必要とする身体障害者の場合
・国際会議出席等のために配偶者を同伴する必要がある場合
・外国語に堪能な者又は高度な専門的知識を有する者を必要とする場合に、適任者がいない場合

⑧ 資産損失

事業所得を生ずべき事業の用に供される固定資産又は繰延資産について、取壊し、除却、滅失そ
の他の事由によって生じた損失の金額（保険金、損害賠償金などによって補填される部分の金額及び資産の譲
渡によって生じたものを除きます。）は、その損失を生じた年分の必要経費に算入します（法51①、令140）。

イ 損失額の計算（令142、基通51-2、51-6、51-7）

| 資産損失の金額 | = | 損失発生直前の未償却残高 | − | 損失発生直後の時価 | − | 廃材価額 | − | 保険金等 |
|---|---|---|---|---|---|---|---|---|

ロ 原状回復費用の取扱い（基通51-3）

① 損失の金額に達するまでの金額 ⇒ 資本的支出とします。

② 損失の金額を超える部分の金額 ⇒ 必要経費に算入します。

(イ) 災害の場合において原状回復費用及びその他の支出を同時に行った場合

災害により損壊した業務の用に供されている固定資産について支出した費用で、原状回復費
用とその他の支出を同時に行い、その区分が困難な場合は、30％を原状回復費用とし、70％を

資本的支出とすることができます（基通37-14の２）。なお、原状回復費用のうち、修繕費相当額の計算に当たっては、発生資材の時価及び火災保険金は一切関係させません。

| 直前の取得価額（帳簿価額） | | | |
|---|---|---|---|
| 直後の時価 | （損失の金額） | | |
| ［支出額］⇒ | 原状回復費用（30%） | | その他の支出（70%） |
| | 資本的支出 | 必要経費 | 資本的支出 |

㈹　有姿除却

　　次のような固定資産については、廃棄等をしていない場合であっても、その資産の未償却残額から処分見込価額を控除した金額を必要経費に算入することができます（基通51-2の２）。

　①　使用を廃止し、今後通常の方法により事業の用に供する可能性がないと認められる場合

　②　特定の製品の生産のために専用されていた金型等で、その製品の生産を中止したことにより将来使用される可能性のほとんどないことがその後の状況からみて明らかな場合

㈶　スクラップ化した資産の譲渡損失

　　資産の譲渡損失が生じた場合において、その資産が譲渡前にすでにスクラップ化していた時は、除却という手続を取らなかった場合に生じた譲渡損失であっても、その損失の金額は、資産損失として必要経費とします（基通51-4）。

㈺　親族の有する固定資産について生じた損失

　　事業所得を生ずべき事業を営む者が同一生計内の親族の有する固定資産を事業の用に供している場合には、事業を営む者がその資産を所有しているものとみなし、資産損失の規定を適用することができます（基通51-5）。ただし、雑損控除の適用を受ける場合は除きます。

## ⑨　減価償却費

### イ　取得価額の範囲

　減価償却資産を購入した場合の取得価額については、その資産の購入の対価（引取運賃、荷役費、運送保険料、購入手数料、付帯税を除く関税、その他その資産の購入のために要した費用を含む。）及びその資産を業務用に供するために直接要した費用の合計額とされています（令126①）。

　資産を購入した場合のこれらの付随費用等で取得価額に含めるものと必要経費にできるものの区分は次表のとおりです（基通37-5、37-6、37-9の２、38-1、38-2、38-8、38-8の３〜38-11、49-3、49-4、60-2）。

2-3　事業所得

A　建物を購入した場合の付随費用等

| 取得価額に含めるもの | 必要経費にできるもの |
|---|---|
| ・購入代金<br>・仲介手数料（建物に係る部分）<br>・固定資産税精算金<br>・建物取得に際して支払う立退料<br>・古屋建物代金及び取壊し費用<br>・整地、埋立て、地盛り（専ら建物等建設のために行うものに限り土地改良でないもの）<br>・設計料、建築確認申請料<br>・当該資産取得のための借入金利子（新たに事業を開始する者で、当該資産の使用開始前の期間に係るもの）<br>・取得に関連して支出する地方公共団体への寄附<br>・住民対策費、公害補償費<br>・地鎮祭、上棟式費用<br>・施設負担金<br>・所有権等を確保するための訴訟費用（相続等の争いに係るものは除く。） | ・租税公課（不動産取得税、固定資産税）<br>・建築変更により不要となった建物建築のための調査、測量、設計、基礎工事等の費用<br>・当該資産を取得するため一旦締結した他の契約を解除した場合の違約金<br>・当該資産取得のための借入金利子（当該資産の使用開始前の期間に係るもの）<br>・登記関連費用（司法書士、行政書士などの費用）<br>・収入印紙代<br>・火災保険料、地震保険料<br>・落成式、竣工式 |

B　自動車を購入した場合の付随費用等

| 取得価額に含めるもの | 必要経費にできるもの |
|---|---|
| ・自動車本体購入代金、付属品<br>・納車費用<br>・中古車の未経過の自動車税、自賠責保険料 | ・租税公課（自動車取得税、自動車税、自動車重量税）<br>・自賠責保険料<br>・検査登録費用、検査登録手続代行費用<br>・車庫証明費用、車庫証明手続代行費用<br>・リサイクル料金（資金管理料金）<br>（注）　リサイクル料金(シュレッダーダスト料金、エアバッグ類料金、フロン類料金、情報管理料金)は預託金とし、廃車時年分の必要経費になります。 |

ロ　取得価額の特例

㈠　相続、贈与等により取得した建物の取得価額

　　相続（限定承認を除く。）、贈与又は遺贈により譲り受けた減価償却資産の取得価額は、その資産を取得していた者が引き続き所有していたものとみなされます（法60①、令126）。

　　（注1）　取得年月日、残存価額も引き継ぎますが、償却方法は引き継がれません。

　　（注2）　限定承認により取得した場合は、相続時の時価が取得価額となり、中古資産を取得した場合と同様に計算することになります。

㈡　事業用資産の買換等の特例で取得した建物の取得価額

　　事業用資産の買換等の特例の適用を受けて、その買い換えた事業用資産（買換資産）の取得価額は、その買換資産を実際に購入した価額などではなく、売却した事業用資産（譲渡資産）の取得価額を引き継ぐことになります（措法37の3）。

　　したがって、将来その買換資産を売却した場合や事業所得の計算における減価償却費の計算も、譲渡資産から引き継いだ取得費を基に計算することになります。

85

2-3　事業所得

　　　（注）　具体的な計算例は、国税庁ホームページ（タックスアンサーNo.3426）を参照してください。

ハ　減価償却資産の償却方法

　減価償却資産の償却方法には、「定額法」、「定率法」、「生産高比例法」などがありますが、あらかじめ税務署長へ「減価償却資産の償却方法の届出書」を提出する必要があります（令123）。なお、この届出書を提出していない場合は、法定償却方法である「定額法」（鉱業用減価償却資産については「生産高比例法」）が適用されます。また、平成10年4月1日以降に取得した建物や平成28年4月1日以降に取得した建物附属設備、構築物及び鉱業用建物については、定額法しか適用できません。

ニ　減価償却費の計算方法

　平成19年度の税制改正で、減価償却可能限度額が取得価額の95％から全額（残存簿価1円を除きます。）まで可能となり、減価償却率や減価償却費の計算方法が改正されました。この改正で減価償却資産の取得時期（平成19年4月1日の前後）により、減価償却の計算方法が次のように異なります。

### 図表2-3-15　定額法の減価償却費の計算方法

| 平成19年3月31日以前取得 | 平成19年4月1日以後取得 |
|---|---|
| 取得価額の5％に達するまでの期間<br>　（取得価額−残存価額）×旧償却率※1<br>取得価額の5％に達した年の翌年以降の期間<br>　（取得価額×5％−1円）÷5 | 全期間<br>　取得価額×償却率※2 |

　※1　旧償却率は、耐用年数省令別表第七に規定されている旧定額法の償却率。
　※2　償却率は、耐用年数省令別表第八に規定されている定額法の償却率。

### 図表2-3-16　定率法の減価償却費の計算方法

| 平成19年3月31日以前取得 | 平成19年4月1日以後取得 |
|---|---|
| 取得価額の5％に達するまでの期間<br>　（取得価額−償却累計額）×旧償却率※1<br>取得価額の5％に達した年の翌年以降の期間<br>　（取得価額×5％−1円）÷5 | 調整前償却額≧償却保証額となるまでの期間<br>　（取得価額−償却累計額）×償却率※<br>調整前償却額＜償却保証額※となった以降の期間<br>　改定取得価額※　×改定償却率※ |

　※1　旧償却率は、耐用年数省令別表第七に規定されている旧定率法の償却率。
　※2　償却率は、耐用年数省令別表第九に規定されている定率法の償却率。なお、平成24年4月1日以後に取得した資産に対する定率法の償却率は耐用年数表省令別表第十による。
　※3　償却保証額とは、取得価額×保証率（耐用年数省令別表第九（平成24年4月1日以後取得資産は別表第十）に規定）。
　※4　改定取得価額は、調整前償却額＜償却保証額に最初になったときの期首未償却残高。
　※5　改定償却率は、耐用年数省令別表第九（平成24年4月1日以後取得資産は別表第十）に規定されている定率法の改定償却率。

2-3 事業所得

## 【平成24年４月１日以後に取得した資産の定率法の計算例】

【設　例】令和５年１月１日に取得価額1,000,000円、耐用年数６年の事業用の車両を購入した場合

| 年分 | 算　　　　　式 | 減価償却費又は調整前償却額 | 償却保証額 | 改定償却率による計算 | | 未償却残高 |
| --- | --- | --- | --- | --- | --- | --- |
| | | | | 改定取得価額 | 償却費の額 | |
| ５年分 | 1,000,000×0.333 | 333,000 | 99,110 | | | 667,000 |
| ６年分 | （1,000,000－333,000）×0.333 | 222,111 | 99,110 | | | 444,889 |
| ７年分 | （1,000,000－555,111）×0.333 | 148,148 | 99,110 | | | 296,741 |
| ８年分 | （1,000,000－703,259）×0.333 | 98,814 | 99,110 | 296,741 | 99,111 | 197,630 |
| ９年分 | （1,000,000－802,370）×0.333 | 65,810 | 99,110 | 296,741 | 99,111 | 98,519 |
| 10年分 | （1,000,000－901,481）×0.333 | 32,806 | 99,110 | 296,741 | 98,518 | 1 |

※　償却保証額……1,000,000（取得価額）×0.09911（保証率）＝ 99,110
※　改定償却率による計算……296,741（改定取得価額）×0.334（改定償却率）＝ 99,111

(イ)　平成24年中に取得する減価償却資産の定率法の経過措置

①　定率法を採用している者が、平成24年４月１日から同年12月31日までの間に減価償却資産を取得した場合には、改正前の償却率（250％定率法）により償却することができます。

②　平成19年４月１日から平成24年３月31日までの間に取得をした定率法を採用している減価償却資産について、平成24年分の確定申告期限までに届出をすることにより、その償却率を改定後の償却率（200％定率法）により償却することができます。

(ロ)　平成19年３月31日以前に取得した資産に係る資本的支出

既存の減価償却資産に対して、平成19年４月１日以後に資本的支出を行った場合、その資本的支出は、既存の減価償却資産と種類及び耐用年数を同じくする別個の資産を新規に取得したものとして償却を行うことになりました（令127①）が、特例として、平成19年３月31日以前に取得した既存の減価償却資産に資本的支出を行った場合、既存の減価償却資産の取得価額にこの資本的支出の金額を加算して償却を行うことができます（令127②）。

(ハ)　平成19年４月１日以後平成24年３月31日以前に取得した資産に係る資本的支出

平成19年４月１日以後平成24年３月31日以前に取得した減価償却資産について定率法を採用している場合、その資産に資本的支出を行ったときは、その減価償却資産と平成24年４月１日以後にした資本的支出を一の減価償却資産として減価償却する特例は、適用できません。したがって、その資本的支出をしたものについては、既存の減価償却資産と種類及び耐用年数を同じくする別個の資産を新規に取得したものとして減価償却を行います。つまり、既存の減価償却資産には250％定率法による償却率を適用し、資本的支出については200％定率法による償却率を適用することになります。ただし、平成24年４月１日から同年12月31日までに行った資本的支出については、経過措置により改正前の定率法の償却率を適用することができるため、こ

2-3　事業所得

の場合に限り、平成25年以後、既存の減価償却資産と平成24年４月１日以後に行った資本的支出を合算して一の減価償却資産として、250％定率法により償却することができます。

㈡　減価償却資産の必要経費算入の特例

特定の要件を満たす減価償却資産の場合、資産の取得価額によって、次のような取扱いがあります。

ただし、令和４年４月１日以後に取得するものは、対象資産から貸付け用（主な業務として行われるものは除きます。）のものは除外されます。

### 図表２-３-17　減価償却資産の必要経費算入の特例

| 取得価額 | 少額減価償却資産<br>（令138） | 一括償却資産の特例<br>（令139）[1] | 少額減価償却資産の特例<br>（措法28の２）[2] |
|---|---|---|---|
| 10万円未満 | 全額必要経費 | | |
| 20万円未満 | 通常の減価償却 | ３年で必要経費　｝選択<br>通常の減価償却 | 全額必要経費　｝選択<br>通常の減価償却 |
| 30万円未満 | | 通常の減価償却 | |
| 30万円以上 | | | 通常の減価償却 |

※１　取得価額が10万円以上20万円未満の減価償却資産については、その年に購入したものの全部又は一部を一括して、３年間にわたって３分の１ずつを必要経費に算入することができます。

※２　この特例は、青色申告書を提出する事業者（従業員500人以下）が、取得した10万円以上30万円未満の減価償却資産について、取得価額の合計額のうち年300万円に達するまでの取得価額の合計額をその業務の用に供した年分の必要経費に算入することができます（年の途中で開業、廃業等があった場合の300万円の限度額は、その年の業務を営んでいた月数で按分します。）。

### 【「一括償却資産」と「少額減価償却資産」の記載例】

【設　例】令和５年中に取得した18万円の資産を一括償却資産の特例を適用した場合と令和５年中に取得価額30万円未満の資産の合計額98万円を少額減価償却資産の特例を適用した場合の記載例

○減価償却費の計算

| 減価償却資産の名称等（繰延資産を含む） | 面積又は数量 | 取得年月 | ④取得価額（償却保証額） | ⑥償却の基礎になる金額 | 償却方法 | 耐用年数 | ⑦償却率又は改定償却率 | ⑨本年中の償却期間 | ⑩本年分の普通償却費⑥×⑦×⑨ | 割増（特別）償却費 | ⑪本年分の償却費合計（⑩＋⑪） | 事業専用割合 | ⑫本年分の必要経費算入額⑪×⑫ | 未償却残高（期末残高） | 摘要 |
|---|---|---|---|---|---|---|---|---|---|---|---|---|---|---|---|
| 一括償却資産 | － | 5.年　月 | 180,000円 | 180,000円 | － | －年 | 1/3 | 12分の12月 | 60,000円 | －円 | 60,000円 | 100% | 60,000円 | 120,000円 | |
| 冷蔵庫他 | － | 5.・ | 合計980,000 | （明細は別途保管） | － | － | － | － | － | － | － | － | 980,000 | － | 措法28の2 |
| | | ・ | （　　　） | | | | | 12 | | | | | | | |
| | | ・ | （　　　） | | | | | 12 | | | | | | | |
| | | ・ | （　　　） | | | | | 12 | | | | | | | |
| | | ・ | （　　　） | | | | | 12 | | | | | | | |
| 計 | | | | | | | | | 60,000 | | 60,000 | | 1,040,000 | 120,000 | |

（注）　平成19年４月１日以後に取得した減価償却資産について定率法を採用する場合にのみ⑦欄のカッコ内に償却保証額を記入します。

㈭　年の中途で業務の用に供した資産等の減価償却費の計算

減価償却資産を年の中途で業務に供した場合や年の中途で供さなくなった場合の減価償却費は次のように計算します（令132）。なお、減価償却資産を月の途中で相続した場合、被相続人と相続人の業務の用に供した月数の合計が13か月となっても問題はありません。

2-3　事業所得

【減価償却費の計算式】

減価償却費　＝　1年間の減価償却費　×　$\dfrac{業務に供した月数^※}{12}$

※　月数に1か月未満の端数がある場合は切り上げて1か月とします。

㈬　非業務用資産を事業の用に供した場合の減価償却費の計算

業務の用に供した後の減価償却費の計算は、取得価額及び耐用年数については一般の場合と同様（図表2-3-15及び図表2-3-16）に行います。

（注）　図表2-3-15及び図表2-3-16に当てはめる場合の取得年月日は、転用年月日ではなく実際の取得日となります。

### 図表2-3-18　非業務用資産を転用した場合の未償却残高の計算

| その資産の<br>取得価額 | － | 業務の用に供されていなかった期間[※1]につき、その資産の耐用年数の1.5倍に相当する年数[※2]で、旧定額法[※3]に準じて計算した償却済額 |
|---|---|---|

※1　6か月以上の端数があるときは1年とし、6か月未満の端数は切捨てます（令85②二）。
※2　1年未満の端数があるときは切捨てます（令85②一）。
※3　非業務用資産の減価の額の計算は、平成19年4月1日以後に取得した資産であっても、旧定額法により計算することとなります（令85①）。

【非業務用資産を事業の用に供した場合の計算例】

【設　例】令和4年6月に200万円で購入した車両を令和5年4月に事業用として転用した場合

①　非業務用期間中の車両の耐用年数

車両の法定耐用年数（6年）×1.5＝9年

②　非業務用期間の減価の額

(2,000,000円 － 200,000円)×0.111[※1]×1年[※2]＝199,800円

※1　償却方法は旧定額法で償却率は0.111（9年の償却率）。
※2　非業務用期間1年（令和4年6月から令和5年4月までの11か月は6か月以上なので1年）

③　非業務用から業務用に転用した時点での未償却残高

2,000,000円 － 199,800円 ＝ 1,800,200円

㈯　中古資産を取得した場合の耐用年数の計算

中古資産を取得して業務に供した場合の耐用年数は、今後の使用可能期間を合理的に見積もった耐用年数とすることができます。この場合、見積もりが困難な場合は、次の算式で計算した年数を耐用年数とします（耐令3①⑤）。

## 【中古資産の耐用年数の計算式】

① 法定耐用年数の一部を経過した資産

耐用年数※ ＝ 法定耐用年数 － 経過年数 × 0.8

② 法定耐用年数の全部を経過した資産

耐用年数※ ＝ 法定耐用年数 × 0.2

※ その年数が 2 年未満となるときは 2 年とし、その年数に 1 年未満の端数があるときは切り捨てます。

## 【中古資産を取得した場合の耐用年数の計算例】

**【設 例】令和 3 年 5 月に新車登録された車両を令和 5 年 6 月に中古取得した場合**

① 経過年数の計算

新車登録月（令和 3 年 5 月）から中古取得月（令和 5 年 6 月）までの期間は26か月

② 中古資産の耐用年数

72か月※1 －26か月×0.8＝51.2か月 ⇒ 4.26年 ⇒ 4 年※2

※1 車両の法定耐用年数 6 年を月数に直すと72か月（ 6 年×12か月）。
※2 1 年未満の端数は切捨て。

⑩ 青色申告者の特別償却の特例及び所得税額の特別控除の特例

青色申告者が営む事業の用に供する減価償却資産が一定の要件に該当する場合には、通常の減価償却以外に、特別償却の特例（割増償却に係るものは除く。）の適用を受けることができます。

また、この特別償却の特例に換え、後記の所得税額の特別控除の特例を受けられる場合もあります。この場合、青色申告者はいずれかの特例を選択して適用を受けることができます。

これらの特例の適用を受ける場合には、所定の事項等を記入した確定申告書を提出するとともに、特別償却に関する明細書等又は所得税額の特別控除に関する明細書等を添付する必要があります。

図表 2 - 3 -19　主な特別償却の特例及び所得税額の特別控除の特例の関係

| 制　度　の　種　類　等 | 特別償却 | 特別控除 |
|---|---|---|
| 試験研究を行った場合（措法10） | ― | ○※2 |
| 中小事業者が機械等を取得した場合（措法10の 3 ） | ○※1 | ○※2 |
| 地域経済牽引事業の促進区域内において特定事業用機械等を所得した場合（措法10の 4 ） | ○ | ○ |
| 地方活力向上地域等において特定建物等を取得した場合（措法10の 4 の 2 ） | ○ | ○ |
| 地方活力向上地域等において雇用者の数が増加した場合（措法10の 5 ） | ― | ○ |
| 特定中小事業者が特定経営力向上設備等を取得した場合（措法10の 5 の 3 ） | ○※1 | ○ |
| 給与等の支給額が増加した場合（措法10の 5 の 4 ） | ― | ○※2 |
| 認定特定高度情報通信技術活用設備を取得した場合（措法10の 5 の 5 ） | ○※1 | ○ |

2-3　事業所得

(注)　1　特別償却の特例は、所有権移転外リース取引により取得したものについては適用されません。
　　　2　特別償却限度額のうち、供用年の事業所得の金額の計算上、必要経費に算入しなかった部分の金額については、翌年に繰り越すことができます。
　　　3　事業を廃止した年は、これらの特例を適用することはできません。
　　　4　図表の特別償却欄が「－」のものは、所得税額の特別控除の特例の適用となります。

上記の特別償却の特例のうち主なものは、以下イ～ハのとおりです。

また、上記の所得税額の特別控除の特例のうち主なものは、後記（358～361頁参照）のとおりです。

イ　中小事業者が機械等を取得した場合の特別償却（措法10の3①）の概要は、次のとおりです。

図表 2 - 3 -20　中小事業者が機械等を取得した場合の特別償却の概要

| 項　目 | 概　要　等 |
|---|---|
| 対象者 | 青色申告者である中小事業者※<br>※　常時使用する従業員数が1,000人以下の者 |
| 対象期間等 | 平成10年6月1日～令和7年3月31日の間 |
| 対象資産等 | 製作後事業の用に供されたことのない特定機械装置等※1を取得し又は特定機械装置等を製作して、これを国内にある指定事業※2（製造業、建設業等一定の事業（貸付用は除く。））の用に供した場合<br>※1　次の特定機械装置等をいいます。<br>　　令和5年4月1日以降は、コインランドリー業（主要な事業であるものは除く。）でその管理を他の者に委託するものが除外され、総トン数500トン以上の船舶にあっては環境負荷低減に資する設備状況等を国土交通省に届け出た船舶に限定されます。<br>　・機械及び装置の1台又は1基の取得価額が160万円以上のもの<br>　・工具の製品の品質管理の向上等に資する一定のもので取得価額が120万円以上のもの<br>　・ソフトウエアについては1つの取得価額が70万円以上<br>　・車両総重量が3.5トン以上の普通自動車で貨物用のもの<br>　・内航運送業又は内航船舶貸渡業に供される船舶<br>※2　次の指定業種をいいます。<br>　　小売業、料理店業その他飲食店業、一般旅客自動車運送業など租税特別措置法施行規則第5第の8第5項に規定されている業種（概ね日本標準産業分類による）をいいます。<br>　　ただし、風俗営業、性風俗関連特殊営業及び料亭、バー、キャバレー、ナイトクラブ等、物品賃貸業、娯楽業（映画業除く）などは除かれます。 |
| 償却費等 | 通常の償却費 ＋ 特別償却費（基準取得価額※×30％） ＝ 合計償却限度額<br>※　基準取得価額とは、取得価額（船舶の場合は取得価額の75％相当額）をいいます。 |

ロ　特定中小事業者が特定経営力向上設備等を取得した場合の特別償却（措法10の5の3①）の概要は、次のとおりです。

**91**

2-3　事業所得

**図表２－３－21　特定中小事業者が特定経営力向上設備等を取得した場合の特別償却の概要**

| 項　目 | 概　要　等 |
|---|---|
| 対象者 | 青色申告者である特定中小事業者※<br>※　次の者をいいます。<br>・中小企業等経営強化法の認定を受けた中小企業等に該当する者<br>・常時使用する従業員数が1,000人以下の者 |
| 対象期間等 | 平成29年４月１日～令和７年３月31日の間 |
| 対象資産等 | 特定経営力向上設備等※1でその製作若しくは建設の後事業の用に供されたことのないものを取得し、又は特定経営力向上設備等を製作し、若しくは建設して、これを国内にある特定中小事業者の営む一定の指定事業※2の用（貸付用を除く。）に供した場合<br>※１　次の特定経営力向上設備等をいいます。<br>　　令和５年４月１日以降は、コインランドリー業又は暗号資産マイニング業（主要な事業であるものは除く。）の設備等でその管理を他の者に委託するものが除外されます。<br>・機械及び装置の１台又は１基の取得価額が160万円以上のもの<br>・工具、器具及び備品で取得価額が30万円以上のもの<br>・建物附属設備で取得価額が60万円以上のもの<br>・ソフトウエアについては１つの取得価額が70万円以上<br>※２　次の指定業種等をいいます。<br>　　中小事業者が機械等を取得した場合の特別償却（措法10の３）の対象となる指定業種、及び特定中小事業者が経営改善設備を取得した場合の特別償却（旧措法10の５の２）の対象となる指定業種をいいます。 |
| 償却費等 | 通常の償却費 ＋ 特別償却費（取得価額－通常の償却費） ＝ 合計償却限度額 |

ハ　認定特定高度情報通信技術活用設備を取得した場合の特別償却（措法10の５の５①）の概要は、次のとおりです。

**図表２－３－22　認定特定高度情報通信技術活用設備を取得した場合の特別償却の概要**

| 項　目 | 概　要　等 |
|---|---|
| 対象者 | 青色申告者である個人※<br>※　特定高度情報通信技術活用システムの開発供給及び導入の促進に関する法律第26条に規定する認定導入事業者 |
| 対象期間等 | 令和２年８月31日～令和７年３月31日の間 |
| 対象資産等 | 認定導入計画に記載された認定特定高度情報通信技術活用設備※で一定のものを取得等し、これをその個人の事業の用に供した場合<br>※　次の認定特定高度情報通信技術活用設備をいいます。<br>　　機械及び装置、器具及び備品、建物附属設備並びに構築物のうち、次の要件を満たすもの<br>・認定導入計画に従って導入される特定高度情報通信技術活用システムの導入の用に供するために取得したものであること<br>・特定高度情報通信技術活用システムを構築する上で重要な役割を果たす一定のものに該当すること |
| 償却費等 | 通常の償却費＋特別償却費（取得価額×30%） ＝ 合計償却限度額 |

⑪　繰延資産

　繰延資産とは、業務のために支出した費用のうち、その支出の効果が、支出の日以後１年以上に及ぶものをいい、その効果の及ぶ期間にわたって償却します（法50）。ただし、次の開業費、開発費以外の繰延資産は、支出金額が20万円未満である場合は、その支出をした年に、全額を必要経費に

算入します（令139の2）。また、主な繰延資産の内容等は次の表のとおりです。

### 図表2-3-23　繰延資産の概要

| 種　類 | 内　　　容 | 償　却　期　間 |
|---|---|---|
| 開　業　費 | 事業を開始するまでの間に特別に支出する広告宣伝費、旅費、建物などの賃借料、電気代など | 5年（任意の金額で償却することも可能） |
| 開　発　費 | 新たな技術、市場開拓又は資源の開発などに特別に支出する費用 | |
| 公共的施設の負担金 | 負担をした者に専ら使用されるもの | 施設の耐用年数×70% |
| | 上記以外 | 施設の耐用年数×40% |
| 共同的施設の負担金 | ・負担をした者又は構成員の共同の用に供されるもの<br>・協会等の本来の用に供されるもの | 施設の耐用年数×70%<br>（土地の取得に充てられる部分の負担金は45年） |
| | 商店街のアーケード、日よけ、アーチなど公衆用に使用されるもの | 5年（施設の耐用年数が5年未満の時はその耐用年数） |
| 建物を賃借するために支出する権利金等 | 建物の新築に伴い支払う権利金で、建物の建築費用の大部分に相当するもの | 建物の耐用年数×70% |
| | 契約や慣習で、借家権として転売できるもの | 賃借後の建物の見積残存耐用年数×70% |
| | その他のもの | 5年（契約期間が5年未満で更新時に再び権利金等を払うものは契約期間） |
| 同業者団体の加入金 | 加入金で出資の性質をもつものでないもの | 5年 |
| 広告宣伝等の負担金 | 特約店等に対し、製品等の広告宣伝等のために看板・ネオンサイン等を贈与した場合の費用 | その資産の耐用年数の70%の年数（その年数が5年を超える場合は5年） |

### 図表2-3-24　分割払の繰延資産の取扱い

**イ　原　則**

　未払分は、繰延資産経理（未払金経理）できません（基通50-5）。

**ロ　例　外**

　(イ)　短期分割払の負担金の未払金経理

　　分割して支払う期間が短期間（おおむね3年以内）である場合には、その総額を未払金に計上して償却することができます（基通50-5ただし書き）。

　(ロ)　長期分割払の負担金の必要経費算入

　　公共的施設又は共同的施設の設置又は改良のために係る負担金は、次のいずれにも該当するときは、その負担金はその支出した日の属する年分の必要経費にすることができます（基通50-5の2）。

　　①　分割期間が償却期間以上であること

　　②　分割徴収負担金が、おおむね均等額であること

　　③　負担金の徴収が、おおむね施設の工事着工後に開始されること

2-3　事業所得

## 【分割払の繰延資産の償却費の計算例】

> 【設　例】店舗を借りるに当たり支払う権利金500万円を毎年100万円ずつ支払う場合
>
> 　毎年の繰延資産の償却費と償却累計額は、下記のようになります。
> 　　　［１年目］　　100万円×12/60＝20万円（償却累計20万円）
> 　　　［２年目］　　200万円×12/60＝40万円（償却累計60万円）
> 　　　［３年目］　　300万円×12/60＝60万円（償却累計120万円）
> 　　　［４年目］　　400万円×12/60＝80万円（償却累計200万円）
> 　　　［５年目］　　500万円×12/60＝100万円（償却累計300万円）
> 　　　［６年目］　　500万円×12/60＝100万円（償却累計400万円）
> 　　　［７年目］　　500万円×12/60＝100万円（償却累計500万円）

⑫　リース料

イ　リース形態と税務上の取扱い

　リース契約は、その契約内容により様々な種類があり、名称はリースといっても、途中解約できないなど、実質的には分割払で購入したのと同様な内容のものや、金融取引に類する経済的実態を有しているものがあります。そのため、税務上は、リース取引をその契約実態により「賃貸借」、「売買」及び「金融取引」に区分しています。

### 図表2-3-25　リース取引の賃借人の税務上の取扱い

| 区　分 | | 賃借人の取扱い等 | |
|---|---|---|---|
| 所得税法上のリース取引（ファイナンスリース※1） | 所有権移転リース※2 | 売買取引として処理 | 定額法、定率法等により償却 |
| | 所有権移転外リース※3 | | リース期間定額法により償却 |
| | 金融取引とされるリース取引※4 | 金銭の貸借として処理 | 借入金の返済、支払利息等 |
| 一般の賃貸借取引（オペレーティング・リース） | | リース契約に基づいて処理（その年に債務の確定したリース料は、その年の必要経費に算入されます。） | |

※1　資産の賃貸借契約（所有権が移転しない土地の賃貸借その他の政令で定めるものを除く。）で次の①及び②の要件のいずれにも該当するものをいいます（法67の2③）。
　　①　中途解約の禁止
　　　賃貸借契約が賃貸借期間の中途において、その解約をすることができないものであること、又は、これに準ずるものであること。
　　②　フルペイアウト
　　　賃借人がその賃貸借資産からもたらされる経済的な利益を実質的に享受することができ、かつ、その資産の使用に伴って生ずる費用を実質的に負担すべきこととされているものであること。
※2　所得税法上のリース取引のうち、次の①～④のいずれかに該当するものをいいます（令120の2②五）。
　　①　リース期間終了の時又はリース期間の中途において、リース資産が無償又は名目的な対価の額で賃借人に譲渡されるものであること。
　　②　賃借人に対し、リース期間終了の時又はリース期間の中途においてリース資産を著しく有利な価額で買い取る権利が与えられているものであること。
　　③　リース資産の種類、用途、設置の状況等に照らし、リース資産がその使用可能期間中、賃借人によってのみ使用されると見込まれるものであること。

④ リース期間が、リース資産の法定耐用年数に比して相当に短いものであること。
※3 所得税法上のリース取引のうち、上記※2の所有権移転リース取引以外の取引をいいます（令120の2②五）。
※4 次の①及び②のいずれにも該当するものをいいます。このリース取引に該当する場合には、①の売買はなかったものとされ、金融取引（譲受人から譲渡人への金銭の貸付け）があったものとして計算することとされます（法67の2②）。
　① 譲受人から譲渡人に対するリース取引（所得税法上のリース取引に限ります。）を条件に行った資産の売買（セール・アンド・リースバック）
　② 資産の種類、売買及び賃貸に至るまでの事情、その他の状況に照らして、これらの一連の取引が実質的に金銭の貸借と認められる場合

## 【リース期間定額法の償却費の計算式】

$$償却費 ＝ （リース資産の取得価額 － 残価保証額^{※}） × \frac{その年分のリース期間の月数}{リース期間の総月数}$$

※ 残価保証額とは、リース期間終了時に処分価額が契約であらかじめ定められている保証額に満たない場合、その部分を賃借人が賃貸人に支払うこととされている場合のその保証額をいいます（令120の2②六）。

ロ　消費税の取扱い

　所有権移転外リース取引については、私法上は賃貸借契約であっても所得税法上はそれを売買があったものとして処理することになりますので、消費税の処理としては、原則として、初年度の仕入税額控除の対象となります（一括控除）。つまり、リース資産の引渡しを受けた日に、資産の譲渡があったものとして、その引渡しを受けた日の属する課税期間において、消費税を一括して仕入税額控除の計算を行うことになります（消基通11-3-2）。ただし、期中の会計処理を賃借料として経理している場合は、仕入税額控除は各年の仕入税額控除とすることも認められています（分割控除）が、この場合であっても、所得税の取扱いとしては、決算において資産を取得したものとして処理する必要があります。

## ⑬　地代、家賃

　業務用の土地、建物などの賃借料は必要経費になります。翌年以後の期間に係る地代、家賃などを支払った場合は、その年に対応する部分だけを必要経費に算入し、それ以外の部分は前払費用として繰り越すことになります。なお、前払費用のうち、支払った日から1年以内の期間に相当する額を支払った場合で、継続的に必要経費に算入しているときには、その計算は認められます（基通37-30の2）。

## ⑭　貸倒損失

イ　貸倒損失の処理

　事業又は事業以外の業務の遂行上生じた売掛金、貸付金、前渡金などの債権（「貸金等」といいます。）の貸倒れによる損失の処理は、次のようになります（法51②④、64）。

2-3 事業所得

### 図表 2-3-26 貸倒損失の処理

| 区　　分 | | 貸 倒 損 失 の 取 扱 い | 所得に損失が生じた場合の処理 |
|---|---|---|---|
| 事業の遂行上生じた貸倒れ | | 損失が発生した年分の事業所得、不動産所得（事業的規模）、山林所得の金額の計算上必要経費に算入 | 他の所得と損益通算 |
| 事業以外の業務の遂行上生じた貸倒れ | 貸付金元本等の貸倒れ | 不動産所得（事業以外の業務的規模）、雑所得の金額を限度として必要経費に算入 | |
| | 収入金額に算入した賃貸料等の貸倒れ | 収入金額に計上した年分に遡及して、その収入がなかったものとみなす※ | |

※　収入金額に算入した年分について、その年分の法定申告期限から 5 年以内（その年分の法定申告期限から 5 年を経過する日の属する年の 3 月16日以後に貸倒れとなった場合は、その日から 2 か月以内）に更正の請求ができます。

ロ　貸倒れの判定

　貸金等が貸倒れになったと判定するには、客観的に貸倒れが認識できる程度の事実があったことが必要です。その判定については次のように取り扱われます。

### 図表 2-3-27 貸倒れの事実の態様、対象額、必要経費算入年分

| 区　　分 | 発 生 し た 事 実 等 | 対 象 金 額 | 必要経費算入年分 |
|---|---|---|---|
| 法律上の貸倒れ（基通51-11） | ①　更生計画認可の決定による切捨て<br>②　再生計画認可の決定による切捨て<br>③　特別清算に係る協定の認可の決定による切捨て<br>④　関係者の協議による切捨て<br>・債権者集会の協議決定で合理的な基準により債務者の負債整理を定めたもの<br>・行政機関、金融機関その他第三者のあっせんによる当事者間の協議により締結された契約で合理的な基準によるもの | 切り捨てられることとなった部分の金額 | その事実の発生した日の属する年分 |
| | 債務者に対する書面による債務免除（債務者の債務超過の状態が相当期間継続し、その返済を受けられないと認められる場合に限る。） | 債務免除の通知をした金額 | |
| 事実上の貸倒れ（基通51-12） | 債務者の資産状況、支払能力等からみて全額が回収できないことが明らかになったこと（担保物がない場合に限る。） | 貸金等の金額※1 | 回収できないことが明らかとなった年分 |
| 形式上の貸倒れ（基通51-13）※2 | 債務者との取引停止後 1 年以上経過したこと（担保物のない場合に限る。） | 貸金等の額から備忘価額を控除した金額 | 取引停止後 1 年以上経過した日の属する年分 |
| | 同一地域の貸金等の総額が取立費用に満たない場合において督促しても弁済がないこと | | 督促しても弁済がなかった年分 |

※1　貸金の一部の金額についてだけを必要経費にすることはできません。
※2　単発の不動産取引のように、たまたま取引を行った債務者に対する未収金については形式上の貸倒れの対象にはなりません。

96

## ⑮ 生計を一にする親族に支払う賃借料等

　事業主と生計を一にする親族に支払った賃借料等は、実際に支払っていても、その事業主の事業所得等の金額の計算上必要経費に算入されませんが、その親族のその対価に係る各種所得の金額の計算上、その親族が他に支払う賃借料、保険料、公租公課等必要経費とされるものがある場合には、その金額は事業主の必要経費とされます。この場合、その親族については、収入金額も必要経費もないこととみなされます（法56）。なお、この取扱いは、使用貸借の場合でも同様となります（基通56-1）。

| 親族に支払う「賃借料」等 | 必要経費不算入 |
|---|---|
| 事業のために親族が他に支払う「賃借料、保険料、公租公課等」 | 必要経費算入 |
| 事業の用に供した親族の資産の「減価償却費、資産損失等」 | |

　※　所得税法第56条では、「……を生ずべき事業に……」と規定されていますが、事業以外の「業務」の場合も同様に取り扱われます。
　※　「生計を一にする」については、扶養控除の292頁参照。

## ⑯ 専従者給与

　個人事業者が、生計を一にする親族に対して給料を支払っても、原則として、その金額は必要経費に算入することはできません（法56）。ただし、青色申告者の場合は、その事業に専ら従事し、青色事業専従者給与として届け出た金額の範囲内で、労務の対価として相当の金額を必要経費とすることができます。また、白色申告者の場合は、一定の要件を満たせば、一定の金額が事業専従者控除として必要経費とみなされます。

### 図表 2-3-28　専従者給与の要件

| 青色事業専従者給与（法57①） | 白色事業専従者控除（法57③） |
|---|---|
| ・納税者と生計を一にする配偶者その他の親族<br>・その年12月31日現在で、年齢が15歳以上 | |
| 従事可能期間の2分の1超の期間従事 | 1年を通じて6か月超従事 |
| 次の要件をすべて満たせば必要経費に算入<br>(イ)　あらかじめ届出をした金額の範囲内<br>(ロ)　実際に支給した金額<br>(ハ)　労務内容に対して妥当な金額であること | 次のいずれか低い金額を必要経費に算入<br>(イ)　860,000円（配偶者以外は500,000円）<br>(ロ)　事業所得の金額※÷（専従者の数＋1）<br>　　　※専従者控除をする前の金額 |

2-3 事業所得

図表2-3-29 専従者給与を否認された場合の態様別源泉所得税等の取扱い

| 否認の態様 ＼ 区分 | | | 源泉所得税 | 贈与税 |
|---|---|---|---|---|
| 専従者要件を欠くもの※1 | 給与支払あり | 専従者給与の届出なし | 納付済の分が、過誤納金として還付される。 | 労務の対価として相当な部分は課税されない。 |
| | | 帳簿等への給与の支給記帳なし | | |
| | | 専従者給与の変更届出なし | 届出を超えた部分で、かつ、納付済の分が還付される。 | |
| | | 専従者の勤務実態がないもの | 納付済の分が、過誤納金として還付される。 | 原則として課税される。 |
| | 給与支払事実なし | | 納付されている場合は還付される。 | 課税関係なし。 |
| 労務の対価として不相当に高額な場合 | | | 不相当に高額な部分で、かつ、納付済の分が過誤納金として還付される。 | 原則として課税される。 |
| 青色申告の取りやめ、取消しの場合 | | | 納付済の分が過誤納金として還付される。 | 給与の額が労務の対価として相当である部分は課税されない。 |

※1　支給の要件を欠く場合は、給与所得の計算上ないものとみなされる。
※2　労務の対価でない場合又は労務の対価として相当な額を超える部分は、贈与課税される。

⑰　医業の所得計算の特例（社会保険診療報酬の計算特例）

　医業又は歯科医業を営む者が支払を受ける社会保険診療報酬が5,000万円以下であり、かつ、社会保険診療報酬と自由診療報酬等の収入合計額（補助金、貸寝具、テレビ代、歯ブラシ等の物品販売収入等は除く（措通67-2の2））が7,000万円以下であるときは、実額計算に代えて一定の経費率（図表2-3-30「社会保険診療報酬の概算経費額」参照）で社会保険診療報酬に係る必要経費を計算することが認められています（措法26①）。この特例により計算する場合は、「一定の経費率により計算した概算経費」から「保険診療に係る必要経費」を控除した差額（措置法差額）を、実額経費に加算した金額がその年分の必要経費となります（措置法第26条の規定を適用した方が有利な場合）。なお、保険診療と自由診療の共通経費をあん分する方法には、診療実日数（延患者数）割合と診療収入割合がありますが、診療収入割合※1を用いる場合には、「医師等の調整率」※2を乗じて算定します。

図表2-3-30 社会保険診療報酬の概算経費額

| 社 会 保 険 診 療 報 酬 | 概 算 経 費 額 の 速 算 表 |
|---|---|
| 2,500万円以下 | 社会保険診療報酬×72% |
| 2,500万円超〜3,000万円以下 | 〃　　　　×70% ＋ 50万円 |
| 3,000万円超〜4,000万円以下 | 〃　　　　×62% ＋290万円 |
| 4,000万円超〜5,000万円以下 | 〃　　　　×57% ＋490万円 |

※1　診療収入割合

$$診療収入割合 = \frac{自由診療収入}{総診療収入} \times 100 \times 調整率（％）$$

※2 医師等の調整率

| 区　　　　分 | 調整率 |
|---|---|
| 産婦人科、歯科医 | 75% |
| 眼科医、外科医、整形外科医 | 80% |
| 上記の医師及び美容整形医を除く診療医 | 85% |

(注) 保険診療と自由診療の共通経費には薬品材料費、雇人費、減価償却費、その他の一般管理費、資産損失、貸倒損失などはもちろん、専従者給与、引当金の繰入額などの青色申告の特典経費など、必要経費となるべき一切の経費が含まれます。

⑱　家内労働者等の所得計算の特例

　家内労働者等※が事業所得又は雑所得を有する場合において、実際にかかった必要経費の額が55万円に満たないときは、これらの所得金額の計算上、必要経費の額を合計で55万円まで算入することが認められています。ただし、他に給与所得を有する場合には、55万円から給与所得控除額を控除した残額となります（措法27）。

※　家内労働者等とは、家内労働法に規定する家内労働者や、外交員、集金人、電力量計の検針人又は特定の者に対して継続的に役務の提供を行うことを業務とする者をいいます（措令18の2）。

【質疑応答】事業所得の金額の計算（専従者給与）

☐　年の中途で事業に従事した親族に係る青色事業専従者給与

　会社勤務をしていたAは8月に退職し、父Bの経営する個人事業（青色申告）に専従者として従事しました。その年中におけるAの専従期間は6か月未満ですが、この間に支払ったAに対する青色事業専従者給与は、Bの事業所得の金額の計算上必要経費に算入できますか。
⇒　必要経費に算入して差し支えありません。

☐　区画整理事業により休業する期間の青色事業専従者給与

　区画整理事業により、事業を営んでいた者の建物（店舗）が取り壊され、6か月後に同じ地域に建築されるビルの一室を与えられることになりました。ビルの一室を与えられた場合は、そこで従前と同一の業務を行う予定ですが、ビルの建築期間である休業期間について青色事業専従者給与の支払が認められますか。
⇒　休業期間中の青色事業専従者給与の額は、必要経費に算入されません。

【参考資料】青色事業専従者が事業から給与の支給を受けた場合の贈与税の取扱いについて

　青色事業専従者の給与の金額がその年における当該青色事業専従者の職務の内容等にてらし相当と認められる金額をこえるときの取り扱いについては、昭和40年10月8日に国税庁が公表した「青色事業専従者が事業から給与の支給を受けた場合の贈与税の取扱いについて」を参照してください。

2-3 事業所得

## 事業所得(必要経費)のチェックポイント

### 【租税公課】

☐ 業務用資産を相続により取得した場合の登録免許税を必要経費として計上していない。
　☞ 相続又は贈与により取得した業務用資産の登録免許税は、必要経費となります(基通37-5(注)1)。

☐ 同一生計親族が所有する業務用家屋に係る固定資産税等を必要経費として計上していない。
　☞ 同一生計親族に支払う家賃は必要経費になりませんが、その業務用家屋に係る固定資産税は必要経費となります。

☐ 外国の所得税について、必要経費に算入できないとしている。
　☞ 外国所得税額がある場合には、その年中に確定したすべての外国所得税額について、外国税額控除を適用するか、必要経費に算入するかを選択できます(法46、基通46-1)。

### 【接待交際費】

☐ 賄賂等の不正な金銭や物品などを、接待交際費として計上している。
　☞ 賄賂や不正の利益の供与等については、必要経費にはなりません(法45②)。

### 【損害保険料】

☐ 積立部分のある損害保険料(長期総合保険、農協の建物共済など)を全額必要経費として計上している。
　☞ 積立部分は資産として計上しますので、必要経費となりません。

☐ 所得補償保険の保険料を、必要経費として計上している。
　☞ 事業主が自己を被保険者として支払う所得補償保険の保険料は、必要経費とはなりません(保険金を受け取った場合は、非課税所得となります。)。

### 【損害賠償金】

☐ 業務上の損害賠償金は全て必要経費になるとしている。
　☞ 業務上の損害賠償金は、原則として必要経費になりますが、その原因等が加害者である事業主に故意又は重大な過失があった場合は必要経費になりません。
　　なお、使用人に故意又は重大な過失があった場合でも、事業主に故意又は重大な過失がなければ必要経費になります。

☐ 分割で支払うこととなった損害賠償金について、まだ確定していないとして、年内に支払うことを申し出た金額を必要経費に計上していない。
　☞ 損害賠償金の総額が確定していない場合でも、その年の12月31日までに相手方に申し出た金額に相当する金額(保険金等により補てんされることが明らかな部分は除く。)をその年分の必要経費に算入した場合は、その処理が認められます。残額については、示談が成立した年分の必要経費に算入します(基通37-2の2)。

☐ 事業用の借入資金の借換えに際して支払う解約違約金を、借入の目的となっている資産の取得価額に算入している。
　☞ この解約違約金は、繰上返済により失われる金融機関の得べかりし利益の補てんであり、一種の損害賠償金となりますので、必要経費に算入します。

## 【修繕費】

☐ 業務用ソフトウェアの修正等の費用を全て修繕費としていた。

  ☞ その修正内容が、機能上の傷害（バグ）除去など本来の機能維持等に該当するものは修繕費、新たな機能の向上、追加等に該当するものは資本的支出となります。

## 【減価償却費】

☐ 500万円の古美術品であるにもかかわらず、減価償却の対象としている。

  ☞ 「時の経過によりその価値の減少しない資産」である古美術品、書画、骨董類等は、減価償却資産には該当しません（基通2-14）。

☐ 旧定率法を適用していた建物を相続した場合、継続して旧定率法で計算している。

  ☞ 平成10年4月1日以後に相続で取得した建物の償却方法は旧定額法又は定額法になります（令125）。

☐ 平成19年4月1日以後に取得した減価償却資産について、適正に計算しているか。

  ☞ 減価償却方法や減価償却率が改正になっています（図表2-3-15、2-3-16参照）。なお、定率法を適用する場合、平成24年4月1日以後に取得した資産については償却率が改正されています。

☐ 平成19年3月31日以前に取得した減価償却資産について、未償却残高が1円になるまでの5年間の均等償却をしていない。

  ☞ 償却費の累計額が95％に達した翌年から5年間の均等償却を行います。なお、未償却残高を10％のままにして償却していなかった場合でも、取得価額の95％まで償却しその後の均等償却が行われているものとされます（強制償却）。

☐ 事業用資産の買換え等により取得価額の引継ぎが行われているのに、実際の取得価額を基に償却している。

  ☞ 買換え前の資産（譲渡資産）の取得価額を引き継ぎます（措法37の3①、措令25の2）。

☐ 一括償却資産の特例を適用した器具備品について、取得した翌年に除却した場合、未償却残額を全額計上している（再計算をしている）。

  ☞ その全部又は一部を滅失、除却等をしても、各年で償却できる金額は取得価額の1/3ずつとなります（再計算はできません。令139、基通49-40の2）。

☐ 少額減価償却資産の特例で、その取得価額の合計額が年300万円を超えているにもかかわらず、全額を必要経費に算入している。

  ☞ 取得価額の合計額が年300万円に達するまでしか必要経費とすることはできません。

☐ 店舗が全焼したため受け取った火災保険金と預金で店舗を新築した場合の取得価額から、火災保険金を控除して店舗の取得価額を計算している。

  ☞ 所得税法では、法人税法のような保険金により資産を取得した場合の取得価額についての圧縮記帳の規定はありません。所得税では店舗の取得価額は、新築に要した費用（保険金＋預金）となります。

☐ 免税事業者が少額の減価償却資産の10万円未満の判定に当たり、税抜きで計算をした上でその判断をしている。

  ☞ 個人事業者が採用している税抜経理方式又は税込経理方式に応じ、その採用している経理方式

2-3 事業所得

により算定した取得価額により判定します（平元直所3-8「9」）。したがって、免税事業者は税込みの金額で判定することとなります。

- ☐ 低額譲受により取得した減価償却資産の取得価額について、取得した金額を基に計算している。
  - ☞ 譲渡時の時価（通常、第三者間で取引される価額をいいます。）の1／2未満の対価により個人から取得した場合で、譲渡人に譲渡損が生じ、その損失がなかったものとみなされるとき（法59②、令169）には、譲受人が取得した減価償却資産の取得価額は、その減価償却資産の譲受人が引き続き所有していたものとみなした場合における取得価額となります（法60①、令126②）。

- ☐ 相続・贈与又は遺贈により取得した減価償却資産の取得価額を、時価で計算している。
  - ☞ 個人からの贈与、相続（限定承認に係るものを除きます。）又は遺贈（包括遺贈のうち限定承認に係るものを除きます。）によって取得した減価償却資産の取得価額は、その減価償却資産を取得した者が引き続き所有していたものとみなした場合における取得価額となります（法60①、令126②）。なお、取得価額、耐用年数、未償却残高は引き継ぎますが、償却方法は引き継ぎません。

- ☐ 中古資産を取得した年に、法定耐用年数で償却計算をしたのに、翌年、中古資産の簡便法で計算している。
  - ☞ 中古資産を事業の用に供した年において、簡便法による耐用年数ではなく法定耐用年数を使用した場合は、その後の年分において、簡便法による耐用年数に変更することはできません（耐通1-5-1）。

- ☐ 店舗併用住宅の未償却残高を計算する場合、未償却残高を「取得価額－必要経費算入額」としている。
  - ☞ 未償却残高は、「（取得価額）－（自宅部分も含めたその年分までの減価償却費の累計額）」となります。

【繰延資産】
- ☐ 信用保証協会に支払った保証料を、全額支払った年の必要経費に算入している。
  - ☞ 前払費用又は繰延資産として経理し、保証期間にわたって必要経費に算入します（令7）。

- ☐ 共同的施設の設置のために支出する費用等を任意償却している。
  - ☞ 共同的施設の設置のため支出する費用等は任意償却できません。

- ☐ 簡易舗装等の商店街施設の負担金を、繰延資産として償却している。
  - ☞ 公共的施設の設置又は改良のために支出する費用は繰延資産に該当しますが、国、地方公共団体、商店街等が行う街路の簡易舗装や街灯、がんぎ等の簡易な施設で、主として一般公衆の便益に供されるもののために充てられる負担金は、繰延資産としないでその支出した年分の必要経費とすることができます（基通2-26）。

【貸倒損失】
- ☐ 現金主義を選択しているのに、貸倒損失を計上している。
  - ☞ 現金主義の場合は、未収分は収入に計上されていませんので、貸倒損失を計上することはできません。

【資産損失】
- ☐ 居住用建物を取り壊して、業務用建物に建て替えた場合の、居住用建物の取壊しによる損失及び取壊し費用を必要経費としている。

2-3　事業所得

☞　居住用建物の取壊しは、単なる自己の財産の任意の処分とされ、必要経費にもなりませんし、新しい建物の取得価額にも算入されません（図表2-3-7参照）。

☐　土地を譲渡するために店舗を取り壊した場合、店舗の未償却残高を必要経費としている。

☞　事業所得の必要経費ではなく、譲渡所得の計算において譲渡費用（法33③）として差し引きます。

【家内労働者等の特例】

☐　自宅で生徒数人を教えている教師が、家内労働者等の特例を適用している。

☞　学習塾経営者やピアノ教師などのように、その業務の性質上、不特定の者を対象として人的役務を提供するものは家内労働者等に含まれません（措法27、措令18の2①②）。ただし、ヤマハ、カワイ等のピアノ教室の専属講師は、家内労働者等の特例の適用があります。

☐　洋服の寸法直し業を一般の多数の人を相手に営んでいるのに、家内労働者等の特例を適用している。

☞　特定の販売店の専属として洋服の寸法直し業を営んでいる場合には、家内労働者等の特例の適用がありますが、一般の多数の人を相手に営んでいる場合は適用することはできません。

☐　ヤクルト販売で、売上、仕入を計上している者が、家内労働者等の特例を適用している。

☞　売上、仕入を計上している者は販売業となるため、家内労働者等の特例の対象とはなりません。ただし、ヤクルト販売会社と「販売役務提供契約」等を締結して役務提供の対価を得ている場合には、家内労働者等の特例の対象となります。

☐　損害保険代理業やクリーニング（写真現像焼付、宅配便）の取次業で、役務の提供先が3か所ということで、家内労働者等の特例の適用がないとしている。

☞　「特定の者」は、必ずしも単数の者をいうのではなく、異なる種類の人的役務の提供先がそれぞれ特定している限り複数の者であっても差し支えありません。

☐　青色申告者が、家内労働者等の事業所得等の所得計算の特例を受ける場合には、青色申告特別控除の適用を受けることができないとしている。

☞　家内労働者等の事業所得等の所得計算の特例により必要経費を計算する場合においては、青色申告特別控除の適用に関し何らかの制限があるわけではありませんので、青色申告特別控除の適用を受けることができます。

☐　家内労働者等の所得計算の特例を受けずに確定申告をした場合に、更正の請求の対象とはならないとしている。

☞　家内労働者等の事業所得等の所得計算の特例は、申告要件とされていないので、更正の請求をすることができます。なお、この特例を適用した所得金額が所得控除の額に満たない場合は、青色申告特別控除（65万円又は55万円）の適用を受ける場合を除き、所得税の申告は不要となります。

【その他】

☐　店舗併用住宅で事業を営んでいるが、必要経費となる固定資産税などについて家事関連費が按分されていない。

☞　店舗併用住宅にかかる固定資産税、水道光熱費等の家事関連費については、面積割合や使用割合など合理的な基準で按分した上で必要経費を算出する必要があります。

**103**

2-3　事業所得

☐ 固定給（給与所得）と歩合報酬（事業所得）がある外交員の必要経費の計算で、固定給と歩合報酬の両方に対応する共通経費を歩合報酬から全額控除している。

  ☞ 歩合報酬の必要経費の金額は、固定給と歩合報酬の両方に対応する共通経費を固定給と歩合報酬の収入金額の割合で按分し、その金額に、歩合報酬のみに対応する金額を加算した金額となります。なお、固定給に対応する共通経費の金額は、原則として、給与所得控除の中に含まれるものと考えられます。

☐ 開業前に購入した備品（少額の減価償却資産）については、必要経費に算入できないとしている。

  ☞ 事業を開始するまでの間における資産の取得のための費用及び前払費用は開業費から除かれています（法2①二十、令7①）が、少額の減価償却資産（使用可能期間が1年未満、又は取得価額が10万円未満）については、その取得価額を業務の用に供した年分の必要経費とすることとされています（令138）ので、その取得価額は開業した年分の必要経費に算入します。

☐ 労災保険の特別加入保険料を、必要経費としている。

  ☞ 中小事業者や一人親方が従業員と同じ状況で働いていた場合の災害等について適用がある労災保険の特別加入保険料は、自分自身を被保険者とするものであるため、必要経費とはなりません（社会保険料控除の対象となります）。

☐ 相続した棚卸資産の評価方法を、被相続人が選定していた以外の評価方法で計算している。

  ☞ 棚卸資産の評価方法については、特に選定の届出をしない場合は、法定評価方法である最終仕入原価法で評価することとなりますが、相続により事業を承継する場合の棚卸資産の取得価額は、被相続人の死亡の時において、その被相続人が選定していた評価方法により評価した金額とされています（令103②一）。

☐ 事業用車両の売却（下取り）損を事業所得の必要経費としている。

  ☞ 棚卸資産の譲渡や営利を目的とした継続的に行われる資産の譲渡に該当しないものは総合課税の譲渡所得となります。

☐ 社会保険診療報酬が5,000万円以下の開業医が、事業所得を実額計算により申告していたが、後日、措置法第26条の特例による概算経費で算出した方が有利と判明したので、更正の請求はできるとしている。

  ☞ 措置法第26条の特例を受けるためには、確定申告書にその旨を記載することが要件とされているので、更正の請求や修正申告ではできません。

**104**

# 申告書等の記載手順（事業所得）

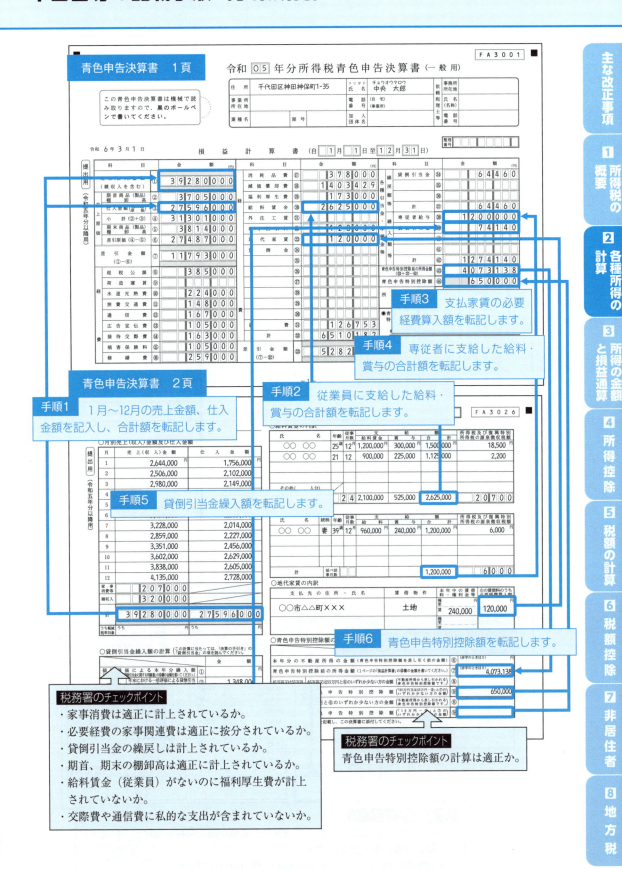

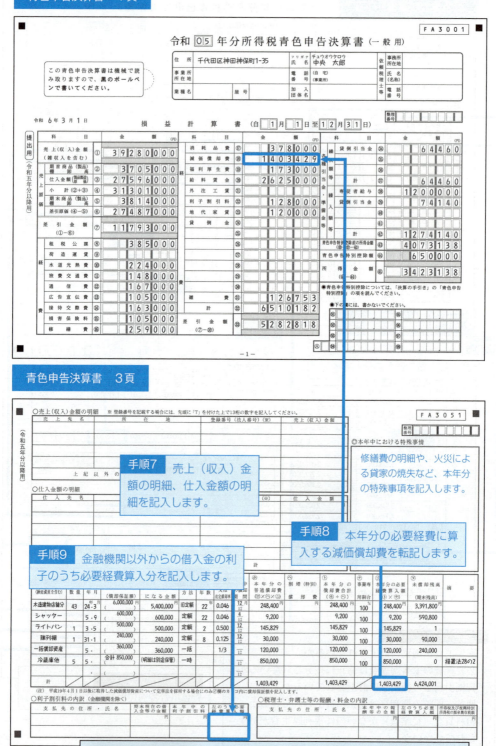

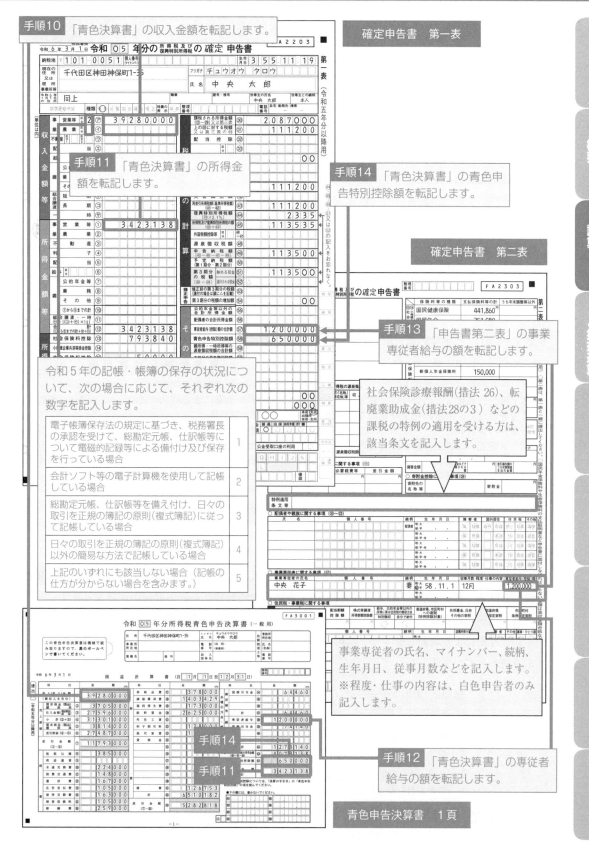

## 2-4　不動産所得

## 1　不動産所得の概要

### (1)　不動産所得の意義

　不動産所得とは、不動産、不動産の上に存する権利、船舶又は航空機の貸付けによる所得をいいます（法26）。なお、不動産の貸付けによる所得は、事業として行われている場合であっても、事業所得とはならず不動産所得となります。

### (2)　事業（雑）所得に区分される場合

　不動産の貸付けから生じる所得であっても、人的役務の提供が主になるものや事業に付随して行われるものは、事業所得や雑所得に区分される場合があります。具体例を示すと以下のようになります。

**図表2-4-1　不動産の貸付形態等による所得区分**

| 不　動　産　所　得 | 事　業　所　得　又　は　雑　所　得 |
|---|---|
| ・アパートや貸家の家賃収入<br>・地上権、借地権などの貸付け、設定による収入※<br>・広告等のため、家屋の屋上や側面などを使用させる場合の賃貸収入<br>・総トン数20トン以上の船舶の貸付収入<br>・航空機の貸付けなど<br>・月極駐車場等の貸付収入<br>・土地信託（賃貸方式）による信託配当 | ・賄いつき下宿の収入<br>・ホテル事業による収入（民泊による所得は、原則として、雑所得）<br>・時間貸し駐車場の収入<br>・自転車預り業の収入<br>・定期用船、航海用船契約で船員とともに貸し付けるときの収入<br>・総トン数20トン未満の船舶の貸付収入 |

　※　借地権等の設定による権利金収入のうち一定のものは、譲渡所得になります（法33、令79）。

### (3)　事業的規模の判定

　不動産所得を生ずべき不動産等の貸付けが「事業的規模」かどうかにより、不動産所得の金額の計算における「資産損失」「事業専従者給与」「青色申告特別控除」等の取扱いが異なります。

　事業的規模の判定は、原則として、社会通念上事業と称する程度の規模で不動産貸付けを行っているかどうかにより判断しますが、次のいずれかに該当する場合は、特に反証がない限り事業として取り扱われています。

**図表2-4-2　事業的規模の判定基準（形式基準）**

| 区　分 | 貸　付　規　模 |
|---|---|
| 建　物<br>（基通26-9） | ・貸間、アパート等の独立した室数が、おおむね10室以上<br>・独立した家屋の貸家数が、おおむね5棟以上 |
| 土　地 | ・土地、駐車場の契約件数が、おおむね50件以上（1室の貸付けに相当する土地の契約件数をおおむね5件として判定） |

　（注）　例えば貸室数が8室と貸地の契約件数が15件の場合、貸室8室＋（貸地15件÷5＝3）＝11室となり、事業的規模と判定されます。

2-4　不動産所得

　なお、賃貸料の収入の状況、貸付資産の管理の状況等からみて、上記の形式基準（いわゆる5棟10室の基準）に準じる事情があると認められる場合には、事業として取り扱うこととなります。また、形式基準（これに準じる事情を含みます。）に該当しない場合の事業的規模の判定は実質基準によりますが、具体的には、営利性・有償性、反復・継続性、自己の危険と計算における事業遂行性、精神的・肉体的労力の程度、人的・物的設備の有無などを総合的に判断することとなると考えられます（平成19年12月4日裁決）。

## 2　不動産所得の金額の計算

　不動産所得の金額は、その年中の不動産所得に係る総収入金額から必要経費の額を控除して計算します（法26②）。なお、青色申告を適用している場合は、その金額からさらに青色申告特別控除額を控除します。

【不動産所得の金額の計算式】

> 不動産所得の金額　＝　総収入金額　－　必要経費　－　（青色申告特別控除額）※

※　青色申告特別控除額は、青色申告者のみ控除できます（47頁参照）。

### (1)　総収入金額
### ①　収入計上時期

図表2-4-3　不動産所得の収入時期

| 区　　分 | | | 収入時期 |
|---|---|---|---|
| 賃貸料収入<br>（基通36-5） | 原　則 | 契約、慣習により賃貸料の支払日の定められているもの | 定められた支払日 |
| | | 支払日の定められていないもの | 受領日又は請求日 |
| | 例　外 | 毎年継続して「前受収益」や「未収収益」の経理をしている場合※1 | 貸付期間に対応 |
| 礼金、権利金、名義書換料、更新料※2<br>（基通36-6） | 賃貸物件の引渡しを要するもの | | 引渡し日又は契約の効力発生日 |
| | 賃貸物件の引渡しを要しないもの | | 契約の効力発生日 |
| 敷金、保証金<br>（基通36-7） | 賃貸期間の経過に関係なく返還しないもの | 物件の引渡しを要するもの | 引渡し日又は契約の効力発生日 |
| | | 物件の引渡しを要しないもの | 契約の効力発生日 |
| | 賃貸期間の経過に応じて、返還しないこととなるもの | | 返還を要しないこととなった日 |
| | 賃貸期間の終了により返還しないことが確定するもの | | 賃貸期間終了日 |
| 供託家賃<br>（基通36-5） | 賃貸料の額に関する係争 | 供託された金額 | 上記原則による |
| | | 供託金を超える部分 | 判決、和解の日 |
| | 賃貸借契約の存否の係争 | | 判決、和解の日 |

**109**

2-4　不動産所得

※1　適用要件　不動産の貸付けを「事業的規模」で行っている場合で、次の要件を満たすときに適用されます（ただし所得税法第67条に規定する「小規模事業者」を除く。）（昭48直所2-78）。
①　帳簿書類を備えて継続的に記帳し、その記帳に基づいて所得を計算していること。
②　継続してその年中の貸付期間に対応する金額を、その年中の総収入金額に算入する方法により所得金額を計算し、かつ、帳簿上その賃貸料に係る前受収益及び未収収益の経理を行っていること。
③　1年を超える期間に係る賃貸料収入については、明細書を確定申告書に添付すること。
なお、事業的規模でない場合でも上記①と②の要件を満たせば1年以内の期間に受け取る賃貸料等に限り認められます。
※2　権利金、更新料については、図表2-4-4参照。

## ②　収入金額

### 図表2-4-4　不動産所得の収入金額となるもの

| 区　分 | 収入金額の所得区分等 |
|---|---|
| 入居者から受けるもの | 共益費、水道光熱費、実費弁償金などは、不動産収入になります。 |
| 借地権等の設定により収受した権利金（令79①） | 土地を長期間使用させることにより受ける権利金等で、一時に取得するものの所得区分は、次のようになります。<br><br>表：<br>権利金の額／所得区分<br>土地の価額の10分の5超／譲渡所得<br>土地の価額の10分の5以下／不動産所得※1 |
| 借地権等の更新料及び名義書換料（基通26-6） | 借地権又は地役権の存続期間を更新する場合の更新料及び借地権等の名義書換料は、次のようになります。<br><br>表：<br>区分／所得区分<br>更新料及び名義書換料の実質が契約の更改で、土地の価額の10分の5を超える金額のもの／譲渡所得<br>上記以外／不動産所得※1 |
| 定期借地権の設定による保証金の経済的利益 | 定期借地権の設定に伴って、賃貸人が賃借人から保証金の預託を受ける場合、その経済的利益の計算は、次のようになります。<br>なお、経済的利益の額は、各年ごとの定期預金の平均年利率※2によることとされています。<br><br>表：<br>区分／経済的利益の取扱い<br>業務に係る資金又は取得資金として運用／経済的利益を総収入金額に計上するとともに同額を必要経費に計上<br>預貯金等の金融資産に運用されている場合／計算不要<br>上記以外の場合／経済的利益を総収入金額に計上 |

※1　臨時所得として平均課税の対象となる場合があります。
※2　令和4年分の適用利率は0.01％です（令和5年1月6日法令解釈通達）。

110

## 【質疑応答】不動産所得の金額の計算（収入金額）

☐ **限定承認をした相続財産から生ずる家賃**
　相続人であるA及びBは、民法第922条に規定する限定承認をすることとしましたが、相続財産の中には貸家が含まれており、毎月家賃収入が生じていますが、この収入の課税関係はどのようになりますか。
⇒ 相続人に対する不動産所得として課税されます。

☐ **事業に至らない規模の不動産貸付において未収家賃が回収不能となった場合**
　事業に至らない規模で不動産を貸し付けていましたが、総収入金額に計上していた未収家賃が回収不能となりました。その回収不能となった未収家賃の申告年分の不動産所得の金額は赤字ですが、この場合に、回収不能となった未収家賃の額はなかったものとして更正の請求をすることができますか。

⇒ 原則として、回収不可能額の一定の金額まではその不動産所得の金額の計算上、なかったものとみなされます（総収入金額に算入した年分に遡って更正請求）。

☐ **賃貸アパートに設置した太陽光発電設備による余剰電力の売却収入**
　賃貸アパートの屋上に太陽光発電設備を設置し、これにより発電した電力をその賃貸アパートの共用部分で使用し、その余剰電力を固定価格買取制度に基づき電力会社に売却しています。この余剰電力の売却収入の所得区分はどのように取り扱われますか。
⇒ 不動産所得の収入金額に算入します。

### (2) 必要経費

　家事関連費については、前記「2－3　事業所得」の(5)家事関連費（78頁）を参照してください。

#### ① 租税公課

　業務の用に供される資産に係る固定資産税、登録免許税等（特許権のように登録により権利が発生する資産に係るもの等、取得価額に算入されるものを除きます。）は、必要経費に算入されます。

　これらの租税の必要経費算入時期は、原則として、賦課決定等によりその納付すべきことが具体的に確定した時とされています。ただし、納期が分割して定められているものは、各納期の税額をそれぞれの納期の開始の日、又は実際に納付した日の属する年分の必要経費とすることもできます。

　また、年の途中において死亡又は出国をした場合には、その死亡又は出国の時までにその納付すべきことが確定したものに限られます（法37、基通37-6）。

2-4　不動産所得

図表２−４−５　相続があった場合の固定資産税の取扱い

| 納税通知書の到達 | 被相続人の所得計算 | 相続人の所得計算 |
|---|---|---|
| 死亡前 | 次の①〜③を選択して必要経費に算入します。<br>① 納税通知書記載の全額<br>② 納期限が到来している金額<br>③ 実際に納付した金額 | 被相続人の所得計算上必要経費に算入された部分以外の金額を必要経費に算入します。 |
| 死亡後 | 必要経費不算入 | 次の①〜③を選択して必要経費に算入します。<br>① 納税通知書記載の全額<br>② 納期限が到来している金額<br>③ 実際に納付した金額 |

【質疑応答】不動産所得の金額の計算（租税公課）

□　賃貸用アパートを購入した際に支払った固定資産税及び都市計画税相当額の清算金の取扱い
　　不動産貸付業を営むAは、賃貸用アパートを購入した際、このアパートの売主に課された固定資産税及び都市計画税（以下「固定資産税等」といいます。）に相当する金額のうち、購入日以後の期間に対応する金額を固定資産税等の清算金（以下「固定資産税等清算金」といいます。）として売主に支払いました。Aは、この固定資産税等清算金について、その全額を賃貸用アパートを購入した年分の不動産所得に係る必要経費の額に算入することができますか。
⇒ 賃貸用アパートの取得価額に算入されるため、購入した年分の不動産所得の必要経費の額に算入することはできません。

② 損害保険料
　賃貸建物の火災保険料等を支払った場合、積立部分を除いて必要経費に算入されます。なお、賃貸部分以外の保険料が含まれている場合は、賃貸割合等により按分計算します。また、数年分の保険料を一括払いした場合は、申告する年に対応する保険料部分だけが、必要経費に算入されます。

【必要経費となる損害保険料の計算式】

必要経費となる損害保険料 ＝ 前払保険料 × $\dfrac{\text{本年分の月数}}{\text{前払いした月数}}$

③ 修繕費
　賃貸建物などの修繕にかかった費用は、必要経費に算入されます。不動産所得における修繕費と資本的支出の具体例は、以下のようになります。なお、修繕費と資本的支出の判定については、図表２−３−９及び２−３-10を参照してください。

## 図表2-4-6 修繕費と主な資本的支出の例示

| 修　繕　費 | 資　本　的　支　出 |
|---|---|
| ・壁の塗替え費用<br>・畳の表替え費用<br>・床やタイルのき損部分の取替え費用<br>・ガラスのき損部分の取替え費用<br>・障子、襖の張替え費用 | ・建物の避難階段の取付け（物理的な付加）<br>・畳張りの部屋をフローリングに改造（用途変更）<br>・モルタルの壁をタイルに張替え（耐久性を増す） |

### 【質疑応答】不動産所得の金額の計算（修繕費）

> □　賃貸の用に供するマンションの修繕積立金の取扱い
>   Aは、賃貸の用に供するためにマンションの1室を購入しました。当該マンションの区分所有者となったAは、その管理規約に従い、管理組合に対し修繕積立金を毎月支払っていますが、Aが支払った修繕積立金は不動産所得の計算上、いつの年分の必要経費に算入することができますか。
> ⇒ 原則として、修繕積立金は必要経費にはならず、実際に修繕等が行われたときに必要経費になりますが、一定の要件を満たす場合には、支払年分の必要経費に算入して差し支えありません。

### ④　借入金利子

　賃貸用の不動産を取得するための借入金利子は、必要経費に算入されます。ただし、不動産所得の金額が赤字の場合、その損失のうち、土地取得のための借入金利子に相当する部分の金額は、損益通算の対象とはなりません（措法41の4、措令26の6①）。

　なお、土地と建物を一つの契約により同一の者から借入金で取得し、借入金の額を区分するのが困難な場合には、借入金がまず建物の取得に充てられたものとし、建物の取得価額を上回る部分を、土地購入の借入金とみなして計算します（措令26の6②）。

## 図表2-4-7　不動産所得の負債利子のうちの損益通算の対象とならない金額

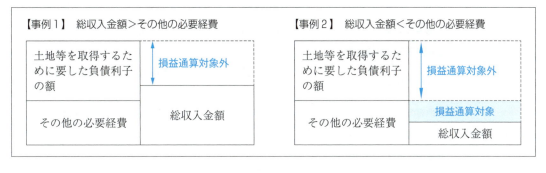

⑤ 立退料

建物の賃借人を立ち退かせるために支払う立退料については、次のようになります。

図表2-4-8　立退料の取扱い

| 区　　分 | 立 退 料 の 取 扱 い |
|---|---|
| 土地、建物を譲渡するために支出するもの | 譲渡所得の譲渡費用 |
| 土地、建物の取得に際して支出するもの | 取得した土地、建物の取得費 |
| 上記以外 | 支出した年分の必要経費 |

⑥ 事業用固定資産の損失

事業的規模の貸付けの用に供されている固定資産について、取壊し、除却、滅失その他の事由による損失を生じた場合は、その損失額を必要経費に算入することができます（法51①）。なお、事業的規模に至らない貸付けの用に供されている資産についての損失額は、その損失を必要経費に算入しないで計算した所得金額を限度に必要経費に算入します（法51④）。

図表2-4-9　事業用固定資産の損失の取扱い

| 損失区分 | 事 業 的 規 模 | 事業的規模に至らない規模 |
|---|---|---|
| 災害 | 必要経費に算入（損益通算後の引き切れない金額（白色申告者は被災事業用資産の損失等の部分）は純損失の繰越控除が可能） | 不動産所得の金額を限度に必要経費に算入するか雑損控除（引き切れない雑損失の金額は繰越控除が可能）を選択可 |
| 盗難、横領 | 必要経費に算入（青色申告者は損益通算後の引き切れない金額を純損失の繰越控除とすることが可能） | 不動産所得の金額を限度に必要経費に算入 |
| 取壊し、除却、滅失等 | | |

図表2-4-10　建物を取り壊した場合の費用の取扱い

| 区　　分 | 取壊しの目的 | 左の場合における費用の取扱い | | |
|---|---|---|---|---|
| | | 資産損失 | 立退料 | 取壊費用 |
| 業務用資産 | 土地等の譲渡 | 譲渡費用 | 譲渡費用 | 譲渡費用 |
| | 業務用資産への建替え | 必要経費 | 必要経費 | 必要経費 |
| | 非業務用資産への建替え | | | 家事費又は必要経費※ |
| 非業務用資産 | 土地等の譲渡 | 譲渡費用 | | 譲渡費用 |
| | 業務用資産への建替え | 家事費 | | 家事費 |
| | 非業務用資産への建替え | | | |

※　事業以外の業務用資産の取壊し費用は、資産損失に該当しない必要経費です。したがって、例えば、アパート等の取壊しが賃貸の廃止に伴って、業務の清算の一環として行われたことが明らかである場合には、その取壊しに要した費用は、必要経費に算入すべきであると考えられます。ただし、その賃貸の廃止後、賃貸していた建物が家事用に転用されたり、相当の期間にわたり放置されたりしていた場合、その取壊し費用は、家事費に該当すると考えられます。

2-4 不動産所得

【災害にあった建物の資産損失の計算例】

【設　例】火災で建物が半焼した場合の資産損失

- ・半焼する前の建物の帳簿価額　　1,800万円
- ・半焼後の建物の時価　　　　　　500万円（発生資材の時価は0円）
- ・受け取った火災保険金　　　　　1,000万円

　建物の資産損失の金額は、損失の生じた日の未償却残高から、災害直後における資産の価額（時価）と発生資材の価額（時価）との合計額を控除した残額に相当する金額（保険金、損害賠償金等で補てんされる部分を除く。）とされますので、以下の計算式のとおり、300万円を資産損失の金額として必要経費の金額に算入します。

（未償却残高−（直後の時価＋発生資材の時価））−保険金等＝資産損失の金額

（1,800万円　−　（500万円　＋　0円））　−　1,000万円　＝　300万円

| 未償却残高（1,800万円） | | |
| --- | --- | --- |
| 直後の時価（500万円） | 火災保険金（1,000万円） | 資産損失（300万円） |

【災害にあった建物を修繕した場合（原状回復）の修繕費の計算例】

【設　例】火災で建物が半焼し、原状回復のため400万円を支出した場合の計算

- ・半焼する前の建物の帳簿価額　300万円
- ・半焼後の建物の時価　　　　　160万円（発生資材の時価は0円）
- ・受け取った火災保険金　　　　80万円

　支出した費用のうち、被災直前の未償却残高から被災直後のその資産の時価を控除した残額（損失の額）に相当する金額までは資本的支出とし、残りの金額を修繕費とします（基通51-3）。

(1)　支出費用のうち損失の額に達するまでの金額を資本的支出とします。

　　300万円−160万円＝140万円

(2)　支出費用のうち上記(1)で資本的支出とされる部分以外を修繕費として必要経費に計上します。

　　400万円−140万円＝260万円（修繕費として必要経費に計上する金額）

(3)　この資産の帳簿価額は、以下の金額となります。

　　160万円＋140万円＝300万円

| 未償却残高（300万円） | | |
| --- | --- | --- |
| 直後の時価（160万円） | 損失の額（140万円） | |
| | 資本的支出（140万円） | 修繕費（260万円） |

115

2-4 不動産所得

> ※ 損失の額に相当する部分の金額（140万円）は修繕費として必要経費とはならず、資本的支出の対象とされますので、減価償却の対象となります。
> 　火災保険金は、損失の額の計算には関係ありませんが、資産損失の計算上、損失の額から差し引く必要があります。
> 　設例の場合、資産損失の金額は、140万円−80万円＝60万円です。

**【災害にあった建物を修繕した場合（原状回復の特例）の修繕費の計算例】**

**【設　例】火災で建物が半焼、5,000万円支出して修繕した場合の計算**

・半焼する前の建物の帳簿価額　　1,000万円
・半焼後の建物の時価　　　　　　　 600万円
・支出した修繕費用　　　　　　　　5,000万円

　修繕費として支出した額が原状回復のための部分とその他の部分に区分することが困難な場合には、支出総額の30％相当額を原状回復のための支出とし、残りの70％を資本的支出とする簡便法が認められています（基通37-14の2）。

(1)　損失の額

　　　1,000万円−600万円＝400万円

(2)　支出費用のうち資本的支出となる金額

　　　5,000万円×70％＝3,500万円

(3)　支出費用で原状回復費用とされる部分のうち修繕費となる金額

　　　原状回復費用（1,500万円）のうち(1)により損失の額に相当する部分（400万円）は資本的支出とされますので、以下の金額が修繕費として必要経費となります。

　　　5,000万円×30％−400万円＝1,100万円

(4)　この資産の帳簿価額は、以下の金額となります。

　　　直後の価額600万円 ＋(2)の3,500万円 ＋(1)の400万円＝4,500万円

| 未償却残高（1,000万円） | | |
| --- | --- | --- |
| 直後の時価(600万円) | | |
| | 損失の額（400万円） | |
| 資本的支出（3,500万円）70％ | 原状回復費用（1,500万円）30％ | |
| | 資本的支出（400万円） | 修繕費（1,100万円） |

**⑦　その他の経費**

　不動産所得で注意すべきその他の経費の取扱いについては次のようになります。

　減価償却費、リース料、繰延資産、事業専従者については、「2-3　事業所得」を、青色申告特別控除については、47頁の「青色申告特別控除」を参照してください。

2-4　不動産所得

#### 図表2-4-11　事業的規模と事業的規模に至らない規模の経費の取扱い

| 規模 \ 項目 | 事 業 的 規 模 | 事業的規模に至らない規模 |
|---|---|---|
| 資産損失、取壊し、除却、滅失等 | 損失の金額（原価ベース）を損失の生じた年分の必要経費に算入する（法51①）。 | 損失の金額（原価ベース）を損失の生じた年分の不動産所得を限度として必要経費に算入する（法51④）※1。 |
| 貸倒損失 | 賃貸料等の貸倒れによる損失は、貸倒れが生じた年分の必要経費に算入する（法51②）。 | 賃貸料等の回収不能による損失は、その収入が生じた年分に遡って収入金額がなかったものとみなす（法64①）※2。 |
| 青色事業専従者給与 | 青色事業専従者に支払った給与のうち労務の対価として相当なものは、その年分の必要経費に算入する（法57①）。 | 適用なし。 |
| 事業専従者控除 | 専従者1人につき最高50万円（配偶者である専従者については86万円）を必要経費に算入する（法57③）。 | 適用なし。 |
| 青色申告特別控除 | 一定の要件を満たす場合には、最高65万円（又は55万円）の控除が受けられる（措法25の2③）。 | 最高10万円の控除（措法25の2①）。 |
| 個別評価による貸倒引当金 | その年の12月31日において、貸金等に係る損失の見込み額として一定の金額を必要経費として算入することができる（法52①、令144、145）。 | 適用なし。 |
| 第3期分税額の延納に係る利子税 | 不動産所得に対応する部分は必要経費に算入する（法45①二、令97①一）。 | 適用なし。 |

※1　災害等による損失の場合は、選択により雑損控除の対象とすることができます（法72、基通72-1）。
※2　計上がなかったものとみなされる収入金額は、次のうち最も低い金額となります（令180②、基通64-2の2）。
　　イ　回収不能額
　　ロ　法64条適用前の課税標準の合計額
　　ハ　ロの計算の基礎とされた不動産所得の金額

#### 図表2-4-12　業務用建物等の取得に係る諸費用の取扱い

| 諸費用の項目 | | 支出目的 | 所得税法上の取扱い |
|---|---|---|---|
| 工事関係費用 | 立退料（譲渡目的・借地権の返還の対価を除く。） | 賃貸用建物取壊し | 必要経費（基通37-23） |
| | | 建物取得 | 建物取得費（基通38-11） |
| | 地質調査費用 | 建物建設 | 建物取得費（基通38-10） |
| | | 土地改良工事 | 土地取得費（基通38-10） |
| | 土地の測量費用 | 建物建設 | 必要経費に算入されるもの以外は土地の取得費（基通38-10） |
| | 設計料 | 建物建設 | 建物取得費（令126①一） |
| | 建築確認申請費用 | 建物建設 | 建物取得費（令126①一） |
| | 仲介手数料 | 土地取得に係るもの | 土地取得費（令126①一） |
| | | 建物取得に係るもの | 建物取得費（令126①一） |

**117**

| | | | |
|---|---|---|---|
| | 水道施設利用権・公共下水道施設負担金<sup>(注)</sup> | 水道施設・下水道排水設備の設置 | 無形固定資産（耐用年数15年）（令6八タ、基通2-21） |
| | 住民対策費 | （当初から支出予定のもの） | 建物取得費（法基通7-3-7準用） |
| 租税公課 | 登録免許税（登録費用を含み、取得価額に算入されるものを除く。） | 建物表示・保存登記 | 必要経費（相続、贈与等により取得した資産に係るものを含む。）（基通37-5） |
| | 不動産取得税 | 建物建設 | |
| | 事業所税 | 新設 | |
| | 固定資産税 | 建物建設等 | |
| その他 | 借入金利子 | 業務開始前 | 取得費（基通37-27、38-8） |
| | | 業務開始後　使用開始前 | 取得費又は必要経費（基通37-27） |
| | | 業務開始後　使用開始後 | 必要経費（基通37-27） |
| | 雑費 | 地鎮祭及び上棟式費用 | 建物取得費（令126①一） |
| | | 落成式費用 | 建物取得費又は必要経費（令126①一、法基通7-3-7準用） |

（注）　地方公共団体の公共下水道の設置に伴い周辺の土地所有者が負担することとされる受益者負担金については、「自己が便益を受ける公共的施設の設置のためにする費用」（令7①三イ）として、繰延資産に該当し、その償却期間は6年（基通50-4の2）となります。

## 3　不動産所得に係る損益通算等の特例

不動産所得の必要経費算入又は損失に係る損益通算を制限する特例等には、次のものがあります。

### (1)　別荘などの生活に通常必要でない資産から生ずる損益通算の特例

不動産所得等の損失のうち、別荘などの生活に通常必要でない資産に係る所得金額の計算上生じた損失の金額があるときは、一定のものを除き、生じなかったものとみなされます（法69②）。

### (2)　土地等を取得するための借入金利子の特例【平成4年分以降】

不動産所得の金額の計算上生じた損失のうちに、不動産所得の業務の用に供する土地等を取得するために要した借入金利子があるときは、当該損失の金額のうち当該借入金利子に相当する一定の金額は、生じなかったものとみなされます（図表2-4-7参照）（措法41の4①）。

### (3)　有限責任事業組合（日本版LLP）の事業から生ずる不動産所得等の特例【平成17年分以降】

有限責任事業組合契約を締結している組合員である個人が、当該組合契約に基づいて営まれる組合事業から生ずる不動産所得等を有する場合において、当該事業組合による一定の損失の金額があるときは、その者の「調整出資金額」を超える部分の金額に相当する金額は、不動産所得等の金額の計算上、必要経費に算入しないこととされています（措法27の2①）。

2-4　不動産所得

## ⑷　特定組合員及び特定受益者の不動産所得の特例【平成18年分以降】

　特定組合員[※1]又は特定受益者[※2]である個人が、各年の組合事業又は信託から生ずる一定の不動産所得を有する場合において、その組合事業又は信託に係る不動産所得の金額の計算上生じた損失の金額は、生じなかったものとみなされます（措法41の4の2①）。

※1　組合契約を締結している組合員のうち、組合事業に係る重要な財産の処分などの重要業務の執行の決定に関与し、かつ、その重要業務のうち契約の締結などの重要な部分を自ら執行する組合員以外の者をいいます。

※2　信託の受益者等（法13四）をいいます。

## ⑸　国外中古建物から生ずる不動産所得に係る損益通算の特例【令和3年分以降】

　イ　下記ロの「国外中古建物」から生ずる不動産所得を有する場合において、その不動産所得の計算上、下記ハの「国外不動産所得の損失」の金額があるときは、その損失の金額に相当する金額は、生じなかったものとみなされます（措法41の4の3①）。

　ロ　「国外中古建物」とは、使用又は事業の用に供された国外にある建物を取得して不動産所得を生ずべき業務の用に供したもののうち、不動産所得の金額の計算上その建物の減価償却費として必要経費に算入する金額を計算する際の耐用年数を、いわゆる簡便法（耐用年数等省令3、耐通1-5-1～4）により求めた年数で算定しているものをいいます（措法41の4の3②一）。

　ハ　「国外不動産所得の損失」とは、不動産所得の金額の計算上生じた国外中古建物の貸付けによる損失の金額のうち、その国外不動産所得の償却費に相当する部分の一定の金額をいいます（措法41の4の3②二）。

### 図表2-4-13　国外中古建物から生ずる不動産所得の損失

| 収入金額 | 必要経費 |
|---|---|
| 国外中古建物の家賃収入 | その他の経費 |
| 損失金額（ないものとみなされる） | 簡便法による耐用年数に基づいて計算した減価償却費 |

（注）　上記の適用を受けた国外中古建物を譲渡した場合における譲渡所得の金額の計算上、その取得費から控除することとされる償却費の額の累計額からは、上記によりなかったものとみなされた損失の金額に相当する金額の合計額を控除することとされます（措法41の4の3③）。

### 納税義務者のチェックポイント

【所得区分】

□　コインパーキングの所得を、不動産所得としている。

☞　事業所得又は雑所得となります（図表2-4-1参照）。

□　事業主が、使用人から受ける寄宿舎の使用料を、不動産所得としている。

☞　事業所得となります（基通26-8）。

□　不動産業者が販売目的の土地を一時的に貸し付けた場合の所得を、不動産所得としている。

☞　不動産業者が販売の目的で取得した土地、建物等の不動産を一時的に貸し付けたことによる所

2-4　不動産所得

得は、不動産取引業から生ずる事業所得となります。

☐　ゴルフ練習場の施設と付属する諸器具などを一括して貸し付けた場合の所得を、事業所得としている。
☞　不動産である施設の貸付けに付随して、付属の諸器具、備品、その他の動産も一括して貸し付けている場合には、動産の部分の賃貸料を区分せず一体として賃貸料を収受しているものであれば、そのすべてを不動産所得としても差し支えありません。

☐　土砂捨場として農地を使用させることにより受ける補償金を非課税としている。
☞　建設工事に伴って生ずる土砂を捨てさせ、工事が終わった段階でその土砂を撤去し、原状に回復するようなものは、土砂置場としての土地使用の対価と認められますので、不動産所得となります。なお、土砂を捨てさせることが、土地の使用に当たらない場合に受け取る補償金は雑所得とされます。

☐　土地信託による信託配当（賃貸方式の場合）の所得を、配当所得としている。
☞　土地信託とは、土地等の所有者が信託銀行に土地等を信託し、信託会社がその信託財産の管理・運用・処分を行い、信託配当を委託者に支払うものですが、税務上その配当は、土地所有者（受益者＝委託者）の不動産所得とされます。

【所得の帰属】
☐　未分割の相続財産から生ずる不動産所得について、分割前に対応する所得をすべて分割後の相続人が申告している。
☞　未分割の相続財産であるアパートから生ずる不動産所得は、遺産分割が行われるまでは、各相続人の共有に属するものとなり（民法898）、相続人の法定相続分に応じて申告します。なお、その後、遺産分割が行われた場合には、その分割の日以後に生じた不動産所得は、実際に相続した人の相続分に応じて申告します。

☐　土地を無償で借り駐車場経営を行っている場合の所得を、土地を借りた人が申告している。
☞　青空駐車場のような単に土地のみの貸付けやアスファルト敷等の簡易な構築物を設置しての貸付けの場合は、その土地の所有者（名義人）の不動産所得となります（基通12−1）。
また、無償で借りた人が建物、設備等を設置している場合で、単に土地の使用料ではなく、サービス、管理等を伴い借りた者の経営する要素が大であるような場合には、借りた人の事業所得又は雑所得となります（基通27−2）。

☐　土地信託から生ずる所得について、受益者がいるのに委託者の所得としている。
☞　所得税法では、信託財産に帰せられる収入及び支出は、①受益者が特定している場合には、その受益者が、②受益者が特定していない場合、又は存在してない場合には、その委託者がその信託財産を有するものとみなして、所得税法が適用されます（法13①）。なお、信託の受益者が委託者と異なる場合は、委託者が信託財産を受益者に贈与したものとして、受益者に贈与税が課されます（相法4①）。

【収入金額】
☐　同族会社の役員がその法人から収受している少額の不動産収入を申告していない。
☞　同族会社の役員がその法人から収受している不動産収入は、その所得金額が20万円以下であっても申告が必要です（令262の2）。

120

2-4　不動産所得

□　敷金のうち、償却相当額（返還を要しない部分）を収入に計上していない。

☞　返還を要しないこととなる敷金は、返還しないことが確定した年分の収入となります。

□　借地権の設定に伴う権利金は、不動産所得に該当するか検討したか。

☞　その土地の価額の10分の５以下であれば不動産所得、10分の５超であれば譲渡所得となります。

□　家賃の金額をめぐる係争に係る供託金を、収入に計上していない。

☞　供託分についても不動産の収入金額となります（基通36-5⑵）。

□　貸付アパートの新築に伴い取得した省エネ住宅ポイント（住宅エコポイント）について不動産所得の収入金額に計上していない。

☞　不動産所得を生ずべき業務の用に供するエコ住宅の新築に伴い付与されたものであるときは、そのポイントを交換又は追加工事の費用に充てた日の属する年分の不動産所得等の収入金額に算入します。

□　アパートの焼失により取得した保険金に差益が生じた場合に、収入金額に加算している。

☞　保険金がアパートの焼失による損害額を超えるような場合、いわゆる保険差益が生じた場合の保険金は、突発的な事故によって資産に加えられた損害に基づいて取得するものに該当し、所得税は非課税となります（法9①十六、令30二）。

【租税公課】

□　貸付けの規模が事業的規模でないのに、過去の年分で必要経費に算入した固定資産税等が遡及して還付された場合に、還付された年分の収入金額としている。

☞　貸付けの規模が事業的規模でない場合には、過去において過大に計上していた租税公課を減額する修正申告の手続が必要となります。ただし、貸付けの規模が事業的規模の場合には、その還付された年分の収入金額に算入します。

【損害保険料】

□　１階が貸店舗で２階が自宅の建物に10年満期で満期返戻金のある火災保険をかけている場合にその保険料の全額を必要経費に算入している。

☞　長期損害保険契約の保険料は、支払保険料のうち賃貸用部分に対応するもので、かつ、積立保険料に相当する部分以外の金額が必要経費となります（基通36・37共-18の２）。

【生命保険料】

□　アパート取得のための融資の条件として締結した生命保険契約について、自己が保険金受取人であるのに、必要経費に算入している。

☞　以下の要件をいずれも満たしている場合は、保険料を必要経費とすることができます。

　　イ　生命保険契約は、融資を受ける条件として締結されたものであること。

　　ロ　保険金は、債権者である金融機関を受取人としていること等により、保険金が債務の弁済に充てられることが担保されていること。

　　したがって、受取人が債務者の場合は必要経費とはならず、生命保険料控除の対象とすべき保険料となります。

【修繕費】

□　建物、構築物の資本的支出と修繕費の区分に、誤りはないか。

☞　「2-3　事業所得」の修繕費と資本的支出の判定フローチャート（図表2-3-10）を参照。

121

2-4 不動産所得

**【減価償却費】**

☐ 割増償却額にさらに普通償却額を加算して償却額を計算している。
  ☞ 割増償却は普通償却に代えて適用されますので、二重に償却額を計上することはできません。

☐ 事業用資産の買換えの特例を受けて取得した家屋について割増償却をしている。
  ☞ 譲渡所得の特例により代替資産、買換資産又は交換資産として取得した家屋については、割増償却はできません（措法33の6②、37の3③、37の5④）。

☐ 不動産所得を生ずべき賃貸用マンションを本年4月に取得し、建物を建物本体と建物附属設備に区分して、建物附属設備を定率法により減価償却している。
  ☞ 平成28年4月1日以降に取得する建物については、建物附属設備も定額法により減価償却しなければなりません。

☐ アパートの建築工事が遅れた場合に受領した工事遅延違約金を雑所得としている。
  ☞ 工事遅延の違約金は、工事遅延を原因に工事代価が契約に基づき減額されるもので、値引きと同様の性格と解されています。そのため、違約金を控除した後の金額をアパートの取得価額として減価償却費の計算を行います。

☐ 個人から時価の1/2未満の金額で取得した建物の取得価額を、取得した金額で減価償却資産の取得価額としている。
  ☞ 以下の形態で取得した減価償却資産の取得価額は、その減価償却資産を取得した者が以前から引き続き所有していたものとみなして、取得価額を計算します（法60①、令126②）。
    イ 贈与、相続（限定承認に係るものを除きます。）及び遺贈（包括遺贈のうち限定承認に係るものを除きます。）
    ロ 個人から時価の1/2未満の対価により取得したため、譲渡者に譲渡損が生じ、その損失がなかったものとみなされる場合

☐ すぐに貸せる状態の貸家について、未入居のため減価償却費を計上していない。
  ☞ 貸家をいつでも入居できる状態に整備し、入居者募集の広告も出して入居者にいつでも引き渡せる状態にしているのであれば、その年中に結果として入居者がいなかったとしても、業務の用に供したとして減価償却費を計上することができます（基通38-10）。

☐ 賃貸駐車場にするために行った単なる土盛り費用を、構築物として減価償却の対象としている。
  ☞ 青空駐車場とするために、単に土盛りをしただけの場合の費用は、土地の取得費となり不動産所得の必要経費とはなりません。ただし、土地について防壁、石垣積等をして、その規模、構造等からみて土地と区分して構築物とすることが適当と認められる場合には、構築物の取得費として減価償却の対象とすることができます（基通38-10）。

☐ 業務用不動産（建物）の取得時に支出した仲介手数料を必要経費に算入している。
  ☞ 取得の際に支払う仲介手数料は、購入のために要した費用であり、減価償却資産の取得価額に算入します。

☐ 家事用資産を業務用に転用した場合に、その資産の取得が平成19年4月1日以後であるとして、転用時点での未償却残高の計算を定額法で計算している。
  ☞ 転用時点での未償却残高は、資産の取得時期にかかわらず、その当初取得価額を基礎として法定耐用年数×1.5倍の年数により旧定額法に準じて計算します（法38、令85、135）。

2-4 不動産所得

【繰延資産】

□ 賃貸物件につきケーブルテレビの加入契約をした際に係る費用をすべて必要経費としている。

☞ ケーブルテレビの加入契約料は、ケーブルテレビ会社から電気通信役務（サービス）の提供を受けるために支出した権利金その他の費用と考えられ、繰延資産に該当します（令7①三ハ）。これに対し、屋外引込設備及び室内設備に係る工事代金については、電気通信施設利用権として減価償却資産に該当します（令6八ソ）。

【借入金利子】

□ 新たに不動産貸付業を開始した場合、使用開始前の期間に対応する借入金利子を、必要経費に算入している。

☞ 使用開始前の借入金利子は、賃貸用物件の取得価額に算入します（基通38-8）。

□ 不動産所得が赤字の場合で、土地借入金がある場合、損益通算は適正に行われているか。

☞ 不動産所得が損失となった場合、その損失のうち土地の取得のための借入金利子に相当する部分は生じなかったものとされ、他の所得と損益通算ができません（図表2-4-7参照）。

□ 事業的規模でない不動産貸付けで、過去に誤って過大に請求されていた支払利息の返還を銀行から受けた場合に、返還を受けた年の収入金額としている。

☞ 不動産の貸付けが事業的規模の場合は、返還を受けた年分の収入金額に算入し、事業的規模でない場合は支払った年分の必要経費を減額した修正申告書を提出します。

【専従者給与】

□ 不動産貸付けが事業的規模でないのに、事業専従者控除を適用している。

☞ 不動産貸付けが事業的規模でない場合、事業専従者控除の適用はありません。

□ 青色事業専従者に掛けた定期保険の保険料を他に従業員がいないにもかかわらず、必要経費に算入している。

☞ 他に使用人がいて、その使用人と同一基準でなされている場合に限って必要経費に算入することができます（昭48.12.22直審3-142）。

【事業的規模の判定】

□ アパートを一括貸付けしている場合に、10室以上あっても事業的規模としていない。

☞ 建物の規模が形式基準（5棟10室基準）を満たしていれば、一括貸付けであるかどうかにかかわらず、事業的規模とされます。

【立退料】

□ 土地、建物の取得に際して支払う立退料を、不動産所得の必要経費に計上している。

☞ 取得した土地、建物の取得費になります（図表2-4-8参照）。

【貸倒引当金】

□ 不動産所得者が、未収家賃等を対象に一括評価の計算をして貸倒引当金を計上している。

☞ 一括評価の貸倒引当金を計上できるのは、青色申告者である事業所得者のみです。

【資産損失】

□ 不動産貸付けを事業的規模で行っていないのに、取り壊した建物の資産損失を全額必要経費とし、他の所得と損益通算している。

123

2-4 不動産所得

  ☞  不動産貸付けが事業的規模でない者の資産損失は、損失を控除する前の所得を限度として必要
      経費に算入します。

☐  **土地を譲渡する目的で取り壊したアパートの取壊費用や資産損失を、不動産所得の必要経費とし
   ている。**
  ☞  譲渡所得の譲渡費用となり、不動産所得の必要経費とはなりません（基通33-7、33-8）。

☐  **事業的規模のアパートを取り壊して事業的規模でないアパートに建て替えた場合の資産損失を、
   事業的規模でない場合の取扱いで計算している。**
  ☞  事業的規模のアパートの除却損失は、新たに建て替えたアパートの規模が事業的規模でない規
      模になった場合でも、損失全額を必要経費に算入することができます（事業的規模かどうかの判
      定は、固定資産の取壊しや除却を行った時で判断します。）。

【その他】

☐  **不動産貸付業を営む者が、所有不動産の1住戸を親戚に使用貸借（無償又は固定資産税相当額の家賃）
   で貸し付けているが、その維持管理費等も必要経費に算入している。**
  ☞  使用貸借に係る資産の維持管理費等は必要経費に算入できません。

☐  **アパートを建てる際に、文化財が埋蔵されていることがわかり、その発掘費用を負担した場合に
   その費用を家事費としている。**
  ☞  業務用の土地について、貸付建物の基礎工事中に遺跡発掘調査費用の負担を余儀なくされた場
      合には、その年分の必要経費に算入します。

☐  **信用保証協会に対して支払う保証料を、全額支払った年分の必要経費としている。**
  ☞  保証料については、支出の効果が支出の日以後保証期間に渡って及びます。したがって、継続
      適用を要件として、以下のいずれかの経理をします。
      イ  前年に繰上返済した場合に返済を受ける保証料の額と本年に繰上返済をした場合に返済を
         受ける保証料との差額を本年の必要経費に算入
      ロ  保証期間に応じて均等配分

☐  **数年分の賃貸料を一括して受領した場合の必要経費について、その年に確定した必要経費だけを
   計上している。**
  ☞  数年分の賃貸料が一括して支払われる契約の場合、その支払日に数年分の賃貸料を計上します
      （基通36-5(1)）。この場合、必要経費に算入する金額は、原則としてその年において債務の確定
      した金額に限られますが、その年の翌年以後その賃貸料に係る貸付期間が終了する日までにお
      いて、租税公課、減価償却費等通常生ずると見込まれる費用の見積額を必要経費に算入するこ
      とができます。なお、費用、損失の金額が当初の見積額と異なった場合は、その異なることとなっ
      た年分の必要経費又は収入金額に算入します（基通37-3）。
      また、不動産の貸付けを事業的規模で行っている場合で、取引について帳簿を備え付け継続的
      に記帳し、その記帳に基づき不動産所得を計算し、かつ、賃貸料収入のすべてについて継続的
      にその年中の貸付期間に対応する部分の金額を収入金額に算入しており、帳簿上も前受、未収
      の経理が行われている場合で、確定申告書にその明細書を添付したときは、その年中の貸付期
      間に対応する賃貸料を収入金額とすることができます（昭48直所2-78）。

☐  **国外中古建物から生ずる不動産所得の損失に係る損益通算の特例は、令和3年分以降に取得した
   国外中古建物から適用されるとしている。**
  ☞  令和2年以前に取得した国外中古建物から生ずる不動産所得の損失も損益通算の特例の対象と
      なります。

# 申告書等の記載手順（不動産所得）

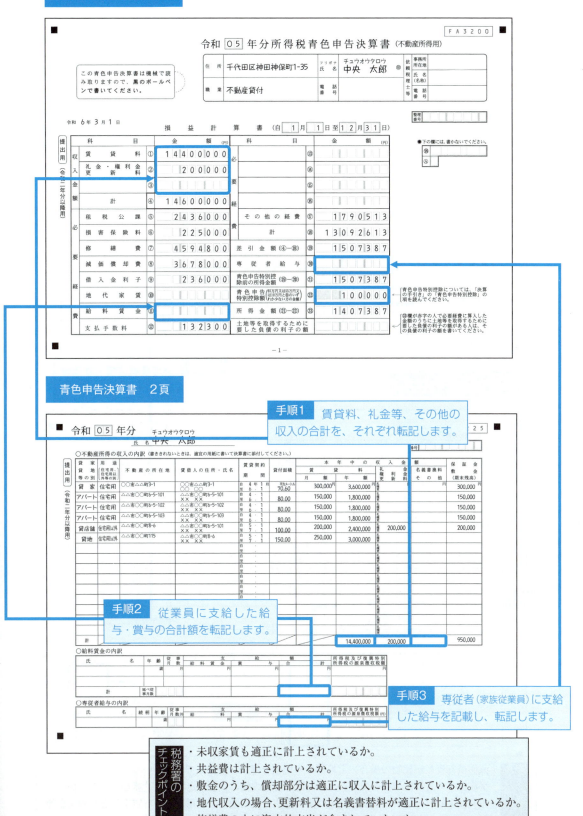

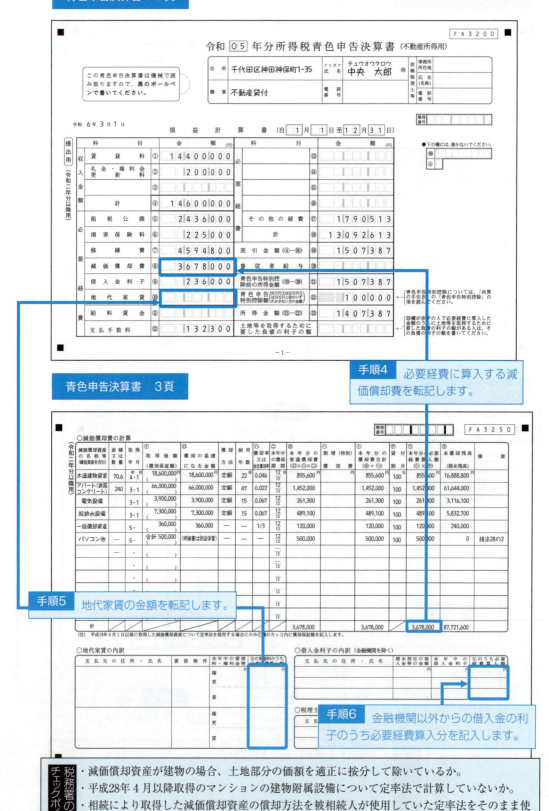

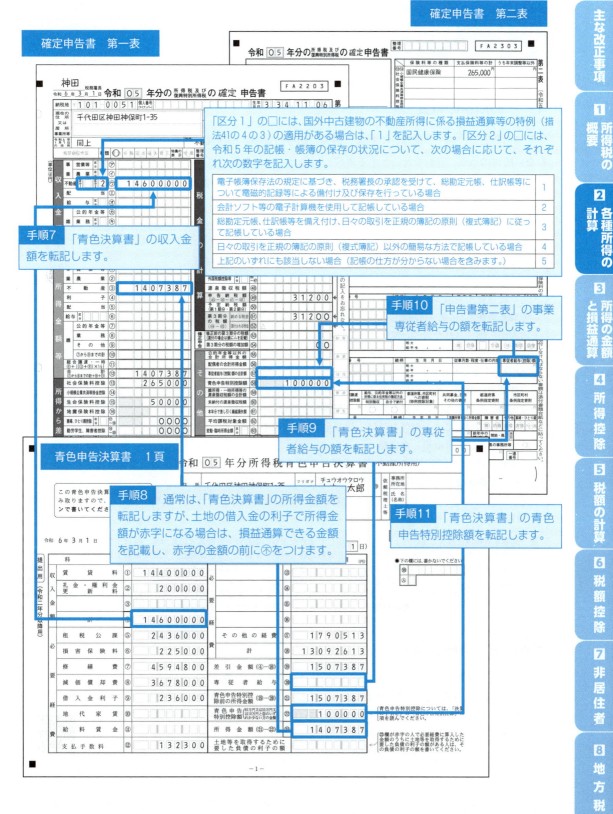

## 2-5 一時所得

### 1 一時所得の概要

　一時所得とは、利子、配当、不動産、事業、給与、退職、山林及び譲渡の各種所得のいずれにも該当しない所得のうち、営利を目的とする継続的行為から生じた所得以外の一時の所得で、労務やその他の役務又は資産の譲渡による対価としての性質を有しないものをいいます（法34①）。

#### 図表2-5-1　一時所得となるものの例示

- 賞金や懸賞当せん金（業務に関して受けるものを除く。）
- 競馬や競輪の払戻金（営利を目的とする継続的行為※から生じたものを除く。）
- 自らが契約者となっている生命保険契約等の一時金（業務に関して受けるものを除く。）及び損害保険契約や建物更生共済等の満期返戻金等
- 労働基準法第114条（付加金の支払）の規定により支払を受ける付加金
- 法人から贈与された金品（業務に関して受けるもの、継続的に受けるものを除く。）
- 借家人の受け取る立退料（立退きに伴う業務の休止等により減少する収入金額等を補てんするための金額や譲渡所得となるものを除く。）
- 売買契約の解除に伴い取得する違約金（業務に関して受けるものを除く。）
- 遺失物拾得者や埋蔵物発見者の受ける報労金や新たに所有権を取得する資産
- 地方税法の規定により交付を受ける報奨金（業務用資産に係るものを除く。）
- 時効の援用により取得した資産
- 遺族が受ける給与等、公的年金等、退職年金等で相続税法の規定で相続税の計算に算入されなかった所得（基通34-2）（例えば、死亡後3年経過後に確定した退職金等）
- 退職金共済契約等若しくは退職年金契約に基づいて支払われる一時金で退職所得とみなされないもの（令76④）

　※　馬券を自動的に購入するソフトウエアを使用して定めた独自の条件設定と計算式に基づき、又は予想の確度の高低と予想が的中した際の配当率の大小の組合せにより定めた購入パターンに従って、偶然性の影響を減殺するために、年間を通じてほぼ全てのレースで馬券を購入するなど、年間を通じての収支で利益が得られるように工夫しながら多数の馬券を購入し続けることにより、年間を通じての収支で多額の利益を上げ、これらの事実により、回収率が馬券の当該購入行為の期間総体として100％を超えるように馬券を購入し続けてきたことが客観的に明らかな場合の競馬の馬券の払戻金に係る所得は、営利を目的とする継続的行為から生じた所得として雑所得に該当します（基通34-1(2)（注）1）。

#### 【質疑応答】一時所得の概要

　□　「ふるさと納税」を支出した者が地方公共団体から受ける謝礼
　　A市では、市外に在住する者から1万円以上の寄附を受けた場合、この寄附に対する謝礼として、市の特産品を送ることとしています。この場合の寄附者が受ける経済的利益について、課税関係は生じますか。
　　⇒ 地方公共団体の特産品を受けた経済的利益は一時所得に該当します。

□ 福利厚生団体の解散に伴う一時金
　A共助会（人格のない社団）は、会員の福利厚生の一環として、会員に対して年金及び弔慰金などの支給を行うことを目的に構成されていました。A共助会の運営は、同会の会員の掛金の運用によって行われていましたが、会員の掛金運用による同会の運営が困難となったため、同会を廃止し、会員に解散給付金を支払うこととしていますが、この解散給付金の課税関係はどうなりますか。

⇒ 一時所得の総収入金額に算入されます。

## 2　一時所得の金額の計算

　一時所得の金額は、一時所得の総収入金額から収入を得るために支出した金額を控除し、特別控除額を差し引いて計算します（法34②）。

【一時所得の金額の計算式】

> 一時所得の金額　＝　総収入金額　－　収入を得るために支出した金額　－　特別控除額

　なお、一時所得の金額は、その所得金額の2分の1に相当する金額を給与所得などの他の所得の金額と合計して総所得金額を求めます（法22②）。

### (1)　総収入金額

　一時所得の総収入金額には、金銭によるもののほか商品等の経済的利益も含まれます。
　商品等の経済的利益の収入金額は、その商品等の時価により計算します。ただし、金銭と商品等の選択ができる場合には、その金銭の額を総収入金額とします（基通36-20、令321）。

図表2-5-2　一時所得の総収入金額となる経済的利益（基通205-9）

| 経済的利益の区分 | 総収入金額 |
| --- | --- |
| 公社債、株式又は貸付信託、投資信託若しくは特定目的信託の受益証券 | その受けることとなった日の時価額 |
| 商品券 | 券面額 |
| 貴石、貴金属、真珠、さんご等若しくはこれらの製品又は書画、骨とう、美術工芸品 | その受けることとなった日の時価額 |
| 土地又は建物 | その受けることとなった日の時価額 |
| 定期金に関する権利又は信託の受益権 | 相続税法で評価した時価額 |
| 上記に掲げるもの以外の物 | そのものの通常の小売販売価額（いわゆる現金正価）の60％相当額 |

### (2)　収入を得るために支出した金額

　収入を得るために支出した金額は、その収入を生じた行為をするため、又はその収入を生じた原因の発生に伴って直接要した金額に限られます（法34②）。

例えば、競馬であれば、払戻金を受けたそのレースの馬券の購入金額しか該当しません。ただし、一連の馬券の購入が営利を目的とする継続的行為と認められる場合は、その所得は雑所得となり、外れ馬券の購入金額も控除されます（平成27年3月10日最高裁判決、平成29年12月15日最高裁判決。平成30年6月29日改正後の基通34-1(2)注）。

また、懸賞クイズ等の当選金品の一部を寄附する定めがある場合には、その寄附した金額は、収入を得るために支出した金額として控除できます。

図表2-5-3　生命（損害）保険契約等に基づく一時金、満期返戻金等の計算

| 区　　　分 | 収 入 を 得 る た め に 支 出 し た 金 額 |
|---|---|
| 一時金等のみの場合 | 保険料又は掛金の総額[※1、2、3] |
| 一時金等のほかに年金を支払う場合 | 保険料又は掛金の総額[※1,2,3] − 保険料又は掛金の総額[※1,2,3] × $\dfrac{年金の支払総額又は見込額}{年金の支払総額又は見込額＋一時金の額}$ |

※1　一時金等の支払前に剰余金の分配、割戻金を受けた金額又は保険料等に充当された金額を差し引いた額。
※2　事業所得又は不動産所得の計算上、必要経費に算入した金額を除きます。
※3　保険料は、所得者本人が負担した金額に限られます（事業主が負担した保険料等で給与所得の収入金額に含まれていない金額については、原則として、保険料から控除します。）。

### (3) 特別控除額

一時所得の特別控除額は、50万円（総収入金額から収入を得るために支出した金額を控除した残額が50万円未満の場合は、その残額）です。

### 【質疑応答】一時所得の金額の計算

□　生存給付金付定期保険に基づく生存給付金に係る一時所得の金額の計算
　　生存給付金付定期保険契約※に基づく生存給付金を受け取った場合、生存給付金に係る一時所得の金額の計算上「収入を得るために支出した金額」はどのように計算するのでしょうか。
　※　生存給付金付定期保険は、保険期間中に死亡した際や高度障害になった際に保険金を受け取る生命保険の定期保険に付加して、一定期間経過するごとに生存していれば生存給付金が受け取れるものです。
⇒　生存給付金を得るために支出した金額は、その生存給付金額を限度にその時点での払込保険料の累計額（過去の一時所得の金額の計算上控除した金額を除く。）となります。

□　一時払養老保険の保険金額を減額した場合における清算金等に係る一時所得の金額の計算
　　次の事例のように一時払養老保険の保険金額を減額した場合には、減額した保険金額に対応する清算金が支払われることになりますが、この場合に一時所得の収入金額から控除する「その収入を得るために支出した金額」は、次のいずれによりますか。
　　　A案：既払保険料のうち清算金の金額に達するまでの金額
　　　B案：次の算式により計算した金額　　既払保険料 × $\dfrac{減額部分の保険金額}{減額前の保険金額}$

⇒　一時所得の収入金額から控除するその収入を得るために支出した金額は、既払保険料のうち清算金の金額に達するまでの金額となります。

- [ ] 一時所得の金額の計算（一時所得内の内部通算の可否）
  次の場合の一時所得の金額の計算上、一時所得内の内部通算は可能でしょうか。
  保険A……解約返戻金　　100万円　　掛金　　200万円　　差引　　△100万円
  保険B……満期保険金　2,000万円　　掛金　1,200万円　　差引　　　800万円
  ⇒ 一時所得内の内部通算は可能ですが、収入金額（満期保険金等）のないものは内部通算できません。

- [ ] 手付流れを受領した場合の仲介手数料
  売主A（会社員）は、Bの都合により契約を解除されたためその手付金を取得することとなりました。この場合、土地建物売買契約のために支払った仲介手数料は、一時所得（手付金）を得るために直接要した費用として、一時所得の金額の計算上控除できますか。
  ⇒ 仲介手数料は、手付金に係る一時所得の金額の計算上、控除することができます。

## 一時所得のチェックポイント

【所得区分】

- [ ] 立退きに際して受ける立退料を全て一時所得としている。
  ☞ 立退料のうち、借家権の消滅部分は（総合課税）譲渡所得、休業補償部分は事業所得、それ以外は一時所得となります（基通33-6、34-1）。

- [ ] 競馬の馬券や競輪の車券の払戻金等は全て雑所得になるとしている。
  ☞ 原則として、一時所得となります。ただし、営利を目的とする継続的行為から生じたものは雑所得又は事業所得となります（基通34-1(2)の注書1に該当するもの）。

- [ ] 新型コロナ時に導入されたいわゆる「Go Toキャンペーン事業」の助成金（旅行代金等の割引、地域共通クーポン）については非課税であるとしている。
  ☞ 助成金は国から付与されたもので、旅行をした時又はクーポンを利用した時に一時所得となります。

- [ ] 役員（被相続人）に付与されていたストック・オプションを、相続により取得した相続人がした権利行使益を雑所得としていた。
  ☞ 一時所得となります。

- [ ] 法人からの贈与で受ける金品等は全て一時所得になるとしている。
  ☞ 原則として一時所得になりますが、事業等に関連して受けるものは事業所得、雇用関係等にある従業員等の場合は給与所得になるなど、当該法人との関係で判断します。

- [ ] 取引先に対する債権保全のために掛けていた保険の解約金を一時所得として申告している。
  ☞ 事業所得となります。

- [ ] 源泉徴収されている一時払養老保険の差益を一時所得として申告している。
  ☞ 源泉徴収されている一時払養老保険は、源泉分離課税の対象となり、申告できません。

- [ ] 従業員を被保険者とする生命保険の満期保険金を一時所得としている。
  ☞ 従業員を対象とする生命保険の満期保険金は、事業所得になります。なお、資産計上した保険料との差額が事業所得の収入金額となります。

2-5　一時所得

☐　夫が契約者（保険料負担者）、妻が被保険者の契約で、妻が死亡したことにより夫が受領した保険金を相続税の対象としている。

☞　一時所得となります。

☐　夫が契約者（保険料負担者）、妻が被保険者、子が受取人の保険契約の契約者（保険料負担者）を子に変更したので、子が受け取る保険金は全て一時所得になるとしている。

☞　保険契約の変更前に係る部分は贈与税、変更後に係る部分が一時所得となります。

☐　契約者と満期共済金受取人が異なる場合の建物更生共済契約に係る保険金は贈与税になるとしていた。

☞　贈与により取得したとみなす規定がないことから、一時所得となります。

【収入金額】

☐　一時所得となる保険契約の満期で、当該保険会社に借入金があるにもかかわらず保険会社から支払われる差引支払保険金等（振込金額）を収入金額としてる。

☞　保険会社に対して借入金、未払利息があるときは、それらを控除する前の保険金が収入金額となりますので注意が必要です。

☐　個人が、エコ住宅の自宅を新築したことにより付与された省エネ住宅ポイント（住宅エコポイント）をポイント交換商品と交換した場合や一定の追加工事の費用に充てた場合に、課税されないとしている。

☞　省エネ住宅ポイント（住宅エコポイント）をポイント交換商品と交換した場合や一定の追加工事の費用に充てた場合には、その交換商品の価額やその費用に充てた金額が経済的利益となり、交換又は費用に充てた日の属する年分の一時所得として課税の対象となります。

【収入を得るために支出した金額】

☐　生命（損害）保険契約等に基づく一時金、満期返戻金等の計算は適正か。

☞　図表2-5-3「生命（損害）保険契約等に基づく一時金、満期返戻金等の計算」参照。

【所得金額の計算】

☐　いわゆる横領した元社員がその弁済するにも資力喪失のため、会社から一部の債務免除を受けたがこれを非課税所得としている。

☞　原則として、債務免除益は一時所得となりますが、債務者（元社員）が資力を喪失して債務弁済が著しく困難である場合は課税されません（基通34-1(5)、法44の2）。

☐　小規模企業共済制度の解約手当金の支給を受けた場合、それまでの掛金の総額を控除できるとしている。

☞　一時所得の計算上、その掛金の総額は控除（既に所得控除で差し引かれているため）することはできません（令183②二）。

# 申告書等の記載手順（一時所得）

**確定申告書　第二表**

**生命保険契約等の一時金の支払調書**

**手順1**　「支払調書」等から一時所得の収入金額、支払者の名称、源泉徴収税額を転記します。

**税務署のチェックポイント**
「源泉徴収税額」が、一時所得の支払調書の源泉徴収税額と一致するか。

**税務署のチェックポイント**
・「貸付金額」欄に数字の記入がある場合に、差引支払保険金額等の数字を収入金額としていないか。

**確定申告書　第一表**

**手順2**　「支払調書」等から一時所得の必要経費、差引金額を計算します。

**手順3**

**手順4**

**税務署のチェックポイント**
・一時所得の金額の2分の1後の金額にしていないか。
・多額のふるさと納税があるにもかかわらず、一時所得の記入がない。

**手順3**　一時所得の金額の合計（50万円の特別控除後）を転記します。

**手順4**　一時所得の㋚欄の金額（損益通算する場合、通算後の金額）に2分の1を乗じた金額を転記します。

主な改正事項

**1** 所得税の概要

**2** 各種所得の計算

**3** 所得の金額と損益通算

**4** 所得控除

**5** 税額の計算

**6** 税額控除

**7** 非居住者

**8** 地方税

133

2-6 譲渡所得（共通）

## 2−6　譲渡所得（共通）

### 1　譲渡所得の概要

譲渡所得とは、資産の譲渡による所得をいいます（法33①）。譲渡所得とされる資産の譲渡には、売買のほか交換、競売、公売、収用、物納、代物弁済、財産分与、寄附等が含まれるだけでなく、法人に対する贈与又は遺贈などについても譲渡があったものとみなされ譲渡所得となります。これに対して、資産の譲渡があっても一定の場合には、譲渡所得とならない場合があります。

#### ⑴　譲渡所得の区分

原則として、譲渡する資産の種類及びその資産の保有期間等により譲渡所得は区分され、その区分ごとに譲渡所得の金額の算定方法や課税方式が定められています（法33、措法31、32）。譲渡した資産の種類別に譲渡所得を区分すると、次のようになります。

**図表2−6−1　譲渡資産から見た譲渡所得の区分**

| 譲　渡　資　産 | 種　類 | 所　得　区　分 | 課税方式 |
|---|---|---|---|
| 書画、骨董品、美術品、金地金、土石・砂利※1、立木等 | 動　産 | 総合譲渡所得 | 総合課税 |
| ゴルフ会員権、特許権、漁業権、借家権（立退料）※2、営業権等 | 権　利 | | |
| 土地（借地権を含む。）、建物・構築物等 | 不動産 | 分離課税の譲渡所得 | 申告分離課税 |
| 上場株式※3、同族会社株式、出資金等 | 有価証券 | 株式等に係る譲渡所得 | |

- ※1　土地の所有者が、その土地の地表又は地中の土石、砂利等を譲渡したことによる所得は譲渡所得とされます（基通33−6の5）。
- ※2　立退料のうち、借家権の消滅の対価に相当する部分は、譲渡所得となります（基通33−6）。なお、上記に該当しない立退料のうち、業務に係る所得の収入金額や必要経費を補塡するもの以外のものは、一時所得となります（基通34−1の⑺）。
- ※3　「特定口座（源泉徴収あり）」を選択した場合、その特定口座での上場株式等の譲渡による所得については、申告不要制度があります。

#### ⑵　譲渡所得とされない資産の譲渡

資産の譲渡による所得であっても、次の場合は譲渡所得以外の所得として課税されます（法33②、令81）。

2-6 譲渡所得（共通）

### 図表2-6-2 譲渡所得とならない資産の例示とその所得区分

| 譲 渡 す る 資 産 の 種 類 | | | 所得区分 |
|---|---|---|---|
| 棚卸資産及びこれに準ずる資産 | 事業所得、雑所得となる業務に係る棚卸資産及び準棚卸資産 | | 事業所得又は雑所得 |
| | 取得価額が10万円未満の少額減価償却資産（86頁参照）又は使用可能期間が1年未満の減価償却資産 | 少額重要資産を除く。 | |
| | 一括償却資産（88頁参照）の必要経費算入の適用を受けた減価償却資産 | | |
| 営利を目的として継続的に譲渡される資産 | | | |
| 山林（法32） | 取得した日から5年を超えて譲渡 | | 山林所得 |
| | 取得した日から5年以内に譲渡 | | 事業所得又は雑所得 |
| 金銭債権（基通33-1） | | | |

## (3) 所得税が課税されない譲渡所得（非課税所得）

### 図表2-6-3 課税されない譲渡所得の例示

① 生活用動産の譲渡による所得（法9①九、令25）
   （注）　生活用動産とは、家財、衣服などの生活に通常必要な動産（1個又は1組の価額が30万円を超える宝石、貴金属、書画、骨董、美術品などを除く。）
② 資力を喪失して債務を弁済することが著しく困難な場合における、強制換価手続による資産の譲渡による所得（法9①十、基通9-12の2）
③ 強制換価手続の執行が避けられないと認められる場合における資産の譲渡で、その対価の全部が譲渡の時において有する債務の弁済に充てられた場合の所得（令26、基通9-12の4）
④ 国や地方公共団体に対して財産を寄附した場合の譲渡所得（措法40）
⑤ 国等に対して重要文化財等を譲渡した場合の所得（措法40の2）
⑥ 公益法人に対して財産を寄附した場合の譲渡所得で、国税庁長官の承認を受けたもの（措法40）
⑦ 相続財産を物納したことによる譲渡所得（措法40の3）
   （注）　ただし、超過物納に伴う精算金（過誤納金）は、譲渡所得となります。

## (4) みなし譲渡

### 図表2-6-4 譲渡があったとみなされる譲渡所得

① 法人に対する贈与又は遺贈（法59①一）
② 限定承認に係る相続又は包括遺贈（法59①一）
③ 法人に対する著しく低い価額による譲渡（法59①二）
   （注）　著しく低い価額＝通常の取引価額（時価額）の2分の1に満たない金額（令169）
④ 建物又は構築物の所有を目的とした一定額以上の権利金を収受する地上権若しくは賃借権（借地権）又は地役権の設定（令79）
⑤ 資産が消滅することによる補償金等の受領（令95）
⑥ 1億円以上の有価証券等を所有等している居住者が、国外転出する場合又は国外に居住する親族等に有価証券等の贈与等を行う場合（法60の2、60の3）

## 2-6　譲渡所得（共通）

### (5)　その他譲渡関連取引

| | |
|---|---|
| 共有地の分割 | 個人が他の者と土地を共有している場合において、その共有に係る一の土地についてその持分に応じた現物分割があったときは、その分割による土地の譲渡はなかったものとして取り扱われます（基通33-1の6）。ただし、持分と異なる割合による分割の場合は、原則として、土地の譲渡とされます。 |
| 譲渡担保に係る資産の移転 | 債務者が債務の弁済の担保としてその有する資産を譲渡した場合において、その契約書に以下の全ての事項を明らかにしており、かつ、その譲渡が債権担保のみを目的として形式的にされたものである旨の債権者及び債務者の連署に係る申立書を提出した時は、その譲渡はなかったものとされます（基通33-2）。<br>①　その担保に係る資産を債務者が従来通り使用収益すること。<br>②　通常支払うと認められるその債務に係る利子又はこれに相当する使用料の支払に関する定めがあること。<br>※　形式上、買戻条件付譲渡又は再売買の予約とされているものであっても、上記の要件を満たしているものは「譲渡担保」とされます。 |
| 財産分与による資産の移転 | 離婚に伴う財産分与として資産の移転があった場合には、その分与をした者は、その分与をした時においてその時価によりその資産を譲渡したことになります。財産分与による資産の移転は、財産分与義務の消滅という経済的利益を対価とする譲渡となり、贈与とはなりません。 |
| 法人に対する現物出資 | 法人に対して現物出資をした場合、その法人の株式を取得することとなるので、例えば、不動産を現物出資した場合の譲渡所得の収入金額は、これにより取得した株式又は出資持分の時価となります。ただし、その価額が出資した不動産の時価の1/2未満の場合は、低額譲渡として、出資した不動産の時価が収入金額とみなされます（法59①）。 |
| 贈与者が受益者となる負担付贈与 | 負担付贈与とは、一定の給付をすべき債務を受贈者に負担させる贈与契約をいいます。所得税法上は、負担付贈与において贈与者が受ける給付の額が贈与財産の譲渡による収入金額となります。 |
| 代償分割による資産の移転 | 代償分割により負担した債務が資産の移転を要する場合は、その履行としてその資産の移転があったときは、その履行をした者は、その履行をした時においてその時の時価によりその資産を譲渡したこととなります（基通33-1の5）。 |
| 借家人が受ける立退料 | 借家人が立退きに際して受領する立退料のうち、借家権の消滅の対価に相当する部分は、譲渡所得となります。 |
| 土石等の譲渡による所得 | 土地の所有者が、その土地の地表又は地中の土石、砂利等を譲渡したことによる所得は譲渡所得とされます（基通33-6の5）。 |
| ゴルフ会員権、ゴルフ場利用権の譲渡に類似する株式等の譲渡による所得 | ゴルフ会員権には、以下の3種類がありますが、いずれの種類の会員権の譲渡による所得であっても、総合課税の譲渡所得となります。<br>①　ゴルフ場の所有又は経営に係る会社の株主又は出資者でなければ会員となれない会員権<br>②　株主又は出資者であり、かつ、預託金等を預託しなければ会員となれない会員権<br>③　預託金等を預託しなければ会員となれない会員権<br>なお、退会に伴い預託金の返還を受けるという行為は、単に貸付金債権を回収するものであり、ゴルフ会員権を譲渡したことにはなりません。 |

## 2 収入時期及び収入金額

### (1) 収入時期

譲渡所得の収入を計上すべき時期は、原則として「資産の引渡しがあった日」となりますが、「売買契約の効力発生日」を収入すべき時期として選択することもできます（基通36-12）。また、資産の「取得の日」と「譲渡の日」の判定基準は異なっても差し支えないこととされています（取得の日は契約日で、譲渡の日は引渡し日とすることも可能です。）。なお、「売買契約の効力発生日」を選択して申告した後、修正申告又は更正の請求等で収入すべき時期を「資産の引渡しがあった日」に変更することはできません。

### (2) 収入金額

#### ① 収入金額の区分

譲渡所得の収入金額（譲渡価額）は、原則として売買価額となりますが、特定の場合には、資産の時価額（通常の取引価額）が譲渡価額とみなされる場合があります。

#### 図表2-6-5　譲渡態様別の収入金額

| 区　分 | | 収入金額<br>（譲渡価額） | 参　考　事　項 |
|---|---|---|---|
| 親族等の個人に対する低額譲渡 | | 売買価額 | 買主が時価額との差額について経済的利益を受けたとされ、贈与税が課税されます（相法7）。<br>なお、譲渡価額が時価の2分の1に満たない場合、譲渡損失はなかったものとされます（法59②）。 |
| 相続の限定承認、限定承認による包括遺贈 | | 時価額<br>（みなし譲渡） | 被相続人が譲渡したものとして所得税が課税されます（法59）。 |
| 法人に対する贈与、遺贈 | | 時価額<br>（みなし譲渡） | 買受法人に対し、時価との差額について受贈益が課税（法人税）されます（法法22）。<br>法人が受けた受贈益により株価の増加が生じる場合には、買受法人の株主に対し贈与税が課税されます（相法9、相基通9-2）。 |
| 法人に対する低額譲渡 | 譲渡価額＜時価の$\frac{1}{2}$ | | |
| | 譲渡価額≧時価の$\frac{1}{2}$ | 売買価額 | |

#### 図表2-6-6　低額譲渡の課税関係

| 譲渡者 | 個　人 | | | | 法　人 | |
|---|---|---|---|---|---|---|
| 譲受者 | 個　人 | | 法　人 | | 個　人 | 法　人 |
| 譲渡価額 | 時価の$\frac{1}{2}$以上 | 時価の$\frac{1}{2}$未満 | 時価の$\frac{1}{2}$以上 | 時価の$\frac{1}{2}$未満 | 時価未満 | |
| 譲渡者に対する課税関係 | 通常の譲渡所得の計算※1 | | 通常の譲渡所得の計算 | みなし譲渡課税（法59①二、令169） | 譲渡価額と時価との差額は、益金の額に算入（法法22）、原則として、寄附金に該当、損金の額に不算入（法法37⑦） | |
| 譲渡損の損益通算の可否 | 分離譲渡は不可、総合譲渡は可 | 不可<br>（法59②） | 分離譲渡は不可、総合譲渡は可 | | － | |

**137**

2-6　譲渡所得（共通）

| 譲受人に対する課税関係 | 譲受価額と相続税評価額との差額はみなし贈与（相法7） | 譲受価額と時価の差額は受贈益（法法22②） | 譲受価額と時価の差額については、通常の場合は、一時所得となり、役員等の場合は給与所得となる | 譲受価額と時価の差額は受贈益（法法22②） |
|---|---|---|---|---|
| 取得価額等 | 実際の譲受価額 | 実際の譲受価額※2 | 時　価 | 時　価 |

※1　時価の2分の1未満で譲渡した場合の譲渡損はないものとされます（法59②）。
※2　譲渡人の譲渡所得が損失の場合は、譲渡人の取得価額・取得時期を引き継ぎます。

② 消費税の経理処理

譲渡収入金額を消費税込み又は税抜きのいずれの経理方法によるかは、次のとおりです。

図表2-6-7　譲渡所得の計算における消費税の経理方法

| 区　　分 | 経　理　方　法 |
|---|---|
| 免税事業者 | 税込経理方式　個別通達（平元直所3-8、直資3-6）2、5 |
| 課税事業者 | 原則的に事業等と同一の経理方式　個別通達（平元直所3-8、直資3-6）2 |

③ 外貨建て取引における円換算の方法

外貨建て取引の金額の円換算額は、当該外貨建て取引を行った時における外国為替の売買相場（TTM）により換算した金額となります（法57の3①、基通57の3-2）。

## 3　取得の日及び取得費

### (1) 取得の日

資産の取得の日は、原則として、資産の引渡しを受けた日とされますが、納税者の選択により売買契約の効力発生日を取得日とすることもできます（基通33-9(1)、36-12）。

なお、資産の取得原因によっては、次に掲げる日が取得日となります。

図表2-6-8　資産の取得原因による取得日の一覧表

| 資　産　の　取　得　原　因 | 資　産　の　取　得　日 |
|---|---|
| 他から購入した資産（基通33-9(1)） | 引渡日又は売買契約の効力発生日 |
| 自ら建設、製作、製造した資産（基通33-9(2)） | 建設等が完了した日 |
| 請け負わせて建設した資産（基通33-9(3)） | その資産の引渡しを受けた日 |
| 相続により取得した資産 限定承認によるもの（法60①） | 相続により取得した日 |
| 相続により取得した資産 上記以外（法60①） | 被相続人が取得した日 |
| 贈与により取得した資産（法60①） | 贈与者が取得した日 |

2-6 譲渡所得（共通）

| 譲渡所得の課税の特例を受けて交換等で取得した資産 | 固定資産の交換の特例（法58）、収用等の場合の代替資産の取得の特例（措法33）等 | 交換、買換え等の特例を受けて譲渡した旧資産を取得した日 |
| | 特定の居住用財産の買換えの特例（措法36の2）、特定の事業用資産の買換えの特例（措法37）、中高層耐火建築物等の建設のための買換えの特例（措法37の5） | 交換、買換え等の特例を受けて取得した資産の取得日 |

## (2) 取得費

資産の取得費は、資産を取得するにあたり支出した金額と設備費及び改良費の合計額になります（法38①）。なお、概算取得費（収入金額の5％）を適用する場合、設備費や改良費などを取得費に加算することはできません。また、資産の取得原因によって、取得費は次に掲げる区分に応じた金額となります。

### 図表2-6-9 資産の取得原因による取得費

| 資　産　の　取　得　原　因 | | 取　得　費　の　金　額 |
| --- | --- | --- |
| 減価償却資産である場合（法38） | | 取得価額からその資産の減価償却累計額を控除した金額となります。 |
| 借入金で取得した資産（基通38-8） | | その借入金の利子のうちその資産の購入日から使用開始日までの期間に対応する金額を取得費に加算することができます。 |
| 取得費が不明な場合（取得費が零とされる資産の譲渡を除く。）（措法31の4、措通31の4-1、基通38-16） | | 取得費を譲渡収入金額の5％相当額（概算取得費）として計算することができます。 |
| 相続により取得した資産 | 限定承認によるもの（法60②） | 取得時の時価 |
| | 上記以外（法60①） | 被相続人の取得価額 |
| 贈与により取得した資産（法60①） | | 贈与者の取得価額 |
| 譲渡所得の課税の特例を受けて交換等で取得した資産 | 固定資産の交換の特例（法58）、収用等の場合の代替資産の取得の特例（措法33）、特定の事業用資産の買換えの特例（措法37）、特定の居住用財産の買換えの特例（措法36の2）、中高層耐火建築物等の建設のための買換えの特例（措法37の5）等 | 交換、買換え等の特例を受けて譲渡した旧資産の取得価額等 |

## 4 譲渡費用

譲渡費用は、資産の譲渡に際し支出した仲介手数料、運搬費、登記若しくは登録に要する費用、その他資産を譲渡するために直接要した費用をいいます（基通33-7）。

2-6　譲渡所得（共通）

## 譲渡所得（共通）のチェックポイント

**【所得区分】**

□　法人に対して資産を贈与又は遺贈した場合、譲渡所得として申告していない。

☞　法人に対する贈与又は遺贈については、時価で譲渡があったものとみなされます（図表2-6-4参照）。

□　生活用の宝石や貴金属を譲渡した場合、申告の要否を検討したか。

☞　生活に通常必要な宝石、貴金属であっても時価が30万円を超える場合には、生活用動産を譲渡した場合の非課税の適用はありません（図表2-6-3参照）。

**【収入金額】**

□　法人に対し資産を「著しく低い価額（時価の2分の1未満）」で譲渡した場合、その譲渡した金額で譲渡所得の計算をしている。

☞　法人に対して著しく低い価額や無償で譲渡した場合、その資産の時価で譲渡したものとされます（図表2-6-5参照）。

**【収入時期（申告年分）】**

□　収入時期について、「契約日」と「引渡日」の選択は適切か。

☞　収入時期の選択により、税制上有利な申告年分を選択できます（137頁参照）。

**【取得費】**

□　贈与、相続（限定承認を除く。）で取得した資産を譲渡した場合の取得費は適正か。

☞　贈与者、被相続人の取得費を引き継ぎます（図表2-6-9参照）。

□　交換、買換えの特例により課税を繰り延べた資産を譲渡した場合、取得費は適正か。

☞　適用を受けた課税の特例により取扱いが異なります（図表2-6-9参照）。

**【取得の日】**

□　贈与、相続（限定承認を除く。）で取得した資産を譲渡した場合、取得日は適正か。

☞　贈与者、被相続人の取得した日を引き継ぎます（図表2-6-8参照）。

□　交換、買換えの特例により課税を繰り延べた資産を譲渡した場合、取得日は適正か。

☞　適用を受けた課税の特例により取扱いが異なります（図表2-6-8参照）。

**【譲渡費用】**

□　資産の譲渡に直接要しない維持管理費のための費用を計上していないか。

☞　譲渡費用は譲渡するために直接要した費用に限ります。

2-7 譲渡所得（総合譲渡）

## 2-7　譲渡所得（総合譲渡）

## 1　譲渡所得（総合譲渡）の概要

　ゴルフ会員権、金地金などの動産、借家権、特許権などの権利等を譲渡したことから生じる所得は、総合譲渡所得とされます。

### ⑴　総合譲渡所得の区分

　総合譲渡所得は、原則として譲渡する資産の取得の日から譲渡した日までの保有期間に応じて「短期譲渡所得」と「長期譲渡所得」に区分されますが、特定の資産については、その資産の保有期間にかかわらず「長期譲渡所得」とされます（法33③、令82）。

**図表2-7-1　長期譲渡所得と短期譲渡所得の区分**

| 資産の種類 | 保有期間 | 長期、短期区分 |
|---|---|---|
| ・自己の研究の成果である特許権、実用新案権その他の工業所有権<br>・自己の育成の成果である育成者権<br>・自己の著作に係る著作権<br>・自己の探鉱により発見した鉱床に係る採掘権 | | 長期譲渡所得 |
| 上記以外の資産 | 5　年　超 | |
| | 5　年　以　内 | 短期譲渡所得 |

### ⑵　総合譲渡所得以外の所得との区分が取引形態等により異なるもの

　総合譲渡所得の対象となる資産を譲渡した場合であっても、その資産の内容や取引形態により「その他の所得」とされる場合があります。

**図表2-7-2　資産の内容又は取引形態等による所得区分**

| 区　分 | 資産の内容・取引形態等 | 分類される所得 |
|---|---|---|
| ゴルフ会員権 | ゴルフ場経営法人の破綻により優先的施設利用権が消滅しているゴルフ会員権の譲渡 | 雑所得 |
| | 上記以外のゴルフ会員権 | 総合譲渡所得※ |
| 借家権 | 一般的な立退料（借家権なし） | 一時所得 |
| | 借家権の消滅の対価としての立退料 | 総合譲渡所得 |
| 機械・車両等 | 金融業者が担保権の実行、代物弁済として行う資産の譲渡 | 事業所得 |
| | 上記以外の資産の譲渡 | 総合譲渡所得 |

※　平成26年4月1日以後の譲渡損失の金額は、他の各種所得金額との損益通算ができなくなりました（生活に通常必要でない資産に該当）。

**141**

2-7 譲渡所得（総合譲渡）

## 2 総合課税の譲渡所得の金額の計算

【総合課税の譲渡所得の金額の計算式】

総合課税の譲渡所得の金額[※1] ＝ 総収入金額 － （取得費＋譲渡費用） － 特別控除額[※2、3]

※1 総合長期、総合短期の別に試算し、一方が赤字のときは他方の黒字と内部通算します。
※2 譲渡所得が50万円以下である場合、特別控除額は譲渡所得の金額を限度とします。
※3 特別控除額は、短期譲渡所得から先に控除します。

### (1) 収入金額

譲渡所得の収入金額は、原則として売買価額となりますが、特定の場合には、金銭以外の物又は権利その他経済的な利益の価額が収入金額となる場合があります（法36）。その他の譲渡所得に共通する事項については、「2-6 譲渡所得（共通）」をご覧ください。

### (2) 取得費

資産の取得費は、原則として、資産の購入代金、仲介手数料などの購入にかかった費用、設備費、改良費などの追加費用の合計額から償却費相当額を控除した金額です。なお、総合譲渡所得の取得費に関する事項で、特に注意すべき事項は次のとおりです。その他の譲渡所得に共通する事項については、「2-6 譲渡所得（共通）」をご覧ください。

#### ① 概算取得費の特例

取得費の金額が譲渡収入金額の5％相当に満たない場合は、取得費を譲渡収入金額の5％相当額として計算することができます（概算取得費）。なお、次の資産は、この概算取得費の特例が使えません。

図表2-7-3 概算取得費の特例が使えない資産

| 区 分 | 資 産 の 内 容 |
|---|---|
| 土 石 等 | 土地の地表や地中の土石、砂利（基通38-13の2） |
| 借家権等 | 権利金の支払がない場合（基通38-15） |

#### ② 相続税の取得費加算の特例

相続又は遺贈により取得した資産を相続税の申告期限から3年以内に譲渡した場合には、相続税額のうち次の計算式により算出された金額を取得費に加算できます（措法39）。

【取得費に加算される相続税額の計算式】

$$\text{取得費に加算される相続税額}[※1] ＝ \text{相続税額} \times \frac{\text{譲渡した資産の相続税評価額}}{\text{相続税の課税価格}[※2]}$$

※1 譲渡益を限度とします。
※2 「相続税の課税価格」は、債務、葬式費用控除前の金額です。

142

# 申告書等の記載手順（ゴルフ会員権の譲渡）

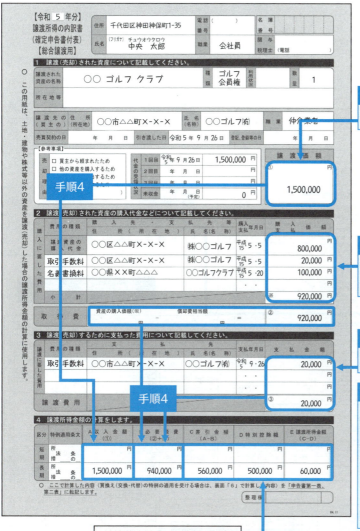

| 「C」欄の金額 | 特別控除額の控除順等 |
|---|---|
| 「短期」及び「長期」いずれも黒字の場合 | 「短期」から差し引き、控除不足額があれば、不足額を「長期」から差し引く。 |
| 「短期」又は「長期」いずれかが赤字の場合 | 「短期」又は「長期」の赤字を他の黒字と通算し、通算後の金額が黒字であれば、50万円を限度として控除する。 |
| 「短期」及び「長期」いずれも赤字の場合 | 特別控除なし。他の所得と損益通算することはできない。※ |

※ 損益通算の詳細解説については、後述の「損益通算」をご参照ください。なお、平成26年4月1日以後のゴルフ会員権の譲渡損失の金額は他の所得金額との損益通算はできなくなりました（141頁参照）。

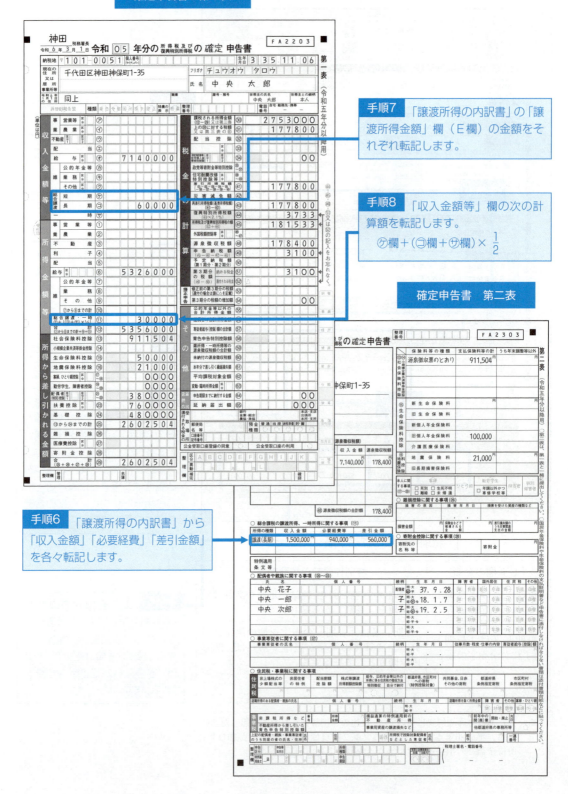

2-7 譲渡所得（総合譲渡）

## (3) 譲渡費用

譲渡費用は、譲渡するために直接かかった費用（荷造費、引渡運賃、運送保険料等）をいいます。

## (4) 特別控除額

譲渡所得から控除する特別控除額は50万円で、譲渡所得となる金額が50万円以下である場合はその金額を限度とします（法33④）。また、特別控除額は、短期譲渡所得から控除し、残額がある場合は長期譲渡所得から控除します（法33⑤）。

---

### 譲渡所得（総合譲渡）のチェックポイント

**【所得区分】**

☐ ゴルフ会員権の預託金の返還による所得を譲渡所得としている。

☞ 雑所得となります。

☐ 庭で栽培されている果樹の譲渡を山林所得としている。

☞ 果樹は山林（立木）ではないので、総合課税の譲渡所得となります。

**【取得費】**

☐ 実際の取得費が、譲渡収入金額の５％を下回っていないか。

☞ 実際の取得費が５％以下の場合は概算取得費を適用した方が有利です。

☐ 借入金で購入したゴルフ会員権の支払利息の計上は適正か。

☞ ゴルフ場がオープンするまでの期間の借入金の利息は、取得費に算入できます。

☐ ゴルフ会員権の取得費となるものの計上漏れはないか。

☞ 入会時の入会金、名義変更料、手数料、預託金、株式払込金等は取得費となります。

☐ 相続により取得した資産を譲渡した場合、「相続税の取得費加算」の検討をしたか。

☞ 相続等により取得した資産を相続税の申告期限から３年以内に譲渡した場合には、「相続税の取得費加算」の特例があります（142頁参照）。

☐ 土石、借家権の譲渡について、概算取得費を適用していないか。

☞ 土石、借家権については、概算取得費は適用できません（基通38-13の２、38-15）。

**【譲渡費用】**

☐ ゴルフ場の年会費を譲渡費用としている。

☞ 年会費、ロッカー代などは、譲渡費用になりません。

**【特別控除】**

☐ 短期譲渡所得と長期譲渡所得の両方で50万円の控除をしている。

☞ 特別控除は短期譲渡所得と長期譲渡所得あわせて50万円です。

---

**主な改正事項**

**1 所得税の概要**

**2 各種所得の計算**

**3 所得の金額と損益通算**

**4 所得控除**

**5 税額の計算**

**6 税額控除**

**7 非居住者**

**8 地方税**

145

## 2-8　土地建物等の譲渡所得（分離課税）

### 1　土地建物等の譲渡所得（分離課税）の概要

#### (1)　分離課税の譲渡所得の区分

　土地建物等の譲渡から生じる所得は、原則として、分離課税の譲渡所得とされます。土地建物等の譲渡所得は、譲渡した年の1月1日において、譲渡資産の所有期間が5年を超えるものを「分離課税の長期譲渡所得」、5年以下のものを「分離課税の短期譲渡所得」として区分しています（措法31、32）。

図表2-8-1　分離課税の譲渡所得の区分

| 区　分 | | 資産の取得日 | 適用される所得税の税率（住民税の税率） |
|---|---|---|---|
| 分離短期譲渡所得 | 一般分 | 平成30年1月1日以降に取得した土地建物等 | 一般的な分離課税の短期譲渡（措法32①）<br>　一律　30%（9%）<br>※　土地等の譲渡に類似する株式等譲渡を含む。 |
| | 軽減分 | | 国や地方公共団体に譲渡したもの又は収用交換等により譲渡したものなど一定の要件に該当するもの（措法32③）<br>　一律　15%（5%） |
| 分離長期譲渡所得 | 一般分 | 平成29年12月31日以前に取得した土地建物等 | 一般的な分離課税の長期譲渡（措法31①）<br>　一律　15%（5%） |
| | 特定分 | | 優良宅地等譲渡の特例（措法31の2）<br>課税譲渡所得金額 ≦ 2,000万円の部分10%（4%）<br>課税譲渡所得金額 ＞ 2,000万円の部分15%（5%） |
| | 軽課分 | 平成24年12月31日以前に取得した土地建物等 | 居住用財産譲渡の特例（措法31の3）<br>課税譲渡所得金額 ≦ 6,000万円の部分10%（4%）<br>課税譲渡所得金額 ＞ 6,000万円の部分15%（5%） |

　（注）　なお便宜上、「譲渡所得区分」欄の「一般分」、「軽減分」、「特定分」、「軽課分」の表記は、確定申告書の区分表記によりました。

#### (2)　譲渡した資産が土地建物等であっても他の所得に分類される場合

　次に掲げる場合には、譲渡した資産が土地建物等であっても「土地建物等の譲渡所得」とされず、事業所得又は雑所得とされます。

図表2-8-2　土地建物等の譲渡所得とならない場合

| 取　引　形　態　等 | 所　得　区　分 |
|---|---|
| 不動産業者が販売のために保有する土地建物の譲渡 | 事業所得又は雑所得 |
| 金融業者が担保権の実行、代物弁済により取得した土地建物の譲渡 | 事業所得 |

## (3) 譲渡した資産が土地建物等でないときでも土地建物等の譲渡所得となる場合

① 株式又は出資金の譲渡により生じる所得でも、特定の要件に該当する場合は、分離課税の短期譲渡所得（「事業譲渡類似の有価証券の譲渡」）として課税されます（措法32②）。

図表2-8-3 「事業譲渡類似の有価証券の譲渡」の要件

| 区　分 | 該　当　要　件 |
|---|---|
| 株式等の要件<br>（措令21③） | 譲渡する株式等が下記のいずれかの要件に該当すること<br>(イ) 譲渡された株式等（出資を含む。以下同じ。）の発行会社の総資産価額の70％以上が譲渡した年の1月1日において所有期間が5年以下の土地等（株式等を譲渡した年においてその法人が取得した土地等を含む。）である場合のその株式等の譲渡<br>(ロ) 譲渡された株式等が譲渡した年の1月1日において所有期間が5年以下のもの（譲渡のあった年中において取得した株式等を含む。）で、かつ、その発行法人の総資産価額の70％以上が土地等である場合のその株式等の譲渡 |
| 事業譲渡の類似の要件<br>（措令21④） | ・譲渡をした年以前3年内のある時点において、その法人の株式又は出資の30％以上がその法人の特殊関係株主等（株主、社員、会員、組合員、出資者、これらの人の親族、その他これらの人と特殊な関係がある人をいう。）によって所有されていたこと<br>・その法人の株式又は出資を譲渡した人がその法人の特殊関係株主等であること<br>・その年においてその法人の特殊関係株主等の譲渡した株式又は出資がその法人の株式又は出資の5％以上に相当し、かつ、その譲渡をした年以前3年内に譲渡をした株式又は出資と合わせると15％以上に相当すること |

② 借地権又は地役権の設定の対価としての権利金等で一定額以上のものは、不動産所得とされず、「土地建物等の譲渡所得」として課税されます（令79）。

図表2-8-4 権利金等が土地建物等の譲渡所得とされる場合

| 設定される権利の種類 | 該　当　要　件 |
|---|---|
| 借地権の設定 | 権利金の額が土地価額の10分の5超である場合<br>（地代の年額の20倍以下の場合を除く。） |
| 地役権の設定、特別高圧架空電線の架設、又は高圧ガス管の敷設等 | 権利金の額が土地価額の4分の1超である場合<br>（地代の年額の20倍以下の場合を除く。） |

## 2　土地建物等の譲渡所得の金額の計算

【土地建物等の譲渡所得金額の計算式】

> 土地建物等の譲渡所得金額 ＝ 収入金額 － （取得費＋譲渡費用） － 特別控除額※

※ 特別控除額は、一定の要件を満たす譲渡の場合に適用があります（図表2-8-10参照）。

## (1) 収入金額

土地建物等の譲渡所得の収入金額に関する事項で、その他の譲渡所得に共通する事項については、

2-8　土地建物等の譲渡所得（分離課税）

「2-6　譲渡所得（共通）」をご覧ください。

### 図表2-8-5　土地建物等の譲渡所得の収入金額で特に留意すべき事項

| 区　分 | 収　入　金　額 |
|---|---|
| 不動産を譲渡した際に受け取る固定資産税の未経過期間に対応する精算がある場合 | 固定資産税の未経過期間に対応する精算金を加算した金額を収入金額とします。 |
| 土地建物等の資産を譲渡し、その代金を金銭以外のもので受け取った場合 | 受け取った物や権利などの「時価額」を収入金額とします。 |

### (2)　取得費

　土地建物等の譲渡所得の計算上、取得費となるものには次のようなものがあります。また、取得価額が不明の場合や取得費が譲渡収入金額の5％相当額を下回る場合、譲渡収入金額の5％相当額を取得費とすることができます（措法31の4、措通31の4-1）。その他の譲渡所得に共通する取得費に関する事項については、「2-6　譲渡所得（共通）」をご参照ください。

### 図表2-8-6　取得費となる費用

(イ)　土地や建物を購入したときに支払った登記費用（登録免許税、司法書士等に支払った報酬）、不動産取得税、印紙税（業務の用に供されている資産を譲渡した場合を除く。）

(ロ)　土地の埋立てや土盛、地ならしをするために支払った造成費用

(ハ)　所有権などを確保するために要した訴訟費用（なお、相続財産である土地を遺産分割するためにかかった訴訟費用などは取得費とはならない。）

(ニ)　既に締結されている土地等の購入契約を解除して、他の物件を取得することにした場合に支出する違約金

(ホ)　土地等とともに建物等を取得した後、概ね1年以内に建物等を取り壊した場合には、その建物等の取得費及び取壊し費用は、土地等の取得費となります（基通38-1）。

(ヘ)　贈与又は相続により取得した場合には、贈与又は相続の際の登記費用及び不動産取得税（他の所得の計算上、必要経費となったものを除く。）（基通38-9）。

(ト)　固定資産の取得のために借り入れた資金の支払利息のうち、その資金の借入れの日からその固定資産の使用開始の日までの期間に対応する部分の金額（事業所得等の必要経費に算入されたものを除く。）。また、借入れの際に支出する抵当権設定費用、借入れの担保として締結した保険契約に係る保険料その他の費用で資金の借入れのために通常必要とされるもの（基通38-8）。

(チ)　相続又は遺贈により取得した土地建物等を相続税の申告期限の翌日以後3年以内に譲渡した場合には、相続税額のうちの一定額（142頁の②参照）を取得費に加算できます（措法39）。

(リ)　交換、買換えの特例を受けた資産を譲渡した場合の取得費については、適用を受けた特例により取得費の計算方法が異なりますので、「2-6　譲渡所得（共通）」の取得費（139頁）をご覧ください。

(ヌ)　離婚に伴う財産分与により取得した財産の取得費は、分与を受けた時の時価とされています（基通38-6）。

※　なお、借入金により取得した資産について、いったん使用を開始した場合は、その後使用しない期間（使用の中断）があっても、その期間の借入金利息は取得費に含めることはできません（基通38-8の3）。

## ① 減価償却資産の取得費の計算

　譲渡資産が建物、構築物等の減価償却資産の場合は、譲渡時までの減価償却費の累計額を資産の取得価額から差し引いて取得費を計算します。

### 図表2-8-7　譲渡資産の減価償却費の計算方法

| 業務用資産 | 譲渡時までの減価償却費の累計額 |
|---|---|
| 非業務用資産 | 次の算式で計算した金額（令85）<br> 取得価額 × 90% × 譲渡資産の耐用年数の1.5倍の年数に応ずる旧定額法の償却率※1 × 経過年数※2 |

※1　耐用年数を1.5倍した年数に1年未満の端数が生じる場合は切り捨てます。
※2　経過年数が6か月未満は端数切捨て、6か月以上は端数切上げにより計算します。

## ② 相続財産を譲渡した場合の取得費の特例

　相続又は遺贈により取得した土地建物等を相続税の申告期限の翌日以後3年以内に譲渡した場合には、相続税額のうち次により計算した金額を、取得費に加算できます（措法39）。

### 【相続財産を譲渡した場合の取得費の特例の計算式】

$$取得費に加算される相続税額 = 相続税額 × \frac{その譲渡をした土地等の相続税評価額}{相続税の課税価格※}$$

※　「相続税の課税価格」は、債務、葬式費用控除前の金額です。

## ③ 借地権等を譲渡した場合の取得費の計算

　借地権等の設定が譲渡とみなされる場合の取得費は、下記のように計算します。

(イ)　借地権等の設定を初めて行う場合の取得費（令174、基通38-4）

$$借地権等の取得費 = 借地権等の設定をした土地の取得費 × \frac{借地権等の設定の対価}{借地権の設定の対価 ＋ 底地価額}$$

(ロ)　借地権等の設定をしている土地に、さらに借地権等の設定をした場合の取得費（令174、基通38-4）

$$借地権等の取得費 = \left( \begin{array}{c} 借地権等の \\ 設定をした \\ 土地の取得費 \end{array} - \begin{array}{c} 上記(イ)の算式によ \\ り計算された借地 \\ 権等の取得費 \end{array} \right) × \frac{借地権等の設定の対価}{借地権等の設定の対価 ＋ 底地価額}$$

(ハ)　先に借地権等の設定があった土地で、現に借地権等の設定をしていないものについて、借地権等の設定をした場合の取得費（令174、基通38-4）

$$借地権等の取得費 = 借地権等の設定をした土地の取得費 × \frac{借地権等の設定の対価}{借地権等の設定の対価 ＋ 底地価額} - \begin{array}{c} 共に設定された借地権等につ \\ き上記(イ)の算式により計算さ \\ れた取得費 \end{array}$$

2-8　土地建物等の譲渡所得（分離課税）

④　土地と建物の価額が区分されていない場合の取得費の計算

　土地建物を一括で購入し土地と建物の価額が区分されていない場合、建物の取得価額を下記のいずれかの方法により計算し、土地建物の購入価額からその建物の取得価額を差し引いて土地価額を算出します。

### 図表 2 - 8 - 8　建物の取得価額の算定方法

A　契約書等の消費税額から建物の取得価額を算定する方法

| ① 消　費　税　額 | ② 消費税率※<br>（ 3 ％、 5 ％、 8 ％又は10％） | ③ 建物の取得価額 |
|---|---|---|
| 円 | | 建物価額＝①×（ 1 ＋②）÷②<br>円 |

※　「消費税率」は、原則として平成元年 4 月 1 日～平成 9 年 3 月31日に取得した建物の場合 3 ％、平成 9 年 4 月 1 日～平成26年 3 月31日に取得した建物の場合 5 ％、平成26年 4 月 1 日～令和元年 9 月30日に取得した建物の場合 8 ％、令和元年10月 1 日以降に取得した建物の場合10％となります。

B　建物建築当時の標準的な建築価額を使用して算定する方法

○　新築の建物の場合

| ① 建物の建築年月日 | ② ①の年度の建築価額表の建築単価 | ③ その建物の延べ床面積 | ④ 建物の取得価額<br>（②×③） |
|---|---|---|---|
| 年　月　日 | 円／㎡ | ㎡ | 円 |

○　中古の建物の場合

| ⑤ 建物の購入年月日 | ⑥ 中古家屋の償却率※1 | ⑦ 経過年数 | ⑧ 購入日までの減価額<br>（④×0.9×⑥×⑦） | 中古建物の場合の取得価額<br>（④ － ⑧） |
|---|---|---|---|---|
| 年　月　日 | | 年 | 円 | 円 |

【償却率表（非業務用建物）】

| 区　分 | 木　造 | 木骨モルタル | （鉄骨）鉄筋コンクリート | 金属造①※2 | 金属造②※3 |
|---|---|---|---|---|---|
| 償却率 | 0.031 | 0.034 | 0.015 | 0.036 | 0.025 |

※ 1 　その建物の法定耐用年数に1.5を乗じて計算した年数の旧定額法の償却率（上記【償却率表（非業務用建物）】）
※ 2 　軽量鉄骨造のうち骨格材の肉厚が 3 ㎜以下の建物
※ 3 　軽量鉄骨造のうち骨格材の肉厚が 3 ㎜超 4 ㎜以下の建物

150

## 2-8 土地建物等の譲渡所得（分離課税）

### 建築統計年報
（単位：千円／㎡）

| 構造 / 建築年 | 木造・木骨モルタル | 鉄骨鉄筋コンクリート | 鉄筋コンクリート | 鉄骨 | 構造 / 建築年 | 木造・木骨モルタル | 鉄骨鉄筋コンクリート | 鉄筋コンクリート | 鉄骨 |
|---|---|---|---|---|---|---|---|---|---|
| 昭和40年 | 16.8 | 45.0 | 30.3 | 17.9 | 5年 | 150.9 | 300.3 | 227.5 | 159.2 |
| 41年 | 18.2 | 42.4 | 30.6 | 17.8 | 6年 | 156.6 | 262.9 | 212.8 | 148.4 |
| 42年 | 19.9 | 43.6 | 33.7 | 19.6 | 7年 | 158.3 | 228.8 | 199.0 | 143.2 |
| 43年 | 22.2 | 48.6 | 36.2 | 21.7 | 8年 | 161.0 | 229.7 | 198.0 | 143.6 |
| 44年 | 24.9 | 50.9 | 39.0 | 23.6 | 9年 | 160.5 | 223.0 | 201.0 | 141.0 |
| 45年 | 28.0 | 54.3 | 42.9 | 26.1 | 10年 | 158.6 | 225.6 | 203.8 | 138.7 |
| 46年 | 31.2 | 61.2 | 47.2 | 30.3 | 11年 | 159.3 | 220.9 | 197.9 | 139.4 |
| 47年 | 34.2 | 61.6 | 50.2 | 32.4 | 12年 | 159.0 | 204.3 | 182.6 | 132.3 |
| 48年 | 45.3 | 77.6 | 64.3 | 42.2 | 13年 | 157.2 | 186.1 | 177.8 | 136.4 |
| 49年 | 61.8 | 113.0 | 90.1 | 55.7 | 14年 | 153.6 | 195.2 | 180.5 | 135.0 |
| 50年 | 67.7 | 126.4 | 97.4 | 60.5 | 15年 | 152.7 | 187.3 | 179.5 | 131.4 |
| 51年 | 70.3 | 114.6 | 98.2 | 62.1 | 16年 | 152.1 | 190.1 | 176.1 | 130.6 |
| 52年 | 74.1 | 121.8 | 102.0 | 65.3 | 17年 | 151.9 | 185.7 | 171.5 | 132.8 |
| 53年 | 77.9 | 122.4 | 105.9 | 70.1 | 18年 | 152.9 | 170.5 | 178.6 | 133.7 |
| 54年 | 82.5 | 128.9 | 114.3 | 75.4 | 19年 | 153.6 | 182.5 | 185.8 | 135.6 |
| 55年 | 92.5 | 149.4 | 129.7 | 84.1 | 20年 | 156.0 | 229.1 | 206.1 | 158.3 |
| 56年 | 98.3 | 161.8 | 138.7 | 91.7 | 21年 | 156.6 | 265.2 | 219.0 | 169.5 |
| 57年 | 101.3 | 170.9 | 143.0 | 93.9 | 22年 | 156.5 | 226.4 | 205.9 | 163.0 |
| 58年 | 102.2 | 168.0 | 143.8 | 94.3 | 23年 | 156.8 | 238.4 | 197.0 | 158.9 |
| 59年 | 102.8 | 161.2 | 141.7 | 95.3 | 24年 | 157.6 | 223.3 | 193.9 | 155.6 |
| 60年 | 104.2 | 172.2 | 144.5 | 96.9 | 25年 | 159.9 | 258.5 | 203.8 | 164.3 |
| 61年 | 106.2 | 181.9 | 149.5 | 102.6 | 26年 | 163.0 | 276.2 | 228.0 | 176.4 |
| 62年 | 110.0 | 191.8 | 156.6 | 108.4 | 27年 | 165.4 | 262.2 | 240.2 | 197.3 |
| 63年 | 116.5 | 203.6 | 175.0 | 117.3 | 28年 | 165.9 | 308.3 | 254.2 | 204.1 |
| 平成元年 | 123.1 | 237.3 | 193.3 | 128.4 | 29年 | 166.7 | 350.4 | 265.5 | 214.6 |
| 2年 | 131.7 | 286.7 | 222.9 | 147.4 | 30年 | 168.5 | 304.2 | 263.1 | 214.1 |
| 3年 | 137.6 | 329.8 | 246.8 | 158.7 | 令和元年 | 170.1 | 363.3 | 285.6 | 228.8 |
| 4年 | 143.5 | 333.7 | 245.6 | 162.4 | 2年 | 172.0 | 279.2 | 276.9 | 230.2 |

（注）　「建築統計年報（国土交通省）」の「構造別：建築物の数、床面積の合計、工事費予定額」表の1㎡当たりの工事費予定額によります。

### (3) 譲渡費用

　土地建物等の譲渡費用は、譲渡するために直接支出した費用とされ、その資産の維持管理に要した費用は該当しません（基通33-7）。

　土地建物等の譲渡の際に支出する主な費目は、次のとおり取り扱われます。

---

主な改正事項

1 所得税の概要

2 各種所得の計算

3 所得の金額と損益通算

4 所得控除

5 税額の計算

6 税額控除

7 非居住者

8 地方税

図表２－８－９　譲渡費用の範囲

| 該当する費用 | 該当しない費用 |
|---|---|
| (イ)　仲介手数料、収入印紙代 | (イ)　譲渡資産に係る固定資産税 |
| (ロ)　測量費、分筆・所有権移転登記費用 | (ロ)　譲渡資産の遺産分割に関する弁護士費用 |
| (ハ)　前契約の解約違約金 | (ハ)　相続登記費用（取得費となる。） |
| (ニ)　譲渡のための家屋等の取壊し費用及び取壊しされた家屋等の損失額（未償却残額） | (ニ)　自己の引越し費用 |
| (ホ)　立退料 | (ホ)　家屋等の修繕費 |
| (ヘ)　借地権譲渡時に支払った名義変更料 | (ヘ)　住所変更登記費用 |
| (ト)　農地転用許可等が停止条件となっている土地改良区内の農地の売買契約において、その転用に伴い法令等の規定に基づき土地改良区に支払った農地転用決済金等 | (ト)　抵当権抹消費用 |
| | (チ)　申告のための税理士報酬 |
| | (リ)　税金に関する相談費用 |
| | (ヌ)　申告書作成費用 |

### (4)　特別控除額

主な土地建物等の譲渡所得の特例の特別控除額には、次のようなものがあります。

図表２－８－10　土地建物等の譲渡所得の各種特例の特別控除額

| 区　分 | 特別控除額 |
|---|---|
| 収用交換等により資産を譲渡した場合の特別控除（措法33の４） | 5,000万円 |
| 居住用財産を譲渡した場合の特別控除（措法35②） | 3,000万円 |
| 被相続人の居住用財産（空き家）を譲渡した場合（措法35③） | 3,000万円 |
| 特定土地区画整理事業等のために土地等を譲渡した場合の特別控除（措法34） | 2,000万円 |
| 特定住宅地造成事業等のために土地等を譲渡した場合の特別控除（措法34の２） | 1,500万円 |
| 農地保有の合理化等のために土地等を譲渡した場合の特別控除（措法34の３） | 800万円 |
| 低未利用土地等を譲渡した場合（措法35の３） | 100万円 |

### (5)　譲渡損失の留意事項

イ　グループごとの譲渡損益の計算

譲渡損益は、以下の７つのグループ区分ごとに計算します。

| 分離譲渡所得 | 総合譲渡所得 |
|---|---|
| ①　分離長期譲渡一般分 | ⑥　総合長期譲渡 |
| ②　分離長期譲渡特定分 | ⑦　総合短期譲渡 |
| ③　分離長期譲渡軽課分 | |
| ④　分離短期譲渡一般分 | |
| ⑤　分離短期譲渡軽減分 | |

ロ　グループ相互間の譲渡損益の相殺（通算）

７つのグループ区分ごとの「譲渡損益」の中に、譲渡益と譲渡損がある場合には、イの分離譲渡所得の①から⑤の相互間で、また総合譲渡の⑥及び⑦の相互間で相殺（通算）することができます。

なお、分離譲渡所得の各グループと総合譲渡所得の各グループとの間では、相殺（通算）はできません。

- （注1） 土地建物等の譲渡による分離譲渡所得の損失
  - 他の土地建物等の譲渡に係る譲渡益の金額から控除し、その控除をしてもなお控除しきれない損失の金額は生じなかったものとみなされます。
- （注2） 土地建物等の譲渡による分離譲渡所得以外の所得から生じた損失
  - その損失の金額は、土地建物等の譲渡による分離譲渡所得から控除することはできません。
- （注3） 前年から繰り越された純損失の金額
  - 純損失の金額は、土地建物等の譲渡による分離譲渡所得から控除することはできません。
- （注4） 前年から繰り越された雑損失の金額
  - 雑損失の金額は、土地建物等の譲渡による分離譲渡所得から控除することができます。
- （注5） 居住用財産の買換え等の場合の譲渡損失又は特定居住用財産の譲渡損失は、総合譲渡所得から控除できます。控除しきれなかった金額は、他の所得との損益通算及び繰越控除をすることができます。

## 3　居住用財産の譲渡の特例

所有者が居住していた家屋又はその敷地を譲渡した場合には、居住用の特例制度があります。この特例制度は、譲渡による利益がある場合と損失がある場合、所有期間、居住用の土地、家屋を買い換えたかどうかにより、次のように分類されます。

各特例の具体的な内容については、次の(1)～(6)の説明をご覧ください。

### 図表2-8-11　居住用の財産を譲渡した場合の特例の概要

| 譲渡損益 | 所有期間 | 買換えの有無 | 検討対象となる特例 |
|---|---|---|---|
| 譲渡益 | 10年以下 | － | ・3,000万円控除の特例 |
| | 10年超 | 有 | ・3,000万円控除の特例及び軽課税率の特例<br>・特定居住用財産の買換え特例　　選択 |
| | | 無 | ・3,000万円控除の特例<br>・軽課税率の特例　　併用可 |
| 譲渡損 | 5年以下 | － | － |
| | 5年超 | 有 | ・居住用財産の買換え等をした場合の譲渡損失の損益通算及び繰越控除の特例<br>・特定居住用の財産の譲渡損失の損益通算及び繰越控除の特例　　選択 |
| | | 無 | ・特定居住用の財産の譲渡損失の損益通算及び繰越控除の特例 |

### (1)　居住用財産を譲渡した場合の特別控除の特例

自己が居住していた土地建物を譲渡し、一定の要件に該当する場合には、譲渡益から最高3,000万円を限度として控除できます（措法35）。この特例を受けるには、次のすべての要件を満たすことが必要です。

【居住用財産を譲渡した場合の3,000万円控除の特例要件】

① 譲渡資産
　・自己の居住用資産であること
　・家屋又は家屋とともにその敷地を譲渡していること

2-8　土地建物等の譲渡所得（分離課税）

　　　・住まなくなった日から３年目の年の12月31日までに譲渡していること
　②　譲受人
　　　譲受人が、配偶者や直系血族、これら以外の生計を一にする親族などの特別な関係者でないこと
　③　他の特例との関係
　　　・譲渡の年の前年又は前々年にすでに本特例及び措法36の２、36の５、41の５、41の５の２の適用を
　　　　受けていないこと（居住用財産を譲渡した場合の軽減税率の特例（措法31の３）は、重ねて受けることがで
　　　　きる。下記(3)参照）
　　　・その居住用財産の譲渡について法58又は措法33から33の４、37、37の４、37の８の特例を受けてい
　　　　ないこと

【居住用財産を譲渡した場合の3,000万円控除の手続要件】

　この特例を受ける場合には、確定申告書に「措置法第35条」と記載するほか、次の書類を添付する必要
があります（措規18の２）。
　　　・譲渡所得の内訳書（確定申告書付表兼計算明細書）［土地・建物用］
　　　・戸籍の附票の写し等で、その資産を居住の用に供していたことを明らかにする書類（譲渡契約締結日
　　　　の前日において、この特例を受けようとする者の住民票に記載されていた住所とその譲渡した資産の所在地
　　　　が異なる場合）

## (2)　空き家に係る譲渡所得の特別控除の特例

　被相続人居住用家屋（相続の開始の直前において被相続人のみが居住の用に供していた家屋（要介護
認定等を受けていた被相続人が老人ホーム等に入所していた場合において、その入所の直前まで被相続人
が居住の用に供していた家屋を含みます。））及びその敷地の用に供していた土地等をその相続又は遺
贈により取得した個人が、平成28年４月１日から令和９年12月31日までの間に、一定の要件に該当
する譲渡をした場合には、その譲渡益から最高3,000万円※を限度として控除できます（措法35①、
③～⑧）。なお、この特例は、「相続財産に係る譲渡所得の課税の特例（措法39）」等との選択適用と
なり、居住用財産についての譲渡所得の他の特例（措法36の２、41の５、41の５の２）とは重複して適
用をすることができます。
　　※　被相続人居住用家屋及び敷地等を取得した相続人が３人以上の場合は2,000万円とされます（令和６
　　　年１月１日以降）。

【空き家に係る譲渡所得の3,000万円控除の特例要件】

　①　対象者
　　　相続又は遺贈により被相続人居住用家屋及び被相続人居住用家屋の敷地等を取得した者であること
　②　譲渡資産
　　　被相続人居住用家屋又は被相続人居住用家屋の敷地等（相続開始の時から譲渡の時まで事業の用、貸付
　　　けの用又は居住の用に供されていないこと、また、家屋は区分所有建物ではなく、昭和56年５月31日以前に建
　　　築されたものであり、相続開始の直前において被相続人以外に居住していた者がいない家屋であること）
　③　譲渡要件
　　　次のイ又はロに該当すること
　　イ　相続開始があった日から３年目の年の12月31日までに次の譲渡をしていること
　　　・被相続人居住用家屋を耐震リフォームし、その被相続人居住用家屋及びその敷地等を譲渡した場
　　　　合（譲渡の時に耐震基準を満たしており、耐震リフォームをしていない場合を含む。）

**154**

2-8　土地建物等の譲渡所得（分離課税）

　　　・被相続人居住用家屋の取壊し等後に被相続人居住用家屋の敷地等を譲渡した場合
　　ロ　被相続人居住用家屋が譲渡の時から翌年2月15日までに次に該当することとなったこと（令和6年
　　　　1月1日以降）
　　　・耐震リフォームをしたこと又は全部を取壊し除却され滅失したこと
　④　譲渡価額制限
　　　譲渡価額が1億円を超えないこと

【空き家に係る譲渡所得の3,000万円控除の手続要件】

この特例を受ける場合には、確定申告書に「措置法第35条」と記載するほか、次の書類を添付する必要
があります（措規18の2②二）。
　・譲渡所得の内訳書（確定申告書付表兼計算明細書）［土地・建物用］
　・登記事項証明書（被相続人居住用家屋及び被相続人居住用家屋の敷地等）
　・確認書（市町村長の相続開始の直前において被相続人居住用家屋に被相続人が居住していたこと、かつ、被
　　相続人居住用家屋にその被相続人以外に居住をしていた者がいなかったこと等一定の要件を満たす旨が記載
　　されたもの）
　・売買契約書の写し等
　・耐震基準に適合する家屋である旨を証する書類（家屋と敷地を共に譲渡した場合）

### (3)　居住用財産を譲渡した場合の軽課税率の特例

　　自己が居住していた土地建物を譲渡し、一定の要件に該当する場合には、長期譲渡所得の税額を
通常の場合よりも低い税率で計算することができる軽課税率の特例があります（措法31の3）。この
特例を受けるには、次のすべての要件を満たすことが必要です。

【居住用財産を譲渡した場合の軽課税率の特例要件】

　①　譲渡資産
　　・日本国内にある自己の居住用資産であること
　　・家屋又は家屋とともにその敷地を譲渡していること
　　・住まなくなった日から3年目の年の12月31日までに譲渡していること
　　・譲渡した年の1月1日において家屋及びその敷地の所有期間がともに10年を超えていること
　②　譲受人
　　　譲受人が、配偶者や直系血族、これら以外の親族などの特別な関係者でないこと
　③　他の特例との関係
　　・譲渡の年の前年又は前々年にすでに本特例を受けていないこと（居住用財産を譲渡したときの3,000万円
　　　の特別控除の特例（措法35）は、重ねて受けることができる。上記(1)参照）
　　・その居住用財産の譲渡について法58又は措法31の2、33、33の2、33の3、35の3、36の2、36の5、
　　　37、37の4、37の5（5項を除く。）、37の6、37の8の特例を受けていないこと

【居住用財産を譲渡した場合の軽課税率の手続要件】

この特例を受ける場合には、確定申告書に「措置法31条の3」と記載するほか、次の書類を添付する必
要があります（措規13の4）。
　・譲渡所得の内訳書（確定申告書付表兼計算明細書）［土地・建物用］
　・譲渡資産の登記事項証明書（家屋を取り壊して譲渡したときは閉鎖登記簿謄本）
　・戸籍の附票の写し等で、その資産を居住の用に供していたことを明らかにする書類（譲渡契約締結日

155

2-8　土地建物等の譲渡所得（分離課税）

> の前日において、この特例を受けようとする者の住民票に記載されている住所とその譲渡した資産の所在地が異なる場合）

## (4) 特定居住用財産の買換え特例

　自己が居住していた土地建物を譲渡し、自己の居住用土地建物（買換資産）を取得して一定の要件に該当した場合には、譲渡収入金額が買換資産の取得価額を下回る場合にはその譲渡がなかったものとされ、譲渡収入金額が買換資産の取得価額を上回る場合には、その上回る部分についてだけ譲渡があったものとする特例があります（措法36の2）。この特例を受けるには、次のすべての要件を満たすことが必要です。

【特定居住用財産の買換えの特例要件】

---

① 譲渡人
　　自分がその家屋の所在地に10年以上住んでいること
② 譲渡資産
　・日本国内にある自己の居住用資産であること
　・家屋又は家屋とともにその敷地を譲渡していること
　・住まなくなった日から3年目の年の12月31日までに譲渡していること
　・譲渡した年の1月1日において家屋及びその敷地の所有期間がともに10年を超えていること
　・譲渡資産の売却価額が1億円以下であること
③ 譲受人
　　譲受人が、配偶者や直系血族、これら以外の生計を一にする親族などの特別な関係者でないこと
④ 買換取得資産
　・自分の住む家屋又は家屋とともにその敷地を取得すること
　・日本国内にある自己の居住用のための資産であること
　・譲渡の年の前年から翌年の12月31日までに取得すること
　・買換取得資産を譲渡年の翌年12月31日（譲渡年の翌年に取得した場合は取得した年の翌年12月31日）までに居住の用に供すること
　・家屋の床面積が50㎡以上、その敷地は500㎡以下であること
　・中古の耐火建築物である場合には、25年以内に建築されたもの又は一定の耐震基準に適合する旨の証明がされたものであること（耐火建築物以外の中古建物の場合は一定の耐震基準に適合する旨の証明がされたものであること）
　　　（注）　令和6年以後に建築確認を受ける住宅（登記簿上の建築年月日が同年6月30日以前のものを除く。）又は建築確認を受けない住宅で登記簿上の建築年月日が同年7月1日以降のものである場合の要件に一定の省エネ基準を満たすものであることが加えられます。
⑤ 他の特例との関係
　・譲渡年又は譲渡年の前年若しくは前々年において措法31の3、35（第3項により適用する場合を除く。）、41の5、41の5の2の適用を受けていないこと
　・その居住用財産の譲渡について措法33〜33の4、37、37の4、37の8の適用を受けていないこと及び贈与、交換又は出資や代物弁済によるものでないこと

---

【特定居住用財産の買換えの手続要件】

---

　この特例を受ける場合には、確定申告書に「措置法36条の2」と記載するほか、次の書類を添付する必要があります（措規18の4）。
　・譲渡所得の内訳書（確定申告書付表兼計算明細書）［土地・建物用］

---

・譲渡資産の登記事項証明書（家屋を取り壊して譲渡したときは閉鎖登記の謄本）
・戸籍の附票の写し等で、その資産を10年以上居住の用に供していたことを明らかにする書類（譲渡契約締結日の前日において、この特例を受けようとする者の住民票に記載されている住所とその譲渡した資産の所在地が異なる場合、その譲渡の日前10年以内において、住民票に記載されていた住所を異動したことがある場合など）
・譲渡資産の売買契約書の写し
・買換資産の登記事項証明書、売買契約書の写し
・買換資産が築25年を超える耐火建築物（又は耐火建築物以外の中古建物）の場合は、地震に対する安全性に係る基準に適合することの証明書
・確定申告書の提出日まで又は買換資産の取得をした日から４か月を経過する日までに、居住の用に供していない場合には、その旨及びその居住の用に供する予定年月日その他の事項を記載した書類

## (5) 居住用財産の買換え等をした場合の譲渡損失の損益通算及び繰越控除の特例

自己が居住していた土地建物を譲渡し買い換えた場合においてその譲渡資産の譲渡について、譲渡損失の金額が算出される場合には、一定の要件のもとで、その譲渡損失の金額をその年分の総所得金額等の計算上控除（損益通算）することができます。また、控除しきれない譲渡損失の金額（敷地面積が500㎡超の場合はその超える部分に対応する金額を除きます。）がある場合には、一定の要件のもとで、翌年以降３年間にわたり繰越控除をすることができます（措法41の５）。

この特例を受けるには、次のすべての要件を満たすことが必要です。

### 【居住用財産の買換え等をした場合の譲渡損失の特例要件】

① 譲渡人
　譲渡損失の繰越控除を適用しようとする年分の合計所得金額が3,000万円を超えないこと
② 譲渡資産
　・日本国内にある自己の居住用資産であること
　・家屋又は家屋とともにその敷地を譲渡していること
　・住まなくなった日から３年目の年の12月31日までに譲渡していること
　・譲渡した年の１月１日において譲渡資産の所有期間がともに５年を超えていること
③ 譲受人
　譲受人が、配偶者や直系血族、これら以外の生計を一にする親族などの特別な関係者でないこと
④ 買換取得資産
　・自分が住む家屋又は家屋とともにその敷地を取得すること
　・日本国内にあること
　・原則として、譲渡の年の前年から翌年の12月31日までに取得すること
　・取得した年の翌年12月31日までに居住の用に供すること
　・家屋の床面積が50㎡以上であること
⑤ 住宅借入金等
　・12月31日現在において買換資産に係る住宅借入金等の残高があること
　・住宅借入金等（「６-２ 住宅借入金等特別控除」を参照）は、銀行等からの当初借入時において償還期間が10年以上の割賦償還の方法によるものであること
⑥ 他の特例との関係
　・譲渡の年の前年又は前々年に措法31の３、35（第３項により適用を受ける場合を除く。）、36の２、36の５の適用を受けていないこと
　・譲渡の年若しくは前年以前３年内に、措法41の５の２の適用を受けていないこと
　・譲渡年の前年以前３年内に本特例の適用を受けていないこと

2-8　土地建物等の譲渡所得（分離課税）

## 【居住用財産の買換え等をした場合の譲渡損失の手続要件】

この特例を受ける場合には、確定申告書に「措置法41条の5」と記載するほか、次の書類を添付する必要があります（措規18の25）。
- ・居住用財産の譲渡損失の金額の明細書《確定申告書付表》
- ・居住用財産の譲渡損失の損益通算及び繰越控除の対象となる金額の計算書【租税特別措置法第41条の5用】
- ・譲渡資産の登記事項証明書（家屋を取り壊して譲渡したときは閉鎖登記の謄本）
- ・家屋の敷地が借地権の場合、土地賃貸借契約書等の写しで面積を明らかにするもの
- ・戸籍の附票の写し等で、その資産を居住の用に供していたことを明らかにする書類（譲渡をした時において、この特例の適用を受けようとする者の住民票に記載されている住所とその譲渡した資産の所在地が異なる場合）
- ・買換資産に係る住宅借入金等の残高証明書（12月31日現在の残高）
- ・買換資産の登記事項証明書

## ⑹　特定居住用の財産の譲渡損失の損益通算及び繰越控除の特例

　自己が居住していた土地建物を譲渡し、譲渡損失の金額（譲渡資産に係る住宅借入金等の残高から譲渡対価を差し引いた金額を限度とします。）が算出される場合には、一定の要件のもとで、その譲渡損失の金額をその年分の総所得金額等の計算上控除（損益通算）することができます。また、控除しきれない譲渡損失の金額がある場合には、一定の要件のもとで、翌年以降3年間にわたり繰越控除をすることができます（措法41の5の2）。

　この特例を受けるには、次のすべての要件を満たすことが必要です。

## 【特定居住用財産の譲渡損失の特例要件】

① 譲渡人
　譲渡損失の繰越控除を適用しようとする年分の合計所得金額が3,000万円を超えないこと
② 譲渡資産
- ・日本国内にある自己の居住用資産であること
- ・家屋又は家屋とともにその敷地を譲渡していること
- ・住まなくなった日から3年目の年の12月31日までに譲渡していること
- ・譲渡した年の1月1日において譲渡資産の所有期間がともに5年を超えていること
- ・譲渡価額が下記④の住宅借入金等の残高を下回っていること
③ 譲受人
　譲受人が、配偶者や直系血族、これら以外の生計を一にする親族などの特別な関係者でないこと
④ 住宅借入金等
- ・譲渡契約の日の前日に譲渡資産に係る住宅借入金等の残高があること
- ・住宅借入金等（「6-2　住宅借入金等特別控除」を参照）は、銀行等からの当初借入時において償還期間が10年以上の割賦償還の方法によるものであること
⑤ 他の特例との関係
- ・譲渡の年の前年又は前々年に措法31の3、35（第3項により適用を受ける場合を除く。）、36の2、36の5の適用を受けていないこと
- ・譲渡の年若しくは前年以前3年内に、措法41の5の適用を受けていないこと
- ・譲渡年の前年以前3年内に本特例の適用を受けていないこと

**158**

# 申告書等の記載手順（居住用財産の売却（軽課税率又は譲渡益））

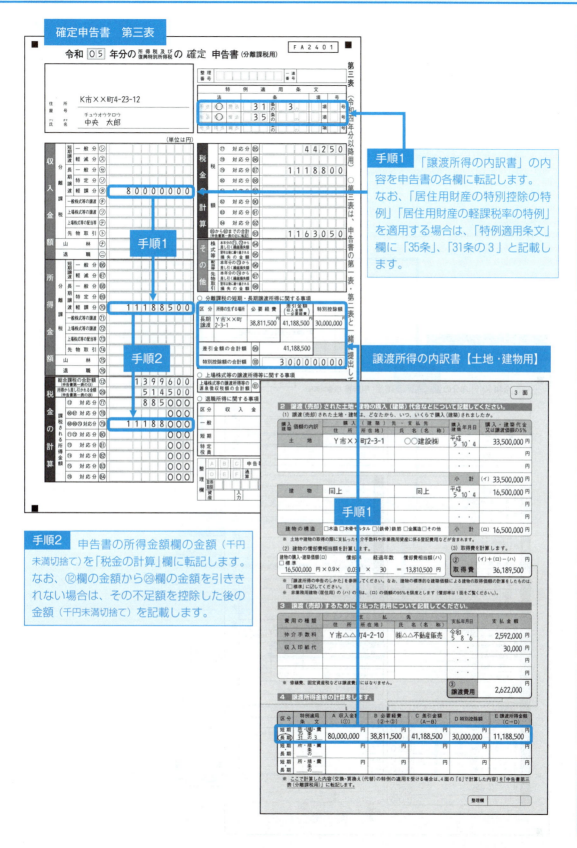

# 申告書等の記載手順（居住用財産の買換え等の譲渡損失）

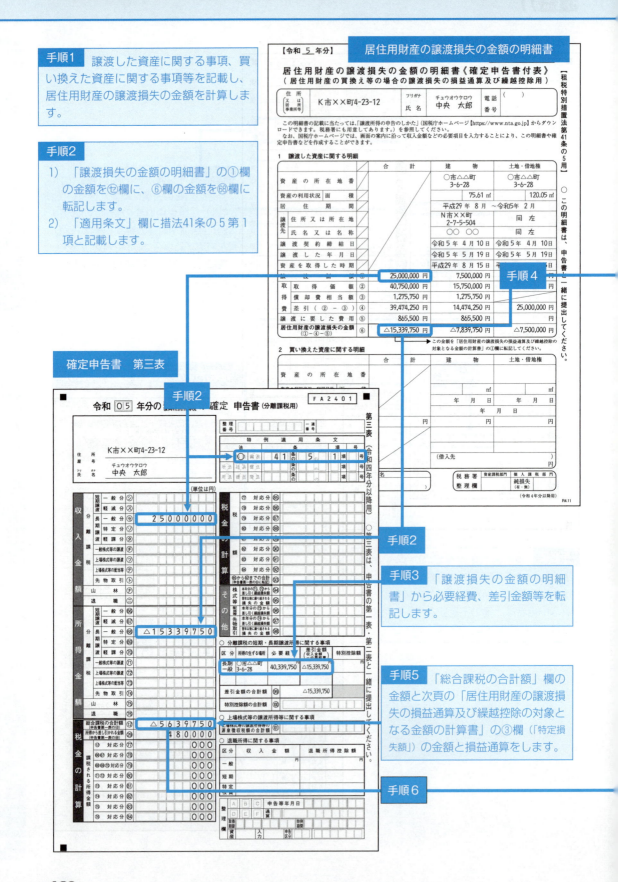

## 居住用財産の譲渡損失の損益通算及び繰越控除の対象となる金額の計算書

整理番号 _____

### 居住用財産の譲渡損失の損益通算及び繰越控除の対象となる金額の計算書（令和 5 年分）【租税特別措置法第41条の5用】

| 住 所又は事業所等 | K市××町4-23-12 | フリガナ | チュウオウタロウ |
|---|---|---|---|
| | | 氏 名 | 中央 太郎 |

○この計算書は、申告書と一緒に提出してください。

この計算書は、本年中に行った居住用財産の譲渡で一定のものによる損失の金額があり、その損失の金額について、本年分において、租税特別措置法第41条の5第1項（居住用財産の買換え等の場合の譲渡損失の損益通算の特例）の適用を受ける方及び翌年分以後の各年分において租税特別措置法第41条の5第4項（居住用財産の買換え等の場合の譲渡損失の繰越控除の特例）の適用を受けるために、本年分の居住用財産の譲渡損失の金額を翌年分以後に繰り越す方が使用します。
詳しくは、「譲渡所得の申告のしかた」（国税庁ホームページ【https://www.nta.go.jp】からダウンロードできます。なお、税務署にも用意してあります。）をご覧ください。

### 居住用財産の譲渡損失の損益通算及び繰越控除の対象となる金額の計算
（赤字の金額は、△を付けないで書いてください。）

| | | | |
|---|---|---|---|
| 特例の計算の基礎となる居住用財産の譲渡損失の金額（「居住用財産の譲渡損失の金額の明細書《確定申告書付表》（居住用財産の買換え等の場合の譲渡損失の損益通算及び繰越控除用）」の⑥の合計欄の金額を書いてください。） | ① | 15,339,750 | 円 |
| 分離課税の対象となる土地建物等の譲渡所得の金額の合計額（①の金額以外に土地建物等の譲渡所得の金額がある場合は、その金額と①の金額との通算後の金額を書いてください（黒字の場合は0と書きます。）。また、①の金額以外にない場合は、①の金額を書いてください。） | ② | 15,339,750 | |
| 損益通算の特例の対象となる居住用財産の譲渡損失の金額（特定損失額）（①と②の金額のいずれか少ない方の金額を書いてください。） | ③ | 15,339,750 | |
| 本年分の純損失の金額（上記③（※1）、申告書第一表⑫及び申告書第三表・⑦の金額の合計額又は申告書第四表⑩の金額を書いてください。なお、純損失の金額がないときは0と書きます。） | ④ | 5,639,750 | |
| 本年分が青色申告の場合　不動産所得の金額、事業所得の金額（※2）、山林所得の金額又は総合譲渡所得の金額（※3）のうち赤字であるものの合計額（それぞれの所得の金額の赤字のみを合計して、その合計額を書いてください。） | ⑤ | | |
| 本年分が白色申告の場合　変動所得の損失額及び被災事業用資産の損失額の合計額（それぞれの損失額の合計額を書いてください。なお、いずれの損失もないときは0と書きます。） | ⑥ | | |
| 居住用財産の譲渡損失の繰越基準額（④から⑤又は⑥を差し引いた金額（引ききれない場合は0）を書いてください。） | ⑦ | 5,639,750 | |
| 翌年以後に繰り越される居住用財産の譲渡損失の金額（③の金額と⑦の金額のいずれか少ない方の金額を書いてください。ただし、譲渡した土地等の面積が500㎡を超えるときは、次の算式で計算した金額を書いてください。） | ⑧ | 5,639,750 | |

$$\begin{pmatrix}③の金額と⑦の金額\\のいずれか少ない方\\の金額\end{pmatrix} \times \left\{1 - \frac{\begin{pmatrix}土地等に係る\\特定損失の金額\end{pmatrix}円}{③\ の\ 金\ 額\quad円} \times \frac{㎡-500㎡}{\begin{pmatrix}土地等の面積\end{pmatrix}㎡}\right\}$$

※1 「上記③の金額」は、総合譲渡所得の黒字の金額（特別控除前）又は一時所得の黒字の金額（特別控除後、2分の1前）がある場合は、「上記③の金額」からその黒字の金額を差し引いた金額とします（「上記③の金額」より、その黒字の金額が多い場合は0とします。）。
※2 「事業所得の金額」とは、申告書第一表の「所得金額」欄の①及び②の合計額をいいます。
※3 「総合譲渡所得の金額」は、申告書第四表（損失申告用）の「1 損失額又は所得金額」欄の⑦、⑦の金額の合計額とします。

（令和4年分以降用）
R4.11

---

### 手順4

1) 「居住用財産の譲渡損失の金額の明細書」の⑥欄の金額（「居住用財産の譲渡損失の金額」）を①欄へマイナス記号を付けないで転記します。

2) ②、③欄へ①欄の金額を転記します（他の土地等の譲渡所得金額がない場合）。

### 手順6

1) ⑦欄へ 手順5 で算出した損益通算後の赤字の金額（マイナス記号を付けない。）を転記します。

2) 「翌年以後に繰り越される居住用財産の譲渡損失の金額」欄で、譲渡した土地の面積が500㎡を超える場合には所定の計算をして繰越控除金額を計算します（総合譲渡所得金額又は一時所得金額がない場合、白色申告者で被災事業用資産の損失がない場合）。

### 税務署のチェックポイント
土地の面積は、500㎡を超えていないか
☞ 超えている場合は「計算書」で繰越控除額を正しく計算しているか

---

主な改正事項

1 所得税の概要

2 各種所得の計算

3 所得の金額と損益通算

4 所得控除

5 税額の計算

6 税額控除

7 非居住者

8 地方税

**161**

# 申告書等の記載手順（特定居住用財産の譲渡損失）

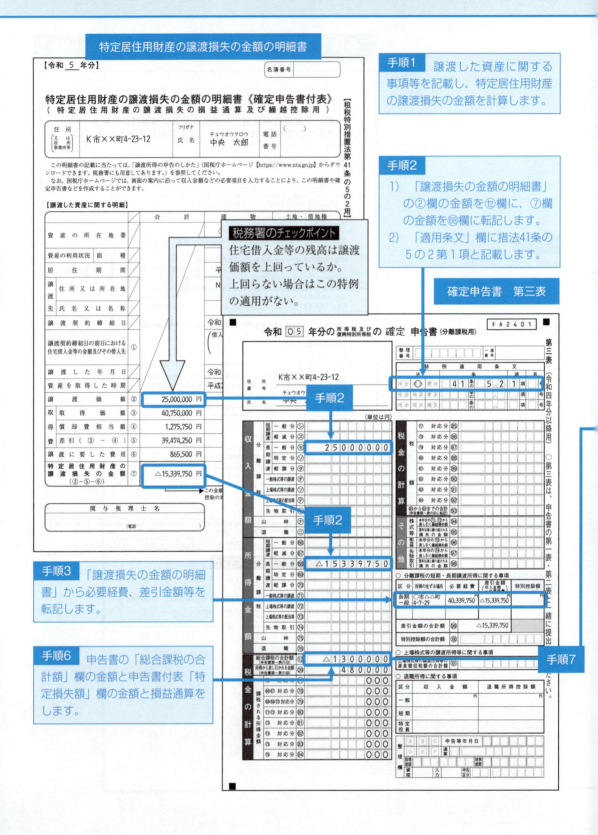

## 特定居住用財産の譲渡損失の損益通算及び繰越控除の対象となる金額の計算書

整理番号　　　　　　　

### 特定居住用財産の譲渡損失の損益通算及び繰越控除の対象となる金額の計算書（令和 5 年分）　【租税特別措置法第41条の5の2用】

| 住所又は居所若しくは所等 | K市××町4-23-12 | ・フリガナ<br>氏　名 | チュウオウタロウ<br>中央　太郎 |
|---|---|---|---|

○この計算書は、申告書と一緒に提出してください。

この計算書は、本年中に行った特定居住用財産の譲渡で一定のものによる損失の金額があり、その損失の金額について、本年分において、租税特別措置法第41条の5の2第1項（特定居住用財産の譲渡損失の損益通算の特例）の適用を受ける方及び翌年分以後の各年分において租税特別措置法第41条の5の2第4項（特定居住用財産の譲渡損失の繰越控除の特例）の適用を受けるために、本年分の特定居住用財産の譲渡損失の金額を翌年分以後に繰り越す方が使用します。
　詳しくは、「譲渡所得の申告のしかた」（国税庁ホームページ【https://www.nta.go.jp】からダウンロードできます。なお、税務署にも用意してあります。）をご覧ください。

### 特定居住用財産の譲渡損失の損益通算及び繰越控除の対象となる金額の計算

（赤字の金額は、△を付けないで書いてください。）

| | | 円 |
|---|---|---|
| 特例の計算の基礎となる特定居住用財産の譲渡損失の金額<br>（「特定居住用財産の譲渡損失の金額の明細書〈確定申告書付表〉（特定居住用財産の譲渡損失の損益通算及び繰越控除用）」の⑦の合計欄の金額を書いてください。） | ① | 15,339,750 |
| 分離課税の対象となる土地建物等の譲渡所得の金額の合計額<br>（①の金額以外に土地建物等の譲渡所得の金額がある場合は、その金額と①の金額との通算後の金額を書いてください（黒字の場合は 0 と書きます。）。また、①の金額以外にない場合は、①の金額を書いてください。） | ② | 15,339,750 |
| 譲渡契約締結日の前日における住宅借入金等の金額から特定居住用財産の譲渡価額を控除した残額<br>（「特定居住用財産の譲渡損失の金額の明細書〈確定申告書付表〉（特定居住用財産の譲渡損失の損益通算及び繰越控除用）」の①から②を控除した金額を書いてください。なお、控除後の金額が赤字の場合は 0 と書いてください。） | ③ | 11,000,000 |
| 損益通算の特例の対象となる特定居住用財産の譲渡損失の金額（特定損失額）<br>（①から③の金額のいずれか少ない金額を書いてください。） | ④ | 11,000,000 |
| 本年分の純損失の金額<br>（⑥（※1）、申告書第一表⑫及び申告書第三表⑨・⑯の金額の合計額又は申告書第四表を書いてください。なお、純損失の金額がないときは 0 と書きます。） | ⑤ | 1,300,000 |
| 本年分が青色申告の場合 | 不動産所得の金額、事業所得の金額（※2）、山林所得の金額又は総合譲渡所得の金額（※3）のうち赤字であるものの合計額<br>（それぞれの所得の金額の赤字のみを合計して、その合計額を書いてください。） | ⑥ | |
| 本年分が白色申告の場合 | 変動所得の損失額及び被災事業用資産の損失額の合計額<br>（それぞれの損失額の合計額を書いてください。なお、いずれの損失もないときは 0 と書きます。） | ⑦ | |
| 特定居住用財産の譲渡損失の繰越基準額<br>（⑤から⑥又は⑦を差し引いた金額（引ききれない場合は 0）を書いてください。） | ⑧ | 1,300,000 |
| 翌年以後に繰り越される特定居住用財産の譲渡損失の金額<br>（④の金額と⑧の金額のいずれか少ない方の金額を書いてください。） | ⑨ | 1,300,000 |

※1　「上記④の金額」は、総合譲渡所得の黒字の金額（特別控除前）又は一時所得の黒字の金額（特別控除後、2分の1前）がある場合は、「上記④の金額」からその黒字の金額を差し引いた金額とします（「上記④の金額」より、その黒字の金額が多い場合は 0 とします。）。
※2　「事業所得の金額」とは、申告書第一表の「所得金額等」欄の①及び②の金額の合計額とします。
※3　「総合譲渡所得の金額」は、申告書第四表（損失申告用）の「1 損失額又は所得金額」の⑤、⑦の金額の合計額とします。

（令和 4 年分以降用）

R4.11

---

**手順4**

1) 「譲渡損失の金額の明細書」の⑦欄の金額（「特定居住用財産の譲渡損失の金額」）を①欄へマイナス記号を付けないで転記します。
2) ②欄へ①欄の金額を転記します（他の土地等の譲渡所得金額がない場合）。

**手順5**

1) ③欄へ「譲渡損失の金額の明細書」の「住宅借入金等の金額」から「譲渡価額」を差し引いた金額を記載します。
2) ④欄へ①欄から③欄のいずれか少ない金額を転記します（他に土地建物等の譲渡所得金額がない場合）。

**手順7**

1) ⑤欄へ **手順6** で求めた通算後の金額を転記します。
2) ⑧、⑨欄へ⑤欄の金額を転記します（総合譲渡所得又は一時所得の金額がない場合、白色申告者で被災事業用資産の損失額がない場合）。

---

主な改正事項

1 所得税の概要

2 各種所得の計算

3 所得の金額と損益通算

4 所得控除

5 税額の計算

6 税額控除

7 非居住者

8 地方税

2-8 土地建物等の譲渡所得（分離課税）

### 【特定居住用財産の譲渡損失の手続要件】

この特例を受ける場合には、確定申告書に「措置法41条の5の2」と記載するほか、次の書類を添付する必要があります（措規18の26）。
- ・居住用財産の譲渡損失の金額の明細書《確定申告書付表》
- ・特定居住用財産の譲渡損失の損益通算及び繰越控除の対象となる金額の計算書【租税特別措置法第41条の5の2用】
- ・譲渡資産の登記事項証明書（家屋を取り壊して譲渡したときは閉鎖登記簿謄本）
- ・戸籍の附票の写し等で、その資産を居住の用に供していたことを明らかにする書類（譲渡をした時において、この特例の適用を受けようとする者の住民票に記載されている住所とその譲渡資産の所在地が異なる場合）
- ・家屋の敷地が借地権の場合、土地賃貸借契約書等の写しで所有期間を明らかにするもの
- ・譲渡資産に係る住宅借入金等の残高証明書（契約日の前日現在の残高）

### 図表2-8-12 居住用財産の譲渡の特例要件

| 区 分 | | 居住用財産の特別控除の特例[3]（措法35） | 居住用財産を譲渡した場合の軽減税率の特例（措法31の3） | 特定居住用財産の買換え特例[2]（措法36の2） | 居住用財産の買換え等をした場合の譲渡損失の特例（措法41の5） | 特定居住用財産の譲渡損失の特例（措法41の5の2） |
|---|---|---|---|---|---|---|
| 共通要件 | | ・家屋及びその敷地を居住用に供していたこと<br>・住まなくなってから3年を経過する年の12月31日までの譲渡であること<br>・譲渡先は配偶者、直系血族、生計を一にする親族等でないこと | | | | |
| 適用期間 | | なし | | 令和5年12月31日までの譲渡 | | |
| 譲渡資産 | 所在地 | なし | 国内に限る | | | |
| | 所有期間 | | その年の1月1日において10年超 | | その年の1月1日において5年超 | |
| | 住宅借入金の残高[1] | 不 要 | | | | 譲渡契約前日に残高があること[4] |
| | 敷地面積 | なし | | | 500㎡超部分は繰越控除適用なし | なし |
| 買換資産 | | 取得不要 | | 譲渡年の前年から翌年末までに取得 | | 取得不要 |
| 繰越控除を受けようとする年分の所得制限 | | | | | 合計所得金額が3,000万円超の年は適用不可 | |
| 住宅借入金等特別控除との重複適用 | | 不 可 | | | 可 | |

※1 銀行等からの借入金で、償還期間が10年以上の割賦償還の方法による返済するものです。
※2 その他の要件については、156頁の「特定居住用財産の買換えの特例要件」を参照してください。
※3 空き家に係る譲渡所得の特別控除の特例（被相続人居住用財産の特例）（措法35③）を除きます。
※4 譲渡価額が譲渡契約前日の住宅借入金等の残高を下回っていなければなりません。

## 4 固定資産を交換した場合の特例

### (1) 概 要

　個人が、１年以上所有していた固定資産（交換譲渡資産）を他の者が１年以上所有していた固定資産（交換取得資産）と交換した場合、一定の要件に該当する場合には、譲渡所得の計算上、その交換譲渡資産の譲渡はなかったものとみなされます。なお、その交換により交換差金等を取得した場合には、その交換差金等の価額に相当する部分について、譲渡所得が課税されます（法58）。

　交換取得資産の取得日及び取得価額は、交換譲渡資産の取得日及び取得価額を引き継ぐことになります（令168）。

【交換の特例を適用した場合の譲渡所得の金額の計算式】

$$\text{分離長期（短期）譲渡所得の金額} = \left\{\left(\substack{\text{交換差金}\\\text{等の額}} + \substack{\text{取得資産}\\\text{の価額}}\right) - \left(\substack{\text{譲渡資産}\\\text{の取得費}} + \text{譲渡費用}\right)\right\} \times \frac{\text{交換差金等の額}^{※}}{\text{交換差金等の額} + \text{取得資産の価額}}$$

※　交換差金等を取得しなかった場合、譲渡はなかったものとみなされます。

### (2) 適用要件

　交換の特例は、次のすべての要件に該当する場合に限り適用されます。

【固定資産の交換の特例要件】

① 交換譲渡資産
　・１年以上所有していた固定資産であること
　・交換する固定資産は次の(ア)から(エ)までのいずれかに該当する資産であること
　　　(ア)　土地（借地権、耕作権を含む。）
　　　(イ)　建物（これに附属する設備及び構築物を含む。）
　　　(ウ)　機械及び装置
　　　(エ)　船舶、鉱業権（租鉱権及び採石権を含む。）
② 交換取得資産
　・相手方が１年以上所有していた固定資産で、交換のために取得したものではないこと
　・交換譲渡資産の種類（上記①の(ア)～(エ)）と交換取得資産の種類が同じであること
　・交換譲渡資産の譲渡直前の用途と同一の用途に供すること

| 交換譲渡資産 | 区　　分 |
|---|---|
| 土　地 | 宅地、田畑、鉱泉地、池沼、山林、牧場又は原野、その他 |
| 建　物 | 居住用※、店舗又は事務所用、工場用、倉庫用、その他 |
| 機械及び装置 | 耐用年数省令別表第二に掲げる設備の種類の区分 |
| 船　舶 | 漁船、運送船、作業船、その他 |

　※　例えば、従業員の宿舎用がこれに該当します。
③ 交換取得資産と交換譲渡資産との時価の差額
　　交換時における交換取得資産の時価と交換譲渡資産の時価の差額が、これらの資産の価額のうちいずれか高い方の価額の20％以下であること

## 2-8 土地建物等の譲渡所得（分離課税）

#### 【固定資産の交換の手続要件】

この特例を受ける場合には、確定申告書に「所得税法第58条」と記載するほか、次の書類を添付する必要があります（規37）。
・譲渡所得の内訳書（確定申告書付表兼明細書）［土地・建物用］

### 5　保証債務を履行するために譲渡した場合の特例

#### (1)　概　要

個人が、保証債務を履行するために資産の譲渡をした場合において、その履行に伴う求償権の全部又は一部を行使することができなくなったときは、その行使することができなくなった金額に対応する譲渡所得の金額がなかったものとみなされます（法64②）。

#### 【譲渡がなかったものとされる金額】

次の金額のうち最も低い金額が譲渡所得の金額がなかったものとみなされる（控除される）金額となります（令180②）。
① 求償権行使不能額
② 課税標準の合計額※
③ 譲渡所得の金額
※ 総合課税の長期譲渡所得及び一時所得については2分の1する前の金額に基づいて計算します（基通64-3）。

#### 図表2-8-13　保証債務を履行するための譲渡の概要図

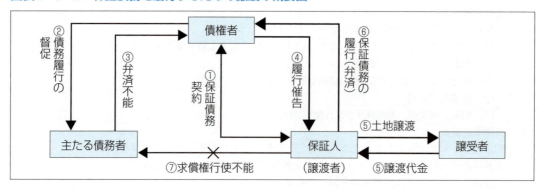

#### (2)　適用要件

保証債務の特例は、次のすべての要件に該当する場合に限り適用されます（法64②）。

#### 【保証債務を履行するために資産の譲渡をした場合の特例要件】

・保証債務契約等が存在すること
・譲渡代金により保証債務の履行があったこと（基通64-4）
・求償権の行使が不能であること（基通64-1、51-11～51-16）

2-8　土地建物等の譲渡所得（分離課税）

**【保証債務を履行するために資産の譲渡をした場合の手続要件】**

この特例を受ける場合には、確定申告書に「所得税法第64条」と記載するほか、次の書類を添付する必要があります（規38）。
・保証債務履行のための資産の譲渡に関する計算明細書（確定申告書付表）

### (3) 後発的事由による更正の請求の特則

申告期限後において、主たる債務者の資産状態等の変化により求償権の行使が不能となった場合には、この求償権の行使が不能となった日の翌日から2か月以内又は納税申告書の法定申告期限から5年以内に限り、更正の請求ができます（法152、通則法23①）。

## 6　収用等の課税の特例

### (1) 補償金の種類と所得区分

個人が、国又は地方公共団体等の公共事業施行者により資産の収用等（収用、買取り、換地処分、買収又は消滅）をされたときに交付を受ける補償金は、課税上次の表のとおり所得が区分されます（措通33-9）。これらの補償金のうち対価補償金は譲渡所得に区分され、譲渡所得の金額を計算する上で、代替資産の買換えの特例（課税の繰延べ）（措法33）又は特別控除の特例（最高5千万円の控除額）（措法33の4）が適用されます。

**図表2-8-14　各種補償金と所得区分**

| 補償金の種類<br>（交付目的） | 補償金の例示 | 所得区分 |
|---|---|---|
| 対価補償金<br>（資産の対価として交付） | ・土地等買取り補償金・建物移転補償金（取り壊した場合）・残地補償金<br>・工作物移転補償金（取壊し又は除却した場合） | 譲渡所得（分離課税） |
| | ・漁業権、鉱業権の消滅補償金<br>・借家人補償金 | 譲渡所得（総合課税） |
| | ・立竹木伐採補償金<br>・立竹木移転補償金（伐採した場合） | 譲渡所得（総合課税）<br>山林所得 |
| 収益補償金<br>（事業などで減少する収益又は損失の補塡として交付） | ・営業補償金・家賃収入補償金<br>・漁業権、鉱業権立入制限補償金<br>・棚卸資産である土地等の買取り補償金 | 事業所得<br>不動産所得<br>雑所得 |
| 経費補償金<br>（休廃業等による費用の補塡として交付） | ・仮店舗設置補償金　・従業員解雇手当補償金<br>・従業員休業手当補償金<br>・公租公課（固定資産税等）補償金 | 事業所得<br>不動産所得<br>雑所得 |
| 移転補償金<br>（資産の移転に要するものとして交付） | ・建物移転補償金　　・工作物移転補償金<br>・立竹木移転補償金　・動産移転補償金<br>・仮住居補償金　　　・移転雑費補償金 | 事業所得<br>一時所得 |
| その他補償金 | ・改葬、祭祀料補償金 | 非課税 |

**167**

2-8 土地建物等の譲渡所得（分離課税）

## (2) 補償金の課税上の取扱い

### 図表2－8－15　各種補償金の取扱い

| 区　分 | 課税上の取扱い |
|---|---|
| 対価補償金 | ①　代替資産を取得した場合の特例（課税の繰延べ）（措法33）<br>②　特別控除の特例（最高5千万円の控除額）（措法33の4） |
| 収益補償金 | ①　対価補償金への振替え<br>　建物の収用に伴い交付される収益補償金で、建物の取壊し契約があり、建物の再取得価額が不明な場合、次の計算式により計算される額を限度として対価補償金へ繰入れることができます（措通33-11）。<br>　注：収益補償金を借家人補償金に振り替えて計算することはできません。<br>（対価補償金への繰入限度額の計算式）<br>　　建物の対価補償金　×　$\dfrac{100}{95^※}$　＝　建物の再取得価額<br>　　※　建物の構造が木造及び木骨モルタル造りのときは「65」とします。<br>　　建物の再取得価額　－　建物の対価補償金　＝　対価補償金繰入限度額<br>②　課税の時期の特例<br>　課税延期申請書を提出することにより所定の時期まで課税時期を延期することができます（措通33-32）。 |
| 経費補償金 | ①　対価補償金として取り扱われるもの<br>　事業廃止に伴い移設困難な場合に交付される機械装置等の売却損失補償金（措通33-13）。<br>②　課税の時期の特例<br>　課税延期申請書を提出することにより所定の時期まで課税時期を延期することができます（措通33-33）。 |
| 移転補償金 | ①　対価補償金として取り扱われるもの<br>　建物等を曳家又は移築せずに取り壊した場合又は移設困難な機械装置を除却した場合の移転補償金（措通33-14、33-15）。<br>②　課税の時期の特例<br>　課税延期申請書を提出することにより所定の時期まで課税時期を延期することができます（措通33-33）。 |

## (3) 代替資産を取得した場合の特例

### ① 概　要

　個人が、収用等により譲渡した資産（棚卸資産を除きます。）とこれに対応する所定の代替資産を一定の期限までに取得し、又は取得見込みである場合には、譲渡所得の金額を次の計算式のとおり計算します（措法33、措令22、措規14）。なお、代替資産の取得日及び取得価額は、譲渡資産の取得日及び取得価額を引き継ぐことになります（課税の繰延べ）（措法33の6）。

【収用等の代替資産を取得した場合の譲渡所得の金額の計算式】

$$\text{分離長期（短期）譲渡所得の金額} = (A-B-C)^{※1} - D \times \dfrac{A-B-C}{A-B}$$

A…対価補償金の額　B…譲渡費用$^{※2}$　C…代替資産の取得価額　D…譲渡資産の取得費

※1　対価補償金から譲渡費用を控除した後の額が代替資産の取得価額以下である場合、譲渡はなかったものとされます。<br>
※2　譲渡費用は経費補償金等で補塡された部分を除きます。

2-8 土地建物等の譲渡所得（分離課税）

### ② 適用要件

収用等により代替資産を取得した場合の特例は、次のすべての要件に該当する場合に限り適用されます（措法33）。

【収用等の代替資産を取得した場合の譲渡所得の特例要件】

① 譲渡資産
収用等による譲渡資産は棚卸資産でないこと

② 補償金
補償金は、法令等に基づき収用等を行う事業者（公共事業施行者）から取得する対価補償金であること（措法33①一～八）

③ 代替資産
・収用等による譲渡資産に応じ次の区分の代替資産を取得（所有権移転外リース取引を除き、製作及び建設を含む。）すること（措法33①）

| 区　分 | 代替資産の範囲 |
|---|---|
| 個別法 | 譲渡資産と同種の資産（措法33①、措令22④、措規14②）。 |
| 一組法 | 譲渡資産が異なる種類の2以上のもので一の効用を有する1組の資産である場合、同一の効用を有する1組の資産（措令22⑤、措通33-39、33-40）。<br>効用の区分は次のとおり（措規14③）。<br>　①居住の用、②店舗又は事務所の用、③工場、発電所又は変電所の用、<br>　④倉庫の用、⑤劇場の用、運動場の用、遊技場の用その他これらの用の区分に類する用 |
| 事業継続法 | 譲渡資産が事業用である場合、事業を継続するために取得した資産（措令22⑥、措通33-41、33-42）。 |

・代替資産を収用等のあった年の12月31日までに取得すること（措法33①）。なお、代替資産を取得見込みである場合、収用等のあった日以降2年を経過した日までとすることができます（措法33②）。この場合、代替資産の見積額に基づき申告します。また、代替資産の取得見込みが、工場等の建築等で通常2年を超える等のやむを得ない事情がある場合、収用等があった日から3年を経過した日までとなります（措令22⑲二）。

④ 他の特例との関係
措法31の2、31の3、33の4、34～34の2、35、35の2、35の3の特例及び重複適用が制限されている他の特例を受けていないこと。

【収用等の代替資産を取得した場合の譲渡所得の手続要件】

この特例を受ける場合には、確定申告書に「措置法第33条」と記載するほか、次の書類を添付する必要があります（措規14⑤）。
・譲渡所得の内訳書（確定申告書付表兼明細書）[土地・建物用]
・公共事業用資産の買取り証明書等
・代替資産の登記事項証明書
・代替資産明細書（代替資産を取得見込みである場合）

### ③ 代替資産を取得した場合の更正の請求又は修正申告

代替資産を取得見込みにより見積額で申告した後、実際の取得価額が見積額より過大となった場合には、代替資産を取得した日から4か月以内に更正の請求をすることができます（措法33の5④）。また、実際の取得価額が見積額に満たない場合又は代替資産を取得しなかった場合には、代替資産

を取得した日又は上記②の特例要件③に掲げる期限から4か月以内に修正申告をしなければなりません（措法33の5①）。

　この場合の修正申告書は期限内申告書とみなされ、加算税及び延滞税は賦課されません（措法33の5②③）。

### (4)　収用等の特別控除の特例

#### ①　概　要

　個人が、収用等により資産（棚卸資産を除きます。）を譲渡した場合、代替資産の特例の適用を受けないときは、譲渡所得の金額を計算する上で、次のとおり最高5,000万円を限度として控除できる特例です（措法33の4）。なお、代替資産の取得の特例（措法33）を適用した後、代替資産を所定の期限までに取得できず修正申告をする場合、この特別控除の特例を受けられます。

【収用等の特別控除の特例を適用した場合の譲渡所得の金額の計算式】

> 分離長期（短期）
> 譲渡所得の金額 　＝　補償金等の額 － 譲渡資産の取得費 － 譲渡費用 － 特別控除額※

※　特別控除額は最高額5,000万円。

#### ②　適用要件

　この特例は、次のすべての要件に該当する場合に限り適用されます（措法33の4）。

【収用等の特別控除の特例要件】

> ①　補償金
> ・補償金は、法令等に基づき収用等を行う事業者（公共事業施行者）から交付される対価補償金であること（措法33①一～八）
> ・一の収用等の事業について2以上の譲渡で、年をまたがって行われる場合、最初の年の譲渡であること
> ②　譲渡期限
> ・収用等による譲渡が、公共事業施行者からその資産について最初に買取り等の申し出のあった日から6か月を経過した日までに行われること
> ③　譲渡者
> ・公共事業施行者から最初に買取り等の申し出を受けた者の譲渡であること
> ・措法33、33の2の特例及び重複適用が制限されている他の特例を受けていないこと
> ・確定申告書に特例の適用を受ける旨並びに所定の事項を記載すること

【収用等の特別控除の手続要件】

> この特例を受ける場合には、確定申告書に「措置法第33条の4」と記載するほか、次の書類を添付する必要があります（措規15②）。なお、5,000万円の特別控除の適用を受けると確定申告書を提出する義務がなくなる者については、確定申告は不要です。
> ・譲渡所得の内訳書（確定申告書付表兼明細書）［土地・建物用］
> ・公共事業用資産の買取り証明書等

170

# 収用された資産等の計算明細書の記載手順

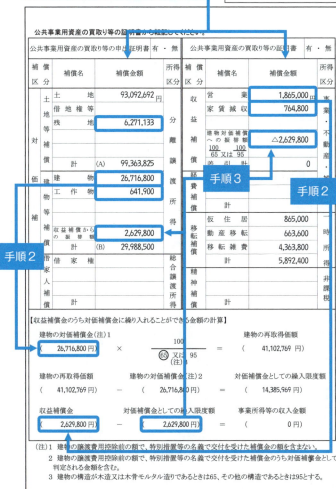

2-8 土地建物等の譲渡所得（分離課税）

## 7　特定の事業用資産の買換え等の特例

### (1)　概　要

　個人が、法（措法37①）に定められた表の上欄（譲渡資産）に掲げる事業用の資産を譲渡し、これに対応する同表の下欄（買換資産）に掲げる資産を取得し、かつ一定の期限までに買換資産を事業用に使用した場合は、譲渡所得の金額を次の計算式のとおり計算します（措法37）。なお、買換資産の取得価額は、譲渡資産の取得価額を引き継ぐことになります（課税の繰延べ）（措法37の3）。

【特定の事業用資産の買換え等の特例を適用した場合の譲渡所得の金額の計算式】

① 譲渡収入金額が買換資産の取得価額以下である場合

$$\text{分離長期（短期）譲渡所得の金額} = A \times 0.2^※ - C \times 0.2^※$$

② 譲渡収入金額が買換資産の取得価額を超える場合

$$\text{分離長期（短期）譲渡所得の金額} = (A - B \times 0.8^※) - C \times \frac{A - B \times 0.8^※}{A}$$

（注）　A…譲渡収入金額、B…買換資産の取得価額、C…譲渡資産の取得費＋譲渡費用

※　3号買換えをする場合において、譲渡資産及び買換資産が次表の地域内にある資産に該当するときは、上記算式の「0.8」及び「0.2」を次表のとおり置き換えます（措法37⑩）。

| 譲渡資産 | 買換資産 | 置き換え |
|---|---|---|
| 東京都特別区の区域内にある主たる事務所資産 | 集中地域以外の地域内にある主たる事務所資産 | 0.8⇒0.9<br>0.2⇒0.1 |
| 集中地域※1以外の地域内にある資産（主たる事務所資産※2を除く。） | 集中地域（東京都特別区の区域を除く。） | 0.8⇒0.75<br>0.2⇒0.25 |
| | 東京都特別区の区域にある資産 | 0.8⇒0.7<br>0.2⇒0.3 |
| 集中地域以外の地域内にある主たる事務所資産 | 東京都特別区の区域にある主たる事務所資産 | 0.8⇒0.6<br>0.2⇒0.4 |

※1　集中地域とは、地域再生法5条4項5号イに規定する集中地域をいいます。
※2　主たる事務所資産とは、個人の主たる事務所として使用される建物及び構築物並びにこれらの敷地の用に供されている土地等をいいます。

### (2)　適用要件

　この特例は、次のすべての要件に該当する場合に限り適用されます（措法37、措令25）。

【特定の事業用資産の買換え等の特例要件】

① 譲渡資産
・譲渡資産は棚卸資産でないこと
・租税特別措置法第37条第1項の表1号から4号の上欄に該当する事業用の資産で、かつ、買換資産は同表各号の下欄に対応する資産であること
・譲渡資産の譲渡は、収用等、贈与、交換、出資、代物弁済によるものではないこと
② 買換資産
・買換資産を譲渡した年の12月31日までに取得すること。なお、資産を取得した年の翌年3月15日ま

172

2-8 土地建物等の譲渡所得（分離課税）

でに「先行取得の届出書」を提出すれば（措令25⑯）、譲渡の年の前年中に取得した資産を買換資産とすることができます（措法37③）。また、買換資産を取得見込みである場合、譲渡した年の翌年中に取得することができます。さらに、やむを得ない事情により買換資産の取得が困難な場合、譲渡した年の翌年12月31日後２年以内の税務署長が認定した日までに取得することができます。
・取得の日から１年以内に事業用に使用すること
・買換資産の取得は、贈与、交換、代物弁済等による取得ではないこと
・買換資産の土地等の面積が、譲渡資産の土地等の面積の５倍（特定の場合は10倍）を超えないこと。この超える部分に対応する金額は、特例の対象となりません（措法37②）。
③　他の特例との関係
重複適用が制限されている他の特例を受けていないこと。

### 【特定の事業用資産の買換え等の手続要件】

この特例を受ける場合には、確定申告書に「措置法第37条」と記載するほか、次の書類を添付する必要があります（措規18の５）。
・譲渡所得の内訳書（確定申告書付表兼明細書）［土地・建物用］
・買換資産の登記事項証明書
・表の各号に掲げる地域、資産等に該当する旨を証する書類
・譲渡資産及び買換資産が事業用の資産であることを証する書類
・承認申請書（やむを得ない事情により買換資産の取得が困難な場合）（措令25⑱）

## (3)　買換資産を取得した場合の更正の請求又は修正申告

　買換資産を取得見込みにより見積額で申告した後、実際の取得価額が見積額より過大となった場合には、買換資産を取得した日から４か月以内に更正の請求をすることができます（措法37の2②）。また、実際の取得価額が見積額に満たなかった場合又は買換資産を取得した日から１年以内に事業用に使用しない等の場合には、買換資産を取得した日又は事業用に使用しないこと等となった日から４か月以内に修正申告をしなければなりません（措法37の2）。この場合の修正申告書は期限内申告書とみなされ、加算税及び延滞税は賦課されません（措法33の5③）。

### 税理士のアドバイス

譲渡所得の特例により取得した資産の取得費（引継取得価額）は、次の算式により計算した金額となります。

1　交換の特例（法58）

| 区　分 | 交換取得資産の引継取得価額の計算式 | 記号の説明 |
|---|---|---|
| A＞D 交換差金の取得 | $E = (B + C) \times \dfrac{D}{A}$ | A：交換譲渡資産の譲渡価額 B：交換譲渡資産の取得費 C：交換譲渡資産の譲渡費用 D：交換取得資産の実際の取得価額 E：交換取得資産の引継取得価額 |
| A＝D 交換差金なし | $E = B + C$ | |
| A＜D 交換差金の支払 | $E = B + C + (D - A)$ | |

**173**

## 2 特定居住用財産の買換え特例（措法36の2）

| 区　分 | 買換資産の引継取得価額の計算式 | 記号の説明 |
|---|---|---|
| A＞D<br>譲渡価額が大 | $E = (B+C) \times \dfrac{D}{A}$ | A：譲渡資産の譲渡価額<br>B：譲渡資産の取得費<br>C：譲渡資産の譲渡費用<br>D：買換資産の実際の取得価額<br>E：買換資産の引継取得価額 |
| A＝D<br>差額なし | $E = B+C$ | |
| A＜D<br>買換価額が大 | $E = (B+C) + (D-A)$ | |

## 3 収用等に伴い代替資産を取得した場合の特例（措法33）

| 区　分 | 代替資産の引継取得価額の計算式 | 記号の説明 |
|---|---|---|
| （A－C）＞D<br>補償金が大 | $E = B \times \dfrac{D}{A-C}$ | A：対価補償金の額<br>B：譲渡資産の取得費<br>C：譲渡資産の譲渡費用※<br>D：代替資産の実際の取得価額<br>E：代替資産の引継取得価額 |
| （A－C）＝D<br>差額なし | $E = B$ | |
| （A－C）＜D<br>代替価額が大 | $E = (B+C) + (D-A)$ | |

※　譲渡費用を補てんするための補償金を受け取っている場合には、その補償金を超える譲渡費用に限ります。

## 4 特定事業用資産の買換え特例（措法37）

| 区　分 | 買換資産の引継取得価額の計算式 | 記号の説明 |
|---|---|---|
| A＞D<br>譲渡価額が大 | $E = (B+C) \times \dfrac{D \times 0.8^{※}}{A} + D \times 0.2^{※}$ | A：譲渡資産の譲渡価額<br>B：譲渡資産の取得費<br>C：譲渡資産の譲渡費用<br>D：買換資産の実際取得価額<br>E：買換資産の引継取得価額 |
| A＝D<br>差額なし | $E = (B+C) \times 0.8^{※} + A \times 0.2^{※}$ | |
| A＜D<br>買換価額が大 | $E = (B+C) \times 0.8^{※} + D - A \times 0.8^{※}$ | |

※　3号買換えをする場合において、譲渡資産及び買換資産が次表の地域内にある資産に該当するときは、上記算式の「0.8」及び「0.2」を次表のとおり置き換えます（措法37⑩）。

| 譲渡資産 | 買換資産 | 置き換え |
|---|---|---|
| 東京都特別区の区域内にある主たる事務所資産 | 集中地域以外の地域内にある主たる事務所資産 | 0.8⇒0.9<br>0.2⇒0.1 |
| 集中地域※1以外の地域内にある資産（主たる事務所資産※2を除く。） | 集中地域（東京都特別区の区域を除く。） | 0.8⇒0.75<br>0.2⇒0.25 |
| | 東京都特別区の区域にある資産 | 0.8⇒0.7<br>0.2⇒0.3 |
| 集中地域以外の地域内にある主たる事務所資産 | 東京都特別区の区域にある主たる事務所資産 | 0.8⇒0.6<br>0.2⇒0.4 |

※1　集中地域とは、地域再生法5条4項5号イに規定する集中地域をいいます。
※2　主たる事務所資産とは、個人の主たる事務所として使用される建物及び構築物並びにこれらの敷地の用に供されている土地等をいいます。

2-8　土地建物等の譲渡所得（分離課税）

## 土地建物等に係る分離課税の譲渡所得のチェックポイント

### 【所得区分】

☐ 所有期間が5年未満の土地、建物等を長期譲渡所得としている。

  ☞ 譲渡した年の1月1日における所有期間が5年以下の場合は、短期譲渡所得になります。

☐ 建物の譲渡所得についても、優良宅地の軽減税率で計算している。

  ☞ 優良宅地の軽減税率の特例は、建物等の譲渡益には適用できません（措法31の2）。

☐ 離婚が成立し、元妻にこれまで住んでいたマンションを財産分与したが、特に税金は発生しないと思っている。

  ☞ 土地や建物を財産分与した場合は、分与した者に譲渡所得が発生します。財産分与時の土地や建物の時価が譲渡所得の収入金額になります。

☐ 父の相続で長男の私が全財産（8,000万円）を相続したが、次男から遺留分を請求されたので財産の1／4の2,000万円評価の土地を渡したが税金は発生しないと思っている。

  ☞ 遺留分侵害額請求で現金の代わりに土地を渡した場合は譲渡所得が発生します。
   （民法1046①により令和元年7月以降は「遺留分減殺請求」から「遺留分侵害額請求（原則、現金支払）」に改正されています。）

### 【収入金額】

☐ 実測売買による精算金を収入金額に含めていない。

  ☞ 実測売買の精算金は、譲渡所得の収入金額となります。

☐ 固定資産税の精算金を収入金額に含めていない。

  ☞ 固定資産税の精算金は、譲渡所得の収入金額となります。

### 【取得費】

☐ 相続等により取得した資産の取得費を相続時の相続税評価額としている。

  ☞ 相続等により取得した資産の取得費は、被相続人の取得費を引き継ぎます。

☐ 相続により取得した資産を譲渡した場合、相続税の取得費加算の検討をしたか。

  ☞ 申告期限から3年以内に譲渡した場合、相続税額の一部が取得費とされます。

☐ 相続登記のための費用を取得費として計上していない。

  ☞ 相続登記のための費用は、取得費となります（必要経費に算入したものを除く。）。

☐ 交換又は買換えの特例により取得した資産の取得費は適正か。

  ☞ 交換又は買換えの特例により取得した資産は、旧資産の取得価額を引き継ぎます。

☐ 事業用資産の減価償却費を非業務用として計算している。

  ☞ 業務用と非業務用では、減価償却費の計算が異なります。譲渡直前まで事業用として使用していた場合は、青色決算書又は収支内訳書の未償却残高が取得費となります。

☐ 概算取得費と造成費用の合計金額を取得費としている。

  ☞ 造成等の取得費と併せて、概算取得費を適用することはできません。

**175**

2-8　土地建物等の譲渡所得（分離課税）

【譲渡費用】

□　土地の譲渡の際、取り壊した建物の未償却残高を譲渡費用としていない。
☞　譲渡の直前に取り壊した建物等の未償却残額は、譲渡費用に含めることができます。

□　引越費用や税務申告のための税理士費用を譲渡費用としている。
☞　引越費用や税務申告のための税理士費用は、譲渡費用になりません。

【居住用財産の特例（共通事項）】

□　譲渡先（買受人）が親族等の特定の者でないか。
☞　買受人が、配偶者や直系血族、これら以外の生計を一にする親族、内縁関係にある人などの、特別な関係者である場合は、居住用財産の特例の適用がありません。

□　譲渡資産が店舗等併用住宅の場合、居住用以外の部分についても適用している。
☞　居住用以外の部分にはこの特例の適用がありません。ただし、居住用部分の割合が概ね90%以上であれば、全体についてこの特例の適用があります。

□　居住用家屋の敷地の一部を譲渡した場合に、特例の適用を受けている。
☞　居住用に供している家屋とともに譲渡した場合に、この特例の適用があります。

□　居住しなくなってから3年以上経過した後に譲渡しているのに、特例を受けている。
☞　居住しなくなってから3年を経過する年の12月31日までに譲渡しなければ、この特例の適用がありません。

□　譲渡の年の前年又は前々年に居住用財産の譲渡の特例を受けていないか。
☞　譲渡の年の前年又は前々年に居住用財産の譲渡の特例を受けている場合には適用がありません。

【居住用財産の特別控除の特例（措法35）】

□　譲渡物件の所在地は国外のものは適用できないとしている。
☞　この特例は、国外に所在する居住用財産でも適用できます。

【居住用財産を譲渡した場合の軽減税率の特例（措法31の3）】

□　居住用財産の譲渡において、特別控除の特例（措法35）と軽減税率の特例（措法31の3）は併用できないとしていた。
☞　それぞれの要件を満たしていれば併用できます。

□　譲渡した建物の所有期間は10年超か。
☞　建物を建て替えているときは建て替え後の建物の所有期間が、譲渡の年の1月1日現在で10年以下の場合、土地の所有期間が10年超であっても特例の適用がありません。

□　土地を買増ししている場合、所有期間が10年未満の部分がないか。
☞　土地の所有期間の要件を満たしていない部分の譲渡については、この特例の適用がありません。

□　相続又は贈与により取得した資産の場合、保有期間の判定は適正か。
☞　相続又は贈与により取得した建物、土地の所有期間の判定は、被相続人又は贈与者の取得時期に基づいて行います。

**176**

2-8　土地建物等の譲渡所得（分離課税）

☐　譲渡物件は国外に所在するものではないか。

  ☞　譲渡資産は国内にあるものに限ります。

## 【特定居住用財産の買換え特例（措法36の2）】

☐　譲渡益は3,000万円以下ではないか。

  ☞　特定居住用財産の買換え特例の適用要件を満たしていても、譲渡益が3,000万円以下であれば、3,000万円特別控除の適用を受けた方が税金上有利です（ただし、国民健康保険料（税）は3,000万円特別控除を適用した方が高くなる場合がある。）。

☐　買換資産を10年以内に売却する予定はないか。

  ☞　特定居住用財産の買換え特例は、取得時期を引き継がず取得費を引き継ぐため、10年以内に売却する予定があれば、買換え特例の適用を受けない方が一般的に有利といえます。

☐　譲渡収入金額よりも買換資産の取得価額の方が小さい場合、「特定居住用財産の買換え特例」と「3,000万円特別控除＋軽減税率の特例」の有利判定をしたか。

  ☞　譲渡収入金額より買換資産の取得価額の方が小さい場合、その上回る分に対して税金がかかりますが、軽減税率の適用を受けることができないため、買換資産の取得価額によっては「3,000万円特別控除＋軽減税率の特例」の適用を受けた方が有利なケースがあります。

## 【居住用財産の買換え等をした場合の譲渡損失の特例（措法41の5）】

☐　居住用の譲渡物件が国外に所在するものではないか。

  ☞　譲渡資産は国内にあるものに限ります。

☐　譲渡資産の土地面積が500㎡を超えていないか。

  ☞　土地面積が500㎡を超える部分に対応する損失額については、譲渡損失の繰越控除の適用がありません（損益通算は適用できる。）。

☐　買い換えた居住用財産は、国内に所在するものか。

  ☞　買換資産は、国内の居住用財産に限ります。

☐　代物弁済又は贈与により取得した資産を、買換え資産としていないか。

  ☞　代物弁済又は贈与により取得した資産については、この特例の適用がありません。

☐　買換えした家屋の床面積は50㎡以上か。

  ☞　買換えした家屋の床面積（登記事項証明書）が50㎡未満の場合には、この特例の適用がありません。

☐　買換取得資産の借入金の残高はあるか。

  ☞　その年の年末現在の借入金残高がなければ、この特例の適用がありません。

☐　買換取得資産に係る借入金が、繰上償還により償還期間が10年以下となっていないか。

  ☞　繰上償還により償還期間が10年以下となった場合には、この特例の適用がありません。

☐　譲渡損失の繰越控除の適用年分の合計所得金額が3,000万円を超えていないか。

  ☞　繰越控除の適用年分の合計所得金額が3,000万円を超える年分については適用がありません。

2-8 土地建物等の譲渡所得（分離課税）

## 【特定居住用の財産の譲渡損失の特例（措法41の5の2）】

☐ 譲渡物件は国外に所在するものではないか。

　☞ 譲渡資産は国内にあるものに限ります。

☐ 譲渡資産に係る住宅借入金等の残高が譲渡価額を超えているか。

　☞ 契約日の前日に借入金残高があり、借入金残額が譲渡価額以上でなければ、この特例の適用がありません。

☐ 譲渡損失の繰越控除の適用年分の合計所得金額が3,000万円を超えていないか。

　☞ 繰越控除の適用年分の合計所得金額が3,000万円を超える年分については適用がありません。

## 【交換の特例（法58）】

☐ 交換資産が棚卸資産ではないか。

　☞ 不動産販売業者が販売目的で保有する土地建物（棚卸資産）は固定資産に該当しないので、交換の特例の適用はありません。

☐ 土地建物の交換の場合、交換差金の割合（20％以内）の判定は適切か。

　☞ 土地と建物の合計額が等価であっても、土地と建物はそれぞれ別個に交換差金の割合の判定を行います（基通58-4）。

☐ 交換取得資産を事業用に使用した場合、減価償却費の計算は適切か。

　☞ 交換取得資産の取得価額は、交換譲渡資産の取得価額を引き継ぎます（令168）。

## 【保証債務を履行するための譲渡の特例（法64②）】

☐ 保証債務の履行に該当するか。

　☞ 保証債務の履行があった場合とは、保証人の債務又は連帯保証人の債務の履行があった場合のほか、連帯債務者の債務の履行、持分会社の無限責任社員による会社の債務の履行、法律の規定により連帯して損害賠償の責任がある場合において、その損害賠償金の支払があったとき等が該当します（基通64-4）。

☐ 求償権が行使不能である状況を確認したか。

　☞ 債務者の資産状況（債務超過の状態が相当期間継続している場合等）、支払能力等を総合判断したところにより、求償権の行使不能の有無を判断します（基通51-11～51-16）。

☐ 後発的事由により求償権が行使不能になった場合、更正の請求を忘れていないか。

　☞ 求償権の行使が不能となった日の翌日から2か月以内又は法定申告期限から5年以内に更正の請求をすることができます。

## 【収用等の特例（共通）】

☐ 棚卸資産である土地等の買取り補償金を対価補償金としていないか。

　☞ 対価補償金とはなりません。収益補償金に区分され、事業所得又は雑所得になります。

☐ 対価補償金へ振替え可能な収益補償金を計算したか。

　☞ 収益補償金のうち一定の金額を限度として対価補償金に繰入れすることができます（繰入限度額の計算式は168頁を参照）。

☐ 特別控除と軽減税率（措法31の2）を重複適用していないか。

2-8 土地建物等の譲渡所得（分離課税）

☞ 特別控除と軽減税率を重複して適用できません。

## 【収用等により代替資産を取得した場合の特例（措法33）】

☐ ２以上の資産を譲渡している場合、代替資産は要件を満たしているか。

☞ 原則として、代替資産は譲渡資産と同種の資産ですが（個別法）、同一の効用を有する１組の資産（一組法）、事業を継続するために取得した資産（事業継続法）についても代替資産として認められます。

☐ 代替取得した資産を事業用に使用した場合、減価償却費の計算は適切か。

☞ 代替取得した資産の取得価額は、譲渡資産の取得価額を引き継ぎます。

☐ 譲渡年分において代替資産を取得しておらず、代替資産を取得見込みであるときは、「買換（代替）資産明細書」を提出したか。

☞ 譲渡の年中に代替資産を取得できない場合、この書類を提出しなければなりません。

☐ 代替資産を見積額で申告している場合、更正の請求又は修正申告を忘れていないか。

☞ 所定の期限から４か月以内に更正の請求ができます。また、修正申告をしなければなりません。

## 【収用等による特別控除の特例（措法33の４）】

☐ 譲渡は、最初の買取り等の申出の日から６か月以内にされているか。

☞ 譲渡が、最初の買取り等の申出があった日から６か月を経過した日までに行われたものに限り特別控除の特例の適用が受けられます。なお、所定の期間を超えた譲渡であっても租税特別措置法第33条の適用は受けられます。

☐ 同一の収用事業ですでに特別控除の特例を受けていないか。

☞ 特別控除の特例は、最初の譲渡年度に限り適用されます。なお、すでに特別控除の特例を受けている場合であっても、今回の譲渡について租税特別措置法第33条の適用は受けられます。

## 【特定事業用資産の買換えの特例（措法37）】

☐ 譲渡資産及び買換資産は、特例要件に該当しているか。

☞ 譲渡資産は租税特別措置法第37条第１項の表１号から４号の上欄に該当する資産で、かつ、買換資産は同表各号の下欄に対応する資産であるものに限られます。

☐ 買換資産が土地等である場合、譲渡資産の土地等の面積の５倍（特定の場合は10倍）を超えていないか。

☞ ５倍（特定の場合は10倍）を超えた面積に対応する部分は、買換資産になりません。

☐ 譲渡の年の前年中に取得した資産を買換資産とする場合、「先行取得の届出書」が所轄税務署に提出されているか。

☞ 先行取得した資産を買換資産とするときは、届出書の提出が必要です。

☐ 買換取得資産を事業用に使用した場合、減価償却費の計算は適切か。

☞ 買換取得資産の取得価額は、譲渡資産の取得価額を引き継ぎます。

☐ やむを得ない事由により買換資産の取得が遅延する場合、その取得期限について「承認申請書」を提出したか。

☞ 承認を受けることにより、税務署長が認定した日まで買換資産の取得期限が延長されます。

179

2-8　土地建物等の譲渡所得（分離課税）

【特別控除】

☐　2,000万円の特別控除の対象となる土地等を同一年中に 2 回譲渡し、それぞれの土地等の譲渡ごとに2,000万円の特別控除を適用し、合わせて4,000万円としていないか。

☞　2,000万円の特別控除の対象となる土地等を 2 回譲渡しても、全体で2,000万円しか控除できません。その他の特別控除も同様です。

☐　同一年中に、 2 以上の資産を譲渡し、その中に5,000万円の特別控除と3,000万円の特別控除の対象となるものがある場合に、合計で8,000万円の控除をしていないか。

☞　同一年中に、 2 以上の資産を譲渡した場合については、その年分の特別控除額は、譲渡所得全体を通じて5,000万円の範囲内で頭打ちとなります。

## 2-9 株式等に係る譲渡所得等（申告分離課税）

### 1 株式等に係る譲渡所得等（申告分離課税）の概要

　株式等に係る譲渡所得等とは、株式、出資金等の有価証券の譲渡により生じる所得をいい、他の所得と区分して税金を計算する「申告分離課税」となります。また、上場株式等の売買については、特定口座制度があり、この特定口座での取引については、「源泉徴収口座」か「簡易申告口座」を選択することができます。なお、「源泉徴収口座」内における譲渡損益については、原則として、確定申告をする必要はありませんが、他の口座の譲渡損益と相殺する場合や上場株式等に係る譲渡損失の繰越控除の特例の適用を受ける場合には、確定申告をする必要があります。

### 図表2-9-1　株式等の譲渡所得の概要

| 株式等取引区分 | | | 源泉徴収 | 申告の要否 | | 上場株式等の配当所得等と損益通算 | 前年からの繰越控除 | 翌年への損失繰越 |
|---|---|---|---|---|---|---|---|---|
| 上場株式等 | 金融商品取引業者での譲渡 | 非課税口座※1 | なし | 申告不可 | | × | × | × |
| | | 特定口座※5（源泉徴収口座） | あり※2 国税15.315% 地方税 5% | 選択 | 申告不要 | × | × | × |
| | | | | | 申告分離課税※3 | ○ | ○ | ○ |
| | | 特定口座※5（簡易申告口座） | なし | 申告分離課税 | | ○ | ○ | ○ |
| | | 一般口座 | | | | ○ | ○ | ○ |
| | 相対取引※6による譲渡 | | | | | ×※4 | × | × |
| 一般株式等の譲渡等 | | | | | | | | |

※1　NISA・ジュニアNISA・つみたてNISAのほか新NISAなどの非課税口座です。
※2　平成25年分以後、所得税×2.1％相当の復興特別所得税が上乗せされています。
※3　源泉徴収口座の譲渡損失の申告を選択した場合、同一口座内の配当について申告不要を選択できません。
※4　上場株式等に係る譲渡損失の金額は、一般株式等に係る譲渡所得等から控除することはできません。
※5　特定口座に受け入れることができる上場株式等の範囲に、①平成29年分以後に法人が行った株式分配により取得する完全子法人の株式又は出資、②平成31年4月1日以後に居住者等が発行法人等に対して役務の提供をした場合に発行法人等から取得する上場株式等で、その役務の提供の対価として居住者等に生ずる債権の給付と引換えに居住者等に交付されるものが加えられています。
※6　金融商品取引業者等を介さない取引をいいます。

2-9　株式等に係る譲渡所得等（申告分離課税）

## 税理士のアドバイス

### 「上場株式等」とは

　「上場株式等」に含まれる有価証券には、①取引所上場株式（上場外国株式、上場新株予約権証券・上場新株引受権証書を含む。）、②上場新株予約権付社債、③上場外国投資法人の投資口（カントリーファンド）、④日銀出資証券、⑤外国市場（Nasdaq市場を含む。）で売買されている株式（ＡＤＲや会社型投資信託を含む。）や新株予約権付社債、⑥上場優先出資証券、⑦公募株式投信の受益証券（ＥＴＦを含む。）、⑧上場株式等に係る単元未満株や端株（買取請求）、⑨上場不動産投資法人の投資口（Ｊ－ＲＥＩＴ）、⑩上場未公開株式等投資法人の投資口（ベンチャーファンド）⑪国債等、⑫上場会社が発行する社債、⑬外国国債、⑭ゼロクーポン債、⑮公募公社債投資信託（MMF、MRF等）の受益権、⑯特定目的信託の社債的受益権等があります。

### 図表2-9-2　「源泉徴収ありの特定口座」のメリット、デメリット

| | |
|---|---|
| メリット | ①　証券会社が源泉徴収口座内の上場株式等の譲渡所得や配当所得の年間の損益につき、計算し作成する「特定口座年間取引報告書」で、確認ができます。 |
| | ②　源泉徴収口座内の上場株式等の譲渡所得や配当所得の税金の計算をして源泉徴収（納付）をするため確定申告が不要。 |
| | ③　申告不要を選択した場合、その口座内で生じた上場株式等の譲渡所得や配当所得等の金額については合計所得金額に算入されないため、所得控除の適用要件や国民健康保険の保険料、医療費の窓口負担割合などに影響しない。 |
| | ④　特定口座内の国内の上場株式等だけが、特定管理株式等の価値喪失による「みなし譲渡損失の特例」を適用することができる（源泉徴収なしの特定口座も適用可能）。 |
| デメリット | ①　源泉徴収口座以外の口座や他の証券会社の損益と損益通算するには申告が必要。 |
| | ②　源泉徴収口座の譲渡損失の繰越控除を利用するためには申告が必要。<br>　また、源泉徴収口座の譲渡損失を申告する場合、その源泉徴収口座内の株式等の配当金をすべて申告しなければならない。 |
| | ③　上場株式の配当金の受取り方法を「株式数比例配分方式」（図表2-10-2参照）に設定していないと、特定口座内で上場株式の配当金を受け取ることができない※。 |
| | ④　上場株式等の配当金等は、原則として、1回に支払を受けるごと（銘柄別の支払時期ごと）に確定申告・申告不要の選択をすることができるが、特定口座に受け入れた上場株式等の配当金等については、特定口座ごとに確定申告するかしないかの選択をしなければならない（譲渡損失を申告する場合はすべて申告（上記②参照））。 |
| | ⑤　特定口座の株式等の譲渡日は「受渡日」が基準となるので「約定日」を選択することができない（年末における「益出し」「損出し」の調整期間が短くなる。）。 |
| | ⑥　特定口座の取得価額については、同一銘柄を同一日に売買した場合、「売」と「買」の実際の順序に関係なく、先にすべての「買」が行われ、その後にすべての「売」がされたものとして処理される（「クロス取引」で「益出し」「損出し」ができない。）。 |
| | ⑦　特定口座の「源泉徴収あり・なし」の変更は、毎年最初に上場株式等の譲渡をする時までにできるが、前年に「源泉徴収あり」を選択していた場合で、本年最初に上場株式等の譲渡をする時より前にその特定口座に上場株式等の配当金等を受け入れていたときは、変更することはできない。 |

※　公募株式投資信託の分配金、株式ミニ投資、るいとう等については「株式数比例配分方式」以外の方法でも特定口座で受け取ることができます。

2-9 株式等に係る譲渡所得等（申告分離課税）

### 税理士のアドバイス

**「特別口座」と「特別管理口座」？**

　「特別口座」とは、株券電子化までに証券保管振替機構（いわゆる「ほふり」）に預託していない上場会社の株券や登録株式について株主の権利を保全するために、発行会社の申出により信託銀行等の株主名簿管理人に開設される口座をいいます。特別口座に記録された株式を売買・譲渡・贈与するには、あらかじめ証券会社等に本人の取引口座を開設し、株式を振り替える必要があります。

　「特別管理口座」とは、特定口座で保有している国内株式が上場廃止となった際、引き続き保管するための口座です。当該口座で価値喪失となった株式は、確定申告によりみなし譲渡損失の特例が適用できます。

## (1) 株式等に係る譲渡所得等の区分

　株式等の譲渡所得等の金額には、所得税15％、住民税5％の税率が適用されます。

　なお、平成28年以後の年分では、上場株式等の譲渡所得等と一般株式等の譲渡所得等は、税率が同じですが、それぞれ別の申告分離課税とされています。

**図表2-9-3　株式等の課税方式による区分**

| 課税方式 | 譲渡区分 | 税　率　等 |
|---|---|---|
| 申告分離 | 上場株式等<br>一般株式等 | ・一般口座、特定口座（源泉徴収なし。）による取引<br>・税率は20.315％（所得税15.315％※、住民税5％） |
| 源泉分離等 | 上場株式等 | ・特定口座（源泉徴収あり。）による取引<br>・所得の20.315％（15.315％※、住民税5％）が源泉徴収され、原則として確定申告は不要。<br>・他の証券口座との通算をする場合は確定申告も可能。 |

※　平成25年分以後、所得税率×2.1％相当の復興特別所得税が上乗せされています。

## (2) 株式等の譲渡から生じる所得が他の所得に分類される場合

　株式等の譲渡から生じる所得は、株式等の譲渡所得等とされますが、下表に掲げる場合には、その内容又は取引形態等から、他の所得に分類されます。

**図表2-9-4　株式等に係る譲渡であっても他の所得となる場合**

| 資産の内容・取引形態等 | 所得区分 |
|---|---|
| 株式形態のゴルフ会員権の譲渡（措法37の10②、法33） | 総合譲渡所得 |
| 同族株主が行う土地等の譲渡に類する株式等の譲渡（措法32②） | 分離短期譲渡所得 |
| 税制非適格ストックオプションの権利行使前の発行会社への譲渡 | 給与所得・退職所得<br>事業所得・雑所得 |

**183**

## (3) 公社債や公社債投資信託の課税方式

公社債や公社債投資信託については、「特定公社債等」と「一般公社債等」とに区分して、課税方式が定められています。

### 図表 2-9-5　特定公社債等及び一般公社債等の概要

| 区　分 | 特 定 公 社 債 等 | 一 般 公 社 債 等 |
|---|---|---|
| 範　囲 | ① 国債、地方債、外国国債、外国地方債<br>② 会社以外の法人が特別の法律により発行する社債（投資法人債、特定目的会社の特定社債を除く。）<br>③ 公募公社債、上場公社債<br>④ 発行日前9か月以内（外国法人にあっては前12か月以内）に有価証券報告書等を提出している法人が発行する社債<br>⑤ 国外において発行された公社債で次に掲げるもの<br>　イ　国内において売出しに応じて取得した公社債<br>　ロ　国内において売付け勧誘等に応じて取得した公社債（イに掲げる公社債を除く。）で、その取得の日の前9か月以内（外国法人にあっては、前12か月以内）に有価証券報告書等を提出している法人が発行するもの<br>⑥ 国内外の金融商品取引所で公表された公社債に関する基本的な情報に基づき発行されるもので目論見書にその公社債情報に基づき発行されるものである旨の記載のある公社債<br>⑦ 次の外国法人が発行し、又は保証する社債<br>　イ　出資金額等の2分の1以上が外国政府により出資された外国法人<br>　ロ　外国の特別の法令に基づき設立された一定の外国法人<br>⑧ 国際機関が発行し、又は保証する債券<br>⑨ 国内外の法令に基づいて銀行業又は金融商品取引業を行う法人又はその100％子会社が発行する社債（取得者が1人又は関係者のみのものを除く。）<br>⑩ 平成27年12月31日以前に発行された公社債（発行時に源泉徴収された割引債及びその発行時において同族会社に該当する会社が発行したものを除く。）<br>　（注）　預金保険法に規定する長期信用銀行債及び農水産業協同組合貯金保険法の対象となる農林債等は除きます。<br>⑪ ①〜⑩に掲げるもののほか、公募公社債投資信託の受益権、証券投資信託以外の公募投資信託の受益権及び特定目的信託の公募による社債的受益権 | ① 特定公社債以外の公社債<br>② 私募公社債投資信託の受益権<br>③ 証券投資信託以外の私募投資信託の受益権及び特定目的信託の社債的受益権で私募のもの |
| 利子等の課税 | 20.315％[※1]の税率による申告分離課税（申告不要を選択することも可）。<br>＊　国外公社債等の利子でその支払の際に外国所得税の額がある場合<br>　その外国公社債等の利子等の額からその外国所得税の額を控除した金額に対して20.315％の源泉徴収が行われます。 | 20.315％[※1]の源泉分離課税（申告不可）。<br>　ただし、同族会社が発行した社債の利子でその同族会社の株主等が支払を受けるものは、総合課税。 |

2-9　株式等に係る譲渡所得等（申告分離課税）

| | | |
|---|---|---|
| 譲渡損益等の課税 | ① 20.315%※1の税率による申告分離課税。<br>② 外貨建ての特定公社債等を売却した際の為替差損益については、譲渡損益に含めて計算します。<br>③ 特定公社債等の償還差損益や一部解約等による差損益については、譲渡損益が発生した場合と同様に、20.315%※1の税率による申告分離課税の対象。<br>④ 発行会社が倒産等をしたことによって公社債としての価値を失った場合、一定の要件を満たしていれば、みなし譲渡損失の計上可。<br>⑤ 特定口座での取扱いが可能となりますので、「源泉徴収ありの特定口座」で譲渡等を行った場合は、申告不要を選択することもできます。<br>⑥ 一般口座で保有するストリップス債などの割引債の償還については、償還金額にみなし割引率を乗じて計算した金額に対して源泉徴収。 | ① 20.315%※1の申告分離課税。<br>② 償還差益も申告分離課税。ただし、同族会社が発行した社債の償還金でその同族会社株主等が支払を受けるものは、総合課税。<br>③ 私募公社債投資信託などの償還差損失や一部解約等による損失（信託元本額までに限る。）についても、申告分離課税の対象。<br>④ 償還差益や一部解約等による差益は、従前の課税方式である源泉分離課税の対象。 |
| 上場株式等の譲渡損失及び配当所得等の損益通算並びに繰越控除の特例の拡充 | 損益通算及び繰越控除の対象となる上場株式等の範囲に、特定公社債等が含まれていることから、特定公社債等を含む上場株式等に係る譲渡損失と利子所得及び配当所得との間の損益通算が可能。譲渡損失については3年間の繰越控除が可能。 | 上場株式等の譲渡損失との損益通算不可。<br>前年分以前に生じた上場株式等に係る譲渡損失の金額で繰り越されたものも控除不可。 |
| 特定口座での取扱い | イ　特定公社債等についても、特定口座で取り扱うことができることから、特定口座で保有する特定公社債等と特定口座以外で保有する特定公社債等の譲渡所得等の金額は、区分して計算することとなります。<br>ロ　「源泉徴収ありの特定口座」の場合、証券会社等を通じて支払われた特定公社債等の利子等をその特定口座に受け入れることができ、その特定口座で特定公社債等の譲渡等を行った場合は、申告不要を選択することもできます。<br>ハ　「源泉徴収ありの特定口座」に受け入れた特定公社債等の利子等又は上場株式等の配当等をその特定口座内で生じた特定公社債等又は上場株式等の譲渡損失と損益通算することができます。 | 取扱いなし。 |

※1　税率は、所得税等15.315%（復興特別所得税を含む。）、地方税5%です。

## (4)　少額投資非課税制度（NISA）

　非課税口座内の少額上場株式等に係る配当所得及び譲渡所得等の非課税制度（NISA）には、次の①一般NISAと②つみたてNISAとがあり、各年においていずれか一方を選択できることになっています（措法37の14①）。

## ①　一般NISA

　その年の1月1日現在で18歳以上（令和4年12月31日以前は20歳以上）の居住者又は国内に恒久的施設を有する非居住者（以下、「居住者等」といいます。）が開設した非課税口座に平成26年から令和5年までの各年において設けられた非課税管理勘定で年間120万円を限度として受け入れられた上場株

式等に係る配当等やその売却による譲渡益について、その非課税管理勘定設定の日の属する年から最長5年間非課税とされる制度です。

　（注）　一般NISAについては、令和6年以後新たな制度に組み替えられることになっています。

② つみたてNISA

　その年の1月1日現在で18歳以上（令和4年12月31日以前は20歳以上）の居住者等が開設した非課税口座に平成30年から令和24年までの各年において設けられた累積投資勘定で年間40万円を限度として受け入れられた一定の投資信託に係る収益の分配やその売却による譲渡益について、その累積投資勘定設定の日の属する年から最長20年間非課税とされる制度です。

【参考資料】NISA及びつみたてNISAの手続に関するQ&A

> NISA及びつみたてNISAの手続に関する詳しい取扱いについては、令和元年7月に国税庁が公表した「NISA及びつみたてNISAの手続に関するQ&A」を参照してください。

### 図表2-9-6　NISAの利用上の注意事項

① 配当金（株式投資信託の分配金を除く。）の受取方法を「株式数比例配分方式」にしていない場合、配当金が非課税となりません。
② NISA口座の損失は、NISA口座以外で保有する有価証券の売買益や配当金等との損益通算はできず、その損失の繰越控除もできません。
③ NISA口座で保有している株式等を売却するとその非課税投資枠（120万円（平成27年分以前は100万円））の再利用はできません。
　また、非課税投資枠のうち、未使用分を翌年以降に繰り越すこともできません。
④ NISA投資可能枠の計算に取引時に発生する手数料等の費用は含まれません。
⑤ 上場株式等を保有したまま非課税期間が終了した場合には、新たにNISA口座に移管するか、NISA口座以外に移管することになりますが、NISA口座以外に移管された上場株式等の「取得価額」は「その5年を経過した日における終値に相当する金額」となります。
⑥ 外国株式等の配当金に外国所得税が課税されていても外国税額の控除ができません。

### (5)　未成年者口座内の少額投資非課税制度（ジュニアNISA）

　未成年者口座内の少額上場株式等に係る配当所得及び譲渡所得等の非課税措置（いわゆるジュニアNISA）は、その年の1月1日現在で18歳未満（令和4年12月31日以前は20歳未満）の居住者等を対象として、平成28年4月1日から最長5年間（非課税期間）非課税となる制度です。

　この非課税措置を受けるためには、金融商品取引業者等に未成年口座を開設し、非課税管理勘定を設定する必要があります。

## 【参考資料】ジュニアNISAの手続に関するQ&A

> ジュニアNISAの手続に関する詳しい取扱いについては、令和元年7月に国税庁が公表した「ジュニアNISAの手続に関するQ&A」を参照してください。

### (6) 新NISA（令和6年1月1日以降）

現行のNISA制度（前記(4)の①一般NISA及び②つみたてNISA）が一本化された上で、非課税保有期間が無期限化されるとともに口座開設可能期間に期限を設けず恒久的な措置とされました。

また年間投資基準額の枠については「つみたて投資枠」と「成長投資枠」に区分された上で、それぞれ120万円と240万円に拡大（年間360万円まで併用可能）されました。

ただし、一生涯にわたる非課税限度額は1,800万円（内、成長投資枠は1,200万円）とされています。

（注1） 現行のNISA制度の投資可能期間は令和5年末までとなりますが、その投資額は令和6年1月1日以降も新NISA制度とは別枠で非課税期間終了まで引き続き取扱いが継続されます。
（注2） 現行NISAの非課税期間経過後は新NISA制度へ移管することはできません。
（注3） ジュニアNISAは令和5年末で終了となりますが、18歳になるまでは非課税期間が継続されます。

#### 図表2-9-7　現行NISAと新NISAの概要

|  | 現行NISA（令和5年12月31日まで） | | 新NISA（令和6年1月1日以降） | |
|---|---|---|---|---|
|  | つみたてNISA | 一般NISA | つみたて投資枠 | 成長投資枠 |
| 対象者 | 18歳以上の居住者等 | | 18歳以上の居住者等 | |
| 制度間の関係 | いずれかを選択 | | 併用可能 | |
| 投資可能期間 | 令和24年まで | 令和10年まで | 恒久化 | |
| 非課税保有期間 | 最長20年間 | 最長5年間 | 無期限化 | |
| 年間投資枠※ | 40万円 | 120万円 | 120万円 | 240万円 |
|  |  |  | 併用可能 | |
| 非課税限度額 | 800万円（40万円×20年） | 600万円（120万円×5年） | 1,800万円（内、成長投資枠1,200万円） | |
| 投資対象商品 | 一定の投資信託 | 上場株式、投資信託等 | 一定の投資信託 | 上場株式、投資信託等 |

※ 投資枠のうち売却部分については、現行NISAは再投資できませんが、新NISAでは再投資できます。

### (7) ストックオプションとは

ストックオプションとは、会社が取締役や従業員に対して、あらかじめ定められた価格（権利行使価額）で、権利行使期間内に、株式の発行法人から一定株数を取得することができる権利をいいます。ストックオプションには、「税制適格ストックオプション」と「税制非適格ストックオプション」があります。税制適格ストックオプションは、内国法人である株式会社が実施するものであること、権利の付与を受ける取締役、執行役又は使用人は、大口株主（上場会社等は発行済株式総数の10分の1超、それ以外の会社は3分の1超を有する株主）及びその特別関係者ではないこと、その他権利行使期間、権利行使価額、権利行使により取得した株式の保管委託、譲渡制限などについて、税法により一定の要件が定められています（措法29の2）。

## 2-9 株式等に係る譲渡所得等（申告分離課税）

### 図表2-9-8 税制適格ストックオプションの要件

| | |
|---|---|
| 付与対象者 | 次のいずれかに該当する者（大口株主及びその特別関係者を除く。）<br>・自社の取締役又は使用人<br>・発行済株式総数の50%超を直接又は間接に保有する法人の取締役又は使用人 |
| 権利行使期間 | 付与決議日後2年を経過した日から10年※を経過する日までに権利行使をすること |
| 権利行使価額 | 1株当たりの権利行使価額は付与契約締結時の時価以上であること |
| 権利行使制限 | 権利行使価額の年間合計額が1,200万円を超えないこと |

※ 設立から5年未満の未上場法人については15年とされます（令和5年4月1日以降）。

### 図表2-9-9 ストックオプション課税の概要

| 区分 | | 税制適格ストックオプション | 税制非適格ストックオプション |
|---|---|---|---|
| ストックオプションを付与された時 | | 課税なし | 課税なし |
| 権利行使前に付与（発行）法人に譲渡した場合 | | 譲渡不可※1 | 給与所得として課税※2<br>（譲渡価額） |
| ストックオプションの権利を行使し株式を取得した時 | | 課税なし | 給与所得として課税※2<br>（権利行使時の時価－権利行使価額） |
| ストックオプションの権利行使により取得した株式 | ①保管委託先証券会社等で譲渡した場合 | 株式等譲渡所得として課税<br>（譲渡価額－権利行使価額） | 株式等譲渡所得として課税<br>（譲渡価額－権利行使時の時価） |
| | ②保管委託先証券会社等から株式の返還・移転をした場合 | 返還・移転時の時価により譲渡があったものとみなし株式等譲渡所得として課税<br>（譲渡の時価－権利行使価額） | 課税なし |
| | ③保管委託先証券会社以外で譲渡した場合 | 株式等譲渡所得として課税<br>（譲渡価額－上記②の譲渡価額） | 株式等譲渡所得として課税<br>（譲渡価額－権利行使時の時価） |

※1 譲渡制限が解除された場合は、税制非適格ストックオプションとして課税されます。
※2 発行法人と権利を付与される者との関係により、所得区分が異なります（基通23～35共6）。

## 2 国外転出をする場合の譲渡所得等の特例

＜国外転出時課税制度の概要＞

　平成27年7月1日以後に1億円以上の対象資産を所有等している居住者が国外転出する場合、又は1億円以上の対象資産を所有等している一定の居住者から国外に居住する親族等（非居住者）へ相続、遺贈又は贈与によりその対象資産の全部又は一部の移転があった場合に、その対象資産の含み益に対して所得税が課税されます（法60の2）。

　なお、国外転出の時までに「納税管理人の届出書」を提出した場合は、一定の要件の下、納税することとなる所得税について、国外転出の日から5年を経過する日まで納税が猶予されます。詳しくは、「国外転出される方へ　国外転出をする時に、1億円以上の有価証券等を所有等している場合は、所得税の確定申告等の手続が必要となります。（平成29年2月）」（左上のQRコード）及び「国外転出時課税制度のあらまし（平成27年5月）」（右のQRコード）を参照してください。

2-9 株式等に係る譲渡所得等（申告分離課税）

【参考書式】国外転出時課税制度（FAQ）（令和5年6月）

> 平成27年度税制改正において、「国外転出をする場合の譲渡所得等の特例」及び「贈与等により非居住者に資産が移転した場合の譲渡所得等の特例」が創設され、平成27年7月1日から施行されています。このFAQは、国外転出時課税制度の主な概要を中心に取りまとめたものです。

## 3　株式等に係る譲渡所得等の金額の計算

株式等に係る譲渡所得等の金額は、上場株式等と一般株式等に区分し、さらに所得区分を、譲渡所得、事業所得、雑所得に区分して次のとおり計算します。

【株式等の譲渡による所得の区分（措通37の10・37の10共-2）】

| 株式等の譲渡が営利を目的として継続的に行われている場合 | 事業所得又は雑所得 |
|---|---|
| 上記以外※ | 譲渡所得 |

※　上場株式等で所有期間が1年を超えるものや一般株式等の譲渡による所得区分は譲渡所得として差し支えありません。

【株式等に係る譲渡所得等の金額の計算式】

〔所得区分が事業所得、雑所得の場合〕
株式等に係る譲渡所得等の金額※　＝　収入金額　－　（必要経費）

〔所得区分が譲渡所得の場合〕
株式等に係る譲渡所得等の金額※　＝　収入金額　－　（取得費　＋　譲渡費用　＋　譲渡した年の負債利子）

※　「上場株式等」と「一般株式等」とに区分し、それぞれについて計算します。

### (1) 収入金額

株式等に係る譲渡所得の収入金額は、株式等の譲渡対価ですが、合併等により金銭や金銭以外の資産を取得した場合は、みなし配当と譲渡所得の課税の対象となり、譲渡所得に該当する部分は収入金額に加算します。また、株式等証券投資信託の買取り、解約、償還による金額も収入金額となります。そのほか、信用取引に係る「配当落ち調整金」「信用金利」「品貸料」は収入金額から加減します。その他の譲渡所得に共通する事項については、「2-6　譲渡所得（共通）」をご覧ください。

**税理士のアドバイス**

相続した株式等をその発行会社に譲渡した場合の特例（みなし配当課税の特例）

株式をその発行会社に譲渡した場合、「交付金銭等の額」から「資本の払戻し等により取得した金銭等の合計額」を控除した部分が「みなし配当」とされ配当所得となります（199頁参照）が、次の一定の要件を満たす場合は、株式等の譲渡所得となります（措法9の7、37の10③）。この特例を「みなし配当課税の特例」といいます。

189

2-9 株式等に係る譲渡所得等（申告分離課税）

---

（要　件）

1　相続又は遺贈で取得した株式等であること

2　その相続又は遺贈につき納付すべき相続税額があること

3　譲渡株式は、上場株式でないこと

4　その発行会社への譲渡であること

5　相続の申告書の提出期限の翌日から3年を経過する日までの譲渡であること

6　その他一定の手続きを行っていること

---

### (2) 取得費

　株式等に係る譲渡所得の取得費は、株式等の購入金額のほかに購入時の委託手数料等の費用が含まれます。また、同一銘柄を2回以上にわたって取得した場合の取得費は、譲渡所得又は雑所得の場合は購入ごとに取得単価を平均する方法（総平均法に準ずる方法）、事業所得の場合は総平均法により計算します。なお、信用取引による場合は個別対応により計算します。

　その他の取得費に関する事項は次のとおりです。

① 株式等の取得費は、原則として次の区分に応じてそれぞれ次の金額となります。

#### 図表 2-9-10　株式等の取得費

| 区　　　分 | 株式等の取得費 |
| --- | --- |
| 金銭の払込みにより取得 | 払い込んだ金銭の額 |
| 発行会社から与えられた権利の行使により取得 | 権利行使価額 |
| 購入したもの | 購入の代価 |
| 相続（又は贈与）により取得したもの | 被相続人（又は贈与者）の取得価額 |

② 実際の取得費（取得価額）が、その株式等の譲渡収入金額の5％に満たない場合には、その5％相当額を取得費として申告することができます（基通38-16、措通37の10・37の11共-13）。

③ 相続又は遺贈により取得した株式等を相続税の申告期限から3年以内に譲渡した場合には、相続税納付額のうち次の計算により算出された金額を取得費に加算できます（措法39）。

$$\text{取得費に加算される相続税額}^{※1} = \text{相続税額} \times \frac{\text{譲渡した株式等の相続税評価額}}{\text{相続税の課税価格}^{※2}}$$

※1　取得費加算額は譲渡益を限度とします。
※2　相続税の課税価格は、債務、葬式費用控除前の金額です。

190

### 図表2-9-11　上場株式等の取得価額の確認方法（国税庁のパンフレット「上場株式等の取得価額の確認方法」より）

| | |
|---|---|
| ① | 株式等を取得した証券会社などから送られてくる取引報告書、月次報告書、受渡計算書などの書類があれば、そこに記載のある取得金額（書類を作成した当時の時価が記載されている場合もあるので注意。） |

| | |
|---|---|
| ② | 株式等を取得した証券会社がわかれば、そこに問い合わせて判明した顧客勘定元帳などの取得価額（顧客勘定元帳の法令上の保存期間は10年ですが、証券会社によっては20年以上も保存しているところもある。） |

| | |
|---|---|
| ③ | 株式等を取得した日の日記帳や預金通帳などの手控えで取得価額がわかればその金額。<br>その銘柄以外の代金も含めて出金している場合は、その出金した日の株価を基に取得価額を算定してもかまいません。 |

| | |
|---|---|
| ④ | 上場株式等の取扱証券代行会社（又は発行会社）の株主名簿、株式異動証明書などから株式等の取得日※を把握し、その時期の株価を基に取得価額を算定してもかまいません。 |

| | |
|---|---|
| ⑤ | 譲渡した株式等の売却代金の5％（概算取得費）を取得価額とします。 |

※　相続（限定承認したものを除く。）、遺贈（包括遺贈のうち限定承認したものを除く。）又は贈与により取得した株式等の取得費は、被相続人又は贈与者の取得した日になります。

### (3) 譲渡費用

　株式等に係る譲渡所得の譲渡費用には、証券会社に支払う売買委託に対する委託手数料、信用取引の「品貸料」「信用金利」「配当落ち調整金」等の支払額、株式等の取得のために要した借入金の利子で譲渡した年に支払われた金額などがあります。

#### 税理士のアドバイス

**特定口座（源泉徴収口座）の譲渡損失の金額は、上場株式等の配当所得等と損益通算できるか**

　特定口座（源泉徴収口座）で生じた譲渡損失の金額は、確定申告をすることにより、申告分離課税を選択した上場株式等に係る配当所得等の金額と損益通算することができます。
　なお、平成22年1月1日以降、証券会社等に届け出ることによって、源泉徴収口座内で上場株式等に係る配当所得等の金額との損益通算ができるようになっています（措法37の11の6）。

2-9　株式等に係る譲渡所得等（申告分離課税）

## 図表2-9-12　申告分離課税を選択した場合の扶養控除等への影響

| 区　分 | | 配偶者（特別）控除[※1]<br>扶養控除の適用除外 | 国民健康保険、国民年金、<br>後期高齢者医療制度[※7] | 医療費の自己<br>負担割合の上昇 |
|---|---|---|---|---|
| 70歳未満 | 給与所得者 | — | なし | なし |
| | 扶養家族 | 所得金額が48万円[※2]<br>を超えると適用除外 | 130万円（一定の企業は106万円）以上は、<br>国民健康保険の加入が必要[※3] | |
| | 自営業者 | — | 保険料上昇[※3]<br>（上限104万円） | |
| | 扶養家族 | 所得金額が48万円[※2]<br>を超えると適用除外 | | |
| 70歳以上75歳未満 | 給与所得者 | — | なし | あり[※4] |
| | 扶養家族 | 所得金額が48万円[※2]<br>を超えると適用除外 | 130万円（一定の企業は106万円）以上は、<br>国民健康保険の加入が必要[※3] | |
| | 自営業者 | — | 保険料上昇[※3]<br>（上限104万円） | あり[※5] |
| | 扶養家族 | 所得金額が48万円[※2]<br>を超えると適用除外 | | |
| 75歳以上 | 給与所得者 | — | 保険料上昇[※3]<br>（上限73万円） | あり[※6] |
| | 自営業者 | | | |
| | 世帯主 | | | |
| | 扶養家族 | 所得金額が48万円[※2]<br>を超えると適用除外 | | |

※1　配偶者控除については、納税者本人の所得金額が1,000万円以下で、配偶者の所得金額が48万円以下の場合は適用可能です。

※2　配偶者特別控除については、納税者本人の所得金額が1,000万円以下で、配偶者の所得金額が48万円超133万円以下の場合は適用可能です。

※3　20歳以上60歳未満の配偶者は国民年金への加入が必要になります（第3号被保険者（サラリーマンの配偶者で年収130万円以下（一定の企業で一定の条件で勤務する人は106万円未満）の人は、保険料の負担なし。））。

※4　納税者本人の標準報酬月額が28万円以上で、単身世帯で年収383万円以上、夫婦世帯で年収520万円以上の方はすでに3割負担なので医療費の自己負担割合の上昇はありません。

※5　納税者本人の住民税課税所得額（各種所得控除後の所得額）が145万円以上の方はすでに3割負担なので医療費の自己負担割合の上昇はありません。

※6　本人及び同じ世帯にいる後期高齢者医療制度の被保険者の住民税の課税所得が145万円以上で、単身世帯で年収383万円以上、夫婦世帯で年収520万円以上の方はすでに3割負担なので医療費の自己負担割合の上昇はありません。

※7　国民健康保険料、後期高齢者医療保険料については、介護保険料を含めた金額です（介護保険料は、65歳未満と65歳以上で異なりますし、住所地によって保険料率が異なります。）。

2-9　株式等に係る譲渡所得等（申告分離課税）

## 図表 2−9−13　株券オプション取引に係る課税関係

| 区　　分 | | 反対売買<br>（差金等決済） | 権利放棄<br>権利消滅 | 権利行使<br>権利割当 |
|---|---|---|---|---|
| コール<br>オプション | 買建 | 先物取引の雑所得<br>（申告分離課税） | 支払オプション料は、<br>先物取引の雑所得の損失 | 株式等の取得[1] |
| | 売建 | | 受取オプション料は、<br>先物取引の雑所得の利益 | 株式等の譲渡所得[2] |
| プット<br>オプション | 買建 | | 支払オプション料は、<br>先物取引の雑所得の損失 | 株式等の譲渡所得[3] |
| | 売建 | | 受取オプション料は、<br>先物取引の雑所得の利益 | 株式等の取得[4] |

[1]　コールオプション買建の権利行使による株式等の取得
　　　株式等の取得価額　＝　株式等の買付代金　＋　支払オプション料　＋　委託手数料等
[2]　コールオプション売建の権利割当による株式等の譲渡
　　　株式等の譲渡所得　＝　株式等の売却代金　＋　受取オプション料　−　委託手数料等
[3]　プットオプション買建の権利行使による株式等の売却
　　　株式等の譲渡所得　＝　株式等の売却代金　−　支払オプション料　−　委託手数料等
[4]　プットオプション売建の権利割当による株式等の取得
　　　株式等の取得価額　＝　株式等の買付代金　−　受取オプション料　＋　委託手数料等

## 税理士のアドバイス

### 「金」投資商品の課税関係

「金」に関連する投資商品にはいくつかあり、その投資商品によって課税の取扱いが違います。

| 投資商品 | 所得区分 | 投資商品の特徴 |
|---|---|---|
| 金地金<br>金貨（コイン） | 総合譲渡 | 金の現物取引。500ｇ未満の地金にはバーチャージ（加工手数料）がかかる。500ｇ以上であれば取引コストは低い。業者に預けていない場合、紛失盗難リスクがある。 |
| 純金積立 | 総合譲渡 | 毎月一定金額分の金を積立購入していく商品。少額から投資可能。年会費や購入手数料があり取得コストが高い。課税の取扱いが総合譲渡であるため、他の総合譲渡所得がなく、利益が50万円以下であれば、課税されない。 |
| 金投資口座<br>（金貯蓄口座） | 雑所得<br>（源泉分離課税） | 金投資口座は、金の先物価格が現物価格より高いことを利用した確定利付商品。安全性は高いが、投資利回りは少ない。<br>金投資というよりは定期預金に類似。 |
| 金先物取引 | 先物取引の<br>雑所得等<br>（申告分離課税） | 少ない資金で大きな金額の取引が可能（ハイリスクハイリターン）。金価格の値下がりでも利益を得ることが可能。決済期限があるので短期投資向き。金地金で決済することも可能。 |
| 金ETF | 上場株式等<br>の譲渡所得<br>（申告分離課税） | 金価格に連動する上場投資信託。売買コストは低い。信用取引によりレバレッジをかけることも可能。金ＥＴＦの銘柄によっては金現物で受け取ることも可能。 |
| 金ETFS | 総合譲渡 | 金価格に連動する上場投資信託。売買コストは低い。取引高が少ないため希望値段で取引できない場合がある。課税の取扱いが総合譲渡であるため、他の総合譲渡所得がなく、利益が50万円以下であれば、課税されない。 |

193

# 申告書等の記載手順（株式等の譲渡所得が赤字のケース）

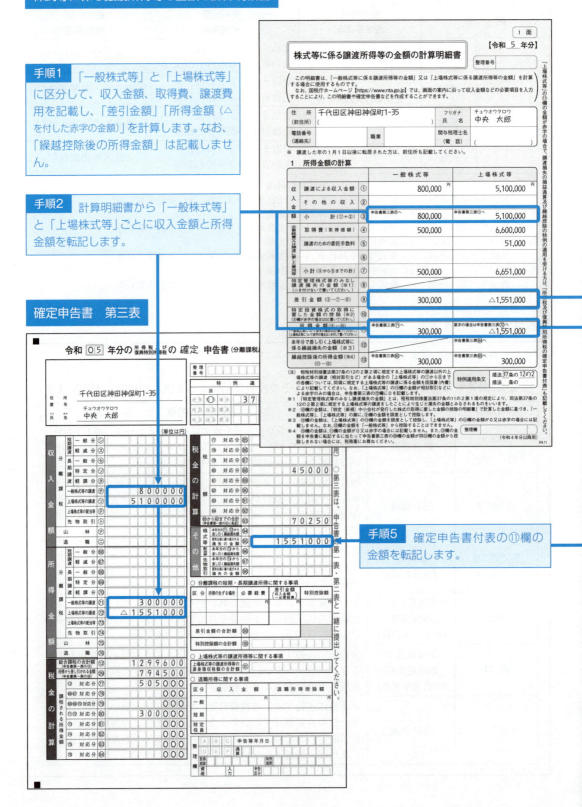

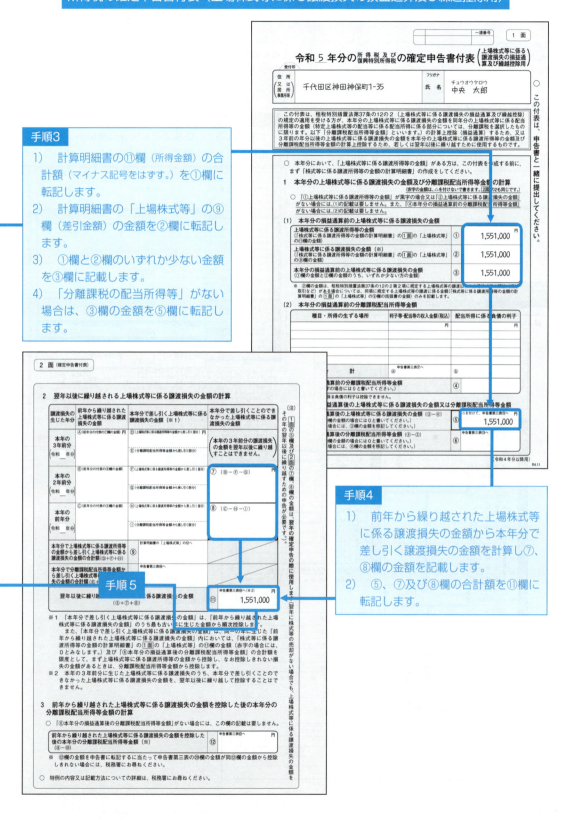

# 申告書等の記載手順（株式等の譲渡所得が黒字のケース）

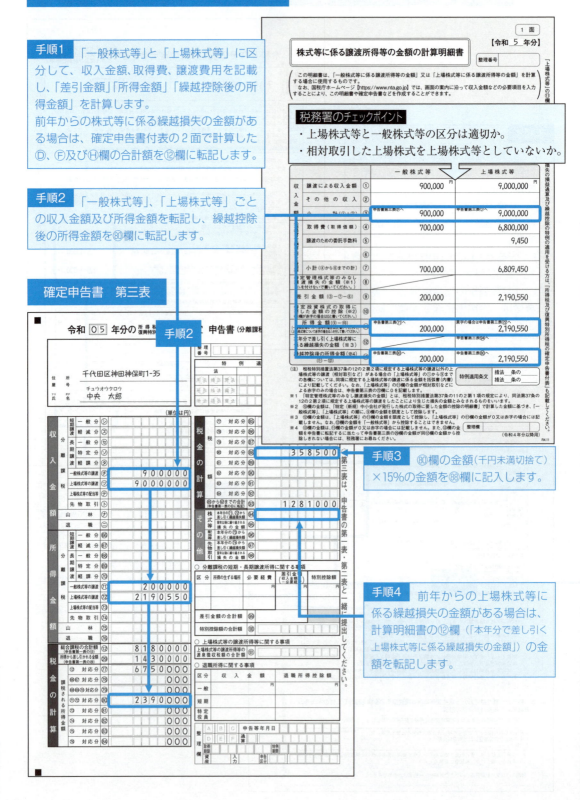

2-9　株式等に係る譲渡所得等（申告分離課税）

## 株式等に係る譲渡所得等のチェックポイント

### 【収入金額】

☐　公募株式投資信託の「償還」又は「解約」による差益を、上場株式等の譲渡所得等として申告していない。

☞　公募株式投資信託の「償還」又は「解約」による差益は、平成28年分以降は上場株式等の譲渡所得等となります。

### 【計上時期】

☐　特定口座における譲渡日を引渡しベースによっている場合に、確定申告で約定日ベースにより申告している。

☞　特定口座制度においては、年間取引報告書の訂正は予定されておりませんので、特定口座の取引の一部を取り出し約定日ベースでの申告はできません。

### 【取 得 費】

☐　実際の取得費が譲渡価額の5％を下回っているのに、実額で計算している。

☞　取得費が譲渡価額の5％を下回る場合は、概算取得費を適用した方が有利です。

☐　総平均法に準ずる方法による場合の1単位当たりの取得価額の端数処理を切捨てにしている。

☞　所得税法施行令第118条第1項の規定による総平均法に準じる方法により計算された1単位当たりの金額に1円未満の端数があるときは、その端数は切り上げて計算します（措通37の10・37の11共-14）。

### 【譲渡費用】

☐　株式等の譲渡に係る所得区分が譲渡所得の場合に、一般管理費（口座管理料、投資顧問料等）を控除している。

☞　所得区分が事業所得・雑所得の場合には、販売費、一般管理費を控除できますが、譲渡所得の場合は原則的には控除できません。なお、譲渡所得の場合は、相続税の取得費加算の特例（措法39）や保証債務を履行するために株式等を譲渡した場合で、その保証債務の主たる債務者などに対する求償権の行使ができなくなった場合の特例（法64②）を受けることができます。

### 【その他】

☐　確定申告は医療費控除で申告済であるが、特定口座（源泉徴収有）の株取引の損失200万円あったことに気付き、この損失の繰越控除の更正の請求ができるとしていた。

☞　当初の確定申告で、特定口座（源泉徴収有）の損益を申告するか否かは納税者の選択に委ねられているので、特定口座（源泉徴収有）の損益を申告していない場合は、更正の請求はできません。

**197**

2-10 配当所得

# 2-10 配当所得

## 1 配当所得の概要

　配当所得とは、株主や出資者が法人から受ける剰余金の配当や投資信託（公社債投資信託及び公募公社債等運用投資信託以外のもの）及び特定目的信託の収益の分配などの所得をいいます（法24①）。

　配当所得は、申告の要否、株式等の区分、源泉徴収税率や税目（所得税、地方税）により次のように分類されます。なお、上場株式等の配当所得（大口個人株主[※2]を除きます。）については、確定申告することを選択した場合、総合課税のほかに、申告分離課税を選択することができます。また、この申告分離課税の選択は、申告する上場株式等の配当等に係る配当所得の全額についてしなければならないこととされ、申告分離課税を適用した上場株式等の配当等に係る配当所得については、配当控除は適用されません（措法8の4）。

図表2-10-1　配当に対する課税関係

| 配当金の区分 | | 課税方式 | | 源泉徴収税率[※4] |
|---|---|---|---|---|
| | | 所 得 税 | 住 民 税 | |
| 上場株式等[※1]の配当等<br>（大口個人株主[※2]が内国法人から支払を受ける配当金を除く。） | | 選択　申 告 不 要<br>申 告 分 離 課 税<br>総 合 課 税 | | 所得税15.315%<br>住民税　5％ |
| 上記以外の配当等 | 少額配当[※3] | 選択　申告不要<br>総合課税 | 総合課税 | 所得税20.42%<br>住民税　0％ |
| | 上記以外の配当 | 総 合 課 税 | | |

　※1　「上場株式等の配当等」には、公募証券投資信託（公社債投資信託を除く。）及び特定投資法人の投資口の配当等、上場株式投資信託（ETF）の収益分配金、上場不動産投資信託（J-REIT）の収益分配金、特定目的信託の剰余金の分配も含まれます。これらはいずれも、内国法人から支払を受けるものに限ります。
　※2　大口個人株主とは、発行済株式総数の3％以上を保有する個人株主をいいます。
　　　　令和5年10月1日以後は、その個人株主（直接保有）とその同族法人株主（間接保有）の合計の保有割合が3％以上の個人株主も含まれます。
　※3　少額配当とは、内国法人から支払を受ける配当等及び国内の支払の取扱者から交付を受ける配当等のうち、1銘柄につき1回に支払を受ける金額が、10万円に配当計算期間の月数を乗じてこれを12で除して計算した金額以下の配当金をいいます。なお、みなし配当の場合は、その配当計算期間は12か月として計算します。
　※4　平成25年分以後、所得税率×2.1％相当の復興特別所得税が上乗せされています。

## 2 配当所得の金額の計算

　配当所得の金額は、配当等の収入金額から、株式などを取得するために支払った借入金の利子を控除して計算します（法24②）。

198

## 【配当所得の金額の計算式】

> 配当所得の金額 ＝ 収入金額 － 株式などを取得するための借入金の利子

### 図表 2-10-2　配当金の受取方法の概要

| 受取方法 | 配当金受取方式の概要 |
|---|---|
| 配当金領収証方式 | 郵送された「配当金領収証」をゆうちょ銀行等で換金することにより配当金を受け取る方式。 |
| 個別銘柄指定方式 | 銘柄ごとに、あらかじめ指定した金融機関の預金口座で配当金を受け取る方式。 |
| 登録配当金受領口座方式<br>（一括振込方式） | 所有するすべての銘柄について、あらかじめ指定した金融機関の預金口座で受け取る方式。 |
| 株式数比例配分方式[1、2] | 所有するすべての銘柄について、各証券会社等の保有株式数に応じ、各証券会社等の口座で受け取る方式。なお、「特別口座[3]」に株式等がある場合や他の証券会社で株式数比例配分方式以外の配当金の受取方法を選択している場合は適用できません。 |

- ※1　NISA口座の上場株式等の配当金は「株式数比例配分方式」の場合のみ、非課税となります。
- ※2　源泉徴収ありの特定口座に配当金を受け入れる場合に選択します。
- ※3　「特別口座」とは、株券電子化にともない、保管振替機構に預託していない株主の株主権確保のために、発行会社が口座管理機関（信託銀行等）に開設した口座をいいます。

### (1)　収入金額

　配当所得の収入金額は、源泉徴収前の金額です。また、法人から交付された金銭等の金額のうち、次の事由により受ける金銭その他の資産も配当とみなされます（みなし配当（法25、令61②））。

- ①　合併、分割型分割（適格合併、適格分割型分割を除く。）
- ②　資本の払戻し（資本剰余金の額の減少に伴う剰余金の配当のうち分割型分割等以外のものなど）
- ③　解散による残余財産の分配
- ④　出資の消却（取得した出資について行うものを除く。）等
- ⑤　自己株式等の取得（市場における取得等を除く。）
- ⑥　社員の退社、脱退による持分の払戻し
- ⑦　組織変更（組織変更した法人の株式又は出資以外の資産を交付したものに限る。）
- ⑧　適格株式分配に該当しない株式分配

### (2)　株式等を取得するための借入金の利子 （法24②、令58）

　収入金額から差し引くことができる借入金の利子は、配当所得が生ずる株式等を取得するためのもので、保有期間に対応する部分に限られます。なお、譲渡した株式に係るものや確定申告をしないことを選択した配当等の借入金利子については、収入金額から差し引くことはできません。

## 3　配当所得の特例等

　配当所得を計算する場合には、次のような点に注意する必要があります。

**199**

2-10　配当所得

### (1)　配当控除

　総合課税を選択した内国法人の配当所得（申告分離課税を選択した場合を除きます。）については、一定の金額が所得税額から控除できます（法92）。なお、詳細については354頁の「6-7　配当控除」をご覧ください。

### (2)　上場株式等に係る配当所得等の課税の特例（申告分離課税）

　上場株式等の配当所得等については確定申告不要制度を選択できますが、総合課税により確定申告することに代えて、申告分離課税により確定申告を行うこともできます。申告分離課税を選択した場合、配当控除を適用することはできませんが、その年分に生じた上場株式等の譲渡損失の金額と損益通算ができますし、当該配当所得から前年以前3年以内に生じた上場株式等の譲渡損失を繰越控除することもできます。なお、その年中に支払を受けるべき上場株式等の配当等に係る配当所得について確定申告をする場合には、その申告をする上場株式等の配当等に係る配当所得のすべてについて、総合課税と申告分離課税のいずれかを選択しなければなりません。ただし、1銘柄1回に支払われる配当等ごと※に、上場株式等の配当等に係る配当所得の申告不要の特例を適用することができます。

　※　特定口座（源泉徴収口座）内で受け入れた配当等については口座ごとの選択になります。

図表2-10-3　上場株式等※2の配当金を申告した場合の税負担率

| 課税所得 | ① 所 得 税 | | | ② 住 民 税 | | | 総合課税を選択※1（①＋②） | 申告不要を選択※1 |
|---|---|---|---|---|---|---|---|---|
| | 税率 | 配当控除 | 差引負担 | 税率 | 配当控除 | 差引負担 | | |
| 195万円以下 | 5 % | | 0 % | | | | 7.2% | |
| 195万円超 330万円以下 | 10% | | 0 % | | | | | |
| 330万円超 695万円以下 | 20% | 10% | 10% | | 2.8% | 7.2% | 17.41% | |
| 695万円超 900万円以下 | 23% | | 13% | 10% | | | 20.473% | 20.315% |
| 900万円超 1,000万円以下 | 33% | | 23% | | | | 30.683% | |
| 1,000万円超 1,800万円以下 | 33% | | 28% | | | | 37.188% | |
| 1,800万円超 4,000万円以下 | 40% | 5 % | 35% | | 1.4% | 8.6% | 44.335% | |
| 4,000万円超 | 45% | | 40% | | | | 49.44% | |

　※1　復興特別所得税を加算した税率です。
　※2　上場株式等のうち、配当控除の対象とならない上場不動産投資信託（J-REIT）の収益分配金や外国株式等の配当金等については、配当控除をしない税率で判断する必要があります。また、公募型の株式投資信託の収益分配金は、配当控除率が上記と異なるもの又は適用されないものがありますので、上記の税負担率とは異なります。

2-10　配当所得

### (3)　相続財産に係る非上場会社の株式をその発行法人に譲渡した場合の特例

　相続又は遺贈により非上場株式を取得した個人で、納付すべき相続税額のある者が、相続税の申告書の提出期限の翌日以後3年を経過する日までの間に、その非上場株式をその発行会社に譲渡した場合には、一定の手続の下で、みなし配当課税から除外され、株式等に係る譲渡所得等とされます（措法9の7、37の10）。

---

### 配当所得のチェックポイント

【所得区分】

☐　保険料払込期間中に受け取る生命保険の契約者配当金や割戻金を配当所得として申告している。

☞　契約者配当金等は、生命保険料控除の対象となる払込保険料から控除します（基通76-5）。

☐　土地信託による配当を配当所得として申告している。

☞　不動産所得となります。

☐　人格のない社団、財団から受ける収益の分配金を配当所得として申告している。

☞　雑所得となります（基通35-1）。

☐　株式売買を信用取引で行っているが、証券会社から株式買付けに伴い「配当落調整金」の交付を受けたので、これを配当所得として申告している。

☞　株式買付けに伴う「配当落調整金」は、配当所得ではなくその株式の取得価額から控除します。また、株式売付けに伴い「配当落調整金」が徴収された場合は株式の譲渡収入金額から控除します（基通36・37共-23、措通37の11-7）。

【収入金額】

☐　外国株式の配当等の収入金額を外国で差し引かれた税額控除後の金額として申告している。

☞　外国株式の配当等の収入金額は外国で差し引かれた税額控除前の金額です。なお、外国株式の配当等は配当控除は適用できませんが、外国税額控除は適用できます。

☐　公募株式等証券投資信託の償還益・解約利益を配当所得として申告している。

☞　平成21年分以降の公募株式等証券投資信託の償還益・解約利益は株式等に係る譲渡所得等となります。

☐　発行法人へ株式を譲渡した場合等、みなし配当となるものがないか。

☞　みなし配当（199頁参照）は、配当所得になります。

【借入金の利子】

☐　譲渡した株式に係る負債利子を配当所得の計算上控除している。

☞　譲渡した株式に係る負債利子は、株式の譲渡所得の必要経費となります（措通37の10-16）。

☐　確定申告不要制度を選択適用した株式や源泉分離課税の対象とされている私募公社債等運用投資信託等に係る負債の利子を配当所得の計算上控除している。

☞　確定申告した株式に係る負債利子しか配当所得の計算上控除できません。

☐　無配当の株式に係る負債利子は、配当所得から控除できないとしている。

☞　無配当の株式に係る負債利子も配当所得から控除できます。

**201**

## 2-10 配当所得

【その他】

☐ 配当金の配当基準日が本年3月31日、配当確定の効力発生日が同年6月20日、被相続人の死亡日が同年7月1日、その支払日（相続人が受取り）が同年7月10日である場合、相続人の配当所得としている。
　☞ 被相続人の死亡日が配当確定日の後であるため、被相続人の配当所得となり、また相続財産（未収入金）にもなります。

☐ 1回に支払いを受ける上場株式等の配当等の額ごとの申告不要の選択はできないとしている。
　☞ 1回に支払いを受ける上場株式等の配当等の額（源泉徴収口座内の上場株式等の配当については口座）ごとに申告不要を選択することができます（措法8の5④、37の11の6⑨）。

☐ 上場株式等以外の確定申告を要しない少額配当に該当するか否かの判定で、みなし配当についても配当計算期間の月数を通常の配当の6か月としていた。
　☞ みなし配当については、配当計算期間の月数は12とします（措令4の3③）。

☐ 確定申告を要しない配当を申告した（申告しなかった）場合、その後の更正の請求又は修正申告でこれを除外する（申告する）ことはできるとしていた。
　☞ 配当を確定申告で申告するか否かは納税者の選択とされているので、その後の更正の請求又は修正申告でこれを選択替えすることはできません。（措通8の4-1）。

☐ 米国の株式の配当金について、申告を要しない少額配当に該当するか否かの判定を、米国の税引き前の配当金額でしていた。
　☞ 国外の配当金についての少額配当の可否については、支払時に差し引かれた税金控除後の金額により判定を行います（措法8の5①一、9の2⑤一）。

☐ A株式の配当所得については、総合課税で申告し、B株式の配当所得については申告分離課税で申告している。
　☞ 上場株式等の配当等に係る配当所得について確定申告する場合は、そのすべてについて、総合課税と申告分離課税のいずれかを選択しなければなりません（措法8の4①）。

☐ 会社員Aは海外勤務（非居住者）であるが、日本の上場会社の配当が20万円（源泉徴税額が30,630円）あるので、これを確定申告で還付を受けようとしていた。
　☞ 会社員Aは非居住者であるので、上場株式の配当等については15.315％の所得税等の源泉徴収で課税関係は終了するので、確定申告により還付を受けることはできません。
　　なお、海外勤務先の国が租税条約締結国でその限度税率が15.315％を下回っている場合は「租税条約に関する源泉徴収税額の還付請求書」を所定の手続で提出することでその差額の還付を受けることはできます。

# 申告書等の記載手順（配当所得【総合課税】）

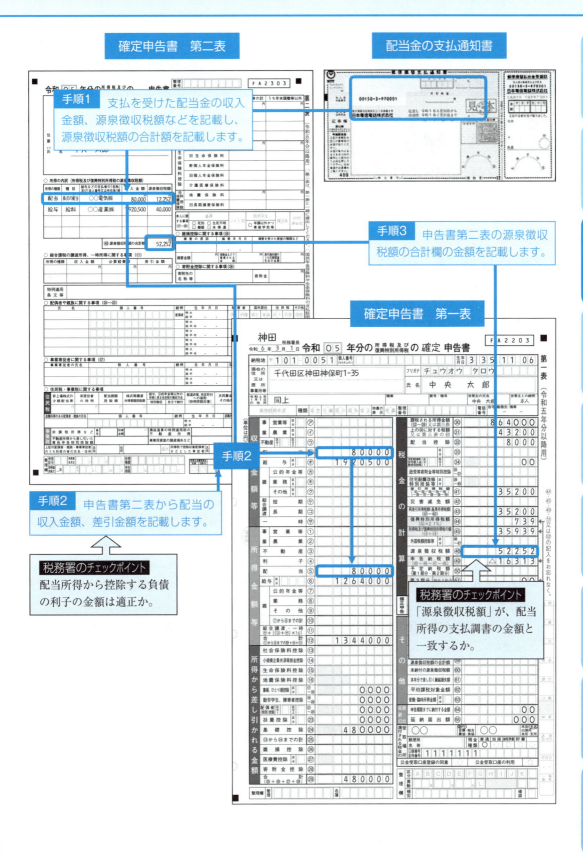

2-11 利子所得

## 2-11 利子所得

### 1 利子所得の概要

利子所得とは、公社債及び預貯金の利子（公社債で元本に係る部分と利子に係る部分とに分離されてそれぞれ独立して取引されるもののうち、その利子に係る部分であった公社債に係るものを除きます。）並びに合同運用信託、公社債投資信託及び公募公社債等運用投資信託の収益の分配に係る所得をいいます（法23①）。

平成27年12月31日まではほとんどすべての利子所得は、所得税等が15.315％、地方税が5％の税率による源泉徴収のみで課税関係が完結する分離課税（源泉分離課税）とされていましたが、平成28年1月1日以後、以下の所得（特定公社債等の利子所得）については、原則として、所得税等が15.315％、地方税が5％の税率による申告分離課税が適用されるとともに、株式や公社債等の譲渡損失との損益通算の対象とされました（措法8の4）。

---

① 特定公社債の利子（184頁の図表2-9-5参照）

② 公社債投資信託のうち、次のいずれかのものの収益の分配

　　イ　その設定に係る受益権の募集が一定の公募により行われたもの

　　ロ　その受益権が金融商品取引所に上場しているもの又はその受益権が外国金融商品市場において売買されているもの

③ 公募公社債等運用投資信託の収益の分配

（注）特定公社債以外の公社債（「一般公社債等」という。）の利子については、従来どおり、所得税等が15.315％、地方税が5％の税率による源泉分離課税ですが、そのうち同族会社の一定の株主等など特定の個人が支払を受けるものについては、所得税等が15.315％（地方税は源泉なし）の源泉徴収をされた上で、総合課税の対象となります。ただし、次に掲げるものについては、以下のとおりとなります。

・国外発行、国外利払の民間外国債（措法6①）及び外貨債（外貨公債の発行に関する法律に規定する外貨債、措法6⑪）の利子につき、国内の支払の取扱者による源泉徴収が行われないものは、総合課税の対象となり、申告分離課税又は申告不要の選択はできません。

・国外利払の特定公社債の利子で国内の支払の取扱者による源泉徴収が行われないものは、申告分離課税の対象となり、申告不要の選択はできません。

・国外利払の一般公社債等の利子で国内の支払の取扱者による源泉徴収が行われないものは、総合課税の対象となり、源泉分離課税の適用はできません。

---

**204**

2-11　利子所得

## 図表２-11-１　公社債、公社債投資信託等に対する課税方式の見直しの概要

| 区　分 | 改　正　前<br>（平成27年12月31日以前） | 改　正　後（平成28年1月1日以後） | |
| --- | --- | --- | --- |
| | | 特定公社債等<br>公募公社債投資信託等 | 一般公社債等<br>私募公社債投資信託等 |
| 利 子 所 得 | 20.315％源泉分離※ | 20.315％申告分離※ | 20.315％源泉分離※ |
| 譲 渡 所 得 | 非課税 | | 20.315％申告分離※ |
| 利子所得申告不要 | ○ | ○ | × |
| 損益通算、繰越控除 | × | ○ | × |
| 特定口座の取扱い | × | ○ | × |

※　平成25年分以後、所得税率×2.1％相当の復興特別所得税が上乗せされています。

## 2　利子所得の金額の計算

　利子所得の金額は、利子等の収入金額（源泉徴収される前の金額）が、そのまま利子所得の金額となります（法23②）。また、外国の税金が差し引かれている場合でも、収入金額は差し引かれる前の金額です。

【利子所得の金額の計算式】

> 利子所得の金額　＝　収入金額

## 図表２-11-２　利子等の課税区分

| 所　得　区　分 | | 課 税 方 式 | 所　得　の　例　示 |
| --- | --- | --- | --- |
| 利子所得となるもの | 申告必要 | 総合課税 | ・海外の金融機関の預金利子<br>・海外で発行された公社債の利子、公社債投資信託等の収益の分配金で所得税が源泉徴収されていないもの<br>・世界銀行債等の所得税が源泉徴収されない利子<br>・一般公社債等のうち、同族会社が発行した社債の利子でその同族会社の株主等が支払を受けるもの |
| | 申告の要否を選択 | 申告分離課税<br>（源泉分離課税） | ・特定公社債等の利子 |
| | 申告不可 | 源泉分離課税 | ・所得税が源泉徴収されている預貯金の利子<br>・一般公社債等の利子（同族会社が発行した社債の利子でその同族会社の株主等が支払を受けるものを除く。） |
| 利子所得とならないもの | 非課税 | | ・当座預金、納税準備預金の利子<br>・障害者等の少額預金の利子等（「マル優」）<br>・障害者等の少額公債の利子（「特別マル優」）<br>・勤労者財産形成住宅（年金）貯蓄の利子<br>・特定寄附信託契約による信託財産につき生ずる公社債の利子等 |
| | 雑所得 | 総合課税 | ・知人、友人からの貸金利息、学校債、組合債の利子<br>・役員等が受ける勤務先預金の利子 |
| | 事業所得 | | ・事業上の貸付利息 |

205

2-11　利子所得

## 利子所得のチェックポイント

**【所得区分】**

☐　事業上の貸付利息を利子所得として申告している。

☞　事業所得となります（図表2-11-2）。

☐　学校債、組合債の利子を利子所得として申告している。

☞　学校債、組合債の利子、定期積金又は相互掛金の給付補填金、知人又は会社に対する貸付金の利子などは雑所得となります（基通35-1、35-2）。

☐　国内銀行に預けていた10万ドルの外貨建預金を、円安のためそれを解約して得た為替差益を利子所得としている。

☞　外貨建預金の解約等により生じた為替差損益は、原則として雑所得になります。

ただし、外貨預金の預入時に外国為替先物予約により解約時における元本・利息を円貨ベースで確定させておくものについては、元本部分の為替差益も含めて源泉分離課税の利子所得となります。

☐　役員等の法人に対する貸付金の利子を利子所得としている。

☞　役員等の法人に対する貸付金の利子は雑所得となります（事業から生じたと認められる場合は事業所得となります）。

☐　一般公社債等の利子で、同族法人の株主（特定の同族株主等）が同族法人から支払を受けるものについて、源泉分離課税のため申告不要であるとしている。

☞　平成28年分以降、一般公社債の利子で同族法人からその株主に支払われる利子は、源泉徴収された上、利子所得として総合課税の対象になります。

**【収入金額】**

☐　国外にある金融機関に預けた預金利子について、外国の税金を差し引いた手取額を、収入金額として申告している。

☞　収入金額は外国の税金を差し引く前の金額です。なお、外国の税金の額は外国税額控除の対象となります。

☐　所得税が源泉徴収されている預貯金の利子について、利子所得として申告している。

☞　所得税が源泉徴収されている預貯金等の利子所得は、源泉分離課税であり申告することはできません。

2-12　退職所得

# 2-12　退職所得

## 1　退職所得の概要

　退職所得とは、退職手当、一時恩給その他の退職によって一時に受ける給与及びこれらの性質を有する給与による所得をいいます（法30）。また、社会保険制度などにより退職に基因して支給される一時金、適格退職年金契約に基づいて支給を受ける退職一時金なども退職所得となります（法31）。退職所得は、他の所得と区分して税額を計算し、支給者がその税額を源泉徴収するため、原則として確定申告は必要ありません。ただし、「退職所得の受給に関する申告書」を提出していない場合は、退職手当等の支給額に対して20.42%が源泉徴収されますので、確定申告により、この税額を精算することになります。

## 2　退職所得の金額の計算

　退職所得の金額は、その年中の退職手当等の収入金額から勤続年数に基づき計算した退職所得控除額を控除した残額の2分の1相当額となります。ただし、特定役員退職手当等[※1]又は短期退職手当等[※2]のうち300万円を超える部分に係る退職所得の金額は、退職手当等の金額から退職所得控除額を控除した残額とされます（法30②）。

　なお、退職所得控除額は、勤務先から交付される退職所得の源泉徴収票に記載されています。

※1　特定役員退職手当等とは、退職手当等のうち、下記に掲げる役員等としての勤務年数（以下「役員等勤務年数」という。）が5年以下である者が、退職手当等の支払をする者から当該役員等勤務年数に対応する退職手当等として支払を受けるものをいいます（法30④）。
　　・法人税法第2条第15号に規定する役員
　　・国会議員及び地方公共団体の議会の議員
　　・国家公務員及び地方公務員
※2　短期退職手当等とは、勤務年数が5年以下に対応する退職手当等で特定役員退職手当等（上記※1）に該当しないものをいいます（法30④）。

【退職所得の金額の計算式】

① 特定役員退職手当等（勤続年数5年以下の法人役員等への退職金）
　　　収入金額－退職所得控除額　※2分の1課税の適用なし
② 短期退職手当等（勤続年数5年以下の法人役員以外の者への退職金）
　イ　（収入金額－退職所得控除額）が300万円以下の場合
　　　（収入金額－退職所得控除額）×1/2
　ロ　（収入金額－退職所得控除額）が300万円を超える場合
　　　150万円＋（収入金額－退職所得控除額－300万円）
③ ①②以外（通常の退職金）
　　　（収入金額－退職所得控除額）×1/2

**207**

## 2-12 退職所得

**【参考資料】短期退職手当等Q&A**

役員等以外の者としての勤続年数が5年以下である者に対する退職手当等（短期退職手当等）に関する詳しい取扱いについては、令和3年10月（令和4年1月改正）に国税庁が公表した「短期退職手当等Q&A」を参照してください。

**【参考資料】特定役員退職手当等Q&A**

特定の役員に対する退職手当等（特定役員退職手当等）に関する詳しい取扱いについては、平成24年8月（令和3年10月改正）に国税庁が公表した「特定役員退職手当等Q&A」を参照してください。

### (1) 収入金額

収入金額は、金銭で支給されるもののほか、退職金支払者から受ける経済的利益などを含みます。確定給付企業年金に係る規約又は適格退職年金契約による掛金のうち、加入者又は勤務者が負担した金額は収入金額から控除します（令72③）。

### (2) 収入すべき時期

**図表2-12-1　退職所得の収入すべき時期**

| 区　　分 || 収入すべき時期 |
|---|---|---|
| 原　則 || 退職の日 |
| 退職給与規程の改訂差額 | 支給日の定めのあるもの | 支給日 |
| | 定められていないもの | 改訂の効力が生じた日 |
| 退職手当等とみなされる一時金 || 給付事由が生じた日 |
| 役員に支払われる退職手当 || 株主総会等の決議の日※1 |
| 引き続き勤務する者に支払われる退職手当等 | 役員であった勤務期間に係るもの | |
| | 使用人であった勤務期間に係るもの | 通達（基通36-10(4)）で定める日 |
| 年金に代え支払われる一時金で退職手当等とされるもの || 給付事由が生じた日 |

※1　その決議が支給することのみを定め、支給額が定められていない場合は、その金額が具体的に定められた日。
※2　一の勤務先の退職により2以上の退職手当等の支給を受ける権利を有する場合の退職所得の収入すべき時期は、上記表（確定拠出年金法に規定する企業型年金規約又は個人型年金規約に基づく年金給付の総額に代えて支給される一時金を除く。）の定めにかかわらず、2以上の退職手当等のうち、最初に支払を受けるべき日となります（令77）。ただし、確定拠出年金法の規定に基づいて支払われる「老齢給付金として支払われる一時金」及び「年金の受給開始日後に支払われる一時金のうち、将来の年金給付の総額に代えて支払われるもの」については、その適用はありません。
　　例えば、平成26年（60歳）に勤務先を退職して勤務先から退職手当等を受領した者が、令和2年（66歳）に確定拠出年金法に規定する老齢給付金を運営管理機関に裁定請求し、裁定により一時金として給付を受ける場合、その一時金の収入すべき時期は平成26年ではなく、給付事由が生じた日である令和2年となります。なお、その一時金の源泉徴収税額の計算において、平成26年に受領した退職手当等は、前年以前14年内（前年以前4年内ではない）に受領した者に該当しますので、退職所得控除額を算出する際には調整計算が必要となります（令70二）。

## 2-12 退職所得

### (3) 退職所得控除額

退職所得控除額は、退職金の支給を受けた会社での勤続年数を計算し、勤続年数に応じて次の表の計算式に当てはめて計算します（法30③④）。

【退職所得控除額の計算式】※1

① 勤務年数が20年以下※2～5
　　　勤続年数　×　40万円　（80万円未満の場合には80万円）
② 勤務年数が20年超※2～5
　　　（勤続年数　－　20年）　×　70万円　＋　800万円

※1　障害者になったことに基因して退職した場合は、上記の金額に100万円を加算します。
※2　1年に満たない端数があるときは、1年に切り上げます（令69②）。
※3　実際に勤務した期間により計算しますが、丙欄適用期間は除きます（基通30-6、30-9）。
※4　長期欠勤や休職中の期間も勤続年数に含めます（基通30-7）。
※5　同一年中に2以上の退職金の支給を受ける場合
　　① 勤続年数が重複している場合は、最も長い勤続期間により計算します。
　　② 勤続期間に重複していない期間がある場合は、重複していない部分を最も長い勤続期間に加算します。

### 図表2-12-2　前年以前4年以内に勤続期間の重複がある場合の退職所得控除額

前年以前4年以内に前の会社から退職手当等の支給を受けた者が、新たな会社から退職手当等の支給を受ける場合で前の会社との勤続期間に重複期間がある場合の退職所得控除額及び源泉徴収税額については、次のように計算します。

1　**前の退職手当等の収入金額 > 前の勤続期間に対応する退職所得控除額　の場合**
　　新たな会社の勤続期間として計算した退職所得控除額から、前の会社との重複期間を勤続年数（1年未満の端数切捨て）とみなして計算した金額を控除した金額が、その年の退職所得に係る退職所得控除額となります。

2　**前の退職手当等の収入金額 < 前の勤続年数に対応する退職所得控除額　の場合**
　　新たな会社の勤続期間として計算した退職所得控除額から、次の表により計算した期間（1年未満の端数切捨て）を前の勤務期間とみなした重複期間に基づいて計算した金額を控除した金額が、その年の退職所得に係る退職所得控除額となります。

| 前の退職手当等の収入金額 | 前の勤務期間の算式 |
|---|---|
| 800万円以下の場合 | 収入金額 ÷ 40万円 |
| 800万円を超える場合 | （収入金額 － 800万円）÷ 70万円 ＋ 20 |

※　前年以前4年以内に支払われた退職手当等の勤続期間が今回の退職手当等の勤続期間と重複しない場合は、調整計算はしません。

### 【前年以前4年以内に勤続期間の重複がある場合の退職所得控除額の計算例1】

**【設　例】**甲の勤務状況等が下記の場合における退職所得控除額の計算

（前の退職手当等の収入金額 > 前の勤続期間に対応する退職所得控除額のケース）

| 勤務先 | 就　職 | 退　職 | 勤続期間 | 退職金 |
|---|---|---|---|---|
| A社 | 平成6年1月1日 | 平成31年3月31日 | 25年3か月 | 2,000万円 |
| B社 | 平成13年1月1日 | 令和5年5月31日 | 22年5か月 | 800万円 |

「前年以前4年以内に勤続期間の重複」があるかどうかの判定は、甲がB社を退職した年（令

和5年）の1月1日から4年以内にA社から退職手当の支給があったかどうかで判断します（実際の期間は4年2か月であるが、令和5年1月1日を基準として計算すると4年以内に勤務期間の重複ありとなる。）。

(1) A社の退職所得の計算

① 勤続年数：25年3か月 ⇒ 26年（1年に満たない端数の切上げ）

② 退職所得控除額：800万円＋70万円×（26年－20年）＝1,220万円

2,000万円 ＞ 1,220万円

③ 源泉徴収税額：{(2,000万円－1,220万円)×1／2×20％－427,500円}×102.1％＝359,902円

(2) B社の退職所得の計算

① 勤続年数：22年2か月 ⇒ 23年（1年に満たない端数の切上げ）

② 退職所得控除額

イ 800万円＋70万円×（23年－20年）＝1,010万円

ロ 40万円×18年※＝720万円（重複期間の勤続年数の控除額）

ハ 1,010万円－720万円＝290万円

※ A社とB社の重複期間は、平成13年1月1日から平成31年3月31日の18年3か月ですが、1年未満の端数は切捨て18年として計算します。

③ 源泉徴収税額：{(800万円－290万円)×1／2×10％－97,500円}×102.1％＝160,807円

## 【前年以前4年以内に勤続期間の重複がある場合の退職所得控除額の計算例2】

**【設　例】乙の勤務状況等が下記の場合における退職所得控除額の計算**

（前の退職手当等の収入金額 ＜ 前の勤続期間に対応する退職所得控除額のケース）

| 勤務先 | 就　職 | 退　職 | 勤続期間 | 退職金 |
| --- | --- | --- | --- | --- |
| C社 | 平成6年1月1日 | 令和元年6月30日 | 25年6か月 | 350万円 |
| D社 | 平成11年1月1日 | 令和5年3月31日 | 24年3か月 | 2,500万円 |

「前年以前4年以内に勤続期間の重複」があるかどうかの判定は、乙がD社を退職した年（令和5年）の1月1日から4年以内にC社から退職手当の支給があったかどうかで判断します。実際でも3年9か月であり、4年以内に勤務期間の重複ありとなります。

(1) C社の退職所得の計算

① 勤続年数：25年6か月 ⇒ 26年（1年に満たない端数の切上げ）

② 退職所得控除額：800万円＋70万円×（26年－20年）＝1,220万円

350万円 ＜ 1,220万円

③ 源泉徴収税額：0円

(2) D社の退職所得の計算

① 勤続年数：24年3か月 ⇒ 25年（1年に満たない端数の切上げ）

② 退職所得控除額

2-12　退職所得

(イ)　800万円+70万円×（25年－20年）=1,150万円

(ロ)　C社の退職手当等の収入金額がC社の勤続期間に対応する退職所得控除額よりも少ない（上記(1)の②参照）ので、図表 2 -12- 2 の計算式により、8 年（350万円÷40万円=8.75年 ⇒ 8 年（1 年未満の端数切捨て））と算定。乙はC社の勤務を平成 5 年 1 月 1 日から 8 年後（平成13年12月31日）に退職したとみなします。

(ハ)　C社とD社の実際の重複期間は、平成11年 1 月 1 日～令和元年 6 月30日の20年 6 か月ですが、上記(ロ)によりC社を退職したとみなす日（平成13年12月31日）までの期間 3 年（平成11年 1 月 1 日～平成13年12月31日）を重複期間として計算した金額120万円（=40万円× 3 年）を(イ)の金額から控除した金額が退職所得控除額になります。

1,150万円－120万円=1,030万円

③　源泉徴収税額：｛(2,500万円－1,030万円)× 1 / 2 ×23%－636,000円)｝×102.1%

=1,076,644円

## 【質疑応答】退職所得の概要

☐　企業内退職金制度の廃止による打切支給の退職手当等として支払われる給与（退職給付債務を圧縮する目的で廃止する場合）

退職給付債務を圧縮するため、労使合意に基づいて企業内退職金制度を廃止し、過去勤務期間に係る退職金相当額について打切支給を実施することになりました。この場合、引き続き勤務する使用人に対して退職手当等として支払われる給与は、所得税法上どのように取り扱われますか。

⇒原則として、給与所得となります。

☐　企業内退職金制度の廃止による打切支給の退職手当等として支払われる給与（いわゆる退職金前払い制度へ移行する目的で廃止する場合）

従来の退職給与規程を廃止して、いわゆる退職金前払い制度へ移行することとしています。そこで、移行日以後の勤続期間部分の退職金相当額については分割して毎月の給与に加算することとし、移行日前の過去勤務期間に係る退職金相当額については打切支給を実施することとします。この場合、引き続き勤務する使用人に対して支払われる一時金は、所得税法上どのように取り扱われますか。

⇒新たな退職給与規程の制定に当たらず、給与所得となります。

☐　企業内退職金制度の廃止による打切支給の退職手当等として支払われる給与（企業の財務状況の悪化等により廃止する場合）

連年赤字決算が続いており、今後数年間に業績が回復する見込みがありません。このような状況下では、将来において使用人の退職金資金の確保も危ぶまれることから、労使合意に基づいて企業内退職金制度を廃止し、移行日前の過去勤務期間に係る退職金相当額について打切支給を実施することになりました。この場合、引き続き勤務する使用人に対して支払われる一時金は、所得税法上どのように取り扱われますか。

⇒退職所得として取り扱って差し支えありません。

☐　企業内退職金制度の廃止による打切支給の退職手当等として支払われる給与（個人型の確定拠出年金制度への全員加入を契機として廃止する場合）

211

引き続き勤務する使用人に個人型の確定拠出年金制度への加入を勧奨したところ、全員が加入することとなったため、企業内退職金制度は廃止して打切支給を実施します。この場合、引き続き勤務する使用人に対して支払われる一時金は、所得税法上どのように取り扱われますか。
⇒ 原則として、給与所得となります。

□ 役員退職慰労金制度の廃止による打切支給の退職手当等として支払われる給与

経営状況等の事情から役員退職慰労金制度を廃止することとしています。役員退職慰労金制度の廃止に当たっては、株主総会の決議を経たのち、引き続き在職する取締役及び監査役に対してその就任日から本件制度廃止日までの期間に係る職務執行の対価を役員退職慰労金として支払います。この場合、引き続き在職する役員に対して支払われる役員退職慰労金は、退職所得として取り扱われますか。

⇒ 在職中の取締役及び監査役に対して支払われる役員退職慰労金は、給与所得となります。

□ 中小企業退職金共済制度への移行による打切支給の退職手当等として支払われる給与（払込上限額を超過する部分を一時金として支払う場合）

企業内退職金制度から中小企業退職金共済制度へ移行することとなり、使用人の過去勤務期間に係る退職金資産相当額を掛金として独立行政法人勤労者退職金共済機構へ払い込むこととしています。ところが、中小企業退職金共済制度では、過去勤務期間に係る掛金の払込金額については上限が定められているため、一部の使用人については企業内退職金制度における退職金資産相当額の全額を払い込むことができません。そこで、その払込みができない部分の金額を精算一時金として支払うこととなりました。この場合、引き続き勤務する使用人に対して支払われる精算一時金は、所得税法上どのように取り扱われますか。
⇒ 給与所得とされます。

□ 確定拠出年金制度への移行による打切支給の退職手当等として支払われる給与

企業内退職金制度から確定拠出年金制度への移行に当たって、引き続き勤務する使用人の全員を企業型年金加入者としますが、移行日前の勤続期間に係る使用人の退職金資産については資産移換の方法によることについて労使の合意が得られないため、全使用人を対象に打切支給を実施することになりました。この場合、引き続き勤務する使用人に対して支払われる一時金は、所得税法上どのように取り扱われますか。
⇒ 確定拠出年金制度への移行が、中小企業退職金共済制度と同様の手順（全員打切支給・全員加入）によって行われる場合には、退職所得として取り扱われます。

□ 確定拠出年金制度への移行による打切支給の退職手当等として支払われる給与（使用人が資産移換又は一時金の支給を選択することができる場合）

企業内退職金制度から確定拠出年金制度への移行に当たって、引き続き勤務する使用人の全員を企業型年金加入者とし、移行日以後の掛金の拠出を一律に行うこととしました。しかし、移行日前の過去勤務期間に係る退職金資産を一律に資産移換を行うことについて、労使の合意が得られないため、使用人に次のいずれかのコースを選択させることとしますが、この場合、引き続き勤務する使用人の課税関係はどのようになりますか。
　(1) 移行日前の過去勤務期間に係る退職金相当額の全額を資産移換するコース
　(2) 移行日前の過去勤務期間に係る退職金相当額の50％を資産移換し、残りの50％については一時金として受け取るコース

　　(3) 移行日前の過去勤務期間に係る退職金相当額の全額を受け取るコース
⇒ 退職金相当額の資産移換の内容等により、課税関係は異なります。

## 2-12 退職所得

☐ **確定拠出年金制度の規約により加入者とされない使用人を対象に打切支給の退職手当等として支払われる給与**

当社には、50歳以上の使用人が定年前に自らの意思で退職する場合には、退職金の支給等で優遇する早期退職優遇制度があるため、今回、採用する確定拠出年金制度では50歳以上の使用人を加入者としないことを規約に定め、企業型年金加入者とされない50歳以上の使用人には移行日前の過去勤務期間に係る打切支給を実施した。この場合、引き続き勤務する50歳以上の使用人に対して一律に支払われる一時金は、所得税法上どのように取り扱われますか。

⇒ 退職所得として取り扱っても差し支えありません。

☐ **母体企業の倒産によって厚生年金基金が解散し、その残余財産の分配一時金が支払われる場合**

業績悪化等の理由から倒産することになり、当社が設立事業所となっている厚生年金基金は、解散します。従業員は全員解雇することとなりますが、解雇後に従業員に対して厚生年金基金の解散に伴う残余財産の分配一時金は、所得税法上どのように取り扱われますか。

⇒ 退職所得として取り扱って差し支えありません。

☐ **確定給付企業年金規約に基づいて年金受給者が老齢給付金の一部を一時金で支給を受けた場合**

当社が行っている確定給付企業年金制度では、老齢給付金（年金）の受給開始年齢を定年退職年齢と同じ60歳とし、また、老齢給付金の全部又は一部を一時金として支給することができるよう、規約で定めています。使用人Aは、老齢給付金のうち50％は60歳定年退職時に一時金による支給を選択して退職所得としての課税を受け、残りの50％は年金による支給を選択して公的年金等として課税を受けていましたが、その後、65歳時に将来の年金給付額の一部（全体の25％）について一時金による支給を選択し、残額については引き続き年金による支給を選択しました。この65歳時に支給を受ける一時金の所得区分はどのようになりますか。

⇒ 原則として、一時所得となります。

☐ **引き続き勤務する従業員に対して支払われる確定給付企業年金の制度終了に伴う一時金**

当社では、確定給付企業年金制度（規約型）を実施していましたが、今般、同制度を廃止することとしました。同制度の終了に伴い引き続き勤務する従業員に対して支払われる一時金は、所得税法上どのように取り扱われますか。

⇒ 一時所得となります。

☐ **確定給付企業年金の給付減額に伴い支給される一時金**

当社の企業年金基金（確定給付企業年金）では、今般、年金の給付減額を内容とする規約の変更を行うこととしました。規約の変更に当たり、希望する年金の受給権者に対して最低積立基準額の全部を一時金として支給する予定です。この給付減額に伴い支給される一時金について、所得税の取扱いはどのようになりますか。

⇒ 退職所得として取り扱われます。

☐ **適格退職年金制度廃止後に継続している退職年金契約**

これまで生命保険会社と適格退職年金契約を締結しこれに基づき退職一時金及び退職年金の支給を行っており、平成24年3月31日をもって適格退職年金制度が廃止された後も、解約等を行わずに退職年金契約として継続しています。この場合の退職年金契約に基づき、(1)当社が支出する保険料、(2)退職一時金、(3)退職年金について、所得税法上どのように取り扱われますか。

⇒ 継続している退職年金契約の内容により、課税関係は異なります。

☐ **条例に基づき支給する「失業者の退職手当」**

市の条例に基づき、退職し失業している職員に対して、一定の要件の下、退職手当を

支給しています。本件手当は、国家公務員退職手当法第10条《失業者の退職手当》の規定に基づき支給される退職手当と同趣のものとなっていますが、所得税法上どのように取り扱われますか。
⇒ 非課税として取り扱われます。

## 退職所得のチェックポイント

【収入金額】

☐ 解雇予告手当金を退職所得としていない。
　☞ 解雇予告手当金は退職所得となります（基通30-5）。

☐ 法律に基づき立替払を受けた未払賃金を退職所得としていない。
　☞ 「賃金の支払の確保等に関する法律」に基づき立替払を受けた未払賃金は退職所得になります（措法29の4）。

☐ 確定給付企業年金又は適格退職年金契約による退職所得の収入金額は適正か。
　☞ 加入者又は勤務者が負担した金額は収入金額から控除します。

☐ 退職した翌年に退職金の支給を受けたので、翌年分の退職所得としている。
　☞ 退職所得の収入すべき時期は、原則としてその支給の基因となった退職日によります。ただし、会社役員等で、その支給について株主総会の決議を要するものは、その決議日とされます（基通36-10）。

☐ 従業員から役員になった者に支給される退職金を給与所得（賞与）としている。
　☞ 従業員から役員に昇任した際にいわゆる打切支給される退職金は、原則として退職所得になります（基通30-2(2)）。

☐ 死亡退職により支払われる退職手当等を全て退職所得としている。
　☞ 死亡の日から3年以内に支払いが確定したものは相続税の課税対象（所得税は非課税）、それ以外のものは遺族の一時所得となります（相法3、法9①十六、基通9-17、34-2）。

☐ 退職後、支給日前に死亡した従業員の退職金を相続財産としている。
　☞ 従業員は、退職所得の収入すべき時期である退職日において生存していますので、その退職金は遺族のみなし相続財産ではなく、従業員の退職所得となります（基通9-17、36-10）。

☐ 役員を退任後、取締役会で金額が確定する前に死亡した場合の退職金を退職所得としている。
　☞ 役員の退職所得の収入すべき時期については、退職後の決議により支給額が具体的に定められた日となりますが、その日前に役員が死亡したため、役員の退職所得とはならず、遺族の相続財産となります（相法3①、基通9-17、36-10(1)）。

☐ 退職の1か月前に前払支給する退職金を退職所得としている。
　☞ 支給の時点で退職の事実がないため退職所得とは扱われません。その退職金は賞与とされます。

☐ 退職することを権利行使の要件としている新株予約権（ストック・オプション）の付与の経済的利益を雑所得としている。
　☞ 一般的には新株予約権の行使による経済的利益は給与所得又は雑所得となりますが（基通23～35共-6(1)）、新株予約権に譲渡制限が付され退職後1か月以内の行使などの条件がある場合は

退職所得となります。

□ 転籍者に対して一時に支払われる給与較差補てん金を、賞与としている。

☞ 子会社へ転籍するに際し、転籍前の会社との給与較差を補てんするため、定年まで引き続き勤務すると仮定した場合の残月数に平均較差月額を乗じたものを一時金と支給するものは、退職所得となります。

□ 使用者から年金に代えて支給される一時金を、一時所得としている。

☞ 過去の勤務に基づき使用者であった者から年金支給開始日までにその年金に代えて支給される一時金は、退職所得となります。なお、年金受給開始日後であっても、その一時金が将来の年金給付の総額に代えて支給されるものであれば、退職所得となりますが、これに該当しないものについては雑所得（公的年金等）となります（基通30-4、31-1(1)）。

□ 2回目に支給される自衛官若年定年制退職者給付金を退職所得としている。

☞ 1回目に支給される給付金は退職所得、2回目に支給される給付金は一時所得に該当します。

□ 国内勤務の会社員が外国支店勤務となり、その後その外国支店（非居住者）で退職した者に支給する退職手当等について、国内勤務に係る退職手当等に対しては20.42%の源泉徴収で課税は完結するので申告はできないとしていた。

☞ 非居住者が居住者期間に係る退職手当等を受けている場合は、居住者が支給を受けたものとみなして退職所得の選択課税（397頁）の適用で還付申告をすることもできます（法171、173）。

□ 退職に際して支払われる退職手当等について、全額を一時金又は年金方式とするかあるいは一時金と年金方式を半々とするかの有利性を検討したか。

☞ 有利性を検討する場合は、一時金は退職所得、年金は雑所得となりますが、その際、税金だけでなく国民健康保険料などの社会保険料を含めて検討する必要があります（退職金には社会保険料などは掛かりません。）。

□ 退職所得については、「退職所得の受給に関する申告書」の提出で源泉徴収されているので、確定申告に含めないで申告書を作成している。

☞ 退職所得のある者が確定申告書を提出する場合は、退職所得を含めて申告する必要があり、合計所得金額には退職所得も含まれます。

【退職所得控除額】

□ 勤続年数の計算において、勤続年数から長期欠勤や休職期間を控除して計算している。

☞ 長期欠勤や休職期間も勤続年数に含まれます（基通30-7）。

□ 同一年に2か所以上から退職金の支給を受けている場合、それぞれの勤続年数を基に退職所得控除の計算をしている。

☞ 重複する勤務期間は、それぞれの勤務年数の合計から除いて勤続年数を計算します。

【青色事業専従者】

□ 青色事業専従者に支払った退職金を必要経費に算入している。

☞ 青色事業専従者に対する給与等には退職金は含まれませんので、その退職金は必要経費に算入されず、また青色事業専従者の所得にもなりません（法56、57）。

# 申告書等の記載手順（退職所得）

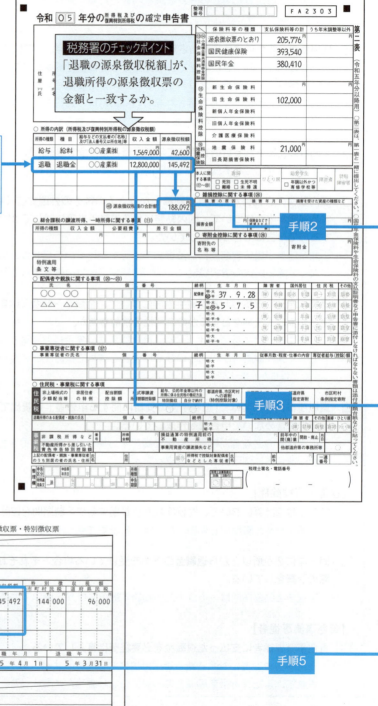

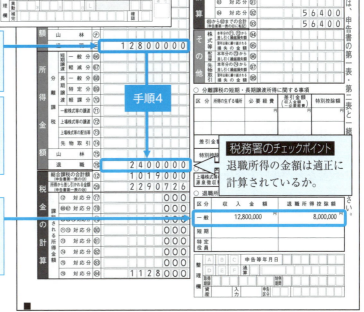

2-13 山林所得

## 2-13 山林所得

### 1 山林所得の概要

　山林所得とは、山林（立木）を伐採又は譲渡した所得をいいます（法32①）。また、分収造林契約又は分収育林契約に基づく分収金や生産森林組合に基づく従事分量分配金など一定のものも山林所得となります。なお、次に掲げる山林の譲渡については、他の所得に分類されます。

図表2-13-1　山林所得とならない譲渡

| 山林所得とならない譲渡の例示 | | 所 得 区 分 |
|---|---|---|
| 保有期間が5年以内の山林（立木）の譲渡 | | 雑所得（基通35-2） |
| | 山林の売買を業とする者の譲渡 | 事業所得（法27） |
| 山林を譲渡したときの土地部分の譲渡 | | 分離課税の土地等の譲渡所得（措法31、32） |
| 山林を伐採し、製材して譲渡 | | 伐採までの所得が山林所得、製材から販売までの所得が事業所得（基通23〜35共-12） |
| 立木の枝の譲渡 | | 原則として、総合課税の譲渡所得。ただし、継続的に行われる場合は、雑所得又は事業所得 |

### 2 山林所得の金額の計算

　山林所得の金額は、総収入金額から必要経費と特別控除額を差し引いて求めます。

　なお、一定の要件に該当する場合は、「森林計画特別控除額」（219頁）や「青色申告特別控除額」を控除します。

【山林所得の金額の計算式】

| 総収入金額 － 必要経費 － | 森 林 計 画<br>特別控除額 | －  | 特別控除額<br>（50万円） | －  | 青 色 申 告<br>特別控除額 |
|---|---|---|---|---|---|

### 3 総収入金額

　山林所得の総収入金額には、山林の売買代金、間伐などによる付随収入、山林の損害により取得した保険金や損害賠償金、自家消費などの収入のほか、一定の分収造林契約又は分収育林契約による収益などが総収入金額になります（令78の2）。

　また、山林所得の収入の時期は、原則として引渡しがあった日になりますが、契約の効力発生日を選択することもできます（基通36-12）。

2-13 山林所得

## 4 必要経費

### (1) 原 則

　必要経費には、植林費、取得費、育成費、管理費及び山林の譲渡のための伐採費、運搬費、測量費、仲介手数料などが含まれます。

図表2-13-2　山林所得の必要経費の区分

| 区　　分 | 具　体　的　費　目 |
|---|---|
| 植林・取得費<br>(山林の取得に要した費用) | ・苗木の購入代金、運搬費、購入手数料、人件費等<br>・山林の購入代金、仲介手数料等 |
| 育成・管理費<br>(山林の育成・管理に要した費用) | ・肥料代、防虫費、下刈り・枝打ち・除草などの人件費<br>・固定資産税、森林組合費、火災保険料、機械等の減価償却費等 |
| 譲渡費用<br>(伐採、譲渡に要した費用) | ・山林の伐採に要した人件費<br>・伐採した山林の運搬費、測量費、仲介手数料等 |

### (2) 概算経費控除の特例

　平成20年12月31日以前から引き続き所有していた山林を伐採又は譲渡した場合の必要経費の金額は、次の概算経費控除の特例を適用した金額とすることができます（措法30①④、措規12）。

【概算経費控除の特例を適用した場合の必要経費の計算式】

$$\text{譲渡経費}^※ ＋（\text{総収入金額} － \text{譲渡経費}^※）× \underset{\text{(概算経費率)}}{50\%} ＋ \underset{\text{資産の損失額}}{\text{被災事業用}}$$

　※　伐採又は譲渡に要した伐採費、運搬費、仲介手数料などの費用をいいます。以下本章において同じです。

## 5 特別控除額

### (1) 原 則

　山林所得の特別控除額は、50万円（収入金額から必要経費を控除した残額が50万円未満の場合は、その残額）です（法32④）。

### (2) 森林計画特別控除額の特例

　平成24年から令和6年までの各年において、その有する山林について森林経営計画に基づく山林の伐採又は譲渡をした場合、山林所得の金額の算定にあたり、必要な書類を添付した申告書を提出することにより森林計画特別控除額を控除できます（措法30の2）。

【森林計画特別控除額の計算式】

| A　概算経費控除を受ける場合の特別控除額<br>　　① （収入金額 － 譲渡経費）× 20%※ |
|---|

**219**

B　概算経費控除を受けない場合の特別控除額

下記の①と②のいずれか少ない金額

①　（収入金額　－　譲渡経費）　×　20％※

②　（収入金額　－　譲渡経費）　×　50％　－　{必要経費　－　（譲渡経費　＋　被災事業資産の損失額）}

※　（収入金額－譲渡経費）の金額が２千万円を超える場合、その超える部分の金額については10％となります。

## 【森林計画特別控除の手続要件】

この特例を受ける場合には、確定申告書に「措法30条の２」と記載するほか、次の書類を添付する必要があります（措規13③）。

・その山林の伐採又は譲渡について森林経営計画に基づくものである旨、山林に係る林地の面積等の市町村長等の証明書
・その山林に係る林地の測量図
・その山林について作成された森林経営計画書の写し

## 山林所得のチェックポイント

### 【所得区分】

☐　山林の林地の譲渡による所得を山林所得としている。

☞　山林を構成する土地である林地の譲渡による所得は、分離課税の譲渡所得となります（法32①、基通32-2）。

☐　自己が所有している山林で自宅を建築したが、特に所得は生じていないとしている。

☞　山林の自家消費は、その保有期間が５年を超える場合は山林所得、５年以内の場合は事業所得又は雑所得となり、時価相当額が収入金額になります（法39、基通39-4）。

### 【特別控除】

☐　概算経費控除を適用した場合の森林計画特別控除の計算は適正か。

☞　概算経費控除を受ける場合の森林計画特別控除額の計算式は、受けない場合の計算式と異なります（【森林計画特別控除額の計算式】参照）。

☐　収入金額から譲渡経費を控除した金額が２千万円を超える場合の森林計画特別控除の計算は適正か。

☞　（収入金額－譲渡経費）の金額が２千万円を超える場合、その超える部分の金額については10％となります（【森林計画特別控除額の計算式】参照）。

☐　青色申告をしている者は、概算経費控除をすることはできないとしている。

☞　山林所得の概算経費控除は、青色申告しているかどうかに関係なく、山林を伐採した年の15年前の年の12月31日以前から引き続き所有していた山林を伐採譲渡した場合には、納税者の選択により、実額計算の方法によらず、概算経費率を適用して計算することができます。

☐　山林所得について、65万円又は55万円の青色申告特別控除を適用している。

☞　山林所得の青色申告特別控除は65万円又は55万円の適用はなく、10万円の控除となります。

# 申告書等の記載手順（山林所得）

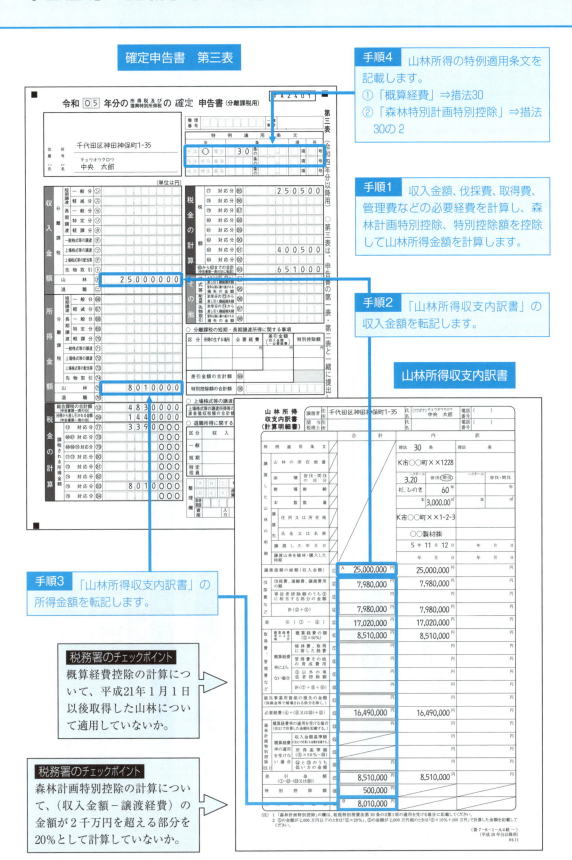

## 3-1　課税所得金額の計算

### 1　課税所得金額の計算

　課税所得金額は、各種所得の金額を一定の順序に従い損益通算し、純損失、特定居住用財産の譲渡損失及び雑損失等の繰越控除をして課税標準を求め、その課税標準から各種所得控除の額を差し引いて計算します。

図表3-1-1　課税所得金額の計算の概要

| 各種所得の金額 | | 課税標準の計算 | | | | | | | 課税所得金額の計算 |
|---|---|---|---|---|---|---|---|---|---|
| 利子所得の金額 | | 損益通算 | | 純損失の繰越控除 | | 総所得金額 | 総所得金額等 | 所得金額の合計額 | 課税総所得金額 |
| 配当所得の金額 | | | | | | | | | |
| 給与所得の金額 | | | | | 雑損失の繰越控除 | | | | |
| 雑所得の金額 | | | | | | | | | |
| 不動産所得の金額 | | | $\times\frac{1}{2}$ | | | | | | |
| 事業所得の金額 | | | | | | | | | |
| 一時所得の金額※1 | | | | 合計所得金額 | | | | | |
| 総合譲渡所得の金額※1 | 長期 | | | | | | | | |
| | 短期 | | | | | | | | |
| 山林所得の金額※1 | | | | | | 山林所得金額 | | | 課税山林所得金額 |
| 退職所得の金額※2 | | | | | | 退職所得金額 | | | 課税退職所得金額 |
| 分離課税の譲渡所得の金額 | 居住損失 | | | | | 長期譲渡所得の金額 | | 特別控除 | 課税長期譲渡所得金額 |
| | 長期 | | | | | | | | |
| | 短期 | | | | | 短期譲渡所得の金額 | | | 課税短期譲渡所得金額 |
| 上場株式等に係る配当所得等の金額※3 | | 損益通算 | | | 繰越控除 | 上場株式等に係る配当所得等の金額 | | | 上場株式等に係る課税配当所得等の金額 |
| 上場株式等に係る譲渡所得等の金額 | | | | | | 上場株式等に係る譲渡所得等の金額 | | | 上場株式等に係る課税譲渡所得等の金額 |
| 一般株式等に係る譲渡所得等の金額 | | | | | | 一般株式等に係る譲渡所得等の金額 | | | 一般株式等に係る課税譲渡所得等の金額 |
| 先物取引に係る雑所得等の金額 | | | | | 繰越控除 | 先物取引に係る雑所得等の金額 | | | 先物取引に係る課税雑所得等の金額 |

※1　一時所得の金額、総合課税の譲渡所得の金額及び山林所得の金額は、特別控除後の金額です。
※2　退職所得の金額は、原則として2分の1後の金額です。
※3　申告分離課税を選択した上場株式等の配当所得等の金額は、上場株式等に係る譲渡損失の金額との損益通算又はその年の前年以前3年内の各年に生じた上場株式等に係る譲渡損失の繰越控除額を控除できます。
※4　青の網かけ部分の所得は、特定の要件を満たした場合に損失の繰越控除ができます。

3-1　課税所得金額の計算

## 2　課税標準

### (1)　課税標準の概要

　課税標準は、総所得金額と退職所得金額及び山林所得金額をいいます（法22）が、分離課税の長期（短期）譲渡所得の金額（特別控除がある場合、その適用前の金額）、一般（上場）株式等に係る譲渡所得等の金額、上場株式等に係る配当所得等の金額、先物取引に係る雑所得等の金額がある場合、これらの金額を含みます。

　なお、総所得金額等とは、課税標準の金額の合計額をいいます。

　また、合計所得金額とは、純損失、雑損失等の繰越控除をする前の総所得金額等の金額をいいます（図表3-1-1参照）。

#### 図表3-1-2　課税標準の概要

| 所得の種類 | | 計 算 方 法 |
|---|---|---|
| 課税標準 | 総所得金額 | ①と②の合計額で、純損失、居住用財産の買換え等の譲渡損失、特定居住用財産の譲渡損失及び雑損失の繰越控除後の金額をいいます。<br>①　利子所得金額、配当所得金額、不動産所得金額、事業所得金額、給与所得金額、総合短期譲渡所得金額、雑所得金額（いずれも損益通算後）<br>（注）　源泉分離課税適用の利子所得・配当所得・雑所得を除きます。<br>②　総合長期譲渡所得金額、一時所得金額（いずれも損益通算後）の合計額の2分の1の金額 |
| | 退職所得金額 | 退職所得の金額（原則として2分の1後）で損益通算、純損失、居住用財産の買換え等の譲渡損失、特定居住用財産の譲渡損失及び雑損失の繰越控除後の金額をいいます。 |
| | 山林所得金額 | 山林所得の金額（特別控除後）で、損益通算、純損失、居住用財産の買換え等の譲渡損失、特定居住用財産の譲渡損失及び雑損失の繰越控除後の金額をいいます。 |
| | 分離課税の短期譲渡所得の金額 | 分離課税の短期譲渡所得の金額（特別控除前）で、居住用財産の買換え等の譲渡損失、特定居住用財産の譲渡損失及び雑損失の繰越控除後の金額をいいます。 |
| | 分離課税の長期譲渡所得の金額 | 分離課税の長期譲渡所得の金額（特別控除前）で、居住用財産の買換え等の譲渡損失、特定居住用財産の譲渡損失及び雑損失の繰越控除後の金額をいいます。 |
| | 上場株式等に係る配当所得等の金額 | 申告分離課税を選択した上場株式等に係る配当所得等の金額で、上場株式等に係る譲渡損失の金額との損益通算、上場株式等に係る譲渡損失及び雑損失の繰越控除後の金額をいいます。 |
| | 上場株式等に係る譲渡所得等の金額 | 申告分離課税を選択した上場株式等に係る譲渡所得等の金額で、上場株式等に係る配当所得等の金額との損益通算、上場株式等に係る譲渡損失及び雑損失の繰越控除後の金額をいいます。 |
| | 一般株式等に係る譲渡所得等の金額 | 申告分離課税となる一般株式等に係る譲渡所得等の金額で、雑損失の繰越控除後の金額をいいます。 |
| | 先物取引に係る雑所得等の金額 | 先物取引に係る雑所得等の金額で、先物取引に係る雑所得等間での通算、先物取引の差金等決済に係る損失及び雑損失の繰越控除後の金額をいいます。 |

## (2) 課税所得金額の計算

　課税所得金額は、総所得金額、退職所得金額、山林所得金額、分離課税の長期（短期）譲渡所得の金額、一般（上場）株式等に係る譲渡所得等の金額、上場株式等に係る配当所得等の金額、先物取引に係る雑所得等の金額から、所得控除の額を差し引いて計算します。

# 3　留意すべき所得概念

　総所得金額や合計所得金額が所得税の計算上問題となる事項については下記のとおりです。

| 区　分 | 各種所得に関連する事項 |
|---|---|
| 合計所得金額 | ・扶養控除、配偶者控除、寡婦控除、ひとり親控除、勤労学生控除の所得要件の判定<br>・配偶者特別控除額の算定<br>・基礎控除の金額の判定<br>・特定居住用財産の譲渡損失の特例、居住用財産の買換え等の場合の譲渡損失の特例の所得要件の判定<br>・住宅借入金等特別控除、住宅特定改修特別税額控除、認定住宅新築等特別税額控除の所得要件の判定<br>・住民税の均等割の非課税の判定<br>・住民税の障害者、未成年者等の非課税限度額の判定<br>・介護保険料の算定 |
| 総所得金額等 | ・雑損控除、医療費控除、寄附金控除の控除額の算定<br>・政党等寄附金、公益社団法人等寄附金、認定NPO法人等寄附金特別控除<br>・住民税の所得割の非課税限度の判定<br>・国民健康保険料、後期高齢者医療保険料の<u>年間所得額</u>[※1]の計算の基礎<br>・児童手当の所得制限額計算の基礎 |
| 総所得金額 | ・平均課税の適用の判定 |
| 所得金額の合計額[※2] | ・災害減免法による所得税の減免 |
| 課税総所得金額等 | ・配当控除の控除率の判定 |
| 課税総所得金額 | ・平均課税の税率の算定 |
| 合計課税所得金額[※3] | ・住民税の調整控除の金額の算定 |

※1　年間所得額とは、総所得金額等から基礎控除43万円を控除した金額（保険料の計算時には、雑損失の繰越控除前、分離課税の特別控除後の金額で計算します。なお、退職所得は含みません。）をいいます。

※2　所得金額の合計額とは、総所得金額、特別控除後の分離課税の長（短）期譲渡所得の金額、申告分離課税の上場株式等に係る配当所得等の金額、申告分離課税の株式等に係る譲渡所得等の金額、申告分離課税の先物取引に係る雑所得等の金額、山林所得金額及び退職所得金額の合計額をいいます。

※3　合計課税所得金額とは、課税総所得金額、課税退職所得金額及び課税山林所得金額の合計額をいいます。

## 3-2 損益通算

# 3-2 損益通算

## 1 損益通算の概要

損益通算とは、不動産所得、事業所得、山林所得又は総合譲渡所得等の所得の金額の計算上生じた損失の金額を一定の順序に従い他の所得の金額から差し引くことをいいます（法69）。

なお、上場株式等に係る譲渡損失の金額は、申告分離課税を選択した上場株式等に係る配当所得等の金額と損益通算することができます。

### (1) 損益通算の対象となる損失の金額

次の①から④に掲げる所得から生じた損失の金額が損益計算の対象となります。

---

① 不動産所得、事業所得、総合譲渡所得及び山林所得の損失の金額（法69）
② 居住用財産の買換え等の場合の譲渡損失の金額（措法41の5）[※1]
③ 特定居住用財産の譲渡損失の金額（措法41の5の2）[※1]
④ 上場株式等に係る譲渡損失の金額（措法37の12の2）[※2]

---

[※1] 「居住用財産の買換え等の場合の譲渡損失の特例」（措法41の5）と「特定居住用財産の譲渡損失の特例」（措法41の5の2）を以下「居住用財産の譲渡損失の特例」といいます。

[※2] 上場株式等に係る譲渡損失の金額は、上場株式等に係る配当所得等の金額（申告分離課税を選択したもの）に限り、損益通算できます。

### (2) 損益通算の対象とならない損失の金額

次に掲げる所得から生じた損失の金額は、損益通算の対象とはなりません。

---

① 配当所得、利子所得、給与所得、退職所得、一時所得及び雑所得の計算上生じた損失の金額
② 非課税所得の計算上生じた損失の金額
③ 不動産所得の損失の金額のうち次に掲げる金額
　・土地等を取得するために要した負債利子の金額のうち一定の金額（措法41の4）
　　(注) 具体的な内容については、図表2-4-7（113頁）を参照してください。
　・生活に通常必要でない資産とされる一定の不動産に係る損失（法69②、令178①二）
　・特定組合員（業務執行組合員以外）又は特定受益者（法13①に規定する受益者）の特定組合又は信託から生ずる不動産所得の計算上生じた損失の金額（措法41の4の2）
　・有限責任事業組合（日本版LLP）の事業から生ずる不動産所得等の一定の損失（措法27の2）
　・国外中古建物のから生ずる不動産所得に係る一定の損失（措法41の4の3）
④ 譲渡所得の損失の金額のうち次に掲げる金額
　・生活に通常必要でない資産に係る譲渡損失の金額
　　(注) 競走馬（事業用除く）の譲渡損失の金額は、他の譲渡所得（総合課税に限る）の金額から差し引けないときは、その保有に係る雑所得から控除できます（法69②、令200）。なお、平成26年4月1日以後、ゴルフ会員権等の譲渡により生じる損失の金額も損益通算の対象外となりました。
　・個人に対して著しく低い価額で譲渡した場合の譲渡損失の金額（法59②、令169）。
⑤ 分離課税の譲渡所得の損失の金額（措法31、32）[※1]
⑥ 一般株式等に係る譲渡所得等の金額の計算上生じた損失（措法37の10）[※2]
⑦ 上場株式等に係る譲渡所得等の損失の金額（金融商品取引業者等を通じた譲渡によるものなど一定のものを除く）（措法37の11、37の12の2）

---

**225**

3-2 損益通算

⑧ 先物取引に係る雑所得等の損失の金額（措法41の14）
⑨ 有限責任事業組合から生ずる不動産所得、事業所得又は山林所得の損失の金額のうち、調整出資金額を超える部分の金額（措法27の2）

※1 土地建物等の譲渡による分離課税の譲渡所得（居住用財産の譲渡による一定の損失を除きます。）と総合譲渡所得との通算はできません（152頁参照）。
※2 「上場株式等」の譲渡所得等と「一般株式等」の譲渡所得等との通算はできません（189頁参照）。

## 2 損益通算の順序

### (1) 「居住用財産の譲渡損失の特例」に係る損失以外の損益通算の順序

図表3-2-1 各種損失の金額の損益通算順序

| 通算の順序 | 損益通算の概要 |
|---|---|
| ① 経常所得グループの損益通算 | 経常所得※の金額のうち不動産所得の金額又は事業所得の金額の計算上生じた損失の金額は、他の経常所得の金額から差し引きます（令198一）。 |
| ② 総合譲渡所得と一時所得との損益通算 | 総合譲渡所得の金額の計算（譲渡所得内での通算後）上生じた損失の金額は、一時所得の金額（特別控除後で2分の1前）から差し引きます（令198二）。 |
| ③ 経常所得の金額が赤字になった場合 | 経常所得の金額が、①の通算後赤字の場合、その赤字の金額を総合譲渡所得の金額（特別控除後で短期、長期（2分の1前）の順）、一時所得の金額（特別控除後で2分の1前）の順で差し引きます（令198三）。 |
| ④ 譲渡所得と一時所得の通算後の金額が赤字となった場合 | ②の通算後赤字の場合、その赤字の金額を経常所得の金額（①の通算後）から差し引きます（令198四）。 |
| ⑤ 総所得金額が赤字になった場合 | ③又は④によっても引ききれない赤字の金額は、山林所得の金額（特別控除後）、退職所得の金額（2分の1後）から順次差し引きます（令198五）。 |
| ⑥ 山林所得の金額が赤字の場合 | 山林所得の金額の計算で生じた損失の金額は、経常所得の金額（①又は④の通算後）、総合譲渡所得の金額（特別控除後で長期は2分の1前）、一時所得の金額（特別控除後で2分の1前）（②又は③の通算後）、退職所得の金額（2分の1後）（⑤の通算後）の順で差し引きます（令198六）。 |

※ 経常所得とは、利子所得、配当所得、不動産所得、事業所得、給与所得、及び雑所得をいいます。

### (2) 「居住用財産の譲渡損失の特例」に係る損失の金額の損益通算の順序

「居住用財産の譲渡損失の特例」に係る損失の金額は、総合短期譲渡所得の金額、総合長期譲渡所得の金額、一時所得の金額、経常所得の金額、山林所得金額又は退職所得金額の順で差し引きます（措法41の5①、41の5の2①、措通41の5-1、41の5-2-1）。

### (3) 上場株式等に係る譲渡損失の損益通算の特例

上場株式等に係る譲渡損失の金額（金融商品取引業者等を通じてした譲渡によるものなど一定のものに限ります。）は、上場株式等に係る配当所得等の金額（申告分離課税）と損益通算することができます（措法37の12の2①）。

3-2　損益通算

図表 3-2-2　各種損失の金額の損益通算順序

| 区　分 | 各　種　損　失　の　金　額 | | | | |
| --- | --- | --- | --- | --- | --- |
| | 事 業 所 得<br>不動産所得 | 総合譲渡所得 | 居住用財産<br>の譲渡所得 | 山林所得 | 上場株式等の<br>譲 渡 所 得 |
| 経常所得の金額 | ① | ② | ④ | ① | × |
| 総合短期譲渡所得の金額 | ② | | ① | ② | × |
| 総合長期譲渡所得の金額 | ③ | | ② | ③ | × |
| 一時所得の金額 | ④ | ① | ③ | ④ | × |
| 山林所得の金額 | ⑤ | ③ | ⑤ | | × |
| 退職所得の金額 | ⑥ | ④ | ⑥ | ⑤ | × |
| 上場株式等に係る配当所得等の金額 | × | × | × | × | ① |

（注）　丸数字は、損失の金額の区分ごとの損益通算の順番を表します。

## 損益通算のチェックポイント

**【不動産所得の損益通算の特例】**

☐　不動産所得の損益通算の特例を計算する場合、すべての場合で借入金をまず建物に充てたとして計算している。

☞　借入金をまず建物に充当することができる場合は、土地、建物を一つに契約により同一の者から譲り受けた場合で、借入金がこれらの資産ごとに区分されていないことその他の事情により区分することが困難な場合に限られています（措令26の6②）。

☐　土地の取得に要した借入金の額を算定するにあたって、土地と建物を一括して購入した場合の建物の価額は、消費税等の額から合理的に計算できるにもかかわらず、合理的とは認められない方法で計算している。

☞　建物の価額は、消費税等の金額が明らかな場合は「消費税等の額÷税率＋消費税等の額」とすることになります。

**【株式等の譲渡所得】**

☐　上場株式等の譲渡所得等と一般株式等の譲渡所得等の損益通算を可能としている。

☞　平成28年分からは、別々の分離課税制度の取扱いとなるため、損益通算はできません。

☐　特定公社債に係る利子所得と上場株式等に係る譲渡所得は損益通算の対象とはならないとしている。

☞　平成28年分からは、公社債、公社債投資信託の売買や償還に係る損益、利子や分配金が、上場株式等の譲渡損益や配当等と損益通算できるようになりました。
「上場株式等の譲渡損失・公社債の譲渡損失（償還）損失」と「上場株式等の配当等・公社債等の利子等（公募公社債投資信託の分配金を含みます。）」を損益通算することができます。

**227**

3-2 損益通算

【その他】

□ 事業所得の赤字と一時所得又は総合長期譲渡所得を通算する場合、2分の1にした後の金額から差し引いている。

☞ 一時所得又は総合長期譲渡所得を通算する場合は、50万円の特別控除後で、2分の1をする前の金額と通算します。

□ 居住用財産の譲渡損失の特例（措法41の5①、41の5の2①）は、合計所得金額が3,000万円を超える場合には適用がないとしている。

☞ これらの損益通算の特例については、所得金額の要件はありません。ただし、繰越控除の特例については、合計所得金額が3,000万円を超える適用年には適用がありません。

## 3-3　損失の金額の繰越し

### 1　純損失の繰越控除

　純損失の金額とは、事業所得、不動産所得、総合譲渡所得又は山林所得の4つの所得の計算上生じた損失の金額のうち、損益通算しても控除しきれない損失の金額をいいます。

　この純損失の金額（①青色申告の者は純損失の金額のすべて、②白色申告の者は純損失の金額のうち変動所得の損失と被災事業用資産の損失の金額）は、純損失の生じた年の翌年以降3年間※の総所得金額、退職所得金額又は山林所得金額から控除することができます。

　この純損失の繰越控除を受けるには、純損失の生じた年分の所得税について、その純損失の金額に関する事項を記載した確定申告書を提出し、その後において連続して確定申告書を提出することが必要です（法70）。

　※　令和5年4月1日以降に発生した特定非常災害よる純損失につき以下の場合には、その損失額については5年間となります。

　　（注）　特定非常災害とは、「特定非常災害の被害者の権利利益の保全等を図るための特別措置に関する法律」第2条第1項の規定により指定された非常災害をいいます。
　　　①　保有する事業用資産等のうち、特定非常災害に指定された災害により生じた損失（特定被災事業用資産の損失）の割合が10％以上である場合
　　　　・青色申告者はその年の純損失の総額
　　　　・白色申告者はその年の被災事業用資産の損失額と変動所得に係る損失額の合計額
　　　②　上記①以外（特定被災事業用資産の損失の割合が10％未満）の場合
　　　　・特定被災事業用資産の損失よる純損失の額

### 2　雑損失の繰越控除

　雑損失の金額とは、災害等が生じた年分の雑損控除として控除しきれない金額をいいます。

　この雑損失の金額は、雑損失の生じた年の翌年以後3年間※の総所得金額、分離短期（長期）譲渡所得の金額、申告分離課税を選択した上場株式等の配当所得等の金額、一般（上場）株式等に係る譲渡所得等の金額、先物取引に係る雑所得等の金額、山林所得金額、又は退職所得金額から控除することができます。

　この雑損失の繰越控除を受けるには、雑損失の生じた年分の所得税について、その雑損失の金額に関する事項を記載した確定申告書を提出し、その後において連続して確定申告書を提出することが必要です（法71）。

　※　令和5年4月1日以降に発生した特定非常災害よる住宅・家財等の損失については5年間となります。

3-3 損失の金額の繰越し

図表3-3-1　純損失と雑損失の繰越控除の適用要件

| 区　分 | 繰越控除できる損失の金額 | 適　用　要　件 |
|---|---|---|
| 青色申告者 | ・雑損失の金額<br>・純損失の金額 | 損失の生じた年分にその損失の金額に関する事項を記載した青色申告書を提出し、その後連続して確定申告書を提出すること |
| 白色申告者 | ・雑損失の金額<br>・純損失の金額のうち、変動所得の損失と被災事業用資産の損失 | 損失の生じた年分にその損失の金額に関する事項を記載した確定申告書を提出し、その後連続して確定申告書を提出すること |

## 3　上場株式等に係る譲渡損失の繰越控除

　上場株式等に係る譲渡損失の金額（金融商品取引業者等を通じてした譲渡によるものなど一定のものに限ります。）で、申告分離課税を選択した上場株式等の配当所得等の金額との損益通算により、なお控除しきれない損失の金額は、翌年以後3年間にわたり順次繰り越して控除することができます（措法37の12の2⑥）。

　この上場株式等に係る譲渡損失の繰越控除を受けるには、この上場株式等に係る譲渡損失の生じた年分の所得税について一定の書類を添付した確定申告書を提出し、その後において連続して確定申告書を提出することが必要です（措法37の12の2⑦）。

図表3-3-2　上場株式等の譲渡損失の損益通算と繰越損失の概要

| 申告年分の上場株式等の譲渡損失の金額 | 翌年分に繰り越される譲渡損失の金額 ⇒ | 上場株式等の繰越損失の金額 |
|---|---|---|
| | ←損益通算→　申告年分の申告分離課税を選択した上場株式等の配当所得等の金額 | |

## 4　先物取引の差金決済等に係る損失の繰越控除

　先物取引の差金決済等に係る損失の金額は、他の先物取引の差金決済等に係る金額との通算によりなお控除しきれない損失の金額は、翌年以後3年間にわたり順次繰り越して控除することができます（措法41の15①）。

　この先物取引の差金決済等に係る損失の繰越控除を受けるには、この先物取引の差金決済等に係る損失の生じた年分の所得税について一定の書類を添付した確定申告書を提出し、その後において連続して確定申告書を提出することが必要です（措法41の15③⑦）。

### 図表3-3-3　上場株式等の売却損と配当等との損益通算の概要

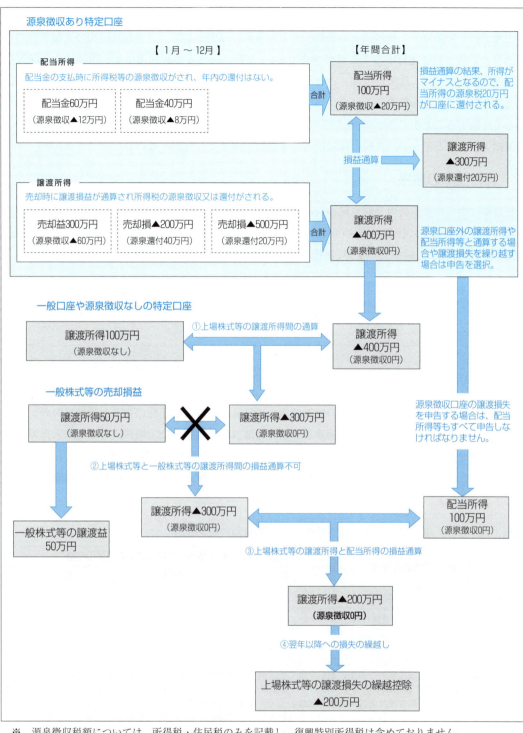

※　源泉徴収税額については、所得税・住民税のみを記載し、復興特別所得税は含めておりません。

3-3 損失の金額の繰越し

## 5 居住用財産を譲渡した場合の譲渡損失の繰越控除

土地建物等を譲渡して譲渡損失の金額が生じた場合、原則として、その譲渡損失の金額を他の各種所得の金額と損益通算することはできません。ただし、一定の居住用財産の譲渡による譲渡損失の金額については、総所得金額、山林所得金額及び退職所得金額と損益通算することができ、損益通算を行ってもなお控除しきれない損失の金額は、その譲渡の年の翌年以後3年間にわたり繰り越して控除することができます（措法41の5、41の5の2）。なお、損失の繰越控除の適用を受けるには、譲渡損失が生じた年分の所得税の確定申告書を提出期限までに提出しなければなりません。

## 6 繰越控除の順序

複数年に生じた純損失の金額や雑損失の金額がある場合は、最も古い年に生じた純損失の金額や雑損失の金額から先に控除します（令201、204）。また、同一年に純損失の金額と雑損失の金額がある場合の繰越控除は、純損失の金額、雑損失の金額の順序で控除します（令204）。

図表3-3-4 純損失、雑損失の金額の繰越控除の順序

| 区　分 | 3年前分 | 前々年分 | 前年分 |
|---|---|---|---|
| 純損失の金額 | ① | ③ | ⑤ |
| 雑損失の金額 | ② | ④ | ⑥ |

（注）　申告年分の所得金額から丸数字の順に繰越損失の金額を控除します。

上場株式等に係る譲渡損失の金額の繰越控除の順序は、最も古い年分に生じた繰越損失の金額から控除します。また、上場株式等の譲渡益と申告分離課税を選択した上場株式等の配当所得等の金額がある場合には、まず譲渡益から控除し、次にその配当所得等の金額から控除します（措令25の11の2⑧）。なお、前年分以前から繰り越された損失は、一般株式等の譲渡所得からは控除することはできません。

図表3-3-5 上場株式等に係る譲渡損失の金額の繰越控除の順序

| 申告年分の所得金額の種類 | | 繰り越された上場株式等に係る譲渡損失の金額※ | | |
|---|---|---|---|---|
| | | 3年前分 | 前々年分 | 前年分 |
| 株式等に係る譲渡所得の金額 | 一般株式等 | × | × | × |
| | 上場株式等 | ① | ③ | ⑤ |
| 上場株式等に係る配当所得等の金額 | | ② | ④ | ⑥ |

（注）　申告年分の各所得金額から丸数字の順に控除します。
※　その年の前年以前3年内の各年において生じた「特定株式に係る譲渡損失の金額」を有する場合には、その「特定株式に係る譲渡損失の金額」は、その確定申告書に係る年分の一般株式等に係る譲渡所得等の金額及び上場株式等に係る譲渡所得の金額を限度として、まず一般株式等に係る譲渡所得の金額の計算上控除し、なお控除しきれない金額があるときは、上場株式等に係る譲渡所得の金額の計算上控除することができます（措法37の13の2⑦、措令25の12の2⑦二）。一般株式等については、株式等の譲渡所得の金額の計算上損失の金額が生じても、その損失の金額はなかったものとみなされます（措法37の10①）が、「特定株式に係る譲渡損失の金額」については、この特例により、その損失の生じた年の翌年以後3年内の各年分の一般株式等に係る譲渡所得の金額及び上場株式等に係る譲渡所得等の金額から繰越控除をすることができます。

232

### 図表3-3-6　各種損失の繰越控除の順序

| 所 得 金 額 | | 純損失の金額<br>（山林所得を除く） | 山林所得の<br>純損失の金額 | 雑損失の金額 | 居住用財産<br>の繰越損失<br>の金額 | 上場株式等<br>の譲渡損失<br>の金額 |
|---|---|---|---|---|---|---|
| 総 所 得 金 額 | | ① | ② | ① | ③ | — |
| 山 林 所 得 金 額 | | ② | ① | ⑧ | ④ | — |
| 退 職 所 得 金 額 | | ③ | ③ | ⑨ | ⑤ | — |
| 分離課税の<br>譲渡所得金額 | 長　期 | — | — | ③ | ① | — |
| | 短　期 | — | — | ② | ② | — |
| 株式等に係る<br>譲渡所得等の<br>金額 | 一般株式等 | — | — | ⑤ | — | — |
| | 上場株式等 | — | — | ⑥ | — | ① |
| 先物取引に係る雑所得等の金額 | | — | — | ⑦ | — | — |
| 上場株式等に係る配当所得等の金額 | | — | — | ④ | — | ② |

（注）　各種繰越損失の金額は、丸数字の順に本年分の各種所得金額から控除します。

# 申告書等の記載手順（損失の金額の繰越し）

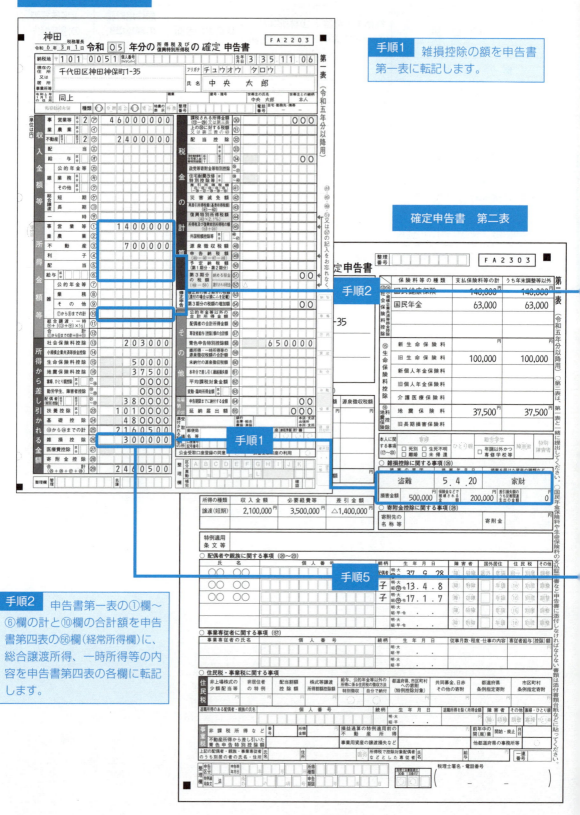

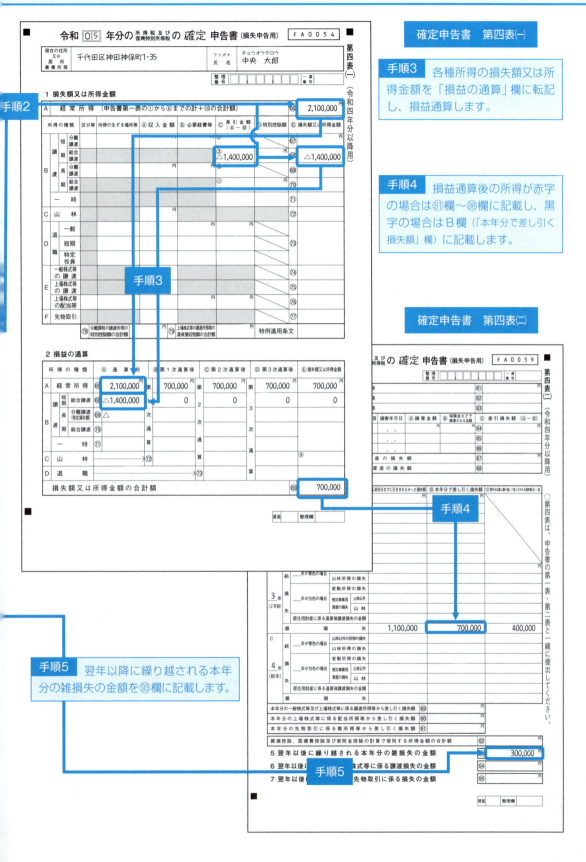

235

3-3 損失の金額の繰越し

## 純損失の繰越控除のチェックポイント

☐ 純損失が生じた年において、期限後申告をしている場合、純損失の繰越控除は適用できないとしている。

☞ 純損失の繰越控除の適用要件の１つであった損失発生年の期限内申告要件は、平成22年分までであり、平成23年分以降は廃止されています（法70④）。

☐ 純損失の繰越控除（変動所得や被災事業用資産の損失に係るものを除く。）は、純損失が生じた翌年以降も青色申告書を提出している者に限り認められるものとしている。

☞ この純損失の繰越控除は、純損失が生じた年分において①青色申告（平成22年分以前は期限内申告の場合に限る。）をし、②その後連続して確定申告（青色・白色を問わず、期限後申告を含む。）をすることが適用要件とされています。したがって、例えば、純損失が生じた年に青色申告者が法人成りをし、その翌年以後に白色申告者（給与所得者等）となった場合であっても、純損失の繰越控除は適用できます。

☐ 白色申告者が災害により棚卸資産や事業用固定資産に被害を受け、これらの損失に係る純損失の金額が生じた場合において、これらの損失の金額は、白色申告者であるため翌年に繰り越すことはできないとしている。

☞ 災害により生じた被災事業用資産の損失の金額は、白色申告者であっても３年間繰り越すことができます（法70②二、③）。

☐ 前年分以前の各年分で生じた上場株式等の譲渡損失を、平成28年分以後一般株式等の譲渡所得等の利益から控除できるとしている。

☞ 平成28年分以後、前年分以前の各年分で生じた上場株式等の損失は上場株式等の譲渡所得等にしか繰り越すことはできません。

☐ 給与所得と不動産所得（青色申告）で毎年確定申告をしているが、本年から海外勤務（非居住者）となり、青色申告及び不動産所得の純損失の繰越控除等はできないとしていた。

☞ 非居住者についても、居住者の課税標準、税額計算の規定が準用されますので、青色申告ができ、他の要件を満たしていれば純損失の繰越控除等もできます（法165、166）。

☐ 本年分の確定申告でＦＸ取引の所得100万円を申告したが、後日、前年分にＦＸ取引の損失200万円が判明したので、これを期限後申告することで損失200万円の先物取引の繰越控除（本年分の更正の請求）ができるとしていた。

☞ 事後的に、損失が生じた年分の期限後申告書を提出しても「連続して確定申告書を提出」の要件を満たしていないので先物取引に係る損失の繰越控除はできません（措法41の15③）。

☐ 毎年、FX取引を含め確定申告をしているが、前々年分のFX取引の繰越損失額が過少であることに気付いたが、前々年分、前年分及び本年分の更正の請求はできないとしていた。

☞ 前々年分に生じたFX取引の損失額を申告し、かつその後も繰越控除の適用を受ける旨の明細書等の添付した確定申告書を連続して提出している場合は、更正の請求は認められます（措通41の15-2）。

3-4 純損失の繰戻し

# 3-4 純損失の繰戻し

## 1 純損失の繰戻し還付の概要

純損失の繰戻し還付請求について詳しくは、姉妹書『図解・表解 純損失の繰戻しによる還付請求書の記載チェックポイント』を参照してください。

青色申告者について生じた純損失の金額*については、その年の翌年以後3年間（特定非常災害による一定の純損失は5年間）の各年分に順次繰り越して控除する純損失の繰越控除の適用を受けることができます（法70①）が、前年分についても青色申告書を提出している場合には、純損失の金額を前年に繰り戻して、次の①から②の金額を差し引いた金額に相当する所得税額の還付を請求することができます（法140①）。

＊ 居住用財産の買換えの場合の譲渡損失の金額（措法41の5）又は特定居住用財産の譲渡損失の金額（措法41の5の2）がある場合、純損失の金額のうちこれらの損失額に相当する部分の金額を除きます。

> ① 前年分の課税総所得金額、課税山林所得金額及び課税退職所得金額に税率を適用して計算した所得税額
> ② 前年分の課税総所得金額、課税山林所得金額及び課税退職所得金額からその年に生じた純損失の金額の全部又は一部を差し引いた金額に税率を適用して計算した所得税額

なお、①から②の金額を差し引いた金額が、その年の前年分の課税総所得金額、課税退職所得金額及び課税山林所得金額に係る所得税の額※を超えるときは、還付の請求をすることができる金額は、当該所得税の額に相当する金額が限度となります（法140②）。

※ 配当控除や外国税額控除（復興特別所得税に係る外国税額控除を除きます。）のほか租税特別措置法に規定する各種の税額控除の適用を受ける場合には、その控除後の金額（基通140・141-2参照）をいいます。

### ＜純損失の繰戻し還付請求の手続＞

純損失の繰戻し還付の請求は、原則として、純損失が生じた年分の確定損失申告書の提出と同時に行うことになっています（法140①）。具体的には、その確定損失申告書とともに所定の純損失の繰戻し還付請求書を提出する必要があります（法142①）。

(注) この繰戻し還付請求書の提出は還付申告とは異なり、これにより直ちに還付が行われるわけではありません（下記参照）。

純損失の繰戻し還付請求書の提出があった場合、税務署長は、その請求の基礎となった純損失の金額など必要な事項の調査を行った上で、その調査したところにより、請求者に対し、その還付請求書に記載された請求額の範囲で所得税を還付するか、請求の理由がない旨を書面により通知することになっています（法142②）。

(注) 1 純損失の繰戻し還付請求による還付の対象は、前年分の総所得金額、山林所得金額又は退職所得金額に対する税額であり、租税特別措置法の規定による分離課税の所得に対する税額は対象外です。
2 純損失の金額のうち、繰戻し還付の計算の基礎となった部分の金額は、繰越控除の対象から除かれます。

**237**

3-4 純損失の繰戻し

　　3　純損失の繰戻し還付請求による還付の対象となるのは、所得税のみであり、復興特別所得税
　　　は対象外です。
　　4　個人住民税については、純損失の繰戻し還付の制度がないので、青色申告者の純損失につい
　　　ては、すべて繰越控除の対象になります（地方税法32⑧、313⑧）。

## 2　事業の譲渡、廃止などの場合の繰戻し還付請求の特例

　青色申告者について、事業の全部の譲渡又は廃止のほか、事業の全部の相当期間の休止又は重要
部分の譲渡で一定の事実が生じた場合において、当該事実が生じた日の属する年の前年（青色申告書
を提出している年に限ります。）において生じた純損失の金額（純損失の繰越控除の規定により同日の属する年に
おいて控除されたもの及びすでに純損失の繰戻しによる還付の計算の対象とされたものを除きます。）があるとき
は、その損失を前々年（青色申告書を提出している年に限ります。）に繰り戻して、次の①から②の金額を差
し引いた金額に相当する所得税額の還付を請求することができます（法140⑤、令272①）。

> ①　当該事実が生じた日の属する年の前々年分の課税総所得金額、課税山林所得金額及び課税退職所
> 　　得金額に税率を適用して計算した所得税額
> ②　当該事実が生じた日の属する年の前々年分の課税総所得金額、課税山林所得金額及び課税退職所
> 　　得金額から前年に生じた純損失の金額の全部又は一部を差し引いた金額に税率を適用して計算し
> 　　た所得税額

　この特例に係る純損失の繰戻し還付の請求の手続は、上記1に準じます（法140⑤、142①）。

　（注）　この特例は、事業の全部の譲渡又は廃止等の事実が生じた年の前年分において生じた純損失の金
　　　　額を前々年分に繰り戻すものであり、これらの事実が生じた年分において生じた純損失の金額を
　　　　前々年分に繰り戻すことはできません。

## 3　相続人等の純損失の繰戻し還付請求の特例

　年の中途で死亡した居住者（青色申告者に限ります。）の準確定申告書を提出する相続人は、その準
確定申告書に記載すべきその年において生じた純損失の金額がある場合には、その損失の金額を前
年分に繰り戻して、次の①から②の金額を差し引いた金額に相当する所得税額の還付を請求するこ
とができます（法141①）。

> ①　死亡をした居住者のその年の前年分の課税総所得金額、課税退職所得金額及び課税山林所得金額
> 　　に税率を適用して計算した所得税額
> ②　死亡をした居住者のその年の前年分の課税総所得金額、課税退職所得金額及び課税山林所得金額
> 　　から当該純損失の金額の全部又は一部を控除した金額に税率を適用して計算した所得税額

　また、年の中途で死亡した居住者（青色申告者に限ります。）の死亡の日の属する年の前年分におい
て生じた純損失の金額がある場合には、その前年分の純損失の金額を前々年分に繰り戻して還付を
受けることのできる特例もあります（法141④）。

　この特例に係る純損失の繰戻し還付の請求の手続は、上記1に準じます（法141①、142①）。

　（注）　この特例の適用を受けるためには、相続人が被相続人の死亡の日の属する年分の準確定申告書と
　　　　所定の純損失の繰戻し還付請求書を申告期限内に提出する必要があります。また、被相続人がそ
　　　　の死亡の日の属する年分の前年分及び前々年分の両方について青色申告書を提出している必要が
　　　　あります。なお、相続人が青色申告者でなくても適用できます。

3-4　純損失の繰戻し

## 純損失の金額の繰戻し請求のチェックポイント

□　来年以降、多額な所得が見込まれないのに、本年の純損失の金額について繰戻し請求の検討を行わなかった。

☞　来年以降も所得が見込まれない場合や前年の所得税が大きい場合、純損失の金額の繰越控除と繰戻し請求による還付金の金額との比較検討が必要です。

□　事業を廃止又は死亡した場合、本年の純損失の金額を前々年の課税所得金額から控除して還付が受けられると考えていた。

☞　事業を廃止又は死亡した場合に前々年分の課税所得金額から繰戻し請求できるのは、前年の純損失の金額（繰り越された純損失の金額）であり、本年の純損失の金額を控除することはできません。

□　純損失の金額の繰戻し請求を行うと、地方税の純損失の金額の繰越控除が受けられなくなり、住民税や国民健康保険税などが高くなると考えていた。

☞　地方税には純損失の金額の繰戻し還付の請求制度がないため、住民税上では純損失の金額の繰越控除を適用することになるので、住民税や国民健康保険税などの金額は変わりません。

□　相続による事業廃止により多額な純損失の金額が発生しているが、翌年以降に純損失の金額を繰り越せないことから準確定申告期限までに申告しなかった。

☞　被相続人の前年の所得税について純損失の金額の繰戻し還付の請求を申告期限までにしなければ、相続人の還付請求の機会を失うことになります。

主な改正事項

1　所得税の概要

2　各種所得の計算

3　所得の金額と損益通算

4　所得控除

5　税額の計算

6　税額控除

7　非居住者

8　地方税

**239**

4-1 雑損控除

# 4-1 雑損控除

## 1 雑損控除の概要

災害※1、盗難又は横領によって資産※2に損害を受けた場合や、災害等に関連してやむを得ない支出をした場合に一定の金額の雑損控除が受けられます（法72）。

なお、雑損控除の額（雑損失の金額）がその年分の所得金額から控除できなかった場合、その控除不足額を翌年以後（3年間※3が限度）に繰り越して、各年の所得金額から控除することができます（229頁「雑損失の繰越控除」参照）。

※1 「災害」とは、①自然現象の異変による災害（震災、風水害、雪害、落雷、干害、噴火等）、②人為災害（火災、爆発事故等）、③生物による災害（害虫、害獣等）などがあります。

※2 「資産」とは、自己又は自己と生計を一にする配偶者やその他の親族で総所得金額等が48万円以下の者の所有する資産をいいます。

※3 令和5年4月1日以降に発生した特定非常災害による住宅・家財等の損失については5年間となります。

### 図表4-1-1 雑損控除の対象となる資産

| 資産区分 | | | 具体例等 | 判定 |
|---|---|---|---|---|
| 不動産 | 事業用 | | 貸家（事業的規模）、店舗、販売用不動産（法70③） | ×※1 |
| | 業務（事業用以外）の用 | | 貸家（事業的規模以外） | ○※2 |
| | 居住用 | | 住宅及びその敷地 | ○ |
| | 主として趣味、娯楽、保養又は鑑賞の目的で所有するもの | | 別荘、リゾートマンション等（令178①二） | ×※3 |
| 上記以外の資産 | 事業用 | | 棚卸資産、事業用固定資産（事業用の競走馬を含む。）（法70③） | ×※1 |
| | 業務の用（事業用以外） | | 業務用（事業用以外）固定資産 | ○※2 |
| | 生活の用に供する資産 | 生活に通常必要な資産 | 通勤用など日常使用する自家用車や家具、じゅう器、衣服等（令25） | ○ |
| | | その他 | 1個又は1組の価額が30万円超の貴金属製品、書画骨董などの美術品等（令178①三） | ×※3 |
| | | 生活に通常必要でない資産 | レジャー用の自動車、船舶、金地金など（令178①三） | ×※3 |
| | 競走馬その他射こう的行為の手段となる資産 | | 競走馬（事業用を除く。）（令178①一） | ×※3 |
| | 主として趣味、娯楽、保養又は鑑賞の目的で所有するもの | | ゴルフ会員権、リゾート会員権等（令178①二） | ×※3 |

※1 事業用資産の災害等による損失は、損失の生じた日の属する年分の必要経費に算入します（法51）。
なお、棚卸資産は、売上原価の計算を通じて必要経費に算入されます（法37①）。

※2 業務用資産に係る損失は、各種所得の金額の計算上必要経費に算入することもできます（法51④）。

※3 災害等による損失は、その年分又はその翌年分の総合課税の譲渡所得の金額から控除することになります（法62）が、土地建物等や株式等の分離課税の譲渡所得からは控除できません。

240

### 図表4-1-2　雑損控除の対象となる損害等の例示

| 雑損控除となるもの | 雑損控除とならないもの |
|---|---|
| ・シロアリの駆除費用や被害家屋の修繕費用<br>・耐震偽装による損害　・雪下ろし費用<br>・土地の液状化による原状回復費用<br>・クレジットカードの盗難による損害<br>・カード等のスキミングによる損害<br>・ネットバンキングの不正アクセスによる損害<br>・侵奪された不動産取戻し費用<br>・業務用資産の被災による損害<br>・盗難・横領による損害<br>・火災による類焼者に支払った損害賠償金 | ・シロアリの被害を事前に防止するための費用<br>・台風による被害予防のための補強費用<br>・借入金や手形等の保証債務<br>・詐欺、恐喝による損害<br>・霊感（連鎖）商法による損害<br>・振り込め詐欺による損害<br>・不動産詐欺による損害<br>・インターネット詐欺<br>・事業用資産の被災による損害<br>・30万円超の貴金属等の盗難による損害 |

### 【質疑応答】雑損控除の概要

☐　**貸家の火災に伴い所有者が類焼者に支払う損害賠償金**

　　Aは貸家の貸付け（事業的規模ではありません。）を行っていましたが、その貸家が原因不明の失火により焼失するとともに、近隣の10軒を類焼しました。このため、Aは同貸家の所有者として責任を感じ入居していた賃借人とともに、類焼者に対して損害賠償金として金銭を支給することとしました。この損害賠償金は雑損控除の対象となりますか。

⇒ 災害に直接関連して支出した金額として雑損控除の対象として差し支えありません。
　なお、雑損控除の対象としないで、不動産所得の金額の計算上必要経費に算入することもできます。

☐　**シロアリの駆除費用**

　　7年前に建築して居住の用に供していた家屋の一部がシロアリによって被害を受けたため修繕を行いましたが、この修繕に要した支出は雑損控除の対象となりますか。また、シロアリにより被害を受けた際に要したシロアリの駆除費用はどうですか。

⇒ 雑損控除の対象となります。なお、シロアリ被害の事前防止費用はなりません。

☐　**使用貸借している住宅の損失**

　　Aは、相続により取得した住宅を生計を一にしていない姉Bに無償で貸与していたところ、その住宅の一部が地震により損壊しました。この場合の住宅の損失については、雑損控除の対象となりますか。

⇒ 保養目的等で所有しているものでない限り、雑損控除の対象となります。

☐　**侵奪された不動産を取り戻すための費用**

　　地面師グループは、Aが所有する土地（空地）の権利証及び委任状を偽造して、その土地を善意の第三者Bに転売しました。これにより登記名義がBとなっていることを知ったAは、登記抹消を求める民事訴訟を提訴し、登記名義を回復することができました。この訴訟のために支払った印紙代、弁護士費用等の訴訟費用は雑損控除の対象となりますか。

⇒ 訴訟費用等は雑損控除の対象となります。

4-1 雑損控除

【参考資料】東日本大震災により損害を受けた場合の所得税の取扱い（情報）

雑損控除に関する詳しい取扱いについては、平成23年4月27日に国税庁が公表した「東日本大震災により損害を受けた場合の所得税の取扱い（情報）」がありますので、参照してください。

## 2　雑損控除額の計算

　雑損控除額は、災害、盗難、横領により住宅や家財に損害を受けた金額[※1]に、災害等によりやむを得ず支出した金額[※2]を加算した金額から保険金等による補てん額を控除した額（差引損害額）から総所得金額等[※3]の10%を控除した金額と、災害関連支出の金額[※4]から5万円を控除した金額のいずれか多い方の金額です。

※1　損害を受けた時の直前の時価を基礎として計算しますが、その資産の取得価額から減価償却費累積額相当額を控除した金額を基礎として計算することもできます。
※2　「災害等に関連したやむを得ない支出の金額」とは、「災害関連支出の金額」に加え、盗難や横領により損害を受けた資産の原状回復のために支出した金額（資産本体の損害額を除きます。）をいいます。
※3　「総所得金額等」については、223頁を参照。
※4　「災害関連支出の金額」とは、災害により滅失した住宅、家財などを取壊し又は除去するために支出した金額（保険金等により補てんされた金額を除きます。）などです（令206）。

### 図表4-1-3　雑損控除額の計算

| 災害等による損害額 | 災害関連支出の金額※ | 保険金等の補てん額 | | （赤字のときは0円） |
|---|---|---|---|---|
| 円　＋ | 円　－ | 円 | ① | 円 |
| ①の金額 | 総所得金額等 | | | （赤字のときは0円） |
| 円　－ | 円　×　10% | | ② | 円 |
| ①のうち災害関連支出の金額 | | | | （赤字のときは0円） |
| 円　－　5万円 | | | ③ | 円 |
| 雑　損　控　除　額　　（②と③のいずれか多い方の金額） | | | | 円 |

※　平成23年分以降、大規模な災害の場合、その他やむを得ない事情がある場合は、災害のやんだ日から1年超3年以内に支出する費用が追加されています。

## 3　雑損控除と災害減免法の選択

　災害により住宅や家財に著しい損害を受けた場合には「災害減免法」（「6-13　災害減免法による所得税の軽減免除」参照）による所得税の軽減免除の措置が設けられていますから、雑損控除といずれか有利な方を選択することができます。

4-1　雑損控除

図表 4 - 1 - 4　雑損控除と災害減免法との比較

| 区　分 | 雑損控除 | 災害減免法 |
|---|---|---|
| 損害の発生原因 | 災害・盗難・横領 | 災害に限る |
| 対象資産の範囲 | 生活に通常必要な資産等 | 住宅や家財 |
| 対象となる損害額 | 総所得金額等の10％以上（又は災害関連支出金額の5万円超） | 住宅・家財の時価の50％以上 |
| 所　得　要　件 | 所得制限なし | 所得金額の合計額が1,000万円以下 |
| 控除しきれない損失 | 3年間繰越可 | 繰越不可 |

【計算例】

雑損控除適用前の所得金額が700万円、雑損控除以外の所得控除の合計額が350万円、所得税272,500円とした場合、雑損控除と災害減免法の減税額の比較は次のとおりです（災害等関連支出額が35万円以下とします）。

雑損控除と災害減免法の減税額の比較表

| 損　害　額 | 雑損控除 | 災害減免法 |
|---|---|---|
| 100万円 | 50,000円 | |
| 200万円 | 150,000円 | 136,250円 |
| 300万円 | 212,500円 | |

※　復興特別所得税は考慮していません。

## 雑損控除のチェックポイント

【損失の発生原因】

□　大震災により宅地が液状化した場合の宅地の損失額について雑損控除の対象としていない。

☞　液状化した土を盛り固めるとともに地盤の強化を行うなど被災直前の状態に戻すための原状回復費用の額をもって宅地の損失額として差し支えないとされています。

□　災害により仏壇や仏具が壊れた場合に、雑損控除の対象としていない。

☞　仏壇等も、災害により損失が生じた場合には、雑損控除の適用を受けることができます。なお、仏壇の復旧についての支出額のうち、新たな仏具の購入費用や、取換えに要した費用のうち、資本的支出に相当する金額は控除の対象から除かれることとなります。また、原状回復のための支出と資本的支出の区分が困難な場合には、支出した金額の30％相当額を原状回復のための支出とし、残りの70％相当額を資本的支出とすることができます。

【資産の範囲】

□　総所得金額等が48万円超の親族の所有する資産の損害を雑損控除の対象としている。

☞　雑損控除の対象となる資産は、本人のほか総所得金額等が48万円以下の生計を一にする配偶者又はその他の親族の所有する資産に限ります。

□　貴金属や美術品などの資産の損害を雑損控除の対象としている。

☞　1個30万円を超える貴金属、書画、骨董などの資産は雑損控除の対象となりません。

□　相続登記がされていない自己所有の家屋が焼失した場合に、雑損控除の対象にならないとしている。

☞　要件を満たしていれば登記の有無にかかわらず雑損控除の対象となります。

243

☐ 　２年間の海外勤務中に自宅が集中豪雨により全壊したが、非居住者なので雑損控除はできないとしている。

☞ 　非居住者であっても国内にある資産は雑損控除の対象とされているので、確定申告をすることで雑損失の金額を翌年以降に繰り越すことができます（令292①十六）。

【雑損控除額】

☐ 　保険金等の補てん金（未受領を含む。）を控除しないで雑損控除の計算をしている。

☞ 　保険金等の補てん金は、損害等の金額から控除して計算します。

☐ 　震災等で被害者生活再建支援金を受けたが雑損控除の損失の金額から控除しなければならないとしている。

☞ 　東日本大震災後の実情等を踏まえ、被害者生活再建支援金は雑損控除の損失の金額から控除しないことになりました（国税庁ホームページ平成23年12月）。

☐ 　損害額の算定において、取得価額や新品価額を損害額としている。

☞ 　損害を受けた時のその資産の時価が損害額となります。ただし、平成26年分以降は、その資産が減価償却資産である場合は、被害割合を基に取得価額から減価償却費累積額相当額を控除した金額を基礎として計算することもでき、また、家財の損失額についても家族構成別家庭用財産評価額から計算することもできます（国税庁ホームページ　災害関連情報）。

☐ 　災害関連支出のうち原状回復費用の額から資本的支出を除いていないか。

☞ 　資本的支出部分は災害関連支出とはなりません。

☐ 　家屋については損失額を上回る保険金を受け取り、家財については無保険の場合に、家財の損失から家屋の損失額を上回る保険金を控除している。

☞ 　雑損控除の損失額を計算する場合、同一原因の火災による損害であっても、保険契約の対象とされていたものの損害と、対象とされていなかったものの損害とは、別個に計算します。したがって、家屋の損害額については、全額火災保険金で補てんされますので損害額はないこととなり、家財の損失額のみ雑損控除の対象となります。なお、家屋の損害額を超える保険金は非課税とされます。

【申告手続】

☐ 　住宅又は家財に損害を受けた場合は、雑損控除と災害減免法の有利判定をしたか。

☞ 　所得金額の合計額が1,000万円以下の場合は、「雑損控除」と「災害減免法」について検討が必要です。

☐ 　確定申告で災害減免法を選択して確定申告書を提出していれば、住民税の申告は不要であると考えていた。

☞ 　住民税には災害減免の適用がないので、雑損控除の住民税の申告が別途必要となります。

☐ 　12月に住宅が火災により損害が発生したが、災害関連支出が翌年１月となったのでこれを翌年分の雑損控除としていた。

☞ 　災害関連支出が翌年の１月から３月15日の間の支出については、その災害のあった前年の損失として確定申告することができます。

# 申告書等の記載手順（雑損控除）

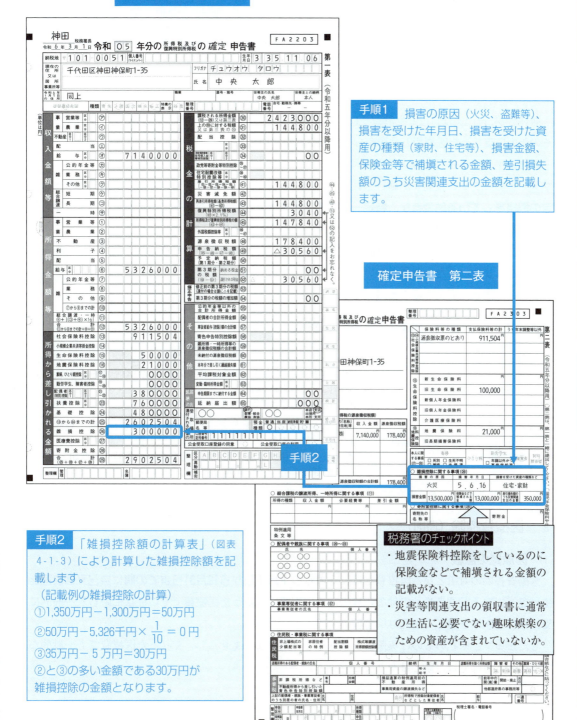

## 4-2　医療費控除

### 1　医療費控除の概要

　居住者が、自己又は自己と生計を一にする配偶者やその他の親族のために医療費を支払った場合、その年中に支払った医療費の金額から一定の金額を所得金額から控除できます（法73）。

　なお、平成29年1月から、従来の医療費控除の特例として期間限定で（令和8年12月末まで）「セルフメディケーション税制」が施行されました。この制度は、健康の保持増進及び疾病の予防への一定の取組をしている納税者が、特定一般用医薬品を購入した金額から一定の金額を所得金額から控除できる医療費控除の特例制度です（措法41の17、措令26の27の2、措規19の10の2）。

　セルフメディケーション税制は医療費控除の特例であり、通常の医療費控除との選択適用となります。また、これらのいずれかの適用を選択した後、更正の請求や修正申告によりこの選択を変更することはできません。

図表 4-2-1　医療費に関連する各種名称の定義

| 区　　分 | 定　義　要　件 |
|---|---|
| 医療費控除　医療費控除（法73） | ① その年中に本人又は生計を一にする配偶者※やその他の親族※のために支払った医療費<br>② 所得税施行令第207条に規定する医療費 |
| 医療費控除　セルフメディケーション税制（措法41の17） | ① その年中に本人又は生計を一にする配偶者※やその他の親族※のために支払った特定一般用医薬品等の購入費<br>② 本人がその年中に健康の保持増進及び疾病の予防への取組として一定の健康診査や予防接種などを行っている |

※　「同一生計配偶者」や「扶養親族」は、その範囲が異なることに注意

### 2　医療費控除（原則）

#### (1)　医療費の意義

　医療費控除の対象となる医療費とは、その年の1月1日から12月31日までの間に自己又は自己と生計を一にする配偶者やその他の親族のために実際に支払った医療費でその症状に応じて一般的に支出される水準を著しく超えない金額です。

　したがって、未払のものは実際に支払うまで対象となりませんし、支払った医療費でも一般的な水準を超える部分は対象とはなりません。

## 図表 4-2-2　医療費控除の範囲

| 医療等の範囲 | 医療費控除の対象となるもの | 対象とならないもの |
|---|---|---|
| 医師等による診療又は治療費用 | ・医師及び歯科医の治療費、入院費<br>・あん摩マッサージ指圧師、はり師、きゅう師又は柔道整復師による施術費用<br>・保健師、看護師、準看護師による療養上の世話を受けるための費用 | ・医師等に支払う謝礼<br>・美容整形の費用<br>・健康診断の費用※<br>・人間ドックの費用※ |
| 医薬品の購入費用 | ・治療、療養に必要な医薬品購入費用 | ・健康増進、疾病予防のための医薬品<br>・薬餌療法の食費 |
| 医療器具等の購入費用 | ・医師の指示又は医師の診療を受けるため直接必要な医療器具等の購入費用又は賃貸料（レンタル料） | ・電動ベッド、防ダニマット<br>・空気清浄機、マッサージ器<br>・トイレや風呂の改修費用 |
| 通院費用 | ・通常必要な病院までの交通費<br>・医師の送迎費 | ・自家用車のガソリン代、駐車料金<br>・出産のための里帰りの旅費 |

※　人間ドック等で重大な疾病が発見され引き続きそれを治療した場合は対象となります。

## 図表 4-2-3　施設サービスについての医療費の取扱い

| 施設区分※ | 医療費の対象 | 医療費の対象外 |
|---|---|---|
| ・介護老人保健施設【老健】<br>・指定介護療養型医療施設<br>・介護医療院 | 施設サービスの対価（介護費、食費及び居住費）として支払った額 | ・日常生活費<br>・特別なサービス費 |
| ・指定介護老人福祉施設<br>・地域密着型指定介護老人福祉施設<br>（特別養護老人ホーム【特養】） | 施設サービスの対価（同上）として支払った額の2分の1に相当する金額 | |

※　「養護老人ホーム」、「軽費老人ホーム」、「有料老人ホーム」、「グループホーム」、「高齢者専用賃貸住宅」、「高齢者向け優良賃貸住宅」、「シルバーハウジング」等の費用については、医療費控除の対象とはなりません。

## 図表 4-2-4　居宅サービス等の対価についての医療費の取扱い

| 区　分 | 居宅サービス等の種類 |
|---|---|
| ①　医療費控除の対象となるもの | ・訪問看護、介護予防訪問看護<br>・訪問リハビリテーション、介護予防訪問リハビリテーション<br>・居宅療養管理指導、介護予防居宅療養管理指導<br>・通所リハビリテーション、介護予防通所リハビリテーション<br>・短期入所療養介護（ショートステイ）、介護予防短期入所療養介護<br>・定期巡回・随時対応型訪問介護看護（一体型事業所で訪問看護を利用する場合）<br>・看護・小規模多機能型居宅介護（上記の居宅サービスを含むもの※1） |
| ②　上記①と併せて利用する場合のみ医療費控除の対象となるもの | ・訪問介護（ホームヘルプサービス）※1<br>・夜間対応型訪問介護、訪問入浴介護、介護予防訪問入浴介護<br>・通所介護（デイサービス）、地域密着型通所介護、認知症対応型通所介護<br>・小規模多機能型居宅介護<br>・介護予防認知症対応型通所介護、介護予防小規模多機能型居宅介護<br>・短期入所生活介護（ショートステイ）、介護予防短期入所生活介護<br>・定期巡回・随時対応型訪問介護看護※2<br>・看護・小規模多機能型居宅介護※1（上記①以外）<br>・地域支援事業の訪問型（通所型）サービス※1 |

4-2　医療費控除

| ③ 医療費控除の対象外となるもの | ・認知症対応型共同生活介護（認知症高齢者グループホーム）<br>・介護予防認知症対応型共同生活介護<br>・特定施設入居者生活介護（有料老人ホーム等）<br>・地域密着型特定施設入居者生活介護<br>・介護予防地域密着型特定施設入居者生活介護<br>・福祉用具貸与、介護予防福祉用具貸与<br>・生活援助中心の訪問介護、地域支援事業の訪問型（通所型）サービス<br>・生活援助中心の看護・小規模多機能型居宅介護（旧複合型サービス）<br>・地域支援事業の生活支援サービス |
|---|---|

※1　生活援助（調理、洗濯、掃除等の家事の援助）中心型を除きます。
※2　一体型事業所で訪問看護を利用しない場合及び連携型事業所に限ります。

### 【質疑応答】医療費控除の概要

☐　**同居していない母親の医療費を子供が負担した場合**
　　郷里で一人暮らしをしている母親の医療費を子供が支払った場合は、その子供は、その医療費について医療費控除の適用を受けることができますか。
⇒ 母親と子供が生計を一にしている場合は、子供の医療費控除の対象となります。

☐　**未払の医療費**
　　昨年中に歯の治療を終了しましたが、その治療代金の50万円は、昨年中に30万円を支払い、残りの20万円は今年になって支払いました。この場合、50万円の全額が昨年分の医療費控除の対象になりますか。
⇒ 20万円はその年の医療費控除の対象とはなりません。

☐　**共働き夫婦の夫が妻の医療費を負担した場合**
　　共働き夫婦の夫が妻の医療費を負担した場合には、その医療費は、誰の医療費控除の対象になりますか。
⇒ 医療費を負担した夫の医療費控除の対象となります。

## (2)　医療費控除額の計算

　医療費控除額（最大200万円）は、**その年中に支払った医療費の金額**（保険金、損害賠償金その他これらに類するものにより補てんされる部分の金額を除く。）※の合計額から**10万円**（その年の総所得金額等が200万円未満の者は、総所得金額等の5％の金額）を控除して計算します。

※　保険金などで補填される金額は、その給付の目的となった医療費の金額を限度として差し引きますので、引ききれない金額が生じた場合であっても他の医療費からは差し引きません。

### 【医療費控除額の計算式（原則）】

　その年中に支払った医療費の金額　－　保険金等で補てんされる金額　－　10万円※

※　その年の総所得金額等が200万円未満の者は、総所得金額等の5％の金額。

### 図表4-2-5　医療費から控除すべき保険金等の補てん金額

| 控除すべきもの | 控除しなくてよいもの |
|---|---|
| ・出産育児一時金、家族出産育児一時金、家族療養費、高額療養費、高額介護合算療養<br>・入院費給付金、手術給付金<br>・健康管理支援手当<br>・任意の互助組織から医療費の補填を目的として支払を受ける給付金、損害賠償金 | ・がん保険の診断給付金、見舞金<br>・出産手当金、傷病手当金<br>・死亡、重度障害、労務に服することができないことなどに起因して支払を受ける保険金、損害賠償金、見舞金 |

### 【質疑応答】医療費控除の計算

□ **医療費の支払者と保険金等の受領者が異なる場合**

共働きの妻の出産費用を夫が支払いましたが、妻が勤務する会社の互助会から出産費の補填として給付金を受領しました。この場合の給付金は、夫の医療費から差し引く必要がありますか。

⇒ 支払った医療費から給付金を控除する必要があります。

□ **医療費を補填する保険金等が未確定の場合**

12月に支払った入院費用を補填するための保険金の額が、翌年3月の確定申告の際に確定していない場合は、どのように医療費控除の計算を行えばいいでしょうか。
⇒ 保険金等の額を見積もって医療費から控除します。

□ **支払った医療費を超える補填金**

同一年中に入院費と歯の治療費を支払った場合において、入院費の金額を超える金額の生命保険契約に基づく入院給付金の支払を受けたときは、その超える部分の金額は、歯の治療費から差し引く必要がありますか。
⇒ ある治療で支払った医療費の金額を上回る部分の補填金の額は、他の医療費の金額からは差し引く必要はありません。

□ **医療費を補填する保険金等の金額のあん分計算**

入院費用を12月と翌年1月に支払いましたが、この入院費用を補填する保険金を2月にまとめて受領しました。この場合の保険金は、いつの年分の医療費から差し引けばよいのですか。
⇒ 原則として、その保険金の金額を、支払った医療費の額に応じて、各年分にあん分します。

□ **出産のために欠勤した場合に給付される出産手当金**

出産のために欠勤した場合に給付される出産手当金は、欠勤による給与等の減額を補填するために給付されるものですので、医療費を補填するための保険金等には当たらないと考えますがどうでしょうか。

⇒ 医療費を補填するための保険金等には当たりません。

### (3) 医療費控除の適用手続

医療費控除の適用を受けるためには、確定申告書に医療費の領収書から作成した医療費控除の明細書※を添付する必要があります。なお、医療費の領収書（医療費通知を添付したものを除きます。）や医療費通知（申告書に添付したものを除きます。）は、確定申告期限等から5年を経過する日までの間、保存することが義務付けられています。

4-2　医療費控除

※　医療保険者から交付を受けた医療費通知（「医療費のお知らせ」）を添付することによって医療費控除の明細書の記載を簡略化することができます。

## 3　セルフメディケーション税制（医療費控除の特例）

### (1)　セルフメディケーション税制の意義

健康の保持増進及び疾病の予防への一定の取組※1を行っている納税者（居住者）が、その年に、自己又は自己と生計を一にする配偶者その他の親族のために支払った特定一般用医薬品等購入費※2の金額から、1万2千円を超える金額（最高8万8千円）を所得金額から控除できる医療費控除の特例制度です（措法41の17、措令26の27の2、措規19の10の2）。

※1　「一定の取組」とは、次のようなものをいいます。
　　　①　保険者（健康保険組合、市区町村国保等）が実施する健康診査、②予防接種（定期接種、インフルエンザワクチンの予防接種）、③勤務先で実施する定期健康診断（事業主検診）、④特定健康診査（いわゆるメタボ検診）、特定保健指導、⑤市町村が健康増進事業として実施するがん検診

※2　「特定一般用医薬品等購入費」とは、医師によって処方される医薬品（医療用医薬品）から、ドラッグストアで購入できるOTC医薬品に転用された医薬品（スイッチOTC医薬品）の購入費をいいます。

### (2)　セルフメディケーション税制の控除額の計算

セルフメディケーション税制の医療費控除額は、その年中に支払った特定一般用医薬品等購入費（保険金、損害賠償金その他これらに類するものにより補てんされる部分の金額を除く。）※の合計額から1万2千円を差し引いた金額（最高88,000円）です。

なお、一定の取組に要した費用は、セルフメディケーション税制による医療費控除の対象となりません。

※　保険金などで補てんされる金額は、その給付の目的となった医療費の金額を限度として差し引きますので、引ききれない金額が生じた場合であっても他の医療費からは差し引きません。

【セルフメディケーション税制の計算式（特例）】

| その年中に支払った特定一般用医薬品等購入金額 | − | 保険金等で補てんされる金額 | − | 1万2千円 |
| --- | --- | --- | --- | --- |

### (3)　セルフメディケーション税制の適用手続

セルフメディケーション税制の適用を受けるためには、確定申告書にセルフメディケーション税制の明細書を添付する必要があります。

なお、特定一般用医薬品等購入費の領収書や一定の取組を行ったことを明らかにする書類※は、確定申告期限等から5年を経過する日までの間、保存することが義務付けられています。

※　インフルエンザの予防接種又は定期予防接種（高齢者の肺炎球菌感染症等）の領収書又は予防接種済証、市区町村のがん検診の領収書又は結果通知表、職場で受けた定期健康診断の結果通知表（「定期健康診断」という名称又は「勤務先名称」の記載が必要）、特定健康診査の領収書又は結果通知表（「特定健康診査」という名称又は「保険者名」の記載が必要）、人間ドックやがん検診を始めとする各種健診（検診）の領収書又は結果通知表（「勤務先名称」又は「保険者名」の記載が必要）

## 4 医療費控除（原則）とセルフメディケーション税制（特例）との選択適用

以下の事例のように、1年間で使用した医療費の中の、セルフメディケーション税制対象の特定一般用医薬品等（OTC医薬品）の購入額がいくらかにより、どちらで申告した方が有利となるかを判断する必要があります。なお、所得金額が200万円を超える納税者の場合は、1年間に支払った医療費の総額が188,000円を超える場合には、従来の医療費控除を選択した方が有利となります。

図表4-2-6 従来の医療費控除とセルフメディケーション税制との選択判定

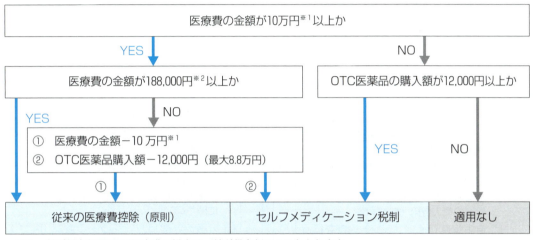

※1 総所得金額が200万円未満の場合は、総所得金額の5％となります。
※2 総所得金額が200万円未満の場合は、200万円×5％＋88,000円となります。

【設 例】16万円の医療費を支払った場合（所得金額200万円以上）

(1) 16万円の医療費のうち、OTC医薬品が90,000円の場合

メディケア適用額（7万8千円） ＞ 医療費控除適用額（6万円）

| OTC医薬品　9万円 | | その他の医療費　7万円 |
|---|---|---|
| 控除額1万2千円 | メディケア適用額　7万8千円 | |
| 控除額　10万円 | | 医療費控除適用額　6万円 |

(2) 16万円の医療費のうち、OTC医薬品が50,000円の場合

メディケア適用額（38千円） ＜ 医療費控除適用額（6万円）

| OTC医薬品　5万円 | | その他の医療費　11万円 |
|---|---|---|
| 控除額12千円 | メディケア適用額38千円 | |
| 控除額　10万円 | | 医療費控除適用額　6万円 |

4-2　医療費控除

### 図表4-2-7　医療費控除の五十音順判定表

| | 医療費の内容 | 判定 | | 医療費の内容 | 判定 |
|---|---|---|---|---|---|
| あ | ☐ 青色事業専従者の入院費（基通2-48） | ○ | お | ☐ 救助してくれた人や臓器提供者に対するお礼（基通73-3） | × |
| | ☐ アトピー性皮膚炎等の治療のための防ダニ布団の購入費、食餌療法のための自然食品の購入費用（基通73-3） | × | | ☐ 持病の治療のため、温泉に行った費用（基通73-3）や温泉の素の購入費用 | × |
| | ☐ 牛乳アレルギー児の特殊ミルク代（基通73-5） | × | | ☐ 温泉利用型健康増進施設の利用料金⇒「温泉療養証明書」が必要 | ○ |
| | ☐ 腰痛のために購入したあんま器などの費用（令207） | × | | ☐ 新型コロナウイルス感染防止のためのオンライン診療料、オンラインシステム利用料 | ○ |
| い | ☐ 家庭用医学書の購入費用（令207） | × | か | ☐ カードで支払った医療費 | ○ |
| | ☐ 育毛剤等の育毛費用（基通73-5） | × | | ☐ 海外の著名医に支払った治療費（治療を受けるための旅費や宿泊費は×） | ○ |
| | ☐ 医師の送迎費（基通73-3） | ○ | | ☐ 海外旅行中に海外で支払った医療費 | ○ |
| | ☐ 遭難した際の遺体収容費用（令207） | × | | ☐ 快気祝いの費用やお返し | × |
| | ☐ 医薬品、医療機器等の品質、有効性及び安全性の確保等に関する法律（旧薬事法）上の医薬品に該当しない薬の購入費用（基通73-5） | × | | ☐ 介護保険料（社会保険料控除の対象になります） | × |
| | ☐ 入れ歯の治療費用（令207）（入れ歯安定剤の購入費用は×） | ○ | | ☐ 介護用ベッドの購入費用（基通73-3） | × |
| | ☐ 糖尿病治療のためのインシュリン注射器の購入費用（基通73-5） | ○ | | ☐ 介護予防通所介護の居宅サービス（医療系サービスと併せて利用する場合に限り○） | × |
| | ☐ 自由診療でインプラント治療を行った費用（令207） | ○ | | ☐ 介護予防通所リハビリテーション（医療系サービス）の居宅サービス（基通73-6） | ○ |
| | ☐ インフルエンザ等の予防接種の費用 | × | | ☐ 介護老人保健施設（老健・老人リハビリ病院）に支払う施設サービスの対価（介護費・食費・居住費） | ○ |
| う | ☐ 風邪の予防のために買ったうがい薬（基通73-5） | × | | ☐ カイロプラクティックの費用（令207）（医師、柔道整復師等から受けるものは○） | × |
| | ☐ 医師の指示による運動療法施設の利用料金⇒「運動療法実施証明書」が必要 | ○ | | ☐ 臨床心理士によるカウンセリング費用（医師の行うカウンセリング費用は○） | × |
| え | ☐ 心臓病患者が購入又は賃借するAEDの購入費用又は賃借料（基通73-3） | ○ | | ☐ 介護福祉士による喀痰吸引等 | ○ |
| | ☐ エイズ検査のための費用（基通73-5） | × | | ☐ 角膜矯正療法による近視治療のための費用（基通73-3） | ○ |
| | ☐ 栄養ドリンクの購入費用（基通73-5） | × | | ☐ 在宅療養の世話を家政婦に依頼した場合の費用や、入院中療養上の世話をする家政婦に支払った費用、家政婦紹介所の手数料（家事のために雇った家政婦等の費用は×）（基通73-6） | ○ |
| | ☐ エステティック施術の費用（令207） | × | | | |
| | ☐ 円形脱毛症の人が医師の処方を受けて購入したフロジン液などの購入費用 | ○ | | ☐ 風邪薬の購入費用（基通73-5） | ○ |
| お | ☐ 往診してもらった医師への送迎タクシー代（基通73-3） | ○ | | ☐ 通院に自家用車を使った場合のガソリン代・高速代・駐車場代（基通73-3） | × |
| | ☐ 桶谷式乳房管理法により助産師の手当を受けるために支払う管理料、保険指導料（基通73-7） | ○ | | ☐ 肩こり治療用マグネットの購入費用 | × |
| | ☐ 寝たきり老人、傷病者のオムツ代（基通73-3）⇒「おむつ使用証明書」が必要（乳幼児のおむつ代などは×） | ○ | | ☐ 神経性脱毛のため、医師の勧めで買ったカツラ代（基通73-3） | × |
| | ☐ オルソケラトロジー（角膜矯正療法）による近視治療のための費用（基通73-3） | ○ | | ☐ 借入金で支払った医療費 | ○ |

252

| | 医療費の内容 | 判定 |
|---|---|---|
| か | □ 肝炎患者を介護する家族の肝炎ワクチン摂取費用⇒「医師の処方箋の写し」が必要 | ○ |
| | □ 白内障等の治療用眼鏡や眼内レンズの費用（近視、遠視等の眼鏡は×）⇒「医師の処方箋の写し」が必要 | ○ |
| | □ 臓器移植ネットワークに支払う患者負担金⇒「臓器移植患者用登録証明書兼患者負担金領収書」が必要 | ○ |
| | □ 漢方薬の購入費用（医師の処方箋があるものは○）（基通73-5） | × |
| き | □ 日常生活を送るための義手・義足の購入費（医師等の治療を受けるため直接必要なものは○） | × |
| | □ きゅう師による施術の対価（疲れを癒したり、体調を整えるといった治療に直接関係のないものは×） | ○ |
| | □ 生活費を仕送りしている郷里の両親の医療費（基通2-47） | ○ |
| | □ 虚弱体質治療のため、転地療養などの費用（基通73-3） | × |
| | □ 居宅介護支援（訪問介護）の居宅サービス（生活援助中心型） | × |
| | □ 居宅介護住宅のための改修費（介護予防住宅改修費） | × |
| | □ 居宅介護福祉用具（介護予防福祉用具）の購入費 | × |
| | □ 訪問介護（ホームヘルプサービス）、訪問入浴介護、夜間対応型訪問介護、短期入所療養介護（ショートステイ）、認知症対応型通所介護の居宅サービス（医療系サービスと併せて利用する場合に限り○） | × |
| | □ 介護保険給付の対象となる訪問看護の居宅サービス費に係る自己負担額（基通73-3）⇒「居宅サービス等利用料領収書」 | ○ |
| | □ 医師等による居宅療養管理指導（介護予防居宅療養管理指導）（基通73-6） | ○ |
| | □ 医師の治療の一環として処方された禁煙パッチや禁煙ガムの購入費用 | ○ |
| | □ 長期入院で体力が低下したため、筋肉トレーニング用に買った器具の代金（基通73-3） | × |
| | □ 虫歯治療のため、金歯や金冠を入れた費用（基通73-3） | ○ |
| | □ 歯科や医療ローンの金利、手数料等 | × |
| く | □ 医師の指示によるクアハウスの利用料金⇒「運動療法実施証明書」が必要 | ○ |

| | 医療費の内容 | 判定 |
|---|---|---|
| く | □ 医師に勧められて購入した空気清浄機の費用（基通73-3） | × |
| | □ 新型コロナウイルス感染防止のためのオンライン診療により処方された薬代（その配送料は×） | ○ |
| | □ 病気や怪我の治療のために薬局で買った薬代（基通73-5） | ○ |
| | □ 入院中の寝具のクリーニング代（病院に支払うシーツや枕カバーのクリーニング代は○）（基通73-3） | × |
| | □ 足を骨折し通院するために買った車イスの費用（日常生活のための車イスの購入費用は×）（基通73-3） | ○ |
| | □ クレジットカードにより支払った医療費（クレジットカード利用日の医療費）（基通73-2） | ○ |
| け | □ 軽費老人ホームへの入所費 | × |
| | □ 高血圧のため、医師に毎日血圧を測るよう指示を受けて購入した血圧計の費用（健康管理のため血圧計を購入した費用は×）（基通73-3） | ○ |
| | □ 結婚した子供の医療費（治療を受けた時又は治療費を支払った時の現況で生計を一にしていれば○） | × |
| | □ ケロイド部分の皮膚の移植手術費用 | ○ |
| | □ 治療用メガネを買う前に眼科医で受けた検眼の費用（近視や乱視等のメガネ購入のための検眼費用は×） | ○ |
| | □ 知人、友人から受けた献血のお礼 | × |
| | □ 健康診断の費用（健康診断の結果、重大な疾病が発見され、引き続き治療を受ける場合は○） | × |
| | □ 妊産婦の検診費用（令207） | ○ |
| こ | □ 医療に関する講演会費用（基通73-3） | × |
| | □ 高血圧のため自宅のトイレに行った暖房工事費用 | × |
| | □ 交通事故の被害者のために支払う治療費 | × |
| | □ 親族や付添人の交通費、宿泊費等（通院の際、付添人が必要な者の付添人の交通費は○）（基通73-3） | × |
| | □ 通院に際しての交通費（高速道路の通行料、駐車場代などは×） | ○ |
| | □ 地元の病院では病気の判断がつかないため、遠方の病院に行った場合の交通費（宿泊費は×）（基通73-3） | ○ |
| | □ 年末年始に一時帰宅する入院患者の交通費（基通73-3） | × |
| | □ お産のために、実家に帰る交通費 | × |

4-2 医療費控除

| | 医療費の内容 | 判定 |
|---|---|---|
| こ | □ 高齢者専用賃貸住宅・高齢者向け優良賃貸住宅（介護保険施設）の家賃 | × |
| | □ 個室に入った場合の差額ベッド代（病状等により個室を使用しなければならない場合は○） | × |
| | □ 骨髄移植手術時の骨髄の提供者の手術費用（令207） | ○ |
| | □ 骨髄バンクに支払う患者負担金（基通73-3）⇒「非血縁者間骨髄移植又は末梢血幹細胞移植患者負担金領収書」が必要 | ○ |
| | □ 実家から出て、仕送りしている一人暮らしの子供の医療費（基通73-1） | ○ |
| | □ 近視、老眼、遠視のためのコンタクトレンズの購入費用（基通73-3） | × |
| さ | □ 寝たきりの老人を介護するため、老人訪問看護ステーションのサービス代金（基通73-3） | ○ |
| | □ 在宅療養の場合に、看護師や保健師以外の者に依頼して支払う療養費用 | ○ |
| | □ 医師の指示によらない個人的な希望による個室の差額ベッド代（基通73-3） | × |
| | □ 出産のための里帰り費用（基通73-3） | × |
| | □ 多発性骨髄腫の治療のためのサリドマイド購入費用（基通73-5） | ○ |
| | □ 産科医療補償制度の掛金又は保険料（令207） | ○ |
| | □ 入院中の散髪費用（基通73-3） | × |
| し | □ 痔の手術費用（令207） | ○ |
| | □ 歯科ローンにより支払った治療費（歯科ローンの金利、手数料等は×） | ○ |
| | □ 認知症対応型共同生活介護（認知症高齢者グループホーム）の施設サービス | × |
| | □ 介護医療施設の施設サービス費用 | ○ |
| | □ 医師が治療のために指定した指定運動療法施設の利用料金（令207）⇒「運動療法実施証明書」が必要 | ○ |
| | □ 指定介護療養型医療施設に支払う施設サービスの対価（介護費・食費・居住費） | ○ |
| | □ 指定介護老人福祉施設（指定地域密着型老人福祉施設）に支払う施設サービスの対価（介護費・食費・居住費）のうち2分の1相当額⇒「指定介護老人福祉施設等利用料等領収証」が必要 | ○ |
| | □ 指定訪問看護サービスや指定老人訪問看護サービスの利用料（基通73-6） | ○ |
| | □ 在宅介護を受けている人が月1回、管理栄養士の指導を受けた費用 | ○ |

| | 医療費の内容 | 判定 |
|---|---|---|
| し | □ 児童福祉法に基づき重症心身障害児施設に入所させる場合の児童措置負担金 | ○ |
| | □ 心臓病患者が購入又は賃借する自動体外式除細動器（AED）の購入費用又は賃借料（基通73-3） | ○ |
| | □ 児童福祉法に基づき知的障害児施設の入所に要する児童福祉施設負担金（那覇地裁平18.7.18判決） | × |
| | □ 医師による自閉症児の治療費用 | ○ |
| | □ 医師の指示で買った弱視矯正用メガネや斜視用メガネの購入費用⇒「医師の処方箋」が必要 | ○ |
| | □ 親から借金して払った医療費 | ○ |
| | □ 退院の際、医者や看護師に渡した謝礼の金品（令207） | × |
| | □ 病気治癒のための宗教団体に支払った金銭（令207） | × |
| | □ 就職して独立した子が在学中にかかった医療費 | ○ |
| | □ 柔道整復師の資格を持つ者の行う健康保険が適用される治療費（令207） | ○ |
| | □ 保険適用外の重粒子治療の費用 | ○ |
| | □ 病床満床のため、病院近くの民宿に宿泊し、通院治療を受けた場合の宿泊費用 | × |
| | □ 出産までにかかった定期健診や検査の費用（基通73-7）（出産のために購入したマタニティ衣料などの購入費や家事のために雇った家政婦費用は×） | ○ |
| | □ 妊婦に行う母体血を用いた出生前遺伝子学的検査の費用（基通73-4） | × |
| | □ 小規模多機能型居宅介護（介護予防小規模多機能型居宅介護）の居宅サービス（医療系サービスと併せて利用する場合に限り○） | × |
| | □ 身体障害者用の特殊な乗用車の購入費用（基通73-3） | × |
| | □ ショートステイ（短期入所療養介護）の居宅サービスに係る自己負担額（ショートステイ費用のうち利用可能日を超えた分は×） | ○ |
| | □ 入院中の病院の食事代（病院から提供される以外の食事代は×） | ○ |
| | □ 親族が入院に付き添う場合の親族の食事代 | × |
| | □ アトピー性皮膚炎のために自宅で行う自然食品による食餌療法のための費用 | × |
| | □ 脱毛症のための植毛、育毛費用 | × |

4-2 医療費控除

| | 医療費の内容 | 判定 |
|---|---|---|
| し | □ 助産師に払った妊娠、新生児の保健指導料（令207） | ○ |
| | □ 視力回復センターへの支払 | × |
| | □ 視力回復レーザー手術（レーシック）に係る費用 | ○ |
| | □ シルバーハウジングの家賃 | × |
| | □ 小学生の歯列矯正費用（基通73-4） | ○ |
| | □ 美容目的の歯列矯正費用（歯列矯正が治療上必要と認められる場合の費用は○） | × |
| | □ 神経性脱毛のため、医師の勧めで買ったカツラ代 | × |
| | □ 人工肛門を取り付けた人のストマ用装具の費用⇒「ストマ用装具使用証明書」が必要 | ○ |
| | □ 人工授精にかかった費用 | ○ |
| | □ 人工透析器の購入費用（人工透析に必要な電気、ガス、水道の使用料は×） | ○ |
| | □ 病気再発の危険性があり、医者に定期的に検査してもらうための診察代 | ○ |
| | □ 心臓ペースメーカーの取付け及び電池の交換費用（令207） | ○ |
| | □ 身体障害者の車イスの購入費用（足を骨折し通院するために買った車イスの費用は○）（基通73-3） | × |
| | □ 医師の診断書の作成費用 | × |
| | □ 心的外傷後ストレス障害（PTSD）による精神科医の治療費（令207） | ○ |
| | □ 診療情報提供書（紹介状）に係る診療情報提供料（文書料） | ○ |
| | □ 心霊術による治療（令207） | × |
| す | □ ストマ用装具の費用（基通73-3）⇒「ストマ用装具使用証明書」が必要 | ○ |
| | □ スピーチクリニックの費用 | × |
| | □ 医師の指示によるスリープメイト（睡眠時無呼吸症候群治療装置）の購入費用（基通73-3） | ○ |
| せ | □ 生活ケア付高齢者賃貸ホームに支払った介護費費用のうち医療費控除対象額（基通73-6） | ○ |
| | □ 生計を一にする友人の医療費（生計を一にしている配偶者、6親等内の血族及び3親等内の姻族に対する医療費の支払いは○） | × |
| | □ 医療に関するセミナー費用（令207） | × |
| | □ スイッチOTC医薬品の購入（セルフメディケーション税制を利用する場合は一定の取組が必要） | ○ |
| | □ ぜんそくを治すための引越費用 | × |

| | 医療費の内容 | 判定 |
|---|---|---|
| そ | □ 臓器移植ネットワークに支払う患者負担金⇒「臓器移植患者用登録証明書兼患者負担金領収書」が必要 | ○ |
| | □ 臓器提供者へのお礼（基通73-3） | × |
| | □ 医師の送迎費（基通73-3） | ○ |
| | □ 遭難した際の捜索費用（令207） | × |
| | □ 髪の毛が薄くなったので、薬用の増毛剤の購入費用（基通73-3） | × |
| た | □ ダイエットのための低カロリー食品の購入費用（令207） | × |
| | □ 体温計の購入費用（基通73-3） | × |
| | □ 胎児教室の受講費用（令207） | × |
| | □ 歩行不可能なケガをしている場合や緊急の場合のタクシー代（基通73-3） | ○ |
| | □ 脱毛費用（令207） | × |
| | □ 短期入所生活介護（ショートステイ）の居宅サービス（医療系サービスと併せて利用する場合に限り○）（基通73-6） | × |
| | □ 胃腸病を治すため入った断食道場の費用（基通73-3） | × |
| ち | □ 知的障害児施設についての児童福祉施設負担金（那覇地裁平18.7.18判決） | × |
| | □ 医師からインスリンをもらい、自分で注射する場合の注射器の購入費用 | ○ |
| | □ 通院時の駐車料金（基通73-3） | × |
| | □ 虚弱体質のために朝鮮人参の購入費用（基通73-5） | × |
| つ | □ 通院に際しての交通費（高速道路の通行料、駐車場代などは×） | ○ |
| | □ 通所介護（デイサービス）の居宅サービス（医療系サービスと併せて利用する場合に限り○） | × |
| | □ 通所リハビリテーション（医療機関でのデイサービス）の居宅サービス（基通73-6） | ○ |
| | □ 親族や付添人の交通費、宿泊費、謝礼等（通院の際、付添人が必要な者の付添人の交通費は○） | × |
| て | □ 医師の指示により購入した低カロリー・低塩分の食品の購入費用 | × |
| | □ 妊娠中、医師に払った定期検診の費用 | ○ |
| | □ 入院中、療養上の世話をする家政婦紹介所の手数料 | ○ |
| | □ 歯科ローンの金利、手数料等 | × |
| | □ 病院までの電車代 | ○ |

255

4-2　医療費控除

| | 医療費の内容 | 判定 |
|---|---|---|
| て | □ 医師に勧められて海辺の別荘を借りて行う転地療養費用 | × |
| と | □ リュウマチのための湯治費用 | × |
| | □ 糖尿病治療に必要なインシュリン注射器の購入費用（糖尿病食の購入費用は×） | ○ |
| | □ 特定一般用医薬品等購入費（セルフメディケーション税制を利用する場合は一定の取組が必要） | ○ |
| | □ 特定健康診査の結果が、高血圧症、脂質異常症、又は糖尿病と同等の状態と判断され、かつ、引き続き特定健康診査を行った医師の指示に基づき特定保健指導が行われた場合の特定健康診査の自己負担額及び指導料の自己負担額（動機付け支援として行われる特定保健指導の指導料は×） | ○ |
| | □ 特定施設入居者生活介護（有料老人ホーム等）の居宅サービス | × |
| | □ 特別養護老人ホームに支払う施設サービスの対価（介護費・食費・居住費）のうち2分の1相当額 | ○ |
| な | □ 医師や病院のナースセンターに対する贈物の購入費用（基通73-3） | × |
| | □ 亡くなった人（生計一親族）のために死亡後に支払った医療費（基通73-1） | ○ |
| に | □ ニキビができたので薬局で塗り薬を買った代金（基通73-5） | ○ |
| | □ 医師の治療の一環として処方されたニコチンパッチの購入費用 | ○ |
| | □ 心身障害者の療養施設への入所費用のうち医療費相当額（基通73-3） | ○ |
| | □ CAL組織増大術のうち、乳がんの治療に伴い乳房を失った患者に対し行う乳房再建手術にかかる費用 | ○ |
| | □ 人間ドックの費用（健康診断の結果、重大な疾病が発見され、引き続き治療を受ける場合は○） | × |
| | □ 母体保護法に基づく理由で行う妊娠中絶費用（令207） | ○ |
| | □ 認知症対応型共同生活介護（認知症高齢者グループホーム）の施設サービス | × |
| | □ 認知症対応型通所介護の居宅サービス（医療系サービスと併せて利用する場合に限り○） | × |
| | □ 妊婦検査薬の購入費用（基通73-5） | × |
| の | □ 乗り物の酔い止め薬（基通73-5） | × |

| | 医療費の内容 | 判定 |
|---|---|---|
| は | □ パイプカットの費用（令207） | × |
| | □ 白内障治療のためのメガネ代⇒「医師の処方箋」が必要 | ○ |
| | □ 育毛剤や発毛剤の購入費用 | × |
| | □ バリアフリー工事の費用（令207） | × |
| | □ はり師による施術の対価（疲れを癒したり、体調を整えるといった治療に直接関係のないものは×） | ○ |
| ひ | □ 新型コロナウイルス感染症の疑いで医師等の判断で受けたPCR検査費用（単に自己判断で受けたPCR検査費用は×、ただし「陽性」と判明し引き続き治療を行った場合は○） | ○ |
| | □ B型肝炎患者の介護に当たる親族のB型肝炎ワクチンの接種費用（令207） | ○ |
| | □ PTSD（心的外傷後ストレス障害）による精神科医の治療費 | ○ |
| | □ 非居住者期間中に海外で支払った医療費 | × |
| | □ 健康増進のために買ったビタミン剤の代金（基通73-5） | × |
| | □ 美容整形の費用（基通73-4） | × |
| | □ 在宅療養のために買った病人用ベッドの代金（基通73-3） | × |
| ふ | □ フィットネスクラブの利用料金（医師が治療のために指定した指定運動療法施設の利用料金は○⇒「運動療法実施証明書」が必要） | × |
| | □ フェイキック（有水晶体眼内レンズ）の手術費用 | ○ |
| | □ ケアワーカーに支払った付添料に含まれる「ケアワーカー福祉共済掛金」 | ○ |
| | □ 介護保険を利用してレンタルした福祉用具（車イス、特殊寝台、床ずれ防止用品、体位変換機、手すり、スロープ、歩行器、歩行補助杖、徘徊感知機器、移動用リフト） | × |
| | □ 不妊治療の費用（令207） | ○ |
| | □ 扶養親族の医療費（基通73-1） | ○ |
| | □ 円形脱毛症の人が医師の処方を受けて購入したフロジン液などの購入費用 | ○ |
| | □ 出産のための分娩費用や入院費用 | ○ |
| へ | □ 家族同様にかわいがっているペットの治療代（基通73-1） | × |
| | □ 病院に収容されるためのヘリコプターの使用料 | ○ |

256

4-2　医療費控除

| | 医療費の内容 | 判定 |
|---|---|---|
| ほ | □ アトピー性皮膚炎等治療のための防ダニ布団の購入費（基通73-3） | × |
| | □ 訪問介護（ホームヘルプサービス）の居宅サービス（医療系サービスと併せて利用する場合に限り○）（基通73-6） | × |
| | □ 訪問看護（医療系サービス）の居宅サービス（基通73-6） | ○ |
| | □ 訪問入浴介護の居宅サービス（医療系サービスと併せて利用する場合に限り○） | × |
| | □ 訪問リハビリテーション（医療系サービス）の居宅サービス（基通73-6） | ○ |
| | □ ポーセレンを使用した場合の歯の治療費用（基通73-3） | ○ |
| | □ ホクロを除去するための手術の費用 | × |
| | □ 助産師に払った妊娠、新生児の保健指導料（基通73-7） | ○ |
| | □ 長期入院により歩行困難になったため、歩行練習用に購入した歩行器の購入、レンタル費用（基通73-3）（医師による治療のために直接必要なものは○） | × |
| | □ 妊婦に行う母体血を用いた出生前遺伝子学的検査の費用（基通73-4） | × |
| | □ 難聴のために買った補聴器代（「補聴器適合に関する診療情報提供書」等により、補聴器が診療等のために直接必要である旨を証明している場合には○） | × |
| | □ 歯科医でホワイトニング治療を受けた費用（基通73-4） | × |
| ま | □ 新型コロナウイルス感染症を予防するためのマスク購入費用 | × |
| | □ インフルエンザ予防のためのマスク代 | × |
| | □ 腰痛のために購入したマッサージ器の購入費用（令207） | × |
| | □ マッサージ師の資格を持つ者の行う健康保険が適用される治療費（筋肉痛などのためのマッサージ費用は×）（令207） | ○ |
| | □ 通院するために買った松葉ヅエの費用 | ○ |
| | □ 丸山ワクチンの代金（基通73-5） | ○ |
| み | □ 入院中の水枕、氷のう、吸い飲みなどの購入費用（入院に際して購入する洗面器、歯磨き、寝間着、ガウン等は×） | ○ |
| | □ 未払いの医療費（基通73-2） | × |
| | □ 牛乳アレルギー児の特殊ミルク代 | × |

| | 医療費の内容 | 判定 |
|---|---|---|
| む | □ 妊娠期間中に呼吸法等の指導を受ける無痛分娩講座への参加費用 | × |
| め | □ 白内障の治療や弱視矯正用のためのメガネ代、検眼費用（基通73-3）（近視、老眼、遠視のためのメガネの購入費用は×）⇒「医師の処方箋」が必要 | ○ |
| | □ メタボ検診の結果、高血圧症等と同等の状態である者に対して行われる特定保健指導料（令207）（特定保健指導による運動施設利用料は×） | ○ |
| | □ メディカル・アロマ・セラピーの施術費用（令207） | × |
| や | □ 夜間対応型訪問介護の居宅サービス（医療系サービスと併せて利用する場合に限り○） | × |
| | □ 薬用石鹸、薬用化粧品の購入費用 | × |
| ゆ | □ 有水晶体眼内レンズ（フェイキック）の手術費用 | ○ |
| | □ 有料老人ホームの費用（令207） | × |
| よ | □ 乗り物の酔い止め薬（基通73-5） | × |
| | □ 養護老人ホームの入所費 | × |
| | □ 羊水検査（出生前検査）の費用 | × |
| | □ インフルエンザや海外旅行前に受ける予防接種の費用（令207） | × |
| ら | □ 歯科医でラミネート・ベニア法を受けた費用（令207） | × |
| り | □ リハビリ専門の病院に入院した費用 | ○ |
| | □ 流産した場合の手術費用等（令207） | ○ |
| | □ リュウマチのため湯治費用 | × |
| | □ 在宅療養の場合に、看護師等に依頼して療養上の世話を受けるために支出した費用（基通73-6）、（在宅療養の場合に、家政婦に家事を依頼する費用、親族に支払う療養上の世話の費用） | ○ |
| | □ 臨床心理士によるカウンセリング費用（医師の行うカウンセリング費用は○） | × |
| れ | □ 入院中の冷蔵庫等の使用料 | × |
| | □ 視力回復のためのレーシック手術費用 | ○ |

**257**

## 医療費控除のチェックポイント

### 【医療費】

☐ いわゆる健康増進のサプリメントを医療費控除の対象にしている。
　☞ 疾病予防や健康管理上のサプリメントは医療費控除の対象になりません（法73②、令207、基通73-5）。

☐ 薬局の領収証の中に医薬品以外（化粧品、健康食品、栄養剤等）が混在している。
　☞ 治療のための医薬品のみが医療費控除の対象となります。

☐ 年の中途で嫁いだ娘の医療費（生計を一にしていた時に支払ったもの）を年末時点で生計が別ということで、医療費控除の対象としていない。
　☞ 医療費を支出すべき事実が発生した時又は現実に医療費を支払った時に生計を一にする親族に該当する場合は、その医療費は控除の対象となります。

☐ 被相続人の死亡後に支払った医療費を、被相続人の申告で医療費控除の対象としている。
　☞ 被相続人の死亡後に支払った医療費は、被相続人の死亡の時は未払なので、被相続人の準確定申告において、医療費控除の適用を受けることはできません。なお、その医療費を相続人が支払った場合は、その相続人が被相続人と生計を一にしていた者であれば、その相続人の医療費控除の対象となります。また、死亡後に支払った医療費は、相続税の申告で債務控除の適用が受けられます（相法13）。

☐ 親子の生計は一であるが、介護保険サービス費の自己負担割合軽減のため、いわゆる世帯分離をしたので医療費控除の計算上、親子の医療費の合算はできないとしている。
　☞ 世帯分離であるとしても、生計が一であればその支払った医療費の合算はできます。

### 【セルフメディケーション税制】

☐ 「一定の取組」の中に、納税者が任意に受診した健康診査（全額自己負担）を含めている。
　☞ 納税者が任意に受診した健康診査は「一定の取組」には含まれません。
　　ただし、その健康診査結果を保険者や事業主に提出し特定健康診査や定期健康診査の結果とみなされる場合は含まれます。

### 【補てん金】

☐ 保険会社や健康保険組合から支払われた補てん金を医療費から控除していない。
　☞ 保険金等の補てん金はその支払った医療費からのみ控除し、他の医療費から控除する必要はありません。

☐ 子宮頸がん等ワクチン接種による健康被害者が予防接種リサーチセンターから受給する健康管理支援手当を補てん金として控除していない。
　☞ 医療費控除の適用上、健康管理支援手当は医療費を補てんする保険金等に当たります。

☐ 昨年の12月に入院しその月に30万円を支払い、本年の1月の退院時に40万円を支払い、2月にその補てん金20万円を受け取ったので、40万円から差し引けばよいとした。
　☞ 受け取った補てん金20万円は、支払った医療費の金額に応じて各年分に按分して差し引きます。

# 申告書等の記載手順（医療費控除・従来の場合）

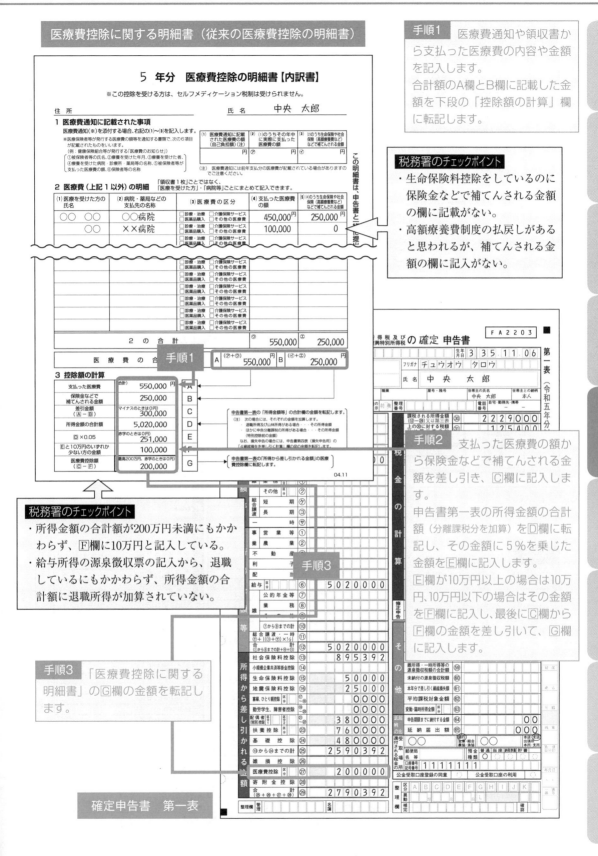

# 申告書等の記載手順（医療費控除・セルフメディケーション税制による特例）

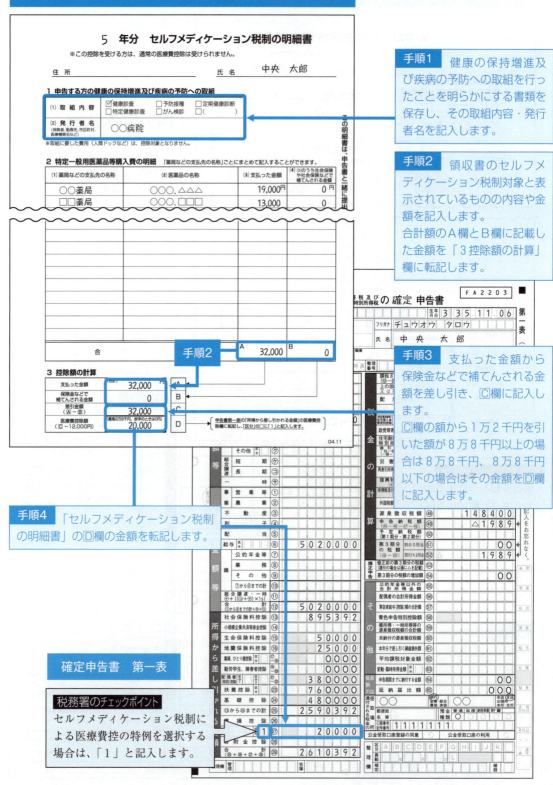

# 4-3　社会保険料控除・小規模企業共済等掛金控除

## 1　社会保険料控除の概要

納税者が、自己又は自己と生計を一にしている配偶者その他の親族の負担すべき社会保険料を支払った場合又は納税者の給与等から差し引かれた金額は、その全額が所得から控除されます（法74）。

図表4-3-1　社会保険料控除の対象となる主な例示

| 区　分 | 社会保険料の例示 |
| --- | --- |
| 健康保険等 | 健康保険の保険料、国民健康保険の保険料又は国民健康保険税、介護保険の保険料、高齢者医療制度の保険料、船員保険の保険料 |
| 年金等 | 国民年金の保険料及び国民年金基金の掛金、厚生年金の保険料及び厚生年金基金の掛金、農業者年金の保険料、国家（地方）公務員等共済組合の掛金等、私立学校教職員共済組合の掛金、租税条約の規定により当該租税条約の相手国の社会保障制度に対して支払われるもの等 |
| 雇用保険等 | 雇用保険の労働保険料、労働者災害補償保険の保険料 |

【参考資料】国民年金保険料の金額

| 年分 | 1月～3月 | 4月～12月 | 年　間 | 1年分前納※ |
| --- | --- | --- | --- | --- |
| 令和元年分 | 16,340円 | 16,410円 | 196,710円 | 193,420円 |
| 令和2年分 | 16,410円 | 16,540円 | 198,090円 | 194,960円 |
| 令和3年分 | 16,540円 | 16,610円 | 199,110円 | 195,780円 |
| 令和4年分 | 16,610円 | 16,590円 | 199,140円 | 194,910円 |
| 令和5年分 | 16,590円 | 16,520円 | 198,450円 | 194,720円 |

※　その年の4月から翌年3月分を1年分前納した場合

【参考資料】社会保険料控除（タックスアンサーNo.1130）

| | |
| --- | --- |
| Q1 | 子供の過去の国民年金保険料を一括して支払った場合 |
| Q2 | 翌年分の保険料を支払った場合 |
| Q3 | 2年分の国民年金保険料を前納した場合 |
| Q4 | 生計を一にしていた子の国民年金保険料を負担した場合 |
| Q5 | 妻の公的年金から特別徴収される介護保険料などの社会保険料 |
| Q6 | 後期高齢者医療制度の保険料に係る社会保険料控除 |
| Q7 | 口座振替により支払った後期高齢者医療制度の保険料に係る社会保険料控除 |

261

## 2　小規模企業共済等掛金控除の概要

　納税者が小規模企業共済法の規定による共済契約掛金、確定拠出年金法の個人型年金加入者掛金、心身障害者扶養共済制度による掛金を支払った場合には、その全額が所得から控除されます（法75）。

---

### 社会保険料控除・小規模企業共済等掛金控除のチェックポイント

**【社会保険料控除】**

☐　配偶者等の年金から控除されている介護保険料等を含めて申告している。

　☞　社会保険料控除の対象となるのは、納税者本人が負担したものに限ります。

☐　法律又は条例に基づかない共済制度の会費（医師年金掛金）等を含めて申告している。

　☞　社会保険料控除の対象となるものは法律等により規定されているものに限ります（医師年金等掛金等は対象外）。

☐　未納の社会保険料を含めて申告している。

　☞　本年中に実際に支払った金額が社会保険料控除の対象となります。

☐　生計を一にしない親族の社会保険料を含めて申告している。

　☞　自己と生計を一にする親族等が負担すべき社会保険料を支払った場合に限ります。

☐　国民年金保険料を2年前納した場合に、支払った年に全額控除することができないとしている。

　☞　前納した社会保険料については、前納の期間が1年以内のものだけでなく、法令の規定により一定期間の社会保険料を前納することができるものもその支払った年の控除対象にすることができます。なお、この特例又は原則により申告した場合には、その後の更正の請求又は修正申告でそれを変更することはできません（基通74・75-1、2）。

☐　非居住者期間中に支払った社会保険料は、すべて控除の対象とはならないとしている。

　☞　原則として、非居住者期間中に支払った社会保険料は控除の対象とはなりません。ただし、非居住者期間中に前納した社会保険料の場合は、その支払日が居住者となった日以後に到来するものについては控除の対象となります（法74①、76①、102、令258③三、四、基通74・75-1⑵、76-3⑶）。

**【小規模企業共済等掛金控除】**

☐　生計を一にする父親の小規模企業共済等掛金を息子が支払った場合に、息子が控除を受けられるとしている。

　☞　父親の小規模企業共済等掛金を息子が実際に支払っても、小規模企業共済等掛金を控除することができるのは共済契約者（父親）に限られます（法75①、小規模企業共済法3、4、17）。

**【申告手続】**

☐　社会保険料控除や小規模企業共済等掛金控除に必要な証明書を添付したか。

　☞　給与所得者が既に年末調整でこの控除を受けている場合を除き、国民年金保険料、国民年金基金の掛金及び小規模企業共済等掛金については支払った金額の証明書を添付するか提示しなければなりません（e-Taxで申告した場合を除きます。）。

# 申告書等の記載手順（社会保険料・小規模企業共済等掛金控除）

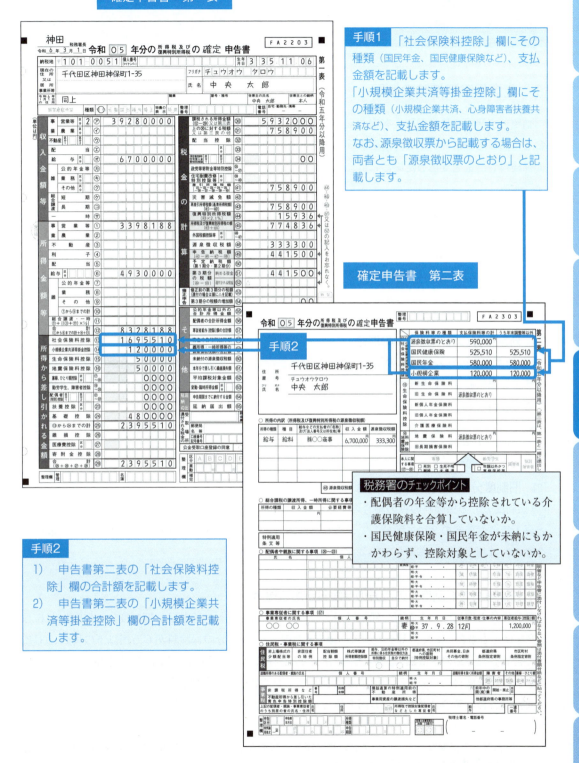

263

## 4-4　生命保険料控除

## 1　生命保険料控除の概要

　納税者が保険金等の受取人を自己又は配偶者、その他の親族とする生命保険契約等の保険料や掛金を支払った場合や一定の介護医療保険料を支払った場合、一定要件を満たす個人年金保険契約等の保険料や掛金を支払った場合には、一定金額が、生命保険料控除として所得金額から控除できます（法76）。

## 2　生命保険料控除額の計算

　生命保険料控除額は、平成24年１月１日以後に締結した保険契約等（新制度分）に係る保険料と平成23年12月31日以前に締結した保険契約等（旧制度分）に係る保険料では、下記のように取扱いが異なります。

### (1)　新制度分の保険料のみの場合

　「新制度分」の保険料のみの場合の生命保険料控除額は、一般生命保険料、介護医療保険料、個人年金保険料の３つに区分※して、それぞれ図表４-４-１「生命保険料控除額の計算」で求めた金額の合計額（それぞれ最高４万円×３区分＝最高12万円）です。

　※　一般生命保険料、介護医療保険料、個人年金保険料の区分や新制度分と旧制度分の区分は、実務上、保険会社等から郵送されてくる保険料控除証明書で確認します。

### (2)　旧制度分の保険料のみの場合

　「旧制度分」の保険料のみの場合の生命保険料控除額は、一般生命保険料（介護医療保険料を含む）と個人年金保険料の２つに区分して、それぞれ図表４-４-１「生命保険料控除額の計算」で求めた金額の合計額（それぞれ最高５万円×２区分＝最高10万円）です。

### (3)　新制度分と旧制度分の両方の保険料がある場合

　新制度分と旧制度分の両方の保険料がある場合の生命保険料控除額は、旧制度分の保険料が６万円※を超える場合、(2)で計算した金額（最高５万円）、旧制度分の保険料が６万円以下の場合、(1)と(2)で計算した金額の合計額（最高４万円）が、一般生命保険料と個人年金保険料の控除額となります。なお、介護保険料については、旧制度はないので(1)で計算した金額となります。

　また、各控除額の合計額が12万円を超える場合には、生命保険料控除額は12万円が限度となります。

　※　旧制度分の保険料が６万円の場合、控除額を計算すると４万円（６万円÷４＋25,000円）となり新制度分の限度額４万円と同額となるため。

## 図表4－4－1　生命保険料控除額の計算

| 区分 | 支払保険料の金額 | 控除額の計算 |
|---|---|---|
| 新制度分 | 20,000円以下 | 支払保険料全額が控除額になる。 |
| | 20,001円～40,000円 | 支払保険料 $\times \frac{1}{2} + 10,000$円 |
| | 40,001円～80,000円 | 支払保険料 $\times \frac{1}{4} + 20,000$円 |
| | 80,000円超 | 40,000円が控除額になる。 |
| 旧制度分 | 25,000円以下 | 支払保険料全額が控除額になる。 |
| | 25,001円～50,000円 | 支払保険料 $\times \frac{1}{2} + 12,500$円 |
| | 50,001円～100,000円 | 支払保険料 $\times \frac{1}{4} + 25,000$円 |
| | 100,000円超 | 50,000円が控除額になる。 |

上記の各保険料控除額の金額を転記して保険料控除額を求めます。

| | 一般分 | 個人年金分 | 介護医療保険分 | 合計 |
|---|---|---|---|---|
| ① 新制度分 | 円 | 円 | 円 | |
| ② 旧制度分 | 円 | 円 | | |
| 保険料控除額（①＋②） | 最高4万円（5万円）円 | 最高4万円（5万円）円 | 最高4万円 円 | 最高12万円 円 |

### 【質疑応答】生命保険料控除

□　がん保険の保険料

　　がんに罹患したことにより一定の保険金が支払われるいわゆる「がん保険」の保険料は、生命保険料控除の対象となりますか。

⇒ 生命保険料控除の対象となります。

□　事業主負担の保険料等の生命保険料控除の適用

　　当社では、これまで生命保険会社と適格退職年金契約を締結し、これに基づき退職一時金及び退職年金の支給を行っており、平成24年3月31日をもって適格退職年金制度が廃止された後も解約等を行わずに退職年金契約として継続しています。この退職年金契約に基づき当社が支出する保険料について、使用人に対する給与等として課税対象とされた場合、その使用人の生命保険料控除の対象となりますか。

⇒ 使用人の給与等として課税された保険料は、その使用人の生命保険料控除の対象となります。

265

4-4　生命保険料控除

**【参考資料】生命保険料控除**（タックスアンサーNo.1140）

- Q1　妻が契約者の生命保険料
- Q2　年の中途で生命保険契約を解約し解約一時金を受け取った場合の生命保険料
- Q3　離婚後の生命保険金の受取人を元の妻にしている場合の生命保険料

## 生命保険料控除のチェックポイント

【支払保険料】

☐ 剰余金の分配等がある場合、支払保険料の金額から控除していない。
　☞ 剰余金の分配等の金額は、支払保険料から控除します。ただし、新生命保険契約等、旧生命保険契約等、新個人年金保険契約等、旧個人年金保険契約等、介護医療保険契約等の各グループ内でのみ控除し、他のグループの支払保険料からは控除しません（基通76-6）。

☐ 前納で一括払いした保険料を全額控除している。
　☞ 前納保険料総額に、前納期間のうち本年中に払込期日の回数が到来した割合を乗じた額が対象となります。

☐ 保険料控除証明書に記載されている支払保険料を実際に年末までに支払っているか。
　☞ 証明書の記載額は年末までの予定額ですから、年末までに実際に支払っていない場合は、実際に支払った金額が生命保険料控除の対象となります。

☐ 非居住者期間に前納した生命保険料は、すべて生命保険料控除の対象とはならないとしている。
　☞ 非居住者であった期間に前納した保険料であっても、居住者となった後に支払期日の到来する部分については、居住者がその年において支払った保険料又は掛金として、生命保険料控除の対象とすることができます。

☐ 外国の保険会社等と契約した生命保険については、すべて控除の対象とならないとしている。
　☞ 外国保険会社等と契約した生命保険については、国外において締結したものを除いて生命保険料控除の対象となります。

☐ 保険料の全額を一時払いとする契約の場合、払込期間により按分した金額を控除の対象にできるとしている。
　☞ 前納の保険料は払込期間により按分した金額により、一時払の保険料は全額が支払った年の保険料控除の対象となります。

【生命保険料控除（個人年金分）】

☐ 「納税者本人、配偶者」以外が保険金等の受取人になっていないか。
　☞ 「個人年金分」の対象となる保険契約は、受取人が「納税者本人、配偶者」のものに限ります。

# 申告書等の記載手順（生命保険料控除）

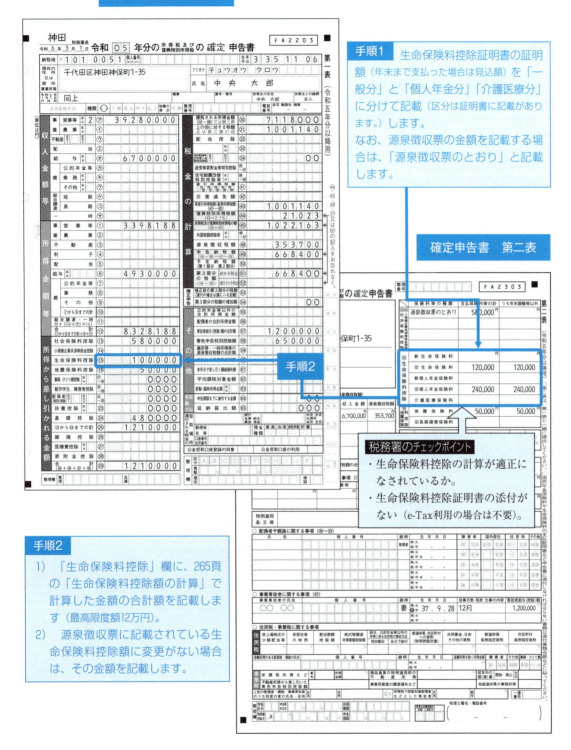

267

4-5　地震保険料控除

# 4−5　地震保険料控除

## 1　地震保険料控除の概要

　納税者が特定の損害保険契約等に係る地震等損害部分の保険料や掛金を支払った場合には、一定金額が、地震保険料控除として所得金額から控除できます（法77）。

　地震保険料控除の対象となる保険や共済の契約は、自己や自己と生計を一にする配偶者その他の親族の所有する家屋で常時その居住の用に供するもの又は生活に通常必要な家具、じゅう器、衣服などの生活用動産を保険や共済の対象とする契約で、地震等による損害により生じた損失の額をてん補する保険金又は共済金が支払われる契約です。

　なお、平成18年の税制改正で、平成19年分から損害保険料控除が廃止されましたが、経過措置として一定の要件を満たす長期損害保険契約等に係る損害保険料については、地震保険料控除の対象とすることができます。

## 2　地震保険料控除額の計算

　本人又は家族の居住用家屋や生活用動産を対象とする「地震保険料」を支払った場合及び平成18年12月31日までの契約した「旧長期損害保険料」を支払った場合には、図表4−5−1により計算した金額が地震保険料控除の額となります。

図表4−5−1　地震保険料控除額の計算

| 区　分 | 支払保険料 | 保険料控除額の計算 | 保険料控除額 | |
|---|---|---|---|---|
| 地震保険契約 | 50,000円以下 | 支払った保険料の金額 | ① | |
| | 50,001円以上 | 50,000円 | | 円 |
| 旧長期損害保険契約 | 10,000円以下 | 支払った保険料の金額 | ② | |
| | 10,001円〜20,000円 | 支払保険料×0.5＋5,000円 | | |
| | 20,001円以上 | 15,000円 | | 円 |
| 地震保険料控除額　（①と②の合計額） | | | （最高5万円）<br>円 | |

4-5　地震保険料控除

## 地震保険料控除のチェックポイント

### 【適用要件】

☐　店舗併用住宅に掛けている保険料は区分計算したか。

☞　住宅分の保険料が、控除の対象となります。店舗分の保険料は事業所得等の必要経費になります。

☐　前納で保険料を支払った場合、全額を控除対象として計算している。

☞　前納の保険料のうち、当該年分に対応する金額が控除の対象となります。

☐　満期返戻金のないものを旧長期損害保険としている。

☞　満期返戻金のないものは、旧長期損害保険に該当しません。

☐　自己所有の家屋に地震保険を掛けているが、その家屋には自分は住んでおらず自己と生計を一にする親族が住んでいる場合には、控除の対象とはならないとしている。

☞　本人がその家屋に居住していなくても、生計を一にする親族が居住していることから、地震保険料控除の対象となります。

☐　賦払契約により購入したため代金完済後でなければ所有権が移転しない家屋に住み、地震保険料を支払っているが、控除の対象とならないとしている。

☞　賦払契約により購入した資産で代金完済まで所有権を移転しない旨の特約が付されているものについて支払った地震保険料であっても、地震保険料控除を受けることができます（基通77-1）。

### 【控除額の計算】

☐　旧長期損害保険が地震保険にも該当している場合の処理は適正か。

☞　いずれか1つの契約のみに該当するものとして計算します。

☐　地震保険料及び旧長期損害保険料の両方が証明された保険契約が2以上ある場合に、各地震保険料と旧長期損害保険料の証明額の合計額を基に計算していないか。

☞　複数の証明書上の地震保険料、旧長期損害保険料の証明額の組合わせで最も有利な控除額を選択することができます。

### 【その他】

☐　証明書の添付漏れはないか。

☞　給与所得者が既に年末調整でこの控除を受けている場合を除き、地震保険料控除の適用を受けるためには、証明書の添付又は提示が必要となります（e-Taxで申告した場合を除きます。）。

**269**

# 申告書等の記載手順（地震保険料控除）

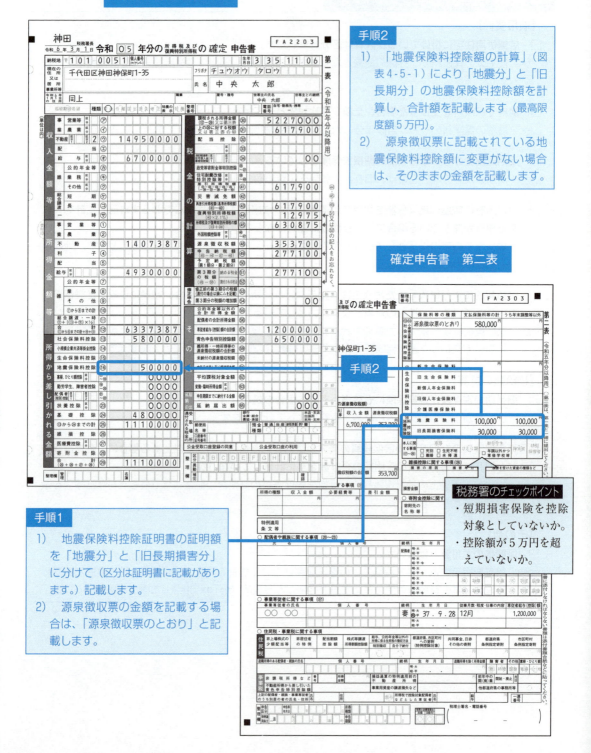

# 4-6　寄附金控除

## 1　寄附金控除の概要

　納税者が国や地方公共団体、特定公益増進法人などに対し、特定寄附金※1、2を支出した場合には、一定金額を寄附金控除として所得から控除することができます（法78）。

　なお、一定の政治献金をした場合、認定特別非営利活動法人に対する一定の寄附金や公益社団法人及び公益財団法人等で一定の要件を満たすものに対する寄附金については、寄附金控除（所得控除）に代えて、その年分の所得税額から控除する税額控除を適用することもできます。

※1　特定寄附金とは、①国、地方公共団体に対する寄附金、②公益社団法人、公益財団法人その他公益を目的とする事業を行う法人又は団体に対する寄附金のうち財務大臣が指定したもの、③特定公益増進法人に対する寄附金、④特定公益信託に支出した金銭、⑤政治活動に関する寄附金、⑥認定特定非営利活動法人（いわゆる認定NPO法人）に対する寄附金、⑦特定新規株式を払込みにより取得した場合の取得金額（800万円が限度）などの特定のものをいいます。
※2　寄附金控除の対象となる寄附かどうかは、通常、寄附先の「寄附金控除の領収書」等から判断するか、寄附先のパンフレットやホームページで確認することもできます。

### 【質疑応答】寄附金控除

□　**寄附手続中に死亡した場合**
　　特定公益増進法人に寄附を予定していた者がその手続中に死亡し、相続人がその履行をした場合、寄附金控除の適用を受けることができる者は、相続人又は被相続人のいずれでしょうか。
　　⇒寄附金控除の適用を受けることができる者は、相続人となります。

□　**国等に対して相続財産を贈与し、相続税の非課税規定の適用を受けた場合**
　　相続により取得した財産を相続税の申告期限までに、国又は地方公共団体等の一定の者に贈与した場合には、租税特別措置法第70条により当該贈与した財産の価額は、相続税の課税価格の計算の基礎に算入しないこととされています。この贈与についても寄附金控除の対象となりますか。なお、この寄附は遺言に基づくものではありません。

　　⇒寄附金控除の対象となります。なお、その対象となる金額はその財産の取得価額（被相続者から引き継いだ取得価額）となります。

□　**任意団体を通じて国立大学法人に対して行う寄附金**
　　大学OB会の構成員（個人）からの金銭による寄附をOB会が取りまとめて母校（国立大学法人）に支出します。この場合、構成員はこの寄附金についてOB会が発行した寄附金領収書により、寄附金控除の適用を受けることができますか。
　　⇒寄附金控除を受けるためには、その国立大学法人が発行した寄附金領収書等が必要です。

**271**

4-6 寄附金控除

### 税理士のアドバイス

**政治献金をした場合**

　政党又は政治資金団体に対する政治活動に関する寄附金で政治資金規正法により認められたものについては、「寄附金控除」か、「政党等寄附金特別控除制度（370頁参照）」のいずれか有利な方を選択することができます。

　例えば、給与所得が600万円、所得控除額（寄附金控除を除く。）100万円の方が政治献金として50万円を寄附したときには、「寄附金控除」を選択した場合は還付金が101,670円（復興特別所得税込）となり、「政党等寄附金特別控除」を選択した場合は還付金が146,083円（復興特別所得税込）となるので「政党等寄附金特別控除」を選択した方が有利になります。

### 図表4-6-1　寄附金控除額の対象となる寄附金

| 寄附先及び内容等 | | | | 所得控除 | 税額控除 |
|---|---|---|---|---|---|
| 特定寄附金（学校の入学に関してするものを除く（基通78-2）） | 国に対する寄附金 | | 最終的に国・地方公共団体に帰属しない寄附金（形式上は国等に対する寄附金でも、採納された後、○○保存会に補助金として交付される場合のように、ひも付きの寄附金）は除く（基通78-6）。<br>全額国・地方公共団体の出資により設立された法人に対する寄附金は除く（基通78-7）。<br>寄附によって設けられた設備の専属的利用者など寄附をした者に特別な利益が及ぶものと認められるものを除く（法78②一かっこ書）。 | ○ | × |
| | 地方公共団体に対する寄附金（法78②一） | 「日本赤十字社」、「新聞・報道機関等への義援金」（募金趣意書等において、最終的に地方公共団体に拠出されることが明らかなもの）※1 | | | |
| | | 上記以外のもの | | | |
| | 指定寄附金（法78②二） | ・財務大臣が指定した寄附金<br>・公益社団法人、公益財団法人など公益を目的とする事業を行う法人又は団体に対する寄附金（法人の設立前の寄附金で一定のものを含む。）で、①広く一般に募集されること、②教育や科学の振興など公益の増進に寄与するための支出で緊急を要するものに充てられることが確実であることの要件を満たすものとして、財務大臣が指定したもの<br>（注）国立大学法人への寄附金など一部を除き、告示で対象となる寄附の期間が定められている。 | | ○ | × |
| | 特定公益増進法人に対する寄附金（法78②三） | 独立行政法人、一部の地方独立行政法人、自動車安全運転センター、日本司法支援センター、日本私立学校振興・共済事業団及び日本赤十字社 | | ○ | × |
| | | 公益社団法人・公益財団法人、私立学校法人（学校の設置等を主たる目的とする法人）、社会福祉法人、更生保護法人 | | ○ | ○※2 |
| 特定寄附金とみなされるもの | 特定公益信託への支出金（法78③、令217の2） | | | ○ | × |
| | 認定NPO法人に対する寄附金（措法41の18の2）、仮認定NPO法人（旧認定NPO法人を含む。）に対する寄附金（寄附をした者に特別の利益が及ぶと認められるものを除く。） | | | ○ | ○ |
| | 政治活動に関する寄附金（措法41の18）（政治資金規正法に違反するものや寄附をした者に特別な利益が及ぶと認められるものを除く。） | 政党、政治資金団体 | | ○ | ○ |
| | | 国会議員が主宰する政治団体等・公職にある者（国会議員・都道府県、指定都市の首長・議会議員）や特定の公職の候補者の後援団体等・公職の候補者で一定のもの | | ○ | × |
| その他 | 特定新規中小会社が発行した株式の払込みによる取得に係る払込金（措法41の19）※3 | | | ○ | × |

272

※1　海外の災害に関し、募金団体から最終的に日本赤十字社に対して拠出されることが、募金趣意書等において明らかにされている義援金等については、特定公益増進法人である日本赤十字社に対する寄附金となります（基通78-5注書き）。

※2　これらの法人（国立大学法人、公立大学法人並びに独立行政法人国立高等専門学校機構及び独立行政法人日本学生支援機構を含む。）のうち、運営組織・事業活動が適正であり、かつ、市民から支援を受けていることに係る所定の要件を満たすものに対する寄附金（国立大学法人等に対する寄附金については、所定の事業に充てられることが確実なものに限る。）のみが税額控除の対象となります。

※3　払込金について寄附金控除の選択をした場合、株式の取得価額の調整計算が必要です。

## 2　寄附金控除額の計算

寄附金控除の額は、寄附した金額と総所得金額等の40％のいずれか少ない金額から2,000円を控除した額で、次の算式で計算します。

### 図表4-6-2　寄附金控除額の計算

| 寄附金の金額<br>　　　　　　　　円　－　2,000円 | ① | （赤字のときは0円）<br>　　　　　　　円 |
|---|---|---|
| 総所得金額等<br>　　　　　　　　円　×　40％　－　2,000円 | ② | （赤字のときは0円）<br>　　　　　　　円 |
| 寄附金控除額<br>（①と②の金額のいずれか少ない方の金額） | | 　　　　　　　円 |

### 寄附金控除のチェックポイント

**【控除の対象】**

☐　あしなが育英会への寄附金を寄附金控除の対象としている。

☞　あしなが育英会は寄附金控除の対象となる団体ではないので寄附金控除の対象となりません（法78②）。

☐　学校へ入学又は入学辞退する際の寄附金を寄附金控除の対象としている。

☞　寄附金控除の対象となりません。

☐　公立学校の行事に際し後援会等に対して支出した寄附金を寄附金控除の対象としている。

☞　後援会等を通じ地方公共団体が正式に採納したものを除き、寄附金控除の対象となりません。

☐　財務大臣の指定がない宗教法人に対する寄附を寄附金控除の対象としている。

☞　財務大臣の指定を受けた指定寄附金に該当するもののみが寄附金控除の対象です。

☐　財団法人設立のための寄附金を寄附金控除の対象としている。

☞　寄附金控除の対象となりません（財務大臣の指定を受けたものを除きます。）。

☐　社会福祉法人を設立するために支出した寄附金を寄附金控除の対象としている。

☞　設立するための寄附金は、寄附金控除の対象となりません。

☐　寄附をした者に特別の利益が及ぶと認められる寄附金を寄附金控除の対象としている。

4-6　寄附金控除

> ☞　特別の利益が及ぶと認められるものは寄附金控除の対象とはなりません。

□　米国で発生した災害等の被災者救援のために、直接米国赤十字社に対して寄附した場合、寄附金控除の対象としている。
> ☞　米国赤十字社は、所得税法上の特定公益増進法人には当たらないため、寄附金控除の対象とはなりません。なお、日本赤十字社が募金活動しているものに応じた場合の寄附金は、寄附金控除の対象となります。

□　専業主婦である妻が寄附をした場合（領収書が妻の名前）にも、妻は無収入なので自分が寄附金をしたものとして寄附金控除はできるとしていた。
> ☞　本人以外が支払った寄附金については寄附金控除の対象になりません（法78）。

□　地方公共団体に対して土地を寄附したが、寄附したときの時価で寄附金控除の計算をしている。
> ☞　寄附したときの時価ではなく、その土地の取得費が寄附金の額となります（法59、78、措法40）。

□　確定申告で公益社団法人等に対する寄附金について所得控除を選択したが、後日、税額控除の方が有利であると判明したので、更正の請求で選択替えができるとしていた。
> ☞　公益社団法人等寄附金特別控除（税額控除）は申告要件になっているので、後日、更正の請求又は修正申告でこれを寄附金控除（所得控除）に選択替えをすることはできません。

□　公益社団法人等に対して寄附金を複数件行った場合、その一部については所得控除を、それ以外については税額控除を適用できるとしていた。
> ☞　公益社団法人等に対する寄附金については、所得控除又は税額控除を適用する場合は、その全てについていずれか一方を選択しなければなりません（措通41の18の3－1）。

【添付書類等】
□　政治献金の場合には「寄附金（税額）控除のための書類」があるか。
> ☞　選挙管理委員会等の確認印のある「寄附金（税額）控除のための書類」が必要です（e-Taxで申告した場合は除きます。）。
>> （注）　この書類の交付が間に合わない場合、寄附金の受領証の写しを確定申告書に添付して提出しておき、後日この書類が交付され次第、速やかに提出することとされています。

□　確定申告をする者がふるさと納税の特例（ワンストップ特例制度）を申請している。
> ☞　ワンストップ特例制度は、所得税の確定申告書を提出する者については適用されませんので、確定申告をする場合は、申請する必要はありません。

□　5つの地方公共団体へふるさと納税を行いワンストップ特例の申請をしたので、医療費控除だけの適用を受ける還付申告書を提出すればよいと思っている。
> ☞　ワンストップ特例を申請した場合でも、医療費控除などで確定申告書を提出する場合は、あらためてふるさと納税の対象となる寄附金について寄附金控除の対象として申告する必要があります。

# 申告書等の記載手順（寄附金控除）

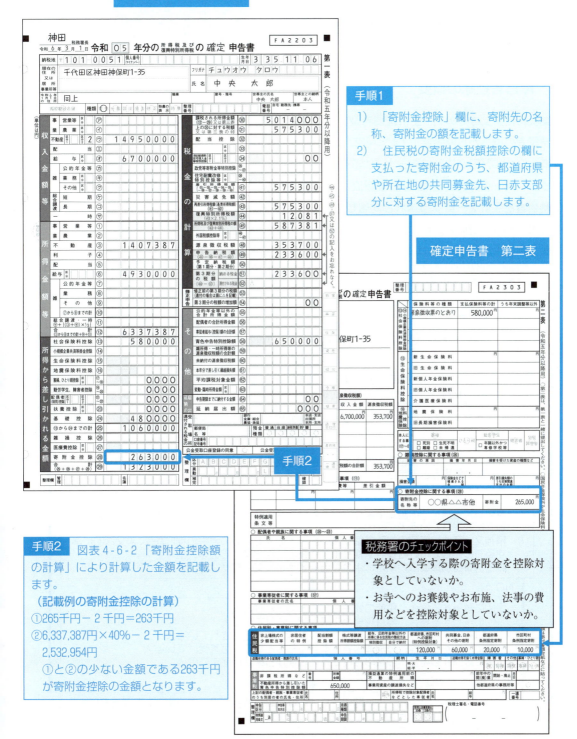

275

## 4-7 障害者控除

### 1 障害者控除の概要

納税者自身又はその同一生計配偶者及び扶養親族が障害者である場合には、障害者控除としてその納税者の所得から障害者1人につき27万円が控除できます。特別に重度の障害がある人は特別障害者として40万円が控除できます（法79）。

また、同一生計配偶者※又は扶養親族が特別障害者で、かつ、納税者又は納税者の配偶者若しくは納税者と生計を一にする親族と同居している人（同居特別障害者）がいる場合には、障害者控除40万円に35万円が加算され、75万円が控除額となります。

※ 「同一生計配偶者」とは、納税義務者と生計を一にする青色事業専従者等でない配偶者のうち、合計所得金額48万円以下の者をいいます（控除対象配偶者とは異なり、納税者のその年における合計所得金額が1,000万円以下との要件はありません。）。

図表4-7-1 障害者控除の判定フロー

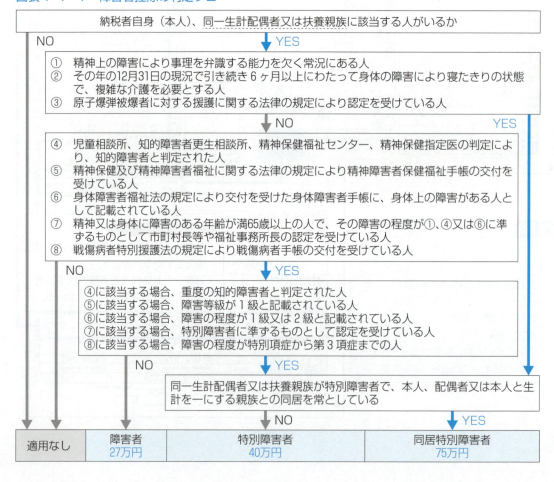

4-7　障害者控除

## 図表 4-7-2　障害者控除の対象となる障害者の範囲

| 内　容 | 判定資料等※2、3 | | 特別障害者 | 障害者 |
|---|---|---|---|---|
| 精神上の障害により事理を弁識する能力を欠く常況にある者（令10①一） | 医師の診断書等により客観的に判断する。 | | 全て | － |
| 児童相談所、知的障害者更生相談所、精神保健福祉センター若しくは精神保健指定医の判定により知的障害者とされた者（令10①一） | 左の判定内容を証する書類等 | | 重度の知的障害 | 左記以外 |
| | | 療育手帳（下記以外）※4 | A | B |
| | | 愛の手帳（東京都） | 1度及び2度 | 3度及び4度 |
| | | 愛の手帳（横浜市） | A1・A2 | B1・B2 |
| | | みどりの手帳（埼玉県さいたま市） | A、Ⓐ | B、C |
| | | 愛護手帳（名古屋市） | 1度及び2度 | 3度及び4度 |
| 精神障害者保健福祉手帳の交付を受けている者（令10①二） | 精神障害者保健福祉手帳 | | 1級 | 左記以外 |
| 身体障害者手帳の交付を受け身体上の障害があると記載されている者（令10①三） | 身体障害者手帳 | | 1級及び2級 | 左記以外 |
| 戦傷病者手帳の交付を受けている者（令10①四） | 戦傷病者手帳 | | 特別項症から第3項症 | 左記以外 |
| 原子爆弾被爆者に対する援護に関する法律の規定により厚生労働大臣の認定を受けている者（令10①五） | 原子爆弾被爆者健康手帳＋厚生労働大臣の認定証 | | 全て | － |
| 常に就床を要し複雑な介護を要する者※1（令10①六、基通2-39） | 医師の診断書や民生委員の証明書などにより客観的に判断する。 | | 全て | － |
| 精神又は身体に障害のある65歳以上の者でその障害の程度が身体障害者手帳の交付を受けている者に準ずるものとして認定を受けている者（令10①七） | 市町村長等による「障害者控除対象者認定書」※5 | | 重度の知的障害者、重度の身体障害者に準ずる者 | 左記以外 |

※1　引き続き6月以上にわたり身体の障害により就床を要し、介護を受けなければ自ら排便等をすることができない程度の状態にあると認められる者
※2　判定資料等の欄に記載されている書類等は、法令上、申告書に添付するなどの義務は課されていない。
※3　判定資料等の欄に、「手帳の名称」が記載されている場合は、原則として、手帳の交付を受けてから控除を受けることができるが、「身体障害者手帳」と「戦傷病者手帳」については、交付を受ける前でも一定の要件に該当する場合は、障害者として取り扱われる。一定の要件とは、①手帳の交付申請中であり、②判定すべき時において、明らかにこれらの手帳に記載され、又はその交付を受けられる程度の障害があると認められる者であること（基通2-38）。
※4　療育手帳は、各自治体により判定の表示が異なっている。
※5　65歳以上の者については市町村長等による「障害者控除対象者認定書」により可能となる場合がある。

277

4-7 障害者控除

### 図表4-7-3 障害者に関連する各種名称の定義

| 区　分 | | | 定　義　要　件 | 控除額 |
|---|---|---|---|---|
| 障害者（障害者基本法） | | | ① 身体障害、知的障害又は精神障害があるため、継続的に日常生活又は社会生活に相当な制限を受ける者 | － |
| | 所得税法上の障害者 | | ② 所得税施行令第10条第1項に規定する障害者 | － |
| | | 障害者控除 | ③ 本人が居住者<br>③ 本人の同一生計配偶者※又は扶養親族※ | 27万円 |
| | | 特別障害者控除 | ④ 所得税施行令第10条第2項に規定する障害者 | 40万円 |
| | | 同居特別障害者控除 | ⑤ 本人又はその配偶者若しくは生計を一にする親族のいずれかとの同居を常況としている者 | 75万円 |

※ 本人と生計を一にし、合計所得金額が48万円以下である青色専従者又は事業専従者でない者

【質疑応答】障害者控除

☐ 福祉事務所長の認定を受けていない認知症の高齢者に係る障害者控除の適用
　65歳以上の高齢者が認知症を理由として障害者控除を適用するためには、福祉事務所長の認定を受ける必要がありますが、認定を受けた前年について遡及して障害者控除の適用を受けることは可能ですか。
⇒ その年の12月31日現在、認定を受けられる程度の障害があり、かつ、申告時において認定を申請中である場合には、適用して差し支えありません。

☐ 障害者控除の適用を受けることのできる年分
　本年、身体障害者手帳の交付申請を行って手帳の交付を受けましたが、この手帳交付の基因となった障害（視覚障害）は3年前と同程度であるため、所得税基本通達2-38《障害者として取り扱うことができる者》の趣旨からその旨の医師の証明書により前年以前3年分について障害者控除の適用を受けることができますか。

⇒ その年の12月31日の現況で一定の要件により障害者控除の適用が認められます（過去に遡及して認められる趣旨ではありません。）。

### 障害者控除のチェックポイント

【控除対象】
☐ 年の途中で亡くなった障害のある扶養親族について障害者控除を適用していない。
　☞ 年の途中で亡くなった扶養親族が障害者であった場合にも、障害者控除が適用できます。

☐ 配偶者特別控除の対象となる配偶者が身体障害者（2級）である場合、障害者控除の適用はあるとしている。
　☞ 障害者控除の適用となるのは「同一生計配偶者」であり、配偶者特別控除の対象となる配偶者は所得がありこれに当たらないので障害者控除の適用はありません（法79②③）。なお、配偶者自身の所得税の計算上は障害者控除の適用はあります。

☐ 障害者である控除対象扶養親族について「障害者控除」と「扶養控除」を、別々の扶養義務者が適用している。
　☞ 同一の控除対象扶養親族について「障害者控除」と「扶養控除」を別々の扶養義務者が適用す

ることはできません。

□ 成年被後見人は、控除の対象にはならないとしている。

☞ 成年被後見人は「精神上の障害により事理を弁識する能力を欠く常況にある者」に該当し、障害者控除の対象となる特別障害者に該当します（国税庁ホームページ平24.8.31文書回答）。

□ 納税者本人及び納税者の配偶者は同居しておらず、納税者と生計を一にするその他の親族とのみ同居している場合は、同居特別障害者の同居には当たらないとしている。

☞ 納税者本人、納税者の配偶者又は納税者と生計を一にするその他の親族とのいずれかとの同居を常況としていれば同居特別障害者に該当します。

□ 要介護認定を受けている又はアルツハイマー病と診断されたということだけで、障害者控除の対象になるとしている。

☞ 介護保険法の要介護認定を受けている又はアルツハイマー病と診断されただけでは所得税法上の障害者控除には該当しませんが、65歳以上の者が市区町村長等の「障害者控除対象者認定書」の交付を受けた場合は、障害者に該当します。

□ 難病指定を受けているということだけで、障害者控除の対象になるとしている。

☞ 単に難病に罹患しているだけでは障害者に該当しませんが、当事者が、常に就床を要し、複雑な介護を要する者である場合は、障害者（特別障害者）に該当する者として取り扱われます。これについては、一般的には医師の診断書又は民生委員の証明書等により確認することになります。

□ ノイローゼ、認知症の老人ということだけで、障害者控除の対象になるとしている。

☞ 精神上の障害により事理を弁識する能力を欠く常況にある者とは、通常の人と同様の運動能力はあっても、活動能力を欠き、常に介護を要する者をいいますので、ノイローゼや認知症というだけでは障害者には該当しません。なお、これらの者が常に就床を要し、複雑な介護を要する者に該当する場合や65歳以上の者が市町村町等の「障害者控除対象者認定書」の交付を受けている場合は、障害者又は特別障害者に該当します。

□ 障害者基礎年金を受領している者ということだけで、障害者控除の対象になるとしている。

☞ 障害者基礎年金を受給しているという事実だけでは、所得税法上の障害者に該当するとは認められず、障害者控除を受けることはできません。ただし、国民年金法で規定する障害年金の受給資格は、国民年金法施行令別表に定められており、この受給要件を満たしていれば、通常は障害者手帳の交付要件を満たしていると考えられますから、障害者手帳の交付を受けることにより障害者控除を受けることができます。

□ 公害医療手帳を受けている者ということだけで、障害者控除の対象になるとしている。

☞ 例えば、川崎市の「公害医療手帳」の3級（気管支喘息）の交付を受けており、その手帳に障害の程度が記載されていても、所得税法上の「障害者」は、所得税法施行令第10条に規定する障害者に限られているため、その規定に該当しない場合は、障害者控除の適用はありません。

□ 被爆者健康手帳を受けている者ということだけで、障害者控除の対象になるとしている。

☞ 被爆者健康手帳（原爆手帳）は、原子爆弾が投下された際、被爆地に在った者であれば、その申請により交付されるものであり、その手帳の交付のみでは障害者には該当しません。障害者控除の適用を受けるためには、さらに原子爆弾被爆者に対する援護に関する法律第11条第1項

4-7　障害者控除

の規定により、厚生労働大臣の認定を受ける必要があります（確認書類としては、「医療特別手当証書」がある）。

□　控除対象配偶者でない同一生計配偶者（平成30年以後）や年少扶養親族（平成23年以後）は、障害者控除も廃止されたとしている。

　☞　障害者控除の規定は、「居住者の同一生計配偶者又は扶養親族が障害者である場合」と規定されていますので、同一生計配偶者や年少扶養親族が（特別）障害者に該当する場合は、その控除を受けることができます。

□　国外居住親族（非居住者）の障害者控除の適用を受けるときも、特にその確認書類などの提出等は不要であるとしていた。

　☞　障害者である確認書類の提出等の要件はありませんが、給与所得者がすでに年末調整でこの控除を受けている場合を除き、親族関係書類（翻訳文付）及び送金関係書類（翻訳文付）の提出等は必要です（法120③二）。

# 申告書等の記載手順（障害者控除）

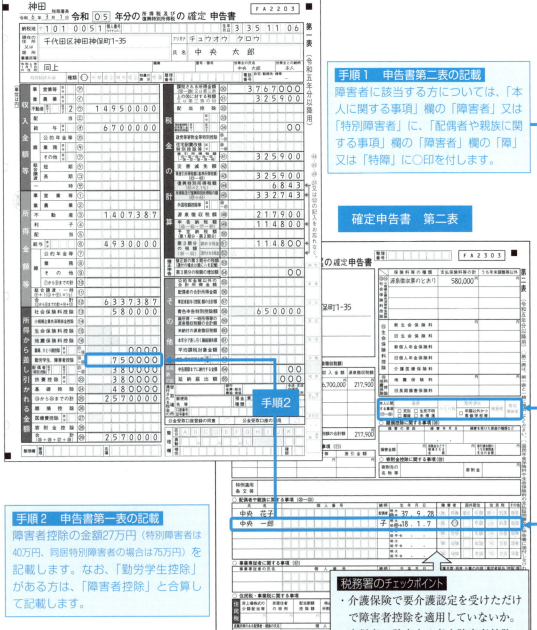

4-8 寡婦・ひとり親控除・勤労学生控除

# 4-8　寡婦・ひとり親控除・勤労学生控除

## 1　寡婦・ひとり親控除の概要

　納税者が寡婦[※1]であるときは、27万円を寡婦控除として所得金額から控除できます（法80）。

　また、納税者がひとり親[※2]であるときは、35万円をひとり親控除として所得金額から控除できます（法81）。

　※1　「寡婦」とは、原則としてその年の12月31日（又は死亡時）の現況で、本人の合計所得金額が500万円以下で、次のいずれかに当てはまる人（ひとり親に概当する人を除く。）です（事実上婚姻関係と同様の事情にあると認められる場合を除く。）。
　　　①　夫と死別した後婚姻をしていない人又は夫の生死が明らかでない人
　　　②　夫と離婚した後婚姻をしておらず、扶養親族がいる人
　※2　「ひとり親」とは、原則としてその年の12月31日（又は死亡時）の現況で、①本人の合計所得金額が500万円以下で②婚姻をしていないこと又は配偶者の生死の明らかでない一定の人のうち、③生計を一にする子（その年分の総所得金額等が48万円以下で、他の人の同一生計配偶者や扶養親族になっていない。）がいる人です（事実上婚姻関係と同様の事情にあると認められる場合を除く。）。

**図表4-8-1　寡婦控除・ひとり親控除の判定**

| 寡婦控除・ひとり親控除の判定 | | | | | 控除区分 | 控除額 |
|---|---|---|---|---|---|---|
| 本人の合計所得金額が500万円以下 | 婚姻[※3]なし | 男性 | 扶養する子あり[※2] | | ひとり親控除 | 35万円 |
| | | | 扶養する子なし | | 非該当 | − |
| | | 女性 | 死別[※1] | 扶養する子あり[※2] | ひとり親控除 | 35万円 |
| | | | | 扶養する子なし | 寡婦控除 | 27万円 |
| | | | 離婚 | 扶養する子あり[※2] | ひとり親控除 | 35万円 |
| | | | | 扶養する子なし　扶養親族あり | 寡婦控除 | 27万円 |
| | | | | 扶養する子なし　扶養親族なし | 非該当 | − |
| | | | 未婚 | 扶養する子あり[※2] | ひとり親控除 | 35万円 |
| | | | | 扶養する子なし | 非該当 | − |
| | 婚姻あり | | | | | |
| 上記以外 | | | | | | |

　※1　生死不明を含みます。
　※2　総所得金額等が48万円以下の生計を一にする子であること。なお、扶養親族には事業専従者は含まれないが、上記の生計を一にする子には事業専従者である場合を含みます。
　※3　婚姻には再婚、事実婚を含みます。

## 【参考資料】ひとり親控除及び寡婦控除に関するFAQ

ひとり親控除及び寡婦控除に関する詳しい取扱いについては、令和2年5月に国税庁が公表した「ひとり親控除及び寡婦控除に関するFAQ」を参照してください。

### 寡婦・ひとり親控除のチェックポイント

【寡婦控除】

☐ 夫と死別した女性は、扶養親族がいれば、合計所得金額の多寡にかかわらず、寡婦に該当すると考えている。

☞ 令和2年分以後は、合計所得金額が500万円超の者は寡婦控除の適用が受けられなくなりました。

☐ 前年まで寡婦控除を受けていた者が、本年は扶養親族がいなくなったのに寡婦控除を適用している。

☞ 扶養親族のいない者で、寡婦控除が適用されるのは、夫と死別した者(夫が生死不明の一定の場合も含む。)に限られています(法2①三十、令11②)。

☐ 夫が死亡し、その夫の準確定申告において控除対象配偶者となっていた者がその年分の確定申告をする場合、寡婦控除やひとり親控除を受けられるか検討したか。

☞ 準確定申告において控除対象配偶者となっている場合でも、その年の12月31日時点において寡婦控除やひとり親控除の適用要件を満たしていれば、その適用を受けることができます。

☐ 夫と死別後に、再婚して離婚をしたが、扶養親族がなく合計所得金額が500万円以下の場合に、寡婦控除の適用があるとしている。

☞ 寡婦控除の対象となる寡婦とは、①「夫と死別した後婚姻をしていない者若しくは夫の生死が分からない者」又は②「夫と離別した後婚姻をしておらず、扶養親族を有する者」で、合計所得金額が500万円以下の者をいいます。この場合、夫と死別後に婚姻をしていますので①には該当せず、また、扶養親族がいないため②にも該当しないので、寡婦とはなりません(法2①三十)。

【ひとり親控除】

☐ 合計所得金額が500万円を超えているのにひとり親控除又は寡婦控除が受けられるとしている。

☞ 令和2年分以降の確定申告においては、ひとり親控除及び寡婦控除のいずれも合計所得金額が500万円以下であることが適用要件の1つとされています(法2①三十、三十一)。

☐ 婚姻歴のない未婚の親は、ひとり親控除はできないとしている。

☞ 「ひとり親控除」とは、現に婚姻していない者又は配偶者の生死が明らかでない一定の者をいい、婚姻歴の有無は問われません。

☐ 離婚後元夫が子の養育費を支払い、子を扶養控除の対象としている場合に、元妻がひとり親控除を受けられるとしている。

☞ 元妻は、子と同居していても、他の納税者(元夫)の扶養親族となっている子は、総所得金額等が48万円以下の生計を一にする子には該当しません。したがって、元妻は、ひとり親控除の対象となるひとり親に該当しません。

4-8 寡婦・ひとり親控除・勤労学生控除

- [ ] 年少扶養親族がいても扶養控除の対象となっていないので、ひとり親控除が受けられないとしている。
  - ☞ ひとり親控除の要件は、総所得金額等が48万円以下である生計を一にする子を有することであり、その子が控除対象扶養親族である必要はありません（法2①三十一、三十三、81、83、85①、基通81-1）。

- [ ] 子供ではなく両親を扶養している者がひとり親控除をしている。
  - ☞ ひとり親控除については、扶養親族ではなく総所得金額等が48万円以下の子を有することが適用要件です。

- [ ] ひとり親控除と配偶者控除は二重に受けられないと考えている。
  - ☞ 年の途中で死亡した者については、その扶養親族等の判定は死亡時の現況で行うこととなりますので、配偶者の死亡時にその配偶者が所得要件を満たしている場合には、配偶者控除の適用を受けることができます。また、その年の12月31日の現況で、ひとり親の要件に該当すれば、ひとり親控除も受けることができます。

- [ ] 離婚して元妻に引き取られた子の養育費を支払っている場合でも、ひとり親控除は受けられないとしている。
  - ☞ 離婚に伴う養育費の支払が扶養義務の履行として行われている場合には、その子は「生計を一にしている親族」として扶養親族に該当し、元夫の合計所得金額が500万円以下であれば、ひとり親控除の適用を受けることができます。
    ただし、元夫と元妻が重複してその子を扶養親族とすることはできません。

## 2　勤労学生控除の概要

納税者が勤労学生※1であるときは、27万円を勤労学生控除として所得金額から控除できます（法82）。

※1　「勤労学生」とは、①合計所得金額が75万円以下で、②勤労によらない所得が10万円以下で③特定の学校※2の学生や生徒である者です。
※2　「特定の学校」とは、次に掲げる学校をいいます。
　・学校教育法に規定する小学校、中学校、高等学校、大学、高等専門学校など
　・国、地方公共団体、学校法人等により設置された専修学校等のうち一定の要件に当てはまる課程を履修させるもの
　・認定職業訓練を行う職業訓練法人で一定の要件に当てはまる課程を履修させるもの

### 図表4-8-2　勤労学生控除の判定

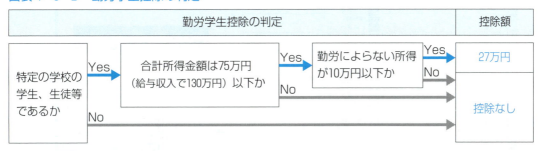

### 勤労学生控除のチェックポイント

☐　勤労学生かどうかはその年の12月31日の現況によって判定しているか。
☞　年の中途で卒業した場合などは対象となりません。ただし、年の中途で死亡した場合には、死亡の時の現況で判定します。

☐　勤労学生控除の所得要件を満たしているか。
☞　勤労学生控除の所得要件は、合計所得金額が75万円以下で、かつ、不労所得（配当、不動産等の所得）が10万円以下です。

☐　各種学校や専修学校などの場合、証明書の添付があるか。
☞　各種学校や専修学校の場合、証明書の添付又は提示が必要です（e-Taxで申告した場合は除きます。）。

☐　大学でも通信教育の場合は、勤労学生控除には該当しないとしている。
☞　通信教育であっても、大学など学校教育法第1条に規定されている教育機関等で、その過程を履修した後は通信教育生以外の一般の学生と同一の資格が与えられるものであれば、所得要件を満たす限り勤労学生となります（法2①三十二、82、基通2-43）。

☐　大学院生は勤労学生控除の対象にはならないとしている。
☞　大学院は学校教育法では大学に該当しますので、大学院生も所得要件を満たす限り勤労学生となります（法2①三十二、82、学校教育法97）。

# 申告書等の記載手順（寡婦・ひとり親控除・勤労学生控除）

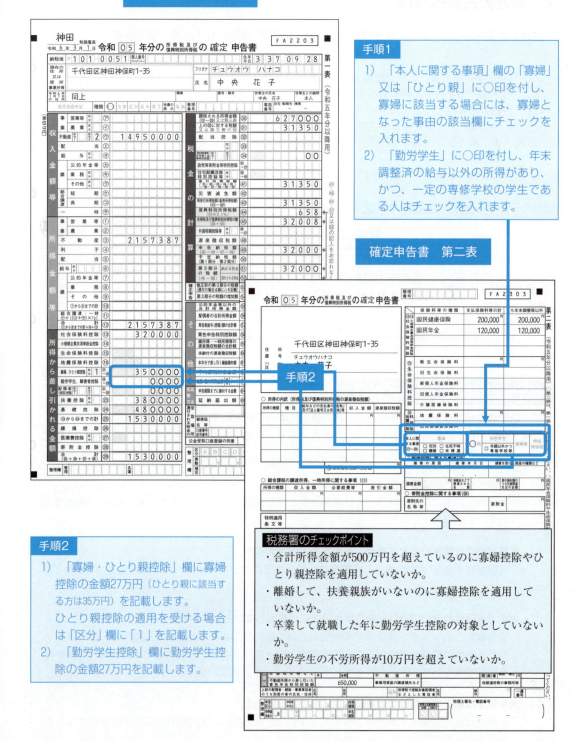

4-9 配偶者控除・配偶者特別控除

## 4-9 配偶者控除・配偶者特別控除

### 1 配偶者控除

#### (1) 配偶者控除の概要

納税者に控除対象配偶者※がいる場合には、その納税者の所得から配偶者控除として一定の金額の控除ができます（法83）。

※ 「控除対象配偶者」とは、納税者本人の合計所得金額が1,000万円以下である場合の「同一生計配偶者」をいいます。

「同一生計配偶者」とは、その年の12月31日（又は死亡時）の現況で、次のすべての要件に当てはまる人です。

イ 民法の規定による配偶者であること（内縁関係の人は該当しません。）。
ロ 納税者と生計を一にしていること。
ハ 合計所得金額が48万円以下（給与のみの場合は給与収入が103万円以下）であること。
ニ 青色申告者の事業専従者としてその年を通じて一度も給与の支払を受けていないこと又は白色申告者の事業専従者でないこと。
ホ 他の人の扶養親族となっていないこと。

図表4-9-1 配偶者に関連する各種名称の定義

| 区　分 | | | 定　義　要　件 | 控除額 |
|---|---|---|---|---|
| 配　偶　者 | | | ① 民法上の配偶者 | － |
| | 同一生計配偶者 | | ② 本人と生計を一にしている<br>③ 合計所得金額が48万円以下<br>④ 青色専従者又は事業専従者でない<br>⑤ 他の控除扶養親族でない | － |
| | | 控除対象配偶者 | ⑥ 本人の合計所得金額が1,000万円以下 | 13～38万円 |
| | | 老人控除対象配偶者 | ⑦ 配偶者の年末（又は死亡時）の年齢が70歳以上 | 16～48万円 |
| | 配偶者特別控除対象者 | | ② 本人と生計を一にしている<br>③ 合計所得金額が48万円超133万円以下<br>④ 青色専従者又は事業専従者でない<br>⑤ 他の控除扶養親族でない<br>⑥ 本人の合計所得金額が1,000万円以下 | 1～38万円 |

#### (2) 配偶者控除の金額

配偶者控除の金額は、控除を受ける納税者本人のその年における合計所得金額及び控除対象配偶者の年齢により次の図表4-9-2のとおりになります。

**287**

4-9　配偶者控除・配偶者特別控除

図表 4-9-2　配偶者控除の金額

| 控除を受ける納税者本人のその年の合計所得金額 | 配偶者控除の金額 | |
|---|---|---|
| | 一般の控除対象配偶者 | 老人控除対象配偶者※ |
| 900万円以下 | 38万円 | 48万円 |
| 900万円超950万円以下 | 26万円 | 32万円 |
| 950万円超1,000万円以下 | 13万円 | 16万円 |

※　「老人控除対象配偶者」とは、その年12月31日現在の年齢が70歳以上の人をいいます。

## 2　配偶者特別控除

### (1)　配偶者特別控除の概要

　　納税者本人のその年における合計所得金額が1,000万円以下で、配偶者が特定の要件※に該当する場合、その納税者の所得から配偶者特別控除として一定の金額を控除できます（法83の2）。

　※　「特定の要件」とは、次の要件すべてに当てはまる人です。
　　イ　民法の規定による配偶者であること（内縁関係の人は該当しません）。
　　ロ　納税者と生計を一にしていること。
　　ハ　合計所得金額が48万円超133万円以下であること。
　　ニ　その年に青色申告者の事業専従者としての給与の支払を受けていないこと又は白色申告者の事業専従者でないこと。
　　ホ　配偶者が他の人の扶養親族となっていないこと。
　　ヘ　配偶者が納税者を配偶者特別控除の対象としていないこと。

### (2)　配偶者特別控除の金額

　　配偶者特別控除の金額は、控除を受ける納税者本人のその年における合計所得金額及び配偶者の合計所得金額により次の図表4-9-3のとおりになります。

図表 4-9-3　配偶者特別控除の金額

| 配偶者の合計所得金額 | 控除を受ける納税者本人の合計所得金額 | | |
|---|---|---|---|
| | 900万円以下 | 900万円超950万円以下 | 950万円超1,000万円以下 |
| 48万円超　95万円以下 | 38万円 | 26万円 | 13万円 |
| 95万円超　100万円以下 | 36万円 | 24万円 | 12万円 |
| 100万円超　105万円以下 | 31万円 | 21万円 | 11万円 |
| 105万円超　110万円以下 | 26万円 | 18万円 | 9万円 |
| 110万円超　115万円以下 | 21万円 | 14万円 | 7万円 |
| 115万円超　120万円以下 | 16万円 | 11万円 | 6万円 |
| 120万円超　125万円以下 | 11万円 | 8万円 | 4万円 |
| 125万円超　130万円以下 | 6万円 | 4万円 | 2万円 |
| 130万円超　133万円以下 | 3万円 | 2万円 | 1万円 |

4-9　配偶者控除・配偶者特別控除

## 【参考資料】配偶者控除及び配偶者特別控除の見直しに関するFAQ

配偶者控除及び配偶者特別控除の見直しに関する詳しい取扱いについては、平成29年10月（平成30年10月改正）に国税庁が公表した「配偶者控除及び配偶者特別控除の見直しに関するFAQ」を参照してください。

### 配偶者控除・配偶者特別控除のチェックポイント

□ 事業専従者（青色事業専従者）について配偶者控除を適用している。
　☞ 青色事業専従者や事業専従者である配偶者は配偶者控除の対象にはなりません。

□ 所得制限（合計所得金額）の判定に当たって、純損失（雑損失）等の繰越控除後の総所得金額等により判定している。
　☞ 純損失（雑損失）等の繰越控除前の金額で判定します。

□ 年の途中で亡くなった配偶者について、配偶者控除の適用漏れはないか。
　☞ 年の途中で亡くなった配偶者も死亡時点で要件を満たしていれば配偶者控除の対象となります。

□ 外国で婚姻の届出を行った者を控除対象配偶者とすることはできないとしている。
　☞ 日本人と外国人が婚姻挙行地の法に基づく方式で婚姻を行った場合には、婚姻は有効に成立したことになり、他の要件を満たせば控除対象配偶者の対象となります。

□ 一夫多妻制の場合には、法律上の配偶者の数だけ配偶者控除額を受けられるとしている。
　☞ 所得税法上の配偶者控除額は、控除対象配偶者を有する場合に、38万円（老人控除対象配偶者の場合は48万円）とされていますので、一夫多妻制で控除対象配偶者に該当する人が2人以上いたとしても、控除額は1人の場合と変わりません（法2①三十三の二、83①）。

□ 配偶者控除と寡婦控除を重複して適用することはできないとしている。
　☞ 控除対象配偶者に該当するかどうかは、配偶者（夫）の死亡時点での現況で判定し、寡婦に該当するかどうかについては、妻本人のその年の12月31日現在の現況で判定します。それぞれ要件を満たせば、同一年で重複して控除を受けることができます。

□ 同一年で、死別した前夫の控除対象配偶者となり、再婚した現在の夫の控除対象配偶者となることはできないとしている。
　☞ 死別した前夫の控除対象配偶者の判定の時期は死亡時であり、再婚後の夫の控除対象配偶者の判定時期はその年の12月31日の現況とされますので、妻が前夫の控除対象配偶者であったとしても、所得金額等の要件を満たしていれば、その妻は再婚後の夫の控除対象配偶者とされます。

□ 同一年で、死別した妻と、再婚した妻がいる場合、2人分の配偶者控除を受けられるとしている。
　☞ 配偶者控除を受けられるのは、その死亡した配偶者又は再婚した配偶者のうち1人に限るものとされています。

□ 青色事業専従者（甲）が同じ個人事業主の青色事業専従者である配偶者（乙）を控除対象配偶者とすることができるとしている。
　☞ 青色事業専従者に該当するためには個人事業主と生計を一にしていることが要件であるから、

289

- ☐ 甲も乙も個人事業主と生計を一にしていることから、甲は乙を控除対象配偶者とすることはできません（基通2-48）。

- ☐ 甲は今年3月に死亡した妻（乙）を配偶者控除の対象とし、8月に再婚した配偶者（丙）を青色事業専従者とすることはできないとしている。
  - ☞ 甲は、乙を控除対象配偶者とする場合も、丙が青色事業専従者としての要件を満たしていれば、丙は甲の青色事業専従者となることができます。
    ただし、この場合、丙は他の者の控除対象扶養親族となることはできません。

- ☐ 年末調整済の給与収入1,190万円と退職所得がある場合、退職所得は源泉徴収済（法120①、②）で申告不要であるから、確定申告は不要としていた。
  - ☞ 給与所得が995万円となり、これに退職所得の金額を加算して合計所得金額が1,000万円を超えた場合は、配偶者控除の適用は受けられなくなるので注意が必要です（法2①三十）。

- ☐ 配偶者控除又は配偶者特別控除の対象となる者が非居住者の場合、特に提出種類は不要であるとしていた。
  - ☞ 給与所得者ですでに年末調整でこの控除を受けている場合を除き、その者に係る親族関係書類（翻訳文付）及び送金関係書類（翻訳文付）の提出等が必要となります。

# 申告書等の記載手順（配偶者控除・配偶者特別控除）

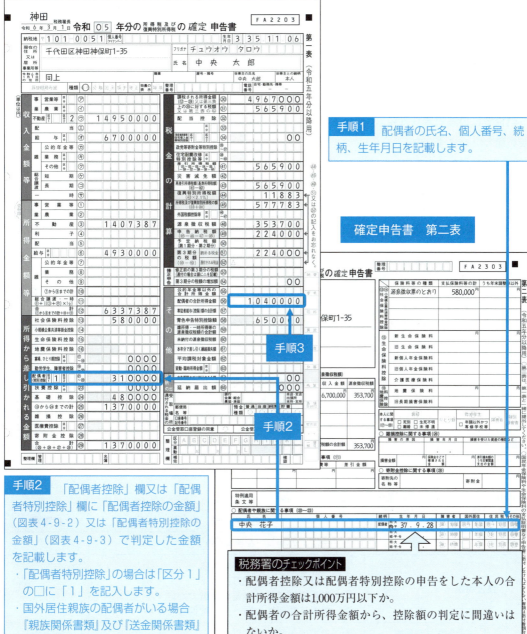

291

4-10　扶養控除・基礎控除

# 4-10　扶養控除・基礎控除

## 1　扶養控除

### (1)　扶養控除の概要

納税者に控除対象扶養親族※がいる場合には、一定の金額の所得控除が受けられます。これを扶養控除といいます（法84）。

※　「控除対象扶養親族」とは、その年の12月31日（又は、死亡時）の現況で、次の要件のすべてに当てはまる人です。

イ　年齢が16歳以上であること。

ロ　配偶者以外の親族（6親等内の血族及び3親等内の姻族をいいます。）又は都道府県知事から養育を委託された児童（いわゆる里子（年齢18歳未満）や市町村長から養護を委託された老人（年齢65歳以上））であること。

ハ　納税者と生計を一にしていること。

ニ　年間の合計所得金額が48万円以下（給与のみの場合は給与収入が103万円以下）であること。

ホ　青色申告者の事業専従者としてその年を通じて一度も給与の支払を受けていないこと又は白色申告者の事業専従者でないこと。

ヘ　他の人の同一生計配偶者や扶養親族となっていないこと。

### 図表4-10-1　生計を一にするとは

「生計を一にする」とは、必ずしも同居していることを要件とするものではありません。
　例えば、勤務、修学、療養費等のために別居している場合であっても、余暇には起居を共にすることを常例としている場合や、常に生活費、学資金、療養費等の送金が行われている場合には、「生計を一にする」ものとして取り扱われます。なお、親族が同一の家屋に起居している場合には、明らかに互いに独立した生活を営んでいると認められる場合を除き、「生計を一にする」ものとして取り扱われます（基通2-47）。

### 図表4-10-2　親族に関連する各種名称の定義

| 区　分 | | | 定　義　要　件 | 控除額 |
|---|---|---|---|---|
| 親　族 | | | ①　民法上の親族（配偶者を除く） | － |
| | 扶養親族 | | ②　本人と生計を一にしている<br>③　合計所得金額が48万円以下<br>④　青色専従者又は事業専従者でない<br>⑤　他の扶養親族、同一生計配偶者でない | － |
| | | 控除対象扶養親族 | ⑥　年末の年齢が16歳以上 | 38万円 |
| | | 特定扶養親族 | ⑦　年末の年齢が19歳以上23歳未満 | 63万円 |
| | | 老人扶養親族 | ⑧　年末の年齢が70歳以上 | 48万円 |
| | | 同居老親等 | ⑨　本人又は配偶者の直系尊属で同居している | 58万円 |

292

### 図表4-10-3 「生計を一にする」の判定基準

| 送金状況等 | 判定基準 |
|---|---|
| 父母の生活費等の主たる部分を送金している。 | 生活費等の大部分を送金していれば、「生計を一にする」と考えられますが、生活費等の大部分を送金しなければならないということではなく、それが生活費の一部であるならば「生計を一にする」と解されます。この場合、送金しているのが父母の生活費の一部といえるかを判定する必要があります。 |
| 父母の生活費等の一部を送金している。 | |
| 兄弟等と共同して父母の生活費等を送金している。 | 兄弟等と共同して継続的に送金していても、それが生活費等に消費されていることが明らかであれば、お互いに「生計を一にする」と解されます。ただし、扶養控除を兄弟間で重複して受けることはできません。 |
| 父母の生活費を毎月継続して送金している。 | 基通2-47においても、「生計を一にする」のは、常に生活費等の送金が行われている場合とされています。生活費等とは、本来必要な都度送金されるものと解されますので、月々の生活費等の送金を毎月継続的に行っている場合には、常に送金が行われているといえます。それに対して、半年に一度ボーナスの時に送金したり、年に一度帰省時にまとめて行うのは、本来生活費とは言い難く、常に生活費等を送金しているとはいえませんので、特段の事情がない限り、「生計を一にする」とはいえません。 |
| 父母の生活費を送金しているが、送金は年2回のボーナス時に行ったり、また、ある時は帰省時に年1回まとめて行ったりしている。 | |

## (2) 扶養控除の金額

扶養控除の金額は、扶養親族の年齢、同居の有無等により次の表のとおりです。

### 図表4-10-4 扶養控除額の判定フロー

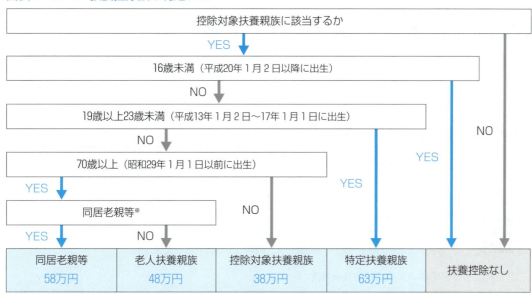

※ 同居老親等とは、納税者本人又は配偶者の直系尊属（父母、祖父母まで）で同居を常としている人です（老人ホームなどに入所している人は該当しません。）。

### 図表4-10-5　扶養控除等の所得要件の判定

| 扶養親族の所得の内容 | 所得要件の判定 |
| --- | --- |
| ・遺族年金、失業給付等の非課税所得<br>・特定口座（源泉徴収あり）で申告をしないことを選択した所得（上場株式等の譲渡所得、配当所得等）<br>・申告をしないことを選択した申告不要の少額配当金<br>・申告をしないことを選択した特定公社債等の利子<br>・源泉分離課税の対象となる所得（預貯金の利子等） | 含めない。 |
| 株式等に係る譲渡所得等、先物取引に係る雑所得等で申告分離課税の適用を受けた場合 | 含める。 |
| 申告不要の20万円以下の所得がある場合 | |
| 「受給に関する申告書」を提出した退職所得 | |
| 申告書又は書類等の提出を適用要件とする特例（特別償却、割増償却等）の適用がある場合 | 特例適用後の所得を含める。 |
| 一時所得、総合長期譲渡所得（生命保険満期金、ゴルフ会員権の譲渡所得等） | 特別控除（50万円）後で、1／2した金額を含める。 |
| 土地等の分離課税の譲渡所得（特別控除がある場合） | 特別控除前の金額を含める。 |
| 青色申告特別控除を受けている所得がある場合 | 青色申告特別控除後の所得を含める。 |
| 繰越控除（純損失の繰越控除、雑損失の繰越控除等）した所得 | 繰越控除前の金額を含める。 |
| 非居住者が国内にある賃貸物件等から生じる所得 | 総合課税の国内源泉所得のみを含める。分離課税の国内源泉所得及び国外源泉所得は含めない。 |

【参考資料】国外居住親族に係る扶養控除等Q&A

> 国外居住親族に係る扶養控除等に関する詳しい取扱いについては、令和4年10月に国税庁が公表した「国外居住親族に係る扶養控除等Q&A」を参照してください。

【質疑応答】扶養控除

> □ 「同居」の範囲（長期間入院している場合）
> 　同居老親等の「同居」については、病気の治療のため入院していることにより所得者等と別居している場合であっても、同居に該当すると聞きましたが、1年以上といった長期入院の場合にも同居に該当しますか。
> ⇒病気治療の入院である限り、同居に該当するものとして取り扱って差し支えありません。ただし、老人ホームなどへの入所の場合は、同居しているとはいえません。
>
>
>
> □ 死亡した配偶者の父母に係る扶養控除
> 　老人扶養親族が配偶者の直系尊属で、かつ、納税者と同居している場合には、扶養控除額が10万円加算されますが（措法41の16①）、この「配偶者の直系尊属」には死亡した配偶者の父母も含まれますか。
> ⇒生存している配偶者が姻族関係を終了させる意思表示をしない限り、死亡した配偶者の直系尊属も「配偶者の直系尊属」に含まれます。

□ 配偶者の子（連れ子）に係る扶養控除

再婚した妻には前夫との間の子ども（16歳）がいます。再婚後、その子どもと一緒に生活しますが、私（夫）の扶養控除の対象になりますか。なお、その子どもとの養子縁組はしていません。
⇒ 生計を一にするなど一定の要件を満たす場合には、控除対象扶養親族に該当します。

□ 生計を一にするかどうかの判定（養育費の負担）

離婚後、元妻が引き取った子（16歳）の養育費を元夫が負担しているときは、その元夫と子は「生計を一にしている」と解して、元夫の扶養控除の対象として差し支えありませんか。
⇒ その支払われている期間は、原則として「生計を一にしている」ものとして扶養控除の対象として差し支えありません。

□ 退職所得がある場合の配偶者特別控除

私の妻は、本年中に、これまで勤務していた会社を退職し、その後、別の会社に再就職しました。本年における妻の所得金額は次のとおりですが、退職所得については、所得税の源泉徴収が行われており、妻は確定申告の必要はありませんので、私は、本年分の所得税の確定申告において、配偶者特別控除の適用を受けることができるものと考えますがいかがでしょうか。
なお、妻の所得金額は下記のとおりです。

| 1 | 給与所得……（収入金額）160万円　（所得金額）105万円 |
| 2 | 退職所得……（収入金額）300万円　（所得金額）30万円 |
| ※ | 再就職先の会社において退職した会社の給与を含めて年末調整が行われています。 |

⇒ 合計所得金額（申告不要の退職所得金額が含まれます。）により判定を行います。

### 扶養控除のチェックポイント

【扶養親族の範囲】

□ 控除対象扶養親族の合計所得金額を判定するのに、分離課税の譲渡所得の特別控除後の金額で判定している。
☞ 分離課税の譲渡所得は、特別控除前の金額で判定します。

□ 純損失等の繰越控除がある場合に、繰越控除後の所得金額で判定している。
☞ 控除対象扶養親族の合計所得金額は、繰越控除前の所得金額で判定します。

□ 非居住者を控除対象扶養親族とする場合、国外源泉所得を含めて判定している。
☞ 非居住者の所得金額の判定には、国外源泉所得を含めません。

□ 年末調整済の給与1か所で給与以外の所得が20万円以下の場合には確定申告の必要はないが、給与以外の所得を含めて扶養の判定をしていない。
☞ 確定申告する必要はありませんが、扶養の対象とすることができるかどうかの所得要件は、給与以外の所得を含めたところで判定します。

□ 生計を一にしていない故郷の両親を控除対象扶養親族としている。
☞ 扶養控除の対象となる親族は、生計を一にしている場合に限ります。

□ 年の途中で亡くなった控除対象扶養親族について、扶養控除の対象としていない。
☞ 年の途中で亡くなった控除対象扶養親族も扶養控除の対象となります。

295

4-10 扶養控除・基礎控除

□ 年の途中で亡くなった者の控除対象配偶者について、他の者の扶養控除の対象となるか検討をしたか。

☞ 年の途中で亡くなった者の控除対象配偶者とされた者についても、その年の12月31日現在の現況で、他の者の控除対象扶養親族に該当する場合には、扶養控除の対象となります。

□ その年の12月31日現在の現況で、生計を一にしているか。

☞ 年の中途で別生計になれば扶養控除は適用できません。ただし、年の中途で控除対象扶養親族が死亡した場合は、生計を一にしているどうかを死亡した時の現況で判定します。

□ 年の中途において出国をした者の親族が扶養親族に該当するかどうかの所得要件の判定を、出国時点の現況で判定している。

☞ 所得要件については、出国の時の現況により合理的に見積もったその年1月1日から12月31日までのその親族の合計所得金額により判定します（基通85-1）。

□ 内縁の妻の連れ子を扶養控除の対象としている。

☞ 内縁の妻は配偶者とはなりませんので、その子についても養子縁組をしない限り親族関係は発生しません（法2①三十四、民法725、727、739）。

□ 配偶者の父母の養子となった実子を扶養控除の対象とすることはできないとしている。

☞ 実子が配偶者の父母と養子縁組を行った場合でも、実父母との親族関係は存続しますので、他の要件を満たすのであれば扶養親族とすることができます。なお、特別養子縁組の場合は、実父母との親族関係は解消しますので、扶養控除の対象とすることはできません（法2①三十四、84、民法725、727、817の2、817の9）。

□ 所得者の非居住者期間中に死亡した子は、扶養控除の対象にはできないとしている。

☞ 非居住者期間中に死亡した親族についても、死亡した時点で扶養親族の要件を満たしていれば、扶養親族とすることができます。例えば、本年7月に3年間の海外勤務を終えて帰国しましたが、その海外勤務期間中（本年6月）に同居していた18歳の子を亡くした場合、その子が扶養親族の要件を満たしていれば、その年の所得税の計算上その子を扶養親族とすることができます（法2①三十四、84、85）。

□ 離婚した配偶者の父母を、扶養控除の対象としている。

☞ 配偶者と離婚した場合は、これによりその父母との姻族関係は消滅しますので、両者間で養子縁組が行われ親族関係が維持されていなければ、その父母を扶養親族とすることはできません（法2①三十四、84、民法725、727）。

【同居】
□ 同居老親等とは、所得者本人と同居を状況としていなければならないとしている。

☞ 同居老親等とは、老人扶養親族のうち所得者又は所得者の配偶者の直系尊属（父母、祖父母など）で、その所得者又はその配偶者のいずれかとの同居を状況としている人をいい、直系尊属には実父母のほか養父母も含まれます（法2①三十四の四、84、措法41の16①、民法725、727）。

□ 同一敷地内でも別棟に住んでいる両親は、同居としては扱えないとしている。

☞ 同一敷地内の別棟や、同一のマンションの別号室に居住している場合でも、原則として、毎日食事を一緒にするなどの日常生活を共にしている場合には、同居として取り扱います。

4-10 扶養控除・基礎控除

☐ 同居していても住民登録が異なる場合には、同居としては扱えないとしている。
　☞ 住民登録が異なる場合でも、現実に同居しているのであれば、同居として取り扱います。

☐ 介護老人保健施設に入所した場合でも、同居となるとしている。
　☞ 介護老人保健施設に入所した場合は、その入所が短期間であり一時的なものと見込まれる客観的な事情がある場合を除き、「同居を常況としている」とは認められません。

☐ 老人ホームに入所している場合は、同居になるとしている。
　☞ 老人ホームに入所している場合は、老人ホームが生活の本処であるとみられることから、同居としては取り扱いません。

【扶養控除額】
☐ 故郷の両親について、58万円の扶養控除を適用している。
　☞ 58万円の扶養控除の対象となる同居老親等は、本人又は配偶者と同居している70歳以上の自己又は配偶者の直系尊属です。

☐ 介護老人福祉施設（特養）に入居している者を同居老親等の扶養親族としている。
　☞ 介護老人福祉施設に入居している者は、その介護老人福祉施設に生活の本拠があることになり、同居老親等と認められません。

☐ 控除対象扶養親族となる者が非居住者の場合、特に提出書類などは不要であるとしていた。
　☞ 給与所得者ですでに年末調整でこの控除を受けている場合を除き、その者に係る親族関係書類（翻訳文付）及び送金関係書類（翻訳文付）の提出等が必要となります（法120③二）。

☐ 確定申告書において、控除対象扶養親族として申告した者を、更正の請求や修正申告で別の納税者に変更できるとしていた。
　☞ 2人以上の納税者の扶養親族に該当する場合のその所属は、確定申告書等に記載されたところによることから、更正の請求や修正申告で扶養親族の所属の変更はできません（基通85-2）。

## 2 基礎控除

基礎控除は、納税者自身の控除額で、納税者本人の合計所得金額に応じてそれぞれ次の図表4－10-6のとおりとなります。

図表4-10-6　基礎控除額の判定

| 本人の合計所得金額 | 所得が給与のみの場合の収入金額 | 控除額 |
|---|---|---|
| 2,400万円以下 | 2,595万円以下 | 48万円 |
| 2,400万円超〜2,450万円以下 | 2,595万円超〜2,645万円以下 | 32万円 |
| 2,450万円超〜2,500万円以下 | 2,645万円超〜2,695万円以下 | 16万円 |
| 2,500万円超 | 2,695万円超 | 控除なし |

### 基礎控除のチェックポイント

☐　給与収入2,600万円と退職所得がある者が、退職所得は分離課税で源泉徴収済（法120①②）であることから、給与所得のみで確定申告をすればよいとしていた。

☞　確定申告書を提出する場合は、退職所得も含めて申告しますが、給与所得が2,405万円となり、退職所得の金額が95万円以上となる場合は合計所得金額が2,500万円を超え、基礎控除は受けられなくなるので注意が必要です（法2①三十、86）。

# 申告書等の記載手順（扶養控除・基礎控除）

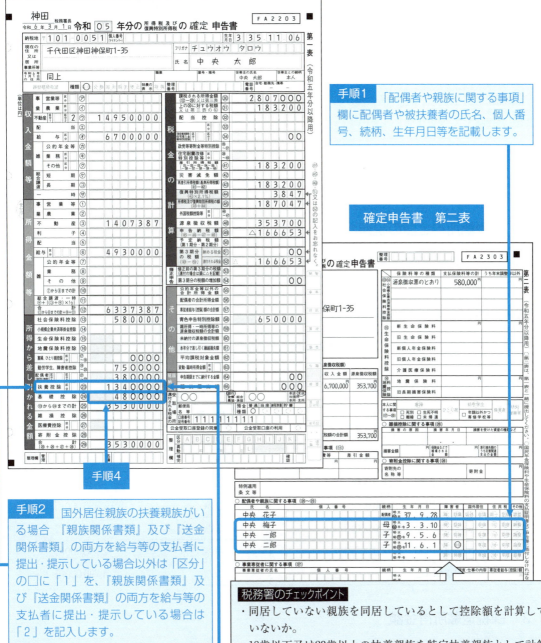

299

5-1 課税総所得金額及び課税退職所得金額の税額計算

## 5-1 課税総所得金額及び課税退職所得金額の税額計算

### 1 課税総所得金額

課税総所得金額は、総所得金額から損益通算、純損失、雑損失の繰越控除をした後、各種所得控除額を控除して求めます。

【課税総所得金額の計算式】

課税総所得金額 ＝ 総所得金額 － 損益通算繰越控除 － 所得控除額

### 2 課税総所得金額の税額計算

課税総所得金額（千円未満切捨て）の税額は、課税総所得金額に図表5-1-1「所得税の速算表」により計算します。

【課税総所得金額の税額の計算式】

課税総所得金額に対する税額 ＝ 課税総所得金額 × 税率 － 控除額

図表5-1-1 所得税の速算表

| 課税総所得金額 | | 税 率 | 控 除 額 |
|---|---|---|---|
| | 1,950,000円以下 | 5 % | 0円 |
| 1,950,000円超 | 3,300,000円以下 | 10% | 97,500円 |
| 3,300,000円超 | 6,950,000円以下 | 20% | 427,500円 |
| 6,950,000円超 | 9,000,000円以下 | 23% | 636,000円 |
| 9,000,000円超 | 18,000,000円以下 | 33% | 1,536,000円 |
| 18,000,000円超 | 40,000,000円以下 | 40% | 2,796,000円 |
| 40,000,000円超 | | 45% | 4,796,000円 |

### 3 課税退職所得金額

課税退職所得金額は、退職所得の金額から損益通算、純損失、雑損失の繰越控除をした後、総所得金額から控除しきれなかった各種所得控除額を控除して求めます。

【課税退職所得金額の計算式】

課税退職所得金額 ＝ 退職所得の金額 － 損益通算繰越控除 － 所得控除額

## 4 課税退職所得金額の税額計算

課税退職所得金額（千円未満切捨て）の税額は、課税退職所得金額に図表5−1−1「所得税の速算表」により計算します。

【課税退職所得金額の税額の計算式】

課税退職所得金額に対する税額 ＝ 課税退職所得金額 × 税率 − 控除額

### 税理士のアドバイス

退職金は申告する必要があるのか？

退職金（退職所得）は、他の所得とは合算せずに退職所得のみで税金（税額）を計算します。「退職所得の受給に関する申告書」を勤務先等に提出していれば、勤務先等が退職所得の税金を源泉徴収して納税は完了しますが、確定申告書を提出する場合は退職所得を含めて申告する必要があります。なお、退職した年の退職所得以外の所得が非常に少ない場合や「退職所得の受給に関する申告書」を提出していない場合（退職金に対して20.42%（復興特別所得税を含む。）の所得税が源泉徴収されます。）には、確定申告することで所得税の還付を受けることができる場合があります。

# 申告書等の記載手順（課税総所得金額及び課税退職所得金額の税額計算）

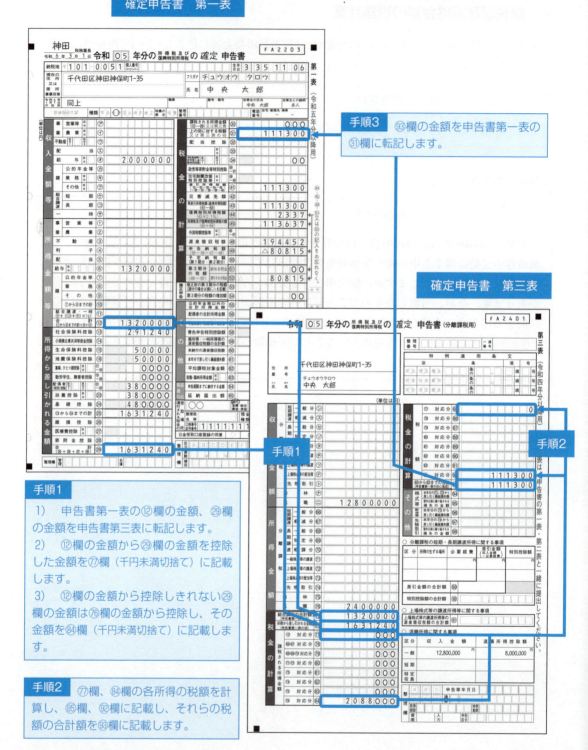

5-2　課税山林所得金額の税額計算

## 5-2　課税山林所得金額の税額計算

### 1　課税山林所得金額

　課税山林所得金額は、山林所得金額（損益通算、純損失、雑損失等の繰越控除後の金額）から、総所得金額等から控除しきれなかった各種所得控除額を控除して求めます。

【課税山林所得の計算式】

| 課税される<br>山林所得金額 | ＝ | 山林所得<br>の 金 額 | － | 損益通算<br>繰越控除 | － | 所得控除額※ |
| --- | --- | --- | --- | --- | --- | --- |

※　総所得金額から控除しきれなかった所得控除額。

### 2　課税山林所得金額の税額計算

　課税山林所得金額（千円未満切捨て）の税額は、課税山林所得金額に次の図表5-2-1「課税山林所得金額に対する所得税の速算表」の税率を乗じて算出します（法89①）。

【課税山林所得金額の税額の計算式】

| 課税山林所得金額の税額　＝　課税山林所得金額　×　税率　－　控除額 |
| --- |

図表5-2-1　課税山林所得金額に対する所得税の速算表（5分5乗方式用）

| 課税山林所得金額 | | 税率 | 控除額 |
| --- | --- | --- | --- |
| | 9,750,000円以下 | 5 % | 0円 |
| 9,750,000円超 | 16,500,000円以下 | 10% | 487,500円 |
| 16,500,000円超 | 34,750,000円以下 | 20% | 2,137,500円 |
| 34,750,000円超 | 45,000,000円以下 | 23% | 3,180,000円 |
| 45,000,000円超 | 90,000,000円以下 | 33% | 7,680,000円 |
| 90,000,000円超 | 200,000,000円以下 | 40% | 13,980,000円 |
| 200,000,000円超 | | 45% | 23,980,000円 |

（注）　なお、課税山林所得金額に対する税額は、いわゆる5分5乗方式により算出されますが、上記の速算表はこの5分5乗方式が織り込まれています。

# 申告書等の記載手順（課税山林所得金額の税額計算）

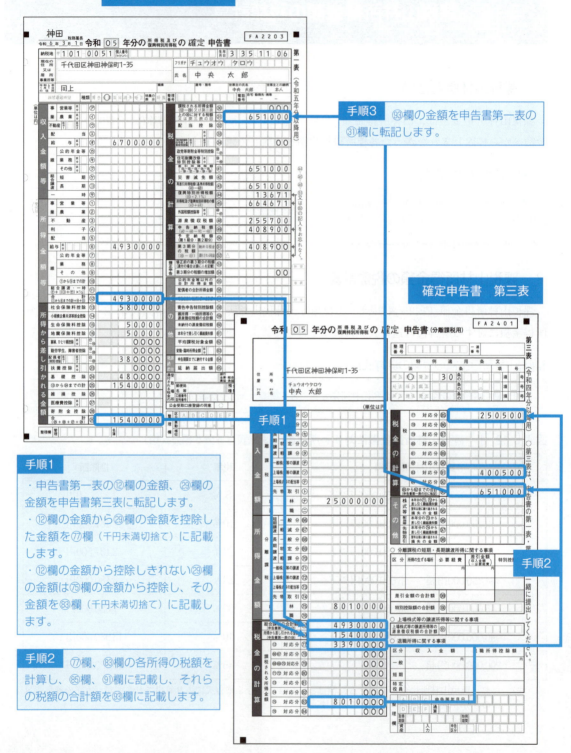

## 5-3 課税譲渡所得金額の税額計算

### 1 課税譲渡所得金額

課税譲渡所得金額は、次に掲げる算式により計算します。なお、原則として、分離課税の譲渡所得の金額が赤字（譲渡損失）の場合、他の所得と損益通算はできませんが、一定の要件を満たす居住用財産の譲渡損失がある場合には、他の所得と損益通算が認められており、控除しきれない譲渡損失の金額は翌年以降3年間繰り越すことができます。

【分離課税の譲渡所得金額の計算式】

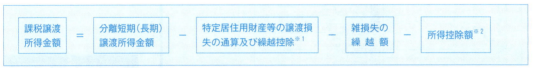

※1 措法41の5及び同41の5の2に該当する譲渡損失。
※2 総所得金額から控除しきれなかった所得控除額。

### 2 課税譲渡所得金額の税額

課税譲渡所得金額（千円未満切捨て）の税額は、次に掲げる算式により計算します。

【課税譲渡所得金額の税額の計算式】

| 課税短期譲渡所得の税額 ＝ 分離課税の短期譲渡所得（一般分） × 30%（住民税9％） |
| 課税長期譲渡所得の税額 ＝ 分離課税の長期譲渡所得（一般分） × 15%（住民税5％） |

（注）軽減分、特定分、軽課分の税率は、図表5-3-1を参照してください。

#### 図表5-3-1 分離課税の譲渡所得に対する税率

| 譲渡所得区分 || 課税譲渡所得金額による区分 | 税率 ||
| --- | --- | --- | --- | --- |
| ^^ | ^^ | ^^ | 所得税 | 住民税 |
| 分離短期譲渡所得 | 一般分（措法32①） | | 30% | 9％ |
| ^^ | 軽減分（措法32③） | | 15% | 5％ |
| 分離長期譲渡所得 | 一般分（措法31①） | | 15% | 5％ |
| ^^ | 特定分（措法31の2） | 2,000万円以下の部分 | 10% | 4％ |
| ^^ | ^^ | 2,000万円超の部分 | 15% | 5％ |
| ^^ | 軽課分（措法31の3） | 6,000万円以下の部分 | 10% | 4％ |
| ^^ | ^^ | 6,000万円超の部分 | 15% | 5％ |

# 申告書等の記載手順（分離課税の課税譲渡所得金額の税額計算）

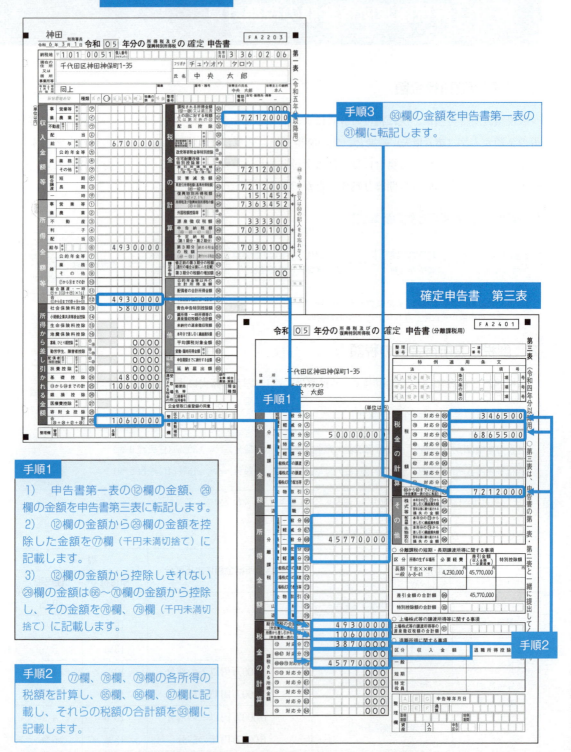

# 5-4 株式等に係る課税譲渡所得等の金額の税額計算

## 1 株式等に係る課税譲渡所得等の金額

株式等に係る課税譲渡所得等の金額は、上場株式等と一般株式等に区分し、次に掲げる算式により計算します。なお、原則として、株式等に係る譲渡所得等の金額が赤字の場合は、他の所得と損益通算はできません（措法37の10①）が、上場株式等に係る譲渡所得等の損失金額については、申告分離課税の上場株式等の配当所得等の金額から控除することができ、控除できなかった金額を翌年以降3年にわたり繰り越すことができます。

### 【上場株式等に係る課税譲渡所得等の金額の計算式】

※1 上場株式等に係る事業所得又は雑所得の金額＝収入金額－必要経費
※2 上場株式等に係る譲渡所得の金額＝収入金額－（取得費＋譲渡費用＋借入金利子）
※3 総所得金額から控除しきれなかった所得控除額。

### 【一般株式等に係る課税譲渡所得等の金額の計算式】

※1 一般株式等に係る事業所得又は雑所得の金額＝収入金額－必要経費
※2 一般株式等に係る譲渡所得の金額＝収入金額－（取得費＋譲渡費用＋借入金利子）
※3 総所得金額から控除しきれなかった所得控除額。

## 2 株式等に係る課税譲渡所得等の金額に対する税額

株式等に係る課税譲渡所得等（千円未満切捨て）の金額に対する税額は、次に掲げる算式により計算します。

### 【株式等に係る課税譲渡所得等の金額に対する税額の計算式】

| 上場株式等に係る課税譲渡所得等の金額に対する税額 | ＝ | 上場株式等に係る課税譲渡所得等の金額 | × | 15%（住民税5%） |
|---|---|---|---|---|
| 一般株式等に係る課税譲渡所得等の金額に対する税額 | ＝ | 一般株式等に係る課税譲渡所得等の金額 | × | 15%（住民税5%） |

# 申告書等の記載手順（株式等に係る課税譲渡所得等の金額の税額計算）

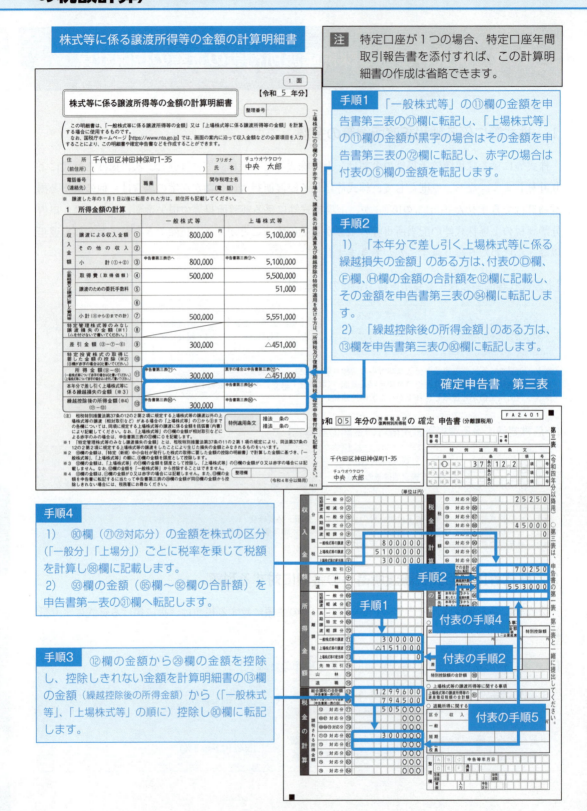

## 上場株式等に係る譲渡損失の損益通算及び繰越控除用（付表）

| 付表の提出が必要な場合 |
|---|

この付表は上場株式等に係る譲渡損失の損益通算及び繰越控除の特例や分離課税を選択した配当所得等の金額から上場株式等に係る譲渡損失の金額を控除する特例を選択する場合に使用します。

2 面（確定申告書付表）

### 2　翌年以後に繰り越される上場株式等に係る譲渡損失の金額の計算

| 譲渡損失の生じた年分 | 前年から繰り越された上場株式等に係る譲渡損失の金額 | 本年分で差し引く上場株式等に係る譲渡損失の金額（※1） | 本年分で差し引くことのできなかった上場株式等に係る譲渡損失の金額 | （注） |
|---|---|---|---|---|
| 本年の3年前分<br>令和2年分 | Ⓐ（1面の付表の⑦欄の金額）円<br>100,000 | Ⓓ（上場株式等に係る譲渡所得等から差し引く部分）<br>0<br>Ⓔ（分離課税配当所得等金額から差し引く部分）<br>0 | ⑦（Ⓐ－Ⓓ－Ⓔ）<br>本年の3年前分の譲渡損失の金額を翌年以後に繰り越すことはできません。 | その年の翌年以後に繰り越すための申告に使用しない欄です。 |
| 本年の2年前分<br>令和3年分 | Ⓑ（前年の付表の⑧欄の金額）<br>152,000 | Ⓕ（上場株式等に係る譲渡所得等から差し引く部分）<br>0<br>Ⓖ（分離課税配当所得等金額から差し引く部分）<br>0 | ⑦（Ⓑ－Ⓕ－Ⓖ）<br>152,000 | |
| 本年の前年分<br>令和4年分 | Ⓒ（前年の付表の⑧欄の金額）<br>250,000 | Ⓗ（上場株式等に係る譲渡所得等から差し引く部分）<br>0<br>Ⓘ（分離課税配当所得等金額から差し引く部分）<br>0 | ⑧（Ⓒ－Ⓗ－Ⓘ）<br>250,000 | |
| 本年分で上場株式等に係る譲渡所得等の金額から差し引く上場株式等に係る譲渡損失の金額の合計額（Ⓓ＋Ⓕ＋Ⓗ） | | 計算明細書の「上場株式等」の⑨へ ⑨<br>0 | | |
| 本年分で分離課税配当所得等金額から差し引く上場株式等に係る譲渡損失の金額の合計額（Ⓔ＋Ⓖ＋Ⓘ） | | 申告書第三表⑩へ ⑩<br>0 | | |

翌年以後に繰り越される上場株式等に係る譲渡損失の金額　申告書第三表⑳へ（※2）　⑪　553,000円

### 手順3

1)　Ⓐ～Ⓒ欄に前年分の付表の⑦欄、⑧欄、⑤欄の金額を記載します。

2)　計算明細書の⑪欄の金額（繰越控除前の所得金額）が黒字の場合は、繰り越された譲渡損失の金額を古い順に控除します。

3)　付表の⑥欄の金額がある場合は、繰り越された譲渡損失の金額を古い順に控除します。

### 手順4

⑪欄（翌年に繰り越される上場株式等の譲渡損失の金額）に⑤欄、⑦欄、⑧欄の合計額を記載し、申告書第三表の⑳欄に転記します。

### 手順5

1)　⑩欄（分離課税配当所得等金額から差し引く上場株式等の譲渡損失の金額）にⒺ欄、Ⓖ欄、Ⓘ欄の合計額を記載し、その金額を申告書第三表の㊕欄に転記します。

2)　④欄の金額から⑩欄の金額を控除した金額を⑫欄（本年分の分離課税配当所得等金額）に記載し、その金額を申告書第三表の㉛欄に転記します。

### 手順1

1)　計算明細書の⑪欄の「上場株式等」の金額を①欄に転記し、「上場株式等」の⑨欄の金額を②欄に転記します。

2)　①欄の金額と②欄の金額のうち少ない方の金額を③欄に転記します。

### 手順2

1)　③欄の金額（上場株式等に係る譲渡損失の金額）が④欄の金額（分離課税配当所得等金額）よりも多い場合に⑤欄にその金額を記載し、申告書第三表の㉒欄に△を付けて転記します。

2)　④欄の金額（分離課税配当所得等金額）が③欄の金額（上場株式等に係る譲渡損失の金額）よりも多い場合に⑥欄にその金額を記載し、申告書第三表の㉓欄に転記します。

---

__　の所得税及び復興特別所得税の確定申告書付表　上場株式等に係る譲渡損失の損益通算及び繰越控除用

| 神保町1-35 | フリガナ | チュウオウタロウ |
|---|---|---|
| | 氏　名 | 中央　太郎 |

○ この付表は、申告書と一緒に提出してください。

租法第37条の12の2（上場株式等に係る譲渡損失の損益通算及び繰越控除）……

○　本年分において、「上場株式等に係る譲渡所得等の金額」がある方は、この付表を作成する前に、まず「株式等に係る譲渡所得等の金額の計算明細書」の作成をしてください。

### 1　本年分の上場株式等に係る譲渡損失の金額及び分離課税配当所得等金額の計算
（赤字の金額は、△を付けないで書きます。2面の⑳と同じ。）

○　「①上場株式等に係る譲渡所得等の金額」が黒字の場合又は「②上場株式等に係る譲渡損失の金額」がない場合には、(1)の記載は要しません。また、「④本年分の損益通算前の分離課税配当所得等金額」がない場合には、(2)の記載は要しません。

**(1) 本年分の損益通算前の上場株式等に係る譲渡損失の金額**

| | | |
|---|---|---|
| 上場株式等に係る譲渡所得等の金額<br>（「株式等に係る譲渡所得等の金額の計算明細書」の1面の「上場株式等」の⑪欄の金額） | ① | 451,000円 |
| 上場株式等に係る譲渡損失の金額（※）<br>（「株式等に係る譲渡所得等の金額の計算明細書」の1面の「上場株式等」の⑨欄の金額） | ② | 451,000 |
| 本年分の損益通算前の上場株式等に係る譲渡損失の金額<br>（①欄の金額と②欄の金額のうち、いずれか少ない方の金額） | ③ | 451,000 |

※　②欄の金額は、租税特別措置法第37条の12の2第2項に規定する上場株式等の譲渡以外の上場株式等の譲渡（相対取引など）がある場合については、同様に規定する上場株式等の譲渡に係る金額「株式等に係る譲渡所得等の金額の計算明細書」1面の「上場株式等」の⑨欄の括弧書の金額）のみを記載します。

**(2) 本年分の損益通算前の分離課税配当所得等金額**

| 種目・所得の生ずる場所 | 利子等・配当等の収入金額（税込） | 配当所得に係る負債の利子 |
|---|---|---|
| ○○株△△区××× | 300,000円 | 0円 |
| | | |
| | | |
| | | |
| 合　　　計 | Ⓐ 申告書第三表⑨へ 300,000 | Ⓑ 0 |
| 本年分の損益通算前の分離課税配当所得等金額<br>（Ⓐ－Ⓑ）（赤字の場合は0と書いてください。） | ④ 300,000 | |

（注）利子所得に係る負債の利子は控除できません。

**(3) 本年分の損益通算後の上場株式等に係る譲渡損失の金額又は分離課税配当所得等金額**

| | | |
|---|---|---|
| 本年分の損益通算後の上場株式等に係る譲渡損失の金額（③－④）<br>（(2)の記載がない場合には、③欄の金額を移記してください。） | ⑤ △を付けて、申告書第三表㉒へ<br>151,000円 |
| 本年分の損益通算後の分離課税配当所得等金額（④－③）<br>（③欄の金額≧④の金額の場合には0と書いてください。<br>(1)の記載がない場合には、④欄の金額を移記してください。） | ⑥ 申告書第三表㉓へ<br>0 |

（令和4年分以降用）
R4.11

**309**

# 5-5　上場株式等に係る課税配当所得等の金額の税額計算

## 1　上場株式等に係る課税配当所得等の金額

　申告分離課税の上場株式等に係る課税配当所得等の金額は、次に掲げる算式により計算します。なお、上場株式等の譲渡損失の繰越控除は、まず、その年分の上場株式等に係る譲渡所得等の金額から控除し、控除しきれずに残った金額がある場合に、その金額を申告分離課税の上場株式等に係る配当所得等から控除します。

【上場株式等に係る課税配当所得等の金額の計算式】

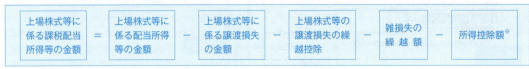

　※　総所得金額から控除しきれなかった所得控除額。

## 2　上場株式等に係る課税配当所得等の金額に対する税額

　上場株式等に係る課税配当所得等（千円未満切捨て）の金額に対する税額は、次に掲げる算式により計算します。

【上場株式等に係る課税配当所得等の金額に対する税額の計算式】

| 上場株式等に係る課税配当所得等の金額に対する税額 | ＝ | 上場株式等に係る課税配当所得等の金額 | × | 15％（住民税5％） |

# 5-6　先物取引に係る課税雑所得等の金額の税額計算

## 1　先物取引に係る課税雑所得等の金額

　先物取引に係る課税雑所得等の金額は、次に掲げる算式により計算します。なお、原則として、先物取引に係る雑所得等の金額が赤字の場合は、他の所得と損益通算はできませんが、翌年以降3年にわたり繰越控除することができます。

【先物取引に係る課税雑所得等の金額の計算式】

先物取引に係る課税雑所得等の金額 ＝ 先物取引に係る雑所得等の金額 － 先物取引の損失の繰越控除額 － 雑損失の繰越額 － 所得控除額※

※　総所得金額から控除しきれなかった所得控除額。

## 2　先物取引に係る課税雑所得等の金額に対する税額

　先物取引に係る課税雑所得等（千円未満切捨て）の金額の税額は、次に掲げる計算式により計算します。

【先物取引に係る課税雑所得等の金額に対する税額の計算式】

先物取引に係る課税雑所得等の金額に対する税額 ＝ 先物取引に係る課税雑所得等の金額 × 15％（住民税5％）

# 申告書等の記載手順（先物取引に係る雑所得の金額の税額計算）

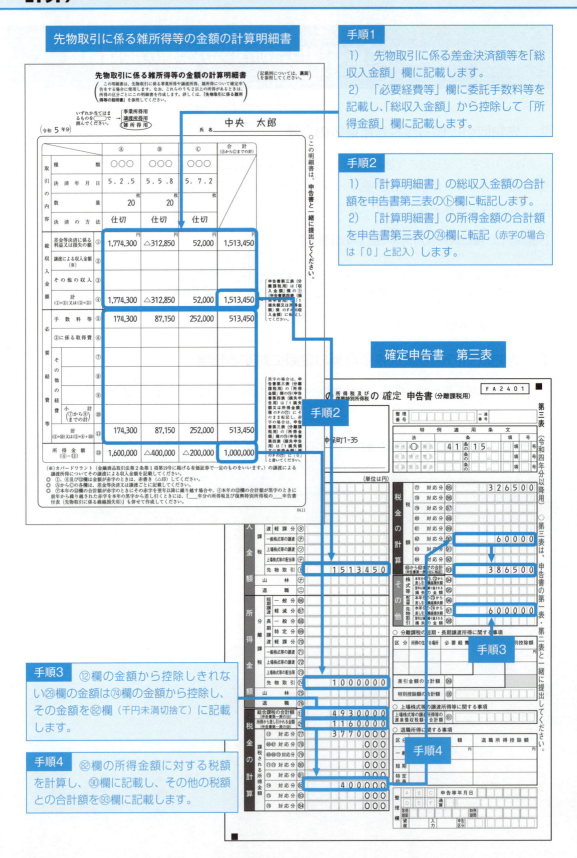

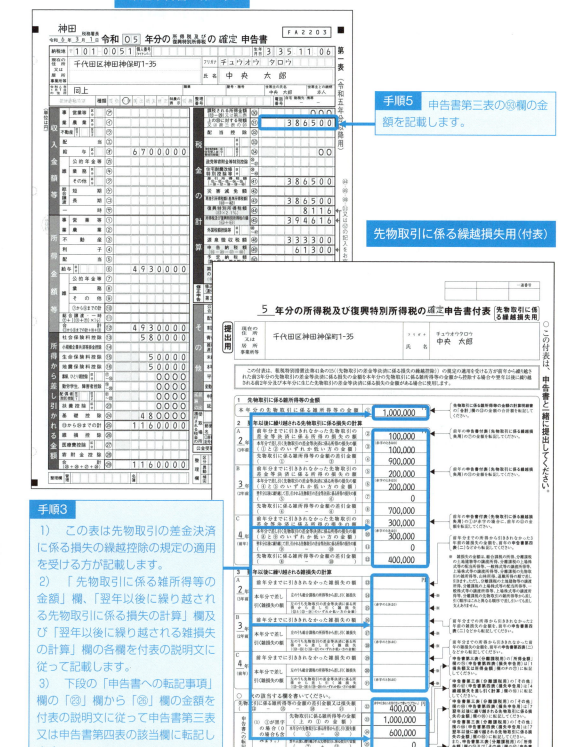

## 5-7 特定の基準所得金額の課税の特例措置

### 1 新制度の概要

　高所得者層において、所得に占める株式等の譲渡所得や土地建物等の長期譲渡所得の割合が高いことにより所得税負担率の低下がみられることから、税負担の公平性の観点から極めて高い水準の所得に対する負担の適正化のため、特定の基準所得金額の課税の特例措置が講じられます（令和7年分以後）。

### 2 基準所得金額

　基準所得金額とは、その年分の所得税について申告不要制度※1を適用しないで計算した各種特別控除後の合計所得金額※2いいます。

- ※1　申告不要制度とは次の特例をいいます。
  - ・確定申告を要しない配当所得等の特例（措法8の5）
  - ・確定申告を要しない上場株式等の譲渡による所得の特例（措法37の11の5）
- ※2　合計所得金額には次のものを除きます。
  - ・源泉分離課税の対象となる所得
  - ・NISA関連の非課税所得
  - ・特定中小会社が設立の際に発行した株式の取得に要した金額の控除額（スタートアップ再投資等）の特例で非課税とされる所得

### 3 基準所得金額に対する税額

　次の①、②の金額により、②の金額が①の金額を上回る場合に限り、その上回る差額分に相当する所得税が追加で課されます（措法41の19）。

- ①　通常の所得税額
- ②　（基準所得金額－特別控除額（3.3億円））×22.5％

5-8　変動所得・臨時所得の平均課税

# 5-8　変動所得・臨時所得の平均課税

## 1　平均課税の概要

　変動所得や臨時所得がある場合は、毎年ほぼ平均して所得が発生する場合と比較すると一定期間の収入はほぼ同じなのに、税負担に大きな差が生じます。この原因は、所得税が超過累進税率を採用しているために所得の変動が大きいと高い税率を適用されてしまうためです。

　このような税負担の差異を調整するための税額計算の方法を平均課税といいます。

図表5-7-1　変動所得や臨時所得とは

| 変動所得<br>(令7の2) | 自然条件その他の条件により年々の所得が大幅に変動する性格の所得で、事業所得や雑所得のうち、次のような所得をいいます。<br>・漁獲やのりの採取による所得<br>・はまち、まだい、ひらめ、かき、うなぎ、ほたて貝、真珠、真珠貝の養殖による所得<br>・印税や原稿料、作曲料などによる所得 |
|---|---|
| 臨時所得<br>(令8) | 数年分の収入が一括して支払われる性格の所得で、事業所得や不動産所得、雑所得のうち、次のような所得をいいます。<br>・土地や家屋などの不動産、借地権や耕作権など不動産の上に存する権利、船舶、航空機、鉱業権、漁業権、特許権、実用新案権などを3年以上の期間他人に使用させることにより、一時に受ける権利金や頭金などで、その金額がその契約による使用料の2年分以上であるものの所得<br>　(注)　借地権等の権利金等は、臨時所得ではなく譲渡所得になるものがあります。<br>・職業野球の選手などが、3年以上の期間特定の者と専属契約を結ぶことにより、一時に受ける契約金で、その金額がその契約による報酬の2年分以上であるものの所得<br>・公共事業の施行などに伴い事業を休業や転業、廃業することにより、3年以上の期間分の事業の所得などの補償として受ける補償金の所得<br>・鉱害その他の災害により事業などに使用している資産について損害を受けたことにより、3年以上の期間分の事業の所得などの補償として受ける補償金の所得 |

### 【質疑応答】平均課税の概要

　□　発明者の相続人が支払を受ける職務発明報酬

　　Aは、5年前に死亡により退職するまでX社に勤務し、医薬品に係る数々の職務発明について、その特許を受ける権利をX社に承継させており、X社の職務発明規程に基づき、職務発明報酬として総額30万円の支払を受けていました。X社は、4年前に職務発明規程を改正し、実績補償金の上限金額を撤廃するとともに、その10年前の日以降、特許として有効に存続する職務発明を使用している全製品にまでその対象を拡大しました。そこで、Aの妻Bは、X社に対して改正後の職務発明規程に基づきAが生前に行った職務発明に係る実績補償金の支払を求めて提訴したところ、本年に、X社がBに対して総額2,500万円の金員を支払うことで和解が成立しました。なお、この実績補償金の額は、起算日から昨年まで(13年間)の製品売上高をベースに計算された職務発明報酬相当額です。この実績補償金(和解金)の課税関係はどのようになりますか。

　⇒　相続人の雑所得となります。なお、一定の要件に当てはまる場合は、臨時所得として平均課税の適用を受けることができます。

315

## 2　平均課税を適用することができる場合

　平均課税を適用するには、下記の要件（図表5-7-2）を備えている必要があります（法90①③）。

　なお、当初の確定申告書ではその適用を受けていなくても、修正申告又は更正の請求にこの適用を受ける旨の記載があり、かつ、明細書の添付がある場合は、適用を受けることができます（法90④）。

### 図表5-7-2　平均課税の適用要件

<table>
<tr><th colspan="2">区　　　分</th><th>適　用　要　件</th></tr>
<tr><td rowspan="2">変動所得だけがある場合</td><td>前年以前2年内に変動所得の金額<sup>※1</sup>があるとき</td><td>変動所得の金額が、前年分と前々年分の変動所得の金額<sup>※</sup>の合計額の2分の1相当額を超え、総所得金額の20％以上であること</td></tr>
<tr><td>上記以外のとき</td><td>変動所得の金額が、総所得金額の20％以上であること</td></tr>
<tr><td colspan="2">臨時所得だけがある場合</td><td rowspan="2">臨時所得の金額が、総所得金額の20％以上であること</td></tr>
<tr><td rowspan="2">変動所得と臨時所得がある場合</td><td>変動所得の金額が前年分及び前々年分の変動所得の金額<sup>※</sup>の2分の1以下のとき</td></tr>
<tr><td>上記以外のとき</td><td>変動所得の金額と臨時所得の金額との合計額が、総所得金額の20％以上であること</td></tr>
</table>

※　前年分及び前々年分の変動所得の金額は、平均課税の適用を受けたものであるか否かは問いません。

## 3　平均課税による税額の計算

　平均課税の具体的な計算は、「変動所得・臨時所得の平均課税の計算書」（318頁の記載例）により行いますが、計算の手順は次のとおりです。

### 図表5-7-3　平均課税の税額計算手順

<table>
<tr><td>①　平均課税対象金額</td><td>$\left(変動所得の金額 - \dfrac{前年分及び前々年分の変動所得の金額}{} \times 50\%\right)^{※} + 臨時所得の金額$</td></tr>
<tr><td>②　調整所得金額<br>（千円未満端数切捨て）</td><td>【課税総所得金額＞①（平均課税対象金額）】の場合<br>課税総所得金額　－　平均課税対象金額　×　80％<br>【課税総所得金額≦①（平均課税対象金額）】の場合<br>課税総所得金額　×　20％</td></tr>
<tr><td>③　特別所得金額</td><td>課税総所得金額　－　②（調整所得金額）</td></tr>
<tr><td>④　上記②に対する税額</td><td>②（調整所得金額）　×　所得税率（300頁の図表5-1-1）</td></tr>
<tr><td>⑤　平均税率（小数点2位未満切り捨て）</td><td>④（上記②に対する税額）　÷　②（調整所得金額）</td></tr>
<tr><td>⑥　上記③に対する税額</td><td>③（特別所得金額）　×　⑤（平均税率）</td></tr>
<tr><td>⑦　平均課税による税額</td><td>④（上記②に対する税額）　＋　⑥（上記③に対する税額）</td></tr>
</table>

※　カッコ内の計算額が赤字の場合は、臨時所得の金額が平均課税対象金額となります。

5-8 変動所得・臨時所得の平均課税

## 変動所得・臨時所得金額の税額計算のチェックポイント

【変動所得・臨時所得の対象】

☐ さし絵、イラストの報酬を変動所得として計算している。

  ☞ さし絵、イラストの報酬は変動所得には該当しません。なお、著作権の使用料に該当する場合は変動所得になります。

☐ プロ野球選手として3年間の契約で、多額の契約金を受け取ったが平均課税の計算を考慮していなかった。

  ☞ プロスポーツ選手等が、3年以上の期間、特定の者（法人）と専属契約を結ぶことにより一時に受ける契約金で、その金額がその契約による報酬の2年分以上であるものの所得は臨時所得となり、平均課税の対象となります。

☐ 前年及び前々年において平均課税の適用を受けていなかったことを理由に、前年以前の変動所得の金額を考慮せずに本年の平均課税の計算をしている。

  ☞ 変動所得に該当する所得は、前年以前の平均課税の適用の有無にかかわらず、平均課税の可否の判定や平均課税の計算に含めて計算します。

☐ 変動所得及び臨時所得に係る必要経費をそれぞれの収入から控除しないで変動所得及び臨時所得の計算をしている。

  ☞ 必要経費は合理的な方法で按分した上でそれぞれの収入金額から控除します。

【適用要件】

☐ 各種所得金額ではなく、総所得金額の20%以上が変動所得、臨時所得となっているか。

  ☞ 総所得金額の20%以上であることが平均課税の適用要件です。

☐ 権利金等は不動産等の年間使用料の2倍に相当する金額以上か。

  ☞ 年額の2倍に相当する金額以上であることが臨時所得の要件です（契約ごとに判定する。）。

☐ 不動産の権利金や名義書換料、損害賠償金などは、貸付期間又は計算の基礎とされた期間が3年以上か。

  ☞ 3年以上であることが臨時所得の要件です（譲渡所得に該当するものは除く。）。

☐ 前年分の確定申告で平均課税の適用を失念したが、更正の請求では平均課税は受けられないとしていた。

  ☞ 平成23年分以降は、更正の請求又は修正申告で平均課税の適用を受けることができます。

☐ 変動所得が赤字で臨時所得が黒字の場合の平均課税対象金額を両者の損益を通算した金額としていた。

  ☞ 両者の損益を通算せずに変動所得の赤字の所得はないもの「0」として、臨時所得の金額が平均課税対象金額となります。

**317**

# 申告書等の記載手順（変動所得・臨時所得金額の税額計算のチェックポイント）

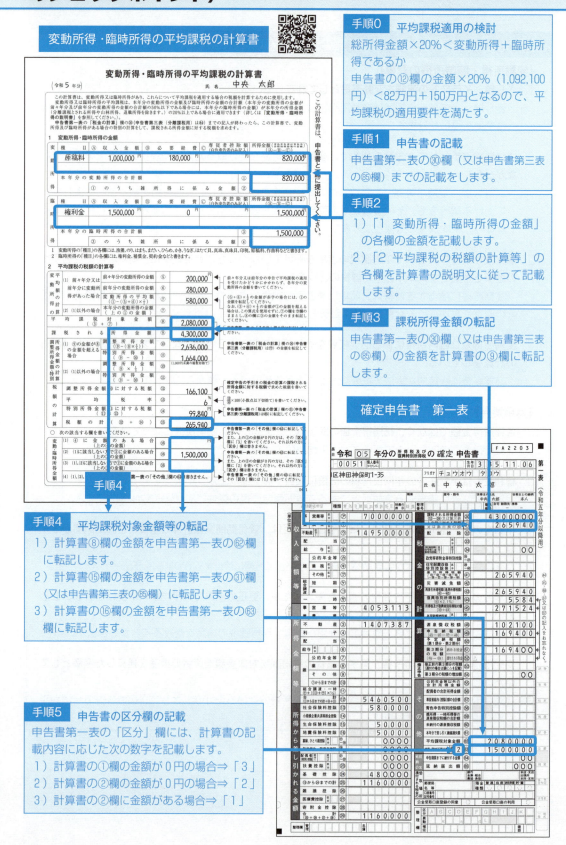

# 5-9　復興特別所得税

## 復興特別所得税の概要

　東日本大震災からの復興を図ることを目的として復興施策に必要な財源を確保するための特別措置として、復興特別所得税が創設されました。復興特別所得税は、平成25年から令和19年までの各年分の所得税に係る基準所得税額※が課税対象となり、基準所得税額に2.1％の税率を乗じて算出します。

※　基準所得税額とは、すべての所得についてそれぞれ定められた方法により算出した所得税の合計額から、税額控除（外国税額控除を除きます。）及び災害減免額を控除した後の金額をいいます。

【復興特別所得税の計算式】

　　復興特別所得税　＝　基準所得税額　×　2.1％

### 図表5-9-1　基準所得税額

| 区　分 || 基　準　所　得　税　額 |
|---|---|---|
| 居住者 | 永　住　者 | すべての所得に対する所得税額 |
| | 非 永 住 者 | 国内源泉所得以外の所得及び国外源泉所得のうち国内払いのもの又は国内に送金されたものに対する所得税額 |
| 非 居 住 者 || 国内に恒久的施設を有するかどうかに応じ定められた国内源泉所得に対する所得税額 |

※1　その年分の所得税において外国税額控除の適用がある居住者については、外国税額控除を控除する前の所得税額となります。

※2　上記の場合で控除対象外国所得税額が所得税の控除限度額を超える者は、その超える金額をその年分の復興特別所得税額から控除することができます。ただし、その年分の復興特別所得税額のうち国外所得に対応する部分の金額が限度とされます。

【参考資料】復興特別所得税（源泉徴収関係）Q&A

　復興特別所得税に関する詳しい取扱いについては、平成24年4月に国税庁が公表した「復興特別所得税（源泉徴収関係）Q&A」を参照してください。

6-1　住宅借入金等特別控除の概要

# 6-1　住宅借入金等特別控除の概要

　個人[1]が、国内において住宅の新築、購入又は増改築等を行った場合、取得した住宅の種類、増改築等の内容及びそれに係る借入金等（住宅ローン）の有無などの一定の要件を満たすときは、住宅を居住用に供した年以降の各年分の所得税額から一定の金額の税額控除[2]の適用を受けることができる以下の特例（①～④）があります。

　　①　住宅借入金等特別控除　☞322頁
　　②　住宅特定改修特別税額控除　☞340頁
　　③　認定住宅新築等特別税額控除　☞344頁
　　④　住宅耐震改修特別控除　☞348頁

　※1　平成28年3月31日以前の住宅の取得等は、居住者に限って適用を受けることができます（以下この編に同じ。）。
　※2　複数の税額控除の要件を満たす場合は、原則として1つを選択して（重複適用が可能な場合もあります。）適用をすることになりますが、確定申告において一度選択した税額控除は、その後の修正申告や更正の請求で変更することはできません。
　（注）　「特定増改築等住宅借入金等特別控除（措法41の3の2）」は令和3年12月31日以前入居分については、その入居年から5年間に限り適用されます。

## 1　住宅の種類等と借入金等の関係から適用できる特例

　住宅の種類等と借入金等の関係から適用できる特例は次の図表のとおりです。

図表6-1-1　住宅借入金等特別控除の適用の概要図

| 住宅の種類 | | | 借　入　金　等 | |
|---|---|---|---|---|
| | | | 有 | 無 |
| 新築住宅※ | 認定住宅等 | 認定住宅 | ・住宅借入金等特別控除<br>・認定住宅新築等特別税額控除 | ・認定住宅新築等特別税額控除 |
| | | ZEH水準省エネ住宅 | | |
| | | 省エネ基準適合住宅 | ・住宅借入金等特別控除 | |
| | 上記以外 | | | |
| 既存住宅 | 認定住宅等 | | ・住宅借入金等特別控除 | |
| | 上記以外 | | | |
| 増改築等 | | | ・住宅借入金等特別控除<br>・住宅特定改修特別税額控除<br>・住宅耐震改修特別控除 | ・住宅特定改修特別税額控除<br>・住宅耐震改修特別控除 |

　※　新築住宅には買取再販住宅（321頁の図表6-1-2「用語の説明等」を参照）を含みます。

320

## 2　この編で使用する用語の説明等

この編で使用する用語の説明等は次のとおりです。

図表 6 - 1 - 2　用語の説明等

| 用　語 | | | 説　明　等 |
|---|---|---|---|
| 特定取得 | | | 住宅等の取得対価の消費税率が 8 ％又は10％のもの |
| | 特別特定取得 | | 特定取得のうち、消費税率が10％のもの |
| | | 特例居住用家屋 | 特別特定取得で、床面積が40㎡以上50㎡未満のもの |
| | | 特別特例取得 | 特別特定取得で、契約を次の日までに締結したもの（新型コロナ税特法 6 の 2 ①）<br>・新築（注文住宅）の場合 ……………………令和 2 年10月 1 日～令和 3 年 9 月30日<br>・分譲住宅、既存住宅、増改築等の場合……令和 2 年12月 1 日～令和 3 年11月30日 |
| | | 特例特別特例取得 | 特別特例取得で、床面積が40㎡以上50㎡未満のもの |
| 認定住宅等 | | | 次の住宅をいいます。<br>① 認定住宅（認定長期優良住宅及び低炭素建築物（同建築物とみなされる特定建築物を含む。））<br>② ZEH水準省エネ住宅（断熱性能、省エネ性能の向上、太陽光発電等により、年間の「一次エネルギー消費量の収支」がゼロ以下の住宅）<br>③ 省エネ基準適合住宅（建築物省エネ法の平成28年基準を満たす住宅） |
| 買取再販住宅 | | | 宅地建物取引業者により一定の増改築等（良質化）した既存住宅を、当該宅地建物取引業者の取得日から 2 年内に取得した場合の既存住宅（築年数10年超のものに限る。） |
| 床面積 | | | 次のとおりです。<br>① 登記事項証明書に表示されている床面積（マンションなどの建物の一部を区分所有する場合は、登記事項証明書上の専有部分の床面積）<br>② 事業所等と併用住宅の場合は、事業所等の部分も含めた全体の床面積<br>③ 共有の場合は、共有部分も含めた全体の床面積<br>④ 住宅の一部を区分所有している場合は、区分所有する区画の床面積 |
| 親族等 | | | 次の①～④のいずれかに該当する者をいいます。<br>① その者の親族（ 6 親等内の血族、配偶者、 3 親等内の姻族）<br>② その者と婚姻の届出をしていないが事実上婚姻関係と同様の事情のある者<br>③ ①、②以外で住宅等を購入した者から受ける金銭その他の資産によって生計を維持している者<br>④ ①～③と生計を一にする者 |
| 住宅取得等資金の贈与の特例等 | | | 次の特例をいいます。<br>① 住宅取得等資金の贈与税の非課税（措法70の 2 ）<br>② 住宅取得等資金の贈与を受けた場合の相続時精算課税選択の特例（措法70の 3 ） |
| 譲渡所得の課税の特例等 | | | 次の特例をいいます。<br>① 居住用財産を譲渡した場合の長期譲渡所得の課税（軽減税率）の特例（措法31の 3 ）<br>② 居住用財産を譲渡所得の特別控除（3,000万円）（措法35①）<br>（被相続人の居住用財産に係る譲渡所得の特別控除は除く（措法35③））<br>③ 特定の居住用財産の買換え・交換をした場合の長期譲渡所得の課税の特例（措法36の 2 、36の 5 ）<br>④ 既成市街地等内にある土地等の中高層耐火建築物等の建設のための買換え・交換の場合の譲渡所得の課税の特例等（措法37の 5 、旧措法37の 9 の 2 ） |

6-2　住宅借入金等特別控除

## 6-2　住宅借入金等特別控除

### 1　住宅借入金等特別控除の概要

　個人が、国内において、借入金等（住宅ローン）を利用して、住宅を新築、購入又は増改築をし、一定の要件を満たすときは、その居住用に供した年以降13年間又は10年間の各年分の所得税額から、その年の住宅ローン年末残高に応じて計算した金額の税額控除（住宅借入金等特別控除）の適用を受けることができます（措法41、新型コロナ税特法6の2）。

### 2　住宅借入金等特別控除の適用要件

　住宅借入金等特別控除の適用要件（新型コロナ税特法に係るものは除く。）は次のとおりです。

図表6-2-1　住宅借入金等特別控除の適用要件（令和5年入居者用）

| 区　分 | 新築住宅・買取再販住宅 | | 既存住宅・増改築等 | |
|---|---|---|---|---|
| 居住要件 | ☐　令和5年1月1日から令和5年12月31日の間に自己の居住用に供している<br>☐　住宅を取得（増改築等）した日から6か月以内に居住用に供している<br>☐　その年の12月31日（死亡の場合は死亡日）まで引き続き居住している | | | |
| 所得要件 | ☐　適用年の合計所得金額が2,000万円以下※1 | | | |
| 住宅要件 | ☐　住宅（又は増改築後）の登記簿の床面積が50㎡以上※1<br>☐　床面積の1/2以上が専ら自己の居住用<br>☐　贈与による取得又は一定の親族等（図表6-1-2参照）から取得したものでない | | | |
| 住宅要件 | 認定住宅等 | ☐　次のいずれかに該当<br>①　認定住宅<br>②　ZEH水準省エネ住宅<br>③　省エネ基準適合住宅<br>④　買取再販住宅 | 既存住宅 | ☐　新耐震基準に適合※2 |
| 住宅要件 | | | 増改築等 | ☐　一定の要件に該当する工事※3<br>☐　増改築等費用が100万円（補助金等控除後）超<br>☐　増改築等費用の1/2以上が居住用部分 |
| 借入金要件 | ☐　住宅の新築、購入、増改築等（それとともに購入する土地等）の借入金等<br>☐　返済期間が10年以上で、割賦償還により返済する借入金<br>☐　使用者等からの借入金等でその（実質）利率が無利子又は0.2%未満でない<br>☐　親族、知人等からの借入金等でない<br>【土地等先行取得の借入金がある場合】<br>☐　住宅の新築等の日以前に購入した当該住宅の土地等の借入金等で一定のもの（図表6-2-3） | | | |
| 控除率 | 0.7% | | | |
| 控除期間 | 13年間 | | 10年間 | |
| 借入限度額 | ①　認定住宅……………………5,000万円<br>②　ZEH水準省エネ住宅……4,500万円<br>③　省エネ基準適合住宅……4,000万円<br>④　上記以外の住宅…………3,000万円 | | ⑤　認定住宅等…………………………3,000万円<br>⑥　上記以外の住宅……………………2,000万円 | |

| 他の特例との関係 | □ 入居年、入居年の前2年及び後3年以内に譲渡所得の課税の特例等（321頁）を受けていないこと<br>□ 住宅借入金等特別控除［認定住宅・ZEH水準省エネ住宅］と認定住宅新築等特別税額控除（344頁）とは選択適用<br>□ 住宅借入金等特別控除［増改築等］と住宅特定改修特別税額控除（340頁）とは選択適用<br>□ 住宅借入金等特別控除［増改築等］と住宅耐震改修工事（348頁）とは併用可<br>□ 居住用財産の買換え等の場合の譲渡損失及び繰越控除制度との併用可 |
|---|---|

※1 新築・取得した住宅が特例居住用家屋である場合は、合計所得金額は1,000万円以下、床面積は40㎡以上50㎡未満となります。
※2 次のいずれかに当てはまる家屋であること
　① 昭和57年1月1日以降に建築されたもの
　② 上記①以外で、耐震基準を満たすもの（取得日前2年以内に証明済）
　③ 上記①、②以外で、要耐震改修住宅であるもの（取得日までに耐震改修を申請し、居住日までに耐震基準を満たすことが証明済）
※3 次のいずれかに当てはまる工事で、建築確認済証、検査済証、建築士等が発行する増改築等工事証明書により証明済のもの
　① 増築、改築、大規模修理、大規模模様替え
　② 床、階段、壁の過半について行う一定の修理、模様替え
　③ 居室、調理室、浴室、便所、洗面所、納屋、玄関、廊下の床又は壁の全部について行う修理、模様替え
　④ 地震に対する一定の安全基準適合の耐震改修工事
　⑤ 一定のバリアフリー改修工事
　⑥ 一定の省エネ改修工事

### 図表6-2-2　令和5年に住宅に入居した者の住宅借入金等特別控除の判定フロー

## 3　土地を先行取得した場合の要件

図表6-2-3　土地を先行取得した場合の要件

| 土地の取得・住宅の新築等の時期 | 土地の売主 | 借入又は債務 |
|---|---|---|
| ① 住宅の新築前2年以内にその住宅の土地を購入した場合※1 | 制限無し | 借入金※2 |
| | 給与所得者の使用者 | 債務（土地の売主） |
| ② 住宅の新築工事請負契約締結日前3か月以内の建築条件付きでその土地を購入した場合 | 宅地建物取引業者 | 借入金※2 |
| ③ 住宅の新築前一定期間内の建築条件付きでその土地を購入した場合 | 都市再生機構、地方公共団体、地方住宅供給公社、土地開発公社 | 借入金※2 |
| | | 債務（土地の売主） |
| ④ 住宅の新築工事着工後に住宅及びその土地の借入金等を受領（融資実行）した場合 | 制限無し | 借入金※3 |

※1　債権担保のための新築住宅に対する抵当権設定等が必要です。
※2　金融機関、地方公共団体、貸金業者、国家公務員共済組合、地方公務員共済組合、国家公務員共済組合連合会、日本私立学校振興・共済事業団・農林漁業団体職員共済組合、エヌ・ティ・ティ厚生年金基金、公共福祉厚生法人、給与所得者の使用者からのもの
※3　独立行政法人住宅金融支援機構、沖縄振興開発金融公庫、独立行政法人福祉医療機構、独立行政法人北方領土問題対策協会、国家公務員共済組合、地方公務員共済組合、給与所得者の使用者からのもの

## 4　借入金等（住宅ローン）を借り換えた場合の借入金等年末残高

借入金等（住宅ローン）を借り換えた場合、新たな住宅ローンが住宅借入金等特別控除の対象となる場合は、次の金額が控除対象の借入金等年末残高となります。

図表6-2-4　借入金等（住宅ローン）を借り換えた場合の借入金等年末残高

| 借換え内容等 | 条件等 | 控除対象の借入金等年末残高 |
|---|---|---|
| A　借換え直前の前住宅ローンの残高 | $A \geq B$ | 控除対象額 ＝ C |
| B　借換え後の新たな住宅ローンの借入時の金額 | | |
| C　借換え後の新たな住宅ローンの年末残高 | $A < B$ | 控除対象額 ＝ $C \times \dfrac{A}{B}$ |

## 5　住宅借入金等特別控除の計算

住宅借入金等特別控除額は、住宅等の取得対価の額と住宅等を取得するための借入金等年末残高のどちらか少ない方の金額に0.7%を乗じた金額となります（「（特定増改築等）住宅借入金等特別控除額の計算明細書」を使用）。

なお、住宅借入金等特別控除額の控除期間は新築住宅・買取再販住宅の場合は13年となりますが、既存住宅・増改築等の場合は10年となります。

6-2　住宅借入金等特別控除

### 図表6-2-5　住宅借入金等特別控除の計算（1年目～13年目又は10年）

| 住宅等の取得対価の額[*1] | | 住宅等の持分 | | 居住用割合[*2] | ① | 円 |
|---|---|---|---|---|---|---|
| | × | | × | % | | |

| 住宅ローン年末残高[*3] | | 連帯債務負担割合 | | 居住用割合[*2] | ② | 円 |
|---|---|---|---|---|---|---|
| | × | | × | % | | |

| 上記①と②の少ない方の金額 | ③ | 円 |
|---|---|---|

| 住宅借入金等特別控除額（上記③の金額×0.7％） | ④ | （100円未満切捨）円 |
|---|---|---|

※1　住宅等の取得対価の額は、補助金等がある場合又は住宅等の取得に際して住宅取得等資金の贈与の特例等を受けた場合は、それらの金額を控除した額となります（以下(2)も同じ）。なお、住宅等の取得対価の額に含まれるものは、図表6-2-6「住宅等の取得対価の範囲」のとおりです（以下(2)も同じ）。
※2　居住用割合が90％以上の場合は100％とします（以下(2)も同じ）。
※3　住宅ローン年末残高の借入限度額は、住宅の種類によりそれぞれの金額（319頁）になります（以下(2)も同じ）。

### 図表6-2-6　住宅等の取得対価の範囲

| 含まれるもの | 含まれないもの |
|---|---|
| ・門、塀等の構築物、電気器具、家具セット等の器具、備品又は車庫等の建物を家屋等と併せて同一の者から取得等をしている場合で、その取得等の対価の額が僅少※なもの（措通41-26）<br>・建築士に支払った家屋の設計料<br>・埋立て、土盛り、地ならし、切土、防壁工事その他の土地の造成に要した費用<br>・土地等と一括して取得した建物等の取壊し費用 | ・取得のための仲介手数料や登記手数料<br>・登録免許税、不動産取得税等の税金<br>・契約書に貼る印紙代<br>・利息や割賦事務手数料（措通41-20）<br>・建物建築業者以外に支払った門、塀等の構築物、電気器具、家具セット等の器具、備品又は車庫等 |

※　僅少とは、（家屋の本体価額＋門や塀等の対価の額）×10％に満たない場合です。

325

6-2　住宅借入金等特別控除

## 6　住宅借入金等特別控除額の居住開始年別一覧表

図表6-2-7　住宅借入金等特別控除額の居住開始年別一覧表

| 居住開始年 | 住宅の種類 | | 借入金限度額 | 控除限度額 | 控除期間 | 控除率 |
|---|---|---|---|---|---|---|
| 令和6年令和7年 | 新築住宅買取再販住宅 | 認定住宅 | 4,500万円 | 31.5万円 | 13年 | 0.7% |
| | | ZEH水準省エネ住宅 | 3,500万円 | 24.5万円 | | |
| | | 省エネ基準適合住宅 | 3,000万円 | 21万円 | | |
| | | 上記以外※2 | 2,000万円 | 14万円 | | |
| | 既存住宅増改築等 | 認定住宅等 | 3,000万円 | 21万円 | 10年 | |
| | | 上記以外 | 2,000万円 | 14万円 | | |
| 令和5年 | 新築住宅買取再販住宅 | 認定住宅 | 5,000万円 | 35万円 | 13年 | 0.7% |
| | | ZEH水準省エネ住宅 | 4,500万円 | 31.5万円 | | |
| | | 省エネ基準適合住宅 | 4,000万円 | 28万円 | | |
| | | 上記以外 | 3,000万円 | 21万円 | | |
| | 既存住宅増改築等 | 認定住宅等 | 3,000万円 | 21万円 | 10年 | |
| | | 上記以外 | 2,000万円 | 14万円 | | |
| 令和4年 | 新築住宅買取再販住宅 | 認定住宅 | 5,000万円 | 35万円 | 13年 | 0.7% |
| | | ZEH水準省エネ住宅 | 4,500万円 | 31.5万円 | | |
| | | 省エネ基準適合住宅 | 4,000万円 | 28万円 | | |
| | | 上記以外 | 3,000万円 | 21万円 | | |
| | 既存住宅増改築等 | 認定住宅等 | 3,000万円 | 21万円 | 10年 | |
| | | 上記以外 | 2,000万円 | 14万円 | | |
| | 特別特例取得※3 | 認定住宅 | 5,000万円 | 50万円 | 13年 | 1.0%※1 |
| | | 一般住宅 | 4,000万円 | 40万円 | | |
| 令和元年10月〜令和3年12月 | 認定住宅 | 特別特定取得 | 5,000万円 | 50万円 | 13年 | 1.0%※1 |
| | | 特定取得 | | | 10年 | 1.0% |
| | | 上記以外 | 3,000万円 | 30万円 | | |
| | 一般住宅 | 特別特定取得 | 4,000万円 | 40万円 | 13年 | 1.0%※1 |
| | | 特定取得 | | | 10年 | 1.0% |
| | | 上記以外 | 2,000万円 | 20万円 | | |
| 平成26年1月〜令和元年9月 | 認定住宅 | 特定取得 | 5,000万円 | 50万円 | 10年 | 1.0% |
| | | 特定取得以外 | 3,000万円 | 30万円 | | |
| | 一般住宅 | 特定取得 | 4,000万円 | 40万円 | | |
| | | 特定取得以外 | 2,000万円 | 20万円 | | |

※1　11年目から13年目の控除額は、年末借入金残高×1％の金額と消費税額を除いた建物価額×2％÷3の金額のいずれか少ない方の金額（控除限度額は、認定住宅が333,300円、それ以外の住宅が266,600円です。）です。

※2　令和6年以後に建築確認を受ける住宅（登記簿上の建築年月日が同年6月30日以前のものは除く。）又は建築確認を受けない住宅で登記簿上の建築日が同年7月1日以降のもの、及び特例居住用家屋については令和5年12月31日までに建築確認を受けたもの以外のものについてはこの特例の適用はありません。

※3　新型コロナ税特法適用を選択した場合です。

6-2　住宅借入金等特別控除

## 7　住宅借入金等特別控除の手続と添付書類等

　住宅借入金等特別控除の適用を受けるための手続等は、１年目と２年目以降で異なります。

### ⑴　１年目の手続等

　所轄税務署へ特例適用条文など所定の事項等を記載した確定申告書等を提出するとともに、以下の必要書類等を添付しなければなりません。

図表6-2-8　確定申告書の添付書類等（１年目）

【共　通】
- □　（特定増改築等）住宅借入金等特別控除の計算明細書
- □　金融機関等から交付された「住宅取得資金に係る借入金の年末残高等証明書」[2]
- □　家屋の売買契約書[1、2]又は工事請負契約書[1、2]など
- □　家屋の登記事項証明書（増改築後）[3]

【土地等購入に係る借入金等がある場合】
- □　土地等の売買契約書[1、2]など
- □　土地等の登記事項証明書[3]

【連帯債務がある場合】
- □　（付表）連帯債務がある場合の住宅借入金等の年末残高の計算書

【補助金等がある場合又は住宅取得等資金の贈与を受けた場合】
- □　市区町村の補助金等決定通知書など補助金等の額を証する書類[1]
- □　贈与税の申告書など住宅取得等資金の額を証する書類[1]

【認定住宅の場合】
①　認定長期優良住宅（又は低炭素建築物）の場合（両方が必要）
- □　都道府県、市区町村等の長期優良住宅建築等計画（又は低炭素建築物新築等計画）の認定通知書[1、4]
- □　市区町村の住宅用家屋証明書[1]又は建築士等の認定長期優良（又は認定低炭素）住宅建築証明書
②　低炭素建築物みなされる特定建築物の場合
- □　市区町村の住宅用家屋証明書（特定建築物用）[1]

【ZEH水準省エネ住宅又は省エネ基準適合住宅の場合】
- □　建築士等の住宅省エネルギー性能証明書又は登録住宅性能評価機関の建設住宅性能評価書[1]

【買取再販住宅の場合】
①　耐震基準を満たす場合
- □　次のいずれかの書類
  - ・耐震基準適合証明書
  - ・建設住宅性能評価書[1]
  - ・既存住宅売買瑕疵担保責任保険契約に係る付保証明書
- □　建築士等が発行する増改築等工事証明書
②　要耐震改修住宅である場合
- □　耐震改修の工事請負契約書[1]
- □　次のいずれかの書類
  - ・建築物の耐震改修計画の認定申請書[1]及び耐震基準適合証明書
  - ・耐震基準適合証明申請書[1]及び耐震基準適合証明書
  - ・建設住宅性能評価申請書[1]及び建設住宅性能評価書[1]
  - ・既存住宅売買瑕疵担保責任保険契約の申込書[1]及び同契約に係る付保証明書
- □　建築士等が発行する増改築等工事証明書
③　認定住宅に該当する場合
- □　前記【認定住宅の場合】に掲げる書類

**327**

□　上記①、②に該当する場合はその掲げる書類
　④　ZEH水準省エネ住宅又は省エネ基準適合住宅に該当する場合
　　　□　前記【ZEH水準省エネ住宅又は省エネ基準適合住宅の場合】に掲げる書類
　　　□　上記①、②に該当する場合はその掲げる書類

【既存住宅の場合】
①　認定住宅に該当する場合
　　　□　前記【認定住宅の場合】に掲げる書類
②　ZEH水準省エネ住宅又は省エネ基準適合住宅に該当する場合
　　　□　前記【ZEH水準省エネ住宅又は省エネ基準適合住宅の場合】に掲げる書類
③　上記①、②以外で前記【買取再販住宅の場合】の①、②に該当する場合
　　　□　その掲げる書類

【増改築等の場合】
　　　□　建築確認済証[※1]、検査済証[※1]又は建築士等が発行する増改築等工事証明書

【土地を先行取得した場合】
①　図表6-2-3の①に該当する場合
　　　□　住宅の登記事項証明書などで、土地に係る住宅借入金等の債権者の抵当権が住宅に設定されていることが確認できる書類[※1]
　　　□　国家公務員共済組合や給与所得者の使用者等の一定の住宅借入金等の債権者がその貸付等に係る条件に従って住宅が建築されたことを確認した旨を証する書類[※1]
②　図表6-2-3の②、③に該当する場合
　　　□　土地の分譲に係る契約書等で、住宅の工事請負契約書をその土地の分譲に係る契約締結後3か月以内に締結すること、又はその土地の購入の日後一定期間内に住宅を建築することを条件とすることが明らかにされていることが確認できる書類[※1]
③　図表6-2-3の④に該当する場合
　　　□　土地の購入日、住宅の工事請負契約日、その工事着工日、借入金の融資実行日及び住宅新築日までの流れで行われたことが確認できる書類[※1]

※1　「原本」ではなく「写し」でも構いません。
※2　令和5年以後入居の場合は添付不要となります（5年間保存義務有り）。
※3　「（特定増改築等）住宅借入金等特別控除の計算明細書」に不動産番号を記入することで添付が省略できます。
※4　計画変更の承認の場合は変更認定通知書です。


### (2)　2年目以降の手続等

　給与所得者等が年末調整でこの特別控除の適用を受ける場合（後記8）を除いて、所轄税務署へ特例適用条文など所定の事項等を記載した確定申告書等を提出するとともに、以下の必要書類等を添付しなければなりません。

図表6-2-9　確定申告書の添付書類等（2年目以降）

【共　通】
　　　□　（特定増改築等）住宅借入金等特別控除の計算明細書
　　　□　金融機関等から交付された「住宅取得資金に係る借入金の年末残高等証明書」[※]

【連帯債務がある場合】
　　　□　（付表）連帯債務がある場合の住宅借入金等の年末残高の計算書

※　令和5年以後入居の場合は添付不要となります（5年間保存義務有り）。

## 8　年末調整における住宅借入金等特別控除の手続

　確定申告書を提出して住宅借入金等特別控除の適用を受けた給与所得者等については、税務署から年末調整時に使用する入居2年目以降分の「年末調整のための（特定増改築等）住宅借入金等特別控除証明書」と「給与所得者の（特定増改築等）住宅借入金等特別控除申告書兼同計算明細書」が送付（10月頃）されてきます（当該証明書と当該申告書兼同計算明細書は1枚の用紙）ので、適用年分の「給与所得者の（特定増改築等）住宅借入金等特別控除申告書兼同計算明細書」に所定の事項等を記入の上、金融機関等から交付された「住宅取得資金に係る借入金の年末残高等証明書」と併せて勤務先等に提出することにより、年末調整で当該控除を受けることができます（措法41の2の2）。

## 9　個人住民税の住宅借入金等特別控除

　住宅借入金等特別控除の適用を受けた者で所得税額から控除しきれない額がある場合は、その控除不足額を限度に、翌年度の個人住民税額（所得割）から控除（所得税の課税総所得金額等の5％（限度額97,500円）※）されます。

　この控除を受けるためには、年末調整で住宅借入金等特別控除の適用を受けている場合を除き、原則として、所轄税務署へその年分の確定申告期限までに住宅借入金等特別控除の適用を受ける旨の確定申告書を提出する必要があります（地方税法附則5の4の2）。

　※　特別特例取得又は令和3年以前入居で特定取得の場合は7％（限度額136,500円）です。

### 【質疑応答】住宅借入金等特別控除の概要

□　災害により引き続き居住できなかった場合
　　住宅借入金等特別控除を受けていた住宅が台風によって一部が損壊し、その修復のために2か月間その住宅に住むことができませんでした。このような場合には、引き続き住んでいなかったこととなり、住宅借入金等特別控除の適用は受けられませんか。
⇒ 災害等のため一時的に居住の用に供しない期間がある場合も引き続いて居住しているものとして取り扱うこととされています。

□　財産分与により住宅を取得した場合
　　Aは離婚をし、財産分与によりAの前夫B所有の住宅（築後4年5か月）を取得しました。
　Bの家屋に係る住宅ローン債務………700万円
　Aが家屋に係る債務の返済に充てるためにC銀行から借り入れた借入金………700万円

　　　　上記借入金の償還期間………15年
　　　この場合、Aは住宅借入金等特別控除の適用を受けることができますか。
⇒ 居住要件等その他の要件を満たしていれば、住宅借入金等特別控除を受けることができます。

□　共有持分を追加取得した場合の住宅借入金等特別控除
　　離婚した前夫と、昨年、共有（各2分の1）でマンションを取得するとともに、それぞれ連帯債務者としてその取得に係る住宅借入金を借り入れ、同年分の確定申告で住宅借入金等特別控除の適用を受けました。その後、本年4月に前夫と離婚した際、財産分与により、前夫の共有持分を追加取得するとともに、新たに金融機関から借入れを行い、当初の連帯債務による借入金を全額返済しました。この財産分与で追加取得した共有持分についても住宅借入金等特別控除の適用を受けるこ

## 6-2 住宅借入金等特別控除

とはできるのでしょうか。なお、財産分与により取得したものは上記のマンション以外にはなく、住宅借入金等特別控除に係るその他の要件は満たしています。
⇒ 追加取得した持分も、要件を満たしていれば併せて住宅借入金等特別控除の適用を受けることができます。

☐ 父親が所有する家屋について増改築をした場合
　Aは父の所有する家屋に、銀行からの借入金によって増改築をしましたが、住宅借入金等特別控除の適用を受けられますか。
⇒ 自己の所有する家屋の増改築でないので、住宅借入金等特別控除を受けることはできません。

☐ 相続により取得した住宅に係る借入金
　父A及び子Bは持分を共有する住宅を取得し住宅借入金等特別控除を受けていました。その後、父Aの死亡によりその子Bが父Aの持分（家屋及び借入金）を相続した場合、父Aの持分について住宅借入金等特別控除の適用はありますか。
⇒ 住宅借入金等特別控除の対象となりません。

☐ 底地の取得及び取得対価の額
　15年前に取得した借地権付家屋について、昨年底地を購入し、本年中に旧家屋を取り壊すとともに家屋を新築しました。この場合の本年中に居住の用に供した新築家屋に係る住宅借入金等特別控除の適用についてはどのようになりますか。
15年前　借地権付家屋（旧家屋）の取得
昨　年　底地（1,500万円）の購入（底地の購入に係る借入金の本年の年末残高1,000万円）
　　　　本年2月　旧家屋の取壊し（300万円）の支出（取壊し費用に係る借入金の本年の年末残高300万円）
　　　　本年10月　家屋（3,000万円）の新築・入居（新築家屋に係る借入金の本年の年末残高3,000万円）
⇒ 家屋の新築等とともにする一定の底地の購入に係る借入金に限り住宅借入金等特別控除の対象となります。

☐ 共有の家屋を連帯債務により取得した場合の借入金の額の計算
　共働きの夫婦が、次のように連帯債務である借入金で、住宅を購入した場合、それぞれの住宅借入金等特別控除の対象となる借入金はどのように計算するのでしょうか。
　家屋及びその敷地の購入代金（夫婦2分の1ずつの共有）4,500万円
　頭金　500万円　借入金（夫婦の連帯債務）4,000万円
⇒ その負担についての当事者間の内部的契約内容により、それぞれの住宅借入金等特別控除の対象となる借入金の額が変わってきます。

### 住宅借入金等特別控除のチェックポイント

【居住要件】
☐ 控除を受けていた者が年の中途で死亡した場合は、控除は受けられないとしている。
　☞ 控除を受けていた者が死亡した場合は、死亡日まで引き続き居住していれば控除は受けられます。

☐ 住宅取得後6か月以内（前年12月28日）に入居したが、手続の遅れで住民票上の転居日は本年1月5日となったので、控除開始年は本年分からとしている。

6-2　住宅借入金等特別控除

☞　一般的には、入居年月日は住民票によりますが、それが実際の入居年月日と違う場合は、実際の入居年月日で判断をします。このケースの場合、前年分で控除を受けることになりますが、それが確認できる書類等（引越し時の請求書、領収書など）の提出が必要なります。なお、住民票上だけ6か月以内となるよう転居手続を行い、実際の入居年月日が6か月超えるようなときは控除を受けることはできません。

☐　住宅を新築したが、転勤で家族を残して単身赴任することになり、本人が居住していないので控除は受けられないとしている。

☞　新築した住宅に6か月以内に家族が入居し、その後も引き続き居住しているのであれば、控除は受けられます（措通41-1、41-2）。

☐　単身赴任（平成28年3月以前の取得は国内に限ります。）の場合に、留守家族である配偶者は扶養の対象あるいは生計を一にしている場合に限られると考えている。

☞　配偶者と生計を一にしているかどうかにかかわらず、配偶者が引き続き入居しているのであれば、その家屋の所有者が入居し引き続き居住の用に供しているものとして取り扱われます（措通41-1、41-2）。

☐　妻子のほか両親と同居してきたが、転勤命令を受け、転勤先（平成28年3月以前は国内に限ります。）に妻子を伴い転居した場合、引き続き居住しているのが両親だけのため控除が受けられないとしている。

☞　両親であっても、転居前において同居し、かつ生計を一にしている場合には、引き続き居住の用に供しているものとして取り扱われます。
　なお、転居前には同居していなかった両親に留守を預かってもらう場合は、たとえ両親と生計を一にしていたとしても、控除を受けることはできません。

☐　親の介護のために妻子を残して一時的に転居した場合に、控除が受けられないとしている。

☞　やむを得ない事情には、転勤のような外的要因に伴う事情だけでなく、転地療養のような個人的な事情も含まれますので、親の介護もやむを得ない事情に該当します。

【取得者要件】
☐　平成27年3月1日に住宅を取得し控除を受けていたが、平成28年分から自身は非居住者となるものの、家族が引き続き居住しているので控除は受けられるとしている。

☞　非居住者でも控除が受けられるのは住宅取得が平成28年4月1日以降の場合であり、平成28年3月31日以前の住宅取得は居住者に限られます。

☐　平成28年3月31日以前で土地の先行取得時に非居住者である場合には、土地に係る借入金は控除の対象ではないとしている。

☞　土地の先行取得時に居住者であるという要件はありません。

【所得金額要件】
☐　合計所得金額2,000万円の算出について、次の点を確認していない（322頁参照）。

☞　・純損失及び雑損失の繰越控除前の金額で計算します。
　・土地建物等の申告分離課税の所得は特別控除前の金額で計算します。
　・上場株式等の譲渡所得等は繰越控除前の金額で計算します。
　・先物取引の差金等決済の雑所得等は繰越控除前の金額で計算します。
　・分離課税の源泉徴収済の退職所得も加算します。

・特定口座（源泉徴収有）、上場株式等の配当所得（大口株主を除く。）、少額配当で申告不要としたものは加算しません。

・源泉分離課税の所得は加算しません。

【新築住宅】

☐ 控除を受けていた住宅が焼失した後、同年の年末までに住宅を新築し居住用に供したので、新築住宅のみを控除対象としている。

☞ 同時点で重複所有（家屋を2以上有する）しているものでないので、どちらの住宅も控除対象になります。なお、控除額は焼失住宅の控除額と新築住宅の控除額の合計額（限度額は各適用年の大きい方）となります。

☐ 付与された住宅エコポイントを、商品に交換したり、一定の追加工事の費用に充てたりしているにもかかわらず、家屋の取得対価の額からそのポイント相当額を控除していない。

☞ 省エネ住宅ポイント（住宅エコポイント）は、国又は地方公共団体からの補助金に該当しますので、家屋の取得対価の額からそのポイント相当額を控除する必要があります（措令26⑥）。

☐ 市区町村から「すまい給付金」等の補助金を受けているが、これを住宅の取得対価の額から控除していない。

☞ これらの住まい給付金等の補助金は住宅の取得対価の額から控除する必要があります。

☐ 控除を受けている年分又は前年分に住宅取得等資金の贈与の特例を受けているが、これを住宅の取得対価の額から控除していない。

☞ この住宅取得資金の受贈額を住宅の取得対価の額から控除する必要があります。

【増改築】

☐ マンションのリフォームは、全て住宅借入金等特別控除の対象になるとしてる。

☞ 単なる壁紙の張替えや壁の塗装だけなどの内装工事の場合はなりませんが、それらと含め一定の修繕・模様替を行った場合は控除の対象になります。

☐ 増改築等に係る契約をした場合に、地方公共団体からその工事に関し補助金を受領しているのに、補助金の額を控除しないで100万円を超えるかどうかの判定をしている。

☞ 平成26年3月30日以後は、その工事に関して補助金の交付を受ける場合には、工事費用の額から補助金等の額を控除して要件の判定をします。

☐ 控除の対象となる住宅の増改築等が共有（又は店舗併用）となっている場合、増改築等費用を按分した上で100万円を超えるかどうかの判定をしている。

☞ 増改築等費用の額が100万円を超えるかどうかは、共有（又は店舗併用）となっていても、按分することなく、1つの増改築等に施した費用の額で判定することになります。

【認定住宅】

☐ 認定住宅の新築等に係る住宅借入金等特別控除の適用を受けていたが、これを一般住宅の住宅借入金等特別控除に変更（選択替え）することができると考えている。

☞ 認定住宅の新築等に係る住宅借入金等特別控除を適用して確定申告書を提出した後は、更正の請求、修正申告及びその後の確定申告においては一般住宅の住宅借入金等特別控除（措法41①）に変更することはできません。

6-2 住宅借入金等特別控除

☐ 認定長期優良住宅等を取得し控除の適用を受けていたが、取得後 5 年目に、認定計画の取消しを
受けた場合はどうなるか。
☞ 控除期間内に長期優良住宅の認定取消しがあった場合には、その年分以降についてはこの控除
を受けることはできません。また、この控除は住宅借入金等特別控除（措法41①）と選択適用
のため、残りの控除期間で住宅借入金等特別控除も受けることはできません。

【居住割合】

☐ 居住割合90％の店舗併用住宅について、控除額の計算も90％としている。
☞ 居住割合が概ね90％以上の場合は100％として控除が受けられます（措通41-29）。

☐ 取得した住宅の居住用割合が次のように変更した場合はどのようになるか。

☞
| 居住割合 | | 変更後の居住用割合の計算 |
|---|---|---|
| 取得年 | 変更年 | |
| 100％ | 70％ | 変更後の居住用割合を基に計算します。 |
| 100％ | 40％ | 変更後50％未満となるのでこの年分以降適用できません。 |
| 70％ | 80％ | 変更後の居住割合を基に計算します。 |
| 40％ | 100％ | 取得年が50％未満なので変更しても適用がありません。 |

【床面積要件】

☐ 床面積の判定基準50㎡（又は40㎡）以上を、売買契約書上の面積で判定をしている。
☞ 登記事項証明書上の面積で判定することになります。

☐ 控除の対象となる住宅が共有（又は店舗併用）となっている場合の床面積の判定基準を按分した面
積で判定をしている。
☞ 住宅が共有（又は店舗併用）となっている場合でも按分することなく、その家屋全体の床面積に
よって判定することになります。

☐ 3 階建家屋で 1 階部分を車庫としているが、適用の可否の床面積の居住割合
を判定するに当たり、車庫部分の面積は対象外としている。
☞ 原則として、車庫が事業用に供されるものでない場合は車庫部分も居住
用に含めて判定することになります。

| 3 階 | 居住用 |
|---|---|
| 2 階 | 事業用 |
| 1 階 | 車 庫 |

【借入金】

☐ 住宅ローンの繰上げ返済により残りの償還期間が10年未満となり、その後の年分の控除はできな
いとしている。
☞ 繰上げ返済で残りの償還期間が短くなったとしても、当初契約の最初の償還月から、その短く
なった償還期間の最終の償還月までの期間が10年以上であれば、控除はできます（この期間が
10年未満となった場合は、それ以降の年分は控除できません）（措通41-19）。

☐ 昨年10月に住宅ローンを借り換え、借換え後の新たな住宅ローンの借入額（B）が直前の住宅ロー
ン残高（A）より増加しているのに、新たな住宅ローンの借入金等年末残高証明書の金額（C）を
そのまま控除対象としていた。
☞ 借換え後の借入金が増加している場合（A＜B）は、次の算式により計算した額が控除対象とな
る借入金等年末残高になります。

主な改正事項

1 所得税の概要

2 各種所得の計算

3 所得の金額と損益通算

4 所得控除

5 税額の計算

6 税額控除

7 非居住者

8 地方税

333

控除対象となる借入金等年末残高＝C×A÷B

□ 借換え直前の控除対象となる住宅ローンの借入金（A）と控除の対象とならない借入金（B）とを
1本化したが、借換え後の新たな借入金の年末残高証明書の金額（C）で控除額を計算している。
☞ 対象となる借入金の年末残高は、次の計算式で按分計算を行います。
対象となる借入金の年末残高＝C×A÷（A＋B）

□ 土地の先行取得に係る借入金はあるが家屋は自己資金で取得した場合、土地の借入金だけでも控
除が受けられるとしている。
☞ その年の年末現在で土地のみの借入金しかない場合は、控除を受けることはできません（措令
26⑲）（家屋の借入金があることが必須要件です。）。

□ 家屋の新築日前2年以内の土地の先行取得に係る借入金について、家屋に抵当権設定をせずに控
除が受けられるとしている。
☞ 土地の借入金に係る債権担保のための家屋を目的とする抵当権設定がない場合は、一定の場合
を除き、控除の対象となる借入金には該当しません。なお、抵当権設定がされた場合はそれ以
降の年分は対象となります。

□ 被相続人が生前に住宅ローンで一定の要件を満たす住宅等を取得して、死亡した日まで引き続き
居住の用に供したので準確定申告で住宅借入金等特別控除の適用を受けていた。
☞ 納税者の死亡により団体信用生命保険（契約者及び保険金受取人が銀行等、被保険者が納税者）が
銀行等に支払われ住宅ローンの残債が返済された場合には、その死亡の日において住宅ローン
の残高が無くなることからこの控除の適用を受けることができません。

□ 住宅を取得して夫の単独所有とし、その際の借入金の条件として夫婦の連帯債務とした場合に全
て夫の借入金としていない。
☞ その借入金の総額が夫の借入金となります。

□ 勤務先からの借入金（無利息）で住宅を新築したが、年末にその利率が年0.2％に変更された場合
には、その借入金は対象になるとしている。
☞ 年末に利率を年0.2％に変更したとしても、その年に支払うべき利息の額が年利0.2％相当額に
満たないときは、その借入金は対象となりません。

□ 父からの借入金で住宅等を取得したが、この借入金をA銀行からの借入金で返済した場合、A銀
行の借入金は対象にならないとしている。
☞ A銀行の借入金が父の借入金を消滅させるもので他の要件を満たしていれば、対象の借入金と
なります。

□ 居住用部分（60％）と事業用部分（40％）である家屋（1,000万円）を取得するための借入金が600
万円（と自己資金400万円）である場合、この借入金の全てを居住用部分としている。
☞ 借入金600万円を居住用部分と事業用部分とに按分計算を行う必要があります。

【控除期間】
□ 控除の適用を受けていたが控除期間5年を残して3年間の海外勤務（家族も帯同）をし、帰国後
に再居住すれば残りの5年間の控除は受けられるとしている。
☞ 帰国後の控除の期間は残り2年間となります（控除期間が延びることはありません。）。

6-2 住宅借入金等特別控除

【他の特例との関係】

☐ 令和3年9月30日に居住用家屋新築の工事請負契約（消費税率10%）を締結、令和4年9月30日に入居し住宅借入金等特別控除（措法41）の適用の確定申告をしたが、後日、新型コロナ税特法の適用の方が有利であると判明したので更正の請求ができるとしていた。

 ☞ 当初確定申告に法令の適用誤り、計算誤り等があるわけではなく、また措通41-33でその選択換えはできない旨定められているので、更正の請求はできません。

☐ 前々年、前年において、控除を受けていたが、本年に前住宅について譲渡所得の課税の特例を受けられるとしている。

 ☞ 本年分で前住宅について譲渡所得の課税の特例を受けるためには、本年分の確定申告期限までに、前々年分、前年分の修正申告（控除の適用取りやめ）を提出する必要があります（措法41の3①）。

☐ 現在、控除を受けている住宅を譲渡して譲渡所得の課税の特例を受ける場合、前々年、前年分の修正申告（控除の適用取止め）を提出する必要があるとしている。

 ☞ 控除の適用を受けている住宅については譲渡所得の課税の特例の制限はないので、修正申告の必要はありません。

☐ 前住宅について居住用財産の買換え等の場合の譲渡損失の損益通算及び繰越控除の特例（措法41の5）の適用を受けたので、買換住宅について控除はできないとしている。

 ☞ この特例（措法41の5）と住宅借入金等特別控除の適用は併用できます。

【その他】

☐ 令和2年中に個人間売買で中古住宅を取得した場合、控除限度額は40万円であるとしている。

 ☞ 個人間売買は消費税の課税対象にならず特定取得に該当しないので、控除限度額は20万円となります。なお、売主が個人事業者でその住宅が業務用資産（特定取得に該当）である場合は除きます。

☐ 2以上の住宅借入金等特別控除に該当（当初取得した住宅及びその後に追加で増改築等や財産分与で他方の持分を住宅取得）する場合、その控除額の上限は、当初住宅取得した年の控除額が限度額としている。

 ☞ 当初取得の年分と追加取得の年分で別々に計算した控除額の合計額（限度額は各適用年の大きい方）となります（措法41の2②）。

☐ 住宅借入金等特別控除を受けるための所得税の還付申告書は5年間に遡ってすることができるので、その各年分にその控除不足額があった場合は、同様に5年間は住民税からも控除されると思っている。

 ☞ 同控除の控除不足は住民税から控除（限度額あり）されることになりますが、住民税は原則として各年の確定申告期限までに確定申告書の提出（期限内申告書）が要件とされているので注意が必要です（地方税法附則5の4の2②⑦）。

335

# 申告書等の記載手順（住宅借入金等特別控除）

計算明細書の記載について
①「(特定増改築等)住宅借入金等特別控除」を受けられる方は、この計算明細書で控除額の計算を行います。
②住宅を共有名義で取得した場合は、共有者ごとにこの計算明細書を作成します。
③連帯債務に係る住宅借入金等がある場合は、「(付表)連帯債務がある場合の住宅借入金等の年末残高の計算明細書」（以下「計算書の付表」といいます。）の作成が必要です。

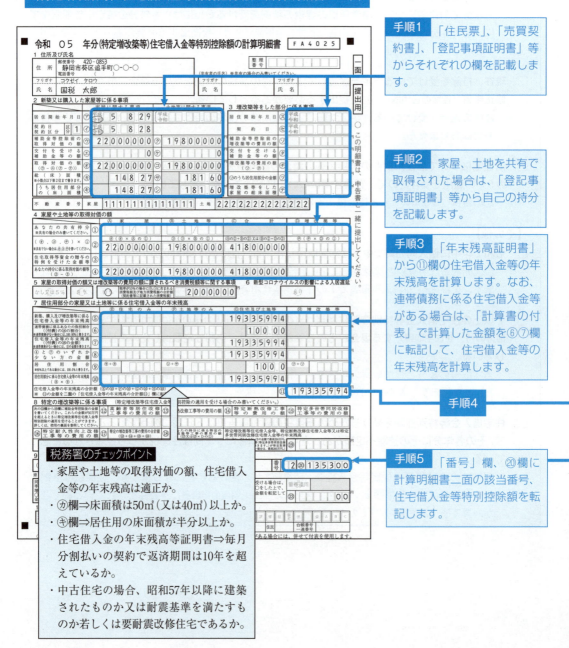

## （特定増改築等）住宅借入金等特別控除額の計算明細書　二面

令和05年分　（特定増改築等）住宅借入金等特別控除額の計算

氏名　国税　太郎

**手順4**　計算明細書二面の⑪欄に転記します。

⑪　19,335,994 円

**手順5**　②

135,300 円（最高21万円）

### （再び居住の用に供したことに係る事項）

| | 転居年月日 | 年　月　日 | 再居住開始年月日 | | 年　月　日 |
|---|---|---|---|---|---|
| 居住の用に供していない期間の家屋の用途 | | □賃貸の用　　年　月　日～　年　月　日 | | | |
| | | □空家　　　　□その他（　　　　　　　） | | | |
| その家屋に係る（特定増改築等）住宅借入金等特別控除の適用 | | 【再び居住の用に供した場合の再適用】再居住の用に供したことにより、（特定増改築等）住宅借入金等特別控除の再適用を受ける | | 【再び居住の用に供した場合の適用】再び居住の用に供したことにより、初めてその家屋に係る（特定増改築等）住宅借入金等特別控除の適用を受ける | |

※1　「令和４年１月１日から令和５年12月31日までの間に居住の用に供した場合」欄の「住宅の取得等が（特例）特別特例取得に該当するとき」欄は、令和４年中に居住の用に供した方のみが対象となります。

※2　②欄の金額を一面の②欄に転記します。

※3　②欄の括弧内の金額は、居住の用に供した日の属する年における住宅の取得等又は住宅の増改築等に係る控除限度額となります。

※4　（特例）特別特例取得及び（特別）特定取得については、控用の裏面の「用語の説明」を参照してください。

※5　「ZEH水準省エネ住宅」又は「省エネ基準適合住宅」に該当し、（特例）特別特例取得に該当する場合は、番号「1」の「住宅の取得等が（特例）特別特例取得に該当するとき」欄にて計算してください。

※6　「（再び居住の用に供したことに係る事項）」欄は、再居住の特例の適用を受ける方が、転居年月日や再居住開始年月日などを記載します。

### ○ 重複適用を受ける場合

二以上の住宅の取得等又は住宅の増改築等に係る住宅借入金等の金額がある場合（これらの住宅の取得等又は住宅の増改築等が同一の年に属するもので、上記の表で同一の欄を使用して計算する場合を除きます。）には、その住宅の取得等又は住宅の増改築等ごとに（特定増改築等）住宅借入金等特別控除額計算明細書を作成し、その作成した各明細書の②欄の金額の合計額を最も新しい住宅の取得等又は住宅の増改築等に係る明細書の②欄に記載します。

| 重複適用を受ける場合 | 各明細書の控除額（②の金額）の合計額（住宅の取得等又は住宅の増改築等に係る控除限度額のうち最も高い控除限度額が限度となります。）を記載します。 | ② | 円 0 0 |
|---|---|---|---|

※　②欄の金額を一面の②欄に転記します。

### ○ 不動産番号が一面に書ききれない場合

**税務署のチェックポイント**

1）　新築、取得又は増改築後６か月以内に入居し、年末まで居住しているか。

2）　提出書類に不備はないか。
①　（特定増改築等）住宅借入金等特別控除額の計算明細書
②　家屋の登記事項証明書
③　住宅借入金等の年末残高等証明書
④　家屋（敷地）の売買契約書、請負契約書等の写し

# 申告書等の記載手順（住宅借入金等特別控除）

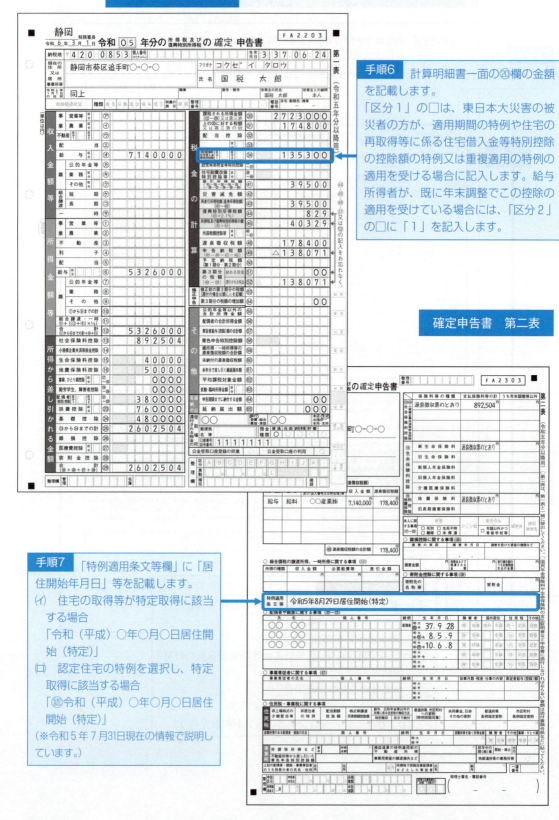

# 住宅借入金等特別控除関係書類のチェックポイント

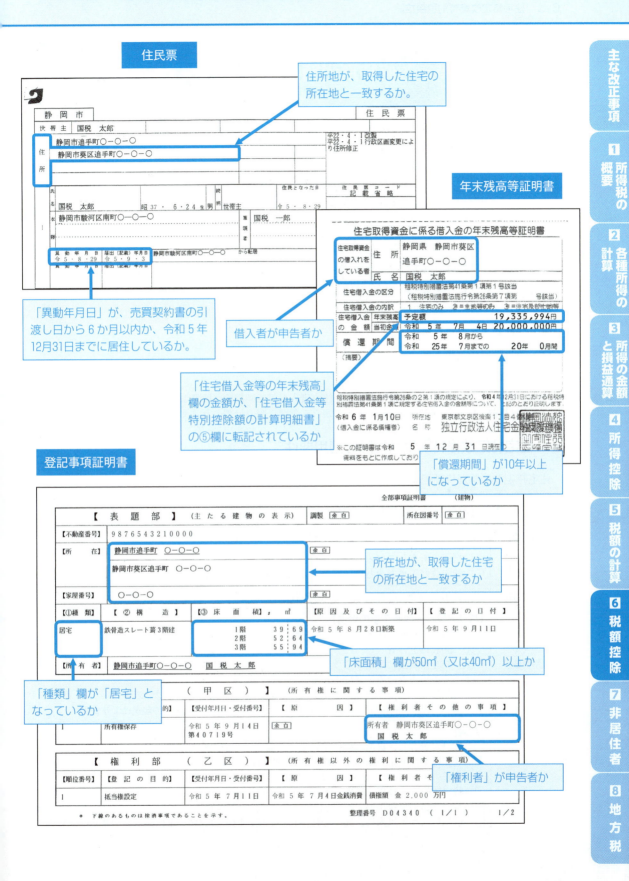

6-3 住宅特定改修特別税額控除

## 6-3 住宅特定改修特別税額控除

### 1 住宅特定改修特別税額控除の概要

個人が、国内において、自己の所有する居住用の家屋に特定改修工事等をし、一定の要件を満たすときは、その居住用に供した年分の所得税額から、一定の算式により計算した金額の税額控除（住宅特定改修特別税額控除）の適用を受けることができます（措法41の19の3）。

特定改修工事等とは次の特定改修工事を含む増改築等をいい、その工事がどれに該当するか、及びその工事費用の額等は建築士等が発行する増改築等工事証明書により確認します。

なお、この控除は住宅ローンの有無に関係なく適用を受けることができます。

① バリアフリー改修工事

② 一般省エネ改修工事

③ 多世帯同居改修工事

④ 耐久性向上改修工事

（注） 住宅ローンを利用した「特定増改築等住宅借入金等特別控除（措法41の3の2）」は令和3年12月31日以前入居分については、その入居年から5年間に限り適用されます。

### 2 住宅特定改修特別税額控除の適用要件

住宅特定改修特別税額控除の適用要件は以下のとおりです。

図表6-3-1 住宅特定改修特別税額控除の適用要件（令和5年入居者用）

| 項 目 | 要 件 の 内 容 等 |
|---|---|
| 居住要件 | □ 自己の所有している家屋で、自己の居住の用に供するものの改修工事<br>□ 特定改修工事を含む増改築等した日から6か月以内に居住用に供している |
| 所得要件 | □ 適用年の合計所得金額が3,000万円以下 |
| 適用者要件 | 【バリアフリー改修工事の場合】<br>□ 次のいずれかに該当する者（特定個人）<br>① 50歳以上の者<br>② 介護保険法に規定する要介護認定又は要支援認定を受けている者<br>③ 所得税法上の障害者である者<br>④ 65歳以上又は上記②、③に該当する親族と同居を常況としている者<br>（注） 年齢、同居の判定は居住年の12月31日（死亡の場合は死亡日）の現況によります。 |
| 改修要件 | 【共通】<br>□ 自己が所有し、自己の居住用に供する家屋の特定改修工事等<br>□ 登記簿上の家屋の床面積（特定改修工事等後）が50㎡以上<br>□ 家屋の床面積の1/2以上が自己の居住用<br>□ 特定改修工事費用（補助金等控除後）が50万円超<br>□ 特定改修工事費用の1/2以上が居住部分の工事費用<br>□ 前年以前3年以内に、同一の住宅について、同一の改修工事に係る住宅特定改修特別 |

340

6-3　住宅特定改修特別税額控除

| | 税額控除を受けていない（介護保険法施行規則76②に該当するバリアフリー改修工事、耐久性向上改修工事を除く） |
|---|---|
| 他の特例との関係 | ☐　住宅借入金等特別控除［増改築等］とは選択適用<br>☐　住宅耐震改修工事とは併用可（耐久性向上改修工事は除く。） |

## 3　住宅特定改修特別税額控除額の計算

　住宅特定改修特別税額控除等は、次の(1)特定改修工事に係る控除限度額及び(2)その他の改修工事に係る控除限度額の合計額です。

### 図表 6-3-2　住宅特定改修特別税額控除額の計算

| | | | |
|---|---|---|---|
| 特定改修工事の標準的な工事費用の額<br>（補助金等の控除後の額） | 控除対象限度額までの金額<br>（図表 6-3-3 参照） | ① | 円 |
| | 上記の額を超える金額 | ② | 円 |
| 特定改修工事以外の一定の工事費用の額（補助金等の控除後の額） | | ③ | 円 |
| 1,000万円 -（①+②）の金額 | | ④ | 円 |
| ③の金額と④のいずれか低い金額 | | ⑤ | 円 |
| 住宅特定改修特別税額控除額<br>①×10% +（②+⑤）× 5 % | | ⑥ | （100円未満切捨）<br>円 |

### (1)　特定改修工事に係る控除限度額

　特定改修工事の標準的な工事費用の額に係る控除限度額は以下のとおりです。

### 図表 6-3-3　特定改修工事に係る特定改修特別税額控除

| 居住年 | 特定改修工事 | | 標準的な工事費用<br>の控除対象限度額 | 控除率 |
|---|---|---|---|---|
| 令和 4 年<br>令和 5 年 | ① | バリアフリー改修工事 | 200万円 | 10% |
| | ② | 一般省エネ改修工事 | 250万円<br>（350万円） | |
| | ③ | 多世帯同居改修工事 | 250万円 | |
| | ④ | 一般省エネ改修工事又は住宅耐震改修工事と併せて行う耐久性向上改修工事 | 250万円<br>（350万円） | |
| | ⑤ | 一般省エネ改修工事及び住宅耐震改修工事と併せて行う耐久性向上改修工事 | 500万円<br>（600万円） | |

（注）　1　特定取得の場合のみとして計算しています。
　　　　2　カッコ内の金額は、一般省エネ改修工事と併せて太陽光発電装置を設置する場合の控除対象限度額です。

### (2)　その他の改修工事に係る控除限度額

　その他の改修工事（特定改修工事に係る標準的な費用の控除限度額の超過額と特定改修工事以外の一定の工事費用の額）の控除限度額は以下のとおりです。

6-3　住宅特定改修特別税額控除

### 図表6-3-4　その他の改修工事に係る特定改修特別税額控除

| 居住年 | その他の改修工事等 | | 左記の工事費用の限度額 | 控除率 |
|---|---|---|---|---|
| 令和4年令和5年 | ⑥ | 上記(1)の標準的な工事費用の控除対象限度額を超える工事 | 1,000万円から上記(1)の標準的な工事費用の限度額を控除した金額 | 5％ |
| | ⑦ | その特定改修工事と併せて行うその他の一定の工事 | | |

## 4　住宅特定改修特別税額控除の手続と添付書類等

　住宅特定改修特別税額控除の適用を受けるためには、所轄税務署へ特例適用条文など所定の事項等を記載した確定申告書等を提出するとともに、以下の必要書類等を添付しなければなりません。

### 図表6-3-5　確定申告書の添付書類等

【共　通】
□　住宅特定改修等特別税額控除額の計算明細書
□　家屋の登記事項証明書（特定改修工事後）※2
□　建築士等が発行する増改築等工事証明書

【バリアフリー改修工事で介護保険法に規定する要介護認定、要支援認定を受けている者がいる場合】
□　その者の介護保険の被保険者証※1

【介護保険法施行規則76②に該当する場合】
□　該当することを証する書類※1

【耐久性向上改修工事行っている場合】
□　都道府県・市区町村の長期優良住宅建築等計画の認定通知書（又は変更確認通知書）※1

※1　「原本」ではなく「写し」で構いません。
※2　「住宅特定改修等特別税額控除額の計算明細書」に不動産番号を記入することで添付が省略できます。

### 住宅特定改修特別税額控除のチェックポイント

□　住宅特定改修後6か月以内に居住したが、その年の年末まで引き続き居住していなかったのでこの控除が受けられないとしていた。
　☞　その年の年末まで引き続き居住する要件はないので、住宅特定改修後6か月以内に居住していれば控除は受けることができます。

□　バリアフリー改修工事を行った者は、全てこの控除が受けられるとしている。
　☞　原則として居住年の12月31日現在に特定個人（340頁）に該当しない場合は控除することはできません。

□　太陽光発電装置設置工事を行ったので、省エネ改修工事としての控除が受けられるとしている。
　☞　太陽光発電装置設置工事のみでは省エネ改修工事には該当しません。

□　借入金で住宅特定改修工事を行っていないので、この控除はできないとしている。
　☞　住宅特定改修工事を自己資金又は借入金で行っても、この控除は受けることができます。なお、要件を満たせばこの控除又は住宅借入金等特別控除の有利な方を選択適用ができます。

□　住宅特定改修工事と住宅耐震改修工事を併せて行った場合、併用して適用ができないとしている。
　☞　それぞれの要件を満たせば、併用して適用することができます。

# 申告書等の記載手順（住宅特定改修特別税額控除）

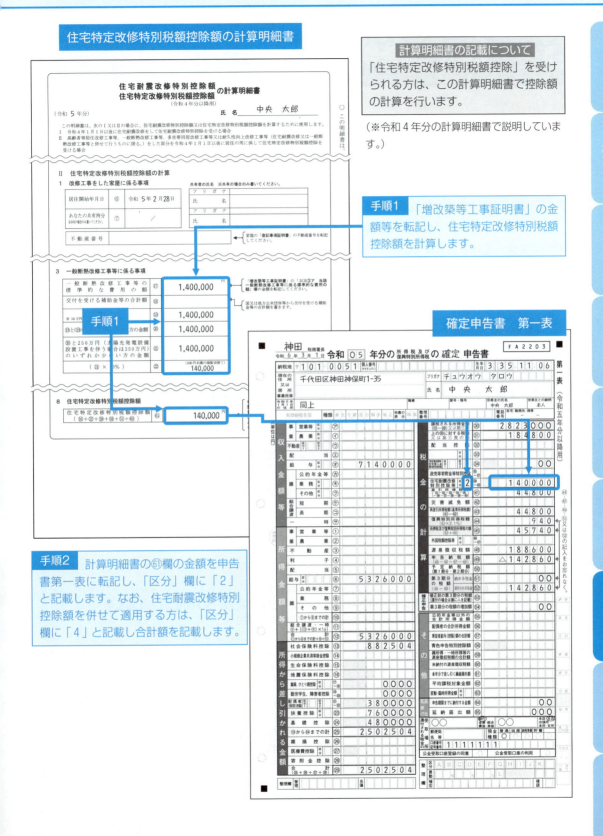

## 6-4　認定住宅新築等特別税額控除

### 1　認定住宅新築等特別税額控除の概要

　個人が、国内において、認定住宅※又はZEH水準省エネ住宅の新築又は購入等をし、一定の要件を満たすときは、その居住用に供した年分の所得税額から、一定の算式より計算した金額の税額控除（認定住宅新築等特別税額控除）の適用を受けることができます。

　また、その年分の所得税額から控除しきれない額があるときは、その控除不足額は翌年の所得税額から控除を受けることができます（措法41の19の4）。

　なお、この控除は住宅ローンの有無に関係なく適用を受けることができますが、選択により住宅ローンを利用した前記6-2の「住宅借入金等特別控除」の適用を受けることもできます。

　※　「認定住宅」とは、認定長期優良住宅及び低炭素建築物（低炭素建築物とみなされる特定建築物含む。）をいいます。

### 2　認定住宅新築等特別税額控除の適用要件

　認定住宅新築等特別税額控除の適用要件は次表のとおりになります。

図表6-4-1　認定住宅新築等特別税額控除の適用要件（令和5年入居者用）

| 要　件 | 認定住宅の適用要件の内容 |
|---|---|
| 居住要件 | ☐　令和5年1月1日から令和5年12月31日の間に自己の居住用に供している<br>☐　住宅を取得等した日から6か月以内に居住用に供し、適用年の12月31日（死亡の場合は死亡日）まで引き続き居住している |
| 所得要件 | ☐　適用年の合計所得金額が3,000万円以下 |
| 住宅要件 | ☐　登記簿上の家屋の床面積が50㎡以上<br>☐　家屋の床面積の1/2以上が自己の居住用<br>☐　新築又は建築後使用されたことのない住宅で次のいずれかに該当するもの<br>　①　認定住宅（認定長期優良住宅及び低炭素建築物）<br>　②　ZEH水準省エネ住宅<br>☐　贈与による取得又は取得時において自己と生計を一にし、取得後においても引き続き自己と生計を一にしている親族等から取得したものでないこと |
| 他の特例<br>との関係 | ☐　住宅借入金等特別控除とは選択適用<br>☐　居住用財産の買換え等の場合の譲渡損失又は特定居住用財産の譲渡損失及びその繰越控除制度との併用可<br>☐　入居年、その年の前2年及び後3年以内の6年間に当該住宅等以外の一定の資産について居住用財産を譲渡した場合の長期譲渡所得の課税（軽減税率）の特例（措法31の3）、居住用財産を譲渡所得の特別控除（3,000万円）（措法35①）を受けていないこと |

6-4　認定住宅新築等特別税額控除

## 3　認定住宅新築等特別税額控除の計算

認定住宅新築等特別税額控除の控除額は、対象住宅の標準的な性能強化費用（650万円が限度）に控除率（10%）を乗じた金額（最大65万円）となります。

#### 図表6-4-2　認定住宅新築等特別税額控除額（令和5年分）

| 居住年 | 対象住宅 | 標準的な性能強化費用に係る控除対象限度額 | 控除率 |
|---|---|---|---|
| 令和5年 | 認定住宅 ZEH水準省エネ住宅 | 650万円 | 10% |

## 4　認定住宅新築等特別税額控除の手続と添付書類等

認定住宅新築等特別税額控除の適用を受けるためには、所轄税務署へ特例適用条文など所定の事項等を記載した確定申告書等を提出するとともに、以下の必要書類等を添付しなければなりません。

また、その年の所得税額から控除しきれない控除不足額を翌年の所得税額から控除を受ける場合は、翌年の確定申告書に「認定住宅新築等特別税額控除額の計算明細書」を添付する必要があります。

#### 図表6-4-3　確定申告書の添付書類等

【共　通】
□　認定住宅新築等特別税額控除額の計算明細書
□　家屋の売買契約書又は工事請負契約書[1、2]
□　家屋・土地の登記事項証明書[3]

【認定長期優良住宅（又は低炭素建築物）の場合（両方が必要）】
□　都道府県、市区町村の長期優良住宅建築等計画（又は低炭素建築物新築等計画）の認定通知書[1、4]
□　市区町村の住宅用家屋証明書[1]又は建築士等の認定長期優良（又は認定低炭素）住宅建築証明書

【低炭素建築物とみなされる特定建築物の場合】
□　市区町村の住宅用家屋証明書（特定建築物用）[1]

【ZEH水準省エネ住宅の場合】
□　建築士等の住宅省エネルギー性能証明書又は登録住宅性能評価機関の建設住宅性能評価書[1]

※1　「原本」ではなく「写し」でも構いません。
※2　令和5年以後入居の場合は添付不要となります（5年間保存義務有り）。
※3　「認定住宅新築等特別税額控除額の計算明細書」に不動産番号を記入することで添付が省略できます。
※4　計画変更の承認の場合は「変更認定通知書」になります。

**345**

6-4　認定住宅新築等特別税額控除

## 認定長期優良住宅新築等特別控除のチェックポイント

☐　本年分に認定長期優良住宅を取得し居住用に供しこの適用を受け控除不足額があったが、その控除不足額は翌年に繰り越すことはできないとしていた。

☞　居住年の所得税から控除しきれない場合は、その控除不足額は翌年分の所得税から控除することができます（措法41の19の4③）。なお、居住年の合計所得金額が3,000万円を超える場合はこの控除は適用できず、また翌年の合計所得金額が3,000万円を超える場合は控除不足額の控除はできません（措法41の19の4⑤）。

☐　認定住宅新築等特別税額控除の適用を受けたが、その翌年に、認定計画の取消しを受けた場合でも、初年度から繰り越された控除額は受けられると考えている。

☞　長期認定優良住宅等について認定計画等の取消しがあった場合でも初年度の控除は認められます。その翌年に繰り越された控除額は控除できません。

☐　本年9月に認定長期優良住宅を取得し居住用に供していたが、本年分の申告すべき所得がなかったので控除は受けられないとしていた。

☞　認定長期優良住宅を取得し居住用に供した年が確定申告をすべき場合に該当しないときは、翌年の確定申告（所定の添付書類は提出）で控除することができます（措法41の19の4③）。

☐　前住宅について譲渡所得の課税の特例等（321頁の①、②）を受けているにもかかわらず、この控除を受けている。

☞　本年、その年の前2年又は後3年以内の6年間において、前住宅について譲渡所得の課税の特例等を受けていた（受ける）場合は、この控除は受けられません（措法41の19の4⑫⑬）。

☐　借入金で認定長期優良住宅を取得し居住用に供していたが、この控除と住宅借入金等特別控除（認定住宅）は併用できるとしていた。

☞　認定住宅新築等特別税額控除と住宅借入金等特別控除（認定住宅）は選択適用です（措法41㉒）。

☐　認定住宅新築等特別税額控除の適用を受けたが、その後において住宅借入金等特別控除（認定住宅）に選択替えをすることはできると考えていた。

☞　認定住宅新築等特別税額控除の適用をして確定申告書を提出した場合には、その後の更正の請求、修正申告又は確定申告において住宅借入金等特別控除（認定住宅）に選択替えをすることはできません（措通41の19の4-2）。

☐　夫婦で認定長期優良住宅を取得し居住用に供していたが、各々で異なる控除（夫はこの控除の適用、妻は住宅借入金等特別控除（認定住宅）の適用）はできないとしていた。

☞　それぞれの控除の要件を満たすものであれば、各々異なる控除を適用できます。

346

# 申告書等の記載手順（認定住宅新築等特別税額控除額）

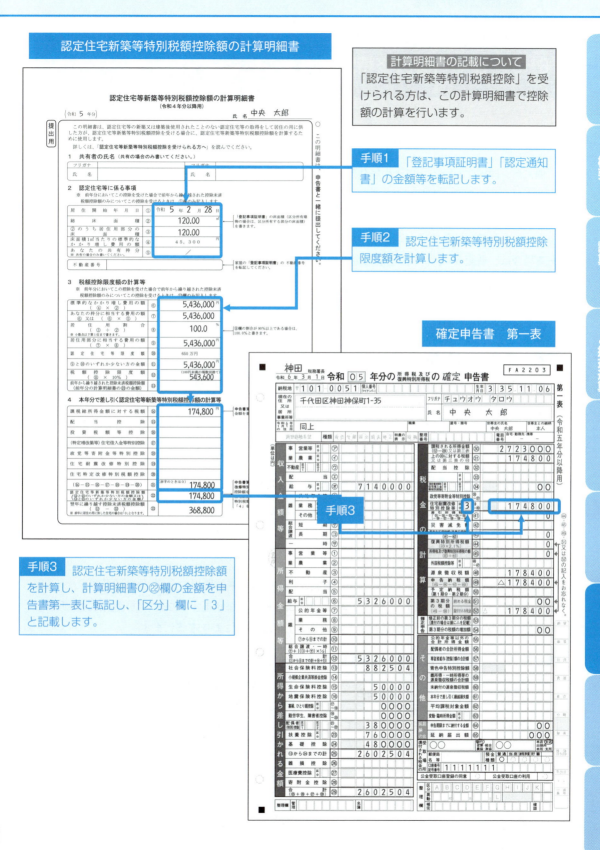

6-5　住宅耐震改修特別控除

# 6-5　住宅耐震改修特別控除

## 1　住宅耐震改修等特別控除の概要

　個人が、国内において、自己の居住用に供する家屋の耐震改修を行った場合、一定の要件を満たすときは、その年分の所得税額から一定の算式により計算した金額の税額控除（住宅耐震改修特別控除）の適用を受けることができます（措法41の19の2）。

　なお、この控除は住宅ローンがない場合でもその適用を受けることができますが、住宅ローンがある場合は、前記6-2の「住宅借入金等特別控除［増改築等］」と併用することができます。

## 2　住宅耐震改修特別控除の適用要件

　住宅耐震改修特別控除の適用要件は次のとおりになります。

図表6-5-1　住宅耐震改修特別控除の適用要件（令和5年分）

| 要　件 | 適　用　要　件　の　内　容 |
|---|---|
| 住宅要件 | □　自己の居住用に供する昭和56年5月31日以前の建築家屋<br>　　（自己の所有でない家屋も対象可） |
| 改修要件 | □　一定の耐震基準に適合させるための住宅耐震改修であることについて増改築等工事証明書又は住宅耐震改修証明書により証明がされたもの |
| 他の特例<br>との関係 | □　住宅借入金等特別控除［増改築等］と併用可<br>□　住宅特定改修特別税額控除（耐久性向上改修工事は除く）と併用可 |

## 3　住宅耐震改修特別控除の計算

　住宅耐震改修特別控除の控除額は、住宅耐震改修工事の標準的費用の金額（補助金等控除後）（250万円が限度）に控除率（10%）を乗じた金額（最大25万円）となります。なお、住宅耐震改修工事の標準的費用の金額は建築士等が発行する増改築等工事証明書により確認します。

図表6-5-2　住宅耐震改修特別控除額の計算（令和5年分）

| 居住年 | 対象住宅 | 標準的な工事費用の額<br>に係る控除対象限度額 | 控除率 |
|---|---|---|---|
| 令和5年 | 住宅耐震改修工事 | 250万円 | 10% |

**348**

6-5　住宅耐震改修特別控除

## 4　住宅耐震改修特別控除の手続と添付書類等

　住宅耐震改修特別控除の適用を受けるためには、所轄税務署へ特例適用条文など所定の事項等を記載した確定申告書等を提出するとともに、以下の必要書類等を添付しなければなりません。

### 図表6-5-3　確定申告書の添付書類等

- □　住宅耐震改修特別控除額の計算明細書
- □　家屋の登記事項証明書（耐震改修後）※
- □　建築士等の増改築等工事証明書又は地方公共団体長等の住宅耐震改修証明書

　※「住宅耐震改修特別控除額の計算明細書」に不動産番号を記入することで添付が省略できます。

### ■ 税理士のアドバイス

**増改築工事と併せて耐震工事をしたら？**

　この住宅耐震改修特別控除は、住宅借入金等特別控除との併用ができますので、昭和56年5月31日以前に建築された家屋を借入金により耐震工事を行った場合には、適用漏れのないようご注意ください。なお、この住宅耐震改修特別控除は、住宅借入金等特別控除と異なり、自己の居住用に供する家屋でさえあれば、家屋の所有者であるかどうかは問いません。

### ■ 住宅耐震改修特別控除のチェックポイント

- □　昭和56年6月1日以降に建築された家屋の住宅耐震改修工事についても控除が受けられるとしていた。
  - ☞　昭和56年5月31日以前に建築された家屋に限ります。なお、要件を満たせば住宅借入金等特別控除の適用は受けられます。

- □　親が所有する家屋に子が住宅耐震改修を行ったので、控除は受けられないとしていた。
  - ☞　自己が所有する家屋でない場合でも、自己の居住用にする家屋であれば控除はできます。

- □　住宅耐震改修後、年末までに居住用に供していないので、適用はできないとしている。
  - ☞　居住用に供すると認められる家屋であれば、年末まで居住することは要件ではありません。住宅耐震改修が完了した日の属する年分に控除はできます。

- □　住宅耐震改修後の床面積が50㎡未満であるから控除は受けられないとしていた。
  - ☞　床面積の制限要件はありませんので50㎡未満でも控除は受けられます。

- □　住宅耐震改修を行ったが、合計所得金額が3,000万円を超えたため控除は受けられないとしていた。
  - ☞　合計所得金額の制限要件がないので3,000万円を超えていても控除は受けられます。

- □　市区町村等からの補助金等は標準的な費用の額からは控除する必要はないとしていた。
  - ☞　平成26年4月1日以降に住宅耐震改修をした場合は、補助金等は標準的な費用の額から控除しなければなりません。

- □　借入金で住宅耐震改修を行ったが、住宅借入金等特別控除とは選択適用であるとしていた。
  - ☞　それぞれの要件を満たすときは、住宅借入金等特別控除と併用して控除できます。

**349**

# 申告書等の記載手順（住宅耐震改修特別控除）

## 住宅耐震改修特別控除額の計算明細書

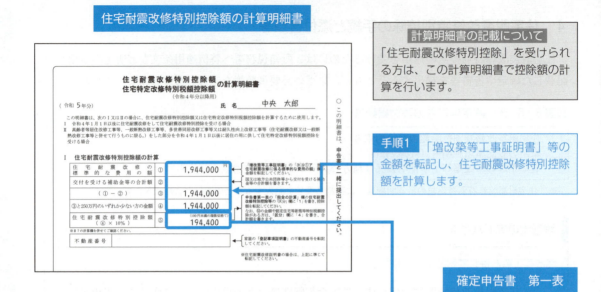

### 計算明細書の記載について
「住宅耐震改修特別控除」を受けられる方は、この計算明細書で控除額の計算を行います。

**手順1** 「増改築等工事証明書」等の金額を転記し、住宅耐震改修特別控除額を計算します。

## 確定申告書　第一表

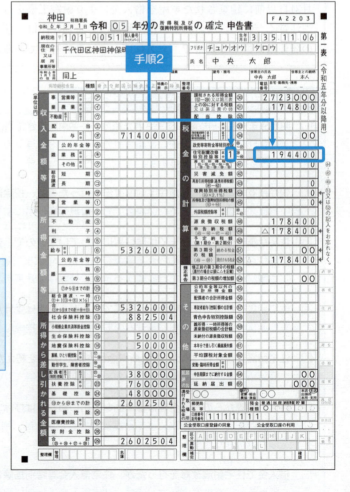

**手順2** 計算明細書の⑤欄の金額を申告書第一表に転記し、「区分」欄に「1」と記載します。なお、住宅特定改修特別税額控除額を併せて適用する方は、「区分」欄に「4」と記載し合計額を記載します。

6-6　再び住宅を居住の用に供した場合の（特定増改築等）住宅借入金等特別控除の再適用等

## 6-6　再び住宅を居住の用に供した場合の（特定増改築等）住宅借入金等特別控除の再適用等

　個人が、住宅を居住用に供しなくなった以降は、原則として、その住宅借入金等特別控除の適用を受けることはできませんが、勤務先等からの転任の命令に伴う転居などやむを得ない事由により居住用に供しなくなった場合には、所定の手続等により、当該住宅を再び居住用に供した年以降（適用期間は延長されません。）の各年分について、当該控除の再適用又は適用を受けることができます（措法41㉕㉖）。

　（注）　「特定増改築等住宅借入金等特別控除（措法41の3の2）」は令和3年12月31日以前入居分については、その入居年から5年間に限り適用されます。

### 1　住宅借入金等特別控除の再適用等要件

　住宅借入金等特別控除の再適用等要件は以下のとおりです。

図表6-6-1　住宅借入金等特別控除の再適用等要件

| 項　目 | 再び居住用に供した場合の再適用<br>（居住年の翌年以後転居し再居住した場合） | 再び居住用に供した場合の適用<br>（居住年に転居し再居住した場合） |
|---|---|---|
| 転居事由等 | 勤務先からの転任の命令等に伴う転居、その他これに準ずるやむを得ない事由により、その住宅を居住用に供しなくなったこと | |
| 再居住内容 | その住宅に係る住宅借入金等特別控除の適用を受けていたが、上記の転居事由等により居住用に供しなくなった後、その事由等が解消し、その住宅を再び居住用に供した場合 | 住宅の新築等をして居住用に供していたが、その居住年の12月31日までの間に、上記の転居事由等により居住用に供しなくなった後、その事由等が解消し、その住宅を再び居住用に供した場合 |
| 再居住要件 | その住宅に係る住宅借入金等特別控除の適用を受けていること | その住宅の新築等をした日から6か月以内に居住用に供していること[※1] |
| | 再び居住用に供した日以後の各年の12月31日まで引き続き居住用に供していること | |
| 所得要件 | 適用年の合計所得金額（223頁）が2,000万円以下[※2]であること | |
| その他の要件等 | 「転任の命令等により居住しないこととなる旨の届出書」を所轄税務署に提出していること | 上記以外の要件については、住宅借入金等特別控除の適用要件（322頁）を満たしていること |
| 再適用等の制限 | 再び居住用に供した日の属する年においてその住宅を賃貸用に供していた場合は、その年の翌年以後の適用年分について、再適用等を受けることになります。 | |

　※1　平成24年12月31日以前は、同事由により居住用に供しなくなった後、当初居住年の翌年以降にその事由等が解消し、その住宅を再び居住用に供した場合に限定されています。
　※2　特別特例取得、令和3年以前入居の場合は3,000万円、特例居住用家屋の場合は1,000万円です。

### 2　住宅借入金等特別控除の再適用等の手続と添付書類等

　住宅借入金等特別控除の再適用等を受けるためには、所轄税務署へ転居前の所定の手続のほか、再入居後においては、特例適用条文など所定の事項等を記載した確定申告書等を提出するとともに、

**351**

6-6　再び住宅を居住の用に供した場合の（特定増改築等）住宅借入金等特別控除の再適用等

以下の必要書類等を添付しなければなりません。

**図表6-6-2　住宅借入金等特別控除の再適用等の手続及び添付書類等**

| 転居前後の手続等 | 再び居住用に供した場合の再適用 | 再び居住用に供した場合の適用 |
|---|---|---|
| 転居前の手続等 | 次の書類を所轄税務署へ提出すること<br>☐　転任の命令等により居住しないこととなる旨の届出書<br>☐　未使用の「年末調整のための（特定増改築等）住宅借入金等特別控除証明書」及び「給与所得者の（特定増改築等）住宅借入金等特別控除申告書兼同計算明細書」 | 不　要 |
| 再入居後の手続等 | ☐　（特定増改築等）住宅借入金等特別控除額の計算明細書<br><br>☐　住宅取得資金に係る借入金等の年末残高等証明書※2<br>【連帯債務がある場合】<br>☐　（付表）連帯債務がある場合の住宅借入金等の年末残高の計算明細書 | ☐　転任の命令等その他これに準ずるやむを得ない事由によりその住宅に居住しなくなったことを明らかにする書類※1<br>☐　住宅借入金等特別控除の手続と添付書類等（327頁）にある必要書類等 |

※1　「原本」ではなく「写し」で構いません。
※2　令和5年以後入居の場合は添付不要となります。

## 3　年末調整における住宅借入金等特別控除の再適用等の手続

確定申告書を提出して再び居住用に供した住宅借入金等特別控除の適用を受けた給与所得者等についての手続等は、前記6-2の「8　年末調整における住宅借入金等特別控除の手続」（329頁）と同様に行います。

### 【質疑応答】再び住宅を居住の用に供した場合の住宅借入金等特別控除

☐　**再居住を複数回行った場合**

　6年前に住宅を取得し住宅借入金等特別控除の適用を受けていましたが、4年前に転勤により転居しました。その後、2年前に再居住したため、住宅借入金等特別控除の再適用を受けていますが、本年、再度転勤により転居することになりました。将来、その家屋に再居住した場合に、住宅借入金等特別控除の再適用はありますか。

⇒ 再居住を複数回行った場合でも、要件を満たしていれば、住宅借入金等特別控除の再適用が認められます。

☐　**家屋を賃貸の用に供していた場合の例示**

　住宅借入金等特別控除の再適用は、再居住した年に家屋を賃貸の用に供していた場合には、再居住した年は受けられないとのことですが、次のような場合は、賃貸の用に供していた場合に該当するのでしょうか。

⑴　家屋を親族に無償で貸し付けた場合
⑵　自家用車の駐車スペースを貸し付けた場合
⑶　庭の一部を整地し、駐車場として貸し付けた場合
⑷　家屋の一部を物置として貸し付けた場合

## 6-6 再び住宅を居住の用に供した場合の（特定増改築等）住宅借入金等特別控除の再適用等

(5) 当初居住の用に供したときから貸店舗併用住宅である場合
⇒ 再居住した年に家屋（敷地を除く。）を賃貸の用に供していた場合は、再居住した年は住宅借入金等特別控除は受けられません。

### 再居住した場合の再適用のチェックポイント

☐ （特定増改築等）住宅借入金等特別控除を受けていたが、本年4月に会社の転勤命令があり、税務署に所定の届出書を提出しないまま転居したので、戻ってきたときには再適用はできないとしている。
☞ その提出しなかったことにやむを得ない事情があると認められるときは、その後提出があった場合に限り再適用は認められます。

☐ 転地療養のため家族全員で一時実家に移り住んだ場合に、再居住の場合の再適用を受けられるとしている。
☞ この場合の転地療養は、勤務先からの転任命令のような外的要因ではなく個人的事情であり、再適用の要件であるやむを得ない事情には該当しません。

☐ 夫が転任命令を受け転居するが、妻は夫に同行するため会社を休職する場合、再び居住の用に供したとしても、妻は受けられないとしている。
☞ 妻の転居は妻の勤務先からの転任命令等やむを得ない直接的な事情があるわけではありませんが、夫の転任命令という外的要因に基因していますので、やむを得ない事情に該当することとなります。

☐ 当初3年予定であった転任期間中に3年契約で住宅を賃貸していたが、1年で転勤が解消された場合、2年間住宅に再居住できないことから、控除は受けられないとしている。
☞ 再び居住用に供する日について、そのやむを得ない事情の解消後、直ちに再居住しなければならないという要件はないため、その住宅に係る賃貸借が終了し、再び居住の用に供した時は、その翌年から控除を受けることができます。

☐ 転勤が解消し再居住した年に家屋を賃貸していた場合、年末時点では居住しているので控除を受けられるとしている。
☞ 再居住を開始した年に家屋を賃貸していた場合は、控除は翌年からとなります。

## 6-7 配当控除

### 1 配当控除の概要

　居住者が国内に本店（又は主たる事務所）がある法人から受ける剰余金の配当、利益の配当、剰余金の分配、金銭の分配又は証券投資信託の収益の分配に係る配当所得があるときに、総合課税を選択して確定申告をした場合、その配当金額に対して一定額の税額控除を受けることができます（法92）。なお、申告分離課税を適用した上場株式等に係る配当所得については、配当控除は適用されません（措法8の4）。

図表6-7-1　配当控除の対象となる配当所得の区分

| 対象となるもの | 対象とならないもの |
|---|---|
| ・剰余金の配当<br>・利益の配当<br>・剰余金の分配（出資に係るものに限る。）<br>・金銭の分配（投資法人から受ける金銭の分配で出資等減少分配以外のもの）<br>・証券投資信託の収益の分配（公社債投資信託及び公募公社債等運用投資信託を除く。）<br>・特定証券投資信託の配当等<br>・特定株式投資信託（ETF）の配当等<br>・外貨建等証券投資信託の配当等<br>・特定受益証券発行信託の収益の分配（適格現物分配に係るものを除く。）<br>・みなし配当 | ・確定申告不要制度を選択したもの<br>・申告分離課税を選択したもの<br>・外国法人から受ける利益の配当<br>・国外私募公社債等運用投資信託等の配当等<br>・私募公社債等運用投資信託等の収益分配金<br>・特定目的会社（信託）から受ける配当等<br>・外国株価指数連動型特定株式投資信託の配当等<br>・特定外貨建等証券投資信託の配当等<br>・投資信託のうち法人課税信託に該当するもの<br>・投資法人から支払を受けるべき配当等<br>・不動産投資信託（REIT）の配当<br>・基金利息 |

図表6-7-2　証券投資信託の分類と配当控除

| 証券投資信託の分類 | | | 配当控除 |
|---|---|---|---|
| 証券投資信託 | 特定証券投資信託 | | 5％ |
| | | 外貨建等証券投資信託（信託財産の総額のうちに占める「外貨建資産割合」及び「非株式割合」のいずれもが50％超75％以下と定められているもの） | 2.5％ |
| | 特定外貨建等証券投資信託（信託財産の総額のうちに占める「外貨建資産割合」又は「非株式割合」のいずれかが75％超と定められているもの） | | なし |
| | 特定株式投資信託（株価指数連動型の上場投資信託（TOPIX連動型上場投資信託・上場インデックスファンド225などのETF） | | 10％ |
| | 不動産投資信託（REIT）（投資信託の受益証券又は投資証券のうち、投資家から集めた資金で不動産を取得し、当該不動産から生じる利益を投資家に分配するもの） | | なし |
| | 公社債投資信託（投資対象に株式を一切組み入れないこととして、公社債（債券）などで運用する証券投資信託のことをいい、MMF、MRFなどがあります。） | | なし |
| 法人から受ける剰余金の配当、利益の配当、剰余金の分配、金銭の分配 | | | 10％ |

6-7　配当控除

## 2　配当控除額の計算

配当控除の金額は、原則として、課税総所得金額等※が1,000万円以下の場合は対象金額の10％、1,000万円を超える場合、対象金額のうち課税総所得金額等が1,000万円を超える部分に相当する額の５％、それ以外の部分に相当する額の10％になります。

※　「課税総所得金額等」とは、課税総所得金額、分離課税の課税長期（短期）譲渡所得の金額、分離課税の上場株式等に係る課税配当所得等の金額、上場株式等に係る課税譲渡所得等の金額、一般株式等に係る課税譲渡所得等の金額及び先物取引に係る課税雑所得等の金額の合計額をいいます。

### 図表6-7-3　配当控除額の計算

| 課税総所得金額等1,000万円以下 | 配当控除対象金額　　　　　　　円　×　10％※1 | | 配当控除額※2　　　　円 |
|---|---|---|---|
| 課税総所得金額等1,000万円超 | 課税総所得金額等　　　　　　　円　－　1,000万円 | ① | 円 |
| | 配当控除対象金額　　　円　－　①の金額　　　円 | ② | （赤字のときは0）円 |
| | 配当控除対象金額　　　円　－　②の金額　　　円 | ③ | 円 |
| | ②×10％※1　＋　③×５％※1 | | 配当控除額※2　　　　円 |

※1　配当控除の対象金額のうち、投資信託（特定株式投資信託を除く。）の分配金の額に対する配当控除の率は図表6-7-4の「非株式割合」と「外貨建資産割合」がともに50％以下の場合の率となります。

※2　配当控除額がその年分の所得税額を超えるときは、その所得税額が限度となります。

### 図表6-7-4　特定証券投資信託※の配当控除率

| 区　　分 | | 外貨建資産割合 | | |
|---|---|---|---|---|
| 非株式割合 | 課税総所得金額等 | 50％以下 | 50％超75％以下 | 75％超 |
| 50％以下 | 1,000万円以下部分 | 所得税５％住民税1.4％ | 所得税2.5％住民税0.7％ | なし |
| | 1,000万円超部分 | 所得税2.5％住民税0.7％ | 所得税1.25％住民税0.35％ | |
| 50％超75％以下 | 1,000万円以下部分 | 所得税2.5％住民税0.7％ | 所得税2.5％住民税0.7％ | なし |
| | 1,000万円超部分 | 所得税1.25％住民税0.35％ | 所得税1.25％住民税0.35％ | |
| 75％超 | 1,000万円以下部分 | なし | なし | なし |
| | 1,000万円超部分 | | | |

※　「特定証券投資信託」とは、公社債投資信託以外の証券投資信託（ＥＴＦ等の特定株式投資信託を除く。）のうち、特定外貨建等証券投資信託以外のものをいいます。また、外貨建等証券投資信託とは、投資信託約款において

**355**

6-7　配当控除

信託財産の総額のうちに占める「外貨建資産割合」及び「非株式割合」のいずれもが50％超75％以下と定められているものをいい、特定外貨建等証券投資信託とは、その「外貨建資産割合」又は「非株式割合」のいずれかが75％超と定められているものをいいます。

## 税理士のアドバイス

特定株式投資信託の配当控除

　株価指数などに連動するように運用されている上場投資信託（ＥＴＦ）を税法上は「特定株式投資信託」といいます。この特定株式投資信託（外国株価指数連動型を除きます。）は上場株式等と同様の取扱いであり、配当控除についても同じ取扱いとなっていますので、「投資信託（特定証券投資信託）」と勘違いして、配当控除率を間違えないようにご注意ください。

## 配当控除のチェックポイント

【配当控除の対象】

☐　外国法人から受けた配当金について配当控除している。
　☞　外国法人から受けた配当金は、配当控除の対象になりません。

☐　J-REIT（不動産投資信託）の配当金について配当控除している。
　☞　J-REIT（不動産投資信託）の配当金は配当控除の対象になりません。

☐　配当の収入金額から負債利子があるにもかかわらず、収入金額で配当控除の計算をしていた。
　☞　負債利子を控除した後の金額（マイナスの場合は「０」）が計算対象となります。

【配当控除の計算】

☐　分離課税の所得金額がある場合、課税総所得金額等の判定にその金額を含めたか。
　☞　課税総所得金額等の判定には、分離課税の課税所得金額（ただし、課税山林所得金額及び課税退職所得金額は除く。）を含めます。

☐　証券投資信託の収益の分配金について、配当控除の率を10％で計算していないか。
　☞　証券投資信託の収益の分配金の配当控除の率は原則として５％となります（図表6-7-3の※1参照）。

☐　配当控除率が半減する1,000万円のボーダラインは、総所得金額等で判定するとしている。
　☞　所得控除を差し引いた課税総所得金額等で判定します。

☐　配当所得が100万円、不動産所得が△300万円の場合、配当控除はないとしている。
　☞　損益通算で配当所得が無くなっても、配当所得の金額自体が無くなるわけではないので、配当控除を受けることができます。

☐　確定申告において配当控除を失念したが更正の請求ではできないとしている。
　☞　配当控除を失念した場合は、更正の請求で配当控除をすることはできます。

# 申告書等の記載手順（配当控除）

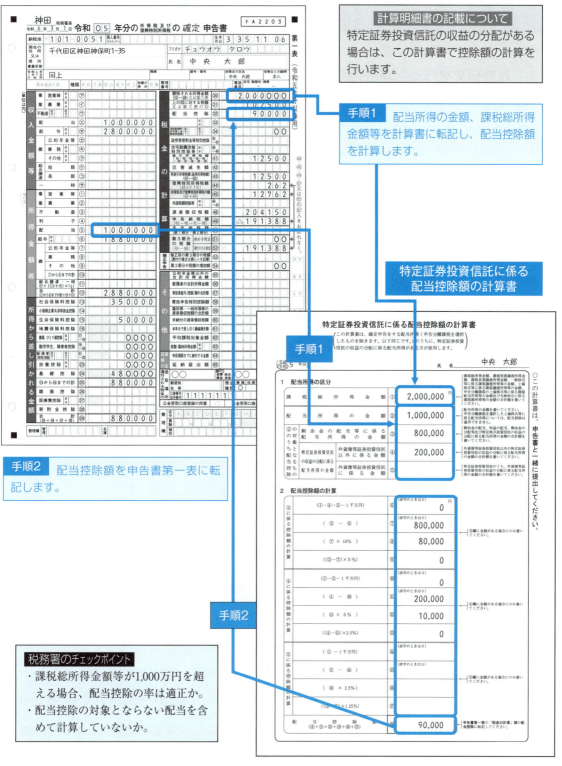

6-8 青色申告者の事業所得等の特例に係る主な税額控除

## 6-8 青色申告者の事業所得等の特例に係る主な税額控除

### 1 試験研究を行った場合の所得税額の特別控除

青色申告者が、試験研究を行った場合、(1)一般試験研究費の額に係る税額控除、(2)中小企業技術基盤強化税制に係る税額控除及び(3)特別試験研究費に係る税額控除があり、試験研究費等の額などに一定の割合等を乗じた金額を所得税額から控除することができます。

この特例の適用を受ける場合には、所定の事項等を記入した確定申告書を提出するとともに、所得税額の特別控除に関する明細書等を添付する必要があります。

#### (1) 一般試験研究費の額に係る税額控除

青色申告者が、事業所得の金額の計算上、必要経費に算入される試験研究費の額がある場合は、総所得金額に係る所得税額から一定の金額を控除することができます（措法10①）。

図表6-8-1　一般試験研究費の額に係る税額控除の概要

| 項　目 | 概　要　等 |
|---|---|
| 対象者 | 青色申告者※<br>※　事業を廃止した年分は除く。 |
| 試験研究費 | 試験研究費※の額があること<br>※　試験研究費とは、製品の製造又は技術の改良、考案若しくは発明に係る試験研究のために要する原材料費、人件費及び経費等のほか、これを他の者に試験研究を委託するために支払う費用、又は対価を得て提供する新たな役務の開発に係る試験研究としての一定の費用をいいます。ただし、試験研究に充てるために他の者から支払いを受ける金額がある場合は、当該金額を控除します。 |
| 税額控除等 | 次の金額が税額控除となります。<br>原則として、試験研究費の額×控除割合*1＝税額控除額*2となります。<br>　*1　控除割合（令和4、5年分）は次のとおりです。<br>　　①　増減試験研究費割合＞9.4％の場合<br>　　　（10.145％＋(増減試験研究費割合－9.4％)×0.35）となります（上限割合は14％）。<br>　　②　増減試験研究費割合≦9.4％の場合<br>　　　（10.145％－(9.4％－増減試験研究費割合)×0.175）となります（下限割合は2％）。<br>　　③　事業を開始した年又は比較試験研究費額が「0」の場合は、8.5％となります。<br>　　④　なお、控除割合は、適用年分、試験研究費割合、増減試験研究費割合、平均売上金額に対する試験研究費の割合等により異なります。<br>　*2　原則、供用年の控除限度額は次のとおりです。<br>　　①　試験研究費割合≦10％の場合<br>　　　調整前事業所得税額の25％<br>　　②　試験研究費割合＞10％の場合<br>　　　調整前事業所得税額の25％＋調整前事業所得税額×((試験研究費割合－10％)×2)※<br>　　　※下線部は10％が限度です。<br>　*3　調整前事業所得税額とは、「総所得金額に係る所得税額（配当控除後）×事業所得の金額÷総所得金額の合計額」です（以下この編に同じ）。<br>税額控除の計算の詳細は「一般試験研究費の額に係る所得税額の特別控除に関する明細書等」を使用して行います。 |

## (2) 中小企業技術基盤強化税制に係る税額控除

青色申告者である中小事業者が、事業所得の金額の計算上、必要経費に算入される試験研究費の額がある場合は、総所得金額に係る所得税額から一定の金額を控除することができます（措法10③）。

### 図表 6 - 8 - 2　中小企業技術基盤強化税制に係る税額控除の概要

| 項　目 | 概　要　等 |
|---|---|
| 対象者 | 青色申告者※<br>※　次の者をいいます。<br>・常時使用する従業員数が1,000人以下の者<br>・事業を廃止した年分は除く。<br>・前記「(1)　一般試験研究費の額に係る税額控除」の適用年分でないこと |
| 試験研究費 | 試験研究費※の額があること<br>※　前記「(1)　一般試験研究費の額に係る税額控除」の試験研究費と同じです。 |
| 税額控除等 | 次の金額が税額控除となります。<br>原則として、試験研究費の額×控除割合*1＝税額控除額*2 となります。<br>　*1　控除割合（令和4、5年分）は次のとおりです。<br>　①　増減試験研究費割合≦9.4％の場合<br>　　12％です。<br>　②　増減試験研究費割合＞9.4％の場合<br>　　12％＋((増減試験研究費割合－9.4％)×0.35) となります（上限割合は17％）。<br>　③　なお、控除割合は、適用年分、試験研究費割合、増減試験研究費割合、平均売上金額に対する試験研究費額の割合等により異なります。<br>　*2　原則、供用年の控除限度額は次のとおりです。<br>　①　試験研究費割合≦9.4％の場合<br>　　調整前事業所得税額の25％<br>　②　試験研究費割合＞9.4％の場合<br>　　調整前事業所得税額の35％<br>税額控除の計算の詳細は「中小事業者の試験研究費に係る所得税額の特別控除に関する明細書等」を使用して行います。 |

## (3) 特別試験研究費に係る税額控除

青色申告者が、事業所得の金額の計算上、必要経費に算入される特別試験研究費の額がある場合は、総所得金額に係る所得税額から一定の金額を所得税額から控除することができます（措法10⑥）。

### 図表 6 - 8 - 3　特別試験研究費に係る税額控除の概要

| 項　目 | 概　要　等 |
|---|---|
| 対象者 | 青色申告者※<br>※　事業を廃止した年分は除く。 |
| 試験研究費 | 試験研究費のうち、特別試験研究費※の額があること<br>※　特別試験研究費（上記(1)、(2)の適用を受ける部分は除く。）とは、試験研究費のうち国の試験研究機関又は大学と共同して行う試験研究又はこれらの者に委託する試験研究、中小企業からその有する知的財産権の設定又は許諾を受けて行う試験研究、その用途に係る対象者が少数である医薬品に関する研究等に係る試験研究費をいいます。 |
| 税額控除等 | 次の①、②、③の合計額が税額控除額※となります。<br>①　特別試験研究機関等との共同研究及びこれらの者に委託する特別試験研究の額×30％ |

6-8　青色申告者の事業所得等の特例に係る主な税額控除

> ②　新事業開拓事業者等との共同研究及びこれらの者に委託する特別試験研究の額（上記①の額を除く）×25％
> ③　上記①、②以外の特別試験研究費の額×20％
>
> ※　供用年の調整前事業所得税額（358頁参照）の10％（令和2年分以前は5％）が限度額です。
>
> 税額控除の計算の詳細は「特別試験研究費に係る所得税額の特別控除に関する明細書等」を使用して行います。

## 2　中小事業者が機械等を取得した場合の所得税額の特別控除

　青色申告者である中小事業者が、新品の特定機械装置等の取得等をし、これを一定の事業の用に供した場合、一定の金額を所得税額から控除することができます（措法10の3③）。この特例の適用を受ける場合には、所定の事項等を記入した確定申告書を提出するとともに、所得税額の特別控除に関する明細書等を添付する必要があります（措法10の3）。

　なお、前記の減価償却の特例（90～92頁）の適用を受けた減価償却資産については、この制度を適用することはできません。

### 図表6-8-4　中小事業者が機械等を取得した場合の所得税額の特別控除の概要

| 項　目 | 概　要　等 |
|---|---|
| 対象者 | 青色申告者である中小事業者※<br>※　次の者をいいます。<br>・常時使用する従業員数が1,000人以下の者<br>・事業を廃止した年分は除く。 |
| 対象期間等 | 平成10年6月1日～令和7年3月31日の間 |
| 対象資産等 | 製作後事業の用に供されたことのない特定機械装置等※1を取得し又は特定機械装置等を製作して、これを国内にある指定事業※2（製造業、建設業等一定の事業（貸付用は除く。））の用に供した場合<br>※1　以下の特定機械装置等をいいます。<br>　令和5年4月1日以降は、コインランドリー業（主要な事業であるものは除く。）でその管理を他の者に委託するものが除外され、総トン数500トン以上の船舶にあっては環境負荷低減に資する設備状況等を国土交通省に届け出た船舶に限定されます。<br>・機械及び装置の1台又は1基の取得価額が160万円以上のもの<br>・工具の製品の品質管理の向上等に資する一定のもので取得価額が120万円以上のもの<br>・ソフトウエアについては1つの取得価額が70万円以上<br>・車両総重量が3.5トン以上の普通自動車で貨物用のもの<br>・内航運送業又は内航船舶貸渡業に供される船舶<br>※2　次の指定業種をいいます。<br>　小売業、料理店業その他飲食店業、一般旅客自動車運送業など租税特別措置法施行規則第5条の8第5項に規定されている業種（概ね日本標準産業分類による）をいいます。<br>　ただし、風俗営業、性風俗関連特殊営業及び特定の料亭、バー、キャバレー、ナイトクラブ等、娯楽業（映画業を除く。）などは除かれます。 |
| 特別控除等 | 次の金額が税額控除となります。<br>基準取得価額※1×7％＝税額控除額※2<br>※1　基準取得価額とは、取得価額（船舶の場合は取得価額の75％相当額）いいます。<br>※2　供用年の調整前事業所得税額（358頁参照）の20％が限度額です。<br>※3　控除しきれなかった金額については、翌年に繰り越すことができます。<br>税額控除の計算の詳細は「中小事業者が機械等を取得した場合の所得税額の特別控除に関する明細書」を使用して行います。 |

6-8　青色申告者の事業所得等の特例に係る主な税額控除

## 3　給与等の支給額が増加した場合の所得税額の特別控除

　青色申告者が、国内雇用者に対して給与等を支給する場合、その給与等支給額が一定額以上増加した場合に、一定の金額を所得税額から控除することができます（措法10の5の4）。

　これら特例の適用を受ける場合には、所定の事項等を記入した確定申告書を提出するとともに、所得税額の特別控除に関する明細書等を添付する必要があります。

**図表6-8-5　給与等の支給額が増加した場合の所得税額の特別控除の概要**

| 項　目 | 概　要　等 |
|---|---|
| 対象者 | 青色申告者である<u>個人又は中小事業者</u>※<br>　※　次の者をいいます<br>　　・中小事業者においては常時使用する従業員数が1,000人以下の者<br>　　・事業を開始・廃止した年分は除く。 |
| 対象期間等 | 令和元年（平成31年1月1日～）～令和6年までの間 |
| 給与支給等要件 | 次のとおりです。<br>(1)　中小事業者の場合<br>　　（A－B（A＜Bの場合は除く））÷B≧1.5％であること<br>(2)　上記(1)以外の場合<br>　　（C－D（C＜Dの場合は除く））÷D≧2％であること<br>　※　A：雇用者給与等支給額　　　　B：比較雇用者給与等支給額<br>　　　C：新規雇用者給与等支給額　　D：新規雇用者比較給与等支給額 |
| 特別控除等 | 次の金額が税額控除となります。<br>上記(1)の場合<br>　$\boxed{（A－B）×控除割合^{*1}＝税額控除額^{*2}}$<br>　＊1　原則15％です。<br>　　　令和5年分以降は、次の①を満たす場合は15％、②を満たす場合は10％がそれぞれ加算され最大40％となります。<br>　　　①　（A－B（A＜Bの場合は除く））÷B≧2.5％であること<br>　　　②　（教育訓練費－比較教育訓練費）÷比較教育訓練費≧10％<br>　＊2　供用年の調整前事業所得税額（358頁）の20％が限度額です。<br><br>上記(2)の場合<br>　$\boxed{（C－D）×控除割合^{*1}＝税額控除額^{*2}}$<br>　＊1　原則15％です。<br>　　　（教育訓練費－比較教育訓練費）÷比較教育訓練費≧20％である場合は20％です。<br>　＊2　供用年の調整前事業所得税額（358頁）の20％が限度額です。<br><br>　税額控除の計算の詳細は「給与等の支給が増加した場合の所得税額の特別控除に関する明細書」を使用して行います。 |

361

6-9 外国税額控除・分配時調整外国税相当額控除

# 6-9 外国税額控除・分配時調整外国税相当額控除

## 1 外国税額控除の概要

### (1) 外国税額控除の意義

居住者は、国外で生じた所得に対しても日本の所得税が課税されます。そのため、国外で外国所得税が課税された所得については二重課税を回避するため、その外国所得税額を、所定の計算により日本の所得税の額から控除することができます。これが外国税額控除です（法95）。

### (2) 外国税額控除の対象となる外国所得税

控除の対象となる外国所得税とは、外国の法律に基づいてその国やその国の地方公共団体によって個人の所得に課税される税金をいい、図表6-9-1に掲げるものを含みます（図表6-9-2に掲げるものは外国所得税に含まれません。）。

### 図表6-9-1　外国税額控除の対象となる外国所得税に含まれるもの（令221②）

・超過所得税その他個人の所得の特定の部分を課税標準として課される税
・個人の所得又はその特定の部分を課税標準として課される税の附加税
・個人の所得を課税標準として課される税と同一の税で、個人の特定の所得につき、徴税上の便宜のため、所得に代えて収入金額その他これに準ずるものを課税標準として課される税
・個人の特定の所得につき、所得を課税標準とする税に代え、個人の収入金額その他これに準ずるものを課税標準として課される税

### 図表6-9-2　外国所得税に含まれないもの（令221③）

・税を納付する人が、納付後、任意にその税額の還付を請求することができるもの
・税を納付する人が、納付が猶予される期間を任意に定めることができるもの
・複数の税率の中から納税者と外国当局等との合意により税率が決定されたもの（その複数の税率のうち最も低い税率を上回る部分に限る。）
・加算税や延滞税などの附帯税に相当するもの

なお、外国所得税でも次のものは外国税額控除の対象になりません。

### 図表6-9-3　外国所得税のうち外国税額控除の対象とならないもの（令222の2）

・通常行われる取引と認められない一定の取引に基因して生じた所得に対して課される外国所得税の額
・みなし配当に対して課される外国所得税の額
・国外事業所等と国内の事業場等との間の内部取引につきその国外事業所等の所在する国又は地域において課される外国所得税の額
・NISAやジュニアNISAの口座内の上場株式等の配当等に対して課される外国所得税の額

362

6-9 外国税額控除・分配時調整外国税相当額控除

・外国子会社合算課税における特定外国子会社等やコーポレート・インバージョン対策税制における特定外国法人から受ける剰余金の配当等に対して課される一定の外国所得税の額
・居住者の所得に対して課される外国所得税の額で租税条約の規定において外国税額控除をされるべき金額の計算に当たって考慮しないものとされるもの
・わが国の租税条約締結相手国等において課される外国所得税の額のうち、その条約の規定により相手国等において課することができることとされる額を超える部分の金額
・外国において課される外国所得税の額のうち、外国居住者等の所得に対する相互主義による所得税等の非課税等に関する法律の規定により、軽減・免除することとされる部分の金額

## 2 外国税額控除額の計算

外国税額控除の金額は、次の計算表により計算します。

図表6-9-4 外国税額控除額の計算

| 基準所得税の額※1 × 調整国外所得金額※2 ÷ 所得総額 | ① | 円 |
|---|---|---|
| 納付する外国所得税額 − 減額された外国所得税額※3 | ② | 円 |
| （①と②のうちいずれか少ない金額） | ③ | 円 |
| 基準所得税の額 ×0.021× 調整国外所得総額※2 ÷ 所得総額 | ④ | 円 |
| ①＞② … 0<br>①＜② …（②−①）と④とのいずれか少ない方の金額 | ⑤ | 円 |
| 外 国 税 額 控 除 （③＋⑤） | | ※4 円 |

※1 基準所得税の額とは、配当控除、住宅借入金等特別控除等の税額控除及び災害減免法による減免税額を控除した後の額をいいます。
※2 調整国外所得金額とは、純損失の繰越控除など各種の繰越控除を適用しないで計算した国外所得金額をいいます。
※3 外国税額控除を受けた年の翌年以降7年内にその外国所得税が減額された場合、その減額されることとなった年の外国所得税からその金額を差し引きます。
※4 外国所得税の額が控除限度額（所得税及び復興特別所得税並びに都道府県民税及び市区町村民税のそれぞれの控除限度額の合計額）を超える場合等には、外国税額控除の繰越しができます。

## 3 外国税額控除の適用手続

この特例を受ける場合には、申告書等（確定申告書、修正申告書又は更正の請求書）に次の書類を添付する必要があります。

**363**

### 図表6-9-5　外国税額控除を受けるための添付書類

・外国税額控除に関する明細書
・外国所得税を課されたことを証する書類※
・国外所得総額の計算に関する明細書
・みなし外国税額の計算明細書とこれを証明する書類（租税条約におけるみなし外国税額控除の適用を受ける場合）

※　申告書、納税証明書、更正・決定通知書、源泉徴収票又はこれらの書類の写し

### 【質疑応答】外国税額控除の概要

□　米国自営業者税は外国税額控除の対象となるか

日本の居住者A（医業を営む者）は、米国国籍を有していることから、米国においても所得税の申告書を提出していますが、米国では、個人事業所得者については所得税以外に「自営業者税（セルフ・エンプロイメント・タックス）」が課税されています。この自営業者税は、我が国の所得税の計算上、外国税額控除の対象となりますか。
⇒ 外国税額控除の対象とはなりません。

□　韓国の法人から支払を受ける役員報酬に係る外国税額控除の計算

居住者Aは、内国法人B社の役員であるとともに、B社の子会社である韓国法人C社の役員も兼務しています。本年、Aは、C社の役員として、韓国において3か月間ほど勤務を行い、残りの期間は全て日本において勤務を行いましたが、C社からの役員報酬については、韓国においてその全額が課税対象とされています。この場合、韓国で課税されたC社からの役員報酬については、外国税額控除の計算上、その全額が国外所得金額に含まれますか。

⇒ 韓国でその全額が課税対象とされた役員報酬については、その全額が国外所得金額に含まれます。

## 4　分配時調整外国税相当額控除

### (1)　分配時調整外国税相当額控除の創設

居住者が外国株式の配当や外国の投資信託の分配金を受け取る場合は、源泉徴収の段階では二重課税となりますが、確定申告で外国税額控除を受けることにより二重課税の調整が可能でした。しかし、証券会社等の口座で保有する投資信託等でその中に外国株式の配当が含まれている場合には、その投資信託等がその国の外国所得税と分配時の所得税で二重課税とされていても、公募投資信託などの個々の分配金については外国所得税がいくら課税されているか不明なことから、確定申告で外国税額控除の計算ができませんでした。

### (2)　分配時調整外国税相当額控除の概要

居住者が令和2年1月1日以降の各年において、集団投資信託※の収益の分配金を受け取る場合には、その集団投資信託の収益の分配に係る源泉徴収の特例（法176③、180の2③）による源泉徴収税額で二重課税調整が行われた外国所得税があるときは、その年分の所得税額からその分配に係る分配時調整外国税相当額を控除することとされました（法93）。

※ 集団投資信託とは、合同運用信託や証券投資信託などの投資信託及び特定受益証券発行信託のことをいいます。

### 図表6-9-6　二重課税調整の概要図

[改正前]

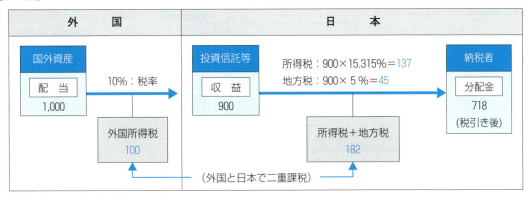

[改正後]

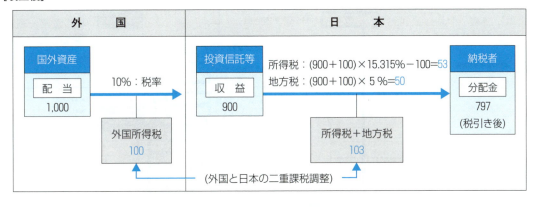

### (3)　分配時調整外国税相当額控除の申告

居住者に支払われる集団投資信託の収益の分配金については、源泉徴収の段階で外国の所得税分を税額控除して二重課税が調整されていますが、この集団投資信託の収益の分配金を確定申告する場合は、一般の外国税額控除の計算とは別に計算する必要があり、確定申告書に所定の事項を記載した「分配時調整外国税相当額控除に関する明細書」及びそれを証する書類を添付する必要があります。

# 申告書等の記載手順（外国税額控除）

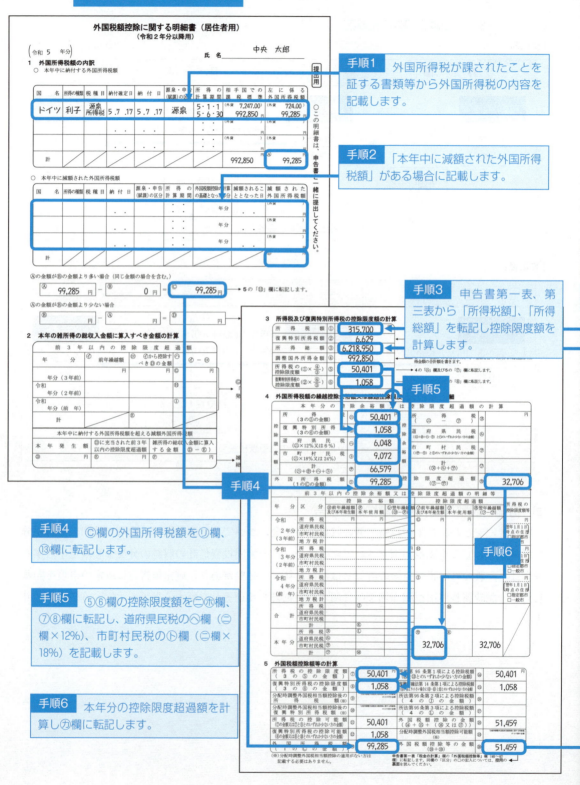

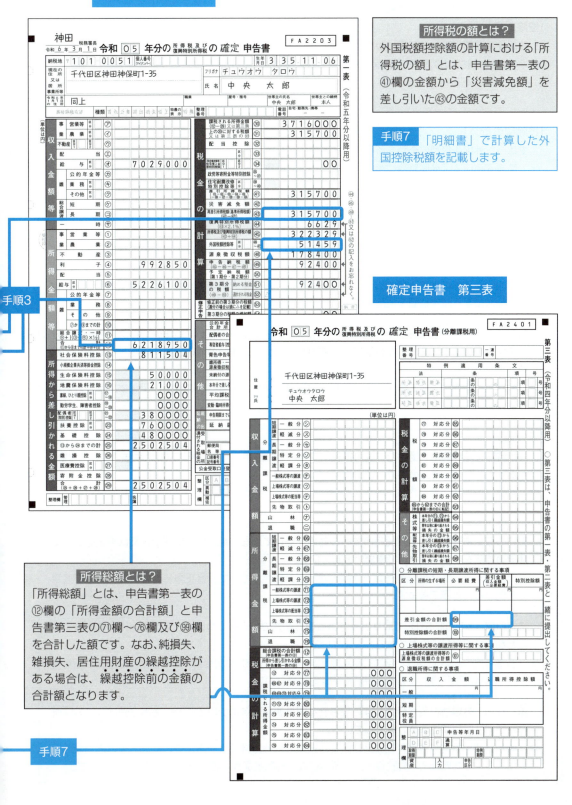

6-9 外国税額控除・分配時調整外国税相当額控除

### 外国税額控除のチェックポイント

【控除対象】
□ 非居住者期間に生じた所得に対して課税された外国所得税を控除している。
☞ 非居住者期間の外国所得税は、外国税額控除の計算上の外国所得税額から除かれます（国内に恒久的施設を有する非居住者の一定の外国所得税については、非居住者の外国税額控除が適用できます）。

【控除額の計算】
□ 支払った外国所得税の全額を所得税から税額控除している。
☞ 図表 6-9-4 「外国税額控除額の計算」により計算した外国税額控除額を控除します。

□ 「所得総額」の金額を、損失の繰越控除後の所得金額により計算している。
☞ 純損失、雑損失、居住用財産の譲渡損失の繰越控除がある場合は、繰越控除前の所得金額です。

□ 外国税額控除限度額の計算において「所得税の額」を、配当控除や住宅借入金等特別控除等を控除する前の金額により計算している。
☞ 外国税額控除の「所得税の額」とは、配当控除、住宅借入金等特別控除等の税額控除及び災害減免法による減免税額を控除した後の額をいいます。

□ 前年分の所得に対する外国所得税を本年になってから支払ったため、前年分で控除余裕額を繰り越す申告をし、本年分で外国税額控除を適用したが、その年分の所得税額を限度として還付税額を計算している。
☞ 控除余裕額を繰り越した場合の外国税額控除は、その年の所得税の金額を超えて還付される場合があります。

【その他】
□ 外国税額控除の適用を受けた外国所得税につき、その適用した年の翌年以降に税額の減額（増額）があったとして、更正の請求（修正申告）をしている。
☞ 減額又は増額のあった年に新たに外国税額が減額された、又は、生じたものとして取り扱います。

□ 当初の確定申告において外国税額控除の適用を受けていない場合に、修正申告又は更正の請求ではその控除を受けることはできないとしている。
☞ 平成23年分以降は当初申告の控除額の制限が見直されたので、修正申告又は更正の請求で適用を受けることができます。

□ 特定口座（源泉徴収あり）で取り扱っている国外株式の配当等について、その配当所得を申告することなく外国税額控除ができると考えている。
☞ 国外株式の配当について申告不要制度（措法8の5、9の2）の適用を受けることを選択した場合は、当該配当所得に係る外国税額控除はありません。

□ 租税条約で外国所得税が軽減又は免税される国外源泉所得について、その適用を受けない外国所得税額で外国税額控除の計算をしている。
☞ 租税条約で外国所得税が軽減又は免税が適用される国外源泉所得については、その適用があったものとした軽減又は免税後の外国所得税額で外国税額控除の計算を行うことになります。

なお、外国税額控除の計算の対象とならなかった軽減又は免税される外国所得税額については、条約相手国に対して所定の手続で還付請求をすることになります。

□ 外国所得税額について、その一部を外国税額控除の対象とし、残りを（不動産所得等の）必要経費に算入していた。

☞ 外国所得税額については、それを外国税額控除の対象とするか又は必要経費に算入するかは各年ごとの選択ではあるが、その全額について行わなければなりません。なお、一度、必要経費に算入すると、それまで繰り越された控除限度超過額又は控除余裕額が切り捨てられますので留意が必要です。

6-10　政党等寄附金特別控除

## 6-10　政党等寄附金特別控除

### 1　政党等寄附金特別控除の概要

　個人が、政党又は政治資金団体に政治活動に関する寄附金（総務大臣や選挙管理委員会に報告されたものに限ります。）を支出した場合に、所定の計算により所得税の額から控除する制度が政党等寄附金特別控除です。なお、政党等に対する寄附金については、寄附金控除（所得控除）を受けるか、この政党等寄附金特別控除（税額控除）を受けるか、どちらか有利な方を選択することができますが、この規定を受ける場合には、その年中に支出した政党等に対する寄附金の全額について、この規定を適用しなければなりません（措法41の18、措通41の18-1）。

### 2　政党等寄附金特別控除額の計算

　政党等寄附金特別控除額は、政党等に対する寄附金以外の寄附金（以下「その他の特定の寄附金」といいます。）があるかないかで計算方法が異なります。

図表6-10-1　政党等寄附金特別控除額の計算

| | | |
|---|---|---|
| 総所得金額等[1]<br>□□□□ 円 × 40% | ① | 円 |
| その他の特定の寄附金[2]<br>① － □□□□ 円 | ② | （赤字のときは0）<br>円 |
| 政党等寄附金の額<br>□□□□ 円と②の金額のいずれか少ない方の金額 | ③ | 円 |
| その他の特定の寄附金[2]<br>2,000円 － □□□□ 円 | ④ | （赤字のときは0）<br>円 |
| （③－④）× 30% | ⑤ | （百円未満切捨て）<br>00 円 |
| 所得税の額[3]<br>□□□□ 円 × 25% | ⑥ | （百円未満切捨て）<br>00 円 |
| 政党等寄附金特別控除額<br>（⑤と⑥のいずれか少ない方の金額） | | 00 円 |

※1　「総所得金額等」については、223頁を参照してください。
※2　「その他の特定の寄附金」は、寄附金控除（271頁参照）、公益社団法人等寄附金特別控除及び認定NPO法人等寄附金特別控除を選択した特定寄附金の合計額をいいます。
※3　「所得税の額」は、申告書第一表は㉛の金額をいいます。

370

6-10 政党等寄附金特別控除

## 3 政党等寄附金特別控除の適用手続

　この特例を受ける場合には、確定申告書に次の書類を添付する必要があります。

図表 6 -10- 2 　政党等寄附金特別控除を受けるための添付書類

・政党等寄附金特別控除額の計算明細書
・総務大臣又は都道府県選挙管理委員会等の確認印のある「寄附金（税額）控除のための書類」

### 政党等寄附金特別控除のチェックポイント

#### 【対象金額】

□ 政治家自身が自己の政治資金団体に対して寄附をした場合にも政党等寄附金特別控除ができると
していないか。

☞ 政治家自身が自己の政治資金団体、後援会又は他の政治家の政治団体等に対してお互いに寄附
をした場合には寄附金控除の対象となりません。

#### 【適用手続】

□ 「寄附金（税額）控除のための書類」を添付したか。

☞ 総務大臣又は都道府県の選挙管理委員会等の確認印のある「寄附金（税額）控除のための書類」
を確定申告書に添付しなければなりません。ただし、申告期限までに、「寄附金（税額）控除の
ための書類」が間に合わない場合は、「寄附金の領収証（写）」を添付し、「寄附金（税額）控除
のための書類」の受領後、速やかに税務署に提出すれば適用が認められます。

#### 【その他】

□ 寄附金控除と政党等寄附金特別控除のどちらが有利か検討したか。

☞ 寄附金控除と政党等寄附金特別控除の有利判定をして、有利な方を選択します。

□ 政党及び政治資金団体に対し 2 か所寄附したが、 1 か所は所得控除、もう 1 か所は税額控除を受
けている。

☞ 政党及び政治資金団体に対して寄附をした場合は、税額控除の適用を受け、又は受けないこと
を選択することができますが、税額控除を受ける場合には、その年中に寄附した金額の全額に
ついて適用しなければなりません。

□ 確定申告において寄附金控除（所得控除）で申告をしたが、政党等寄附金特別控除（税額控除）の
方が有利であることが判明したので更正の請求で選択替えができるとしていた。

☞ 政党等寄附金特別控除（税額控除）は確定申告要件であるので、修正申告や更正の請求での選
択替えはできません。

**371**

# 申告書等の記載手順（政党等寄附金特別控除）

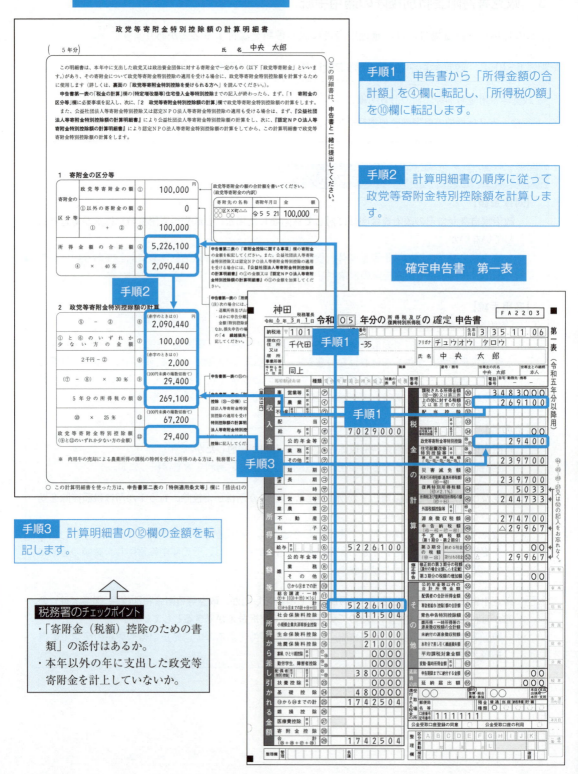

6-11　公益社団法人等寄附金特別控除

# 6-11　公益社団法人等寄附金特別控除

## 1　公益社団法人等寄附金特別控除の概要

　個人が、①公益社団法人及び公益財団法人、②学校法人等、③社会福祉法人、④更生保護法人、⑤国立大学法人、⑥大学共同利用機関法人、⑦公立大学法人、⑧独立行政法人国立高等専門学校機構又は⑨独立行政法人日本学生支援機構で、その運営組織及び事業活動が適正であること並びに市民から支援を受けていることにつき一定の要件を満たすものに対する寄附金（⑤～⑨に対する寄附金については、❶学生等に対する修学の支援のための事業又は❷学生や不安定な雇用状態にある研究者に対する研究への助成等のための事業に充てられることが確実である一定のもの（⑥は❷）の事業に充てられることが確実なもの、⑨は❶の事業に充てられることが確実なものに限ります。）を支出した場合、所定の計算により所得税から控除する制度が、公益社団法人等寄附金特別控除です。

　なお、公益社団法人等寄附金については、寄附金控除（所得控除）を受けるか、この公益社団法人等寄附金特別控除（税額控除）を受けるか、どちらか有利な方を選択することができますが、この規定の適用を受ける場合には、その年中に支出した税額控除対象寄附金の全額について、この規定を適用しなければなりません（措法41の18の３、措通41の18の３-１）。

## 2　公益社団法人等寄附金特別控除額の計算

　公益社団法人等寄附金特別控除額は、次の計算式により計算します。

#### 図表 6-11-1　公益社団法人等寄附金特別控除額の計算

| | | |
|---|---|---|
| 総所得金額等※1<br>□□□　円　×　40% | ① | 円 |
| その他の特定の寄附金※2<br>①　－　□□□　円 | ② | （赤字のときは0）<br>円 |
| 公益社団法人等寄附金額<br>□□□　円と②の金額のいずれか少ない方の金額 | ③ | 円 |
| その他の特定の寄附金※2<br>2,000円　－　□□□　円 | ④ | （赤字のときは0）<br>円 |
| （　③　－　④　）　×　40% | ⑤ | （百円未満切捨て）<br>00 円 |
| 所得税の額※3<br>□□□　円　×　25% | ⑥ | （百円未満切捨て）<br>00 円 |
| 公益社団法人等寄附金特別控除額<br>（⑤と⑥のいずれか少ない方の金額） | | 00 円 |

※1　「総所得金額等」については、223頁を参照してください。

373

6-11 公益社団法人等寄附金特別控除

※2 「その他の特定の寄附金」は、寄附金控除（271頁参照）を選択した特定寄附金の額をいいます。
※3 「所得税の額」は、申告書は第一表㉛の金額をいいます。

## 3　公益社団法人等寄附金特別控除の適用手続

この税額控除の適用を受ける場合には、確定申告書に次の書類を添付する必要があります。

図表6-11-2　公益社団法人等寄附金特別控除を受けるための添付書類

・公益社団法人等寄附金特別控除額の計算明細書
・寄附金を受領した旨、寄附金がその法人の主たる目的である業務に関連する寄附金である旨、寄附金の額及び受領年月日を証する書類
・所轄庁のその法人が税額控除対象法人であることを証する書類の写し

### 公益社団法人等寄附金特別控除のチェックポイント

□　寄附金控除と公益社団法人等寄附金特別控除のどちらが有利か検討したか。
　☞　寄附金控除と公益社団法人等寄附金特別控除の有利判定をして、有利な方を選択します。

□　公益社団法人対し2か所寄附したが、1か所は所得控除、もう1か所は税額控除の適用を受けている。
　☞　公益社団法人に対して寄附をした場合は、税額控除の適用を受け、又は受けないことを選択することができますが、税額控除を受ける場合には、その年中に寄附した金額の全額について適用しなければなりません。

□　確定申告において寄附金控除（所得控除）で申告をしたが、公益社団法人等寄附金特別控除（税額控除）の方が有利であることが判明したので、更正の請求で選択替えができるとしていた。
　☞　公益社団法人等寄附金特別控除（税額控除）は確定申告要件であるので、修正申告や更正の請求での選択替えはできません。

# 申告書等の記載手順（公益社団法人等寄附金特別控除）

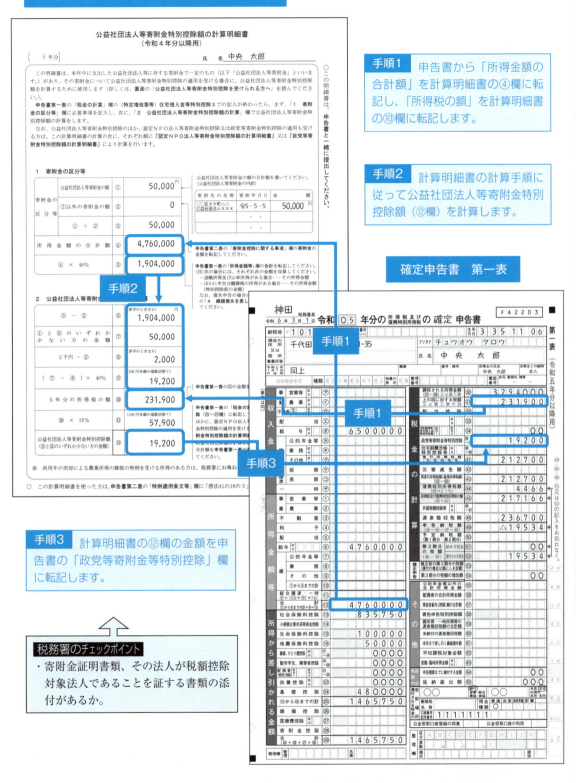

6-12　認定NPO法人等寄附金特別控除

# 6-12　認定NPO法人等寄附金特別控除

## 1　認定NPO法人等寄附金特別控除の概要

　個人が、認定特定非営利活動法人等※（以下、「認定NPO法人等」といいます。）に対して、認定NPO法人の行う特定非営利活動に係る事業に関連する寄附をした場合、所定の計算により所得税の額から控除する制度が、認定NPO法人等寄附金特別控除です。なお、認定NPO法人等寄附金については、寄附金控除（所得控除）を受けるか、この認定NPO法人等寄附金特別控除（税額控除）を受けるか、どちらか有利な方を選択することができますが、この規定の適用を受ける場合には、その年中に支出した認定NPO法人等寄附金の全額について、この規定を適用しなければなりません（措法41の18の2、措通41の18の2-1）。

　※　認定特別非営利活動法人等とは、特定非営利活動促進法に規定する認定特別非営利活動法人及び特別認定非営利活動法人をいいます。

## 2　認定NPO法人等寄附金特別控除額の計算

　認定NPO法人等寄附金特別控除額は、次の計算式により計算します。

図表6-12-1　認定NPO法人等寄附金特別控除額の計算

| | | |
|---|---|---|
| 総所得金額等※1<br>　　　　　　　　円　×　40% | ① | 円 |
| その他の特定の寄附金※2<br>①　－　　　　　　　　円 | ② | （赤字のときは0）<br>円 |
| 認定NPO法人等寄附金額<br>　　　　　　円と②の金額のいずれか少ない方の金額 | ③ | 円 |
| その他の特定の寄附金※2<br>2,000円　－　　　　　　　　円 | ④ | （赤字のときは0）<br>円 |
| （　③　－　④　）×　40% | ⑤ | （百円未満切捨て）<br>00 円 |
| 所得税の額※3<br>　　　　　　円　×　25% | ⑥ | （百円未満切捨て）<br>00 円 |
| ⑥　－　　公益社団法人等寄附金特別控除額 | ⑦ | （赤字のときは0）<br>00 円 |
| 認定NPO法人等寄附金特別控除額<br>（⑤と⑦のいずれか少ない方の金額） | | 00 円 |

　※1　「総所得金額等」については、223頁を参照してください。
　※2　「その他の特定の寄附金」は、寄附金控除（271頁参照）及び公益社団法人等寄附金特別控除を選択した特定寄附金の合計額をいいます。
　※3　「所得税の額」は、申告書は第一表㉛の金額をいいます。

# 3 認定NPO法人等寄附金特別控除の適用手続

この税額控除を受ける場合には、確定申告書に次の書類を添付する必要があります。

**図表 6-12-2 認定NPO法人等寄附金特別控除額を受けるための添付書類**

・認定NPO法人等寄附金特別控除額の計算明細書
・寄附金を受領した旨、寄附金が認定NPO法人等の主たる目的である業務に関連するものである旨、寄附金の額及び受領年月日を証する書類

## 認定NPO法人等寄附金特別控除のチェックポイント

☐ 寄附金控除と認定NPO法人等寄附金特別控除のどちらが有利か検討したか。
☞ 寄附金控除と認定NPO法人等寄附金特別控除の有利判定をして、有利な方を選択します。

☐ 認定NPO法人等に対し2か所寄附したが、1か所は所得控除、もう1か所は税額控除の適用を受けている。
☞ 認定NPO法人等に対して寄附をした場合は、税額控除の適用を受け、又は受けないことを選択することができますが、税額控除を受ける場合には、その年中に寄附した金額の全額について適用しなければなりません。

☐ 確定申告において寄附金控除（所得控除）で申告をしたが、認定NPO法人等寄附金特別控除（税額控除）の方が有利であることが判明したので、更正の請求で選択替えができるとしていた。
☞ 認定NPO法人等寄附金特別控除（税額控除）は確定申告要件であるので、修正申告や更正の請求での選択替えはできません。

# 申告書等の記載手順（認定NPO法人等寄附金特別控除額）

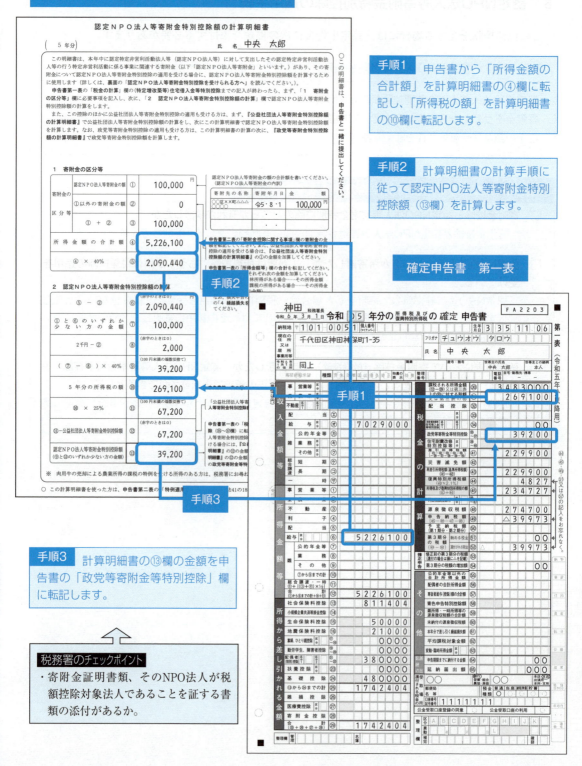

6-13　災害減免法による所得税の軽減免除

# 6 -13　災害減免法による所得税の軽減免除

## 1　災害減免法による所得税の軽減免除の概要

　災害減免法とは、震災、風水害、火災等の災害により住宅や家財に甚大な損害を受け、その損害金額（保険金や損害賠償金などにより補てんされた金額を除きます。）が住宅や家財の価額の2分の1以上に及ぶ場合で、各種の所得金額の合計額※が1,000万円以下のときに所得税額の一定割合が減免される制度です（災害減免法2）。

　※　土地等の長期（短期）譲渡所得については特別控除後、上場株式等の譲渡所得等については譲渡損失の繰越控除後、先物取引に係る雑所得等については損失の繰越控除後の金額に基づいて計算します（措令20⑥、21⑦）。

## 2　災害減免額の計算

　災害減免額は、図表6-13-1「災害減免額の計算」により計算します。

図表6-13-1　災害減免額の計算

| 所得金額※の合計額 | 減免額の計算 | 災害減免額 |
|---|---|---|
| 500万円以下 | 所得税の額※　×　100% | |
| 500万円超750万円以下 | 所得税の額※　×　50% | |
| 750万円超1,000万円以下 | 所得税の額※　×　25% | 円 |

　※　「所得金額の合計額」、「所得税の額」は、380頁の申告書の記載手順を参照してください。

### 災害減免額のチェックポイント

【適用要件】

☐　家財の被害額に書画、貴金属など通常の生活に必要でないもの又は盗難、横領、詐欺などの災害以外の被害額が含まれていないか。

☞　災害減免法の対象となる家財は、日常生活に通常必要な家具や什器などの家庭用動産に限られ、また盗難、横領等によるものは対象となりません。

【雑損控除との選択適用】

☐　災害による住宅や家財の損害を雑損控除の対象としているにもかかわらず、災害減免法による軽減免除も適用していないか。

☞　災害減免法による軽減免除は雑損控除との選択適用です。

☐　確定申告で災害減免法を選択して確定申告書を提出していれば、住民税の申告は不要であると考えていた。

☞　住民税には災害減免法は適用されないので、雑損控除を受ける住民税の申告が別途必要となります。

**379**

# 申告書等の記載手順（災害減免額）

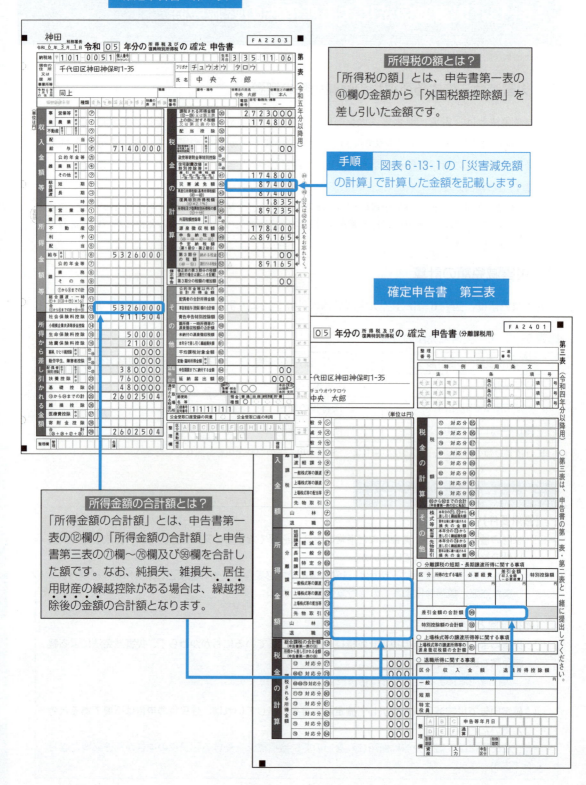

380

# 7-1　非居住者等の概要

## 1　非居住者等に対する課税等の概要

　所得税法では、個人の納税義務者を「居住者（永住者、非永住者）」と「非居住者」に区分した上で、その区分に応じてそれぞれの課税所得の範囲が定められており、非居住者についてはその範囲を「国内源泉所得」に限ることとされています。

　その国内源泉所得を有する非居住者が、どのような国内源泉所得を有するか、また、国内に支店や事業所などの「恒久的施設」を有するか否か、更にはその国内源泉所得が恒久的施設に帰属するか否かにより課税方法が異なります。

## 2　居住者・非居住者の区分

　所得税法は、納税者を日本における住所又は居所などの有無の居住形態により「居住者」と「非居住者」に区分し、更に居住者については、国籍、日本に住所の有無又は過去10年以内の居所を有していた期間などにより、「永住者」と「非永住者」に区分しています（法2①）。

### 図表7-1-1　居住者・非居住者の区分Ⅰ

| 納　税　者 | | 内　　容　　等 | 課税所得の範囲等 |
|---|---|---|---|
| 居住者 | 永住者<br>（法2①三） | 非永住者以外の個人（国内に住所を有し又は現在まで引き続いて1年以上居所を有する個人） | 国外源泉所得以外の所得及び国外源泉所得（いわゆる全世界所得） |
| | 非永住者<br>（法2①四） | 居住者のうち、日本の国籍を有しておらず、かつ過去10年以内において国内に住所又は居所を有していた期間の合計が5年以下の個人 | 国外源泉所得以外の所得及び国外源泉所得で国内払い又は国内送金されたもの |
| 非居住者（法2①五） | | 居住者以外の個人 | 国内源泉所得 |

### 図表7-1-2　居住者・非居住者の区分Ⅱ（住所の有無から判定）

| 住所の有無 | | 過去10年のうち住所又は居所を有していた期間の合計 | 日本の国籍 | | 根拠条文 |
|---|---|---|---|---|---|
| | | | あり | なし | |
| 住所あり | | 5年超 | 永住者 | 非永住者 | 法2①三、四 |
| | | 5年以下 | | | |
| 住所なし | 現在まで引き続き1年以上居所あり | 5年超 | | 非永住者 | |
| | | 5年以下 | | | |
| | 現在まで引き続き1年未満居所あり | | 非　居　住　者 | | 法2①五 |

**381**

### 図表7-1-3　居住者（永住者、非永住者）、非居住者の判定フローチャート

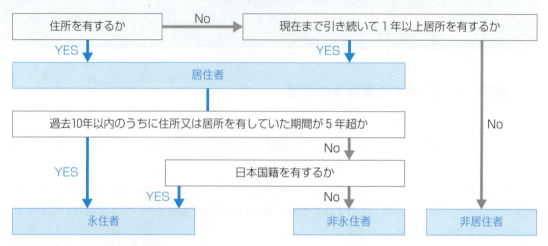

【質疑応答】納税義務者の概要

> □　非永住者の判定（過去に外交官として国内に居住していた場合）
>   米国人Aは、3年前に退職するまで4年間在日外交官として勤務していましたが、外交官を退職後米国の民間企業に就職し、我が国に2年間勤務する予定で、再び本年4月1日に入国しました。この場合、非永住者の判定に当たっては、過去に外交官として国内に居住していた期間も含めて判定することになるのでしょうか。
> ⇒非永住者の判定に当たっては、外交官として国内に居住していた期間も含めて判定することとなります。

## 3　居住形態の判定の留意点

### (1) 住所・居所の意義

住所・居所の意義は次のとおりです。

### 図表7-1-4　住所・居所の意義

| 住　所 | 「住所とは各人の生活の本拠をいい、生活の本拠であるかどうかは客観的事実[注]によって判定する。」とされています（基通2-1）。 |
|---|---|
| 居　所 | 「一般的に、人が相当期間継続して居住しているものの、その場所との結びつきが住所ほど密接でないもの、すなわち、そこが生活の本拠とであるというほどまで至らない場所をいう。」とされています。 |

（注）　客観的事実とは、住居、職業、資産の所在、親族の居住状況、国籍などをいいます。

## (2) 国内外における住所の推定

　会社員等の海外勤務などで国の内外にわたって居住する場所が異動する者については、その者の住所が国内外にあるかどうかについて推定規定が次のとおり設けられています（令14、15、基通3-3）。

### 図表7-1-5　国内外における住所の推定

| 国内に住所を有する者と推定する場合（令14） | 次のいずれかに該当する場合、「国内に住所を有する者」と推定されます。<br>イ　国内に居住することとなった者が、国内において継続して1年以上居住することを通常必要とする職業を有すること。<br>ロ　国内に居住することとなった者が日本国籍を有し、かつ、その者が国内に生計を一にする配偶者その他の親族を有することその他国内にその者の職業及び資産の有無等の状況に照らし、国内において継続して1年以上居住するものと推測するに足りる事実があること。 |
|---|---|
| 国内に住所を有しない者と推定する場合（令15） | 次のいずれかに該当する場合、「国内に住所を有しない者」と推定されます。<br>イ　国外に居住することとなった者が、国外において継続して1年以上居住することを通常必要とする職業を有すること。<br>ロ　国外に居住することとなった者が外国の国籍を有し又は外国に永住する許可を受け、かつ、その者が国内に生計を一にする配偶者その他の親族を有しないことその他国内にその者の職業及び資産の有無状況に照らし、再び国内に帰り、主として国内に居住するものと推測するに足りる事実がないこと。 |

　(注)　1　国内に居住していた者が国外に赴き再入国した場合は、明らかに国外に赴いた目的が一時的なものと認められるときは、在外期間中も引き続き国内に居所を有するものとして取り扱われます（基通2-2）。
　　　　2　この推定規定に反論がある場合は、原則に戻って（図表7-1-4）住所の有無を判定することになります。

## (3) 特殊な場合の住所の推定

　上記(2)の場合において、後発的事情等により変更があった場合の推定規定は、次のとおりに取り扱われます。

### 図表7-1-6　特殊な場合の住所の推定

| 後発的事情等により短期間で帰国した場合 | 例えば、当初2年間の予定で海外勤務として出国したが、その出国後健康上の理由等の事情でやむを得ず1年未満で国内勤務として帰国した場合には、結果的に海外勤務期間が1年未満となったとしても、海外勤務期間中は当初の推定どおり非居住者として取り扱われます。帰国後は居住者となります。 |
|---|---|
| 後発的事情等により海外勤務が延長された場合 | 例えば、当初8か月の予定で海外勤務として出国したが、その出国期間経過後に特殊事情(海外工事期間の延長など)により更に1年間海外勤務を継続することとなった場合は、当初の8か月間は居住者として取り扱われます。延長後の期間は当初の出国時から通算して海外勤務期間が1年以上となるため非居住者として取り扱われます。 |

　(注)　結果的に海外勤務期間が1年未満又は1年以上となっても遡って住所の推定を判定換えすることはありません。

## 4 特殊な居住形態

居住形態の判定を行う場合、納税者の勤務等の特殊性から次のような特例があります。

**図表7-1-7　特殊な居住形態**

| 公務員 | 国家公務員又は地方公務員は、国内に住所を有しない期間についても国内に住所を有するものとみなされます（法3①）。ただし、日本国籍を有しない者及び日本国籍を有する者で現に国外に居住しかつその地に永住すると認められる者については除かれます（令13）。 |
|---|---|
| 船舶、航空機の乗務員 | 外国航路等の船舶、航空機の乗務員の住所が国内にあるかどうかは、その者の配偶者その他生計を一にする親族の居住している地、又はその者の勤務外の期間中通常滞在する地が国内であるかどうかにより判定します（基通3-1）。 |
| 海外等留学生 | いわゆる留学生として学術、芸妓の習得のため国内又は国外に居住することとなった者の住所が国内又は国外のいずれかにあるかは、その習得のために居住する期間はその居住する地に職業を有するものとして推定します（基通3-2）。 |
| 海外の一定の場所に継続して居住していない職業を有する者 | 海外の各地を転々と異動しているような場合や海外と国内との間を常に往復しているような場合は、前記3の(2)の推定規定は適用せず、原則に戻って本来の生活の本拠がどこにあるのかにより住所の有無の判定を行います。 |
| アメリカ合衆国軍隊の構成員、軍属及びこれらの家族 | アメリカ合衆国軍隊の構成員、軍属及びこれらの家族であるという理由のみによって日本に滞在する期間は、国内に住所又は居所を有しない期間として取り扱われます（日米地位協定13②）。 |

## 5 租税条約による双方居住者の振分け

日本における居住者と非居住者の区分が、外国の判断基準と必ずしも同じでないことから、外国において居住者に該当する場合であっても、同時に日本でも居住者として扱われる場合があります。このような場合、相手国が租税条約の締結国であれば、その一定の基準に従っていずれの国の居住者になるのか振分けることとされています。

7-1　非居住者等の概要

## 非居住者等の概要のチェックポイント

☐　国内に居住することとなった者が、国内において継続して１年以上居住することを通常必要とする職業を有している場合、居住者として扱っているか。

☞　国内において事業を営み又は職業に従事するため国内に居住することとなった者は、国内における在留期間が契約等によりあらかじめ１年未満であることが明らかであると認められる場合を除き、「国内において継続して１年以上居住することを通常必要とする職業を有する者」として取り扱うこととされています（基通３-３）。

☐　国外に居住することとなった者が、国外において継続して１年以上居住することを通常必要とする職業を有している場合、非居住者として扱っているか。

☞　国外において事業を営み又は職業に従事するため国外に居住することとなった者は、国外における在留期間が契約等によりあらかじめ１年未満であることが明らかであると認められる場合を除き、「国外において継続して１年以上居住することを通常必要とする職業を有する者」として取り扱うこととされています（基通３-３）。

☐　当初３年間の予定で海外勤務として出国したが、６か月後に健康上の理由により帰国した場合は海外勤務が１年未満となるため当初から非居住者にならないとしている。

☞　たとえ結果的に海外勤務期間が１年未満になったときでも、海外勤務期間中の６か月間は当初の推定どおり非居住者として取り扱われます。

☐　当初８か月の予定でＢ国のプロジェクトメンバーとして出国したが、８か月後に同プロジェクト拡大のため更に10か月の海外勤務延長となったので、当初から１年を超えるため出国から非居住者になるとしている。

☞　たとえ結果的に海外勤務延長があったとしても、出国からの８か月間は当初の推定どおり居住者として取り扱われ、その後の10か月の延長期間は当初の出国から通算して１年以上となるため非居住者として取り扱われます。

☐　不動産所得を有する国家公務員のＡは令和５年１月から３年間の予定で在外公館等の海外勤務となったことから、所得税は非居住者としての課税を受けることになると考えている。

☞　国家公務員又は地方公務員は、海外勤務で国内に住所を有しない期間についても国内に住所を有するものとみなされますので（法３①）、所得税の課税上は居住者として取り扱われます。

**385**

## 7-2　居住形態別の課税所得

### 1　居住形態別の課税所得

　所得税法では、日本で課税される所得税の範囲は、納税者が居住者（永住者、非永住者）又は非居住者のいずれかに該当するか区分した上で、以下のとおりに定められています（法7、95④、161）。

#### (1)　永住者の場合

　国外源泉所得以外の所得及び国外源泉所得の全ての所得（いわゆる全世界所得）に対して課税されます（法7①一）。

#### (2)　非永住者の場合

　国外源泉所得以外の所得及び国外源泉所得で国内において支払われたもの又は国外から送金されたものに対して課税されます（法7①二）。

#### (3)　非居住者の場合

　国内源泉所得に対してのみ課税されます（法7①三）。

図表7-2-1　居住形態別の課税所得の範囲

| 居住形態 ＼ 所得 | 国外源泉所得以外の所得 | | 国外源泉所得 | |
|---|---|---|---|---|
| | 国内源泉所得 | | 国内払い | 国内送金 |
| 居住者 永住者（法2①三） | 課　税（法7①一） | | | |
| 居住者 非永住者（法2①四） | 課　税（法7①二） | | | |
| 非居住者（法2①五） | 課税（法7①三） | | 課税なし | |

> (注)　年の中途で居住形態の変更（居住者から非居住者へなど）があった場合、課税される所得税の範囲はそれぞれの対応する期間に応じて行われます。

### 2　非居住者の課税方法

　前記1の図表7-2-1のとおり、非居住者については国内源泉所得が課税の範囲とされています。
　その国内源泉所得を有する非居住者が、どのような恒久的施設を有するか否か、また、その国内源泉所得が恒久的施設に帰せられるものであるか否かによりその課税方法が異なります。
　非居住者のその納付すべき税額の課税方式は、原則として、国内源泉所得が恒久的施設に帰属する場合には居住者と同様に（一定の所得は源泉徴収の上）申告納税方式とし、それ以外の場合は国内にある資産の運用又は保有により生ずる所得などを除いて源泉徴収のみで課税関係が完結する源泉

分離課税方式となっています。

なお、国内源泉所得の範囲について、租税条約において国内法と異なる定めがある場合には、租税条約を優先して適用することとなります（法162）。

## 3　恒久的施設

恒久的施設とは、一般的に「PE（Permanent Establishment）」と称されており、次の３つの種類に区分されています（法２①八の四、令１の２）。

なお、恒久的施設について、租税条約において国内法と異なる定めがある場合には、租税条約を優先して適用することとなります。

図表 7-2-2　恒久的施設

| 種　類 | 内　　容　　等 |
|---|---|
| 支店等<br>（支店PE） | 非居住者の国内にある次に掲げる場所<br>①　事業の管理を行う場所、支店、事務所、工場又は作業所<br>②　鉱山、石油又は天然ガスの抗井、採石場その他の天然資源を採取する場所<br>③　その他事業を行う一定の場所 |
| 長期建設工事現場等<br>（建設PE） | 非居住者の国内にある長期建設工事現場等の場所<br>（非居住者が国内において長期建設工事等（建設、据付け又はこれらの指揮監督の役務提供で１年を超えて行われるもの）を行う場所） |
| 契約締結代理人等<br>（代理人PE） | 国内において非居住者に代わって、その事業に関し、反復して次に掲げる契約を締結し、又はその非居住者によって重要な修正等が行われることなく日常的に締結される次に掲げる契約の締結のために反復して主要な役割を果たす者<br>①　非居住者の名において締結される契約<br>②　非居住者が所有し又は使用の権利を有する財産について、所有権を移転し又は使用の権利を与えるための契約<br>③　非居住者による役務提供のための契約 |

（注）　非居住者の事業の遂行にとって準備的又は補助的であるものは恒久的施設に含まれません（令１の２④）。

## 4　非居住者の国内源泉所得の課税

### ⑴　非居住者の国内源泉所得と課税関係

非居住者の国内源泉所得と課税関係は次のとおりです（法161①、164①、基通164-1〔表５〕）。

7-2 居住形態別の課税所得

### 図表7-2-3 非居住者の国内源泉所得と課税関係

| 所得の種類<br>（法161①） ＼ 非居住者の区分<br>（法164①） | 恒久的施設を有する者 | | 恒久的施設を<br>有しない者<br>（法164①二、②二） | 源泉徴収<br>（法212①、<br>213①） |
|---|---|---|---|---|
| | 恒久的施設<br>帰属所得<br>（法164①一イ） | その他の<br>国内源泉所得<br>（法16①一ロ、②一） | | |
| ①事業所得 | 【総合課税】<br>（法161①一） | 【課税対象外】 | | 無 |
| ②資産の運用・保有により生ずる所得　　　　　（法161①二）<br>※下記⑧〜⑯に該当するものを除く。 | | 【総合課税（一部）（注2）】 | | 無 |
| ③資産の譲渡により生ずる所得<br>（　〃　三） | | | | 無 |
| ④組合契約事業利益の配分<br>（　〃　四） | 【源泉徴収の上、総合課税】<br>（法161①一） | 【課税対象外】 | | 20.42％ |
| ⑤土地等の譲渡対価<br>（　〃　五） | | 【源泉徴収の上、総合課税】 | | 10.21％ |
| ⑥人的役務の提供事業の対価<br>（　〃　六） | | | | 20.42％ |
| ⑦不動産の賃貸料等<br>（　〃　七） | | | | 20.42％ |
| ⑧利子等　　　　（　〃　八） | | 【源泉分離課税】 | | 15.315％ |
| ⑨配当等　　　　（　〃　九） | | | | 20.42％ |
| ⑩貸付金利子　　（　〃　十） | | | | 20.42％ |
| ⑪使用料等　　　（　〃十一） | | | | 20.42％ |
| ⑫給与その他人的役務の提供に対する報酬、公的年金等、退職手当等　　　（　〃十二） | | | | 20.42％ |
| ⑬事業の広告宣伝のための賞金<br>（　〃十三） | | | | 20.42％ |
| ⑭生命保険契約に基づく年金等<br>（　〃十四） | | | | 20.42％ |
| ⑮定期積金の給付補塡金等<br>（　〃十五） | | | | 15.315％ |
| ⑯匿名組合契約等に基づく利益の分配　　　　（　〃十六） | | | | 20.42％ |
| ⑰その他の国内源泉所得<br>（　〃十七） | 【総合課税】<br>（法161①一） | 【総合課税】 | | 無 |

（注）1　恒久的施設帰属所得が、上記の表②から⑰までに掲げる国内源泉所得に重複して該当する場合があります。
　　　2　上記の表③資産の譲渡により生ずる所得のうち恒久的施設帰属所得に該当する所得以外のものについては、所得税法施行令第281条第1項第1号から第8号までに掲げるもののみ課税されます。
　　　3　租税特別措置法の規定により、上記の表において総合課税の対象とされる所得のうち一定のものについては、申告分離課税又は源泉分離課税の対象とされる場合があります。
　　　4　租税特別措置法等の規定により、上記の表における源泉徴収税率のうち一定の所得に係るものについては、軽減又は免除される場合があります。
　　　5　租税条約の適用により、上記の表における源泉徴収税率が軽減又は免税される場合があります。

## (2) 国内源泉所得の概要

国内源泉所得の概要は次のとおりです（法161①）。

### 図表7-2-4　国内源泉所得の概要

| 所得の種類 | 内　容　等 |
|---|---|
| ①事業所得（法161①一） | 恒久的施設を通じて事業を行う場合において、その恒久的施設がその非居住者から独立して事業を行う事業者としてその恒久的施設に帰属するもの |
| ②資産の運用・保有による所得（法161①二） | 国内にある資産の運用又は保有により生ずる所得で次に掲げるもの（以下⑧利子等から⑯匿名組合契約等に基づく利益の配分は除く。）（令280）<br>イ　公社債のうち日本国債、地方債、内国法人の発行する債券又は約束手形<br>ロ　居住者に対する貸付金債権で居住者の行う業務に係るもの以外のもの<br>ハ　国内の営業所等又は契約の締結の代理をする者を通じて締結した生命・損害保険等契約に基づく保険金の支払又は剰余金を受ける権利 |
| ③資産の譲渡による所得（法161①三） | 国内にある資産の譲渡により生ずる所得で次に掲げるもの（令281）<br>イ　国内にある不動産の譲渡<br>ロ　国内にある不動産の上に存する権利、鉱業権又は採石権の譲渡<br>ハ　国内にある山林の伐採又は譲渡<br>ニ　内国法人の発行する株式等で、株式等の買集めによるものなど一定のもの<br>ホ　不動産関連法人の株式の譲渡<br>ヘ　国内にあるゴルフ場の所有等に係る法人の株式の譲渡<br>ト　国内にあるゴルフ場の利用権の譲渡<br>チ　その他、非居住者が国内に滞在する間に行う国内にある資産の譲渡 |
| ④組合契約事業利益（法161①四） | 次の組合契約に基づいて恒久的施設を通じて行う事業から生ずる利益について配分を受けるもの（令281の2）<br>イ　民法第667条第1項に規定する組合契約<br>ロ　投資事業有限責任組合契約に関する法律第3条第1項に規定する投資事業有限責任組合契約<br>ハ　有限責任事業組合契約に関する法律第3条第1項に規定する有限責任事業組合契約<br>ニ　外国における契約で、イからハまでに類する契約 |
| ⑤土地等の譲渡対価（法161①五） | 国内にある次に掲げる土地等の譲渡対価のうち、その土地等を自己又はその親族の居住の用に供するために譲り受けた個人から支払われるもの（譲渡対価が1億円を超えるものを除きます。）以外のもの（令281の3）<br>イ　土地又は土地の上に存する権利<br>ロ　建物及び建物の附属設備<br>ハ　構築物 |
| ⑥人的役務の提供事業の対価（法161①六） | 国内において行う人的役務の提供を主たる内容とする事業で、次に掲げる者の役務提供の対価（令282）<br>イ　映画又は演劇の俳優、音楽家その他の芸能人、職業運動家<br>ロ　弁護士、公認会計士、建築士その他の自由職業者<br>ハ　科学技術、経営管理その他の分野に関する専門的知識又は特別な技能を有する者 |
| ⑦不動産の賃貸料等（法161①七） | 国内にある不動産、不動産の上に存する権利若しくは採石権の貸付け、租鉱権の設定又は居住者若しくは内国法人に対する船舶・航空機の貸付けによる対価 |
| ⑧利子等（法161①八） | 次に掲げるもの<br>イ　日本国の国債、地方債又は内国法人の発行する債券の利子<br>ロ　外国法人の発行する債券の利子のうち恒久的施設を通じて行う事業に係るもの<br>ハ　国内にある営業所に預け入れられた預貯金の利子<br>ニ　国内にある営業所に信託された合同運用信託、公社債投資信託又は公募公社債等運用投資信託の収益の分配 |

**389**

7-2　居住形態別の課税所得

| | |
|---|---|
| ⑨配当等（法161①九） | 配当等のうち、次に掲げるもの<br>イ　内国法人から受ける剰余金の配当、利益の配当、剰余金の分配、金銭の分配又は基金利息<br>ロ　国内にある営業所に信託された投資信託（公社債投資信託及び公募公社債等運用投資信託を除きます。）又は特定受益証券発行信託の収益の分配 |
| ⑩貸付金利子（法161①十） | 国内において業務を行う者に対する貸付金等でその業務に係るものの利子（令283） |
| ⑪使用料等（法161①十一） | 国内において業務を行う者から受ける次の使用料又は対価で、その業務に係るもの（令284）<br>イ　工業所有権等の使用料又はその譲渡による対価<br>ロ　著作権等の使用料又はその譲渡による対価<br>ハ　機械、装置及び車両等の使用料 |
| ⑫給与等の人的役務の提供に対する報酬、公的年金等、退職手当等（法161①十二） | 次に掲げるもの<br>イ　俸給、給料、賃金、歳費、賞与又はこれらの性質を有する給与その他人的役務の提供に対する報酬のうち、国内において行う勤務その他の人的役務の提供に基因するもの（令285①）<br>ロ　公的年金等（令285②）<br>ハ　退職手当等のうち受給者が居住者であった期間に行った勤務その他の人的役務の提供に基因するもの（令285③） |
| ⑬事業の広告宣伝のための賞金（法161①十三） | 国内において事業を行う者からその事業の広告宣伝のために、賞として支払を受ける金品、その他の経済的利益（令286） |
| ⑭生命保険契約に基づく年金等（法161①十四） | 国内にある営業所等を通じて保険業法に規定する生命保険会社又は損害保険会社の締結する保険契約等に基づいて受ける年金等（上記⑫ロの公的年金等を除きます。）（令287） |
| ⑮定期積金の給付補塡金等（法161①十五） | 国内にある営業所等が受け入れたもので次に掲げるもの<br>イ　定期積金の給付補塡金<br>ロ　銀行法第2条第4項の契約に基づく給付補塡金<br>ハ　抵当証券の利息<br>ニ　金投資口座等の差益<br>ホ　外貨投資口座等の為替差益<br>ヘ　一時払養老保険、一時払損害保険等の差益 |
| ⑯匿名組合契約等に基づく利益の配分（法161①十六） | 国内において事業を行う者に対する出資のうち、匿名組合契約等に基づいて行う出資により受ける利益の分配（令288） |
| ⑰その他の国内源泉所得（法161①十七） | 上記に掲げるもののほか、その源泉が国内にある所得で次に掲げるもの（令289）<br>イ　国内の業務又は資産に関して受ける保険金、補償金又は損害賠償金<br>ロ　国内にある資産の法人からの贈与により取得するもの<br>ハ　国内で発見された埋蔵金、国内で拾得した遺失物<br>ニ　国内の懸賞募集で懸賞として受ける金品その他経済的利益<br>ホ　上記イからニ以外で、国内においてした行為に伴い取得する一時所得<br>ヘ　上記イからホ以外で、国内の業務又は資産に関して供与を受ける経済的利益 |

（注）　所得税法第161条第1項第4号から第16号までに掲げる対価、使用料、給与、報酬等には、その対価等として支払われるもの以外に、その対価等に代わる性質を有する損害賠償金、和解金、解決金のほか、対価等の支払が遅延したことに基づき支払われる遅延利息とされる金員で、その対価等に代わる性質を有するものが含まれます（基通161-46）。

7-3　非居住者の確定申告等

# 7-3　非居住者の確定申告等

## 1　非居住者の総合課税の課税標準等

### (1)　課税標準

　総合課税とされる所得を有する非居住者の課税については、原則として、居住者についての課税標準及び税額の計算方法の規定が準用されます（法165、令292、292の5）。

　青色申告の特典関係の規定も準用されます（法166）。

### (2)　所得控除及び税額控除

　非居住者について適用される所得控除及び税額控除は、原則として、居住者についての規定が準用されますが、一部の規定が適用されない場合もあります。

　イ　所得控除

　　①　雑損控除、寄附金控除及び基礎控除に限り適用があります（法165①かっこ書）。

　　　　ただし、雑損控除の対象となる資産の範囲は、日本国内にあるものに限られます（令292①十三）。

　　②　障害者控除、寡婦・ひとり親控除、勤労学生控除、配偶者控除・配偶者特別控除及び扶養控除の可否については、出国時までの納税管理人の届出の有無により、その判定時期等が異なります（基通165-2）。

　　③　年の途中で居住形態を変更（居住者から非居住者へ）するなどして、居住者期間の所得から控除しきれない所得控除がある場合は、その年中の非居住者期間の所得から控除することができます（法102、令258①、基通165-1）。

　ロ　税額控除

　　①　(特定増改築等) 住宅借入金等特別控除等については、その住宅等の取得年月日により適用が受けられない場合があります。

　　②　非居住者で恒久的施設に帰属する所得について外国所得税が課税された場合、外国税額控除・分配時調整外国税相当額控除が適用されます（法165の6、165の5の3）。

**391**

7-3 非居住者の確定申告等

## 図表7-3-1 居住形態別の所得控除・税額控除

| 所得控除・税額控除 / 居住形態 | | 居住者 | | 非居住者 | 年の途中で居住形態を変更 |
|---|---|---|---|---|---|
| | | 永住者 | 非永住者 | | |
| 所得控除 | 雑損控除 | ○ | ○ | □ | □ |
| | 医療費（セルフメディケーション）控除 | ○ | ○ | × | △ |
| | 社会保険料控除※1 | ○ | ○ | × | △ |
| | 小規模企業共済等掛金 | ○ | ○ | × | △ |
| | 生命保険料控除 | ○ | ○ | × | △ |
| | 地震保険料控除 | ○ | ○ | × | △ |
| | 寄附金控除 | ○ | ○ | ○ | ○ |
| | 障害者控除 | ○ | ○ | × | ▲ |
| | 寡婦・ひとり親控除 | ○ | ○ | × | ▲ |
| | 勤労学生控除 | ○ | ○ | × | ▲ |
| | 配偶者控除・配偶者特別控除 | ○ | ○ | × | ▲ |
| | 扶養控除 | ○ | ○ | × | ▲ |
| | 基礎控除 | ○ | ○ | ○ | ○ |
| 税額控除 | 配当控除 | ○ | ○ | ○ | ○ |
| | （特定増改築等）住宅借入金等特別控除等 | ○ | ○ | ○※2 | ○※2 |
| | 政党等寄附金特別控除 | ○ | ○ | ○ | ○ |
| | 認定NPO・公益社団法人等寄附金特別控除 | ○ | ○ | ○ | ○ |
| | 外国税額控除・分配時調整外国税相当額控除 | ○ | ○ | ○※3 | ○※3 |

○：適用があります。

×：適用はありません。

□：非居住者期間については、国内に有する資産のみについて適用があります。
（注）居住者の雑損控除の対象となる資産は、国外の資産も対象に含まれます。

△：居住者期間に支払われたものについて適用があります。

▲：次の時点の現況で判定し、対象となる場合は適用があります。
① 居住者から非居住者に変更の場合は以下のとおりです（基通165-2）。
・納税管理人を定めている場合は、その年の12月31日（又は死亡時）の現況によります。
・納税管理人を定めていない場合は、出国時の現況によります。
② 非居住者から居住者に変更の場合は、その年の12月31日（又は死亡時）の現況によります。

※1 日仏租税条約により、相手国の社会保険料の一定額を役務提供地国において控除できる場合があります。

※2 以下のとおりです。
① 平成28年3月31日以前に住宅の取得等又は増改築等する非居住者については、（その後に居住者に変更したとしても）適用はありません。
② 平成28年4月1日以降に住宅の取得等又は増改築等する非居住者については、その他の要件等を満たせば適用はあります。

※3 恒久的施設に帰属する所得について外国所得税がある場合、投資信託等の収益の分配に係る分配時調整外国税相当額がある場合は適用があります。

## (3) 非居住者に係る外国税額控除

　国内に恒久的施設を有する非居住者が、平成29年以後の各年において、その恒久的施設に帰属する所得について外国所得税を納付することとなる場合は、外国税額控除が適用されることとなりました（法165の6、令292の2、292の7〜292の14、平成26年改正法附則12）。

　なお、外国所得税の範囲、控除限度額の計算や控除限度額・控除対象外国所得税の繰越しなどの制度の基本的な仕組みは、居住者の外国税額控除制度と同様です。

## (4) 申告期限等

　申告期限等は、原則として次のとおりです（通法117、法2①四十二、126、127）。

　イ　確定申告義務のある場合

　　(イ)　その年に居住者から非居住者となる場合

| 納税管理人 | 確定申告・納税等 |
|---|---|
| 出国日までに届出あり | 居住者期間中のすべての所得及び非居住者期間中の国内源泉所得について確定申告を翌年2月16日から3月15日の間に行います。 |
| 出国日までに届出なし | 次のとおり2度の確定申告を行います。<br>①　居住者期間中のすべての所得について出国の日までに行います。<br>②　上記①の所得及び非居住者期間中の国内源泉所得について翌年2月16日から3月15日の間に行います（清算をします）。 |

　　(ロ)　その年の1年を通じて非居住者である場合

　　　　国内源泉所得について、翌年2月16日から3月15日の間に確定申告を行います。

　ロ　還付申告書を提出することができる場合

　　　　（還付申告において、65万円（又は55万円）の青色申告特別控除など期限内申告が特例の適用要件となっている場合は注意が必要です。）

　　(イ)　その年に居住者から非居住者となる場合

| 納税管理人 | 確定申告・還付等 |
|---|---|
| 出国日までに届出あり | 居住者期間中のすべての所得及び非居住者期間中の国内源泉所得について翌年1月1日から還付申告書を提出することができます。 |
| 出国日までに届出なし | 次のとおり2度の還付申告書を提出することができます。<br>①　居住者期間中のすべての所得について出国の日までに提出することができます。<br>②　上記①の所得及び非居住者期間中の国内源泉所得について翌年1月1日から提出することができます（清算をします）。 |

　　(ロ)　その年の1年を通じて非居住者である場合

　　　　国内源泉所得について、翌年1月1日から還付申告書を提出することができます。

　ハ　確定損失申告を提出することができる場合

　　　　上記イに同じです。

### (5) 居住者から非居住者となる場合の予定納税

予定納税はその年の6月30日を経過する日に成立しますが、非居住者においても居住者の申告等の規定が準用されますので、総合課税の国内源泉所得がある場合は、予定納税の納付義務があります。居住者から非居住者となる場合の予定納税の概要は次のフローチャートのとおりです。

**図表7－3－2　居住者が非居住者となる場合の予定納税判定フローチャート**

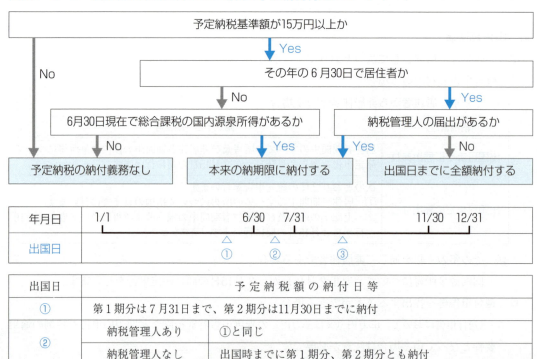

### 2　非居住者の特殊な確定申告書等

#### (1) 所得税法第172条に定める「準確定申告」

非居住者が国内勤務により受け取る給与等（退職所得、人的役務の提供による所得を含む。）については、その給与等の支払者及び支払者の国内における支店等の有無等により、源泉分離課税による場合と非居住者が確定申告を行う場合に分けられます。

非居住者が受け取る給与等が、国内の支払者又は国外の支払者で国内に支店等を有している場合には、その支払地に関係なく給与等の支払金額に対して源泉徴収（20.42％）が行われ課税関係は終了します。

しかし、非居住者が受け取る給与等が国外の支払者で、その支払者が国内に支店等を有していない場合には、源泉徴収の対象とならないことから、非居住者は所得税法第172条に定める「準確定

7-3　非居住者の確定申告等

申告」を行う必要があります（法172）。

　この場合の課税標準となる金額は給与等の支給額そのものであり、支給額に税率（20.42％）を乗じて申告納税額を算出します。

> 課税標準（1,000円未満切捨）×20.42％＝申告納税額（100円未満切捨）

（注）1　受け取る給与等が国内及び国外の双方の勤務で行ったものである場合の課税標準は、次の算式のとおり、それぞれの勤務期間で按分します。

$$課税標準＝給与等の支給額×\frac{国内の勤務期間}{給与等の支給額の計算の基礎となった期間}$$

　　　2　内国法人の役員として受け取る報酬は、国外勤務に基因するものであっても、原則として、国内源泉所得として取り扱うこととされています（令285①）。

　　　3　この準確定申告には所得控除等はありません。

　　　4　申告期限は次のとおりです。

　　　　①　納税者が翌年3月15日まで日本にいる場合………………………翌年3月15日

　　　　②　納税者が翌年3月15日以前に居所を有しなくなる場合………居所を有しなくなった日

　　　　（注）　納税管理人を選任していたとしても、居所を有しなくなった後に提出した場合は期限後申告となります。

　　　5　申告書の提出先は、納税者（納税管理人ではありません。）の所轄税務署です。

　　　6　この準確定申告書は一般の確定申告書とは独立した申告書であるため、必要（国内に不動産所得等があるなど）に応じて別に一般の確定申告書を提出する必要があります。

### 図表7-3-3　非居住者の給与等の課税等

| 所得源泉地 | 支払者 | 国内支店等 | 非居住者の課税等 |
|---|---|---|---|
| 国　内 | 国　内 | | 源泉分離課税（20.42％）により完了します。<br>（準確定申告することはできません。） |
| | 国　外（注） | 有　り | |
| | | 無　し | 所得税法第172条に定める「準確定申告」が必要となります。 |
| 国　外 | | | 課税なし。 |

（注）　後記3の「短期滞在者免税制度」に該当する場合は所定の手続により免税となります。

7-3　非居住者の確定申告等

## 所得税法第172条第1項の準確定申告書の記載例

個人番号(Individual Numbers)

### 令和5<sup>*</sup>年分所得税及び復興特別所得税の準確定申告書

(所得税法第172条第1項及び東日本大震災からの復興のための施策を実施するために必要な財源の確保に関する特別措置法第17条第5項に規定する申告書)

Income Tax and Special Income Tax for Reconstruction Quasi-Final Return (Under Article 172, Paragraph 1 of the Income Tax Law and Article 17, Paragraph 5 of Special Measures Act for the Reconstruction Funding After the Great East Japan Earthquake)

受付印

\* Calendar year for which you file this Return

| Koujimachi　税務署長<br>Name of the Tax Office where your return should be filed | (Year) (Month) (Date)<br>2023 年 12 月 20 日<br>Date of filing your return |

| 氏　名<br>Name(last,first,middle initial) | Kokuzei　Taro | 署　名<br>Signature |
| 住所又は居所<br>Domicile or residence | 1-2-3. Ootemachi. Chiyoda-ku. Tokyo | 電話番号<br>Telephone number<br>XXX － XXXX － XXXX |

| 生 年 月 日<br>Date of birth | 1980 年 10 月 7 日 | 国　籍<br>Nationality | USA |

下記事項を記入してください。
Please fill out the following items.

| 当初の入国許可年月日<br>The date of original entry into Japan | 2023 年 4 月 1 日 | 在　留　期　間<br>The period you are permitted to stay in Japan | From 2023 年 4 月 1 日から<br>To 2023 年 12 月 20 日まで |
| 在　留　資　格<br>Your visa status in Japan | Business Manager Visa | この申告に係る非居住者期間<br>The period in this tax year you were classified as a non-resident(Enter the beginning and ending dates during this calendar year.) | From 2023 年 4 月 1 日から<br>To 2023 年 12 月 20 日まで |

| 日本における勤務、人的役務の内容<br>Description of employment or other personal services performed in Japan | Company Employee |

### 1. 給 与 又 は 報 酬 の 明 細 (Details of your income)

源泉徴収の方法により納付済のものは記入しないでください。
(Do not enter receipts from which income tax and special income tax for reconstruction has been withheld at source.)

所得の種類(該当する所得を○で囲む)　給 与 所 得 ・ 退 職 所 得 ・ 人 的 役 務 の 提 供 に よ る 所 得
Type of income(circle the applicable income.)　Employment income ・ Retirement income ・ Income from the provision of personal services

| 支払者の氏名又は名称<br>Name or title of the payer | 支払者の住所若しくは居所又は本店若しくは主たる事務所の所在地<br>Domicile residence place of head office or place of main office of the payer | 収 入 金 額<br>Amount of receipts |
| △△△ Corporation | 4567 XXXRord XXX. USA | 5,678,900円 |
| | 課 税 所 得 金 額<br>Amount of taxable income (The same amount of receipts.) | Ⓐ 5,678,900円 |

### 2. 納 め る 税 金 の 計 算 (Calculation of your tax)

| 課税所得金額<br>(Amount of taxable income) | | 所得税の税率<br>(Income tax rate) | | 所得税額 (基準所得税額)<br>(Amount of (base) income tax) |
| Ⓐ 5,678,000 円 | × | $\frac{20}{100}$ | = | Ⓑ 1,135,600 円 |

(1,000円未満の端数は切り捨ててください。)
(Any fractional sum of less than ¥1,000 shall be discarded.)

| 基準所得税額<br>(Amount of base income tax) | | 復興特別所得税の税率<br>Special income tax for reconstruction rate | | 復興特別所得税の額<br>Amount of special income tax for reconstruction |
| Ⓑ 1,135,600 円 | × | $\frac{2.1}{100}$ | = | Ⓒ 23,847 円 |

| 所得税及び復興特別所得税の申告納税額 (Ⓑ＋Ⓒ)<br>Amount of income tax and special income tax for reconstruction | = | 1,159,400 円 |

(黒字の場合100円未満の端数は切り捨ててください。)
(Any fractional sum of less than ¥100 shall be discarded in case of black.)

| 税理士<br>署　名 | 整 理 番 号 | 納 管 | 事 業 | 住 民 | 検 算 | 通信日付印の年月日 | 一連番号 |
| | 0 | | | | | 年 月 日 | |
| 電話番号　－　－ | 番号確認 身元確認 確 認 書 類 | | | | | | |
| | □ 済 個人番号カード／通知カード・運転免許証 | | | | | | |
| | □ 未済 その他 ( ) | | | | | | |

396

⑵　退職所得の選択課税

　納税者が受け取る退職所得については、原則として、支給原因となった退職日の属する年分の退職所得として取り扱われますが、この場合において、その退職日が居住者期間又は非居住者期間のいずれかによって課税方法が異なります。

　イ　退職日が居住者期間である場合

　　居住者期間に退職すれば、通常の居住者としての退職所得の課税になります（国外源泉所得が含まれていても按分計算は不要です。）。

　ロ　退職日が非居住者期間である場合

　　非居住者期間に退職すれば、原則として、国内源泉所得（国内勤務に対応するもの）と国外源泉所得（国外勤務に対応するもの）に区分し、国内源泉所得に対して源泉徴収（20.42％）が行われる源泉分離課税、又は準確定申告（法172）により課税関係は終了します（法161①十二ハ、169、170、212①）。

　　しかし、居住者と非居住者との間の退職所得の税負担の不均衡の解消のため、納税者の選択より、居住者が受けたものとみなして居住者と同様の課税（「退職所得の選択課税」といい確定申告を行います。）の適用を受けることで、源泉徴収税額等との差額の還付を受けることができます（法171）。

　(注)　1　非居住者が受け取る退職所得が国内及び国外の双方の勤務で行ったものである場合の課税標準は、次の算式のとおりそれぞれの勤務期間で按分します。

$$課税標準＝退職所得の支給額×\frac{国内の勤務期間}{退職所得の支給額の計算の基礎となった期間}$$

　　　　2　退職所得の選択課税には所得控除等はありません。

　　　　3　申告は退職所得の支払日の翌年1月1日（退職所得の総額が確定した場合はその日）から5年間できます（法173）。

　　　　4　申告書の提出先は、納税者（納税管理人ではありません。）の納税地の所轄税務署です。

　　　　5　この確定申告書は一般の確定申告書とは独立した申告書であるため、必要（国内に不動産所得等があるなど）に応じて別に一般の確定申告書を提出する必要があります。

　　　　6　退職所得の選択課税は常に選択した方が有利だとは限りません（源泉徴収税額等よりも退職所得の選択課税で計算した税額が大きい場合は申告する必要はありません。）。

⑶　公的年金制度の脱退一時金

　日本国内に勤務し公的年金制度（6か月以上）に加入していた一定の外国人が自国に戻る場合には、出国後に所定の手続きをとることで厚生年金の脱退一時金を受け取ることができます。

　この脱退一時金は「退職所得とみなす一時金」に該当し、その支払の際には源泉徴収（20.42％）が行われます（法31、212①）。この脱退一時金は上記の⑵に該当することから、原則として、納税管理人を通じてこの「退職所得の選択課税」の確定申告を行うことができます。

# 申告書等の記載手順（退職所得の選択課税）

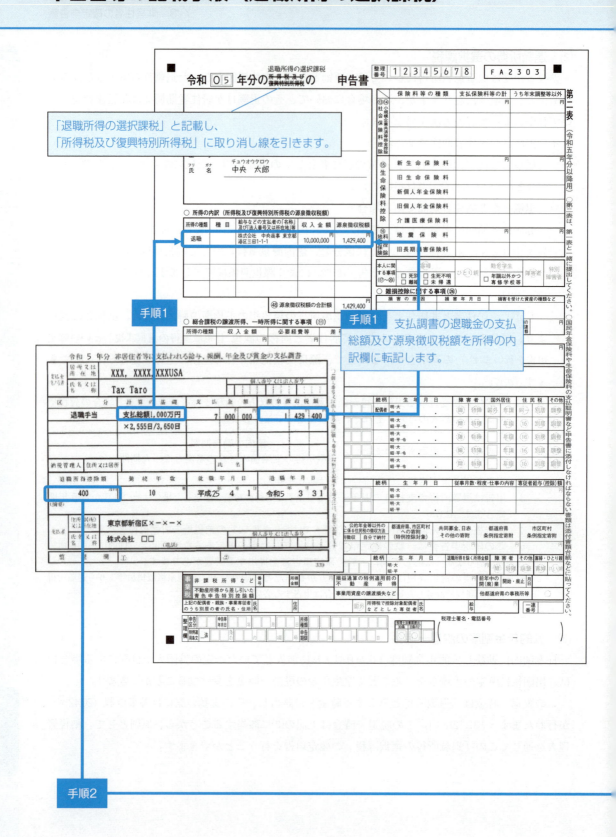

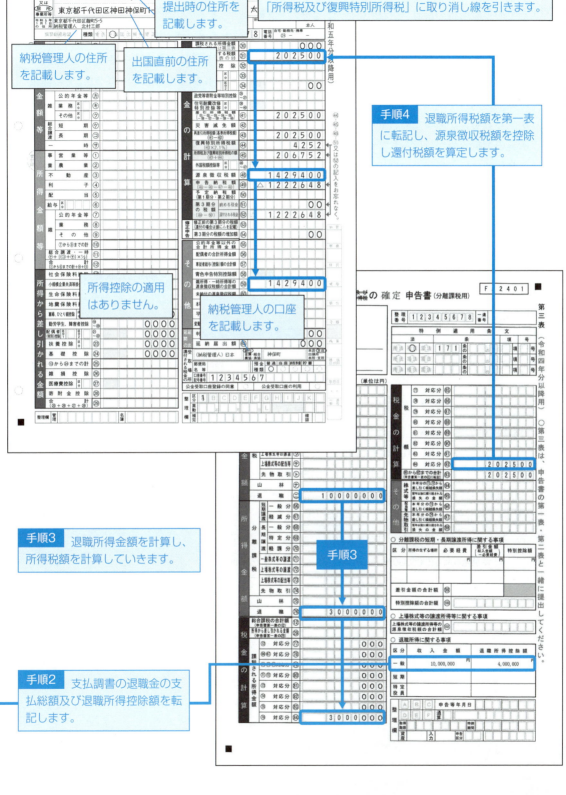

7-3　非居住者の確定申告等

## 【退職所得の選択課税の背景】

　　長年、海外勤務し非居住者に該当する者が日本に帰国した後に退職した場合には、居住者としての退職所得の計算（退職所得控除、2分の1計算）ができるのに対して、日本国内に居住者として勤務していた者がたまたま退職の直前に海外勤務となり、非居住者期間中に退職した場合には上記(2)のとおり退職所得控除、2分の1計算の適用等を受けることができなくなります。

　　このように、非居住者の退職所得について国内源泉所得に係るものについて20.42％の源泉分離課税又は準確定申告（法172）を行う場合には、居住者と非居住者との間で税負担の不均衡が生じる場合があるため、非居住者の税負担を軽減しその調整を図る観点から非居住者の退職所得の選択課税が設けられています。

　　具体的には、納税者の選択により、次の①よりも②の金額が大きい場合には、確定申告を行うことでその差額の還付を受けることができます。

　（注）　①よりも②の金額が小さい場合には、退職所得の選択課税の確定申告は不要です。

　　　　①　退職所得に通常の源泉徴収（法30、201）と同様に、支払を受けた退職金（国内源泉所得及び国外源泉所得）から退職所得控除を差し引きその2分の1の金額に総合課税の税率等を適用して算出した税額

　　　　②　国内勤務に係る退職所得の支払金額に税率（20.42％）を乗じて算出した税額

### 退職所得の選択課税の記載例

〔源泉徴収〕

①　退職金の額　10,000,000円（退職金の計算の基礎となった勤続年数10年（居住者としての勤続年数7年））

②　源泉徴収税額　| 1,429,400円 |（10,000,000円×7／10年×20.42％）

〔退職所得の選択課税〕

③　退職金の額　10,000,000円（退職金の計算の基礎となった勤続年数10年）

④　退職所得控除額　4,000,000円（400,000円×10年）

⑤　課税退職所得金額　3,000,000円（（10,000,000円－4,000,000円）×1／2）

⑥　上記⑤に対する所得税額　| 206,752円 |

⑦　還付される所得税額　| 1,222,648円 |

　　（②源泉徴収税額1,429,400円－⑥所得税額206,752円＝1,222,648円）

## 3 短期滞在者免税制度の概要等

　非居住者(1年未満の滞在期間で海外から派遣された者など)が日本国内の勤務で得る給与所得等は、原則として、国内源泉所得となり20.42％の税率により源泉徴収の対象となります（国内にその支払者の支店等がなくその支払が国外で行われるなど源泉徴収の対象とならない場合は準確定申告を行います。）。このような短期間の海外出張などにより役務提供地国で課税が行われると、納税者は居住地国との間に二重課税の問題が発生し、煩雑な納税や還付などの手続が必要となります。

　そこで、租税条約の多くは、一定の短期滞在者に関する免税規定を設け、人的役務の提供地国である源泉地国での課税を免除することとしています。この短期滞在者免税を受けるためには以下の3つを要件としてこれを認めることとしています。なお、短期滞在者免税の適用を受けるためには「租税条約に関する届出書」等を所轄税務署に提出する必要があります。

### 【3つの要件】

| ① | 滞在日数基準 | 滞在期間が、暦年、課税年度又は継続する12か月を通じて合計183日を超えないこと（これを一般的に「183日ルール」と呼ばれています。） |
|---|---|---|
| ② | 支払地基準 | 給与等の報酬を支払う雇用者は勤務が行われた締結国の居住者でないこと |
| ③ | PE負担基準 | 給与等の報酬が役務提供地にある支店その他恒久的施設によって負担（課税所得の計算上損金に算入）されないこと |

（注）1　合計183日（タイ国は180日）の計算方法は以下のとおりです（租税条約の相手国によりその計算方法が異なります。）。
　　　イ　暦年で計算
　　　　その年の1月1日から12月31日の期間の滞在日数を計算し、183日以下かどうかを判定する方法
　　　ロ　課税年度で計算
　　　　課税年度で滞在日数を計算し、183日以下かどうかを判定する方法
　　　ハ　継続する12か月で計算
　　　　滞在開始から継続する12か月又は滞在終了までの継続する12か月で183日以下かどうかを判定する方法
　　　2　事後的に滞在日数が183日を超えた場合は、183日を含めた全滞在期間が課税対象（源泉徴収又は準確定申告で納税）となります。

## 4 海外勤務等となった場合の各種の申告等

### (1) 海外勤務と納税管理人

　日本国内の会社に勤めている給与所得者が、1年以上の予定で海外の支店などに転勤し又は子会社に出向した場合は、原則として、所得税法上の非居住者と推定されますが、日本国内で発生した一定の所得については、引き続き日本の所得税が課税されますので、確定申告をしなければならない場合があります。

　この場合、納税者は、確定申告書の提出、税務署等からの書類の受け取り、税金の納付や還付金の受け取り等、納税義務を果たすために納税管理人を定める必要があり、納税者の所轄税務署に「納税管理人の届出書」を提出する必要があります。また、帰国し居住者になるなど、先に選任していた納税管理人を解任する場合は、「納税管理人の解任届出書」を提出しなければなりません。

　なお、納税管理人は法人でも個人でも構いません。

【参考資料】特定納税管理人制度の概要（令和4年1月）

　令和3年度税制改正により、従来の「納税管理人」制度に加えて、新たに「特定納税管理人」制度が創設され、「特定納税管理人制度の概要」の説明書が国税庁から公表されました。

### (2) 海外勤務と所得税額の精算

　日本国内の会社に勤めている給与所得者が1年以上の予定で海外の支店などに転勤し又は子会社に出向した場合は、原則として、所得税法上の非居住者と推定されます。

　この場合、会社からの給与だけであれば、居住者としての最後の給与支給の際に年末調整が行われます。給与収入が2,000万円超の場合や給与以外に一定の収入があるなど確定申告が必要な場合は、以下の手続を行う必要があります（還付申告書、損失申告書を含めた確定申告書の申告期限等の詳細については、前記1の(4)の申告期限等のとおりです（以下(5)まで同じ。）。

　① 出国日までに納税管理人の届出をした場合
　　納税管理人を通じて通常の確定申告期間に申告・納税を行います。
　② 出国日までに納税管理人の届出をしなかった場合
　　出国日までに確定申告書（準確定申告）の提出・納税を行い、更に通常の確定申告期間に申告・納税（精算）を行います。

　なお、非居住者として国外勤務で得た給与は国外源泉所得となり、原則として、日本の所得税は課税されません。

### (3) 海外勤務中に不動産所得等がある場合

　日本国内の会社に勤めている給与所得者が1年以上の予定で海外の支店などに転勤し又は子会社に出向した場合は、原則として、所得税法上の非居住者と推定されます。

　この場合、給与以外に一定の不動産所得（これまで居住していた住宅を賃貸するなど）があり確定

申告が必要な場合は、以下の手続を行う必要があります。

なお、国内にある不動産の賃貸料については、原則として、非居住者がその支払を受ける際に20.42％の税率で源泉徴収されます（その住宅等を借り受けた個人が自己又はその親族の居住用とする場合は源泉徴収されません。）が、この源泉徴収税額の還付を受けるための申告を行うこともできます。

① 出国日までに納税管理人の届出をした場合

　　その年1月1日から出国する日までの間（居住者期間）に生じたすべての所得と、出国した日の翌日からその年12月31日までの間（非居住者期間）に生じた国内源泉所得の合計額について、翌年2月16日から3月15日までの間に納税管理人を通じて確定申告及び納税をする必要があります。

② 出国日までに納税管理人の届出をしなかった場合

　　居住者期間に生じたすべての所得について、出国の日までに確定申告（準確定申告）をする必要があります。

　　更に、この準確定申告をしたとしても、非居住者期間に国内源泉所得が生じる場合には、居住者期間に生じたすべての所得と非居住者期間に生じた国内源泉所得との合計額について、納税管理人を通じるなどして、翌年2月16日から3月15日までの間に確定申告及び納税（精算）をする必要があります。

③ 年を通じて海外に勤務している場合

　　海外勤務となった年の翌年以後も、日本国内に国内源泉所得がある場合には、原則として、翌年2月16日から3月15日までの間に納税管理人を通じて確定申告及び納税をする必要があります。

## (4) 海外勤務中に不動産を売却した場合

日本国内の会社に勤めている給与所得者が1年以上の予定で海外の支店などに転勤し又は子会社に出向した場合は、原則として、所得税法上の非居住者と推定されます。

非居住者の場合、日本で課税を受けるのは国内源泉所得のみとされており、日本国内にある不動産を売却したときの所得は国内源泉所得となり、日本で所得税が課税されることとなります。

不動産を売却したときの所得は譲渡所得とされ、原則として、納税管理人を通じて確定申告が必要となります。譲渡所得の金額の計算方法は、原則として、居住者の場合と同様です。

なお、非居住者が国内にある土地等の不動産を売却して受け取る譲渡対価に対して、原則として、10.21％の税率で源泉徴収されます（その譲渡対価が1億円以下で、その土地等を購入した個人が自己又はその親族の居住用とする場合は源泉徴収されません。）が、この源泉徴収税額の還付を受けるための申告を行うこともできます。

## (5) 海外勤務中に株式を譲渡した場合

日本国内の会社に勤めている給与所得者が1年以上の予定で海外の支店などに転勤し又は子会社に出向した場合は、原則として、所得税法上の非居住者と推定されます。

非居住者の場合、日本で課税を受けるのは国内源泉所得のみとされており、課税方法は、日本国

**403**

7-3 非居住者の確定申告等

内に恒久的施設を有するか否かで異なります（法161、164）。

　給与所得者が海外勤務中であれば、一般的には恒久的施設を有しない非居住者に該当しますので、非居住者が株式等を譲渡した場合、次の①から⑥のいずれかに該当する所得が国内源泉所得として課税対象となります（令281①）。

　このうち、①から⑤に該当するものについては、申告分離課税となり、⑥に該当するものについては総合課税となり、確定申告が必要となります。

　なお、これらに該当する場合であっても租税条約により日本で課税されない場合があります。

---

① 買集めによる株式等の譲渡

　同一銘柄の内国法人の株式等の買集めをし、その株式等をその内国法人又はその特殊関係者に対する譲渡による所得

② 事業譲渡類似の株式等の譲渡

　内国法人の特殊関係株主等である非居住者が行うその内国法人の一定の株式等の譲渡による所得

③ 税制適格ストックオプションの権利行使により取得した特定株式等の譲渡による所得（措令19- 3 ⑭）

④ 不動産関連法人の一定の株式の譲渡による所得

⑤ 日本に滞在する間に行う内国法人の株式等の譲渡による所得

⑥ 日本国内にあるゴルフ場の株式形態のゴルフ会員権の譲渡による所得

---

## 【参考】国外転出時課税制度について

　平成27年 7 月 1 日以降、一定の居住者が海外勤務等で出国し非居住者となる場合には、国外転出の時点で、 1 億円以上の有価証券等、未決済信用取引等又は未決済デリバティブ取引を所有等している場合は、これらの資産の譲渡等があったものとみなして、含み益に対して所得税が課税されます（法60の 2 ）。

　また、国外転出をしていなくても、贈与、相続又は遺贈により非居住者にこれらの資産が移転した場合にも、その時に譲渡等したものとみなして、含み益に対して所得税が課税されます（法60の 3 ）。

---

### (6) 海外勤務者が帰国した場合

　非居住者に該当していた海外勤務者が、日本に帰国した後は居住者となります。

　したがって、帰国した年分の確定申告は次のようなケースの場合などで、原則として、帰国前の国内源泉所得（源泉分離課税となるものを除きます。）と帰国後のすべての所得を合計して確定申告を行う必要があります。

① 帰国後の給与の収入金額が2,000万円を超える場合

② 帰国前の国内源泉所得と帰国後の給与所得及び退職所得以外の所得の合計金額が20万円を超える場合

**404**

## 5 海外居住者となった場合の退職年金等の課税

居住者が生活の本拠たる住所を海外に移し永住する場合は非居住者に該当することになります。

非居住者となった場合は、日本国内において生じた国内源泉所得についてのみ課税が行われることになり、一定の退職年金についても公的年金等として国内源泉所得（居住者の勤務期間に係るもの及び非居住者の勤務期間に係るものすべて）に該当し、原則として、以下の源泉徴収が行われることになります（法161①、十二ロ、212①、213①一イ）。

〔年金支給額 － （5万円※ × 支給月数）〕 × 20.42% ＝ 源泉徴収税額

※ 65歳以上の場合は9.5万円となります。

また、租税条約が締結されている国の居住者となる場合は、その租税条約の規定に従うこととなりますが、その多くは年金条項が設けられており、居住地国においてのみ課税することができるとされています（源泉地国免税）ので、海外移住した居住地国において課税を受けることになります。

なお、当該非居住者が、当該退職年金の源泉徴収される所得税等について、租税条約に基づき免税等を受ける場合には、源泉徴収義務者を経由して「租税条約に関する届出書」等を所轄税務署に提出する必要があります。

なお、租税条約の締結国でない国の居住者となる場合は、免税等の措置はなく20.42%の源泉徴収が行われますので、その国の確定申告等で外国税額控除等の検討が必要となります。

# 7-4　非永住者の確定申告等

## 1　非永住者

　非永住者とは、「居住者のうち日本の国籍を有しておらず、かつ、過去10年以内において国内に住所又は居所を有していた期間の合計が5年以下である個人」をいいます（図表7-1-1参照）。

　なお、その年において非永住者であった期間を有する居住者は、「居住形態等に関する確認書」を確定申告書に添付する必要があります。

**【参考書式】居住形態等に関する確認書**

> その年において非永住者であった期間を有する居住者が確定申告をする場合に添付しなければならない書式です。

## 2　非永住者の課税等

　非永住者の課税方法については、居住者の課税標準及び税額の計算方法の規定が適用されますが、その課税所得の範囲は、以下の所得に対して課税されます（図表7-2-1参照）。

①　国外源泉所得以外の所得
②　国外源泉所得で国内において支払われ又は国外から送金されたもの

　　（注）1　「国外から送金されたもの」とは、国外から国内に送金された金額のうち「国外源泉所得以外の所得の国外払いの金額を超えたもの」をいいます（令17①一）。
　　　　2　「国内において支払われ又は国外から送金されたもの」とは、物理的に国内で支払われた場合のほか、国外にある不動産等の貸付による賃貸料が為替等により非永住者に直接送金され、若しくは国内にある営業所等に係る債権等と相殺され又はその者の口座に直接振り込まれたものも含まれます（基通7-4）。
　　　　　　また、送金には国内への通貨の持込み、小切手、為替手形、郵便為替、信用状その他の支払手段による通常の送金のほか、次のような行為も含まれます（基通7-6）。
　　　　　・貴金属、公社債券、株券その他のものを国内に携行し又は送付する行為
　　　　　・国内において借入又は立替払いを受け、国外にある自己資金等によりその債務を弁済するなどの行為

## 3　国外源泉所得

　国外源泉所得とは以下の所得をいいます（法95①、④、令225の2～225の14）。

①　居住者が国外事業所等を通じて行う事業の所得
②　国外にある資産の運用又は保有により生ずる所得
③　国外にある資産の譲渡により生ずる所得として一定のもの
④　国外において人的役務の提供に係る対価

⑤ 国外にある不動産、船舶、航空機等の貸付けによる対価

⑥ 国外の公社債等の利子、国外の金融機関等に預け入れられた預金又は貯金の利子

⑦ 外国法人の配当等、国外にある営業所に信託された投資信託等の収益の分配等

⑧ 国外において業務を行う者に対する貸付金等の利子

⑨ 国外において業務を行う者から受ける工業所有権等の権利の使用料又はその譲渡による対価、機械、装置等の使用料

⑩ 国外において行う勤務その他の人的役務の提供等に基因する給与、年金、退職手当等

⑪ 国外において行う事業の広告宣伝のための賞金として一定のもの

⑫ 外国保険業者の締結する保険契約等に基づいて受ける年金

⑬ 国外にある営業所が受け入れた定期積金等に係る給付補塡金、利息、利益又は差益等

⑭ 国外において事業を行う者に対する出資につき、匿名組合契約等に基づいて受ける利益の分配

⑮ 国内及び国外にわたって船舶又は航空機による運送の事業を行うことにより生ずる所得のうち国外において行う業務につき生ずべき所得として一定のもの

⑯ 租税条約の規定により我が国以外の締約国又は締約者において租税を課することができることとされる所得のうち一定のもの

⑰ 前各号に掲げるもののほかその源泉が国外にある所得として一定のもの

## 4 国外源泉所得の課税対象金額（上記2の②）の計算

　非永住者の課税範囲で、国外源泉所得以外の所得についてはその支払が国内払いか否かにかかわらずそのすべてが課税対象となりますが、国外源泉所得については国内において支払われたもの又は国外から送金されたものが課税対象となります。

　なお、国外源泉所得で国外から送金されたとは、その国外源泉所得で国外から送金された金額そのものをいうのではなく、国外源泉所得以外の所得の国外払いの金額を超えたものであることから、課税対象金額の計算が必要となります（基通7-3）。

### 〔国外源泉所得で国外から送金された金額の計算方法（基通7-3）〕

(1) 非国外源泉所得※及び国外源泉所得の別ごとに法第23条から第35条まで（令第17条第4項第2号後段に規定する所得については、同号後段）の規定により各種所得の金額を計算します。

(2) (1)により計算した非国外源泉所得及び国外源泉所得の別ごとの各種所得の金額を、令第17条第4項第3号の規定により、それぞれ国内の支払に係るものと国外の支払に係るものとに区分します。

(3) (2)により区分した国外の支払に係る各種所得の金額について、非国外源泉所得及び国外源泉所得の別ごとに令第17条第4項第2号前段に規定する合計額（以下この項において「国外払の合計額」といいます。）を計算します。この場合において、国外源泉所得に係る国外払の合計額が赤字となるときは、送金があったものとみなされる金額はないものとして、次の(4)の計算は行いません。

7-4 非永住者の確定申告等

(4) 送金の受領額から(3)により計算した非国外源泉所得に係る国外払の合計額を控除した残額
（当該国外払の合計額が赤字の場合には、当該送金の受領額に相当する金額）と(3)により計算し
た国外源泉所得に係る国外払の合計額とのうちいずれか少ない金額の送金があったものと
みなし、次に掲げる場合に応じ、それぞれ次によりその送金があったものとみなされる各
種所得の金額を計算します。

イ　国外源泉所得に係る各種所得で国外の支払に係るものが1種類だけの場合
送金があったものとみなされる金額を当該各種所得の金額とします。

ロ　国外源泉所得に係る各種所得で国外の支払に係るものが2種類以上ある場合
令第17条第4項第4号の規定を適用して送金があったものとみなされる当該各種所得
の金額を計算します。

(5) (1)により計算した非国外源泉所得に係る各種所得の金額、(2)により区分した国外源泉所得
に係る各種所得で国内の支払に係るものの金額及び(4)のイ又はロにより求めた各種所得の
金額を同種類のものごとに合計します。

(6) (5)により合計したそれぞれの各種所得の金額で令第17条第4項第2号後段に規定する所得
に係るものについては、同通達7-2の(2)のニと同様に当該各種所得の金額を計算します。

(7) (5)及び(6)により計算した各種所得の金額を基として、法第22条の規定により総所得金額、
退職所得金額及び山林所得金額を計算します。

※　非国外源泉所得とは、国外源泉所得以外の所得のことをいいます。

## 図表7-4-1　非永住者の送金と課税所得の関係

| 所得源泉 | 国内払い | 国外払い |
| --- | --- | --- |
| 国外源泉所得以外の所得 | 課税所得 | 課税所得 |
| 国外源泉所得 | 課税所得 | 送金課税 |

【非永住者の送金額に係る課税所得金額の計算例】

〔計算例Ⅰ〕国外払いの国外源泉所得の金額＜送金額（国外源泉所得以外の所得を控除した額）

| 所得源泉 | 国外払い | 送金額 |
| --- | --- | --- |
| 国外源泉所得以外の所得 | 250 | 600 |
| 国外源泉所得 | 300 | |

※　送金額600の内、国外源泉所得で課税される金額は　600－250＝350＞300⇒ 300

〔計算例Ⅱ〕国外払いの国外源泉所得の金額＞送金額（国外源泉所得以外の所得を控除した額）

| 所得源泉 | 国外払い | 送金額 |
| --- | --- | --- |
| 国外源泉所得以外の所得 | 250 | 500 |
| 国外源泉所得 | 300 | |

※　送金額500の内、国外源泉所得で課税される金額は　500－250＝250＜300⇒ 250

〔計算例Ⅲ〕国外払いの国外源泉所得の金額＞送金額（国外源泉所得以外の所得を控除した額）

| 所得源泉 | 国外払い | 送金額 |
|---|---|---|
| 国外源泉所得以外の所得 | 250 | 200 |
| 国外源泉所得 | 300 | |

※　送金額200の内、国外源泉所得で課税される金額は　200－250＝△50＜300⇒ 0

〔計算例Ⅳ〕国外払いの国外源泉所得の金額がない場合

| 所得源泉 | 国外払い | 送金額 |
|---|---|---|
| 国外源泉所得以外の所得 | 250 | 600 |
| 国外源泉所得 | 0 | |

※　送金額600の内、国外源泉所得で課税される金額は　600－250＝350＞0⇒ 0

〔計算例Ⅴ〕国外払いの国外源泉所得の金額＞送金額（国外源泉所得以外の所得を控除した額）

| 所得源泉 | 所得金額 | 国内払い | 国外払い | 送金額 |
|---|---|---|---|---|
| 国外源泉所得以外の所得 | 750 | 500 | 250 | 270 |
| 国外源泉所得 | 350 | 150 | 100 | |

※　送金額270の内、国外源泉所得で課税される金額は　270－250＝20＜100⇒20
　　国外源泉所得で課税される金額は　150＋20＝ 170

## 5　非永住者の特定有価証券の譲渡

　従来、国外にある有価証券の譲渡所得はすべて国外源泉所得として取り扱われていましたが、（平成29年度税制改正で）平成29年4月以降は、国外にある有価証券のうち一定の要件を満たすもの（特定有価証券※）の譲渡により生ずる所得だけが国外源泉所得に含まれることになりました（法7①二）。

　すなわち、特定有価証券に該当しないものの譲渡は国外源泉所得以外の所得になり、送金されなくても課税対象となります。

　また、特定有価証券であっても、国内市場内での譲渡や国内証券会社等を通じた譲渡の場合は国外源泉所得にはなりません。

※　特定有価証券とは以下のものをいいます（令17①、基通7－1）。
　①　譲渡の日の10年前の日以前に取得したもの
　②　譲渡の日の10年前の日の翌日から当該譲渡の日までの期間に取得をしたもので、その者が非永住者でなかった期間に取得したもの
　③　平成29年3月31日以前に取得したもの（上記①又は②に該当するものを除く。）

### 図表7－4－2　特定有価証券の判定

| 要件 | 譲渡の日の10年前の日以前に取得した有価証券 | 譲渡の日の10年前の日の翌日以降に取得した有価証券 | | |
|---|---|---|---|---|
| | | 非永住者に該当しない期間に取得 | 非永住者に該当する期間に取得 | |
| | | | 平成29年3月31日以前に取得 | 平成29年4月1日以降に取得 |
| 判定 | 特定有価証券に該当 | | | 特定有価証券に非該当 |

7-4　非永住者の確定申告等

## 非居住者の確定申告等、非永住者の確定申告等のチェックポイント

☐ 非居住者（内国法人の役員等一定の者を除く。）の国外勤務に係る給与が、非居住者の国内口座に振り込まれている場合、振込額の全額が日本での課税対象になるとしている。

☞ 非居住者（内国法人の役員等一定の者を除く。）が支払を受ける給与で、課税対象となるものは国内勤務に係る給与であり、国外勤務に係る給与は国内への送金の有無を問わず、課税対象とはなりません（法7①三、161八イ、164②二）。

☐ 会社員Aは、海外B国の子会社Cへ3年間の予定で単身出向のため日本を出国したが、給与等はCが負担しAに直接支給し、日本の親会社からは日本に残る家族に別途「留守宅手当」が支給（日本のA名義の銀行口座）されているが、Aは非居住者であることから20.42％の源泉徴収の対象としている。

☞ Aは日本の非居住者で役務提供は海外子会社のあるB国で行われており、留守宅手当はそれに伴い支給されるものであることから国外源泉所得となり、日本では非課税となります。
　なお、日本で支給される留守宅手当は、B国で課税対象になることが考えられます。

☐ 源泉徴収されていないマンションの譲渡代金について、申告が必要ないと考えている。

☞ 取得者本人又は家族が住むために取得した1億円以下のマンション等の譲渡については、売買代金から源泉徴収はされませんが、譲渡益がある場合は、確定申告が必要です。

☐ 退職所得の選択課税において、源泉徴収されている居住者期間の金額だけで、申告していないか。

☞ 日本で勤務していた者が非居住者となった後に退職金が支払われる場合、居住者期間に対応する金額に対して20.42％の源泉徴収されますが、退職所得の選択課税の申告書を提出する場合は、非居住者期間も含めた総額で計算することになります。

☐ 会社員Aは海外B国で10年間の勤務を終え、その後日本に戻った翌年に退職することになったが、その退職金は国内勤務と国外勤務に係るものであることから、按分計算により国内勤務に係る金額を国内源泉所得としていた。

☞ Aの退職日は居住者期間のときであり、通常の居住者として退職所得の総額に対して課税が行われることになるので、国外勤務に係るものが含まれていても按分計算は不要です。

☐ 外国法人A社に勤務する会社員Bは、令和5年8月1日から3年間の予定で子会社である内国法人C社に派遣されているが、給与はA社から支給され、Bの令和5年中の日本での勤務日数も183日を超えていないので、令和5年分の給与所得に対して短期滞在者免税が適用できると考えていた。

☞ 租税条約上、短期滞在者免税の適用対象者は、非居住者（相手国の居住者）に限定されているので、会社員Bは日本の居住者であることから短期滞在者免税の適用を受けることはできません。

☐ 外国法人A社に勤務する会社員Bは、令和5年6月1日から3か月の予定で子会社である内国法人C社に単身派遣されているが、給与はA社から支給され、C社からは留守宅手当が支給されているが在勤務日数も183日を超えていないので、短期滞在者免税が適用できると考えていた。

☞ 租税条約上、A社本店から支給される給与は短期滞在者免税の適用対象となりますが、内国法人C社からの留守宅手当は、短期滞在者免税の要件の一つである支払地基準（日本の雇用者から支払われるものでないこと）を満たしていないので課税されることになります。

☐ 米国法人A社本店に勤務する米国人Bは、3年間の予定で子会社である内国法人C社に派遣されて

いるが、給与はA社本店からその1/3が支給され、残りの2/3はC社から支給されるとともに源泉徴収を受けているので確定申告は不要としていた。

☞ Bは3年間の予定で入国し居住者（非永住者）ではあるが、役務提供地が日本国内であるので、その給与は国外源泉所得以外の所得となり支払場所の如何にかかわらずすべてが課税対象となるので、A社本店からの給与とC社からの給与（源泉徴収済）を合算して確定申告を行う必要があります。

□ 国内法人A社の会社員Bは、3年間の予定で海外子会社Cに出向することになり、出国後は自宅を賃貸不動産として貸し出したが不動産所得が大幅な損失となっても、非居住者であることから純損失の繰越控除はできないとしていた。

☞ 非居住者であっても、居住者の課税標準及び税額の計算方法の規定が準用されるので、所定の届出書等を提出すれば青色申告の特典（純損失の繰越控除など）の適用を受けることができます。

□ 米国人Aは来日して8年目になり、昨年10月に米国内の土地を売却し譲渡所得を得たが、米国の確定申告のみを行えばよいと思っていた。

☞ Aは居住者（永住者）であることから国外源泉所得も送金の有無にかかわらずすべて課税対象となるので、当該譲渡所得（米国所得税は外国税額控除の対象）も日本の確定申告の対象となります。なお、米国人Aが居住者（非永住者）となれば、国内に送金がない限り課税は行われません。

□ 来日して3年目となる米国人Aは、車の購入資金として米国銀行から10,000ドルを借入れ、国内口座に送金するとともに、その年に米国内の不動産を譲渡してその借入金の返済に充てたが、譲渡代金の国外送金がないので日本での譲渡所得の課税はないとしていた。

☞ Aは居住者（非永住者）であることから、国外源泉所得がある年に国外送金がなければ課税対象になることはないが、源泉所得と送金はヒモ付きではない（お金に色はない）ので、一定の国外送金がある年にたまたま国外源泉所得があれば、課税対象となります。

□ （恒久的施設を有しない）非居住者が、国内取引所を通じてFX取引（外国為替証拠金取引）や先物取引を行うことで得た所得は「国内にある資産の運用又は保有により生ずる所得」に該当すると考え確定申告をしていた。

☞ 令和4年度の税制改正において、金融商品取引法に規定する市場デリバティブ取引又は店頭デリバティブ取引の決済により生ずる所得は、所得税法に規定する国内源泉所得である「国内にある資産の運用又は保有により生ずる所得」に含まれないことが明確化されました。

□ 米国人Aは来日して2年目になる居住者であり、英会話講師として3社から給与収入を得ているが、そのうちの1社からの給与は支給額の20.42％の源泉徴収がされていたので、これを含めて確定申告で精算すればよいと考えていた。

☞ 確定申告で精算をすることはできません。20.42％の源泉徴収をした1社は、Aを非居住者として取扱いをしていると思われるので、その1社に対して居住者としての正しい源泉徴収とその源泉徴収票を発行してもらった上で、確定申告を行うことになります。

□ 会社員Aは、令和3年4月に住宅等を購入、同年6月に入居し住宅借入金等特別控除の適用を受けていたが、令和5年4月から2年間の海外勤務となり家族を残して単身赴任することになったが、非居住者となるので同控除は受けられないと考えていた。

☞ Aの家族が当該住宅等に引き続き居住しているのであれば、他の要件を満たしている限り、Aの海外勤務の非居住者中の年分も含め、引き続き住宅借入金等特別控除の適用を受けることができます。

**411**

7-4 非永住者の確定申告等

□ 国内法人A社の会社員B（納税管理人の届出なし）は、令和5年10月から3年間の予定で海外子会社Cに出向することになり、出国時の給与所得の年末調整では、長男（誕生日は12月25日で年末調整時は15歳）は控除対象扶養親族に該当しなかったが、翌年の確定申告では控除対象になると考えていた。

☞ 控除対象扶養親族に該当するか否かの判定は次のとおり行うので、長男は控除対象になりません。

① 出国時までに納税管理人の届出をした場合
その年の12月31日（又は死亡時）の現況により判定します。

② 出国時までに納税管理人の届出をしなかった場合
出国時の現況により判定します。

8-1　住民税

## 8-1　住民税

### 1　個人住民税の概要

個人住民税とは、都道府県や市区町村の住民がその地方団体に納付する税金で、道府県民税（都民税を含みます。）と市町村民税（特別区民税を含みます。）を総称した呼び名です。

個人住民税は「所得割」（前年の所得金額に応じて課税）、「均等割」（定額で課税）、「利子割」（預貯金の利子等に課税）、「配当割」（一定の上場株式等の配当等に課税）、「株式等譲渡所得割」（源泉徴収特定口座内の株式等の譲渡益に課税）からなります。

また、個人住民税は所得税（申告納税方式）とは異なり、賦課課税方式により課税され、普通徴収又は特別徴収の方法により納税します。

図表 8-1-1　個人住民税の概要

均等割　非課税限度額を上回る者に定額の負担を求めるもの

| | 年税額 |
|---|---|
| 市町村民税 | 3,000円 |
| 道府県民税 | 1,000円 |
| 森林環境税 | 1,000円 |

（※）　令和6年度以降は、復興財源確保のための年税額1,000円（市町村民税500円、道府県民税500円）は期限切れとなり、森林環境税（国税）1,000円が併せて賦課徴収されます。

（※）　37府県・2市において超過課税を実施。

個人住民税

所得割　納税義務者(※)の所得金額に応じた税額の負担を求めるもの（一律10%）

（※）　非課税限度額の制度あり

| | 標準税率 |
|---|---|
| 市町村民税 | 6 % |
| 道府県民税 | 4 % |

※　県費負担教職員制度の見直しに伴う税源移譲により、指定都市に住所を有する者は、道府県民税2 %・市民税8 %となる。

利子割　配当割　株式等譲渡所得割　税率5 %

### 2　個人住民税の納税義務者

その年1月1日現在において、市区町村内に住所を有する人については均等割と所得割が課税され、市区町村内に事務所、事業所又は家屋敷を有する人でその市町村内に住所を有しない人には均等割が課税されます。

（注）　市区町村の属する都道府県においても道府県民税が課されますが、個人住民税の課税は市町村が市町村民税と道府県民税を併せて行います。

413

8-1　住民税

## 3　住民税申告書の提出

### ⑴　提出義務者

　市区町村内に住所を有する人は、次の①から③までに該当する人を除いて、すべて申告書を提出しなければなりません。なお、所得税の確定申告書を税務署に提出した場合は、その日に住民税の申告書を提出したものとみなされ、改めて住民税の申告書を提出する必要はありません。

　　①　前年中の所得が給与所得のみである人
　　②　前年中の所得が公的年金等に係る所得のみである人
　　③　前年中の所得が市区町村の条例で定める金額以下の人

### ⑵　申告書の提出先とその提出期限

　住民税の申告書は、その年度の初日の属する年の3月15日までに、その年1月1日現在における住所、所在地の市区町村長に提出します。なお、住民税の税額計算は市町村において、道府県分も併せて行いますので、申告する人が行う必要はありません（賦課課税方式）。

## 4　住民税の納税

　住民税を納める方法には「普通徴収」と「特別徴収」の2種類あります。

　「普通徴収」とは、市区町村から送付される納税通知書に基づき住民税を自ら支払う方法で、「特別徴収」とは、給与や年金等の支給者が市区町村から送付される特別徴収通知書に基づき支給額から住民税を天引して納付する方法です。

| 普通徴収 | 事業所得者などは、市区町村から送付される納税通知書により、年税額を4回に分けて納めます。 |
|---|---|
| 特別徴収 | 給与所得者と公的年金等の受給者のうち一定の者については給与等又は年金等の支払の際に、分割して、徴収されます。 |

## 5　住民税が課税されない人

### ⑴　均等割・所得割ともに非課税のケース

　　①　生活保護法の規定による生活扶助を受けている人
　　②　障害者、未成年者、寡婦又は寡夫で、前年の合計所得金額が135万円以下の人
　　　②に該当する場合でも退職所得に係る分離課税の所得割は課税されます。

### ⑵　均等割が非課税とされるケース

　均等割のみを課すべき人のうち、前年の合計所得金額が一定の基準に従い市町村の条例で定める金額以下の人

【均等割の非課税判定式】

前年の合計所得金額 ≦ 35万円※1 ×（本人 ＋ 同一生計配偶者 ＋ 扶養親族数）の人数 ＋ 21万円※2、3 ＋ 10万円

※1 生活保護基準の級地区分が1級地の場合は35万円、2級地の場合は31.5万円、3級地の場合は28万円
※2 控除対象配偶者又は扶養親族を有する場合に加算
※3 生活保護基準の級地区分が1級地の場合は21万円、2級地の場合は18.9万円、3級地の場合は16.8万円

### (3) 所得割が非課税（退職所得の所得割は除く。）とされるケース

【所得割の非課税判定式】

前年の合計所得金額 ≦ 35万円※1 ×（本人 ＋ 同一生計配偶者 ＋ 扶養親族数）の人数 ＋ 32万円※1 ＋ 10万円

※1 加算額は控除対象配偶者又は扶養親族を有する場合に限ります。
※2 前年の合計所得金額が上記(2)の金額以上で、(3)の金額未満の場合には、均等割のみ課税されます。

## 6 死亡した人の納税義務

令和6年度住民税の納税義務は、令和6年1月1日以前に死亡した場合には成立しません（つまり、住民税はかかりません。）。しかし、令和6年1月2日以後に死亡した場合にはその死亡した人に納税義務があり、その相続人が承継して納税することになります。

## 7 所得税との相違点

### (1) 課税上の取扱い

| 区　分 | 住民税の取扱い |
|---|---|
| 給与所得者で給与所得以外の所得が20万円以下である人 | 所得税において申告不要とされた給与所得以外の所得が20万円以下の場合であっても、住民税では、それらの所得と併せて申告します。 |
| 退職所得のある人 | 原則として分離課税により、特別徴収の方法により所得割が徴収されます（損益通算、損失の繰越控除及び所得控除を適用することはできません。）。 |
| 配当所得のある人 | 配当割が課されない配当（上場株式等以外の配当等）のうち、いわゆる少額配当については、所得税では申告不要とされていますが、住民税では、他の所得と合算して課税されます。 |
| 事業専従者の取扱い | 青色事業専従者給与について、所得税において必要経費に算入しなかった場合でも、一定の要件に該当すれば、住民税において必要経費に算入できます。 |
| 非居住者の特例 | 前年中に非居住者期間を有する場合に、所得税において源泉分離課税と総合課税に区分されたものであっても、住民税ではすべて総合課税されます。 |
| 損失金額の繰越控除と繰戻し還付 | 青色申告者については、所得税において純損失の繰戻し還付を認めていますが、住民税では繰戻し還付を行わず、すべて繰越控除の方法によります。 |
| 災害減免法 | 住民税では、災害減免法の規定はないので、全て雑損控除となります。ただし、地方団体の条例の定めにより減免することができます（地法323）。 |

8-1　住民税

## (2)　所得控除（物的控除）

| | | 住民税の控除額 | 所得税との関連 |
|---|---|---|---|
| 雑損控除 | | （純損失額−総所得金額等の10%）又は（純損失額のうち災害関連支出額−5万円）のいずれか多い金額<br>※　損害金額−保険金等＝純損失額 | 配当所得等により控除額に差が生じることがあります。 |
| 医療費控除 | 原則 | 医療費−保険金等−（総所得金額等の5％又は10万円のいずれか少ない金額）（最高200万円） | |
| | 特例 | 特定一般用医薬品（OTC医薬品）等購入費用−12,000円（セルフメディケーション税制）（最高88,000円） | |
| 社会保険料控除 | | 社会保険料の支払額の全額 | 所得税と同額 |
| 小規模企業共済等掛金控除 | | 小規模企業共済等掛金の支払額の全額 | |
| 生命保険料控除 | | (1)　平成24年以後に締結した保険契約等に係る控除<br>　一般生命保険料、個人年金保険料、介護医療保険料の3つに区分して計算（それぞれ最高2.8万円、3つ合計で最高7万円）<br><br>| 年間の支払保険料等 | 控　除　額 |<br>| 12,000円以下 | 支払保険料等の全額 |<br>| 12,000円超32,000円以下 | 支払保険料×0.5＋6,000円 |<br>| 32,000円超56,000円以下 | 支払保険料×0.25＋14,000円 |<br>| 56,000円超 | 一律28,000円 | | (1)それぞれ最高4万円、3つ合計で最高12万円 |

生命保険料控除（続き）：

(1)　平成24年以後に締結した保険契約等に係る控除
　一般生命保険料、個人年金保険料、介護医療保険料の3つに区分して計算（それぞれ最高2.8万円、3つ合計で最高7万円）

| 年間の支払保険料等 | 控　除　額 |
|---|---|
| 12,000円以下 | 支払保険料等の全額 |
| 12,000円超32,000円以下 | 支払保険料×0.5＋6,000円 |
| 32,000円超56,000円以下 | 支払保険料×0.25＋14,000円 |
| 56,000円超 | 一律28,000円 |

(1)それぞれ最高4万円、3つ合計で最高12万円

(2)　平成23年以前に締結した保険契約等に係る控除
　一般生命保険料、個人年金保険料の2つに区分して計算（それぞれ最高3.5万円、2つ合計で最高7万円）

| 年間の支払保険料等 | 控　除　額 |
|---|---|
| 15,000円以下 | 支払保険料等の全額 |
| 15,000円超40,000円以下 | 支払保険料×0.5＋7,500円 |
| 40,000円超70,000円以下 | 支払保険料×0.25＋17,500円 |
| 70,000円超 | 一律35,000円 |

(2)それぞれ最高5万円、両方合計で最高10万円

(3)　(1)と(2)の両方の適用を受ける場合
　一般生命保険料控除又は個人年金保険料控除について、(1)と(2)の適用を受ける場合には、それぞれの金額の合計額（それぞれ最高2.8万円、全体合計最高7万円）

(3)の場合　最高12万円

地震保険料控除：

(1)　支払った保険料が地震保険料だけの場合

| 年間の支払保険料等 | 控　除　額 |
|---|---|
| 50,000円以下 | 支払保険料×0.5 |
| 50,000円超 | 25,000円 |

(1)の場合　最高5万円

(2)　支払保険料が旧長期損害保険料だけの場合

| 年間の支払保険料等 | 控　除　額 |
|---|---|
| 5,000円以下 | 支払保険料の全額 |
| 5,000円超15,000円以下 | 支払った保険料×0.5＋2,500円 |
| 15,000円超 | 10,000円 |

(2)の場合　最高1.5万円

(3)　支払った保険料が地震保険料と旧長期損害保険料の両方の場合は、(1)と(2)でそれぞれ算定した額の合計額（最高25,000円）

(3)の場合　最高5万円

| 寄附金控除 | 税額控除となったため、廃止 | 所得税の場合、原則として所得控除 |
|---|---|---|

416

## (3) 所得控除（人的控除）

| 区　分 | | | ① 住民税 | ② 所得税 | ③ 差　額<br>（②－①） |
|---|---|---|---|---|---|
| 障害者控除 | | 普　通 | 260,000円 | 270,000円 | 10,000円 |
| | | 特　別 | 300,000円 | 400,000円 | 100,000円 |
| | | 同居特別 | 530,000円 | 750,000円 | 220,000円 |
| 寡婦控除 | | | 260,000円 | 270,000円 | 10,000円 |
| ひとり親控除 | | | 300,000円 | 350,000円 | 50,000円 |
| 勤労学生控除 | | | 260,000円 | 270,000円 | 10,000円 |
| 配偶者控除 | 納税者の前年の<br>合計所得金額 | 900万円以下 | | | |
| | | 一　般 | 330,000円 | 380,000円 | 50,000円 |
| | | 老　人 | 380,000円 | 480,000円 | 100,000円 |
| | | 900万円超<br>950万円以下 | | | |
| | | 一　般 | 220,000円 | 260,000円 | 40,000円 |
| | | 老　人 | 260,000円 | 320,000円 | 60,000円 |
| | | 950万円超<br>1,000万円以下 | | | |
| | | 一　般 | 110,000円 | 130,000円 | 20,000円 |
| | | 老　人 | 130,000円 | 160,000円 | 30,000円 |

| 納税者の前年の<br>合計所得金額 | 配 偶 者 の 前 年 の<br>合 計 所 得 金 額 | ① 住民税 | ② 所得税 | ③ 差　額<br>（②－①） |
|---|---|---|---|---|
| 配偶者特別控除 900万円以下 | 48万円超　　95万円以下 | 330,000円 | 380,000円 | 50,000円 |
| | 95万円超　100万円以下 | 330,000円 | 360,000円 | 30,000円 |
| | 100万円超　105万円以下 | 310,000円 | 310,000円 | － |
| | 105万円超　110万円以下 | 260,000円 | 260,000円 | － |
| | 110万円超　115万円以下 | 210,000円 | 210,000円 | － |
| | 115万円超　120万円以下 | 160,000円 | 160,000円 | － |
| | 120万円超　125万円以下 | 110,000円 | 110,000円 | － |
| | 125万円超　130万円以下 | 60,000円 | 60,000円 | － |
| | 130万円超　133万円以下 | 30,000円 | 30,000円 | － |
| 900万円超<br>950万円以下 | 48万円超　　95万円以下 | 220,000円 | 260,000円 | 40,000円 |
| | 95万円超　100万円以下 | 220,000円 | 240,000円 | 20,000円 |
| | 100万円超　105万円以下 | 210,000円 | 210,000円 | － |
| | 105万円超　110万円以下 | 180,000円 | 180,000円 | － |
| | 110万円超　115万円以下 | 140,000円 | 140,000円 | － |
| | 115万円超　120万円以下 | 110,000円 | 110,000円 | － |
| | 120万円超　125万円以下 | 80,000円 | 80,000円 | － |
| | 125万円超　130万円以下 | 40,000円 | 40,000円 | － |
| | 130万円超　133万円以下 | 20,000円 | 20,000円 | － |
| 950万円超<br>1000万円以下 | 48万円超　　95万円以下 | 110,000円 | 130,000円 | 20,000円 |
| | 95万円超　100万円以下 | 110,000円 | 120,000円 | 10,000円 |
| | 100万円超　105万円以下 | 110,000円 | 110,000円 | － |
| | 105万円超　110万円以下 | 90,000円 | 90,000円 | － |
| | 110万円超　115万円以下 | 70,000円 | 70,000円 | － |
| | 115万円超　120万円以下 | 60,000円 | 60,000円 | － |
| | 120万円超　125万円以下 | 40,000円 | 40,000円 | － |
| | 125万円超　130万円以下 | 20,000円 | 20,000円 | － |
| | 130万円超　133万円以下 | 10,000円 | 10,000円 | － |

| | | | | | |
|---|---|---|---|---|---|
| 扶養控除 | | 一　般 | 330,000円 | 380,000円 | 50,000円 |
| | | 特　定 | 450,000円 | 630,000円 | 180,000円 |
| | | 老　人 | 380,000円 | 480,000円 | 100,000円 |
| | | 同居老親 | 450,000円 | 580,000円 | 130,000円 |
| 基礎控除 | 前年の合計所得金額 | 2,400万円以下 | 430,000円 | 480,000円 | 50,000円 |
| | | 2,400万円超　2,450万円以下 | 290,000円 | 320,000円 | 30,000円 |
| | | 2,450万円超　2,500万円以下 | 150,000円 | 160,000円 | 10,000円 |
| | | 2,500万円超 | 適用なし | 適用なし | － |

# 8　住民税の税額計算

各所得金額（損益通算後）　－　損失の繰越控除　－　所得控除　＝　課税所得金額
課税所得金額（課税標準）　×　税率　－　各税額控除額　＝　所得割額

## (1)　税　率（標準税率）〔令和6年度〕

| 区　分 | | | 道府県民税 | 市町村民税 | 所得税 |
|---|---|---|---|---|---|
| 均　等　割　額 | | | 1,000円 | 3,000円 | － |
| 森林環境税（国税） | | | 1,000円 | | － |
| 所得割額 | 課税総所得金額 | | 4 % | 6 % | 累進税率 |
| | 課税短期譲渡所得金額 | 一般所得分 | 3.6% | 5.4% | 30% |
| | | 軽減所得分 | 2 % | 3 % | 15% |
| | 課税長期譲渡所得金額 | 一般所得分 | 2 %（1 %）※ | 3 %（4 %）※ | 15% |
| | | 特定所得分 | 1.6%（0.8%）※ | 2.4%（3.2%）※ | 10% |
| | | 2,000万円超 | 2 %（1 %）※ | 3 %（4 %）※ | 15% |
| | | 軽課所得分 | 1.6%（0.8%）※ | 2.4%（3.2%）※ | 10% |
| | | 6,000万円超 | 2 %（1 %）※ | 3 %（4 %）※ | 15% |
| | 株式等に係る課税譲渡所得等の金額 | 上場分 | 2 % | 3 % | 15% |
| | | 一般分 | | | |
| | 先物取引に係る課税雑所得等の金額 | | 2 % | 3 % | 15% |
| | 課税退職所得金額 | | 4 % | 6 % | 累進税率 |
| | 課税山林所得金額 | | 4 %〔2 %〕 | 6 %〔8 %〕 | 累進税率 |

※　カッコ内は指定都市の区域内に住所を有する納税者に係る所得割の税率です。

## (2) 税額控除

### ① 調整控除

| 合計課税所得金額※1 | 控　除　額 |
|---|---|
| 200万円以下の場合 | (a)と(b)のいずれか小さい額の5%※2<br>　(a)　人的控除額の差の合計額<br>　(b)　合計課税所得金額 |
| 200万円超の場合 | {人的控除額の差の合計額－（合計課税所得金額－200万円）×5%※2}<br>この金額が2,500円未満の場合は、2,500円とします。 |

※1　合計課税所得金額とは、課税総所得金額、課税退職所得金額及び課税山林所得金額の合計額をいいます。
※2　道府県民税2%、市町村民税3%

### ② 配当控除（控除率）

| 配当所得区分 | 課税総所得の金額等の合計額 | | | |
|---|---|---|---|---|
| | 1,000万円以下の部分 | | 1,000万円超の部分 | |
| | 道府県民税 | 市町村民税 | 道府県民税 | 市町村民税 |
| 利益の配当、剰余金の分配、特定株式投資信託の収益の分配、特定投資信託の収益の分配 | 1.2% | 1.6% | 0.6% | 0.8% |
| 証券投資信託の収益の分配（一般外貨建等証券投資信託の収益の分配を除く） | 0.6% | 0.8% | 0.3% | 0.4% |
| 一般外貨建等証券投資信託の収益の分配 | 0.3% | 0.4% | 0.15% | 0.2% |

※　課税総所得金額の合計額とは課税総所得金額、課税短期譲渡所得金額、課税長期譲渡所得金額、上場株式等に係る課税配当所得の金額、株式等に係る課税譲渡所得等の金額、先物取引に係る課税雑所得等の金額の合計額をいいます。

### ③ 住宅借入金等特別税額控除（住宅ローン特別控除）

### イ　対象者

　平成21年から令和7年12月31日までに入居し、所得税の住宅ローン控除を受けている人で、所得税から控除しきれなかった住宅借入金等特別控除額がある人

### ロ　控除額

次のいずれか小さい額

(a)　前年分の所得税の住宅ローン控除可能額のうち、所得税で控除しきれなかった額

(b)　前年分の所得税の課税総所得金額等に5%を乗じた額（最高97,500円）※

　※　新型コロナ税特法適用分（特別特例取得）又は令和3年以前入居で特定取得の場合は、7%を乗じた額（最高136,500円）となります。

### ④ 寄附金税額控除

### イ　住民税の寄附金税額控除の対象

(a)　都道府県・市区町村に対する寄附金

(b)　住所地の都道府県共同募金会及び日本赤十字社支部に対する寄附金

(c)　住所地の都道府県の条例により指定された寄附金

(d)　住所地の市区町村の条例により指定された寄附金

### ロ　税額控除額の計算方法

次の①及び②の合計額に③を加えた金額

# 申告書等の記載手順（住民税）

## 確定申告書　第二表

---

**手順2**

1）「非上場株式の少額配当等を含む配当所得の金額」欄に所得税において「確定申告不要制度」を選択した配当等を加算した金額を記載します。

2）「非居住者」欄に令和5年中に非居住者であった期間中に生じた国内源泉所得のうち所得税等で源泉分離課税の対象となった金額を記載します。

3）「配当割額控除額」欄に所得税で確定申告をした配当金の特別徴収された道府県民税配当割額（5％の税率）を記載します。

4）「株式等譲渡所得割額控除額」欄に所得税で確定申告をした株式等譲渡所得金額について、特別徴収された道府県民税株式等譲渡所得割額（5％の税率）を記載します。

---

**手順4**　寄附金税額控除を受ける金額として、(a)都道府県・市区町村に対する寄附金、(b)令和6年1月1日における住所地の共同募金会と日本赤十字社支部に対する寄附金、(c)令和6年1月1日における住所地の都道府県が条例で指定した寄附金、(d)令和6年1月1日における住所地の市区町村が条例で指定した寄附金について、それぞれの合計寄附金額を記入します。なお、(c)(d)について、都道府県・市区町村の両方が指定した寄附金がある場合は、両方の欄に記載します。

---

**手順1**　所得税では扶養控除の対象とならない16歳未満の扶養親族の氏名、続柄、生年月日を記載し、「住民税」の欄の「16」欄に○印を付し、別居の場合には「別居」欄に○印を付します。

---

**手順3**　給与、公的年金等から住民税を差し引くことを希望する場合には、「特別徴収」に○を、給与、公的年金等から差し引かないで別に納付することを希望する場合には、「自分で納付」に○します。いずれかに○をしない場合、以前は「自分で納付（普通徴収）」とする地方公共団体が多かったのですが、「特別徴収」とする地方公共団体が増えていますので、「自分で納付（普通徴収）」を選択する場合には、必ずこちらに○をしてください。

---

**手順5**

1）控除対象配偶者・扶養親族・事業専従者のうち、別居している人の氏名と住所を記入します。

2）所得税で青色事業専従者としない（青色専従者給与の届出書を提出しない等）で配偶者控除や扶養控除の対象とした人を、住民税や事業税では青色事業専従者とする場合に、その人の氏名と給与の額を記入します。

## ＜住民税の記載に関する注意点＞

**手順3** 寄附金税額控除

### ＜具体例＞

令和6年1月1日において、納税者が東京都千代田区に住所がある場合に、令和5年中に支出した寄附金の記載

※区分は次のとおりとします。

(a) 都道府県・市区町村分

(b) 住所地の共同募金会、日赤支部分

(c) 都道府県

(d) 市区町村

| 寄附先 | 寄附金額 | 寄附金の該当区分 |
|---|---|---|
| 福島県（ふるさと納税） | 40,000円 | (a)に該当 |
| 日本赤十字社東京都支部 | 10,000円 | (b)に該当 |
| 国立大学法人東京大学（東京都文京区所在） | 10,000円 | (c)に該当（東京都条例に指定されているが、千代田区条例には指定されていないため） |
| 社会福祉法人千代田区社会福祉協議会 | 10,000円 | (c)、(d)に該当（両方に記載） |
| 学校法人○○大学（○○県所在） | 10,000円 | 所得税の寄附金控除の対象であっても、東京都及び千代田区の条例には指定されていないため、非該当 |
| 政党寄附金（政党等寄附金特別控除の対象となるもの） | 10,000円 | |
| 認定特定非営利活動法人○○協会（※東京都及び千代田区の条例には指定されていない） | 10,000円 | |

### 確定申告書　第二表（住民税に関する事項の部分）

(a)の合計額　(b)の合計額　(c)の合計額　(d)の合計額

**421**

# 申告書等の記載手順（ふるさと納税）

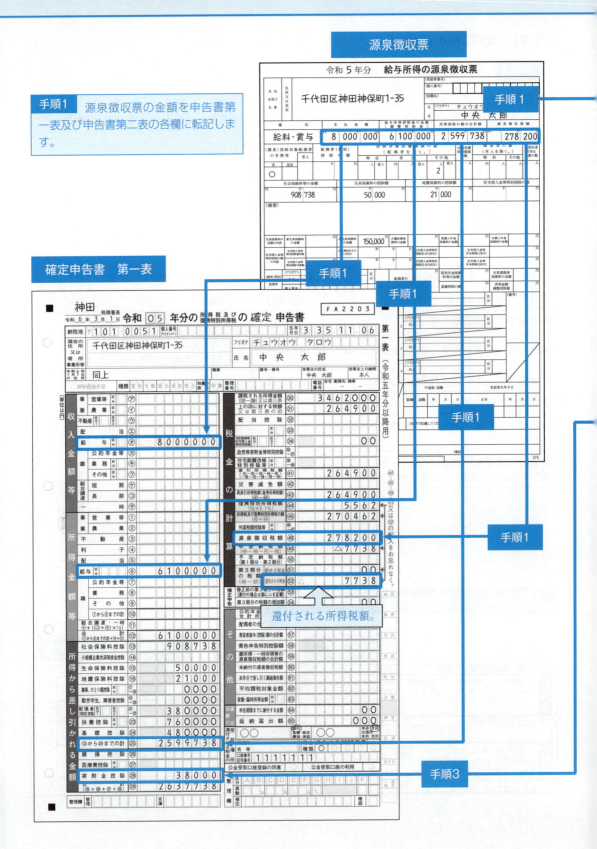

422

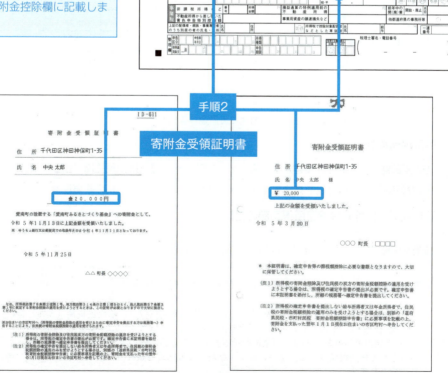

8-1　住民税

① （上記(a)(b)(c)の寄附金の合計額 − 2千円）×控除率4％
② （上記(a)(b)(c)の寄附金の合計額 − 2千円）×控除率6％
③ （上記(a)の寄附金の合計額 − 2千円）×（90％ − 所得税の限界税率※）

　　なお、上記③の額は住民税所得割額の2割を限度とします。

※　限界税率とは、寄附される方に適用される所得税の最高税率（5〜45％）をいいます。

図表8-1-2　所得税及び住民税の控除対象寄附金

| 寄附金の区分 | 所得税 | | 住民税 | |
|---|---|---|---|---|
| | 所得控除 | 税額控除 | 基本 | 特例 |
| 国に対する寄附金 | ○ | − | × | |
| 地方公共団体に対する寄附（ふるさと納税） | ○ | − | ○ | ○ |
| 指定寄付金（公益を目的とする事業を行う法人又は団体に対する寄附金で公益の増進に寄与し緊急を要する特定の事業に充てられるもの） | ○ | ○※1 | 都道府県・市区町村が条例で指定すれば○※4 | × |
| 独立行政法人、試験研究、病院事業の経営、社会福祉事業の経営及び介護老人保健施設の設置及び管理を主たる目的とする地方独立行政法人、自動車安全運転センター、日本司法支援センター、日本私立学校振興・共済事業団、日本赤十字社 | ○ | ○※1 | | |
| 公益社団法人・公益財団法人、私立学校法人で、学校の設置若しくは学校及び専修学校、若しくは各種学校の設置を主たる目的とする法人、社会福祉法人、更生保護法人 | ○ | ○※2 | | |
| 一定の要件を満たす特定公益信託に対し支出した金銭、特定地域雇用等促進法人に対する寄附金（平成25年11月までの経過措置） | ○ | − | | |
| 都道府県知事・指定都市市長が認定したNPO法人（平成23年度改正前は国税庁長官が認定） | ○ | ○ | | |
| 上記以外のNPO法人 | × | − | | |
| 政党等に対する政治活動に関する寄附金 | ○ | ○※3 | × | × |

※1　国立大学法人、公立大学法人、独立行政法人国立高等専門学校機構及び独立行政法人日本学生支援機構に対する寄付で、学生等に対する就学の支援のための事業に充てられることが確実なもの
※2　PST要件と同様の要件及び情報公開の要件を満たすものに対する寄附金
※3　政党及び政治資金団体に対する寄附金
※4　住所地の共同募金会及び日赤支部に対する寄附金は条例不要

⑤　外国税額控除

| 道府県民税 | 所得税額控除限度額 × 12％ = 道府県民税控除限度額 |
|---|---|
| 市町村民税 | 所得税額控除限度額 × 18％ = 市町村民税控除限度額 |

⑥　配当割額又は株式等譲渡所得割額の控除

| 道府県民税 | 配当割額※1又は株式等譲渡所得割額※2の $\frac{2}{5}$ |
|---|---|
| 市町村民税 | 配当割額※1又は株式等譲渡所得割額※2の $\frac{3}{5}$ |

※1　「配当割額」とは、上場株式等の配当等の支払の際、特別徴収される住民税額（5％）をいいます。なお、この配当割額は、申告をした場合に所得割額から控除されます。
※2　「株式等譲渡所得割額」とは、源泉徴収を選択した特定口座内の上場株式等の譲渡に係る所得に対して特別徴収される住民税額（5％）をいいます。なお、この株式等譲渡所得割額は、申告をした場合に所得割額から控除されます。

### ケース別の具体事例（イメージ）※扶養家族が配偶者のみの給与所得者の方の場合

○年収300万円の方の場合の
　ふるさと納税枠

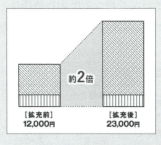

○年収500万円の方の場合の
　ふるさと納税枠

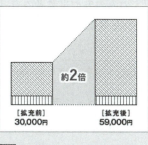

○年収700万円の方の場合の
　ふるさと納税枠

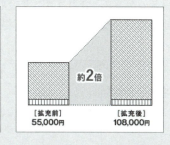

（出典：総務省ホームページ）

（所得税と住民税の控除額の計算）

【算式】

ふるさと納税により所得税と住民税から控除される金額は、下記の①～③の合計額です。

① 所得税※1 ………………（寄附金－2千円）×所得税率※2（5％～45％）
② 住民税（基本分）………（寄附金－2千円）×10％
③ 住民税（特例分）※3 ……（寄附金－2千円）×（100％－10％－所得税の限界税率※4）

①、②により控除できなかった額を③により全額控除（所得割額の2割を限度）

※1　総所得金額等の40％が限度額
※2　平成25年分から令和19年分については、復興特別所得税2.1％を加算した率
※3　住民税の所得割額の20％が限度額
※4　所得税の税額計算の際に適用された税率

【計算例】給与収入800万円で住民税を40万円（所得割）納めている方が4万円を応援したい自治体に寄附（ふるさと納税）した場合の所得税と住民税の控除額。

① 所得税 ………………（4万円－2千円）×20.42％＝7,760円
② 住民税（基本分）………（4万円－2千円）×10％＝3,800円
③ 住民税（特例分）………（4万円－2千円）×（100％－10％－20.42％）＝26,441円

控除額合計（①＋②＋③）の38,001円が控除されます。

### 控除額のイメージ

寄附金額4万円

| 適用下限額 2,000円 | ①所得税控除額 7,760円 | ②住民税（基本分）3,800円 | ③住民税（特例分）26,441円 |
|---|---|---|---|

所得税と住民税の控除額38,001円（①＋②＋③）

8-1　住民税

## 寄附金が最大控除される金額の目安

ふるさと納税をした者本人の給与収入と家族構成別で表にしています。

なお、掲載している表は、住宅ローン控除や医療費控除等、他の控除を受けていない給与所得者のケースとなります。年金収入のみの方や事業者の方、住宅ローン控除や医療費控除等、他の控除を受けている給与所得者の方の控除額上限は表とは異なりますのでご注意ください。

| ふるさと納税をした者本人の給与収入 | ふるさと納税をした者の家族構成別の控除額（単位：円） | | | | | | |
|---|---|---|---|---|---|---|---|
| | 独身又は共働き※1 | 夫婦※2 | 共働き＋子1人（高校生※3） | 共働き＋子1人（大学生※3） | 夫婦＋子1人（高校生） | 共働き＋子2人（大学生と高校生） | 夫婦＋子2人（大学生と高校生） |
| 300万円 | 28,000 | 19,000 | 19,000 | 15,000 | 11,000 | 7,000 | — |
| 350万円 | 34,000 | 26,000 | 26,000 | 22,000 | 18,000 | 13,000 | 5,000 |
| 400万円 | 42,000 | 33,000 | 33,000 | 29,000 | 25,000 | 21,000 | 12,000 |
| 450万円 | 52,000 | 41,000 | 41,000 | 37,000 | 33,000 | 28,000 | 20,000 |
| 500万円 | 61,000 | 49,000 | 49,000 | 44,000 | 40,000 | 36,000 | 28,000 |
| 550万円 | 69,000 | 60,000 | 60,000 | 57,000 | 48,000 | 44,000 | 35,000 |
| 600万円 | 77,000 | 69,000 | 69,000 | 66,000 | 60,000 | 57,000 | 43,000 |
| 650万円 | 97,000 | 77,000 | 77,000 | 74,000 | 68,000 | 65,000 | 53,000 |
| 700万円 | 108,000 | 86,000 | 86,000 | 83,000 | 78,000 | 75,000 | 66,000 |
| 750万円 | 118,000 | 109,000 | 109,000 | 106,000 | 87,000 | 84,000 | 76,000 |
| 800万円 | 129,000 | 120,000 | 120,000 | 116,000 | 110,000 | 107,000 | 85,000 |
| 850万円 | 140,000 | 131,000 | 131,000 | 127,000 | 121,000 | 118,000 | 108,000 |
| 900万円 | 151,000 | 143,000 | 141,000 | 138,000 | 132,000 | 128,000 | 119,000 |
| 950万円 | 166,000 | 157,000 | 154,000 | 150,000 | 144,000 | 141,000 | 131,000 |
| 1,000万円 | 180,000 | 171,000 | 166,000 | 163,000 | 157,000 | 153,000 | 144,000 |
| 1,500万円 | 395,000 | 395,000 | 377,000 | 373,000 | 377,000 | 361,000 | 361,000 |
| 2,000万円 | 569,000 | 569,000 | 552,000 | 548,000 | 552,000 | 536,000 | 536,000 |
| 2,500万円 | 855,000 | 855,000 | 835,000 | 830,000 | 835,000 | 817,000 | 817,000 |

※1 「共働き」は、ふるさと納税を行う方本人が配偶者（特別）控除の適用を受けていないケースを指します。（配偶者の給与収入が201万円超の場合）

※2 「夫婦」は、ふるさと納税を行う方の配偶者に収入がないケースを指します。

※3 「高校生」は「16歳から18歳の扶養親族」を、「大学生」は「19歳から22歳の特定扶養親族」を指します。

※4 中学生以下の子供は（控除額に影響がないため）、計算に入れる必要はありません。
例えば、「夫婦子1人（小学生）」は、「夫婦」と同額になります。また、「夫婦子2人（高校生と中学生）」は、「夫婦子1人（高校生）」と同額になります。

※5 掲載している表はあくまで目安です。具体的な計算はお住まいの市区町村にお問い合わせください。

（出典：総務省ホームページ）

8-1　住民税

### 個人住民税のチェックポイント

☐　所得税と異なる取扱いについて、該当するものがないか検討したか。

☞　青色事業専従者、寄附金の取扱い、配当に関する特例及び非居住者の特例などが該当します。

☐　申告することとした上場株式等に関する配当所得や譲渡所得等はないか。また、都道府県・市区町村等に対する寄附金はないか確認したか。

☞　これらに係る配当割額、株式等譲渡所得割額、寄附金額は、所得税の確定申告書の住民税に関する事項欄に記載します。

### 税理士のアドバイス

ふるさと納税

#### 1.　ふるさと納税制度の概要

　　ふるさと納税（「ふるさと寄附金」ともいいます。）とは、自分が応援したい自治体（道府県・市区町村。令和元年6月1日以後は指定団体※に限る。）に対して寄附をした場合、原則として寄附をした自治体が発行する寄附金の証明書・領収書や専用振込用紙の払込控（受領証）を添付して確定申告をすることにより、所得税及び個人住民税から寄附金の一定額が控除される制度です。

　　また、平成27年4月1日から、確定申告の不要な給与所得者等は、ふるさと納税先の自治体数が5団体以内である場合に限り、ふるさと納税を行った各自治体に申請することで確定申告が不要となる「ふるさと納税ワンストップサービス特例制度」を利用できることとなりました。これは、平成27年4月1日以降に行われるふるさと納税に適用されますが、この特例の適用を受ける方は、所得税からの控除は発生せず、ふるさと納税を行った翌年6月以降に支払う住民税の減額という形で控除が行われます。

※ふるさと納税に係る指定制度

　　令和元年6月1日以降、ふるさと納税に係る指定制度が設けられています。

　　具体的には、総務大臣が一定の基準に適合した地方団体をふるさと納税（特例控除）の対象として指定する仕組みです。

○　指定期間（令和4年10月1日～令和5年9月30日）

　　　46道府県（東京都を除く。）、1,739市町村（宮崎県都農町、兵庫県洲本市を除く。）

　　※　東京都と高知県奈半利町は指定のための申出書を提出していない。

　　　　　　指定期間（令和4年10月1日～令和5年9月30日）　宮崎県都農町

　　　　　　指定期間（令和4年10月1日～令和5年9月30日）　兵庫県洲本市

#### 2.　ふるさと納税の控除額

　　ふるさと納税により寄附した金額のうち、所得税と住民税から一定の算式（425頁【算式】参照）により計算した金額（最大で寄附金から2,000円を控除した金額）が控除されます。また、

**427**

自己負担額の2,000円を除いた全額が控除される限度額である「ふるさと納税枠」が、平成27年1月1日以降、約2倍に拡充されました。

### ふるさと納税をした方が受ける特産品の課税関係

ふるさと納税をした方が謝礼として受ける特産品について、国税庁のホームページで一時所得に当たるとの判断がなされました。

ふるさと納税以外で一時所得がある方は注意が必要です。

8-2 個人事業税

# 8-2 個人事業税

## 1 個人事業税の概要

個人の事業税は、課税対象事業とされた一定の事業（第1種事業、第2種事業及び第3種事業）に対して、前年の個人事業の所得を課税標準として課される都道府県税です。

図表8-2-1 事業税の課税対象事業と税率

| 区　分 | 事業の種類 | 税率 |
|---|---|---|
| 第1種事業<br>（37業種） | 物品販売業、保険業、金銭貸付業、物品貸付業、不動産貸付業、製造業、電気供給業、土石採取業、電気通信事業、運送業、運送取扱業、船舶ていけい場業、倉庫業、駐車場業、請負業、印刷業、出版業、写真業、席貸業、旅館業、料理店業、飲食店業、周旋業、代理業、仲立業、問屋業、両替業、公衆浴場業（第3種事業以外のもの）、演劇興行業、遊技場業、遊覧所業、商品取引業、不動産売買業、広告業、興信所業、案内業、冠婚葬祭業 | 5％ |
| 第2種事業<br>（3業種） | 畜産業、水産業、薪炭製造業<br>（主として、自家労力を用いて行うものを除く。） | 4％ |
| 第3種事業<br>（30業種） | 医業、歯科医業、薬剤師業、獣医業、弁護士業、司法書士業、行政書士業、公証人業、弁理士業、税理士業、公認会計士業、計理士業、社会保険労務士業、コンサルタント業、設計監督者業、不動産鑑定業、デザイン業、諸芸師匠業、理容業、美容業、クリーニング業、公衆浴場業（銭湯）、歯科衛生士業、歯科技工士業、測量士業、土地家屋調査士業、海事代理士業、印刷製版業 | 5％ |
| | あん摩・マッサージ・指圧・はり・きゅう・柔道整復その他の医業に類する事業、装蹄師業 | 3％ |

## 2 非課税所得

事業税が非課税となる所得は、①林業（土地を利用して養苗、造林、撫育及び伐採を行う事業）、②鉱物の掘採事業のほか、不動産貸付業及び駐車場業と認められない規模の貸付けや社会保険診療報酬なども課税されません。

図表8-2-2 不動産貸付業の認定基準表（不動産貸付業に該当する場合）

| 種類・用途等 | | | 貸付件数等 |
|---|---|---|---|
| 建物 | 住宅 | 一戸建て | 棟数が10以上 |
| | | 上記以外 | 室数が10以上 |
| | 住宅以外 | 独立家屋 | 棟数が5以上 |
| | | 上記以外 | 室数が10以上 |
| 土地 | 住宅 | | 契約件数が10以上又は貸付総面積が2,000㎡以上 |
| | 住宅以外 | | 契約件数が10以上 |
| 上記の貸付不動産を複数保有している場合 | | | 各種の貸付けの総合計件数が10以上 |

（注）都道府県によっては、収入基準により課税対象としている場合があります。

## 3　個人事業税の申告

　個人事業税の申告義務者は、前年の所得金額等の所定事項を記載した申告書をその年の3月15日までに、事務所又は事業所の所在地の都道府県知事に提出しなければなりません。なお、必要事項を記載した前年分の所得税の確定申告書、又は個人の住民税の申告書を提出した場合には、これらの申告書が提出された日に個人の事業税の申告がされたものとみなされますので、改めて申告書を提出する必要はありません。

## 4　個人事業税の計算

　個人事業税は、原則として、所得税の不動産所得及び事業所得の計算の例によって算定した所得を課税標準としますが、所得税と異なる取扱いをするものがあります。なお、実際の税額計算は賦課課税方式のため、申告者が計算する必要はありません。

**【個人事業税の計算式】**

$$\left( \begin{array}{c} 事業税の課税対象 \\ 事業の所得金額 \end{array} + \begin{array}{c} 青色申告 \\ 特別控除額 \end{array} - \begin{array}{c} 損失の繰越等 \\ の控除額 \end{array} - \begin{array}{c} 事業主控除額 \\ （290万円）^※ \end{array} \right) × \;税率\; = \;事業税額$$

　※　事業主控除額は、年290万円（開業、廃業などで事業を行った期間が1年に満たない場合は月割計算します。）。

**【参考】年の中途で事業を開業又は廃止した場合の事業主控除額**　　　　　　　　　　　　　　　　（単位：千円）

| 事業を行った月数 | 1か月 | 2か月 | 3か月 | 4か月 | 5か月 | 6か月 | 7か月 | 8か月 | 9か月 | 10か月 | 11か月 | 12か月 |
|---|---|---|---|---|---|---|---|---|---|---|---|---|
| 事業主控除額 | 242 | 484 | 725 | 967 | 1,209 | 1,450 | 1,692 | 1,934 | 2,175 | 2,417 | 2,659 | 2,900 |

### 個人事業税のチェックポイント

**【所得区分】**

☐　事業税の非課税所得に該当するものはないか検討したか。

☞　林業、鉱物の掘採事業のほか、社会保険診療報酬、事業的規模でない不動産貸付け（収入金額基準（都道府県により金額は異なる。）で課税される場合があります。）も課税されません。

☐　所得税と異なる取扱いについて、該当するものがないか検討したか。

☞　損益通算の特例、事業用資産の譲渡損失、青色申告特別控除などが該当します。

☐　不動産所得の損失の金額のうちに土地等取得の借入金利子がある場合の事業税欄の補完記入を怠っていた。

☞　不動産所得の損失の金額のうちに土地等取得の借入金利子がある場合も損益通算の対象となるので、「損益通算の特例適用前の不動産所得」欄にその利子相当額を必要経費に算入したところの所得金額を補完記入します。

☐　所得税が課税されない場合、個人事業税も必ず課税されないと考えていないか。

☞　事業税は所得税の計算結果を基に行いますが、事業税には、青色申告特別控除や配偶者控除や扶養控除などの所得控除はありませんので課税される場合があります。

# 申告書等の記載手順（事業税）

確定申告書　第二表

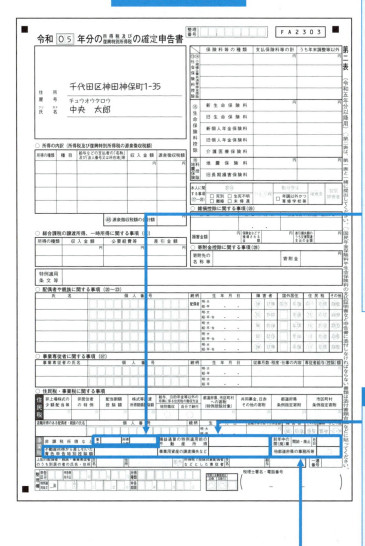

**手順1**　次の1）及び2）に該当する場合は、該当する番号とその所得金額（青色申告特別控除前の金額）を記入します。
1) 複数の事業を兼業して、そのうち次に示す事業より生ずる所得がある場合
   ① 畜産業から生ずる所得
   ② 水産業から生ずる所得
   ③ 薪炭製造業から生ずる所得
   ④ あんま、マッサージ又は指圧、はり、きゅう、柔道整復その他の医業に類する事業から生ずる所得
   ⑤ 装蹄師業から生ずる所得
2) 次の非課税所得がある場合
   ⑥ 林業から生ずる所得
   ⑦ 鉱物掘採（事）業から生ずる所得
   ⑧ 社会保険診療報酬等に係る所得
   ⑨ 外国での事業に係る所得
   ⑩ 地方税法第72条の2に定める事業に該当しないものから生ずる所得

**手順2**
1) 「損益通算の特例適用前の不動産所得」欄に、土地等を取得するために要した負債の利子の額があり、損益通算の制限を受けているときは、その制限前の金額（不動産所得の金額）を記載します。
2) 「不動産所得から差し引いた青色申告特別控除額」欄に、不動産所得から差し引いた青色申告特別控除額を記載します。
3) 次の①又は②に該当する損失の金額を記載します。
   ① 事業税が課税される事業に使っていた機械装置や車両運搬具などの事業用資産（土地、構築物、建物、無形固定資産を除く。）を、その事業に使わなくなってから1年以内に譲渡した場合の譲渡損失
   ② 事業税が課税される事業の所得が赤字で、そのうち災害により生じた棚卸資産や事業用資産等の損失

**手順3**
1) 令和5年の中途で開業又は廃業した場合は、記入欄の「開始・廃止」の該当する文字を○で囲み、その月日を記入します。
2) 他の都道府県に事務所又は事業所がある場合は、「他都道府県の事務所等」欄に○をします。

431

（巻末資料）

# 簡 易 給 与 所 得 表

○　この表は、給与等の収入金額の合計額に対する給与所得の金額を求めるためのものです。

○　「給与等の収入金額の合計額」が660万円未満の方は、その金額をこの表の「給与等の収入金額の合計額」欄に当てはめ、その当てはまる行の右側の「給与所得の金額」欄に記載されている金額が求める給与所得の金額です。

○　「給与等の収入金額の合計額」が660万円以上の方は、この簡易給与所得表の末尾（438頁）にある計算表によって計算してください。

(2,171,999円まで)

| 給与等の収入金額の合計額 | | 給与所得の金額 | 給与等の収入金額の合計額 | | 給与所得の金額 | 給与等の収入金額の合計額 | | 給与所得の金額 |
|---|---|---|---|---|---|---|---|---|
| から | まで | | から | まで | | から | まで | |
| 円 | 円 | 円 | 円 | 円 | 円 | 円 | 円 | 円 |
| 550,999 円まで | | 0 | 1,772,000 | 1,775,999 | 1,163,200 | 1,972,000 | 1,975,999 | 1,300,400 |
| | | | 1,776,000 | 1,779,999 | 1,165,600 | 1,976,000 | 1,979,999 | 1,303,200 |
| | | | 1,780,000 | 1,783,999 | 1,168,000 | 1,980,000 | 1,983,999 | 1,306,000 |
| | | | 1,784,000 | 1,787,999 | 1,170,400 | 1,984,000 | 1,987,999 | 1,308,800 |
| | | | 1,788,000 | 1,791,999 | 1,172,800 | 1,988,000 | 1,991,999 | 1,311,600 |
| 551,000 | 1,618,999 | 給与等の収入金額の合計額から550,000円を控除した金額 | 1,792,000 | 1,795,999 | 1,175,200 | 1,992,000 | 1,995,999 | 1,314,400 |
| | | | 1,796,000 | 1,799,999 | 1,177,600 | 1,996,000 | 1,999,999 | 1,317,200 |
| | | | 1,800,000 | 1,803,999 | 1,180,000 | 2,000,000 | 2,003,999 | 1,320,000 |
| | | | 1,804,000 | 1,807,999 | 1,182,800 | 2,004,000 | 2,007,999 | 1,322,800 |
| | | | 1,808,000 | 1,811,999 | 1,185,600 | 2,008,000 | 2,011,999 | 1,325,600 |
| 1,619,000 | 1,619,999 | 1,069,000 | 1,812,000 | 1,815,999 | 1,188,400 | 2,012,000 | 2,015,999 | 1,328,400 |
| 1,620,000 | 1,621,999 | 1,070,000 | 1,816,000 | 1,819,999 | 1,191,200 | 2,016,000 | 2,019,999 | 1,331,200 |
| 1,622,000 | 1,623,999 | 1,072,000 | 1,820,000 | 1,823,999 | 1,194,000 | 2,020,000 | 2,023,999 | 1,334,000 |
| 1,624,000 | 1,627,999 | 1,074,000 | 1,824,000 | 1,827,999 | 1,196,800 | 2,024,000 | 2,027,999 | 1,336,800 |
| 1,628,000 | 1,631,999 | 1,076,800 | 1,828,000 | 1,831,999 | 1,199,600 | 2,028,000 | 2,031,999 | 1,339,600 |
| 1,632,000 | 1,635,999 | 1,079,200 | 1,832,000 | 1,835,999 | 1,202,400 | 2,032,000 | 2,035,999 | 1,342,400 |
| 1,636,000 | 1,639,999 | 1,081,600 | 1,836,000 | 1,839,999 | 1,205,200 | 2,036,000 | 2,039,999 | 1,345,200 |
| 1,640,000 | 1,643,999 | 1,084,000 | 1,840,000 | 1,843,999 | 1,208,000 | 2,040,000 | 2,043,999 | 1,348,000 |
| 1,644,000 | 1,647,999 | 1,086,400 | 1,844,000 | 1,847,999 | 1,210,800 | 2,044,000 | 2,047,999 | 1,350,800 |
| 1,648,000 | 1,651,999 | 1,088,800 | 1,848,000 | 1,851,999 | 1,213,600 | 2,048,000 | 2,051,999 | 1,353,600 |
| 1,652,000 | 1,655,999 | 1,091,200 | 1,852,000 | 1,855,999 | 1,216,400 | 2,052,000 | 2,055,999 | 1,356,400 |
| 1,656,000 | 1,659,999 | 1,093,600 | 1,856,000 | 1,859,999 | 1,219,200 | 2,056,000 | 2,059,999 | 1,359,200 |
| 1,660,000 | 1,663,999 | 1,096,000 | 1,860,000 | 1,863,999 | 1,222,000 | 2,060,000 | 2,063,999 | 1,362,000 |
| 1,664,000 | 1,667,999 | 1,098,400 | 1,864,000 | 1,867,999 | 1,224,800 | 2,064,000 | 2,067,999 | 1,364,800 |
| 1,668,000 | 1,671,999 | 1,100,800 | 1,868,000 | 1,871,999 | 1,227,600 | 2,068,000 | 2,071,999 | 1,367,600 |
| 1,672,000 | 1,675,999 | 1,103,200 | 1,872,000 | 1,875,999 | 1,230,400 | 2,072,000 | 2,075,999 | 1,370,400 |
| 1,676,000 | 1,679,999 | 1,105,600 | 1,876,000 | 1,879,999 | 1,233,200 | 2,076,000 | 2,079,999 | 1,373,200 |
| 1,680,000 | 1,683,999 | 1,108,000 | 1,880,000 | 1,883,999 | 1,236,000 | 2,080,000 | 2,083,999 | 1,376,000 |
| 1,684,000 | 1,687,999 | 1,110,400 | 1,884,000 | 1,887,999 | 1,238,800 | 2,084,000 | 2,087,999 | 1,378,800 |
| 1,688,000 | 1,691,999 | 1,112,800 | 1,888,000 | 1,891,999 | 1,241,600 | 2,088,000 | 2,091,999 | 1,381,600 |
| 1,692,000 | 1,695,999 | 1,115,200 | 1,892,000 | 1,895,999 | 1,244,400 | 2,092,000 | 2,095,999 | 1,384,400 |
| 1,696,000 | 1,699,999 | 1,117,600 | 1,896,000 | 1,899,999 | 1,247,200 | 2,096,000 | 2,099,999 | 1,387,200 |
| 1,700,000 | 1,703,999 | 1,120,000 | 1,900,000 | 1,903,999 | 1,250,000 | 2,100,000 | 2,103,999 | 1,390,000 |
| 1,704,000 | 1,707,999 | 1,122,400 | 1,904,000 | 1,907,999 | 1,252,800 | 2,104,000 | 2,107,999 | 1,392,800 |
| 1,708,000 | 1,711,999 | 1,124,800 | 1,908,000 | 1,911,999 | 1,255,600 | 2,108,000 | 2,111,999 | 1,395,600 |
| 1,712,000 | 1,715,999 | 1,127,200 | 1,912,000 | 1,915,999 | 1,258,400 | 2,112,000 | 2,115,999 | 1,398,400 |
| 1,716,000 | 1,719,999 | 1,129,600 | 1,916,000 | 1,919,999 | 1,261,200 | 2,116,000 | 2,119,999 | 1,401,200 |
| 1,720,000 | 1,723,999 | 1,132,000 | 1,920,000 | 1,923,999 | 1,264,000 | 2,120,000 | 2,123,999 | 1,404,000 |
| 1,724,000 | 1,727,999 | 1,134,400 | 1,924,000 | 1,927,999 | 1,266,800 | 2,124,000 | 2,127,999 | 1,406,800 |
| 1,728,000 | 1,731,999 | 1,136,800 | 1,928,000 | 1,931,999 | 1,269,600 | 2,128,000 | 2,131,999 | 1,409,600 |
| 1,732,000 | 1,735,999 | 1,139,200 | 1,932,000 | 1,935,999 | 1,272,400 | 2,132,000 | 2,135,999 | 1,412,400 |
| 1,736,000 | 1,739,999 | 1,141,600 | 1,936,000 | 1,939,999 | 1,275,200 | 2,136,000 | 2,139,999 | 1,415,200 |
| 1,740,000 | 1,743,999 | 1,144,000 | 1,940,000 | 1,943,999 | 1,278,000 | 2,140,000 | 2,143,999 | 1,418,000 |
| 1,744,000 | 1,747,999 | 1,146,400 | 1,944,000 | 1,947,999 | 1,280,800 | 2,144,000 | 2,147,999 | 1,420,800 |
| 1,748,000 | 1,751,999 | 1,148,800 | 1,948,000 | 1,951,999 | 1,283,600 | 2,148,000 | 2,151,999 | 1,423,600 |
| 1,752,000 | 1,755,999 | 1,151,200 | 1,952,000 | 1,955,999 | 1,286,400 | 2,152,000 | 2,155,999 | 1,426,400 |
| 1,756,000 | 1,759,999 | 1,153,600 | 1,956,000 | 1,959,999 | 1,289,200 | 2,156,000 | 2,159,999 | 1,429,200 |
| 1,760,000 | 1,763,999 | 1,156,000 | 1,960,000 | 1,963,999 | 1,292,000 | 2,160,000 | 2,163,999 | 1,432,000 |
| 1,764,000 | 1,767,999 | 1,158,400 | 1,964,000 | 1,967,999 | 1,294,800 | 2,164,000 | 2,167,999 | 1,434,800 |
| 1,768,000 | 1,771,999 | 1,160,800 | 1,968,000 | 1,971,999 | 1,297,600 | 2,168,000 | 2,171,999 | 1,437,600 |

（2,172,000円から2,951,999円まで）

| 給与等の収入金額の合計額 | | 給与所得の金額 | 給与等の収入金額の合計額 | | 給与所得の金額 | 給与等の収入金額の合計額 | | 給与所得の金額 |
|---|---|---|---|---|---|---|---|---|
| から | まで | | から | まで | | から | まで | |
| 円 | 円 | 円 | 円 | 円 | 円 | 円 | 円 | 円 |
| 2,172,000 | 2,175,999 | 1,440,400 | 2,432,000 | 2,435,999 | 1,622,400 | 2,692,000 | 2,695,999 | 1,804,400 |
| 2,176,000 | 2,179,999 | 1,443,200 | 2,436,000 | 2,439,999 | 1,625,200 | 2,696,000 | 2,699,999 | 1,807,200 |
| 2,180,000 | 2,183,999 | 1,446,000 | 2,440,000 | 2,443,999 | 1,628,000 | 2,700,000 | 2,703,999 | 1,810,000 |
| 2,184,000 | 2,187,999 | 1,448,800 | 2,444,000 | 2,447,999 | 1,630,800 | 2,704,000 | 2,707,999 | 1,812,800 |
| 2,188,000 | 2,191,999 | 1,451,600 | 2,448,000 | 2,451,999 | 1,633,600 | 2,708,000 | 2,711,999 | 1,815,600 |
| 2,192,000 | 2,195,999 | 1,454,400 | 2,452,000 | 2,455,999 | 1,636,400 | 2,712,000 | 2,715,999 | 1,818,400 |
| 2,196,000 | 2,199,999 | 1,457,200 | 2,456,000 | 2,459,999 | 1,639,200 | 2,716,000 | 2,719,999 | 1,821,200 |
| 2,200,000 | 2,203,999 | 1,460,000 | 2,460,000 | 2,463,999 | 1,642,000 | 2,720,000 | 2,723,999 | 1,824,000 |
| 2,204,000 | 2,207,999 | 1,462,800 | 2,464,000 | 2,467,999 | 1,644,800 | 2,724,000 | 2,727,999 | 1,826,800 |
| 2,208,000 | 2,211,999 | 1,465,600 | 2,468,000 | 2,471,999 | 1,647,600 | 2,728,000 | 2,731,999 | 1,829,600 |
| 2,212,000 | 2,215,999 | 1,468,400 | 2,472,000 | 2,475,999 | 1,650,400 | 2,732,000 | 2,735,999 | 1,832,400 |
| 2,216,000 | 2,219,999 | 1,471,200 | 2,476,000 | 2,479,999 | 1,653,200 | 2,736,000 | 2,739,999 | 1,835,200 |
| 2,220,000 | 2,223,999 | 1,474,000 | 2,480,000 | 2,483,999 | 1,656,000 | 2,740,000 | 2,743,999 | 1,838,000 |
| 2,224,000 | 2,227,999 | 1,476,800 | 2,484,000 | 2,487,999 | 1,658,800 | 2,744,000 | 2,747,999 | 1,840,800 |
| 2,228,000 | 2,231,999 | 1,479,600 | 2,488,000 | 2,491,999 | 1,661,600 | 2,748,000 | 2,751,999 | 1,843,600 |
| 2,232,000 | 2,235,999 | 1,482,400 | 2,492,000 | 2,495,999 | 1,664,400 | 2,752,000 | 2,755,999 | 1,846,400 |
| 2,236,000 | 2,239,999 | 1,485,200 | 2,496,000 | 2,499,999 | 1,667,200 | 2,756,000 | 2,759,999 | 1,849,200 |
| 2,240,000 | 2,243,999 | 1,488,000 | 2,500,000 | 2,503,999 | 1,670,000 | 2,760,000 | 2,763,999 | 1,852,000 |
| 2,244,000 | 2,247,999 | 1,490,800 | 2,504,000 | 2,507,999 | 1,672,800 | 2,764,000 | 2,767,999 | 1,854,800 |
| 2,248,000 | 2,251,999 | 1,493,600 | 2,508,000 | 2,511,999 | 1,675,600 | 2,768,000 | 2,771,999 | 1,857,600 |
| 2,252,000 | 2,255,999 | 1,496,400 | 2,512,000 | 2,515,999 | 1,678,400 | 2,772,000 | 2,775,999 | 1,860,400 |
| 2,256,000 | 2,259,999 | 1,499,200 | 2,516,000 | 2,519,999 | 1,681,200 | 2,776,000 | 2,779,999 | 1,863,200 |
| 2,260,000 | 2,263,999 | 1,502,000 | 2,520,000 | 2,523,999 | 1,684,000 | 2,780,000 | 2,783,999 | 1,866,000 |
| 2,264,000 | 2,267,999 | 1,504,800 | 2,524,000 | 2,527,999 | 1,686,800 | 2,784,000 | 2,787,999 | 1,868,800 |
| 2,268,000 | 2,271,999 | 1,507,600 | 2,528,000 | 2,531,999 | 1,689,600 | 2,788,000 | 2,791,999 | 1,871,600 |
| 2,272,000 | 2,275,999 | 1,510,400 | 2,532,000 | 2,535,999 | 1,692,400 | 2,792,000 | 2,795,999 | 1,874,400 |
| 2,276,000 | 2,279,999 | 1,513,200 | 2,536,000 | 2,539,999 | 1,695,200 | 2,796,000 | 2,799,999 | 1,877,200 |
| 2,280,000 | 2,283,999 | 1,516,000 | 2,540,000 | 2,543,999 | 1,698,000 | 2,800,000 | 2,803,999 | 1,880,000 |
| 2,284,000 | 2,287,999 | 1,518,800 | 2,544,000 | 2,547,999 | 1,700,800 | 2,804,000 | 2,807,999 | 1,882,800 |
| 2,288,000 | 2,291,999 | 1,521,600 | 2,548,000 | 2,551,999 | 1,703,600 | 2,808,000 | 2,811,999 | 1,885,600 |
| 2,292,000 | 2,295,999 | 1,524,400 | 2,552,000 | 2,555,999 | 1,706,400 | 2,812,000 | 2,815,999 | 1,888,400 |
| 2,296,000 | 2,299,999 | 1,527,200 | 2,556,000 | 2,559,999 | 1,709,200 | 2,816,000 | 2,819,999 | 1,891,200 |
| 2,300,000 | 2,303,999 | 1,530,000 | 2,560,000 | 2,563,999 | 1,712,000 | 2,820,000 | 2,823,999 | 1,894,000 |
| 2,304,000 | 2,307,999 | 1,532,800 | 2,564,000 | 2,567,999 | 1,714,800 | 2,824,000 | 2,827,999 | 1,896,800 |
| 2,308,000 | 2,311,999 | 1,535,600 | 2,568,000 | 2,571,999 | 1,717,600 | 2,828,000 | 2,831,999 | 1,899,600 |
| 2,312,000 | 2,315,999 | 1,538,400 | 2,572,000 | 2,575,999 | 1,720,400 | 2,832,000 | 2,835,999 | 1,902,400 |
| 2,316,000 | 2,319,999 | 1,541,200 | 2,576,000 | 2,579,999 | 1,723,200 | 2,836,000 | 2,839,999 | 1,905,200 |
| 2,320,000 | 2,323,999 | 1,544,000 | 2,580,000 | 2,583,999 | 1,726,000 | 2,840,000 | 2,843,999 | 1,908,000 |
| 2,324,000 | 2,327,999 | 1,546,800 | 2,584,000 | 2,587,999 | 1,728,800 | 2,844,000 | 2,847,999 | 1,910,800 |
| 2,328,000 | 2,331,999 | 1,549,600 | 2,588,000 | 2,591,999 | 1,731,600 | 2,848,000 | 2,851,999 | 1,913,600 |
| 2,332,000 | 2,335,999 | 1,552,400 | 2,592,000 | 2,595,999 | 1,734,400 | 2,852,000 | 2,855,999 | 1,916,400 |
| 2,336,000 | 2,339,999 | 1,555,200 | 2,596,000 | 2,599,999 | 1,737,200 | 2,856,000 | 2,859,999 | 1,919,200 |
| 2,340,000 | 2,343,999 | 1,558,000 | 2,600,000 | 2,603,999 | 1,740,000 | 2,860,000 | 2,863,999 | 1,922,000 |
| 2,344,000 | 2,347,999 | 1,560,800 | 2,604,000 | 2,607,999 | 1,742,800 | 2,864,000 | 2,867,999 | 1,924,800 |
| 2,348,000 | 2,351,999 | 1,563,600 | 2,608,000 | 2,611,999 | 1,745,600 | 2,868,000 | 2,871,999 | 1,927,600 |
| 2,352,000 | 2,355,999 | 1,566,400 | 2,612,000 | 2,615,999 | 1,748,400 | 2,872,000 | 2,875,999 | 1,930,400 |
| 2,356,000 | 2,359,999 | 1,569,200 | 2,616,000 | 2,619,999 | 1,751,200 | 2,876,000 | 2,879,999 | 1,933,200 |
| 2,360,000 | 2,363,999 | 1,572,000 | 2,620,000 | 2,623,999 | 1,754,000 | 2,880,000 | 2,883,999 | 1,936,000 |
| 2,364,000 | 2,367,999 | 1,574,800 | 2,624,000 | 2,627,999 | 1,756,800 | 2,884,000 | 2,887,999 | 1,938,800 |
| 2,368,000 | 2,371,999 | 1,577,600 | 2,628,000 | 2,631,999 | 1,759,600 | 2,888,000 | 2,891,999 | 1,941,600 |
| 2,372,000 | 2,375,999 | 1,580,400 | 2,632,000 | 2,635,999 | 1,762,400 | 2,892,000 | 2,895,999 | 1,944,400 |
| 2,376,000 | 2,379,999 | 1,583,200 | 2,636,000 | 2,639,999 | 1,765,200 | 2,896,000 | 2,899,999 | 1,947,200 |
| 2,380,000 | 2,383,999 | 1,586,000 | 2,640,000 | 2,643,999 | 1,768,000 | 2,900,000 | 2,903,999 | 1,950,000 |
| 2,384,000 | 2,387,999 | 1,588,800 | 2,644,000 | 2,647,999 | 1,770,800 | 2,904,000 | 2,907,999 | 1,952,800 |
| 2,388,000 | 2,391,999 | 1,591,600 | 2,648,000 | 2,651,999 | 1,773,600 | 2,908,000 | 2,911,999 | 1,955,600 |
| 2,392,000 | 2,395,999 | 1,594,400 | 2,652,000 | 2,655,999 | 1,776,400 | 2,912,000 | 2,915,999 | 1,958,400 |
| 2,396,000 | 2,399,999 | 1,597,200 | 2,656,000 | 2,659,999 | 1,779,200 | 2,916,000 | 2,919,999 | 1,961,200 |
| 2,400,000 | 2,403,999 | 1,600,000 | 2,660,000 | 2,663,999 | 1,782,000 | 2,920,000 | 2,923,999 | 1,964,000 |
| 2,404,000 | 2,407,999 | 1,602,800 | 2,664,000 | 2,667,999 | 1,784,800 | 2,924,000 | 2,927,999 | 1,966,800 |
| 2,408,000 | 2,411,999 | 1,605,600 | 2,668,000 | 2,671,999 | 1,787,600 | 2,928,000 | 2,931,999 | 1,969,600 |
| 2,412,000 | 2,415,999 | 1,608,400 | 2,672,000 | 2,675,999 | 1,790,400 | 2,932,000 | 2,935,999 | 1,972,400 |
| 2,416,000 | 2,419,999 | 1,611,200 | 2,676,000 | 2,679,999 | 1,793,200 | 2,936,000 | 2,939,999 | 1,975,200 |
| 2,420,000 | 2,423,999 | 1,614,000 | 2,680,000 | 2,683,999 | 1,796,000 | 2,940,000 | 2,943,999 | 1,978,000 |
| 2,424,000 | 2,427,999 | 1,616,800 | 2,684,000 | 2,687,999 | 1,798,800 | 2,944,000 | 2,947,999 | 1,980,800 |
| 2,428,000 | 2,431,999 | 1,619,600 | 2,688,000 | 2,691,999 | 1,801,600 | 2,948,000 | 2,951,999 | 1,983,600 |

(2,952,000円から3,731,999円まで)

| 給与等の収入金額の合計額 から | まで | 給与所得の金額 | 給与等の収入金額の合計額 から | まで | 給与所得の金額 | 給与等の収入金額の合計額 から | まで | 給与所得の金額 |
|---|---|---|---|---|---|---|---|---|
| 円 | 円 | 円 | 円 | 円 | 円 | 円 | 円 | 円 |
| 2,952,000 | 2,955,999 | 1,986,400 | 3,212,000 | 3,215,999 | 2,168,400 | 3,472,000 | 3,475,999 | 2,350,400 |
| 2,956,000 | 2,959,999 | 1,989,200 | 3,216,000 | 3,219,999 | 2,171,200 | 3,476,000 | 3,479,999 | 2,353,200 |
| 2,960,000 | 2,963,999 | 1,992,000 | 3,220,000 | 3,223,999 | 2,174,000 | 3,480,000 | 3,483,999 | 2,356,000 |
| 2,964,000 | 2,967,999 | 1,994,800 | 3,224,000 | 3,227,999 | 2,176,800 | 3,484,000 | 3,487,999 | 2,358,800 |
| 2,968,000 | 2,971,999 | 1,997,600 | 3,228,000 | 3,231,999 | 2,179,600 | 3,488,000 | 3,491,999 | 2,361,600 |
| 2,972,000 | 2,975,999 | 2,000,400 | 3,232,000 | 3,235,999 | 2,182,400 | 3,492,000 | 3,495,999 | 2,364,400 |
| 2,976,000 | 2,979,999 | 2,003,200 | 3,236,000 | 3,239,999 | 2,185,200 | 3,496,000 | 3,499,999 | 2,367,200 |
| 2,980,000 | 2,983,999 | 2,006,000 | 3,240,000 | 3,243,999 | 2,188,000 | 3,500,000 | 3,503,999 | 2,370,000 |
| 2,984,000 | 2,987,999 | 2,008,800 | 3,244,000 | 3,247,999 | 2,190,800 | 3,504,000 | 3,507,999 | 2,372,800 |
| 2,988,000 | 2,991,999 | 2,011,600 | 3,248,000 | 3,251,999 | 2,193,600 | 3,508,000 | 3,511,999 | 2,375,600 |
| 2,992,000 | 2,995,999 | 2,014,400 | 3,252,000 | 3,255,999 | 2,196,400 | 3,512,000 | 3,515,999 | 2,378,400 |
| 2,996,000 | 2,999,999 | 2,017,200 | 3,256,000 | 3,259,999 | 2,199,200 | 3,516,000 | 3,519,999 | 2,381,200 |
| 3,000,000 | 3,003,999 | 2,020,000 | 3,260,000 | 3,263,999 | 2,202,000 | 3,520,000 | 3,523,999 | 2,384,000 |
| 3,004,000 | 3,007,999 | 2,022,800 | 3,264,000 | 3,267,999 | 2,204,800 | 3,524,000 | 3,527,999 | 2,386,800 |
| 3,008,000 | 3,011,999 | 2,025,600 | 3,268,000 | 3,271,999 | 2,207,600 | 3,528,000 | 3,531,999 | 2,389,600 |
| 3,012,000 | 3,015,999 | 2,028,400 | 3,272,000 | 3,275,999 | 2,210,400 | 3,532,000 | 3,535,999 | 2,392,400 |
| 3,016,000 | 3,019,999 | 2,031,200 | 3,276,000 | 3,279,999 | 2,213,200 | 3,536,000 | 3,539,999 | 2,395,200 |
| 3,020,000 | 3,023,999 | 2,034,000 | 3,280,000 | 3,283,999 | 2,216,000 | 3,540,000 | 3,543,999 | 2,398,000 |
| 3,024,000 | 3,027,999 | 2,036,800 | 3,284,000 | 3,287,999 | 2,218,800 | 3,544,000 | 3,547,999 | 2,400,800 |
| 3,028,000 | 3,031,999 | 2,039,600 | 3,288,000 | 3,291,999 | 2,221,600 | 3,548,000 | 3,551,999 | 2,403,600 |
| 3,032,000 | 3,035,999 | 2,042,400 | 3,292,000 | 3,295,999 | 2,224,400 | 3,552,000 | 3,555,999 | 2,406,400 |
| 3,036,000 | 3,039,999 | 2,045,200 | 3,296,000 | 3,299,999 | 2,227,200 | 3,556,000 | 3,559,999 | 2,409,200 |
| 3,040,000 | 3,043,999 | 2,048,000 | 3,300,000 | 3,303,999 | 2,230,000 | 3,560,000 | 3,563,999 | 2,412,000 |
| 3,044,000 | 3,047,999 | 2,050,800 | 3,304,000 | 3,307,999 | 2,232,800 | 3,564,000 | 3,567,999 | 2,414,800 |
| 3,048,000 | 3,051,999 | 2,053,600 | 3,308,000 | 3,311,999 | 2,235,600 | 3,568,000 | 3,571,999 | 2,417,600 |
| 3,052,000 | 3,055,999 | 2,056,400 | 3,312,000 | 3,315,999 | 2,238,400 | 3,572,000 | 3,575,999 | 2,420,400 |
| 3,056,000 | 3,059,999 | 2,059,200 | 3,316,000 | 3,319,999 | 2,241,200 | 3,576,000 | 3,579,999 | 2,423,200 |
| 3,060,000 | 3,063,999 | 2,062,000 | 3,320,000 | 3,323,999 | 2,244,000 | 3,580,000 | 3,583,999 | 2,426,000 |
| 3,064,000 | 3,067,999 | 2,064,800 | 3,324,000 | 3,327,999 | 2,246,800 | 3,584,000 | 3,587,999 | 2,428,800 |
| 3,068,000 | 3,071,999 | 2,067,600 | 3,328,000 | 3,331,999 | 2,249,600 | 3,588,000 | 3,591,999 | 2,431,600 |
| 3,072,000 | 3,075,999 | 2,070,400 | 3,332,000 | 3,335,999 | 2,252,400 | 3,592,000 | 3,595,999 | 2,434,400 |
| 3,076,000 | 3,079,999 | 2,073,200 | 3,336,000 | 3,339,999 | 2,255,200 | 3,596,000 | 3,599,999 | 2,437,200 |
| 3,080,000 | 3,083,999 | 2,076,000 | 3,340,000 | 3,343,999 | 2,258,000 | 3,600,000 | 3,603,999 | 2,440,000 |
| 3,084,000 | 3,087,999 | 2,078,800 | 3,344,000 | 3,347,999 | 2,260,800 | 3,604,000 | 3,607,999 | 2,443,200 |
| 3,088,000 | 3,091,999 | 2,081,600 | 3,348,000 | 3,351,999 | 2,263,600 | 3,608,000 | 3,611,999 | 2,446,400 |
| 3,092,000 | 3,095,999 | 2,084,400 | 3,352,000 | 3,355,999 | 2,266,400 | 3,612,000 | 3,615,999 | 2,449,600 |
| 3,096,000 | 3,099,999 | 2,087,200 | 3,356,000 | 3,359,999 | 2,269,200 | 3,616,000 | 3,619,999 | 2,452,800 |
| 3,100,000 | 3,103,999 | 2,090,000 | 3,360,000 | 3,363,999 | 2,272,000 | 3,620,000 | 3,623,999 | 2,456,000 |
| 3,104,000 | 3,107,999 | 2,092,800 | 3,364,000 | 3,367,999 | 2,274,800 | 3,624,000 | 3,627,999 | 2,459,200 |
| 3,108,000 | 3,111,999 | 2,095,600 | 3,368,000 | 3,371,999 | 2,277,600 | 3,628,000 | 3,631,999 | 2,462,400 |
| 3,112,000 | 3,115,999 | 2,098,400 | 3,372,000 | 3,375,999 | 2,280,400 | 3,632,000 | 3,635,999 | 2,465,600 |
| 3,116,000 | 3,119,999 | 2,101,200 | 3,376,000 | 3,379,999 | 2,283,200 | 3,636,000 | 3,639,999 | 2,468,800 |
| 3,120,000 | 3,123,999 | 2,104,000 | 3,380,000 | 3,383,999 | 2,286,000 | 3,640,000 | 3,643,999 | 2,472,000 |
| 3,124,000 | 3,127,999 | 2,106,800 | 3,384,000 | 3,387,999 | 2,288,800 | 3,644,000 | 3,647,999 | 2,475,200 |
| 3,128,000 | 3,131,999 | 2,109,600 | 3,388,000 | 3,391,999 | 2,291,600 | 3,648,000 | 3,651,999 | 2,478,400 |
| 3,132,000 | 3,135,999 | 2,112,400 | 3,392,000 | 3,395,999 | 2,294,400 | 3,652,000 | 3,655,999 | 2,481,600 |
| 3,136,000 | 3,139,999 | 2,115,200 | 3,396,000 | 3,399,999 | 2,297,200 | 3,656,000 | 3,659,999 | 2,484,800 |
| 3,140,000 | 3,143,999 | 2,118,000 | 3,400,000 | 3,403,999 | 2,300,000 | 3,660,000 | 3,663,999 | 2,488,000 |
| 3,144,000 | 3,147,999 | 2,120,800 | 3,404,000 | 3,407,999 | 2,302,800 | 3,664,000 | 3,667,999 | 2,491,200 |
| 3,148,000 | 3,151,999 | 2,123,600 | 3,408,000 | 3,411,999 | 2,305,600 | 3,668,000 | 3,671,999 | 2,494,400 |
| 3,152,000 | 3,155,999 | 2,126,400 | 3,412,000 | 3,415,999 | 2,308,400 | 3,672,000 | 3,675,999 | 2,497,600 |
| 3,156,000 | 3,159,999 | 2,129,200 | 3,416,000 | 3,419,999 | 2,311,200 | 3,676,000 | 3,679,999 | 2,500,800 |
| 3,160,000 | 3,163,999 | 2,132,000 | 3,420,000 | 3,423,999 | 2,314,000 | 3,680,000 | 3,683,999 | 2,504,000 |
| 3,164,000 | 3,167,999 | 2,134,800 | 3,424,000 | 3,427,999 | 2,316,800 | 3,684,000 | 3,687,999 | 2,507,200 |
| 3,168,000 | 3,171,999 | 2,137,600 | 3,428,000 | 3,431,999 | 2,319,600 | 3,688,000 | 3,691,999 | 2,510,400 |
| 3,172,000 | 3,175,999 | 2,140,400 | 3,432,000 | 3,435,999 | 2,322,400 | 3,692,000 | 3,695,999 | 2,513,600 |
| 3,176,000 | 3,179,999 | 2,143,200 | 3,436,000 | 3,439,999 | 2,325,200 | 3,696,000 | 3,699,999 | 2,516,800 |
| 3,180,000 | 3,183,999 | 2,146,000 | 3,440,000 | 3,443,999 | 2,328,000 | 3,700,000 | 3,703,999 | 2,520,000 |
| 3,184,000 | 3,187,999 | 2,148,800 | 3,444,000 | 3,447,999 | 2,330,800 | 3,704,000 | 3,707,999 | 2,523,200 |
| 3,188,000 | 3,191,999 | 2,151,600 | 3,448,000 | 3,451,999 | 2,333,600 | 3,708,000 | 3,711,999 | 2,526,400 |
| 3,192,000 | 3,195,999 | 2,154,400 | 3,452,000 | 3,455,999 | 2,336,400 | 3,712,000 | 3,715,999 | 2,529,600 |
| 3,196,000 | 3,199,999 | 2,157,200 | 3,456,000 | 3,459,999 | 2,339,200 | 3,716,000 | 3,719,999 | 2,532,800 |
| 3,200,000 | 3,203,999 | 2,160,000 | 3,460,000 | 3,463,999 | 2,342,000 | 3,720,000 | 3,723,999 | 2,536,000 |
| 3,204,000 | 3,207,999 | 2,162,800 | 3,464,000 | 3,467,999 | 2,344,800 | 3,724,000 | 3,727,999 | 2,539,200 |
| 3,208,000 | 3,211,999 | 2,165,600 | 3,468,000 | 3,471,999 | 2,347,600 | 3,728,000 | 3,731,999 | 2,542,400 |

(3,732,000円から4,511,999円まで)

| 給与等の収入金額の合計額 | | 給与所得の金額 | 給与等の収入金額の合計額 | | 給与所得の金額 | 給与等の収入金額の合計額 | | 給与所得の金額 |
|---|---|---|---|---|---|---|---|---|
| から | まで | | から | まで | | から | まで | |
| 円 | 円 | 円 | 円 | 円 | 円 | 円 | 円 | 円 |
| 3,732,000 | 3,735,999 | 2,545,600 | 3,992,000 | 3,995,999 | 2,753,600 | 4,252,000 | 4,255,999 | 2,961,600 |
| 3,736,000 | 3,739,999 | 2,548,800 | 3,996,000 | 3,999,999 | 2,756,800 | 4,256,000 | 4,259,999 | 2,964,800 |
| 3,740,000 | 3,743,999 | 2,552,000 | 4,000,000 | 4,003,999 | 2,760,000 | 4,260,000 | 4,263,999 | 2,968,000 |
| 3,744,000 | 3,747,999 | 2,555,200 | 4,004,000 | 4,007,999 | 2,763,200 | 4,264,000 | 4,267,999 | 2,971,200 |
| 3,748,000 | 3,751,999 | 2,558,400 | 4,008,000 | 4,011,999 | 2,766,400 | 4,268,000 | 4,271,999 | 2,974,400 |
| 3,752,000 | 3,755,999 | 2,561,600 | 4,012,000 | 4,015,999 | 2,769,600 | 4,272,000 | 4,275,999 | 2,977,600 |
| 3,756,000 | 3,759,999 | 2,564,800 | 4,016,000 | 4,019,999 | 2,772,800 | 4,276,000 | 4,279,999 | 2,980,800 |
| 3,760,000 | 3,763,999 | 2,568,000 | 4,020,000 | 4,023,999 | 2,776,000 | 4,280,000 | 4,283,999 | 2,984,000 |
| 3,764,000 | 3,767,999 | 2,571,200 | 4,024,000 | 4,027,999 | 2,779,200 | 4,284,000 | 4,287,999 | 2,987,200 |
| 3,768,000 | 3,771,999 | 2,574,400 | 4,028,000 | 4,031,999 | 2,782,400 | 4,288,000 | 4,291,999 | 2,990,400 |
| 3,772,000 | 3,775,999 | 2,577,600 | 4,032,000 | 4,035,999 | 2,785,600 | 4,292,000 | 4,295,999 | 2,993,600 |
| 3,776,000 | 3,779,999 | 2,580,800 | 4,036,000 | 4,039,999 | 2,788,800 | 4,296,000 | 4,299,999 | 2,996,800 |
| 3,780,000 | 3,783,999 | 2,584,000 | 4,040,000 | 4,043,999 | 2,792,000 | 4,300,000 | 4,303,999 | 3,000,000 |
| 3,784,000 | 3,787,999 | 2,587,200 | 4,044,000 | 4,047,999 | 2,795,200 | 4,304,000 | 4,307,999 | 3,003,200 |
| 3,788,000 | 3,791,999 | 2,590,400 | 4,048,000 | 4,051,999 | 2,798,400 | 4,308,000 | 4,311,999 | 3,006,400 |
| 3,792,000 | 3,795,999 | 2,593,600 | 4,052,000 | 4,055,999 | 2,801,600 | 4,312,000 | 4,315,999 | 3,009,600 |
| 3,796,000 | 3,799,999 | 2,596,800 | 4,056,000 | 4,059,999 | 2,804,800 | 4,316,000 | 4,319,999 | 3,012,800 |
| 3,800,000 | 3,803,999 | 2,600,000 | 4,060,000 | 4,063,999 | 2,808,000 | 4,320,000 | 4,323,999 | 3,016,000 |
| 3,804,000 | 3,807,999 | 2,603,200 | 4,064,000 | 4,067,999 | 2,811,200 | 4,324,000 | 4,327,999 | 3,019,200 |
| 3,808,000 | 3,811,999 | 2,606,400 | 4,068,000 | 4,071,999 | 2,814,400 | 4,328,000 | 4,331,999 | 3,022,400 |
| 3,812,000 | 3,815,999 | 2,609,600 | 4,072,000 | 4,075,999 | 2,817,600 | 4,332,000 | 4,335,999 | 3,025,600 |
| 3,816,000 | 3,819,999 | 2,612,800 | 4,076,000 | 4,079,999 | 2,820,800 | 4,336,000 | 4,339,999 | 3,028,800 |
| 3,820,000 | 3,823,999 | 2,616,000 | 4,080,000 | 4,083,999 | 2,824,000 | 4,340,000 | 4,343,999 | 3,032,000 |
| 3,824,000 | 3,827,999 | 2,619,200 | 4,084,000 | 4,087,999 | 2,827,200 | 4,344,000 | 4,347,999 | 3,035,200 |
| 3,828,000 | 3,831,999 | 2,622,400 | 4,088,000 | 4,091,999 | 2,830,400 | 4,348,000 | 4,351,999 | 3,038,400 |
| 3,832,000 | 3,835,999 | 2,625,600 | 4,092,000 | 4,095,999 | 2,833,600 | 4,352,000 | 4,355,999 | 3,041,600 |
| 3,836,000 | 3,839,999 | 2,628,800 | 4,096,000 | 4,099,999 | 2,836,800 | 4,356,000 | 4,359,999 | 3,044,800 |
| 3,840,000 | 3,843,999 | 2,632,000 | 4,100,000 | 4,103,999 | 2,840,000 | 4,360,000 | 4,363,999 | 3,048,000 |
| 3,844,000 | 3,847,999 | 2,635,200 | 4,104,000 | 4,107,999 | 2,843,200 | 4,364,000 | 4,367,999 | 3,051,200 |
| 3,848,000 | 3,851,999 | 2,638,400 | 4,108,000 | 4,111,999 | 2,846,400 | 4,368,000 | 4,371,999 | 3,054,400 |
| 3,852,000 | 3,855,999 | 2,641,600 | 4,112,000 | 4,115,999 | 2,849,600 | 4,372,000 | 4,375,999 | 3,057,600 |
| 3,856,000 | 3,859,999 | 2,644,800 | 4,116,000 | 4,119,999 | 2,852,800 | 4,376,000 | 4,379,999 | 3,060,800 |
| 3,860,000 | 3,863,999 | 2,648,000 | 4,120,000 | 4,123,999 | 2,856,000 | 4,380,000 | 4,383,999 | 3,064,000 |
| 3,864,000 | 3,867,999 | 2,651,200 | 4,124,000 | 4,127,999 | 2,859,200 | 4,384,000 | 4,387,999 | 3,067,200 |
| 3,868,000 | 3,871,999 | 2,654,400 | 4,128,000 | 4,131,999 | 2,862,400 | 4,388,000 | 4,391,999 | 3,070,400 |
| 3,872,000 | 3,875,999 | 2,657,600 | 4,132,000 | 4,135,999 | 2,865,600 | 4,392,000 | 4,395,999 | 3,073,600 |
| 3,876,000 | 3,879,999 | 2,660,800 | 4,136,000 | 4,139,999 | 2,868,800 | 4,396,000 | 4,399,999 | 3,076,800 |
| 3,880,000 | 3,883,999 | 2,664,000 | 4,140,000 | 4,143,999 | 2,872,000 | 4,400,000 | 4,403,999 | 3,080,000 |
| 3,884,000 | 3,887,999 | 2,667,200 | 4,144,000 | 4,147,999 | 2,875,200 | 4,404,000 | 4,407,999 | 3,083,200 |
| 3,888,000 | 3,891,999 | 2,670,400 | 4,148,000 | 4,151,999 | 2,878,400 | 4,408,000 | 4,411,999 | 3,086,400 |
| 3,892,000 | 3,895,999 | 2,673,600 | 4,152,000 | 4,155,999 | 2,881,600 | 4,412,000 | 4,415,999 | 3,089,600 |
| 3,896,000 | 3,899,999 | 2,676,800 | 4,156,000 | 4,159,999 | 2,884,800 | 4,416,000 | 4,419,999 | 3,092,800 |
| 3,900,000 | 3,903,999 | 2,680,000 | 4,160,000 | 4,163,999 | 2,888,000 | 4,420,000 | 4,423,999 | 3,096,000 |
| 3,904,000 | 3,907,999 | 2,683,200 | 4,164,000 | 4,167,999 | 2,891,200 | 4,424,000 | 4,427,999 | 3,099,200 |
| 3,908,000 | 3,911,999 | 2,686,400 | 4,168,000 | 4,171,999 | 2,894,400 | 4,428,000 | 4,431,999 | 3,102,400 |
| 3,912,000 | 3,915,999 | 2,689,600 | 4,172,000 | 4,175,999 | 2,897,600 | 4,432,000 | 4,435,999 | 3,105,600 |
| 3,916,000 | 3,919,999 | 2,692,800 | 4,176,000 | 4,179,999 | 2,900,800 | 4,436,000 | 4,439,999 | 3,108,800 |
| 3,920,000 | 3,923,999 | 2,696,000 | 4,180,000 | 4,183,999 | 2,904,000 | 4,440,000 | 4,443,999 | 3,112,000 |
| 3,924,000 | 3,927,999 | 2,699,200 | 4,184,000 | 4,187,999 | 2,907,200 | 4,444,000 | 4,447,999 | 3,115,200 |
| 3,928,000 | 3,931,999 | 2,702,400 | 4,188,000 | 4,191,999 | 2,910,400 | 4,448,000 | 4,451,999 | 3,118,400 |
| 3,932,000 | 3,935,999 | 2,705,600 | 4,192,000 | 4,195,999 | 2,913,600 | 4,452,000 | 4,455,999 | 3,121,600 |
| 3,936,000 | 3,939,999 | 2,708,800 | 4,196,000 | 4,199,999 | 2,916,800 | 4,456,000 | 4,459,999 | 3,124,800 |
| 3,940,000 | 3,943,999 | 2,712,000 | 4,200,000 | 4,203,999 | 2,920,000 | 4,460,000 | 4,463,999 | 3,128,000 |
| 3,944,000 | 3,947,999 | 2,715,200 | 4,204,000 | 4,207,999 | 2,923,200 | 4,464,000 | 4,467,999 | 3,131,200 |
| 3,948,000 | 3,951,999 | 2,718,400 | 4,208,000 | 4,211,999 | 2,926,400 | 4,468,000 | 4,471,999 | 3,134,400 |
| 3,952,000 | 3,955,999 | 2,721,600 | 4,212,000 | 4,215,999 | 2,929,600 | 4,472,000 | 4,475,999 | 3,137,600 |
| 3,956,000 | 3,959,999 | 2,724,800 | 4,216,000 | 4,219,999 | 2,932,800 | 4,476,000 | 4,479,999 | 3,140,800 |
| 3,960,000 | 3,963,999 | 2,728,000 | 4,220,000 | 4,223,999 | 2,936,000 | 4,480,000 | 4,483,999 | 3,144,000 |
| 3,964,000 | 3,967,999 | 2,731,200 | 4,224,000 | 4,227,999 | 2,939,200 | 4,484,000 | 4,487,999 | 3,147,200 |
| 3,968,000 | 3,971,999 | 2,734,400 | 4,228,000 | 4,231,999 | 2,942,400 | 4,488,000 | 4,491,999 | 3,150,400 |
| 3,972,000 | 3,975,999 | 2,737,600 | 4,232,000 | 4,235,999 | 2,945,600 | 4,492,000 | 4,495,999 | 3,153,600 |
| 3,976,000 | 3,979,999 | 2,740,800 | 4,236,000 | 4,239,999 | 2,948,800 | 4,496,000 | 4,499,999 | 3,156,800 |
| 3,980,000 | 3,983,999 | 2,744,000 | 4,240,000 | 4,243,999 | 2,952,000 | 4,500,000 | 4,503,999 | 3,160,000 |
| 3,984,000 | 3,987,999 | 2,747,200 | 4,244,000 | 4,247,999 | 2,955,200 | 4,504,000 | 4,507,999 | 3,163,200 |
| 3,988,000 | 3,991,999 | 2,750,400 | 4,248,000 | 4,251,999 | 2,958,400 | 4,508,000 | 4,511,999 | 3,166,400 |

簡易給与所得表

耐用年数表・償却率表等

索引

435

（4,512,000円から5,291,999円まで）

| 給与等の収入金額の合計額 | | 給与所得の金額 | 給与等の収入金額の合計額 | | 給与所得の金額 | 給与等の収入金額の合計額 | | 給与所得の金額 |
|---|---|---|---|---|---|---|---|---|
| から | まで | | から | まで | | から | まで | |
| 円 | 円 | 円 | 円 | 円 | 円 | 円 | 円 | 円 |
| 4,512,000 | 4,515,999 | 3,169,600 | 4,772,000 | 4,775,999 | 3,377,600 | 5,032,000 | 5,035,999 | 3,585,600 |
| 4,516,000 | 4,519,999 | 3,172,800 | 4,776,000 | 4,779,999 | 3,380,800 | 5,036,000 | 5,039,999 | 3,588,800 |
| 4,520,000 | 4,523,999 | 3,176,000 | 4,780,000 | 4,783,999 | 3,384,000 | 5,040,000 | 5,043,999 | 3,592,000 |
| 4,524,000 | 4,527,999 | 3,179,200 | 4,784,000 | 4,787,999 | 3,387,200 | 5,044,000 | 5,047,999 | 3,595,200 |
| 4,528,000 | 4,531,999 | 3,182,400 | 4,788,000 | 4,791,999 | 3,390,400 | 5,048,000 | 5,051,999 | 3,598,400 |
| 4,532,000 | 4,535,999 | 3,185,600 | 4,792,000 | 4,795,999 | 3,393,600 | 5,052,000 | 5,055,999 | 3,601,600 |
| 4,536,000 | 4,539,999 | 3,188,800 | 4,796,000 | 4,799,999 | 3,396,800 | 5,056,000 | 5,059,999 | 3,604,800 |
| 4,540,000 | 4,543,999 | 3,192,000 | 4,800,000 | 4,803,999 | 3,400,000 | 5,060,000 | 5,063,999 | 3,608,000 |
| 4,544,000 | 4,547,999 | 3,195,200 | 4,804,000 | 4,807,999 | 3,403,200 | 5,064,000 | 5,067,999 | 3,611,200 |
| 4,548,000 | 4,551,999 | 3,198,400 | 4,808,000 | 4,811,999 | 3,406,400 | 5,068,000 | 5,071,999 | 3,614,400 |
| 4,552,000 | 4,555,999 | 3,201,600 | 4,812,000 | 4,815,999 | 3,409,600 | 5,072,000 | 5,075,999 | 3,617,600 |
| 4,556,000 | 4,559,999 | 3,204,800 | 4,816,000 | 4,819,999 | 3,412,800 | 5,076,000 | 5,079,999 | 3,620,800 |
| 4,560,000 | 4,563,999 | 3,208,000 | 4,820,000 | 4,823,999 | 3,416,000 | 5,080,000 | 5,083,999 | 3,624,000 |
| 4,564,000 | 4,567,999 | 3,211,200 | 4,824,000 | 4,827,999 | 3,419,200 | 5,084,000 | 5,087,999 | 3,627,200 |
| 4,568,000 | 4,571,999 | 3,214,400 | 4,828,000 | 4,831,999 | 3,422,400 | 5,088,000 | 5,091,999 | 3,630,400 |
| 4,572,000 | 4,575,999 | 3,217,600 | 4,832,000 | 4,835,999 | 3,425,600 | 5,092,000 | 5,095,999 | 3,633,600 |
| 4,576,000 | 4,579,999 | 3,220,800 | 4,836,000 | 4,839,999 | 3,428,800 | 5,096,000 | 5,099,999 | 3,636,800 |
| 4,580,000 | 4,583,999 | 3,224,000 | 4,840,000 | 4,843,999 | 3,432,000 | 5,100,000 | 5,103,999 | 3,640,000 |
| 4,584,000 | 4,587,999 | 3,227,200 | 4,844,000 | 4,847,999 | 3,435,200 | 5,104,000 | 5,107,999 | 3,643,200 |
| 4,588,000 | 4,591,999 | 3,230,400 | 4,848,000 | 4,851,999 | 3,438,400 | 5,108,000 | 5,111,999 | 3,646,400 |
| 4,592,000 | 4,595,999 | 3,233,600 | 4,852,000 | 4,855,999 | 3,441,600 | 5,112,000 | 5,115,999 | 3,649,600 |
| 4,596,000 | 4,599,999 | 3,236,800 | 4,856,000 | 4,859,999 | 3,444,800 | 5,116,000 | 5,119,999 | 3,652,800 |
| 4,600,000 | 4,603,999 | 3,240,000 | 4,860,000 | 4,863,999 | 3,448,000 | 5,120,000 | 5,123,999 | 3,656,000 |
| 4,604,000 | 4,607,999 | 3,243,200 | 4,864,000 | 4,867,999 | 3,451,200 | 5,124,000 | 5,127,999 | 3,659,200 |
| 4,608,000 | 4,611,999 | 3,246,400 | 4,868,000 | 4,871,999 | 3,454,400 | 5,128,000 | 5,131,999 | 3,662,400 |
| 4,612,000 | 4,615,999 | 3,249,600 | 4,872,000 | 4,875,999 | 3,457,600 | 5,132,000 | 5,135,999 | 3,665,600 |
| 4,616,000 | 4,619,999 | 3,252,800 | 4,876,000 | 4,879,999 | 3,460,800 | 5,136,000 | 5,139,999 | 3,668,800 |
| 4,620,000 | 4,623,999 | 3,256,000 | 4,880,000 | 4,883,999 | 3,464,000 | 5,140,000 | 5,143,999 | 3,672,000 |
| 4,624,000 | 4,627,999 | 3,259,200 | 4,884,000 | 4,887,999 | 3,467,200 | 5,144,000 | 5,147,999 | 3,675,200 |
| 4,628,000 | 4,631,999 | 3,262,400 | 4,888,000 | 4,891,999 | 3,470,400 | 5,148,000 | 5,151,999 | 3,678,400 |
| 4,632,000 | 4,635,999 | 3,265,600 | 4,892,000 | 4,895,999 | 3,473,600 | 5,152,000 | 5,155,999 | 3,681,600 |
| 4,636,000 | 4,639,999 | 3,268,800 | 4,896,000 | 4,899,999 | 3,476,800 | 5,156,000 | 5,159,999 | 3,684,800 |
| 4,640,000 | 4,643,999 | 3,272,000 | 4,900,000 | 4,903,999 | 3,480,000 | 5,160,000 | 5,163,999 | 3,688,000 |
| 4,644,000 | 4,647,999 | 3,275,200 | 4,904,000 | 4,907,999 | 3,483,200 | 5,164,000 | 5,167,999 | 3,691,200 |
| 4,648,000 | 4,651,999 | 3,278,400 | 4,908,000 | 4,911,999 | 3,486,400 | 5,168,000 | 5,171,999 | 3,694,400 |
| 4,652,000 | 4,655,999 | 3,281,600 | 4,912,000 | 4,915,999 | 3,489,600 | 5,172,000 | 5,175,999 | 3,697,600 |
| 4,656,000 | 4,659,999 | 3,284,800 | 4,916,000 | 4,919,999 | 3,492,800 | 5,176,000 | 5,179,999 | 3,700,800 |
| 4,660,000 | 4,663,999 | 3,288,000 | 4,920,000 | 4,923,999 | 3,496,000 | 5,180,000 | 5,183,999 | 3,704,000 |
| 4,664,000 | 4,667,999 | 3,291,200 | 4,924,000 | 4,927,999 | 3,499,200 | 5,184,000 | 5,187,999 | 3,707,200 |
| 4,668,000 | 4,671,999 | 3,294,400 | 4,928,000 | 4,931,999 | 3,502,400 | 5,188,000 | 5,191,999 | 3,710,400 |
| 4,672,000 | 4,675,999 | 3,297,600 | 4,932,000 | 4,935,999 | 3,505,600 | 5,192,000 | 5,195,999 | 3,713,600 |
| 4,676,000 | 4,679,999 | 3,300,800 | 4,936,000 | 4,939,999 | 3,508,800 | 5,196,000 | 5,199,999 | 3,716,800 |
| 4,680,000 | 4,683,999 | 3,304,000 | 4,940,000 | 4,943,999 | 3,512,000 | 5,200,000 | 5,203,999 | 3,720,000 |
| 4,684,000 | 4,687,999 | 3,307,200 | 4,944,000 | 4,947,999 | 3,515,200 | 5,204,000 | 5,207,999 | 3,723,200 |
| 4,688,000 | 4,691,999 | 3,310,400 | 4,948,000 | 4,951,999 | 3,518,400 | 5,208,000 | 5,211,999 | 3,726,400 |
| 4,692,000 | 4,695,999 | 3,313,600 | 4,952,000 | 4,955,999 | 3,521,600 | 5,212,000 | 5,215,999 | 3,729,600 |
| 4,696,000 | 4,699,999 | 3,316,800 | 4,956,000 | 4,959,999 | 3,524,800 | 5,216,000 | 5,219,999 | 3,732,800 |
| 4,700,000 | 4,703,999 | 3,320,000 | 4,960,000 | 4,963,999 | 3,528,000 | 5,220,000 | 5,223,999 | 3,736,000 |
| 4,704,000 | 4,707,999 | 3,323,200 | 4,964,000 | 4,967,999 | 3,531,200 | 5,224,000 | 5,227,999 | 3,739,200 |
| 4,708,000 | 4,711,999 | 3,326,400 | 4,968,000 | 4,971,999 | 3,534,400 | 5,228,000 | 5,231,999 | 3,742,400 |
| 4,712,000 | 4,715,999 | 3,329,600 | 4,972,000 | 4,975,999 | 3,537,600 | 5,232,000 | 5,235,999 | 3,745,600 |
| 4,716,000 | 4,719,999 | 3,332,800 | 4,976,000 | 4,979,999 | 3,540,800 | 5,236,000 | 5,239,999 | 3,748,800 |
| 4,720,000 | 4,723,999 | 3,336,000 | 4,980,000 | 4,983,999 | 3,544,000 | 5,240,000 | 5,243,999 | 3,752,000 |
| 4,724,000 | 4,727,999 | 3,339,200 | 4,984,000 | 4,987,999 | 3,547,200 | 5,244,000 | 5,247,999 | 3,755,200 |
| 4,728,000 | 4,731,999 | 3,342,400 | 4,988,000 | 4,991,999 | 3,550,400 | 5,248,000 | 5,251,999 | 3,758,400 |
| 4,732,000 | 4,735,999 | 3,345,600 | 4,992,000 | 4,995,999 | 3,553,600 | 5,252,000 | 5,255,999 | 3,761,600 |
| 4,736,000 | 4,739,999 | 3,348,800 | 4,996,000 | 4,999,999 | 3,556,800 | 5,256,000 | 5,259,999 | 3,764,800 |
| 4,740,000 | 4,743,999 | 3,352,000 | 5,000,000 | 5,003,999 | 3,560,000 | 5,260,000 | 5,263,999 | 3,768,000 |
| 4,744,000 | 4,747,999 | 3,355,200 | 5,004,000 | 5,007,999 | 3,563,200 | 5,264,000 | 5,267,999 | 3,771,200 |
| 4,748,000 | 4,751,999 | 3,358,400 | 5,008,000 | 5,011,999 | 3,566,400 | 5,268,000 | 5,271,999 | 3,774,400 |
| 4,752,000 | 4,755,999 | 3,361,600 | 5,012,000 | 5,015,999 | 3,569,600 | 5,272,000 | 5,275,999 | 3,777,600 |
| 4,756,000 | 4,759,999 | 3,364,800 | 5,016,000 | 5,019,999 | 3,572,800 | 5,276,000 | 5,279,999 | 3,780,800 |
| 4,760,000 | 4,763,999 | 3,368,000 | 5,020,000 | 5,023,999 | 3,576,000 | 5,280,000 | 5,283,999 | 3,784,000 |
| 4,764,000 | 4,767,999 | 3,371,200 | 5,024,000 | 5,027,999 | 3,579,200 | 5,284,000 | 5,287,999 | 3,787,200 |
| 4,768,000 | 4,771,999 | 3,374,400 | 5,028,000 | 5,031,999 | 3,582,400 | 5,288,000 | 5,291,999 | 3,790,400 |

（5,292,000円から6,071,999円まで）

| 給与等の収入金額の合計額 | | 給与所得の金額 | 給与等の収入金額の合計額 | | 給与所得の金額 | 給与等の収入金額の合計額 | | 給与所得の金額 |
|---|---|---|---|---|---|---|---|---|
| から | まで | | から | まで | | から | まで | |
| 円 | 円 | 円 | 円 | 円 | 円 | 円 | 円 | 円 |
| 5,292,000 | 5,295,999 | 3,793,600 | 5,552,000 | 5,555,999 | 4,001,600 | 5,812,000 | 5,815,999 | 4,209,600 |
| 5,296,000 | 5,299,999 | 3,796,800 | 5,556,000 | 5,559,999 | 4,004,800 | 5,816,000 | 5,819,999 | 4,212,800 |
| 5,300,000 | 5,303,999 | 3,800,000 | 5,560,000 | 5,563,999 | 4,008,000 | 5,820,000 | 5,823,999 | 4,216,000 |
| 5,304,000 | 5,307,999 | 3,803,200 | 5,564,000 | 5,567,999 | 4,011,200 | 5,824,000 | 5,827,999 | 4,219,200 |
| 5,308,000 | 5,311,999 | 3,806,400 | 5,568,000 | 5,571,999 | 4,014,400 | 5,828,000 | 5,831,999 | 4,222,400 |
| 5,312,000 | 5,315,999 | 3,809,600 | 5,572,000 | 5,575,999 | 4,017,600 | 5,832,000 | 5,835,999 | 4,225,600 |
| 5,316,000 | 5,319,999 | 3,812,800 | 5,576,000 | 5,579,999 | 4,020,800 | 5,836,000 | 5,839,999 | 4,228,800 |
| 5,320,000 | 5,323,999 | 3,816,000 | 5,580,000 | 5,583,999 | 4,024,000 | 5,840,000 | 5,843,999 | 4,232,000 |
| 5,324,000 | 5,327,999 | 3,819,200 | 5,584,000 | 5,587,999 | 4,027,200 | 5,844,000 | 5,847,999 | 4,235,200 |
| 5,328,000 | 5,331,999 | 3,822,400 | 5,588,000 | 5,591,999 | 4,030,400 | 5,848,000 | 5,851,999 | 4,238,400 |
| 5,332,000 | 5,335,999 | 3,825,600 | 5,592,000 | 5,595,999 | 4,033,600 | 5,852,000 | 5,855,999 | 4,241,600 |
| 5,336,000 | 5,339,999 | 3,828,800 | 5,596,000 | 5,599,999 | 4,036,800 | 5,856,000 | 5,859,999 | 4,244,800 |
| 5,340,000 | 5,343,999 | 3,832,000 | 5,600,000 | 5,603,999 | 4,040,000 | 5,860,000 | 5,863,999 | 4,248,000 |
| 5,344,000 | 5,347,999 | 3,835,200 | 5,604,000 | 5,607,999 | 4,043,200 | 5,864,000 | 5,867,999 | 4,251,200 |
| 5,348,000 | 5,351,999 | 3,838,400 | 5,608,000 | 5,611,999 | 4,046,400 | 5,868,000 | 5,871,999 | 4,254,400 |
| 5,352,000 | 5,355,999 | 3,841,600 | 5,612,000 | 5,615,999 | 4,049,600 | 5,872,000 | 5,875,999 | 4,257,600 |
| 5,356,000 | 5,359,999 | 3,844,800 | 5,616,000 | 5,619,999 | 4,052,800 | 5,876,000 | 5,879,999 | 4,260,800 |
| 5,360,000 | 5,363,999 | 3,848,000 | 5,620,000 | 5,623,999 | 4,056,000 | 5,880,000 | 5,883,999 | 4,264,000 |
| 5,364,000 | 5,367,999 | 3,851,200 | 5,624,000 | 5,627,999 | 4,059,200 | 5,884,000 | 5,887,999 | 4,267,200 |
| 5,368,000 | 5,371,999 | 3,854,400 | 5,628,000 | 5,631,999 | 4,062,400 | 5,888,000 | 5,891,999 | 4,270,400 |
| 5,372,000 | 5,375,999 | 3,857,600 | 5,632,000 | 5,635,999 | 4,065,600 | 5,892,000 | 5,895,999 | 4,273,600 |
| 5,376,000 | 5,379,999 | 3,860,800 | 5,636,000 | 5,639,999 | 4,068,800 | 5,896,000 | 5,899,999 | 4,276,800 |
| 5,380,000 | 5,383,999 | 3,864,000 | 5,640,000 | 5,643,999 | 4,072,000 | 5,900,000 | 5,903,999 | 4,280,000 |
| 5,384,000 | 5,387,999 | 3,867,200 | 5,644,000 | 5,647,999 | 4,075,200 | 5,904,000 | 5,907,999 | 4,283,200 |
| 5,388,000 | 5,391,999 | 3,870,400 | 5,648,000 | 5,651,999 | 4,078,400 | 5,908,000 | 5,911,999 | 4,286,400 |
| 5,392,000 | 5,395,999 | 3,873,600 | 5,652,000 | 5,655,999 | 4,081,600 | 5,912,000 | 5,915,999 | 4,289,600 |
| 5,396,000 | 5,399,999 | 3,876,800 | 5,656,000 | 5,659,999 | 4,084,800 | 5,916,000 | 5,919,999 | 4,292,800 |
| 5,400,000 | 5,403,999 | 3,880,000 | 5,660,000 | 5,663,999 | 4,088,000 | 5,920,000 | 5,923,999 | 4,296,000 |
| 5,404,000 | 5,407,999 | 3,883,200 | 5,664,000 | 5,667,999 | 4,091,200 | 5,924,000 | 5,927,999 | 4,299,200 |
| 5,408,000 | 5,411,999 | 3,886,400 | 5,668,000 | 5,671,999 | 4,094,400 | 5,928,000 | 5,931,999 | 4,302,400 |
| 5,412,000 | 5,415,999 | 3,889,600 | 5,672,000 | 5,675,999 | 4,097,600 | 5,932,000 | 5,935,999 | 4,305,600 |
| 5,416,000 | 5,419,999 | 3,892,800 | 5,676,000 | 5,679,999 | 4,100,800 | 5,936,000 | 5,939,999 | 4,308,800 |
| 5,420,000 | 5,423,999 | 3,896,000 | 5,680,000 | 5,683,999 | 4,104,000 | 5,940,000 | 5,943,999 | 4,312,000 |
| 5,424,000 | 5,427,999 | 3,899,200 | 5,684,000 | 5,687,999 | 4,107,200 | 5,944,000 | 5,947,999 | 4,315,200 |
| 5,428,000 | 5,431,999 | 3,902,400 | 5,688,000 | 5,691,999 | 4,110,400 | 5,948,000 | 5,951,999 | 4,318,400 |
| 5,432,000 | 5,435,999 | 3,905,600 | 5,692,000 | 5,695,999 | 4,113,600 | 5,952,000 | 5,955,999 | 4,321,600 |
| 5,436,000 | 5,439,999 | 3,908,800 | 5,696,000 | 5,699,999 | 4,116,800 | 5,956,000 | 5,959,999 | 4,324,800 |
| 5,440,000 | 5,443,999 | 3,912,000 | 5,700,000 | 5,703,999 | 4,120,000 | 5,960,000 | 5,963,999 | 4,328,000 |
| 5,444,000 | 5,447,999 | 3,915,200 | 5,704,000 | 5,707,999 | 4,123,200 | 5,964,000 | 5,967,999 | 4,331,200 |
| 5,448,000 | 5,451,999 | 3,918,400 | 5,708,000 | 5,711,999 | 4,126,400 | 5,968,000 | 5,971,999 | 4,334,400 |
| 5,452,000 | 5,455,999 | 3,921,600 | 5,712,000 | 5,715,999 | 4,129,600 | 5,972,000 | 5,975,999 | 4,337,600 |
| 5,456,000 | 5,459,999 | 3,924,800 | 5,716,000 | 5,719,999 | 4,132,800 | 5,976,000 | 5,979,999 | 4,340,800 |
| 5,460,000 | 5,463,999 | 3,928,000 | 5,720,000 | 5,723,999 | 4,136,000 | 5,980,000 | 5,983,999 | 4,344,000 |
| 5,464,000 | 5,467,999 | 3,931,200 | 5,724,000 | 5,727,999 | 4,139,200 | 5,984,000 | 5,987,999 | 4,347,200 |
| 5,468,000 | 5,471,999 | 3,934,400 | 5,728,000 | 5,731,999 | 4,142,400 | 5,988,000 | 5,991,999 | 4,350,400 |
| 5,472,000 | 5,475,999 | 3,937,600 | 5,732,000 | 5,735,999 | 4,145,600 | 5,992,000 | 5,995,999 | 4,353,600 |
| 5,476,000 | 5,479,999 | 3,940,800 | 5,736,000 | 5,739,999 | 4,148,800 | 5,996,000 | 5,999,999 | 4,356,800 |
| 5,480,000 | 5,483,999 | 3,944,000 | 5,740,000 | 5,743,999 | 4,152,000 | 6,000,000 | 6,003,999 | 4,360,000 |
| 5,484,000 | 5,487,999 | 3,947,200 | 5,744,000 | 5,747,999 | 4,155,200 | 6,004,000 | 6,007,999 | 4,363,200 |
| 5,488,000 | 5,491,999 | 3,950,400 | 5,748,000 | 5,751,999 | 4,158,400 | 6,008,000 | 6,011,999 | 4,366,400 |
| 5,492,000 | 5,495,999 | 3,953,600 | 5,752,000 | 5,755,999 | 4,161,600 | 6,012,000 | 6,015,999 | 4,369,600 |
| 5,496,000 | 5,499,999 | 3,956,800 | 5,756,000 | 5,759,999 | 4,164,800 | 6,016,000 | 6,019,999 | 4,372,800 |
| 5,500,000 | 5,503,999 | 3,960,000 | 5,760,000 | 5,763,999 | 4,168,000 | 6,020,000 | 6,023,999 | 4,376,000 |
| 5,504,000 | 5,507,999 | 3,963,200 | 5,764,000 | 5,767,999 | 4,171,200 | 6,024,000 | 6,027,999 | 4,379,200 |
| 5,508,000 | 5,511,999 | 3,966,400 | 5,768,000 | 5,771,999 | 4,174,400 | 6,028,000 | 6,031,999 | 4,382,400 |
| 5,512,000 | 5,515,999 | 3,969,600 | 5,772,000 | 5,775,999 | 4,177,600 | 6,032,000 | 6,035,999 | 4,385,600 |
| 5,516,000 | 5,519,999 | 3,972,800 | 5,776,000 | 5,779,999 | 4,180,800 | 6,036,000 | 6,039,999 | 4,388,800 |
| 5,520,000 | 5,523,999 | 3,976,000 | 5,780,000 | 5,783,999 | 4,184,000 | 6,040,000 | 6,043,999 | 4,392,000 |
| 5,524,000 | 5,527,999 | 3,979,200 | 5,784,000 | 5,787,999 | 4,187,200 | 6,044,000 | 6,047,999 | 4,395,200 |
| 5,528,000 | 5,531,999 | 3,982,400 | 5,788,000 | 5,791,999 | 4,190,400 | 6,048,000 | 6,051,999 | 4,398,400 |
| 5,532,000 | 5,535,999 | 3,985,600 | 5,792,000 | 5,795,999 | 4,193,600 | 6,052,000 | 6,055,999 | 4,401,600 |
| 5,536,000 | 5,539,999 | 3,988,800 | 5,796,000 | 5,799,999 | 4,196,800 | 6,056,000 | 6,059,999 | 4,404,800 |
| 5,540,000 | 5,543,999 | 3,992,000 | 5,800,000 | 5,803,999 | 4,200,000 | 6,060,000 | 6,063,999 | 4,408,000 |
| 5,544,000 | 5,547,999 | 3,995,200 | 5,804,000 | 5,807,999 | 4,203,200 | 6,064,000 | 6,067,999 | 4,411,200 |
| 5,548,000 | 5,551,999 | 3,998,400 | 5,808,000 | 5,811,999 | 4,206,400 | 6,068,000 | 6,071,999 | 4,414,400 |

簡易給与所得表

耐用年数表・償却率表等

索引

**437**

（6,072,000円から6,599,999円まで）

| 給与等の収入金額の合計額 | | 給与所得の金額 | 給与等の収入金額の合計額 | | 給与所得の金額 | 給与等の収入金額の合計額 | | 給与所得の金額 |
|---|---|---|---|---|---|---|---|---|
| から | まで | | から | まで | | から | まで | |
| 円 | 円 | 円 | 円 | 円 | 円 | 円 | 円 | 円 |
| 6,072,000 | 6,075,999 | 4,417,600 | 6,252,000 | 6,255,999 | 4,561,600 | 6,432,000 | 6,435,999 | 4,705,600 |
| 6,076,000 | 6,079,999 | 4,420,800 | 6,256,000 | 6,259,999 | 4,564,800 | 6,436,000 | 6,439,999 | 4,708,800 |
| 6,080,000 | 6,083,999 | 4,424,000 | 6,260,000 | 6,263,999 | 4,568,000 | 6,440,000 | 6,443,999 | 4,712,000 |
| 6,084,000 | 6,087,999 | 4,427,200 | 6,264,000 | 6,267,999 | 4,571,200 | 6,444,000 | 6,447,999 | 4,715,200 |
| 6,088,000 | 6,091,999 | 4,430,400 | 6,268,000 | 6,271,999 | 4,574,400 | 6,448,000 | 6,451,999 | 4,718,400 |
| 6,092,000 | 6,095,999 | 4,433,600 | 6,272,000 | 6,275,999 | 4,577,600 | 6,452,000 | 6,455,999 | 4,721,600 |
| 6,096,000 | 6,099,999 | 4,436,800 | 6,276,000 | 6,279,999 | 4,580,800 | 6,456,000 | 6,459,999 | 4,724,800 |
| 6,100,000 | 6,103,999 | 4,440,000 | 6,280,000 | 6,283,999 | 4,584,000 | 6,460,000 | 6,463,999 | 4,728,000 |
| 6,104,000 | 6,107,999 | 4,443,200 | 6,284,000 | 6,287,999 | 4,587,200 | 6,464,000 | 6,467,999 | 4,731,200 |
| 6,108,000 | 6,111,999 | 4,446,400 | 6,288,000 | 6,291,999 | 4,590,400 | 6,468,000 | 6,471,999 | 4,734,400 |
| 6,112,000 | 6,115,999 | 4,449,600 | 6,292,000 | 6,295,999 | 4,593,600 | 6,472,000 | 6,475,999 | 4,737,600 |
| 6,116,000 | 6,119,999 | 4,452,800 | 6,296,000 | 6,299,999 | 4,596,800 | 6,476,000 | 6,479,999 | 4,740,800 |
| 6,120,000 | 6,123,999 | 4,456,000 | 6,300,000 | 6,303,999 | 4,600,000 | 6,480,000 | 6,483,999 | 4,744,000 |
| 6,124,000 | 6,127,999 | 4,459,200 | 6,304,000 | 6,307,999 | 4,603,200 | 6,484,000 | 6,487,999 | 4,747,200 |
| 6,128,000 | 6,131,999 | 4,462,400 | 6,308,000 | 6,311,999 | 4,606,400 | 6,488,000 | 6,491,999 | 4,750,400 |
| 6,132,000 | 6,135,999 | 4,465,600 | 6,312,000 | 6,315,999 | 4,609,600 | 6,492,000 | 6,495,999 | 4,753,600 |
| 6,136,000 | 6,139,999 | 4,468,800 | 6,316,000 | 6,319,999 | 4,612,800 | 6,496,000 | 6,499,999 | 4,756,800 |
| 6,140,000 | 6,143,999 | 4,472,000 | 6,320,000 | 6,323,999 | 4,616,000 | 6,500,000 | 6,503,999 | 4,760,000 |
| 6,144,000 | 6,147,999 | 4,475,200 | 6,324,000 | 6,327,999 | 4,619,200 | 6,504,000 | 6,507,999 | 4,763,200 |
| 6,148,000 | 6,151,999 | 4,478,400 | 6,328,000 | 6,331,999 | 4,622,400 | 6,508,000 | 6,511,999 | 4,766,400 |
| 6,152,000 | 6,155,999 | 4,481,600 | 6,332,000 | 6,335,999 | 4,625,600 | 6,512,000 | 6,515,999 | 4,769,600 |
| 6,156,000 | 6,159,999 | 4,484,800 | 6,336,000 | 6,339,999 | 4,628,800 | 6,516,000 | 6,519,999 | 4,772,800 |
| 6,160,000 | 6,163,999 | 4,488,000 | 6,340,000 | 6,343,999 | 4,632,000 | 6,520,000 | 6,523,999 | 4,776,000 |
| 6,164,000 | 6,167,999 | 4,491,200 | 6,344,000 | 6,347,999 | 4,635,200 | 6,524,000 | 6,527,999 | 4,779,200 |
| 6,168,000 | 6,171,999 | 4,494,400 | 6,348,000 | 6,351,999 | 4,638,400 | 6,528,000 | 6,531,999 | 4,782,400 |
| 6,172,000 | 6,175,999 | 4,497,600 | 6,352,000 | 6,355,999 | 4,641,600 | 6,532,000 | 6,535,999 | 4,785,600 |
| 6,176,000 | 6,179,999 | 4,500,800 | 6,356,000 | 6,359,999 | 4,644,800 | 6,536,000 | 6,539,999 | 4,788,800 |
| 6,180,000 | 6,183,999 | 4,504,000 | 6,360,000 | 6,363,999 | 4,648,000 | 6,540,000 | 6,543,999 | 4,792,000 |
| 6,184,000 | 6,187,999 | 4,507,200 | 6,364,000 | 6,367,999 | 4,651,200 | 6,544,000 | 6,547,999 | 4,795,200 |
| 6,188,000 | 6,191,999 | 4,510,400 | 6,368,000 | 6,371,999 | 4,654,400 | 6,548,000 | 6,551,999 | 4,798,400 |
| 6,192,000 | 6,195,999 | 4,513,600 | 6,372,000 | 6,375,999 | 4,657,600 | 6,552,000 | 6,555,999 | 4,801,600 |
| 6,196,000 | 6,199,999 | 4,516,800 | 6,376,000 | 6,379,999 | 4,660,800 | 6,556,000 | 6,559,999 | 4,804,800 |
| 6,200,000 | 6,203,999 | 4,520,000 | 6,380,000 | 6,383,999 | 4,664,000 | 6,560,000 | 6,563,999 | 4,808,000 |
| 6,204,000 | 6,207,999 | 4,523,200 | 6,384,000 | 6,387,999 | 4,667,200 | 6,564,000 | 6,567,999 | 4,811,200 |
| 6,208,000 | 6,211,999 | 4,526,400 | 6,388,000 | 6,391,999 | 4,670,400 | 6,568,000 | 6,571,999 | 4,814,400 |
| 6,212,000 | 6,215,999 | 4,529,600 | 6,392,000 | 6,395,999 | 4,673,600 | 6,572,000 | 6,575,999 | 4,817,600 |
| 6,216,000 | 6,219,999 | 4,532,800 | 6,396,000 | 6,399,999 | 4,676,800 | 6,576,000 | 6,579,999 | 4,820,800 |
| 6,220,000 | 6,223,999 | 4,536,000 | 6,400,000 | 6,403,999 | 4,680,000 | 6,580,000 | 6,583,999 | 4,824,000 |
| 6,224,000 | 6,227,999 | 4,539,200 | 6,404,000 | 6,407,999 | 4,683,200 | 6,584,000 | 6,587,999 | 4,827,200 |
| 6,228,000 | 6,231,999 | 4,542,400 | 6,408,000 | 6,411,999 | 4,686,400 | 6,588,000 | 6,591,999 | 4,830,400 |
| 6,232,000 | 6,235,999 | 4,545,600 | 6,412,000 | 6,415,999 | 4,689,600 | 6,592,000 | 6,595,999 | 4,833,600 |
| 6,236,000 | 6,239,999 | 4,548,800 | 6,416,000 | 6,419,999 | 4,692,800 | 6,596,000 | 6,599,999 | 4,836,800 |
| 6,240,000 | 6,243,999 | 4,552,000 | 6,420,000 | 6,423,999 | 4,696,000 | | | |
| 6,244,000 | 6,247,999 | 4,555,200 | 6,424,000 | 6,427,999 | 4,699,200 | | | |
| 6,248,000 | 6,251,999 | 4,558,400 | 6,428,000 | 6,431,999 | 4,702,400 | | | |

○ 「給与等の収入金額の合計額」が660万円以上の方の給与所得の金額は次の算式で求めます。

【給与所得の金額の求め方の計算式】

給与所得の金額 ＝ 給与等の収入金額の合計額 × 割合 － 控除額

| 給与等の収入金額の合計額 | 割　合 | 控　除　額 |
|---|---|---|
| 6,600,000円から8,499,999円まで | 90％ | 1,100,000円 |
| 8,500,000円以上 | 100％ | 1,950,000円 |

## 減価償却資産の償却率表

| 耐用年数 | 平成19年3月31日以前に取得分 | | 平成19年4月1日以後に取得分 | | | | 平成24年4月1日以後に取得分 | | | |
|---|---|---|---|---|---|---|---|---|---|---|
| | 旧定額法 | 旧定率法 | 定額法 | 定率法 | | | 定額法 | 定率法 | | |
| | 償却率 | 償却率 | 償却率 | 償却率 | 改定償却率 | 保証率 | 償却率 | 償却率 | 改定償却率 | 保証率 |
| 1 | — | — | — | | | | | | | |
| 2 | 0.500 | 0.684 | 0.500 | 1.000 | — | — | 0.500 | 1.000 | — | — |
| 3 | 0.333 | 0.536 | 0.334 | 0.833 | 1.000 | 0.02789 | 0.334 | 0.667 | 1.000 | 0.11089 |
| 4 | 0.250 | 0.438 | 0.250 | 0.625 | 1.000 | 0.05274 | 0.250 | 0.500 | 1.000 | 0.12499 |
| 5 | 0.200 | 0.369 | 0.200 | 0.500 | 1.000 | 0.06249 | 0.200 | 0.400 | 0.500 | 0.10800 |
| 6 | 0.166 | 0.319 | 0.167 | 0.417 | 0.500 | 0.05776 | 0.167 | 0.333 | 0.334 | 0.09911 |
| 7 | 0.142 | 0.280 | 0.143 | 0.357 | 0.500 | 0.05496 | 0.143 | 0.286 | 0.334 | 0.08680 |
| 8 | 0.125 | 0.250 | 0.125 | 0.313 | 0.334 | 0.05111 | 0.125 | 0.250 | 0.334 | 0.07909 |
| 9 | 0.111 | 0.226 | 0.112 | 0.278 | 0.334 | 0.04731 | 0.112 | 0.222 | 0.250 | 0.07126 |
| 10 | 0.100 | 0.206 | 0.100 | 0.250 | 0.334 | 0.04448 | 0.100 | 0.200 | 0.250 | 0.06552 |
| 11 | 0.090 | 0.189 | 0.091 | 0.227 | 0.250 | 0.04123 | 0.091 | 0.182 | 0.200 | 0.05992 |
| 12 | 0.083 | 0.175 | 0.084 | 0.208 | 0.250 | 0.03870 | 0.084 | 0.167 | 0.200 | 0.05566 |
| 13 | 0.076 | 0.162 | 0.077 | 0.192 | 0.200 | 0.03633 | 0.077 | 0.154 | 0.167 | 0.05180 |
| 14 | 0.071 | 0.152 | 0.072 | 0.179 | 0.200 | 0.03389 | 0.072 | 0.143 | 0.167 | 0.04854 |
| 15 | 0.066 | 0.142 | 0.067 | 0.167 | 0.200 | 0.03217 | 0.067 | 0.133 | 0.143 | 0.04565 |
| 16 | 0.062 | 0.134 | 0.063 | 0.156 | 0.167 | 0.03063 | 0.063 | 0.125 | 0.143 | 0.04294 |
| 17 | 0.058 | 0.127 | 0.059 | 0.147 | 0.167 | 0.02905 | 0.059 | 0.118 | 0.125 | 0.04038 |
| 18 | 0.055 | 0.120 | 0.056 | 0.139 | 0.143 | 0.02757 | 0.056 | 0.111 | 0.112 | 0.03884 |
| 19 | 0.052 | 0.114 | 0.053 | 0.132 | 0.143 | 0.02616 | 0.053 | 0.105 | 0.112 | 0.03693 |
| 20 | 0.050 | 0.109 | 0.050 | 0.125 | 0.143 | 0.02517 | 0.050 | 0.100 | 0.112 | 0.03486 |
| 21 | 0.048 | 0.104 | 0.048 | 0.119 | 0.125 | 0.02408 | 0.048 | 0.095 | 0.100 | 0.03335 |
| 22 | 0.046 | 0.099 | 0.046 | 0.114 | 0.125 | 0.02296 | 0.046 | 0.091 | 0.100 | 0.03182 |
| 23 | 0.044 | 0.095 | 0.044 | 0.109 | 0.112 | 0.02226 | 0.044 | 0.087 | 0.091 | 0.03052 |
| 24 | 0.042 | 0.092 | 0.042 | 0.104 | 0.112 | 0.02157 | 0.042 | 0.083 | 0.084 | 0.02969 |
| 25 | 0.040 | 0.088 | 0.040 | 0.100 | 0.112 | 0.02058 | 0.040 | 0.080 | 0.084 | 0.02841 |
| 26 | 0.039 | 0.085 | 0.039 | 0.096 | 0.100 | 0.01989 | 0.039 | 0.077 | 0.084 | 0.02716 |
| 27 | 0.037 | 0.082 | 0.038 | 0.093 | 0.100 | 0.01902 | 0.038 | 0.074 | 0.077 | 0.02624 |
| 28 | 0.036 | 0.079 | 0.036 | 0.089 | 0.091 | 0.01866 | 0.036 | 0.071 | 0.072 | 0.02568 |
| 29 | 0.035 | 0.076 | 0.035 | 0.086 | 0.091 | 0.01803 | 0.035 | 0.069 | 0.072 | 0.02463 |
| 30 | 0.034 | 0.074 | 0.034 | 0.083 | 0.084 | 0.01766 | 0.034 | 0.067 | 0.072 | 0.02366 |
| 31 | 0.033 | 0.072 | 0.033 | 0.081 | 0.084 | 0.01688 | 0.033 | 0.065 | 0.067 | 0.02286 |
| 32 | 0.032 | 0.069 | 0.032 | 0.078 | 0.084 | 0.01655 | 0.032 | 0.063 | 0.067 | 0.02216 |
| 33 | 0.031 | 0.067 | 0.031 | 0.076 | 0.077 | 0.01585 | 0.031 | 0.061 | 0.063 | 0.02161 |
| 34 | 0.030 | 0.066 | 0.030 | 0.074 | 0.077 | 0.01532 | 0.030 | 0.059 | 0.063 | 0.02097 |
| 35 | 0.029 | 0.064 | 0.029 | 0.071 | 0.072 | 0.01532 | 0.029 | 0.057 | 0.059 | 0.02051 |
| 36 | 0.028 | 0.062 | 0.028 | 0.069 | 0.072 | 0.01494 | 0.028 | 0.056 | 0.059 | 0.01974 |
| 37 | 0.027 | 0.060 | 0.028 | 0.068 | 0.072 | 0.01425 | 0.028 | 0.054 | 0.056 | 0.01950 |
| 38 | 0.027 | 0.059 | 0.027 | 0.066 | 0.067 | 0.01393 | 0.027 | 0.053 | 0.056 | 0.01882 |
| 39 | 0.026 | 0.057 | 0.026 | 0.064 | 0.067 | 0.01370 | 0.026 | 0.051 | 0.053 | 0.01860 |
| 40 | 0.025 | 0.056 | 0.025 | 0.063 | 0.067 | 0.01317 | 0.025 | 0.050 | 0.053 | 0.01791 |
| 41 | 0.025 | 0.055 | 0.025 | 0.061 | 0.063 | 0.01306 | 0.025 | 0.049 | 0.050 | 0.01741 |
| 42 | 0.024 | 0.053 | 0.024 | 0.060 | 0.063 | 0.01261 | 0.024 | 0.048 | 0.050 | 0.01694 |
| 43 | 0.024 | 0.052 | 0.024 | 0.058 | 0.059 | 0.01248 | 0.024 | 0.047 | 0.048 | 0.01664 |
| 44 | 0.023 | 0.051 | 0.023 | 0.057 | 0.059 | 0.01210 | 0.023 | 0.045 | 0.046 | 0.01664 |
| 45 | 0.023 | 0.050 | 0.023 | 0.056 | 0.059 | 0.01175 | 0.023 | 0.044 | 0.046 | 0.01634 |
| 46 | 0.022 | 0.049 | 0.022 | 0.054 | 0.056 | 0.01175 | 0.022 | 0.043 | 0.044 | 0.01601 |
| 47 | 0.022 | 0.048 | 0.022 | 0.053 | 0.056 | 0.01153 | 0.022 | 0.043 | 0.044 | 0.01532 |
| 48 | 0.021 | 0.047 | 0.021 | 0.052 | 0.053 | 0.01126 | 0.021 | 0.042 | 0.044 | 0.01499 |
| 49 | 0.021 | 0.046 | 0.021 | 0.051 | 0.053 | 0.01102 | 0.021 | 0.041 | 0.042 | 0.01475 |
| 50 | 0.020 | 0.045 | 0.020 | 0.050 | 0.053 | 0.01072 | 0.020 | 0.040 | 0.042 | 0.01440 |

## 別表第一　機械及び装置以外の有形減価償却資産の耐用年数表（抜粋）

### 建物の耐用年数

| 構　造・用　途・細　目 | | | 耐用年数 |
|---|---|---|---|
| 鉄骨鉄筋コンクリート造又は鉄筋コンクリート造 | 事務所用又は美術館用及び下記以外 | | 50 |
| | 住宅用、寄宿舎用、宿泊所用、学校用又は体育館用 | | 47 |
| | 飲食店用、貸席用、劇場用、演奏場用、映画館用又は舞踏場用 | 飲食店用又は貸席用で、延べ面積のうちに占める木造内装部分の面積が3割を超えるもの | 34 |
| | | その他 | 41 |
| | 旅館用又はホテル用 | 延べ面積のうちに占める木造内装部分の面積が3割を超えるもの | 31 |
| | | その他 | 39 |
| | 店舗用、病院用 | | 39 |
| | 変電所用、発電所用、送受信所用、停車場用、車庫用、格納庫用、荷扱所用、映画製作ステージ用、屋内スケート場用、魚市場用又はと畜場用 | | 38 |
| | 公衆浴場用 | | 31 |
| | 工場（作業場を含む）用又は倉庫用 | 塩素、塩酸、硫酸、硝酸その他の著しい腐食性を有する液体又は気体の影響を直接全面的に受けるもの、冷蔵倉庫用（倉庫事業の倉庫用を除く）及び放射性同位元素の放射線を直接受けるもの | 24 |
| | | 塩、チリ硝石その他の著しい潮解性を有する固体を常時蔵置するため及び著しい蒸気の影響を直接全面的に受けるもの | 31 |
| | | その他　倉庫事業の倉庫用のうち冷蔵倉庫用 | 21 |
| | | その他　倉庫事業の倉庫用のうち冷蔵倉庫用以外 | 31 |
| | | その他　その他 | 38 |
| れんが造、石造又はブロック造 | 事務所用又は美術館用及び下記以外 | | 41 |
| | 店舗用、住宅用、寄宿舎用、宿泊所用、学校用又は体育館用、飲食店用、貸席用、劇場用、演奏場用、映画館用又は舞踏場用 | | 38 |
| | 旅館用、ホテル用又は病院用 | | 36 |
| | 変電所用、発電所用、送受信所用、停車場用、車庫用、格納庫用、荷扱所用、映画製作ステージ用、屋内スケート場用、魚市場用又はと畜場用 | | 34 |
| | 公衆浴場用 | | 30 |
| | 工場（作業場を含む）用又は倉庫用 | 塩素、塩酸、硫酸、硝酸その他の著しい腐食性を有する液体又は気体の影響を直接全面的に受けるもの及び冷蔵倉庫用（倉庫事業の倉庫用を除く） | 22 |
| | | 塩、チリ硝石その他の著しい潮解性を有する固体を常時蔵置するため及び著しい蒸気の影響を直接全面的に受けるもの | 28 |
| | | その他　倉庫事業の倉庫用のうち冷蔵倉庫用 | 20 |
| | | その他　倉庫事業の倉庫用のうち冷蔵倉庫用以外 | 30 |
| | | その他　その他 | 34 |
| 金属造（骨格材の肉厚が4ミリメートルを超えるものに限る） | 事務所用又は美術館用及び下記以外 | | 38 |
| | 店舗用、住宅用、寄宿舎用、宿泊所用、学校用又は体育館用 | | 34 |
| | 飲食店用、貸席用、劇場用、演奏場用、映画館用又は舞踏場用、変電所用、発電所用、送受信所用、停車場用、車庫用、格納庫用、荷扱所用、映画製作ステージ用、屋内スケート場用、魚市場用又はと畜場用 | | 31 |
| | 旅館用、ホテル用又は病院用 | | 29 |
| | 公衆浴場用 | | 27 |
| | 工場（作業場を含む）用又は倉庫用 | 塩素、塩酸、硫酸、硝酸その他の著しい腐食性を有する液体又は気体の影響を直接全面的に受けるもの、冷蔵倉庫用（倉庫事業の倉庫用を除く）及び放射性同位元素の放射線を直接受けるもの | 20 |
| | | 塩、チリ硝石その他の著しい潮解性を有する固体を常時蔵置するため及び著しい蒸気の影響を直接全面的に受けるもの | 25 |
| | | その他　倉庫事業の倉庫用のうち冷蔵倉庫用 | 19 |
| | | その他　倉庫事業の倉庫用のうち冷蔵倉庫用以外 | 26 |
| | | その他　その他 | 31 |

| 構 造・用 途・細 目 | | | 耐用年数 |
|---|---|---|---|
| 金属造（骨格材の肉厚が3ミリメートルを超え4ミリメートル以下に限る） | 事務所用又は美術館用及び下記以外 | | 30 |
| | 店舗用、住宅用、寄宿舎用、宿泊所用、学校用又は体育館用 | | 27 |
| | 飲食店用、貸席用、劇場用、演奏場用、映画館用又は舞踏場用、変電所用、発電所用、送受信所用、停車場用、車庫用、格納庫用、荷扱所用、映画製作ステージ用、屋内スケート場用、魚市場用又はと畜場用 | | 25 |
| | 旅館用、ホテル用又は病院用 | | 24 |
| | 公衆浴場用 | | 19 |
| | 工場（作業場を含む）用又は倉庫用 | 塩素、塩酸、硫酸、硝酸その他の著しい腐食性を有する液体又は気体の影響を直接全面的に受けるもの及び冷蔵倉庫用 | 15 |
| | | 塩、チリ硝石その他の著しい潮解性を有する固体を常時蔵置するため及び著しい蒸気の影響を直接全面的に受けるもの | 19 |
| | | その他 | 24 |
| 金属造（骨格材の肉厚が3ミリメートル以下に限る） | 事務所用又は美術館用及び下記以外 | | 22 |
| | 店舗用、住宅用、寄宿舎用、宿泊所用、学校用又は体育館用、飲食店用、貸席用、劇場用、演奏場用、映画館用又は舞踏場用、変電所用、発電所用、送受信所用、停車場用、車庫用、格納庫用、荷扱所用、映画製作ステージ用、屋内スケート場用、魚市場用又はと畜場用 | | 19 |
| | 旅館用、ホテル用又は病院用 | | 17 |
| | 公衆浴場用 | | 15 |
| | 工場（作業場を含む）用又は倉庫用 | 塩素、塩酸、硫酸、硝酸その他の著しい腐食性を有する液体又は気体の影響を直接全面的に受けるもの及び冷蔵倉庫用 | 12 |
| | | 塩、チリ硝石その他の著しい潮解性を有する固体を常時蔵置するため及び著しい蒸気の影響を直接全面的に受けるもの | 14 |
| | | その他 | 17 |
| 木造又は合成樹脂造 | 事務所用又は美術館用及び下記以外 | | 24 |
| | 店舗用、住宅用、寄宿舎用、宿泊所用、学校用又は体育館用 | | 22 |
| | 飲食店用、貸席用、劇場用、演奏場用、映画館用又は舞踏場用 | | 20 |
| | 変電所用、発電所用、送受信所用、停車場用、車庫用、格納庫用、荷扱所用、映画製作ステージ用、屋内スケート場用、魚市場用又はと畜場用、旅館、ホテル用又は病院用 | | 17 |
| | 公衆浴場用 | | 12 |
| | 工場（作業場を含む）用又は倉庫用 | 塩素、塩酸、硫酸、硝酸その他の著しい腐食性を有する液体又は気体の影響を直接全面的に受けるもの及び冷蔵倉庫用 | 9 |
| | | 塩、チリ硝石その他の著しい潮解性を有する固体を常時蔵置するため及び著しい蒸気の影響を直接全面的に受けるもの | 11 |
| | | その他 | 15 |
| 木造モルタル造 | 事務所用又は美術館用及び下記以外 | | 22 |
| | 店舗用、住宅用、寄宿舎用、宿泊所用、学校用又は体育館用 | | 20 |
| | 飲食店用、貸席用、劇場用、演奏場用、映画館用又は舞踏場用 | | 19 |
| | 変電所用、発電所用、送受信所用、停車場用、車庫用、格納庫用、荷扱所用、映画製作ステージ用、屋内スケート場用、魚市場用又はと畜場用、旅館、ホテル用又は病院用 | | 15 |
| | 公衆浴場用 | | 11 |
| | 工場（作業場を含む）用又は倉庫用 | 塩素、塩酸、硫酸、硝酸その他の著しい腐食性を有する液体又は気体の影響を直接全面的に受けるもの及び冷蔵倉庫用 | 7 |
| | | 塩、チリ硝石その他の著しい潮解性を有する固体を常時蔵置するため及び著しい蒸気の影響を直接全面的に受けるもの | 10 |
| | | その他 | 14 |
| 簡易建物 | 木製主要柱が10センチメートル角以下で、土居ぶき、杉皮ぶき、ルーフィングぶき又はトタンぶき | | 10 |
| | 掘立造及び仮設 | | 7 |

## 建物附属設備の耐用年数

| 構　造・用　途・細　目 | | 耐用年数 |
|---|---|---|
| 電気設備（照明設備を含む） | 蓄電池電源設備 | 6 |
| | その他 | 15 |
| 給排水又は衛生設備及びガス設備 | | 15 |
| 冷房、暖房、通風又はボイラー設備 | 冷暖房設備（冷凍機の出力が22キロワット以下） | 13 |
| | その他 | 15 |
| 昇降機設備 | エレベータ | 17 |
| | エスカレータ | 15 |
| 消火、排煙又は災害報知設備及び格納式避難設備 | | 8 |
| エヤーカーテン又はドアー自動開閉設備 | | 12 |
| アーケード又は日よけ設備 | 主として金属製 | 15 |
| | その他 | 8 |
| 店用簡易装備 | | 3 |
| 可動間仕切り | 簡易なもの | 3 |
| | その他 | 15 |
| 前掲以外及び前掲の区分によらないもの | 主として金属製 | 18 |
| | その他 | 10 |

## 構築物の耐用年数

| 構　造・用　途・細　目 | | | 耐用年数 |
|---|---|---|---|
| 電気通信事業用 | 通信ケーブル | 光ファイバー製 | 10 |
| | | その他 | 13 |
| | 地中電線路 | | 27 |
| | その他の線路設備 | | 21 |
| 農林業用 | 主としてコンクリート造、れんが造、石造又はブロック造 | 果樹棚又はホップ棚 | 14 |
| | | その他 | 17 |
| | 主として金属造 | | 14 |
| | 主として木造 | | 5 |
| | 土管を主としたもの | | 10 |
| | その他 | | 8 |
| 広告用 | 金属造 | | 20 |
| | その他 | | 10 |
| 競技場用、運動場用、遊園地用又は学校用 | スタンド | 主として鉄骨鉄筋コンクリート造又は鉄筋コンクリート造 | 45 |
| | | 主として鉄骨造 | 30 |
| | | 主として木造 | 10 |
| | 競輪場用競走路 | コンクリート敷 | 15 |
| | | その他 | 10 |
| | ネット設備 | | 15 |
| | 野球場、陸上競技場、ゴルフコースその他のスポーツ場の排水その他の土工施設、水泳プール | | 30 |
| | その他 | 児童用・すべり台、ぶらんこ、ジャングルジム、その他の遊戯用 | 10 |
| | | 児童用・その他 | 15 |
| | | その他・主として木造 | 15 |
| | | その他 | 30 |
| 緑化施設及び庭園 | 工場緑化施設 | | 7 |
| | その他の緑化施設及び庭園（工場緑化施設に含まれるものを除く） | | 20 |
| 舗装道路及び舗装路面 | コンクリート敷、ブロック敷、れんが敷又は石敷 | | 15 |
| | アスファルト敷又は木レンガ敷 | | 10 |
| | ビチューマルス敷 | | 3 |
| 前掲以外及び前掲の区分によらないもの | | 主として木造 | 15 |
| | | その他 | 50 |

## 船舶の耐用年数

| 構　造・用　途・細　目 | | | 耐用年数 |
|---|---|---|---|
| 船舶法第４条から第19条までの適用を受ける鋼船 | 漁船 | 総トン数が500トン以上 | 12 |
| | | 総トン数が500トン未満 | 9 |
| | 油そう船 | 総トン数が2,000トン以上 | 13 |
| | | 総トン数が2,000トン未満 | 11 |
| | 薬品そう船 | | 10 |
| | その他 | 総トン数が2,000トン以上 | 15 |
| | | 総トン数が2,000トン未満・しゅんせつ船及び砂利採取船 | 10 |
| | | 総トン数が2,000トン未満・カーフェリー | 11 |
| | | 総トン数が2,000トン未満・その他 | 14 |
| 船舶法第４条から第19条までの適用を受ける木船 | 漁船 | | 6 |
| | 薬品そう船 | | 8 |
| | その他 | | 10 |
| 船舶法第４条から第19条までの適用を受ける軽合金船（他の項に掲げるものを除く） | | | 9 |
| 船舶法第４条から第19条までの適用を受ける強化プラスチック船 | | | 7 |
| 船舶法第４条から第19条までの適用を受ける水中翼船及びホーバークラフト | | | 8 |
| その他 | 鋼船 | しゅんせつ船及び砂利採取船 | 7 |
| | | 発電船及びびとう載漁船 | 8 |
| | | ひき船 | 10 |
| | | その他 | 12 |
| | 木船 | とう載漁船 | 4 |
| | | しゅんせつ船及び砂利採取船 | 5 |
| | | 動力漁船及びひき船 | 6 |
| | | 薬品そう船 | 7 |
| | | その他 | 8 |
| | その他 | モーターボート及びとう載漁船 | 4 |
| | | その他 | 5 |

## 車両及び運搬具の耐用年数

| 構　造・用　途・細　目 | | | 耐用年数 |
|---|---|---|---|
| 特殊自動車（この項には、別表第二第334号の自走式作業用機械を含まない） | 消防車、救急車、レントゲン車、散水車、放送宣伝車、移動無線車及びチップ製造車 | | 5 |
| | モータースィーパー及び除雪車 | | 4 |
| | タンク車、じんかい車、し尿車、寝台車、霊きゅう車、トラックミキサー、レッカーその他特殊車体を架装したもの | 小型車（じんかい車及びびし尿車にあっては積載量が２トン以下、その他にあっては総排気量が２リットル以下をいう） | 3 |
| | | その他 | 4 |
| 運送事業用、貸自動車事業用又は自動車教習所用の車両及び運搬具（前掲を除く） | 自動車（二輪又は三輪自動車を含み、乗合自動車を除く） | 小型車（貨物自動車にあっては積載量が２トン以下、その他にあっては総排気量が２リットル以下をいう） | 3 |
| | | その他　大型乗用車（総排気量が３リットル以上をいう） | 5 |
| | | その他 | 4 |
| | 乗合自動車 | | 5 |
| | 自転車及びリヤカー | | 2 |
| | 被けん引車その他 | | 4 |
| 前掲以外 | 自動車（二輪又は三輪自動車を除く） | 小型車（総排気量が0.66リットル以下をいう） | 4 |
| | | その他　貨物自動車・ダンプ式 | 4 |
| | | その他　貨物自動車・その他 | 5 |
| | | その他　報道通信用 | 5 |
| | | その他　その他 | 6 |
| | 二輪又は三輪自動車 | | 3 |
| | 自転車 | | 2 |
| | 鉱山用人車、炭車、鉱車及び台車 | 金属製 | 7 |
| | | その他 | 4 |
| | フォークリフト | | 4 |
| | トロッコ | 金属製 | 5 |
| | | その他 | 3 |
| | その他 | 自走能力を有するもの | 7 |
| | | その他 | 4 |

**443**

## 工具の耐用年数

| 構　造・用　途・細　目 | | 耐用年数 |
|---|---|---|
| 測定工具及び検査工具（電気又は電子を利用するものを含む） | | 5 |
| 治具及び取付工具 | | 3 |
| ロール | 金属圧延用 | 4 |
| | なつ染ロール、粉砕ロール、混練ロールその他 | 3 |
| 型（型枠を含む）、鍛圧工具及び打抜工具 | プレスその他の金属加工用金型、合成樹脂、ゴム又はガラス成型用金型及び鋳造用型 | 2 |
| | その他 | 3 |
| 切削工具 | | 2 |
| 金属製柱及びカッペ | | 3 |
| 活字及び活字に常用される金属 | 購入活字（活字の形状のまま反復使用するものに限る） | 2 |
| | 自製活字及び活字に常用される金属 | 8 |
| 前掲以外 | 白金ノズル | 13 |
| | その他 | 3 |
| 前掲の区分によらないもの | 白金ノズル | 13 |
| | その他の主として金属製 | 8 |
| | その他 | 4 |

## 器具及び備品の耐用年数

| 構　造・用　途・細　目 | | | 耐用年数 |
|---|---|---|---|
| 家具、電気機器、ガス機器及び家庭用品（他の項に掲げるものを除く） | 事務机、事務いす及びキャビネット | 主として金属製 | 15 |
| | | その他 | 8 |
| | 応接セット | 接客業用 | 5 |
| | | その他 | 8 |
| | ベッド | | 8 |
| | 児童用机及びいす | | 5 |
| | 陳列だな及び陳列ケース | 冷凍機付又は冷蔵機付 | 6 |
| | | その他 | 8 |
| | その他の家具 | 接客業用 | 5 |
| | | その他　主として金属製 | 15 |
| | | その他 | 8 |
| | ラジオ、テレビジョン、テープレコーダーその他の音響機器 | | 5 |
| | 冷房用又は暖房用機器、電気冷蔵庫、電気洗濯機その他これらに類する電気又はガス機器 | | 6 |
| | 氷冷蔵庫及び冷蔵ストッカー（電気式を除く） | | 4 |
| | カーテン、座ぶとん、寝具、丹前その他これらに類する繊維製品 | | 3 |
| | じゅうたんその他の床用敷物 | 小売業用、接客業用、放送用、レコード吹込用又は劇場用 | 3 |
| | | その他 | 6 |
| | 室内装飾品 | 主として金属製 | 15 |
| | | その他 | 8 |
| | 食事又はちゅう房用品 | 陶磁器製又はガラス製 | 2 |
| | | その他 | 5 |
| | その他 | 主として金属製 | 15 |
| | | その他 | 8 |
| 事務機器及び通信機器 | 謄写機器及びタイプライター | 孔版印刷又は印書業用 | 3 |
| | | その他 | 5 |
| | 電子計算機 | パソコン（サーバー用を除く） | 4 |
| | | その他 | 5 |
| | 複写機、計算機（電子計算機を除く）、金銭登録機、タイムレコーダ（その他これらに類するもの）、その他の事務機器、テレタイプライター及びファクシミリ | | 5 |
| | インターホーン及び放送用設備 | | 6 |
| | 電話設備その他の通信機器 | デジタル構内交換設備及びデジタルボタン電話設備 | 6 |
| | | その他 | 10 |

**444**

| 構　造・用　途・細　目 | | | 耐用年数 |
|---|---|---|---|
| 時計、試験機器及び測定機器 | 時計 | | 10 |
| | 度量衡器、試験又は測定機器 | | 5 |
| 光学機器及び写真製作機器 | オペラグラス | | 2 |
| | カメラ、映画撮影機、映写機及び望遠鏡 | | 5 |
| | 引伸機、焼付機、乾燥機、顕微鏡その他の機器 | | 8 |
| 看板及び広告器具 | 看板、ネオンサイン及び気球 | | 3 |
| | マネキン人形及び模型 | | 2 |
| | その他 | 主として金属製 | 10 |
| | | その他 | 5 |
| 容器及び金庫 | ボンベ | 溶接製 | 6 |
| | | 鍛造製　塩素用 | 8 |
| | | その他 | 10 |
| | ドラムかん、コンテナーその他の容器 | 大型コンテナー（長さが6メートル以上に限る） | 7 |
| | | その他　金属製 | 3 |
| | | その他 | 2 |
| | 金庫 | 手さげ金庫 | 5 |
| | | その他 | 20 |
| 理容又は美容機器 | | | 5 |
| 医療機器 | 消毒殺菌用機器 | | 4 |
| | 手術機器 | | 5 |
| | 血液透析又は血しょう交換用機器、歯科診療用ユニット | | 7 |
| | ハバードタンクその他の作動部分を有する機能回復訓練機器、調剤機器 | | 6 |
| | 光学検査機器 | ファイバースコープ | 6 |
| | | その他 | 8 |
| | その他 | レントゲンその他の電子装置を使用する機器・移動式、救急医療用及び自動血液分析器 | 4 |
| | | レントゲンその他の電子装置を使用する機器・その他 | 6 |
| | | その他　陶磁器製又はガラス製 | 3 |
| | | 　　　　主として金属製 | 10 |
| | | 　　　　その他 | 5 |
| 娯楽又はスポーツ器具及び興行又は演劇用具 | たまつき用具 | | 8 |
| | パチンコ器、ビンゴ器その他これらに類する球戯用具及び射的用具 | | 2 |
| | 碁、将棋、麻雀、その他の遊戯具 | | 5 |
| | スポーツ具、劇場用観客いす | | 3 |
| | どんちょう及び幕 | | 5 |
| | 衣しょう、かつら、小道具及び大道具 | | 2 |
| | その他 | 主として金属製 | 10 |
| | | その他 | 5 |
| 生物 | 植物 | 貸付業用 | 2 |
| | | その他 | 15 |
| | 動物 | 魚類 | 2 |
| | | 鳥類 | 4 |
| | | その他 | 8 |
| 前掲以外 | 映画フィルム（スライドを含む）、磁気テープ及びレコード、シート及びロープ | | 2 |
| | きのこ栽培用ほだ木、漁具、葬儀用具 | | 3 |
| | 楽器、自動販売機（手動を含む）、無人駐車管理装置、焼却炉 | | 5 |
| | その他 | 主として金属製 | 10 |
| | | その他 | 5 |
| 前掲する資産のうち、当該資産について定められている前掲の耐用年数によるもの以外及び前掲の区分によらないもの | 主として金属製 | | 15 |
| | その他 | | 8 |

## 別表第二　機械及び装置の耐用年数表（抜粋）

| 構　造・用　途・細　目 | | | 耐用年数 |
|---|---|---|---|
| 食料品製造業用設備、飲料、たばこ又は飼料製造業用設備 | | | 10 |
| 繊維工業用設備 | 炭素繊維製造設備 | 黒鉛化炉 | 3 |
| | | その他の設備 | 7 |
| | その他の設備 | | 7 |
| 木材又は木製品（家具を除く）製造業用設備 | | | 8 |
| 家具又は装備品製造業用設備 | | | 11 |
| パルプ、紙又は紙加工品製造業用設備 | | | 12 |
| 印刷業又は印刷関連業用設備 | デジタル印刷システム設備 | | 4 |
| | 製本業用設備 | | 7 |
| | 新聞業用設備 | モノタイプ、写真又は通信設備 | 3 |
| | | その他の設備 | 10 |
| | その他の設備 | | 10 |
| 石油製品又は石炭製品製造業用設備 | | | 7 |
| プラスチック製品製造業用設備（他の号に掲げるものを除く） | | | 8 |
| ゴム製品製造業用設備、なめし革、なめし革製品又は毛皮製造業用設備、窯業又は土石製品製造業用設備 | | | 9 |
| 電気機械器具製造業用設備 | | | 7 |
| 情報通信機械器具製造業用設備 | | | 8 |
| 輸送用機械器具製造業用設備、その他の製造業用設備 | | | 9 |
| 農業用設備 | | | 7 |
| 林業用設備、漁業用設備（次号に掲げるものを除く）、水産養殖業用設備 | | | 5 |
| 総合工事業用設備 | | | 6 |
| 熱供給業用設備 | | | 17 |
| 水道業用設備 | | | 18 |
| 通信業用設備 | | | 9 |
| 放送業用設備 | | | 6 |
| 映像、音声又は文字情報制作業用設備 | | | 8 |
| 鉄道業用設備 | 自動改札装置 | | 5 |
| | その他の設備 | | 12 |
| 道路貨物運送業用設備、倉庫業用設備 | | | 12 |
| 運輸に附帯するサービス業用設備、飲食料品卸売業用設備 | | | 10 |
| 建築材料、鉱物又は金属材料等卸売業用設備 | 石油又は液化石油ガス卸売用設備（貯そうを除く） | | 13 |
| | その他の設備 | | 8 |
| 飲食料品小売業用設備 | | | 9 |
| その他の小売業用設備 | ガソリン又は液化石油ガススタンド設備 | | 8 |
| | その他の設備 | 主として金属製 | 17 |
| | | その他 | 8 |
| 技術サービス業用設備（他の号に掲げるものを除く） | 計量証明業用設備 | | 8 |
| | その他の設備 | | 14 |
| 宿泊業用設備 | | | 10 |
| 飲食店業用設備 | | | 8 |
| 洗濯業、理容業、美容業又は浴場業用設備 | | | 13 |
| その他の生活関連サービス業用設備 | | | 6 |
| 娯楽業用設備 | 映画館又は劇場用設備 | | 11 |
| | 遊園地用設備 | | 7 |
| | ボウリング場用設備 | | 13 |
| | その他の設備 | 主として金属製 | 17 |
| | | その他 | 8 |
| 教育業（学校教育業を除く）又は学習支援業用設備 | 教習用運転シミュレータ設備 | | 5 |
| | その他の設備 | 主として金属製 | 17 |
| | | その他 | 8 |
| 自動車整備業用設備 | | | 15 |
| その他のサービス業用設備 | | | 12 |
| 前掲の機械及び装置以外並びに前掲の区分によらないもの | 機械式駐車設備 | | 10 |
| | その他の設備 | 主として金属製 | 17 |
| | | その他 | 8 |

446

## 別表第三　無形減価償却資産の耐用年数表

| 構　造・用　途・細　目 | | 耐用年数 |
|---|---|---|
| 漁業権、商標権 | | 10 |
| ダム使用権 | | 55 |
| 水利権、電気通信施設利用権 | | 20 |
| 特許権 | | 8 |
| 実用新案権、営業権 | | 5 |
| 意匠権 | | 7 |
| ソフトウエア | 複写して販売するための原本 | 3 |
| | その他 | 5 |
| 育成者権 | 種苗法第四条第二項に規定する品種 | 10 |
| | その他 | 8 |
| 専用側線利用権、鉄道軌道連絡通行施設利用権 | | 30 |
| 電気ガス供給施設利用権、熱供給施設利用権、水道施設利用権、工業用水道施設利用権 | | 15 |

## 別表第四　生物の耐用年数表

| 構　造・用　途・細　目 | | | 耐用年数 |
|---|---|---|---|
| 牛 | 繁殖用種付証明書、授精証明書、体内受精卵移植証明書又は体外受精卵移植証明書のあるもの | 役肉用牛 | 6 |
| | | 乳用牛 | 4 |
| | 種付用種畜証明書の交付を受けた種おす牛 | | 4 |
| | その他用 | | 6 |
| 馬 | 繁殖用種付証明書又は授精証明書のあるもの、種付用種畜証明書の交付を受けた種おす馬 | | 6 |
| | 競走用 | | 4 |
| | その他用 | | 8 |
| 豚 | | | 3 |
| 綿羊及びやぎ | 種付用 | | 4 |
| | その他用 | | 6 |
| かんきつ樹 | 温州みかん | | 28 |
| | その他 | | 30 |
| りんご樹 | わい化りんご | | 20 |
| | その他 | | 29 |
| ぶどう樹 | 温室ぶどう | | 12 |
| | その他 | | 15 |
| なし樹 | | | 26 |
| 桃樹 | | | 15 |
| 桜桃樹 | | | 21 |
| びわ樹 | | | 30 |
| くり樹、梅樹、あんず樹、ブルーベリー樹、オリーブ樹、つばき樹 | | | 25 |
| かき樹 | | | 36 |
| すもも樹 | | | 16 |
| いちじく樹、アスパラガス | | | 11 |
| キウイフルーツ樹 | | | 22 |
| パイナップル | | | 3 |
| 茶樹 | | | 34 |
| 桑樹 | 立て通し | | 18 |
| | 根刈り、中刈り、高刈り | | 9 |
| こりやなぎ、まおらん | | | 10 |
| みつまた | | | 5 |
| こうぞ、ホップ | | | 9 |
| もう宗竹 | | | 20 |
| ラミー | | | 8 |

## 索　引

### あ

青色申告者の特別償却の特例及び所得税額の
　特別控除の特例 ……………………………… 90
青色申告承認申請書の提出期限 …………… 45
青色申告特別控除 …………………………… 47
青色申告と白色申告の特典比較 …………… 46
青色申告の特典 ……………………………… 46
空き家に係る譲渡所得の特別控除の特例 … 154

### い

医業の所得計算の特例 ……………………… 98
一時所得 ……………………………………… 128
一時所得の金額の計算 ……………………… 129
一括償却資産の特例 ………………………… 88
移転補償金 …………………………………… 168
医療費控除 …………………………………… 246
医療費控除額の計算 ………………………… 248
医療費控除の五十音順判定表 ……………… 252
医療費控除の範囲 …………………………… 247

### う

売上原価の計算 ……………………………… 77

### え

エコ関係補助金の課税関係 ………………… 74
永住者 …………………………………… 1・382

### か

海外勤務等 …………………………………… 402
海外居住者となった場合の退職年金等 …… 405
海外渡航費 …………………………………… 83
開業費 ………………………………………… 93
外国税額控除 …………………………… 362・424
外国税額控除額の計算 ……………………… 363
外国税額控除の対象となる外国所得税 …… 362

外国税額控除の適用手続 …………………… 363
概算経費控除の特例 ………………………… 219
概算取得費の特例 …………………………… 142
開発費 ………………………………………… 93
各種損失の金額の損益通算順序 …………… 227
確定申告が必要な場合 ……………………… 37
確定申告の要否 ……………………………… 37
確定損失申告ができる場合 ………………… 37
家事関連費 …………………………………… 78
貸倒損失 ……………………………………… 95
貸倒損失の処理 ……………………………… 96
貸倒れの判定 ………………………………… 96
課税山林所得金額 …………………………… 303
課税山林所得金額の税額計算 ……………… 303
課税山林所得金額に対する所得税の速算表
　……………………………………………… 303
課税譲渡所得金額 …………………………… 305
課税譲渡所得金額の税額 …………………… 305
課税所得金額の計算 ………………………… 222
課税総所得金額の税額の計算式 …………… 300
課税対象事業と税率 ………………………… 429
課税退職所得金額の税額の計算式 ………… 301
課税標準 ……………………………………… 223
家内労働者等の所得計算の特例 …………… 99
寡婦控除 ……………………………………… 282
寡婦控除・ひとり親控除の判定 …………… 282
株式交付信託（ESOP）……………………… 52
株式等に係る課税譲渡所得等の金額 ……… 307
株式等に係る課税譲渡所得等の金額に対する
　税額 ………………………………………… 307
株式等に係る譲渡所得等 …………………… 181
株式等に係る譲渡所得等の金額の計算 …… 189
株式等に係る譲渡所得等の区分 …………… 183
株式等を取得するための借入金の利子 …… 199
株式等を用いた経済的利益 ………………… 52
借入金利子 ……………………………… 81・113

**448**

還付申告ができる場合 ……………………… 37

## き

期限後申告 ……………………………………… 36
期限内申告 ……………………………………… 36
基準所得税額 ………………………………… 319
基礎控除 ……………………………………… 298
寄附金控除 …………………………………… 271
寄附金控除額の計算 ………………………… 273
寄附金税額控除 ……………………………… 419
給与所得 ………………………………………… 51
給与所得控除額 ………………………………… 53
給与所得の金額の計算 ………………………… 51
給与等の支給額が増加した場合の所得税額の
　　特別控除 ………………………………… 361
供託家賃 ……………………………………… 109
共同的施設の負担金 …………………………… 93
業務用建物等の取得に係る諸費用の取扱い
　　………………………………………… 117
居住者・非居住者の区分 …………………… 381
居住用財産の買換え等をした場合の譲渡損失
　　の損益通算及び繰越控除の特例 ……… 157
居住用財産の譲渡の特例 …………………… 153
居住用財産を譲渡した場合の譲渡損失の繰越
　　控除 …………………………………… 232
居住用財産を譲渡した場合の軽課税率の特例
　　………………………………………… 155
居住用財産を譲渡した場合の特別控除の特例
　　………………………………………… 153
居　　所 ………………………………… 1・382
勤労学生控除 ………………………………… 285

## く

繰越控除の順序 ……………………………… 232
繰延資産 ………………………………………… 92

## け

経済的利益 ……………………………………… 52

経費補償金 …………………………………… 168
減価償却資産の償却方法 ……………………… 86
減価償却資産の必要経費算入の特例 ……… 88
減価償却費 ……………………………………… 84
原価法 …………………………………………… 77
建築統計年報 ………………………………… 151
権利金 ………………………………………… 109
権利金等が土地建物等の譲渡所得とされる場
　　合 ……………………………………… 147

## こ

公益社団法人等寄附金特別控除 …………… 373
交換の特例を適用した場合の譲渡所得の金額
　　の計算式 ……………………………… 165
恒久的施設（PE）…………………………… 387
公共的施設の負担金 …………………………… 93
合計所得金額 ………………………………… 223
広告宣伝等の負担金 …………………………… 93
広告宣伝用資産の受贈益 ……………………… 73
公社債、公社債投資信託等に対する課税方式
　　の見直しの概要 ……………………… 205
控除対象外消費税 ……………………………… 79
更新料 ………………………………………… 109
更正の請求 ……………………………………… 36
公的年金等控除額 ……………………………… 64
公的年金制度の脱退一時金 ………………… 397
国外源泉所得 ………………………………… 406
国外財産調書 …………………………………… 41
国外中古建物から生ずる不動産所得に係る損
　　益通算の特例 ………………………… 119
国外転出をする場合の譲渡所得等の特例 … 188
国内源泉所得 ………………………………… 389
個人事業税 …………………………………… 429
個人事業税の計算 …………………………… 430
個人事業主が従業員を被保険者とした場合の
　　生命保険料の課税関係 ………………… 80
個人住民税 …………………………………… 413
国庫補助金 ……………………………………… 73

固定資産を交換した場合の特例 ………… 165

個別法 ……………………………………… 169

ゴルフ会員権 …………………………… 141

### さ

災害減免額の計算 ……………………… 379

災害減免法による所得税の軽減免除 …… 379

財産債務調書等の提出 …………………… 41

裁判費用等 ……………………………… 82

先物取引に係る課税雑所得等の金額 …… 311

先物取引に係る課税雑所得等の金額に対する
　　税額 ……………………………… 311

先物取引に係る雑所得等の計算方法 …… 67

先物取引の差金決済等に係る損失の繰越控除
　　……………………………………… 230

雑所得 …………………………………… 61

雑所得の金額の計算 …………………… 63

雑所得の区分 …………………………… 61

雑損控除 ………………………………… 240

雑損控除額の計算 ……………………… 242

雑損控除と災害減免法の選択 ………… 242

雑損失の繰越控除 ……………………… 229

残価保証額 ……………………………… 95

山林所得 ………………………………… 218

山林所得の金額の計算 ………………… 218

### し

敷　金 …………………………………… 109

事業継続法 ……………………………… 169

事業譲渡類似の有価証券の譲渡 ……… 147

事業所得 ………………………………… 72

事業所得の金額の計算 ………………… 72

事業所得の収入金額の計上時期 ……… 72

事業所得の総収入金額の範囲 ………… 72

事業的規模と事業的規模に至らない規模の経
　　費の取扱い ……………………… 117

事業的規模の判定 ……………………… 108

事業主控除額 …………………………… 430

事業の譲渡、廃止などの場合の繰戻し還付請
　　求の特例 ………………………… 238

事業用固定資産の損失 ………………… 114

試験研究を行った場合の所得税額の特別控除
　　……………………………………… 358

資産損失 ………………………………… 83

資産の取得原因による取得費 ………… 139

地震保険料控除 ………………………… 268

地震保険料控除額の計算 ……………… 268

市町村民税 ……………………………… 413

社会保険診療報酬の計算特例 ………… 98

社会保険料控除 ………………………… 261

借地権等の更新料及び名義書換料 …… 110

借地権等の設定により収受した権利金 … 110

収益補償金 ……………………………… 168

住　所 …………………………………… 1・382

修正申告 ………………………………… 36

修繕費 …………………………………… 79・112

修繕費と資本的支出の区分と処理方法 …… 79

修繕費と資本的支出の判定フローチャート … 80

住宅借入金等特別控除 ………………… 322

住宅借入金等特別控除額の居住開始年別一覧表
　　……………………………………… 326

住宅借入金等特別控除額の計算 ……… 324

住宅借入金等特別控除の再適用等の手続と添
　　付書類等 ………………………… 351

住宅借入金等特別控除の再適用等要件 … 351

住宅借入金等特別控除の手続と添付書類 … 327

住宅借入金等特別控除の適用要件 …… 322

住宅借入金等特別税額控除 …………… 419

住宅耐震改修特別控除 ………………… 348

住宅耐震改修特別控除額の計算 ……… 348

住宅耐震改修特別控除の手続と添付書類等
　　……………………………………… 349

住宅特定改修特別税額控除 …………… 340

住民税が課税されない人 ……………… 414

住民税申告書の提出 …………………… 414

住民税の税額計算 ……………………… 418

| | |
|---|---|
| 住民税の納税 ···················· 414 | 所得控除の概要 ···················· 34 |
| 収用等の課税の特例 ················ 167 | 所得税が課税されない主な所得 ········· 4 |
| 収用等の代替資産を取得した場合の譲渡所得 | 所得税が課税されない譲渡所得 ········ 135 |
| の金額の計算式 ················ 168 | 所得税の計算の概要 ················ 12 |
| 収用等の特別控除の特例 ············· 170 | 所得税の速算表 ··················· 300 |
| 収用等の特別控除の特例を適用した場合の譲 | 所得の金額の計算 ················· 13 |
| 渡所得の金額の計算式 ············· 170 | 新型コロナウイルス感染症等で国等から支給 |
| 取得の日 ······················ 138 | される主な助成金の課税関係 ········ 7 |
| 取得費 ············ 139・142・148・190 | 森林計画特別控除額の特例 ·········· 219 |
| 準確定申告 ····················· 36 | |
| 準確定申告（非居住者） ············· 394 | **す** |
| 純損失の繰越控除 ················· 229 | |
| 純損失の繰戻し ··················· 237 | ストックオプション（SO） ········ 52・187 |
| 純損失の繰戻し還付請求の手続 ········· 237 | |
| 障害者控除 ····················· 276 | **せ** |
| 障害者控除の判定フロー ············· 276 | |
| 少額減価償却資産 ················· 88 | 税額控除の概要 ··················· 35 |
| 少額減価償却資産の特例 ············· 88 | 生活用動産等を譲渡した場合の課税関係 ····· 6 |
| 少額投資非課税制度（NISA） ········· 185 | 生計を一にする ················ 97・292 |
| 少額投資非課税制度（ジュニアNISA） ····· 186 | 政党等寄附金特別控除 ·············· 370 |
| 小規模企業共済等掛金控除 ··········· 262 | 政党等寄附金特別控除額の計算 ········ 370 |
| 上場株式等に係る課税配当所得等の金額 ··· 310 | 政党等寄附金特別控除の適用手続 ······ 371 |
| 上場株式等に係る譲渡損失の繰越控除 ····· 230 | 生命（損害）保険契約等に基づく一時金、満 |
| 上場株式等の配当金を申告した場合の税負担 | 期返戻金等の計算 ··············· 130 |
| 率 ··························· 200 | 生命保険金を受領した場合の課税関係 ······· 5 |
| 譲渡所得 ······················ 134 | 生命保険料 ····················· 80 |
| 譲渡所得の区分 ··················· 134 | 生命保険料控除 ··················· 264 |
| 譲渡所得の計算における消費税の経理方法 | 生命保険料控除額の計算 ············· 264 |
| ······················· 138 | セルフメディケーション税制 ········· 250 |
| 譲渡所得の特例により取得した資産の取得費 | 専従者給与 ····················· 97 |
| （引継取得価額） ················ 173 | 専従者給与の要件 ················· 97 |
| 譲渡制限付株式（RS） ·············· 52 | |
| 譲渡制限付株式ユニット（RSU） ········ 52 | **そ** |
| 譲渡態様別の収入金額 ··············· 137 | |
| 譲渡費用 ············ 139・145・151・191 | 総合課税の譲渡所得の金額の計算 ········ 142 |
| 所得金額調整控除 ················· 55 | 総合譲渡所得の区分 ················ 141 |
| 所得金額の合計額 ················· 380 | 総収入金額の範囲 ················· 72 |
| 所得区分の五十音順判定表 ··········· 14 | 総所得金額等 ···················· 223 |
| | 相続財産に係る非上場会社の株式をその発行 |
| | 法人に譲渡した場合の特例 ·········· 201 |
| | 相続税の取得費加算の特例 ·········· 142 |

**451**

相続人等の純損失の繰戻し還付請求の特例
　………………………………………… 238

租税公課 ……………………………… 79・111

租税公課の必要経費の可否区分 …………… 79

損益通算 ………………………………… 225

損益通算の順序 …………………………… 226

損益通算の対象とならない損失の金額 …… 225

損益通算の対象となる損失の金額 ………… 225

損害賠償金 ………………………………… 82

損害賠償金等を受領した場合の課税関係 …… 6

損害保険料 …………………………… 81・112

### た

対価補償金 ………………………………… 168

第1種事業 ………………………………… 429

第2種事業 ………………………………… 429

第3種事業 ………………………………… 429

第三者作成書類の添付省略 ………………… 38

退職所得 …………………………………… 207

退職所得控除額 …………………………… 209

退職所得の金額の計算 …………………… 207

退職所得の選択課税 ……………………… 397

代替資産を取得した場合の特例 …………… 168

立退料 ……………………………………… 114

建物の取得価額の算定方法 ………………… 150

建物を賃借するために支出する権利金等 …… 93

建物を取り壊した場合の費用の取扱い …… 114

棚卸資産の家事消費等 ……………………… 73

棚卸資産の評価方法 ………………………… 77

棚卸資産の評価方法の選定と変更 ………… 77

短期滞在者免税制度 ………………………… 40

### ち

地代家賃 …………………………………… 95

中古資産の耐用年数の計算式 ……………… 90

中小企業技術基盤強化税制に係る税額控除
　………………………………………… 359

中小事業者が機械等を取得した場合の所得税

額の特別控除 …………………………… 360

中小事業者が機械等を取得した場合の特別償

却の概要 …………………………………… 91

調整控除 …………………………………… 419

帳簿書類の保存期間等 ……………………… 47

### て

低額譲渡の課税関係 ……………………… 137

定額法の減価償却費の計算方法 …………… 86

低価法 ……………………………………… 77

定期借地権の設定による保証金の経済的利益
　………………………………………… 110

定率法の減価償却費の計算方法 …………… 86

手付流れ・違約金の課税関係 ……………… 74

### と

同業者団体の加入金 ………………………… 93

同居特別障害者 …………………………… 276

道府県民税 ………………………………… 413

特定寄附金 …………………………… 271・272

特定居住用財産の買換え特例 …………… 156

特定居住用の財産の譲渡損失の損益通算及び

繰越控除の特例 ………………………… 158

特定組合員及び特定受益者の不動産所得の特

例 ………………………………………… 119

特定公社債等及び一般公社債等の概要 …… 184

特定支出控除の特例 ………………………… 53

特定証券投資信託の配当控除率 ………… 355

特定中小事業者が特定経営力向上設備等を取

得した場合の特別償却の概要 …………… 92

特定の事業用資産の買換え等の特例 ……… 172

特定の事業用資産の買換え等の特例を適用し

た場合の譲渡所得の金額の計算式 ……… 172

特定役員退職手当等 ……………………… 207

特定有価証券 ……………………………… 409

特別控除額 ………………… 130・145・152・219

特別試験研究費に係る税額控除 ………… 359

特別徴収 …………………………………… 414

土地建物等の譲渡所得の金額の計算 ……… 147
届出書等の提出等 ………………………… 39
土地等を取得するための借入金利子の特例
　………………………………………… 118

## に

NISA ………………………………………… 185
認定NPO法人等寄附金特別控除 ………… 376
認定住宅新築等特別税額控除 …………… 344
認定住宅新築等特別税額控除額の計算 …… 345
認定住宅新築等特別税額控除の適用要件 … 344
認定住宅新築等特別税額控除の手続と添付書
　類等 …………………………………… 345
認定特定高度情報通信技術活用設備を取得し
　た場合の特別償却の概要 ……………… 92

## ね

年の中途で業務の用に供した資産等の減価償
　却費の計算 ……………………………… 88
年末調整における住宅借入金等特別控除の再
　適用等の手続 ………………………… 352
年末調整における住宅借入金等特別控除の手
　続 ……………………………………… 329

## の

納税義務者 ………………………………… 1
納税義務者区分による財産債務調書等の提出
　………………………………………… 41
納税地 ……………………………………… 2
納税地の判定 ……………………………… 2

## は

配偶者控除 ………………………………… 287
配偶者特別控除 …………………………… 288
配当控除 ……………………… 200・354・419
配当控除額の計算 ………………………… 355
配当所得 …………………………………… 198
配当所得の金額の計算 …………………… 198

配当に対する課税関係 …………………… 198
配当割額又は株式等譲渡所得割額の控除 … 424
罰　金 ……………………………………… 82
販売費及び一般管理費 …………………… 77

## ひ

非課税所得 ………………………………… 4
非業務用資産を事業の用に供した場合の減価
　償却費の計算 …………………………… 89
非永住者 ……………………………… 1・382
非永住者の確定申告等 …………………… 406
非居住者 ……………………………… 1・382
非居住者の課税方法 ……………………… 386
非居住者の国内源泉所得と課税関係 …… 388
非居住者の確定申告等 …………………… 391
必要経費 ……………………………… 76・111
一組法 ……………………………………… 169
ひとり親控除 ……………………………… 282

## ふ

ファイナンスリース ……………………… 94
普通徴収 …………………………………… 414
復興特別所得税 …………………………… 319
不動産所得 ………………………………… 108
不動産所得に係る損益通算等の特例 …… 118
不動産所得の金額の計算 ………………… 109
不動産所得の収入時期 …………………… 109
不動産所得の負債利子のうちの損益通算の対
　象とならない金額 ……………………… 113
扶養控除 …………………………………… 292
扶養控除等の所得要件の判定 …………… 294
ふるさと納税 ……………………………… 427
ふるさと納税の申告書の記載例 ………… 422
分離課税の課税譲渡所得金額 …………… 305
分離課税の課税譲渡所得金額の税額 …… 305
分離課税の譲渡所得の区分 ……………… 146

453

## へ

平均課税 ……………………………… 315

平均課税による税額の計算 ……………… 316

平均課税の適用要件 ……………………… 316

別荘などの生活に通常必要でない資産から生
ずる損益通算の特例 …………………… 118

変動所得 ………………………………… 315

## ほ

保証金 …………………………………… 109

補償金の課税上の取扱い ………………… 168

補償金の種類と所得区分 ………………… 167

保証債務を履行するために譲渡した場合の特
例 ………………………………………… 166

## ま

前払保険料等の取扱い …………………… 81

## み

みなし譲渡 ……………………………… 135

## め

名義書換料 ……………………………… 109

## や

家　賃 …………………………………… 95

## ゆ

有限責任事業組合（日本版LLP）の事業から
生ずる不動産所得等の特例 …………… 118

## り

リース期間定額法の償却費の計算式 ……… 95

リース料 ………………………………… 94

利子所得 ………………………………… 204

利子所得の金額の計算 …………………… 205

利子等の課税区分 ………………………… 205

臨時所得 ………………………………… 315

## れ

礼　金 …………………………………… 109

## 編者紹介

**天池＆パートナーズ税理士事務所**

　当事務所は、税務の現場で長年の経験と実績のある国税OB税理士集団です。

　当事務所の所属税理士は、税務の職場で培った「税務調査」「事案の審査審理」「税法の取扱い」などの経験を生かし、お客様にご満足いただける税務サービスをご提供することをテーゼ（命題）としています。そのため、必要があると判断すれば提携している経験と実績のある弁護士、不動産鑑定士、司法書士等と連携して、より高度なサービスを提供いたします。

## 著者紹介

**天 池 健 治（あまいけ　けんじ）**

昭和57年、東京国税局配属。資産税、所得税、法人税調査、土地評価、審理事務に従事。平成19年川崎北税務署を最後に退職。同年に税理士登録（東京税理士会所属）。天池健治税理士事務所開設、証券アナリスト協会検定会員、宅地建物取引士、税務会計研究学会会員、社団法人日本租税研究会会員、政治資金監査人。
**【主な著作】** 税経通信2007年11月号「信託活用事例と税務」（税務経理協会）、税務弘報2008年2月号「「著しく低い価額」の判定」（中央経済社）、税務弘報2008年6月号「営業権評価の改正と問題点」（中央経済社）、『相続税申告書の記載チェックポイント』（共著・中央経済社）、「所得税重要ポイントハンドブック」（技術評論社）
**【事務所】** 〒102-0083 東京都千代田区麹町5－2　K-WINGビル6F　　　TEL：03-5215-7580
　　　　　　URL:http://www.amaiketax.com

**田 口 伸 五（たぐち　しんご）**

昭和55年、東京国税局配属。所得税、法人税調査、税務相談事務に従事。平成30年東京国税局総務部税務相談室主任税務相談官を最後に退職。同年税理士登録（東京税理士会所属）
**【事務所】** 〒170-0013　東京都豊島区東池袋1－44－10　タイガースビル1102号　　　TEL：03-6903-1897

**永 吉 信 次（ながよし　しんじ）**

昭和46年、東京国税局配属。千葉西税務署副署長、四谷税務署特別国税調査官、東京国税不服審判所審判官等で主に所得税の調査事務、審理事務に従事。平成7年税理士資格取得。平成24年東京国税局税務相談室主任相談官を最後に退職。
**【連絡先】** 〒102-0083　東京都千代田区麹町5－2　K-WINGビル6F　　　TEL：03-5215-7580

**図解・表解**

## 確定申告書の記載チェックポイント

令和6年3月15日締切分

2023年11月20日　第1版第1刷発行

| | |
|---|---|
| 編　者 | 天池＆パートナーズ税理士事務所 |
| 発行者 | 山　本　　　継 |
| 発行所 | ㈱　中　央　経　済　社 |
| 発売元 | ㈱中央経済グループパブリッシング |

〒101-0051　東京都千代田区神田神保町1-35
電　話　03 (3293) 3371 (編集代表)
　　　　03 (3293) 3381 (営業代表)
https://www.chuokeizai.co.jp
印刷／昭和情報プロセス㈱
製本／誠　製　本　㈱

©2023
Printed in Japan

頁の「欠落」や「順序違い」などがありましたらお取り替えいたしますので発売元までご送付ください。(送料小社負担)

ISBN 978-4-502-47991-5　C3034

JCOPY〈出版者著作権管理機構委託出版物〉本書を無断で複写複製 (コピー) することは、著作権法上の例外を除き、禁じられています。本書をコピーされる場合は事前に出版者著作権管理機構 (JCOPY) の許諾を受けてください。
JCOPY〈https://www.jcopy.or.jp　eメール：info@jcopy.or.jp〉

·················· **好評発売中** ··················

| | |
|---|---|
| **図解・表解 譲渡所得の申告書 記載チェックポイント**<br>天池 健治 監修／木村 賢司・田作 有司郎・藤沢 佳文・松田 淳 著／<br>B5判・368頁／3,850円（税込） | 譲渡所得の申告書や計算書・明細書の記載例，国税庁の質疑応答に加えて，税務署の『特例適用審査表』も収録。譲渡所得がある場合の確定申告の最終チェックに最適の1冊。 |
| **図解・表解 純損失の繰戻しによる 還付請求書の記載チェックポイント**<br>—Withコロナ時代に知っておくべき還付請求手続<br>天池 健治・佐々木 信義 著／B5判・272頁／2,200円（税込） | コロナ禍で事業環境が大きく変わった今だからこそ知りたい「純損失の金額の繰戻し還付請求」がわかる1冊。還付請求書と確定申告書の関係が具体的な記載例でイメージできる！ |
| **年末調整・法定調書の記載 チェックポイント〈令和5年分〉**<br>野末 英男 著／<br>B5判・272頁／1,980円（税込） | 在宅勤務に伴い支給された金品などの源泉所得税の取扱いを新たに解説。会社の給与担当者の方々のお仕事に役立つ情報を毎年更新する定番書。年末調整事務がこの1冊でわかる！ |
| **税法入門ハンドブック**<br>〈令和5年度版〉<br>山内 克巳 著／A5判・204頁／2,970円（税込） | 初めて税法を学ぶ人・税の実務に携わる人が知っておくべき我が国の税法の仕組みと課税実務を解説。税法初学者，新任の経理担当者・会計事務所職員・税務行政担当者必携の書。 |
| **これだけは押さえておきたい インボイスと電帳法のルール**<br>辻・本郷 税理士法人・辻・本郷 ITコンサルティング株式会社 編／<br>猪野 茂・菊池 典明 著／A5判・212頁／2,750円（税込） | いまさら聞けないインボイス・電子帳簿保存法のキホンから制度開始に向けた体制準備に役立つ実務対応まで。検討・対応が不十分でないか，対応漏れがないかのチェックリスト付き。 |
| **税理士・会計事務所の 人事労務トラブル解決Q&A**<br>三上 安雄 著／<br>A5判・176頁／2,640円（税込） | 税理士，公認会計士などの資格保有者とその有資格者をサポートする職員で構成される税理士・会計事務所特有の労務トラブルを防ぐためにすべきことが，34のQ＆Aでわかる！ |
| **人事と税務のクロスレファレンス**<br>—会社のコンプライアンスを深化させる新アプローチ<br>仲谷 栄一郎・嘉納 英樹・下尾 裕 著／<br>A5判・324頁／4,070円（税込） | 人事と税務の両面から検討を要する人事施策をQ＆A方式で解説。人事と税務で相互に影響を及ぼす課題を理解し，より高いレベルの実務を実現するためのヒントを授ける1冊。 |
| **DXを探せ！**<br>広川 敬祐・砂川 舞子 編著／<br>A5判・160頁／1,980円（税込） | オフィス，街中，お店，工場……。本書のイラストにあるDXの「芽」を探してみましょう。「芽」を探したら，次ページの答えと解説を確認。DXへの本質がわかる本。 |

## 中央経済社

●実務・受験に愛用されている読みやすく正確な内容のロングセラー！

## 定評ある税の法規・通達集 シリーズ

### 所得税法規集
日本税理士会連合会 編
中央経済社

❶所得税法 ❷同施行令・同施行規則・同関係告示 ❸租税特別措置法（抄）❹同施行令・同施行規則・同関係告示（抄）❺震災特例法・同施行令・同施行規則（抄）❻復興財源確保法（抄）❼復興特別所得税に関する政令・同省令 ❽災害減免法・同施行令（抄）❾新型コロナ税特法・同施行令・同施行規則 ❿国外送金等調書提出法・同施行令・同施行規則・同関係告示

### 所得税取扱通達集
日本税理士会連合会 編
中央経済社

❶所得税取扱通達（基本通達／個別通達）❷租税特別措置法関係通達 ❸国外送金等調書提出法関係通達 ❹災害減免法関係通達 ❺震災特例法関係通達 ❻新型コロナウイルス感染症関係通達 ❼索引

### 法人税法規集
日本税理士会連合会 編
中央経済社

❶法人税法 ❷同施行令・同施行規則・法人税申告書一覧表 ❸減価償却耐用年数省令 ❹法人税法関係告示 ❺地方法人税法・同施行令・同施行規則 ❻租税特別措置法（抄）❼同施行令・同施行規則・同関係告示 ❽震災特例法・同施行令・同施行規則（抄）❾復興財源確保法（抄）❿復興特別法人税に関する政令・同省令 ⓫新型コロナ税特法・同施行令 ⓬租特透明化法・同施行令・同施行規則

### 法人税取扱通達集
日本税理士会連合会 編
中央経済社

❶法人税取扱通達（基本通達／個別通達）❷租税特別措置法関係通達（法人税編）❸減価償却耐用年数省令 ❹機械装置の細目と個別年数 ❺耐用年数の適用等に関する取扱通達 ❻震災特例法関係通達 ❼復興特別法人税関係通達 ❽索引

### 相続税法規通達集
日本税理士会連合会 編
中央経済社

❶相続税法 ❷同施行令・同施行規則・同関係告示 ❸土地評価審議会令・同省令 ❹相続税法基本通達 ❺財産評価基本通達 ❻相続税法関係個別通達 ❼租税特別措置法（抄）❽同施行令・同施行規則（抄）・同関係告示 ❾租税特別措置法（相続税法の特例）関係通達 ❿震災特例法・同施行令・同施行規則（抄）・同関係告示 ⓫震災特例法関係通達 ⓬災害減免法・同施行令（抄）⓭国外送金等調書提出法・同施行令・同施行規則・同関係通達 ⓮民法（抄）

### 国税通則・徴収法規集
日本税理士会連合会 編
中央経済社

❶国税通則法 ❷同施行令・同施行規則・同関係告示 ❸同関係通達 ❹国外送金等調書提出法・同施行令・同施行規則 ❺租税特別措置法・同施行令・同施行規則（抄）❻新型コロナ税特法・令 ❼国税徴収法 ❽同施行令・同施行規則・同告示 ❾滞調法・同施行令・同施行規則 ❿税理士法・同施行令・同施行規則・同関係告示 ⓫電子帳簿保存法・同施行令・同施行規則・同関係告示・同関係通達 ⓬行政手続オンライン化法・同国税関係法令に関する省令・同関係告示 ⓭行政手続法 ⓮行政不服審査法 ⓯行政事件訴訟法（抄）⓰組織的犯罪処罰法（抄）⓱没収保全と滞納処分との調整令 ⓲犯罪収益規則（抄）⓳麻薬特例法（抄）

### 消費税法規通達集
日本税理士会連合会 編
中央経済社

❶消費税法 ❷同別表第三等に関する法令 ❸同施行令・同施行規則・同関係告示 ❹消費税法基本通達 ❺消費税申告書様式等 ❻消費税法等関係取扱通達等 ❼租税特別措置法（抄）❽同施行令・同施行規則（抄）・同関係告示・同関係通達 ❾消費税転嫁対策法・同ガイドライン ❿震災特例法・同施行令（抄）・同関係告示 ⓫震災特例法関係通達 ⓬新型コロナ税特法・同施行令・同施行規則・同関係告示・同関係通達 ⓭税制改革法等 ⓮地方税法（抄）⓯同施行令・同施行規則（抄）⓰所得税・法人税政省令（抄）⓱輸徴法令 ⓲関税法令（抄）・同関係告示 ⓳関税定率法令（抄）⓴国税通則法令・同関係告示 ㉑電子帳簿保存法令

### 登録免許税・印紙税法規集
日本税理士会連合会 編
中央経済社

❶登録免許税法 ❷同施行令・同施行規則 ❸租税特別措置法・同施行令・同施行規則（抄）❹震災特例法・同施行令・同施行規則 ❺印紙税法 ❻同施行令・同施行規則 ❼印紙税法基本通達 ❽租税特別措置法・同施行令・同施行規則（抄）❾印紙税額一覧表 ❿震災特例法・同施行令・同施行規則（抄）⓫震災特例法関係通達等

## 中央経済社

# 控除証明書等の送付時期

## (1) 各種所得関係の証明書類等

| 区分 | 証明書等の名称 | 送付時期 | 証明書等発行者 |
|---|---|---|---|
| 給与所得 | 給与の源泉徴収票※1 | 1月中 | 勤務先 |
| | 特定支出の金額を証する書類等 | 支出時 | 支出先、証明書は勤務先 |
| 事業・雑所得 | 報酬の支払調書※2 | 1月中 | 報酬支払者 |
| 雑所得 | 年金の源泉徴収票 | 1月中旬 | 日本年金機構 |
| | 暗号資産の年間取引報告書 | 1月中 | 取引所 |
| 退職所得 | 退職金の源泉徴収票 | 退職時 | 勤務先 |
| 譲渡所得 | 特定口座年間取引報告書 | 1月中 | 証券会社 |
| | 収用証明書、買取証明書 | 引渡日 | 事業施行者 |
| 配当所得 | 上場株式配当等支払通知書 | 1月中 | 証券会社 |
| | 配当金の支払調書 | 配当金支払時 | 配当支払会社 |

## (2) 所得控除関係の証明書類等

| 区分 | 証明書等の名称 | 送付時期 | 送付者 |
|---|---|---|---|
| 雑損控除 | 罹災証明書 | 申請した日 | 消防、警察、市区町村 |
| 医療費控除 | 医療費のお知らせ | 1月～2月※3 | 健康保険組合、市区町村 |
| | 高額療養費の支給決定通知書 | 申請3ヵ月前後 | |
| | 医療費を補てんする保険金 | 申請1週間前後 | 保険会社 |
| 社会保険料控除 | 国民年金※4、付加年金の支払証明書 | 11月頃 | 日本年金機構 |
| | 国民健康保険の支払証明書 | 1月～2月頃 | 各自治体等 |
| | 国民年金基金の支払証明書 | 11月頃 | 国民年金基金連合会 |
| 小規模企業共済等掛金控除 | 個人型確定拠出年金払込証明書 | 10月頃 | 取扱金融機関 |
| | 小規模企業共済掛金払込証明書 | 11月頃 | 中小機構 |
| 生命保険料控除 | 確定給付年金の支払証明書 | 11月頃 | 支払機関 |
| | 生命保険料控除証明書※5 | 10月頃 | 生命保険会社 |
| 損害保険料 | 地震保険料控除証明書 | 10月～11月頃 | 損害保険会社 |
| 寄附金控除 | ふるさと納税の証明書 | 申込2ヶ月前後 | 地方自治体、特定事業者 |
| | 寄附金（税額）控除のための書類 | 寄付後 | 寄附先 |
| | 寄附金の受領書※6 | 1月～2月 | |